KB202978

신 · 인간 · 정치

신 · 인간 · 정치
— 자유와 연대를 위한 신학적 제언

2022년 12월 7일 처음 펴냄

지은이 | 이용주
펴낸이 | 김영호
펴낸곳 | 도서출판 동연
등   록 | 제1-1383호(1992. 6. 12)
주   소 | 서울시 마포구 월드컵로 163-3
전   화 | (02)335-2630
전   송 | (02)335-2640
이메일 | yh4321@gmail.com

Copyright ⓒ 이용주(Lee, Yongjoo), 2022

이 책은 저작권법에 따라 보호받는 저작물이므로 무단 전재와 복제를 금합니다.
잘못된 책은 바꾸어드립니다. 책값은 뒤표지에 있습니다.

ISBN 978-89-6447-840-0 93230

신 인간 정치

자유와 연대를 위한 신학적 제언

이용주 지음

동연

머 리 말

이 책은 그간 여러 학술지에 기고한 논문을 모아 엮은 논문집이다. 사전에 미리 연계성을 고려하여 작업한 경우도 있지만, 상이한 주제들을 다룬 글을 모은 것이다 보니 각 장들 사이의 유기적인 연계에 있어서는 아무래도 미흡한 점이 있음을 미리 고백할 수밖에 없다. 그럼에도 각각의 논문은 저자가 신학 활동의 핵심 과제로 이해하는 바를 반영하고 있기 때문에 나름의 방식으로 내적인 연결성을 지니고 있다. 그것은 바로 '신학의 알파와 오메가는 자유'라는 것이다.

사실 위의 표현은 "철학의 알파와 오메가는 자유이다"라는 셸링의 말을 차용한 것이다. 그렇지만 이 말은 동시에 "진리가 너희를 자유케 하리라"는 예수의 말씀과 "그리스도께서 우리로 자유케" 하셨다는 교회의 증언을 반영한다. 교회는 하나님이 성령의 능력 가운데서 예수 그리스도를 통하여 인간을 죄와 율법, 죽음의 힘으로부터 자유롭게 하셨고, 그 결과 인간으로 하여금 삼위일체 하나님과 이웃과 더불어 자유로운 사랑의 사귐의 관계를 맺으며 살아가도록 하셨다는 사실을 믿고 증언한다. 신학은 교회의 신앙과 증언이 참되다는 것을 이해 가능한 방식으로 드러내고, 이를 통해 교회와 신자들의 신앙과 실천을 돕기 위해 노력하는 인간적 시도이다. 따라서 신학은 인간을 자유롭게 하는 하나님의 자유로운 은총의 활동으로부터 시작할 수밖에 없고, 이 하나님의 활동에 대한 합리적인 진술을 통해 교회와 세상 가운데 인간이 자유로운 삶을 실현하며 살도록 돕는 것을 과제로 한다. 이런 점에서 자유는 신학의 출발점이자 목표이다.

이 책은 총 4부 15개의 장으로 구성되어 있는데, 위에서 묘사한 신학에 대한 저자의 관점이 드러날 수 있는 방식으로 논문을 모으고 배열하고자 노력하였다. 특히 1부에서는 셸링 철학이 현대 신학의 신론(1장), 창조론(2장), 신정론(4장) 등과 관련하여 그리고 자유와 결정론 논쟁과 관련(3장)하여 소개되고 있는데, 이 논문들은 신학의 출발점과 목표가 자유라는 생각이 절대자의 자유로부터 인간 자유의 토대와 목표를 제시하려는 셸링 철학에 의존한다는 것을 직접적으로 드러낸다. 좀 거칠게 표현하자면 셸링은 본래적으로 세계로부터 초월적이지만 오직 자기 자신의 능력과 자유로부터 자연과 인간을 산출해 내고 자연과 인간의 존재의 근거로서 지속적으로 활동하는 절대자에 대해 이야기할 때에만 철학이 인간의 자유의 근거와 과제를 해명할 수 있다고 보았다. "철학의 알파와 오메가는 자유이다"라는 명제는 이러한 셸링의 사고를 응축적으로 표현하는 말이다. 교회와 신학의 언어로 셸링의 사상을 바꾸어 말하자면 세계와 인간은 오직 전능한 하나님의 자유로운 창조 활동에 힘입어 존재할 수 있게 되었고, 하나님의 피조물인 인간은 자신을 창조한 자의 자유에 일치하는 방식으로 생동하는 자유를 실현하며 살아가야 한다는 것을 뜻한다. 책에 수록된 다른 논문들이 이 주제를 명시적으로 다루지 않는 경우도 있지만, 그럼에도 이와 같은 관점은 모든 글의 근저에 깔려 있는 일종의 체계적 틀이라고 말할 수 있다.

2부에서는 판넨베르크의 삼위일체 신학적 창조론(5장)과 그의 인간론(6장)이 소개된다. 이어서 현대 진화 과학을 수용하면서도 인간을 하나님의 형상으로 이해할 수 있는 방안(7장)과 오늘날 활발히 논의되는 트랜스휴머니즘/포스트휴머니즘의 인간 이해와의 비판적인 대화를 위한 신학적 기준점(8장) 등이 다루어진다. 여기에 수록된 논문들이 다양한 주제와 관련되어 있긴 하지만, 다양한 논의를 다루고 평가하는 데 있어서 작동하는 기본적인 논리는 여전히 절대자의 자유로운 활동에 의해 이 세계와 인간의 자유가 가능하게 되었다는 관점이다. 다만 2부에서는 셸링의 철학 자체보다는 세계와 인간에 대한 판넨베르크의 삼위일체 신학적 해명에 주로 의존한다. 아마도 예리한 독자라면 셸링의 철학적 논리와 판넨베르크의 신학적 논리 구성이 매우 유사하다는 사실을 발견하게 될 것이다. 아무튼 판넨베르크는 하나님의 창조 활동이 아버지, 아들, 성령 세 인격 간의 내적 사귐의 관계를 반영하는 것으로 제시한다. 특히 아들과 성령의 창조 활동을 통해 무한한 하나님과는 구별되는 유한한 피조물의 세계가 존재하게 되었으며, 이 피조물의 자립성은 긴 자연의 역사를 거쳐 고도로 진화된 생명체이자 하나님의 형상인 인간에게서 가장 특징적인 형태로 드러난다. 창조자 하나님의 지속적인 활동으로 인간은 하나님과 세계에 대한 자립성을 갖추게 되었고, 바로 이를 토대로 인간은 자기와 구별되는 하나님과 세계와 더불어 자유로운 사귐의 관계를 현실화할 수 있다는 것이다. 이와 같은 판넨베르크의 생각은 오늘날 생태주의 인간론(6장)이나 진화론의 인간 이해(7장) 혹은 트랜스휴머니즘의 인간 이해(8장)와의 대화를 수행할 때 비판적 준거점으로 작용한다.

3부는 한국의 신학계에서 거의 접할 수 없는 주제인 자유주의신학을 다룬다. 자유주의신학은 기독교 신앙을 근대 문화에 적응시키는 데 몰두함으로써 복음의 특수성을 망각해 버린 극히 잘못된 인간적 시도라고 비난받곤 한다. 하지만 이런 비난은 교계와 신학계에서 전해지는 대중적 클리셰를 반복하는 것에 불과하다. 문화 개신교라고도 불리는 개신교 자유주의는 본래 19세기 중반 이후 서구 사회의 변화를 추동한 지적, 정치적 자유주의를 수용하는 교육받은 시민 계층 출신의 신학자들과 목회자들의 지적, 실천적 경향을 가리킨다. 이들은 세속 문화에 적응하기 위해 복음을 포기해 버린 적이 없다. 당시 독일의 교회는 신분제도의 철폐, 민주주의의 발전, 학문의 자유 증진 등과 같이 개인의 자유가 확대되어 가는 사회적 변화에 저항하면서 기존의 경직된 신앙과 종교적, 사회적 관습만을 더욱 고수하려는 반동적인 경향을 지니고 있었다. 하지만 이러한 반근대주의적 태도는 오히려 사회와 교회의 분리를 촉진하고, 사회에 대한 교회의 영향력을 더욱 약화시킬 뿐이었다. 이에 반해 자유주의 개신교에서는 자유의 확장이라는 근대적인 사회 변화를 거부하지 않으면서도 이와 같은 사회 변화를 복음의 정신에 기초해서 추동하고자 했다. 개신교 자유주의의 이러한 시도 자체를 비판하는 것은 오히려 근대 이후 사회와 문화에서 자유가 증진되는 현상을 총체적으로 거부하는 것에 지나지 않는다. 3부에서는 자유주의신학의 특징을 하르낙을 중심으로 살펴보되 독일제국 시기(9장)와 제1차 세계대전 전후(10장)라는 역사적 상황 속에서 복음에 대한 독특한 해석에 기초해서 자유로운 인간들 간의 사회적 연대의 증진을 위해 노력한 방안을 제시할 것이다. 또 바르트의 신학을 자유주의신학으로부터의 단절이 아니라 일종의 연속성 속에서 살펴보는(11장) 과정에서 독자들은 칸트 이후 철학에서만 아니라 신학에서도 하나님의 자유에 기초해서 인간의 자유를 근거 짓는 것이 신학의 결정적인 과제라는 사실을 알게 될 것이다. 자유라는 키워드를 중심으로 보면 하르낙과 바르트는 일관된 신학적 고민의 연속성 가운데 있다.

　　1부에서 3부까지가 주로 하나님의 활동에 의해 형성된 하나님과 인간의 관계에 관한 철학적, 신학적 논의를 자유라는 키워드를 중심으로 정리한 것이라면, 4부는 하나님에 의해 자유를 부여받은 인간이 동료 인간과의 사회적 삶을 구성하는 데 참고할 만한 정치적 지향점을 다룬다. 이를 위해 먼저 신앙과 실천의 관계에 대한 루터의 이해를 정리한다. 루터에 의하면 하나님의 은총으로 그리스도를 통해 구원받은 인간은 그에 상응하는 방식으로 동료 인간을 섬기는 사랑을 일상적이고도 세속적인 방식으로 실천해야 한다(12장). 이어서 사회적, 경제적 불의를 해소하는 사회민주주의를 복음에 입각해서 교회가 추구할 만한 공동체적, 정치적 현실로 이해하고 지향했던 역사적 시도들(13장), 자유로운 개인 간의 연대적인 공동체를 지향하는 사회민주주의를 교회가 추구할 만한 구체적인 정치 현실로 제안하는 삼위일체 신학적 모색 등이 다루어진다 (15장). 사회민주주의에 대한 바르트의 지지가 그의 자유주의신학적 경향으로부터 비롯되었다는 것을 밝히는 논문(14장)은 본래 자유주의신학을 다루는 3부에 위치해도 되지만 최종적으로는 현재의 위치에 자리하게 되었다. 이는 우리가 흔히 생각하는 것처럼 개인의 자유를 강조하는 (정치적인 혹은 신학적인) 자유주의가 평등과 공동체적 연대에 대한 사회주의적 지향점과 서로 상충하는 것이 아니라는 것을 보이려는 의도에서 비롯된 것이다. 자유 없는 평등과 정의는 비인간적이고, 평등과 연대가 없는 자유는 그저 공허한 말에 불과하다. 개인의 자유를 강조하는 것은 결코 평등하고 정의로운 세상을 위한 공동의 노력을 불필요하게 만들지 않는다. 오히려 자유롭고 존엄한 개인에 대한 자각은 이들 간의 평등, 상호 간의 돌봄과 연대를 가능케 하는 토대이다. 하나님의 자비로운 활동에 의해 우리가 사람들과 자유로운 친교의 공동체로 불리게 되었다고 신앙한다면, 사람들 사이에서 자유와 연대의 현실화를 지향하는 사회민주주의를 우리의 신앙에 부합하는 정치적 공동 삶의 형태로 추구해도 되지 않을까.

이 책에서는 교회론과 관련된 문제는 전혀 다루어지지 않는다. 그럼에도 모든 논문은 우리가 일상적으로 경험하는 한국교회라는 환경을 염두에 두고 있다. "신학의 알파와 오메가는 자유이다"라는 생각은 한국의 교회와 신학이 인간을 자유롭게 하는 데 그다지 도움이 되지 않는다는 판단을 전제로 한다. 복음의 메시지가 선포되기는 하지만, 그리스도인과 교회의 삶은 너무 자주 협소한 교회 중심적 삶이나 종교적 율법주의로 귀결되곤 한다. 이제는 낡아버린 옛사람들의 신념을 그저 반복하고 추종하는 가운데, 근대 이후 자율적이 되어버린 인간과 세계를 '지속적이며 점증하는 타락의 과정인 양 두려워하고 거부하는 것'이 신앙이라고 착각하는 일도 너무 일상적이다. 진화론과 같은 학문의 발전에 대한 맹목적인 거부, 타인의 자유에 대한 관습적인 비난, 경제적-사회적 정의에 대한 외면 등 한국교회의 일상적인 현상들은 교회가 근대 이후 변화된 인간의 삶 전체에 대한 총체적인 부정과 두려움 위에 서 있다는 것을 알려 준다. 자신의 두려움을 진리라고 착각할 뿐 자유롭게 만드는 진리 위에 서 있지는 않은 것이다. 이에 반해 이 책의 거의 모든 장은 그리스도인과 교회가 하나님의 활동에 대한 반성에 입각해서 다양한 학문과 대화하고, 개인의 자유의 신장을 위해 노력하며, 연대적인 공동체를 만들기 위해 애썼던 다양한 지적, 실천적 노력에 대한 보고를 담고 있다. 이 책이 한국교회의 신앙과 삶의 기저에 깔려 있는 근대 이후 인간과 세상에 대한 막연한 두려움을 해소시키고, 자유로운 인간과 세상을 위해 기꺼이 대화하고 섬기는 교회 본연의 모습을 되찾게 하는 데 조금이나마 도움이 되기를 희망해 본다. 하나님의 자유로운 사랑의 활동이 우리를 자유롭게 했으니 이에 상응하는 방식으로 우리도 세상 속에 자유와 사랑이 넘치는 공동체적 삶이 형성되도록 애쓰는 것은 당연한 일이다. 그것이 『신·인간·정치 ─ 자유와 연대를 위한 신학적 제언』이라는 제목으로 이 책을 내어 놓는 이유이다.

책이 출판되기까지 애써 주신 도서출판 동연 김영호 사장님과 편집실 선생님들께 진심으로 감사드린다. 그분들의 노고 덕분에 부족한 글들이 이렇게 훌륭한 모양을 갖추고 세상에 나오게 되었다. 하지만 역시 가장 큰 감사의 인사는 가족에게 돌릴 수밖에 없겠다. 쉽지만은 않았던 그간의 인생에서 기쁨과 슬픔의 모든 시간을 함께해 준 아내 정미림, 앞으로의 인생을 위한 정진과 반항 속에 애쓰고 있는 고딩 2학년 아들 이지수, 이들이 없었다면 하나님이 부여해 준 삶의 풍요로움을 경험하지 못했을 것이다.

차 례

1부

셸링과 신학

1 장
초기 셸링 철학의 신학적 기여
— 현대 창조 신학의 신론 구축을 위해

I. 현대 창조 신학의 신론과 셸링 철학의 신학적 의의

지난 20세기 후반의 신학적 논의를 특징짓는 현상 중의 하나로 "창조 신학의 부흥"을 꼽을 수 있다.[1] 비교적 오랫동안 도외시되어 왔던 자연에 대한 신학적 반성이 다시금 신학적 논의의 광장 가운데로 돌아온 것이다. 20세기 초반 자연신학에 대해 조금의 주저함도 없이 "아니오!"라고 거부하던 칼 바르트의 외침은 어느새 잦아든 것처럼 보인다. 하나님의 '창조로서의 자연'에 대한 인식과 해명을 주된 목표로 삼는 '자연의 신학'을

---

[1] 슈베벨은 "삼위일체론에 대한 관심"과 "창조라는 주제의 르네상스"를 20세기 후반부 신학적 논의의 가장 특징적인 현상으로 지적하고 있다: Christoph Schwöbel, *Gott in Beziehung* (Tübingen: Mohr Siebeck, 2002), 131; Christoph Schwöbel, "Introduction. The Renaissance of Trinitarian Theology. Reasons, Problems and Tasks," *Trinitarian Theology Today*, ed. by Christoph Schwöbel (Edinburgh: T&T Clark, 1995), 1-30, 1.

특징으로 하는 창조 신학의 부흥은 사실상 신학 내적인 요인보다는 신학 외적 요인에 더 빚지고 있다. 현대 창조 신학은 인류가 지금까지 겪어본 적 없는 광범위하고도 치명적인 생태계의 파괴에 대한 점증하는 위기의식을 공유하면서 동시에 자연환경의 파괴를 초래한 사상적 근원으로 간주되는 근대 이후 서구의 '인간중심주의'를 극복하는 것을 그 과제의 하나로 설정하고 있다.

인간중심주의를 극복하기 위해 현대 창조 신학이 설정하고 있는 전략은 두 가지로 정리될 수 있다:[2] 첫째, '철학적'으로는 데카르트 이후 서구의 사유와 삶을 규정해왔던 주체와 객체, 정신과 물질, 역사와 자연의 분리라는 이분법을 극복하고자 한다. 둘째, 인간중심주의의 철학적 근거인 주객 분열을 지양하기 위해 많은 창조 신학적 문헌들은 '정신을 배제한 자연', '자연이 배제된 정신'을 가능하게 했던 '초월적 신'에 대한 전통적 표상을 세계 안에 '내재하는' 신의 표상으로 대체하려 한다. 즉, '창조 위에 계신 창조자'라는 전통적인 신에 대한 표상을 '창조 안에 계신 창조자'로 대체하고자 하는 것이다. 이처럼 신의 세계 내재를 근거로 정신이 제거된 자연 이해를 지양하고 신과 세계 간의 직접적인 상호작용 속에서 인간으로부터 독립해 있는 자연의 고유한 가치를 강조하는 것(즉, '세계중심주의' 혹은 '우주중심주의', Physio/Kosmozentrismus)은 현대 창조 신학의 또 다른 목표 지점이다.[3] 인간중심주의를 넘어서는 우주

---

2 여기에서 현대 창조 신학의 다양한 측면과 그 차이를 상세히 논의할 수는 없다. 이를 위해서는 아래의 글들을 참고하라: Chr. Frey, "Theologie und Ethik der Schöpfung. Ein Überblick," ZEE 32 (1988), 47-62; Chr. Frey, "Literaturbericht. Neue Gesichtspunkte zur Schöpfungstheologie und Schöpfungsethik?" ZEE 33 (1989), 217-232; Hermann Häring, "Schöpfungstheologie — Ein Thema im Umbruch," ThRv 97 (2001), 177-196.

3 이와 관련하여 S.M. Daecke, "Säkulare Welt - sakrale Schöpfung - geistige Materie,

중심주의, 주체와 객체의 분열을 극복하는 신과 세계의 상호관계성은 피조물 안에 내재하는 창조자를 강조할 때에야 가능하다는 것이다. 바로 이런 이유로 몰트만은 자신의 "생태학적 창조론"을 "창조**안에** 계신 하나님"(Gott in der Schöpfung)이라고 이름 붙인다. **(필자의 강조)** 이제 더 이상 신과 세계의 '차이'가 아닌 "세계 안의 신의 내재와 신 안의 세계의 내재에 대한 인식"4이 창조 신학적 사유의 중심이 되어야 한다는 것이다.

세계에 초월한 신을 세계 내재적인 신에 대한 관념으로 대체하고자 하는 것은 지난 세기 후반부터 '신론'에 대한 논의를 광범위하게 지배했고, 오늘날까지도 여전히 큰 영향을 끼치고 있는 견해이다. 세계로부터 초월해 있으면서 전지전능한 능력으로 피조물의 모든 것을 규정하는 신이 아니라, 세계와 인간 가운데 내재하면서 이들과 상호작용하는 신을 표상해야 한다는 주장은 20세기 후반부터 다양한 신학적 논의 가운데서 등장하고 있다.5

하지만 근대적 인간중심주의와 주객 분열의 극복을 위한 '신학적' 방식이 이렇게 신의 초월성을 벗어던지고 오직 신의 내재성에만 집중함으로써 가능한 것인지는 비판적으로 질문되어야 한다. 동시에 이 같은

Vorüberlegungen zu einer trinitarisch begründeten Praktischen und Systematischen Theologie der Natur," *EvTh* 45 (1985), 261-276, 261f.; 창조자의 내재성을 통해 "자연의 고유한 가치와 권리"를 회복하고자 하는 과정신학의 입장에 대해서는 Ch. Birch/J. B. Cobb, "God's Love, Ecological Survival and the Responsiveness of Natur," *Anticipation* 16 (1974), 32-34; 신의 내재성에 대한 여성신학적 강조에 대해서는 D. Sölle, *Lieben und Arbeiten. Eine Theologie der Schöpfung* (Stuttgart: Kreuz-Verlag, 1985), 26f.

4 J. Moltmann, *Gott in der Schöpfung. Ökologische Schöpfungslehre* (Gütersloh: Gütersloher Verlagshaus, 1985), 27.

5 과정신학, 생태신학, 자연과학과 종교의 대화, 신정론의 문제 등 다양한 논의 속에 이러한 신론은 큰 영향을 끼쳤다.

신학적 전략을 통해 구축되어진 '우주중심주의'는 인간과 자연의 '차이'를 가급적 지양하면서 "인간의 자연화", "자연의 인간화"를 추구한다.[6] 그러나 이 같은 인간의 자연화는 세계를 향한 신의 활동에 응답하는 자유로운 인간의 책임과 그의 독특성을 제거하는 위험을 내포하는 것은 아닌지 또한 비판적으로 검토되어야 할 것이다.[7]

아래에서는 이 같은 문제의식을 토대로 셸링의 초기 철학을 검토하고자 한다. 이를 위해서는 셸링이 신학에서 철학에로 전향하면서 쓴 최초의 철학적 문헌들을 검토하면서 그의 '철학' 안에 감추인 '신학'적 기본 동기들을 드러내고자 한다. 셸링 연구의 내적 측면에 입각해 보자면 이는 셸링의 철학은 각 발전의 단계마다 서로 상충하는 철학적 입장들을 수용하면서 형성되어져 갔다는 오래된 비판과 전제에 반해, 셸링의 철학적 되어감은 소위 그 신학적인 내적 동기에 근거해서 매우 일관된 방식으로 진행되었다는 것을 드러내도록 한다. 동시에 셸링 철학의 이 같은 일관된 신학적 관점은 오늘날 데카르트적 주객 분열과 인간중심주의를 극복하고자 하는 현대 창조 신학의 논의에 있어서 초월이냐 내재냐의 양자택일을 넘어서도록 하는 데 기여할 수 있다는 것이 제시될 것이다.

---

6 이에 대한 개괄적 이해를 위해서는 J. Moltmann, *Gott in der Schöpfung*, 63f., 193ff.
7 인간에 대한 자연주의적 관점 속에는 인간을 자연 혹은 물질현상의 결과로만 환원시키고, 이로써 인간을 다른 동물과 구별 짓는 독특성, 특히 그의 정신적 특성과 자유를 제거하는 위험이 상존하고 있다. 인간의 자연화는 인간을 자연 활동의 산물로 이해함으로써, 인간을 단지 "유전자 기계"(리처드 도킨스) 혹은 "뉴런 보따리"(프란시스 크릭)일 뿐이라고 주장하는 최근 자연과학의 자연주의적 환원주의의 위험으로부터 어떻게 하나님의 형상으로서 인간의 모습을 구체적으로 드러낼 수 있을지 보다 고민해야 할 것으로 여겨진다.

II. 초기 셸링 사상의 철학적 · 신학적 기본 동기

셸링, 철학적 프로테우스?

셸링(Friedrich Wilhelm Joseph von Schelling, 1775. 1. 27~1854. 8. 20)은 피히테 및 헤겔과 더불어 소위 독일 관념론자들로 분류되는 사상가들 가운데 한 명이다. 그런데 오랫동안 셸링은 피히테의 주관적 관념론을 거쳐 헤겔의 절대적 관념론으로 이행하는 중간 단계에 불과한 것으로 간주되었다. 이로 인해 셸링의 철학은 그가 생존하던 때부터 이미 헤겔에 의해 극복되어졌거나 시대에 뒤떨어진 것으로 평가되곤 하였다. 이러한 평가는 무엇보다도 그가 피히테나 헤겔과는 달리 자기만의 고유한 사상적 체계를 갖추지 못했다는 대중적인 이해와 맥을 같이 한다. 실제로 셸링의 철학은 그 발전 단계에 있어 매우 상이한 입장을 표명하는 것처럼 보인다. 일반적인 구분에 따르면 셸링의 철학은 튀빙겐에서의 신학 수업 중 피히테의 지식론을 수용하면서 철학에로 전향하게 되는 초기 철학(1794/1795), 선험철학 및 자연철학의 시기(1795~1800), 동일철학의 시기(1801~1806), 자유의 철학(1809) 그리고 이후 세계 시대의 철학(1811 이후)을 거친 노년의 계시 철학 등 여러 단계에 걸친 변화 과정을 거친다. 셸링의 사상은 언제나 '되어감' 속에 있고, 따라서 일관된 하나의 철학적 원리나 이에 따른 체계를 가지지 못하고 변화하는 프로테우스적 특성을 지닌 듯 보이는 것이 사실이다.[8]

---

8 Cf. H. M. Baumgartner/H. Korten, *Schelling* (München: C. H. Beck, 1996), 9. 이 책은 다음과 같이 한글로 번역 · 출판되었다: 바움가르트너 · 코르텐/이용주 옮김, 『셸링: 절대자와 자유를 향한 철학』 (서울: 동연, 2013).

하지만 상기한 일반적 평가는 지나치게 일방적이고, 편견에 가득 차 있다. 왜냐하면 각 시기를 다른 시기와는 구별 짓는 그 독특성에도 불구하고 상이한 시기들을 서로 연관 짓는 일관성이 그 아래 자리하기 때문이다.

첫째, 각 시기들은 모두가 주객 분열의 극복을 위한 사유의 한 방편으로 해석될 수 있다. 셸링은 전 생애에 걸쳐 데카르트에 의해 야기된 주체와 객체의 분리, 정신과 자연, 사유와 존재의 분열을 극복하고자 했다. 셸링에 의하면 주체와 객체를 대립시키는 것은 "인간의 정신병" (Geisteskrankheit des Menschen)[9]에 지나지 않는다. "우리 안에 있는 정신과 우리 바깥에 있는 자연의 절대적 동일성"(absolute Identität des Geistes in uns und der Natur außer uns)[10]을 드러내고(선험철학/자연철학의 시기), 이를 통해 "모든 대립에 대립해 서 있는 통일성", "모든 대립의 통일성"을 드러내는 것이야말로(동일 철학/자유의 철학의 시기) 셸링 철학의 일관된 목표였다.[11] 이 같은 셸링의 철학적 관심은 데카르트의 주객 분열 도식을 극복하는 방안을 모색하는 현대 창조 신학의 핵심 관심사를 이미 선취적으로 구현하고 있다고 할 수 있다.

---

9 F. W. J. Schelling, (Einleitung zu den) Ideen zu einer Philosophie der Natur als Einleitung in das Studium dieser Wissenschaft (1797), Schellings Werke, II 1-344, 356. 셸링 사후 그의 아들 K. F. A. Schelling은 셸링이 생전에 출판한 책들과 미간행 원고 및 강의록을 묶어 Sämtliche Werke를 출판하였다. 이 글에서는 이를 주제별로 재편집한 슈뢰터(M. Schröter)의 셸링 전집(Schellings Werke)을 참고하였고, 이때 인용되는 책의 권과 쪽수는 슈뢰터의 판본에 표기된 Sämtliche Werke의 권과 쪽수를 따른다(이하에서는 SW, II 13과 같이 표기).

10 SW, II 56.

11 F. W. J. Schelling, Bruno oder über das göttliche und natürliche Princip der Dinge. Ein Gespräch (1802), SW, IV 213-332, 235f.

둘째, 셸링 철학의 지속적인 변화에도 불구하고 그의 사상의 기본적인 일관성을 말하게 하는 가장 중요한 요소는 외형적으로 진행되는 상이한 철학적 변주들 근저에 '신학적' 동기가 깔려 있기 때문이다. 각 시기의 철학을 최종적으로 '근거 지우기' 위해 셸링은 매 시기마다 특수한 신-학(Theo-Logie), 즉 신론(Gotteslehre)을 전제로 한다. 예를 들어 『자유론』(1809)12에서 셸링은 주체와 객체의 동일성을 최종적으로 근거 지우기 위해 대단히 명시적으로 삼위일체 창조자와 그의 활동으로부터 시작하여 신에 관한 사유를 전개해 간다. 이러한 창조신에 대한 명시적인 삼위일체론적 전향은 사실상 그 이전의 동일 철학의 시기에 이미 암묵적인 방식으로 준비되어 있었고,13 이후 셸링은 보다 적극적으로 삼위일체론을 자기의 사상에 수용한다.14 따라서 셸링의 다양한 철학적 발전은 절대자와 유한자, 신학적 언어로는 신과 세계, 창조자와 피조물의 관계를 해명하고자 하는 일관된 신학적 동기의 철학적 확장으로 또한 매 시기마다 이루어지는 철저하고도 근본적인 자기 점검의 결과로 해석될 수 있다. 그러므로 각 단계마다 셸링이 전제하는 신론을 해명하는 것은

---

12 F. W. J. Schelling, *Philosophische Untersuchungen über das Wesen der menschlichen Freiheit und die damit zusammenhängende Gegenstände*, SW, VII 331-416. 이에 대해서는 cf. Yong Joo Lee, "Freiheit des Schöpfers und Freiheit des Menschen: Ein Überblick über die Schöpfungslehre Schellings nach seiner Freiheitsschrift (1809)," *Korean Journal of Christian Studies*, 63 (2009), 151-171; 155ff.

13 셸링은 자연과 역사는 모두가 삼위일체신의 활동이 전개되는 과정으로 파악되어야 하며, "삼위일체의 이념"은 바로 "인간이 되신 하나님의 이념" 속에 내포되어 있다고 본다: F. W. J. *Schelling, Vorlesungen über die Methode des akademischen Studiums* (1802/03), SW, V 207-352, 294ff.

14 Chr. Danz, "'Der Vater ist nicht wirklich ohne den Sohn.' Erwägungen zu Schellings Auseinandersetzung mit Athanasius von Alexandrien," R. Adolphi/J. Jantzen (Hrsg.), *Das antike Denken in der Philosophie Schellings* (Stuttgart-Bad Cannstatt: Frommann-Holzbog, 2004), 465-482.

셸링 철학의 발전을 이전 단계로부터의 단절 또는 완전히 새로운 철학적 시작으로 해석하는 대신 그 안에 감추인 내적 일관성과 연속성을 드러내는 작업으로서의 의미를 갖는다. 셸링의 철학은 순전히 당시대 철학과의 관계에서만이 아니라, 그 철학적 논제들의 기저에 깔려 있는 신학적 동기를 읽어낼 때에 올바로 이해될 수 있다.

무신론자가 된 신학생?

위에서 우리는 셸링 철학을 일관성 있게 해석하고 이해하기 위해서는 그 신학적 기본 동기를 파악해야 한다는 것을 간단히 밝혔다. 하지만 이와 같은 테제는 셸링의 초기 철학을 대면할 때 정당화되기 어려운 것처럼 보인다. 사실 셸링은 튀빙겐대학 신학과에 입학한 신학생이었으나 학교를 졸업하던 20세 무렵에는 더 이상 신학에 관심이 없었기 때문이다. 그뿐만 아니라 그는 자신의 저서와 편지들 속에서 거리낌 없이 정통주의 신학에 대한 거부감을 매우 강하게 피력한다. 특히 1795년 2월 4일 헤겔에게 보낸 편지에서 셸링은 이렇게 말한다: "그러므로 인격적 신이란 없다."[15] 이는 셸링 자신의 입을 통해서만 아니라 튀빙겐대학 기숙사에서 그를 지도하고 감독했던 사감들의 보고서에도 나타난다. 이들의 증언에 따르면 당시 학생들 중 다수가 "신학을 등한시하고", "설교 본문들의 실증적 내용들을 알레고리화" 하였는데, 그 대표적인 인물이 바로 셸링이었다.[16] 셸링 스스로도 이제 신학은 "부수적인 일"이

---

15 G. L. Plitt (Hg.), *Aus Schellings Leben. In Briefen*. Bd. 1: 1775~1803 (Leipzig: S. Hirzel, 1869), 77(= Plitt).

16 Evangelisches Stift Tübingen, *Protokollbuch des Repetentensenats 1793–1822*, 34f.;

되어버렸다고 고백한다. 그 이유는 그가 철학에로 전향했기 때문이었다: "나는 지금 철학 속에서 살아가며 작업하고 있다."[17]

셸링이 신학과 인격적 신에 대한 전통적 교리에 거부감을 피력한 이 시기는 그가 철학에로 전환한 지 얼마 되지 않은 때이다. 셸링은 1794년에 피히테의『지식학의 개념에 관하여』[18]를 읽고서 그 문제의식을 공유하는『철학일반의 형식의 가능성에 관하여』(이하『형식론』)[19]를 써서 피히테에게 헌정하였다. 피히테는 셸링의 원고를 받은 후 같은 해 겨울에『전 지식학의 기초』[20]의 일부를 셸링에게 보내는데, 셸링은 이 책이 출판되기도 전에 피히테의 사유를 이어받아『철학의 원리로서의 자아 혹은 인간 지식에서 무제약자에 관해』(이하『자아론』)[21]를 출판한다. 얼마 후 셸링은 다시『독단론과 실재론에 관한 철학적 서한』[22](이하『철학적 서한』)을 발표하는데, 이로써 그는 당시 칸트와 피히테를 중심으로 이루어지던 철학적 논의에 본격적으로 뛰어든다. 반면 셸링의 튀빙

이 문서는 아래의 논문에서 간략히 정리되어 있다: Martin Leube, Die geistige Lage im Stift in den Tagen der französischen Revolution, *Blätter für Württembergische Kirchengeschichte*. Neue Folge. Jg. 39. Stuttgart 1935, 149–171; 163.

17 Plitt, I 71.

18 J. G. Fichte, *Über den Begriff der Wissenschaftslehre oder der sogenannten Philosophie, als Einladungsschrift zu seinen Vorlesungen über diese Wissenschaft*, Gesamtausgabe der Bayerischen Akademie der Wissenschaften (= GA). Bd. I/2, hrsg. von R. Lauth/H. Jacob, Stuttgart – Bad Cannstatt 1965, 107–167.

19 F. W. J. Schelling, *Über die Möglichkeit einer Form der Philosophie überhaupt*, SW, I 88-112.

20 J.G. Fichte, *Grundlage der gesamten Wissenschaftslehre* (1794), GA. Bd. I/2, 249-451.

21 F. W. J. Schelling, *Vom Ich als Princip der Philosophie oder über das Unbedingte im menschlichen Wissen* (1795), SW, I 149-244.

22 F. W. J. Schelling, *Philosophische Briefe über Dogmatismus und Kriticismus* (1795), SW, I 281-341.

겐대학 신학과의 스승이었던 플랏(Platt)은 자기 제자의 책은 스피노자류의 무신론으로 가득 차 있을 것이 분명하기 때문에 전혀 읽어볼 마음이 없다고 냉소적으로 반응하였다.23 실제로 셸링은 헤겔에게 보낸 편지에서 자신이 스피노자주의자가 되었다는 사실을 분명하게 밝힌다: "나는 그사이에 스피노자주의자가 되었다!"24

당시 독일에서 스피노자의 범신론은 무신론과 동일시되었다. 따라서 셸링이 철학에로 전향하면서 스스로를 스피노자주의자라고 선언했다는 사실은 종종 셸링이 "무신론적"으로 전향하면서 기독교를 "근본적으로 거부"하였다는 사실을 보여주는 증거인 것으로 오랫동안 간주되어 왔다.25 "인격적 신은 없다"고, "나는 스피노자주의자가 되었다"고 당돌하게 선언하는 이 신학생은 과연 무신론자가 된 것일까? 그렇다면 셸링 철학의 신학적 동기를 파악하는 것은 결코 그의 철학의 발전과정을 연속선상에서 파악하는 데 적절한 도구가 될 수 없는 것이든지 혹은 적어도 셸링의 초기 철학에는 적용될 수 없는 것이 될 것이다.

하지만 셸링이 인격신을 부정하고 스피노자를 수용했다는 사실 그 자체가 그가 무신론자가 되었다거나 혹은 기독교 신앙과 그 내용 전체를 혐오하였다는 것을 의미하는 것은 아니다. 그보다는 이 같은 셸링의

---

23 1797년 여름 쥐스킨트(Süßkind)에게 보내는 플랏의 편지: Martin Leube, Die geistige Lage Im Stift in den Tagen der Französischen Revolution (1935), 166.

24 Plitt, I 76.

25 H. Holz, "Das Weltalter—Programm und die Spätphilosophie," H. M. Baumgartner (Hg.), Schelling (Freiburg/München: Verlag Karl Alber, 1975), 108–127, 114ff.; 셸링은 동시대인들에게 범신론적 종교의 창시자로 간주되었는데, 그가 명시적으로 기독교적 내용들을 수용하면서부터는 "자기 자신이 세운 제단을 떠났다"고 비판받았다: H. Heine, Zur Geschichte der Religion und Philosophie in Deutschland, Historisch–kritische Gesamtausgabe der Werke, Bd. 8/1, hrsg. von M. Windfuhr, Hamburg 1979, 9-120; 113.

철학적 전회는 하나의 신학적 동기와 의미를 함축하고 있다는 것을 잊어서는 안 된다. 셸링은 인격적 신을 부정함으로써 사실은 주체-객체-관계의 무한한 사슬을 넘어 '초월'해 있는 절대자 혹은 신으로부터 이 신과 세계의 관계를 해명하고자 하며, 스피노자주의를 수용함으로써 이 신이 어떻게 세계 안에 '내재'하는지를 드러내고자 하는 것이다. 셸링의 초기 철학의 용어로는 '무제약자'(das Unbedingte) 또는 '절대 자아'(das absolute Ich)로 기술되는 절대자 혹은 신은 철저히 세계로부터 초월해 있으며, 동시에 자기의 활동성을 통해 '제약자'(das Bedingte) 혹은 '경험 자아'(das empirische Ich) 안에 내재한다. 이런 관점에서 보자면 초기 셸링은 초월이냐 내재냐의 양자택일 앞에 서 있는 현대 창조 신학이 직면한 바로 그 문제와 대결하고 있다.

아래에서는 인격적 신을 부정하고 스피노자를 수용하면서 철학의 길로 들어선 셸링이 이러한 신학적 전제 위에서 전개해 가는 철학적 근본 동기들을 살펴보도록 하겠다. 앞에서 인용한 헤겔에게 보내는 편지에서 셸링은 이제 막 전개하기 시작한 그리고 일평생 추구하게 될 자기 철학의 근본 동기와 그 지향점을 다음과 같이 밝히고 있다: "철학은 무제약자로부터 출발해야 한다. … 철학의 알파와 오메가는 자유이다."26 무제약자로부터 출발하는 철학의 최종 지향점은 '자유'이다. 자유를 근거 지우려면 철학은 무제약자로부터 출발해야만 한다. 이 짧은 선언 속에는 칸트, 피히테, 스피노자를 수용하고, 동시에 이들과 대결하면서 자기의 고유한 사상을 형성해 가려는 젊은이의 야심찬 철학적 구도와 이를 통해 그가 지향하는 역사적, 실천적 동기가 동시에 내포되어 있다.

---

26 Plitt, I 76.

III. "철학은 무제약자로부터 출발해야 한다"

무제약자 또는 절대 자아 ─ 철학의 원리를 찾아

피히테의 저작들에 자극을 받아 써 내려간 첫 두 작품 속에서 셸링은 칸트 이후 하나의 체계로서의 철학을 구축하고자 하는 피히테의 문제의식을 공유한다. 우선『형식론』에서 셸링은 피히테의『지식학의 개념에 관하여』와 마찬가지로 학문으로서의 "철학 일반의 가능성"을 발견하고자 한다. 철학은 "모든 학문에 관한 이론(학문), 근원 학문, 혹은 학문 자체"[27]로, 그 형식과 내용에 있어 "통일성(Einheit)의 형식 아래에 서 있는 전체", 즉 체계이어야 한다. 체계적 학문으로서의 철학은 그 모든 부분이 "하나의 조건" 아래에 종속되고, 이 단 하나의 조건에 의해 규정될 때 가능하다. 이때 학문의 상이한 부분들을 "명제들"(Sätze)이라고 지칭한다면, 학문의 학문, 인간 지식의 지식학으로서의 철학은 하나의 "근본 명제"(Grundsatz)를 통해서만 스스로를 근거 지을 수 있다. 이처럼『형식론』은 철학의 형식과 내용을 근거 지우는 단일한 근본 명제의 통일성으로부터 철학의 가능성을 발견하는 것을 목표로 한다: "학문은 오직 하나의 근본 명제를 통해서만 가능하다."[28]

셸링은 이 근본 명제의 형식을 다른 명제들에 의해 제약되지 않는 '무제약성'에 있는 것으로 파악한다. 다른 명제들의 최고 원리로서의 근본 명제는 다른 명제들을 제약할 뿐, 후자에 의해 제약되지 않는다. "제약되지 않음", 즉 무제약성이야말로 서로 제약하는 명제들을 넘어서

---

27 SW, I 92.

28 SW, I 89f.

있는 "모든 학문의 보편적 형식"이다. 이 근본 명제가 모든 철학의 부분들의 유일한 조건이고, 동시에 스스로의 무제약성 속에 그 형식을 가진다면, 이 근본 명제의 형식은 동시에 그 내용과 필연적으로 결합되어 있다. 근본 명제의 형식과 내용은 "전적으로 — 무제약적으로" 서로를 규정한다.[29] 이처럼 그 형식과 내용의 통일을 이루는 근본 명제는 다른 명제에 의해 규정되지 않고 오히려 다른 명제들을 규정하고 정립한다. 따라서 이 근본 명제는 다른 무엇이 아닌 오직 자기 스스로를 정립하며, 그 스스로 "정립하는 것"(das Setzende)이다.[30]

스스로 무제약이고, 자기 스스로를 정립하며, 이를 통해 자기가 아닌 다른 모든 것을 정립하는 존재를 셸링은 피히테를 따라 "근원적으로 자기 자신을 통해서 정립된 자아"에서 찾는다. 자아는 자기가 아닌 다른 무엇에 의해 정립될 수 없으며, 자기 스스로를 오직 절대적 인과성(die absolute Causalität)을 통해 정립한다. 따라서 스스로 무제약적이며, 그 형식과 내용의 통일성을 이루면서 다른 모든 철학의 명제들을 규정하는 근본 명제는 다름 아닌 자아의 자기 동일성의 명제이다: "나는 나다"(Ich ist Ich 또는 Ich = Ich).[31] 자아를 그 내용으로 하는 철학의 근본 명제는 이에 따라 "절대적으로 정립되어 있음" 또는 "무제약성의 형식"을 지닌다.[32] 이 제1근본 명제로부터 유추되는 제2명제는 자아와 비자아의 비동

---

29 SW, I 91.

30 "다른 모든 것이 그것을 통해 정립되어지는 그것 외에는 무엇도 전적으로 정립되어질 수 없다. 아무것도 스스로를 정립할 수 없으며, 오직 전적으로 독립적이며 근원적인 자기를 내포하는 것만이 스스로를 정립한다. 그것이 정립된 것은 그것이 정립되어졌기 때문이 아니라, 그것 스스로가 정립하는 것이기 때문이다." SW, I 96.

31 SW, I 97.

32 SW, I 97, 101.

일성, 즉 "비자아는 자아가 아니다"(Nichtich ist nicht Ich)이며, 그 내용으로는 비자아를 또한 제1명제에 의해 규정되는 "제약성"의 형식을 가진다. 제3명제는 무제약적으로 정립되는 자아를 그 내용으로 그리고 "무제약성을 통해 규정된 제약성"을 그 형식으로 한다.[33] 이는 스스로를 정립하는 자아의 활동을 통해 정립되어진 자아와 비자아와의 대립, 즉 명제와 반제의 두 계기가 변증법적으로 종합되는 단계로, 셸링은 이로써 인간 정신의 의식(Bewusstsein)과 표상(Vorstellung)이 직접적으로 근거 지워진다고 본다. 이 세 계기를 거친 철학의 근본형식을 셸링은 "무제약성, 제약성 그리고 무제약성을 통해 규정된 제약성"(Form der Unbedingtheit, der Bedingtheit und der durch Unbedingtheit bestimmte Bedingtheit)[34]이라고 정리한다.

자아의 자기 정립의 변증법적 과정에 대한 이해를 돕고자 아래 그림을 첨부한다.

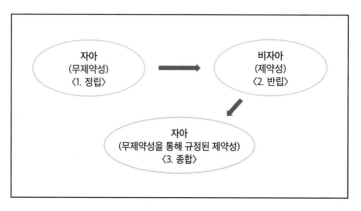

〈그림 1〉 자아의 자기 정립의 변증법적 과정 해설

33 SW, I 98.
34 SW, I 101.

철학의 근본 원리를 스스로를 정립하는 자아에서 찾는다는 점에서 셸링은 분명 피히테의 방식을 차용한다. 하지만 셸링은 피히테와는 달리 철학의 최고 원리를 자아의 자기의식 자체에 대한 분석을 통해서가 아니라, 자아−비자아의 관계를 초월해 있는 자아의 '무제약성'이라는 개념 자체에서 그리고 이 개념 자체로부터 전개되는 변증법적 운동의 과정을 드러내는 방식으로 추구한다는 점에서 피히테와는 분명히 구별된다. 이렇게 『형식론』에서 발견된 무제약성의 형식과 그 내적 과정에 대한 통찰은 뒤이어 발표된 『자아론』에서 보다 심화되고 본격화되어 무제약자, 즉 절대자를 그 안에서 사유와 존재, 이론 철학과 실천 철학이 통일된 체계로서의 철학의 최고 원리로 진술하기에 이른다.

『형식론』에서와 마찬가지로 『자아론』에서도 셸링은 "모든 지식의 조건"으로서 전체 철학을 근거 지우는 "철학의 최초의 원리"를 발견하고자 한다.[35] 이때 셸링이 "인식의 가능성의 조건"을 탐구했던 칸트의 선험철학, 비판철학의 유산을 이어받고 있음은 자명하다.[36] 하지만 주목할 것은 셸링에게 지식의 최종 근거는 칸트에게서처럼 단순히 인식하는 주체의 선험적 조건에만 관련된 것이 아니라, 이를 넘어서 주체와 객체 모두를 최종적으로 근거 지우는 "현실성의 최종 지점", "모든 현실성의 최종 근거"에 대한 질문으로 이어지고 있다는 사실이다. 그런 한에서 셸링은 이미 그 초기부터 선험철학의 경계를 넘어서고 있으며, 비판철

---

35 SW, I 154f.

36 I. Kant, *Kritik der reinen Vernunft*, B. 19, W. Weischedel (Hrsg.), *Werkausgabe*, Bd. III (Frankfurt a/M.: Suhrkamp, 1974), 58. "순수이성의 고유한 과제는 아래의 질문 속에 담겨 있다: 종합판단이 어떻게 선험적으로 가능한가?(Wie sind synthetische Urteile a priori möglich?)," 이하에서 『순수이성비판』(*Kritik der reinen Vernunft*)은 *K.r.V.*로 명기하고, 쪽수는 Weischedel-Ausgabe에 기록된 Original-Ausgabe를 따라 인용하기로 함.

학의 기본 질문을 매개로 존재론에로 이행하고 있다. 이는 순전히 주관적 관념론의 영역에 머물렀던 피히테와 셸링을 구분 짓는 특징이기도 하다.[37] 이 같은 존재론적 전환이 가능한 것은 지식 자체가 그 대상의 현실성과의 관계 혹은 일치를 필연적으로 전제하기 때문이다: "무언가를 알고자 하는 사람은 동시에 자기의 지식이 현실성을 지니기를 원한다. 현실성 없는 지식이란 지식이 아니다." 그러므로 지식의 최종 근거는 동시에 "지식의 현실성의 최종 근거"이며, 바로 이 "모든 현실성의 최종 근거" 안에서는 "사유의 원리와 존재의 원리가" 하나이다. 이 최후 지점이 바로 '무제약자'이다.

지식 또는 사유의 최종 근거는 동시에 현실 또는 존재의 최종 근거이다. 사유와 존재의 최종 근거인 무제약자(Unbedingte)는 제약자(Bedingte)의 영역을 넘어 '초월'한다. 무제약자는 제약된 지식의 영역에 대해 "대립해 있다. 즉, 무제약적(unbedingt)일 뿐만 아니라 전적으로 제약할 수 없다(schlechthin unbedingbar)."[38] 따라서 무제약자는 주체 안에서 찾을 수도 없고, 객체 안에서도 발견될 수 없다. 주체와 객체는 서로 대립하지만 동시에 상호 간의 대립적인 관계를 전제한다. 그러므로 무제약자를 주체 안에서 찾는다는 것은 필연적으로 이 주체의 대립항인 객체를 무제약자의 조건으로 사유하는 것으로, 무제약자의 개념 자체와 조화될 수 없다. 이는 무제약자를 객체 안에서 찾을 때에도 마찬가지이다. 무제약자(das Un-Bedingte)란 "절대로 사물(Ding)로 사유될 수 없는" 무엇이기 때문에 "결코 사물이 될 수 없는" 것 안에서만 찾을 수 있다.

---

37 Chr. Iber, *Subjektivität, Vernunft und ihre Kritik. Prager Vorlesungen über den Deutschen Idealismus* (Frankfurt a/M.: Suhrkamp, 1999), 63-81.
38 SW, I 163f.

이것을 가리켜 셸링은 "절대 자아"(das absolute Ich)라고 부른다.

셸링에게 절대 자아는 존재와 인식의 최종 근거로 사유되는 무제약
자의 다른 이름이다. 절대 자아라는 개념은 그 스스로 존재하면서 그
안에 사유와 존재의 원리가 통일되어 있어야 한다는 무제약자의 속성을
가장 자명하게 드러내 준다. 무제약자 또는 절대 자아는 "오직 스스로를
통해서만"(per se) 존재한다. 절대 자아는 오직 그것이 존재하기 때문에
스스로를 사유하며, 절대 자아는 오직 스스로를 사유하기 때문에 존재한
다. 이를 셸링은 다음과 같이 표현한다:

> 나는 존재한다!(Ich bin!) 나의 자아는 모든 사유와 표상에 선행하는
> 존재를 포함한다. 그것은 사유됨으로써 존재하고, 그것이 존재하기
> 때문에 사유된다: 그것은 존재하기 때문에 그런 한에서 사유되고, 이때
> 그것은 자기 스스로를 사유한다. 그러므로 그것은 오직 스스로를 사유
> 하기 때문에 존재하고, 존재하기 때문에 스스로에게 오직 자기만을
> 사유한다. 그것은 자기의 사유를 통해서―절대적 원인성으로부터―
> 스스로를 산출한다.[39]

절대 자아는 그것이 아닌 다른 것, 즉 유한자와의 관계를 통해서가
아니라 "오직 자기 스스로를 통해" 자신을 구성하는 한 "무제약적"이고,
동시에 "제약될 수 없다."[40] 절대 자아에게는 존재와 사유가 서로를
규정하며, 따라서 그에게는 사유와 존재의 동일성이 구현되어 있다.
철학이 지식의 가능성, 나아가 지식과 연관된 현실성 전체의 가능성을

---

39 SW, I 167.
40 SW, I 168.

찾고자 한다면 바로 이 절대 자아로부터 출발해서 모든 철학적 진술을
체계적으로 해명해야 한다: "철학은 무제약자로부터 출발해야 한다."

절대자와 유한자의 관계: 근거-결과의 관계

셸링은 유한자 혹은 주체와 객체의 상호 관계망으로 구성된 제약자
의 영역으로부터 전적으로 초월해 있는 무제약자 혹은 절대 자아를
철학의 근본 원리로 삼아 다시금 이로부터 지식과 세계의 총체를 해명하
고자 한다. 하지만 이때 문제가 되는 것은 만일 무제약자(혹은 절대 자아)
가 제약자(혹은 유한자)의 세계로부터 전적으로 초월해 있다면, 절대자와
유한자 사이의 '관계'를 해명하는 것이 사실상 불가능한 것으로 판명날
수밖에 없다는 점이다. 무제약자라는 개념을 분석할 때 드러나는 것처럼
무제약자는 ―그것이 무제약자인 한― 결코 사물이 될 수 없으며, 절대
자아라는 개념 역시도 ―그것이 절대 자아인 한― 그 자체로 모든 대상
혹은 객체(Objekt)에 "대립"(entgegengesetzt)해 있을 뿐만 아니라, 모든
객체 혹은 비자아(Nicht-Ich)를 "배제"(ausschließt)하기 때문이다.[41] 그
렇다면 이제 해명되어야 할 가장 큰 문제는 "어떻게 절대 자아가 자기
자신으로부터 나와서 스스로에게 비자아를 전적으로 대립적으로 정립
하는가?" 하는 것이다.[42]

---

41 SW, I 169.
42 SW, I 175. 이 질문은 초기 셸링의 주된 관심사였다.『자아론』에서만 아니라 이어 발표한
『철학적 서한』역시 동일한 "세계라는 수수께끼"를 푸는 것을 목표로 한다. "어떻게 절대
자아가 자기 스스로부터 나와서 하나의 세계를 자신에게 대립적으로 정립할 수 있는가?"
SW, I 310. 일부 셸링 연구자들은 근원적으로 비자아를 "배제"하는 자아가 비자아를 "대립
적으로 정립"한다는 셸링의 진술은 사실상 서로 다른 두 자아를 말하는 문제를 내포하고

절대자와 유한자의 관계는 우선 사물이 존재하도록 하는 무제약자의 활동을 통해 설명된다. 사물은 그것을 제약(bedingen)하는 무제약자의 활동의 결과이다: "제약함(Bedingen)은 그것을 통해 무언가가 사물(Ding)로 되어지는, 즉 제약되어지는(bedingt) 활동이다. 사물로 만들어진 것, 그것으로부터 동시에 분명히 드러나는 것은 그 무엇도 자기 스스로를 통해 사물로 정립될 수 없다는 것이다."[43] 주체와 객체의 대립적 관계로 구성되어 있는 유한자의 영역은 사유와 존재의 절대 동일성으로서의 절대 자아의 활동의 결과이다. 이를 해명하기 위해 셸링은 철학의 기본 명제를 탐구하던 『형식론』에서 다루어진 무제약자의 내적 운동의 구조를 도입한다.

타자와의 관계가 전적으로 배제된 채 자기 자신을 정립하는 활동에 있어 절대 자아가 스스로를 '정'(Thesis)으로 정립한다면, 이에 대해 절대 비자아(das absolute Nicht-Ich)가 그 '반'(Antithesis)으로서 절대 자아에 대립적으로 정립되어야 한다. 비자아는 그것이 비-자아인 한 이에 대해 근원적으로 반립해 있는 자아를 필연적으로 전제하고, 그런 한 절대 자아의 자기 정립의 활동에 전적으로 제약되어 있다.

이때 셸링은 절대 자아와 절대 비자아의 관계를 칸트의 범주론을 따라 설명하는데,[44] 특히 현실성(Realität)과 양식성(Modalität)의 범주를

있다고 비판하기도 한다. Cf. B. Sandkaulen−Bock, *Ausgang vom Unbedingten. Über den Anfang in der Philosophie Schellings* (Göttingen: Vandenhoeck/Ruprecht, 1990), 22ff.; W. Wieland, "Die Anfänge der Philosophie Schellings und die Frage nach der Natur," M. Frank/G. Kurz (Hg.), *Materialien zu Schellings philosophischen Anfängen* (Frankfurt a/M.: Suhrkamp, 1975), 237−279, 246ff.

43 SW, I 166.

44 I. Kant, *K.r.V.*, B. 102ff.

토대로 절대 자아는 —그것이 오직 자기 스스로 존재하는 한— "모든 현실성의 총괄 개념"이자 "절대 존재"(absolutes Sein)로 파악되고, 반면 절대 자아에 대립적으로 정립된 절대 비자아는 —그것이 절대 자아에 대립적인 관계로 정립되는 한— "절대 부정"(absolute Negation), "절대 무"(absolutes Nichts) 혹은 "모든 현실성의 절대 부정"(absolute Negation aller Realität)으로 정의된다.[45] 절대 자아 자기 정립의 활동 과정에서 발생하는 두 계기의 모순, 즉 현실성과 현실성의 부정, 절대 존재와 절대 비존재의 대립과 모순은 해소되어야만 한다. 이를 구현하는 '종합'(Synthesis)의 단계에서 절대 자아는 절대 비자아를 자신의 현실성 안에 정립하는데, 이를 통해 비자아는 더 이상 절대 무가 아니라 자아에 대립적으로 정립됨으로써 현실성을 획득하는 유한한 비자아(endliches Nicht-Ich/Dasein)가 된다.

즉, 절대 비자아의 절대무가 절대 자아에 의해 '배제'됨으로써 절대 자아에 대립적으로 정립되어 있는 유한한 비자아가 되는 것이다. 동시에 절대 자아의 현실성의 영역 안에 비자아가 반립되는 한 절대 자아 안에는 비자아가 지니는 "부정성, 즉 제한성"(Negation, d. h. Schranke)이 정립되고, 이와 더불어 "자아의 제약"이 생성된다. 이로 인해 절대 자아는 순수 자기 관계성을 통해 자기 동일성을 가지는 절대 자아가 아닌 유한 자아 (endliches Ich), 곧 비자아와의 관계 속에 존재하는 경험 자아(empirisches Ich)가 된다.[46]

절대 자아의 변증법적 활동에 대한 이해를 돕고자 다음 그림을 첨부한다.

---

45 SW, I 187f.
46 SW, I 189ff.

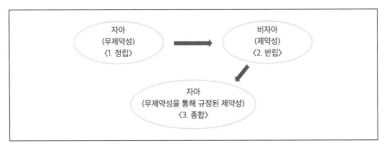

〈그림 2〉 절대 자아의 자기 정립의 변증법적 과정 해설

상기한 바를 토대로 할 때 절대자와 유한자의 관계를 근거-결과의 관계로 파악한다는 것은 다음과 같은 사항을 그 내용으로 한다: 첫째, 사유와 존재, 주체와 객체의 초월적 원리로서 모든 비자아를 '배제'하는 절대 자아가 어떻게 자신과는 구별되는 '비자아'를 자기에 대하여 대립적인 관계 안으로 정립하는지를 드러내는 것이다. 둘째, 절대 자아의 내적인 변증법적 과정의 결과로 산출되는 유한한 영역, 즉 경험 자아와 경험 비자아의 영역은 그 근거인 절대 자아 안에 일어나는 변증법적 과정의 계기들을 반영하고 있다. 절대 자아와 절대 비자아의 대립 관계가 변증법적으로 해소되면서 산출되는 유한자 안에는 다시금 경험 자아와 경험 비자아의 대립 관계가 남아 있다. 셋째, 따라서 절대자와 유한자 사이에는 그 대립성에도 불구하고 '관계상의 유비'(analogia relationis)가 형성된다. 이는 동시에 절대자와 유한자 간의 '활동성의 유비'(analogia actionis)를 함축하는데, 마치 절대 자아의 활동이 그 대립적 관계의 대립항으로서의 절대 비자아를 배제하는 것처럼, 경험 자아는 그 대립적 관계의 상관자로 주어진 경험 비자아를 배제하도록 활동할 것을 그 실천적 과제로 지니는 것이다.

무제약자로부터 출발해야 하는 철학적 이유

절대 자아의 변증법적 자기 정립의 과정에 대한 분석을 통해 인식의 영역을 구성하는 경험 자아와 경험 비자아, 즉 주체와 객체의 대립적 관계를 연역해 냄으로써 셸링은 자신이 철학의 근본 원리로 상정한 절대 자아 또는 무제약자의 타당성을 드러내고자 한다. 이제 우리가 질문해야 할 것은, '무제약자로부터 출발'하고자 하는 셸링의 철학적 동기가 과연 무엇인가 하는 것이다. 그것은 다름 아닌 칸트의 비판철학이 내포하고 있는 문제들을 해결하고자 하는 데 있다.

셸링이 피히테와 함께 공유했던 확신, 즉 철학은 체계여야 한다는 신념은 사실상 이성의 체계로서의 철학을 구축하고자 했던 칸트의 비판철학에 기인한다. 『순수이성비판』에 따르면 철학은 "체계"를 형성해야 하는데, 체계란 "하나의 이념 아래에서 다양한 지식을 통일"[47]하는 것이다. 이때 칸트는 사유와 직관의 종합을 통해 구축되는 다양한 지식에 통일성을 부여하는 것은 다름 아닌 "선험 통각"(transzendentale Apper- zeption)이라고 보면서 이를 체계를 추구하는 철학의 "최고 지점"으로 이해했다. "나는 생각한다"(Ich denke)라는 표상으로 드러나는 순수이성의 선험 통각은 칸트에 의하면 "모든 경험에 선행하면서 경험을 가능하도록 만드는 조건"이자 "순수하고 근원적이며 불변하는 의식"이다.[48] 이 선험 통각은 "자기의식"(Selbstbewußtsein)으로도 표현될 수 있는데, 자기의식은 그것이 지식의 가능성의 최후 지점인 한 다른 어떤 것에도 제약되지 않고, 다만 "통각의 절대 통일성 가운데에서, 그러므로 그 자신을 통해

---

47 I. Kant, *K.r.V.*, A 832.
48 I. Kant, *K.r.V.*, B 133; A 107f.

서"[49]만 인식될 뿐이다. 자기의식 혹은 "나는 생각한다"라는 명제에서의 자아는 오직 활동하는 주체로서 스스로를 인식할 뿐, 감성적 직관이나 개념적 오성을 통해서 증명되지도, 파악되지도 않는다. 그것은 다만 모든 직관과 표상의 다양성을 통일시키는, 더 이상 그 배후로 파고들어 갈 수 없는 인식의 가능성의 최후 조건으로, 곧 주체의 활동성으로 사유될 수 있을 뿐이다.

셸링이 "나는 존재한다"라는 명제로 표현되는 절대 자아를 철학의 최종 근거로 제시하는 것은 "나는 생각한다"라는 선험 통각을 철학의 최종 원리로 파악하려는 칸트의 이성비판에 대한 비판이다. 그 핵심은 자기의식은 칸트가 주장하는 것처럼 인식의 가능성의 최후 지점이 될 수 없다는 데 있다. 셸링에 의하면 "나는 생각한다"로 대변되는 자기의식은 "무언가를, 곧 객체를 사유함으로써", 즉 제약성 속에서만 존재하기 때문에 칸트 자신이 탐구하는 인식의 가능성의 최종 조건이 될 수 없다. 따라서 자기의식을 인식의 최종 근거로 파악하는 것은 마치 제약성의 "조건을 제약성 속에서" 찾는 것과 같다.[50] 나아가서 자기의식은 칸트가 경험적 제약으로부터 독립해 있으면서 모든 제약성을 자발적 활동성을 통해 산출해야 한다는 순수이성의 "무제약성" 혹은 "스스로 시작할 수 있는 능력"[51]을 제대로 드러내지 못한다. 그렇기 때문에 셸링은 "자기의식은 자아를 상실할 위험을 전제하고 있다"고 말한다. 자기의식이란 "표상의 통일성을 통해서만 그리고 그와 관련해서만" 존재하는 "경험 자아"에 지나지 않으며, 이 경험 자아의 현실성은 "그 바깥에 정립된

---

49 I. Kant, *K.r.V.*, A 402.

50 SW, I 180.

51 I. Kant, *K.r.V.*, B 561, A 579.

어떤 것, 곧 객체를 통해서 규정"되어질 뿐이다.52

경험 자아와 경험 비자아를 근거 지우는 절대 자아의 무제약적 활동성 그리고 절대 비자아를 부정하는 절대 자아의 활동에 상응하는 경험 자아의 활동성에 대한 진술은 바로 이러한 셸링의 칸트 수용과 비판을 전제하고 있다. 셸링에 의하면 사실상 경험 자아에 지나지 않는 자기의식의 통일성이 아니라, 인간의 자기의식까지도 근거 지우는 절대 자아만이 철학의 최종 원리가 될 수 있다. 이를 통해 셸링은 인식(과 현실성)의 가능성의 조건인 절대 자아에 대한 탐구로부터 출발해서(이론 철학) 이 절대 자아의 활동에 의해 정립되어진 경험 자아, 즉 경험세계 가운데 살아가는 인간의 행위의 방향을 제시함으로써(실천 철학), 절대 자아라는 단일한 원리를 토대로 구축되는 이론 철학과 실천 철학의 통일적 체계를 확립하고자 하는 것이다. "나는 스피노자주의자가 되었다"는 셸링의 고백은 바로 이러한 맥락 속에서 이해되어야 한다. 이 선언은 셸링이 자신이 무신론자가 되었다고 고백하는 것과는 아무런 관련이 없다. 그보다는 셸링은 칸트가 추구했음에도 완수하지는 못했던 철학의 체계를 구축하기 위한 방편으로 스피노자의 사상을 수용하고 있는 것이다: "철학은 아직 끝나지 않았다. 칸트는 결과들을 제시했다. 하지만 그에게는 전제들이 결여되어 있다. 전제들 없이 누가 결과들을 이해할 수 있겠는가?"53 철학이 출발점으로 삼아야 할 전제란 바로 스피노자의 절대자 혹은 무제약자이며, 이를 피히테를 따라 절대 자아라고 이름 붙임으로써 셸링은 자신이 칸트 철학의 핵심을 계승한다고 이해한다. 왜냐하면 전술한 대로 칸트에게 모든 인식의 최종 근거는 다름 아닌

---

52 SW, I 180.
53 Plitt, I 73.

'무제약성' 혹은 '스스로 시작할 수 있는 능력', 즉 '자유'에 있기 때문이다. "나는 스피노자주의자가 되었다"는 고백은 철학의 최종 근거와 최후 지점은 바로 '절대자의 자유'에 있다는 것을 의미한다.

> "나는 그동안 스피노자주의자가 되었다! ―놀라지 마라. 왜 그런지 곧 듣게 될 것이다.― 스피노자에게는 세계(주체에 전적으로 대립해 있는 객체)가 모든 것이었다. ― 내게는 자아이다. … 철학은 무제약자로부터 시작해야 한다. 이제 문제가 되는 것은 이 무제약자가 어디에 놓여 있는가 하는 것이다. 자아인가 혹은 비자아인가. 이 문제가 해결된다면, 모든 것이 결정된다. ― 내게는 모든 철학의 최고 원리는 순수하고도 절대적인 자아이다. 자아, 즉 그것이 오직 자아인 한 전혀 객체를 통해 제약되지 않고, 자유를 통해 정립되어진 자아이다. 철학의 시작과 끝은 자유이다."[54]

IV. "철학의 알파와 오메가는 자유이다"

"철학은 무제약자로부터 출발해야 한다"는 선언을 통해 셸링은 이론 철학과 실천 철학 전체를 절대 자아라는 단일한 원리로부터 해명하고자 한다. 이는 유한자에 대해 전적으로 초월해 있는 절대 자아가 자기 정립 이라는 일종의 변증법적 활동을 통해 경험 자아와 경험 비자아의 영역을 산출하고(이론 철학) 또한 이 같은 활동의 결과로 산출된 경험 자아는

---

54 Plitt, I 71.

절대 자아의 활동성에 일치하는 방식으로 활동하도록(실천 철학) 규정되어 있다는 것을 드러냄으로써 가능한 것이었다. 아래에서는 셸링이 어떻게 이를 통해 인간의 자유를 근거 지우려고 하는지를 보다 구체적으로 살펴보도록 하겠다. 이는 동시에 스피노자를 통해 칸트의 한계를 넘어서려는 셸링의 시도를 드러내는 것이기도 하다.

절대자와 인간의 자유: 자유와 필연성의 동일성

앞에서 언급했던 것처럼 무제약자 혹은 절대 자아는 그 개념 정의상 (per definitionem) 사물이나 객체가 될 수 없는 무엇이다. 그것은 "오직 자기 자신을 통해서만" 존재한다. 따라서 절대 자아는 그 스스로 "모든 존재, 모든 현실성"을 지니는 "모든 현실성의 총괄 개념"이다.[55] 또한 절대 자아는 자기 바깥의 타자와의 관계가 아닌 오직 자기 스스로부터 존재하는 한 "자기 자신에 대해 동일"하고, 따라서 "순수 동일성"(reine Identität)을 그 존재의 형식으로 가진다.[56] 절대 자아는 자기 스스로 존재하면서 자신을 "다른 무엇이 아니라 오직 순수한 자아로만 정립"하는데, 이러한 자아의 존재는 "절대적 자기 능력"(absolute Selbstmacht)으로부터만 가능하다. 이때 주목해야 할 것은 셸링이 이 같은 절대 자아의 본질을 "자유"로 정의하고 있다는 사실이다.

"그러므로 자아의 자유는 적극적으로(positiv) 정의 내릴 수 있다. 자아에게 있어서 자유란 절대적 자기 능력을 통해 자기 자신 안에 모든

55 SW, I 186.
56 SW, I 177.

현실성을 무제약적으로 정립하는 것, 그 이상도 그 이하도 아니다. ─ 소극적으로(negativ) 자유는 전적인 독립성, 그러니까 모든 비-자아 와의 전적인 양립불가능성으로 정의될 수 있다."[57]

절대 자아의 본질이 자유인 것은 그것이 자기가 아닌 타자와의 관계 로부터 '독립적'이고, 자존성(Aseität/Perseität)을 통해 그 존재를 오직 자기 스스로의 능력으로만 구성하기 때문이다. 이렇게 오직 스스로만 자기를 구성(Selbstkonstitution)하는 절대 자아에게 자유는 자기 자신의 존재와 일치하고, 따라서 절대 자아에게 자유는 자기를 스스로 산출하는 절대 인과성(absolute Kausalität)과 동일하다. 이렇게 절대자에게 일어나 는 자유와 인과율, 자유와 필연성의 동일성을 셸링은 절대 실체로서의 신에 대한 스피노자의 핵심 사상으로 이해한다. "스피노자의 체계에서 가장 최고의 이념"은 절대 인과성, 즉 "절대 실체의 인과성"으로, 절대자 는 "자기 존재의 필연성으로부터" 곧 "자기의 존재의 법칙을 통해, 자기 존재 자체를 통해 그런 것으로 활동"한다는 데 있다. 절대자의 활동은 오직 그 "능력 자체"(Macht schlechthin)에 있다. "절대 실체(자아)의 인과 성을 표현하는 최고의 이념은 절대 능력의 이념이다."[58] 이를 『철학적 서한』에서 셸링은 다음과 같이 한마디로 표현하고 있다: "절대적 자유와

---

57 SW, I 179.

58 SW, I 195f. 이와 관련하여 셸링은 스피노자의 『윤리학』을 인용하고 있다: "신은 선이라는 이유로부터가 아니라, 자기의 완전한 본성으로부터 활동한다"(Deus non agit ex ratione boni, sed ex naturae suae perfectione). (Ethica. Lib. I, Prop. XXXI.); "신의 능력은 그의 본질이다"(Dei potentia est ipsius essentia). 마지막 인용문을 셸링은 Prop. XXXIII으로 명기하고 있는데, 이는 Prop. XXXIV로 정정되어야 한다: Cf. Benedictus de. Spinoza, *Ethica Ordine Geometrico Demonstrata*, K. Blumenstock (ed.), *Spinozas Opera*, Bd. II (Darmstadt: Wissenschaftliche Buchgesellschaft, 1980), 142.

절대적 필연성은 동일하다."[59]

앞에서 논의되었던 절대 자아의 활동, 즉 자기 정립의 활동을 통해 자신에 대해 경험 자아와 비자아의 대립적 관계를 정립하는 활동은 상기한 바를 따라 '자유'로 정의 내릴 수 있다. 이처럼 절대 자아의 활동을 '자유'로 파악함으로써 셸링은 그 활동의 귀결로 생성되는 경험 자아의 본질을 '자유'에 있는 것으로 제시하고자 한다. 경험 비자아, 즉 객체와의 대립적인 관계 안에 놓여진 경험 자아는 그것이 '자아'인 한—절대 자아가 그런 것처럼— 결코 객체와의 관계를 통해서 형성될 수 없다. 경험 자아 혹은 유한 자아는 오직 절대 자아와의 관계를 통해서만 형성된다. 다른 말로 하자면 경험 자아는 "절대 자아가 자아가 되는 바로 그 절대적 인과성"이 그 안에 내재하기 때문에 자아이며, 그 대립적 관계항으로서 존재하는 객체로부터는 다만 "자기의 인과성의 제약, 즉 유한성"만을 획득할 뿐이다.[60] 객체와의 관계 속에 있는 '경험' 자아 안에는 절대 자아의 인과성이 내재해 있고, 바로 그 때문에 경험 '자아'는 이 절대 인과성과 동일한 절대 자아의 자유를 가진다. 이를 가리켜 셸링은 "선험적 자유"(transzendentale Freiheit), 즉 "객체와의 관계 속에서만 있지만, 객체를 통해서는 현실적일 수 없는 자유"라고 명명한다.

셸링은 상기한 대로 경험 자아의 선험적 자유를 절대 자아의 자유(와 인과성의 동일성)를 통해 근거 지우는 동시에 이제 경험 자아가 이 자유를

---

59 SW, I 330f. "자유와 필연성에 대해 숙고해 본 사람이라면, 이 두 원리가 절대자 안에는 통일되어 있어야만 한다는 것을 저절로 발견하게 된다. — 자유, 왜냐하면 절대자는 무제약적인 자기 능력으로부터 존재하기 때문이다. 필연성, 왜냐하면 그것은 바로 그렇기 때문에 오직 자기 존재의 법칙들, 자기 본질의 내적 필연성에 따라서만 활동하기 때문이다. … 절대적 자유와 절대적 필연성은 동일하다."

60 SW, I 237.

행사하는 최종 목표가 무엇인지 제시하려 한다. 비록 경험 자아 안에 절대 자아의 절대 인과성이 내재해 있다고 하더라도 경험 자아는 그것이 객체와의 관계로 인해 제약되어 있는 한 절대 자아의 무제약적 현실성을 자기 안에 구현하지 못한다. 따라서 절대 자아에게는 자기 존재의 법칙으로 주어져 있는 절대 인과성이 경험 자아에게는 "실현해야 할" 실천적 과제가 된다. 절대 자아의 존재의 법칙은 이제 경험 자아에게 "명령형"으로 "요구되어진다." 그것은 절대 자아가 모든 객체를 배제함으로써 존재하는 것처럼 경험 자아를 제약하는 "모든 객체를 부정"하는 방식으로 실현되어야 한다. 이를 통해 자아를 제한하는 요소들을 극복하고 "절대자의 자유와의 동일화"(Identität mit der absoluten Freiheit)를 이루는 것이야말로 경험 자아가 자기의 자유를 행사해야 할 최종 지점인 것이다.61

절대 자아에게는 존재의 법칙과 자유의 법칙, 자연법과 도덕법이 동일하고, 이를 한마디로 표현하는 명제가 바로 "나는 존재한다!"이다. 반면 절대 자아에게 일어나는 자유와 필연성의 동일성이 경험 자아에게는 성취해야 할 실천적 과제로 주어져 있다. 셸링은 이를 "절대적이 되어라 — 네 자신과 동일하게 되어라!"(Sey absolut — identisch mit dir selbst)라는 명제로 묘사한다. 하지만 자유의 법칙과 존재의 법칙, 도덕법과 자연법을 통일해야 하는 경험 자아의 과제는 어느 한순간에 완수될 수 있는 것이 아니다. 왜냐하면 그 순간 절대 자아와 경험 자아의 구별과 차이가 사라져 버리고 말 것이기 때문이다. 따라서 자유와 필연성의 통일성은 유한한 자아에게는 결코 이루어질 수 없고, "무한히 접근"되어질 뿐이다. 유한한 자아가 자기의 유한성을 넘어 절대 자아의 무한성을

---

61 SW, I 234f.

향해 나아가는 것, 그것이 바로 "자아의 무한한 지속, 불사성"이고, 이를 통해 "무한에로의 진보", 곧 "도덕적 진보"가 가능하다. 절대 자아의 존재의 법칙과 동일하게 되어야만 하는 유한 자아의 도덕법칙은 따라서 다음과 같이 변경된다: "동일하게 되어라"(werde identisch).[62]

절대자의 초월과 내재

"철학은 무제약자로부터 출발해야 한다." 이 명제는 인식과 현실성의 가능성의 근거를 질문하는 이론 철학의 출발점은 무제약자, 곧 절대 자아여야 한다는 셸링 사유의 출발점을 드러낸다. 그리고 이 절대 자아의 자유와 그 존재의 법칙으로부터 오는 인과성이 그에 의해 산출된 경험 자아 안에 내재해 있으면서 경험 자아의 자유의 실천 가능성과 최종 목표가 되는 한 이 절대 자아의 자유야말로 철학의 시작과 끝이 된다: "철학의 시작과 끝은 자유이다." 이론 철학의 출발점은 절대 자아의 자유이고, 이론 철학에서 이어지는 실천 철학의 최종 목표 역시 절대 자아의 자유이다. 절대 자아의 '자유'로부터 시작하고 종료되는 철학을 추구한다는 점에서 셸링은 '자유의 체계'로서의 철학을 수립하고자 한다고 말할 수 있다.

한편 자유의 체계로서의 철학과 이를 통해 인간의 자유를 드러냄에 있어서 우리는 셸링의 논증 방식에 두 가지 변화가 일어나고 있음을 발견할 수 있다. 첫째, 절대 자아로부터 출발하는 이론 철학에 있어서 모든 활동의 주체는 절대 자아인 반면 실천 철학에 이르러서는 그 주체가

---

62 SW, I 199ff.

객체로 인한 제약성을 극복하는 경험 자아, 즉 인간의 활동성으로 변경되고 있다는 사실이다. 둘째, 이 과정에서 절대자의 초월성이 절대자의 내재성으로 변경되고 있다. 셸링이 스피노자로부터 차용한 절대 실체의 자존성 및 절대 능력, 절대 인과성과 활동의 일치 등의 개념들이 절대 자아의 초월성을 드러낸다면, 반면 셸링은 이로부터 유추된 존재와 활동, 자연법과 자유의 동일성 등이 경험 자아 안에도 내재하는 것으로 변경함으로써 경험 자아의 자유를 근거 지우고자 하는 것이다. 사실은 이러한 변화 역시도 셸링이 스피노자로부터 이어받은 유산이었다. 셸링은 "스피노자의 정신"은 다름 아닌 '유한자 안의 무한자의 내재성'을 강조하는 데 있는 것으로 이해한다. 『철학적 서한』에서 셸링은 이러한 스피노자 이해를 서술하고 있다.

> "그(스피노자 _ 필자 주)는 무한자의 유한자로의 모든 넘어감을, 전이의 원인들 총체를 비판했고, 유출자의 자리에 하나의 내재적 원리, 그 안에 내주하는 영원히 변화하지 않는 세계의 원리를 세웠다. 이 원리는 그 모든 결과물들과 함께 파악할 때 하나이고, 언제나 같은 것이다. 나는 스피노자의 정신이 이보다 더 잘 파악될 수 있으리라고 생각하지 않는다."63

스피노자의 신이 철저히 세계 가운데 내재하는 신인 것처럼 셸링에게는 절대 자아를 특징짓는 사유와 존재, 자유와 인과성의 통일성이 경험 자아, 즉 대상세계와의 상호 제약적인 관계 속에 살아가는 인간

---

63 SW, I 313.

안에 내재해 있는 구성적 원리가 된다. 이때 절대 자아란 다름 아닌 신의 다른 이름이다: "신은 절대 자아와 다르지 않다."[64] 절대자가 유한자 안에 전적으로 내재하고 있는 한, 자유의 활동에 있어서 일어나는 전망의 변화, 즉 객체를 극복하는 활동의 주체가 절대 자아에서 경험 자아로 전이하는 것처럼 보이는 것은 단지 하나의 착시현상에 지나지 않는다. 객체로 인한 제약성을 극복해 나가는 활동은 셸링에게 있어서 철저히 "동일한 자아의 단일한 활동"[65]으로 이해되기 때문이다. 경험 자아 곧 인간은 자유와 인과성의 통일성을 토대로만 존재하기 때문에 객체로 인한 제약성을 극복하는(혹은 극복해야 하는) 그의 활동의 배후에는 절대 자아, 즉 신이 자리하고 있다. 경험 자아는 지상에서 절대 자아의 활동 대리인이고, 절대자는 유한자의 자유의 활동의 "배후에 숨어있는"[66] 실체인 것이다. 이처럼 경험 자아 혹은 인간 안에 내재하는 절대자, 그의 존재와 활동, 자유와 필연성의 동일성을 드러내는 것이 철학의 과제이다. 이를 셸링은 다음과 같이 야코비의 말을 인용함으로써 명시하고 있다.

철학적 연구자가 이룰 수 있는 최고의 기여는 추상적인 개념들을 늘어놓고, 이로써 자기의 체계들을 주조해 가는 데 있지 않다. 그의 최종 목표는 순수하고도 절대적인 존재이다. 즉, 그가 이룰 수 있는 가장 커다란

---

64 Plitt, I 77.

65 SW, I 238.

66 Cf. D. Henrich, "Andersheit und Absolutheit des Geistes. Sieben Schritte auf dem Wege von Schelling zu Hegel," D. Henrich (Hrsg.), *Selbstverhältnisse. Gedanken und Auslegung zu den Grundlagen der klassischen deutschen Philosophie* (Stuttgart: Reclam, 1982), 142-172, 156f.

기여는 개념들로는 드러나지도, 설명되지도 전개될 수도 없는 것—간단히 말해서 사라질 수 없는 것, 직접적인 것, 단순한 것—을 드러내고 계시하는 것이다.[67]

결코 제거될 수 없는 절대자의 내재성, 사유와 개념의 반성을 통해 도달할 수 없는 동시에 인간에게 가장 직접적이면서 그의 현존재 자체를 가능하게 하는 절대자 혹은 신의 가장 단순한 동일성을 드러내는 것, 그것이 철학의 과제이다. 이를 통해서만 철학은 인간으로 하여금 자유를 말할 수 있게 하고, 그 자유가 도달해야 할 최종 목표를 제시할 수 있기 때문이다.

"인격적 신은 없다" – 끝까지 자유를 말하기 위해

"나는 스피노자주의자가 되었다"는 셸링의 고백이 칸트를 넘어서기 위한 철학적 동기로부터 이해된다고 하더라도 우리에게는 여전히 아직 풀어야 할 과제가 남아 있다. 그것은 바로 기독교 신앙 일반에 대한 무신론적 거부감을 표명하는 것처럼 보이는 "인격적 신은 없다"는 셸링의 표현이다. 이를 이해하기 위해서는 무엇보다도 셸링이 공부하던 때의 튀빙겐대학 신학과의 역사적 상황을 염두에 두어야 한다.

당시 독일 지성계는 칸트의 비판철학으로부터 큰 영향을 받았는데, 이는 튀빙겐도 마찬가지였다. 물론 모든 사람이 칸트의 사상을 수용했던 것은 아니었지만, 당시 셸링의 선생들 중에서는 칸트 철학을 수용하면서

---

67 SW, I 186.

도 이를 통해 정통주의적 신앙의 규정들을 옹호하려는 사람들이 있었다. 이들은 인간의 순수이성은 그 연약함으로 인해 신을 인식할 수 없지만, 대신 실천이성을 통해 세계 근원자이자 심판자인 신의 존재를 요청하는 방식으로 신에 대한 정통주의적 믿음을 변호하고자 했다. 인격적 신은 없다는 셸링의 주장은 이 같은 '튀빙겐의 칸트주의자들' 혹은 '정통주의적 칸트주의자들'에 대한 셸링의 거부감을 표현하는 것으로 이해되어야 한다. 이들의 칸트 수용과 관련한 셸링의 비판은 다음과 같이 두 가지로 정리할 수 있다: 첫째, 이들은 칸트 철학의 정신을 도무지 이해하지 못했다. 둘째, 이들이 칸트 철학을 빌어 제시하는 인격적 신은 이들의 신 개념 자체에 배치된다. 왜 그런가?

첫째, 소위 도덕적 신 존재 증명을 시도하는 정통주의적 칸트주의자들은 셸링의 표현에 의하면 칸트 철학의 '정신'은 이해하지 못한 채 "자귀"에만 매달리고 있을 뿐이다. 이들은—예를 들어 신의 존재와 같이—이론 이성으로는 파악될 수 없는 교리적 주장들을 실천이성의 요청(Postulat)을 통해 정당화하고, 이 실천이성의 요청을 근거로 신앙과 인식의 대상인 인격적 신의 존재를 주장하는 방식으로 칸트의 철학을 이용하고 있다. 이들은 소위 실천이성이 추구하는 "도덕성의 가면"을 쓰고 나타나지만, 실제로는 칸트의 비판철학의 핵심인 "도덕성", 즉 '자유의 실행'을 실제로는 제거시켜 버리고, 거꾸로 "인식, 통찰, 신앙"의 대상으로서의 신을 언급하는 방식으로 칸트 철학을 왜곡시킬 뿐이다. 이들은 칸트 철학을 빌려 "deus ex machina... 저 위 하늘에 앉아 있는 인격적이고도 개인적인 존재"를 드러내려 할 뿐이다.[68] 칸트에게 신, 영혼 불멸

---

68 Plitt, I 73f., 77f.

등과 같은 형이상학적 이념들은 순수이성의 활동 산물이긴 하지만 결코 이론 이성의 탐구 대상이 아니고, 오직 실천이성이 대상세계와의 관계 속에서 자기의 '자유로부터 실현해 나아가야 할' 이념이다. 반면 튀빙겐의 칸트주의자들은 이를 다시금 '이론' 이성의 대상으로 복권시킴으로써 "칸트의 자율성의 이론을 권위주의적 신학을 옹호하기 위한 수단"[69]으로 왜곡시켰다는 데 일차적인 문제가 있다.

둘째, 정통주의적 칸트주의자들에 대한 셸링의 비판은 무엇보다도 이들의 주장은 자기들의 의도와는 달리 그들이 생각하는 신에 대한 개념 자체를 붕괴시키는 치명적인 오류를 범하고 있다는 사실을 적나라하게 드러낸다. 이들은 신을 이론 이성의 하나의 '대상'으로 다룸으로써 신을 자기들이 주장하듯 '하늘에 앉아 있는' 초월적 절대자가 아니라, 거꾸로 주체와 객체의 인과관계의 망 안에 사로잡혀 있는 하나의 대상으로 격하시켜 버리고 만다. 이때 신은 신이 되길 멈추고, 주객도식의 그물 아래 사로잡힌 제약자 중의 하나가 될 뿐이다.

'인격적 신은 없다'는 셸링의 진술의 의미는 이러한 맥락에서만 제대로 이해될 수 있다. 초기 셸링이 보기에 "인격이란 의식의 통일성을 통해서만" 생성되는 것이며, "의식이란 대상 없이는 불가능"하다.[70] 말

---

69 D. Henrich, "Historische Voraussetzungen von Hegels System," D. Henrich, *Hegel im Kontext* (Frankfurt a/M.: Suhrkamp, 1967), 41-72, 특히 51-61.

70 Plitt, I 77. '인격'이란 개념이 반드시 이렇게 협소한 의미와 대상 관련에서만 사용되어야 하는 지에 대한 논의는 여기에서는 논외로 하겠다. 후에 셸링은 『자유론』에서 정신으로서의 신을 "최고인격"(SW, VII 395)으로 정의하는데, 이는 『자아론』에서와는 달리 인격을 실존하는 존재와 그 실존의 근거 간의 통일적 관계로 이해하고 있다. 여기에서는 다만 그 이전까지 셸링은 인격을 유한자에게만 해당하는 것으로 이해하고 있다는 것을 밝히는 것으로 충분할 것이다. 이 같은 인격개념은 피히테에게서도 그대로 나타나고 있다: J. G. Fichte, J. G. Fichte, *Ueber den Grund unsers Glaubens an eine göttliche WeltRegierung*, GA, I/5, hrsg. von R. Lauth/H. Gliwitzky, (Stuttgart-Bad Cannstatt:

하자면 인격이란 대상세계, 즉 경험 비자아와의 관계 속에 있는 표상의 통일성으로서의 경험 자아에게만 해당하는 것이지, 이 세계로부터 초월해 있는 신에게 부과할 수 있는 개념은 아니라는 것이다. 절대 자아로서의 신은 모든 객체로부터 전적으로 초월해 있고, 그런 한 신은 결코 이론 이성으로 해명되어야 할 대상이 아니며, 다만 이 초월적인 신의 현실에 유한한 인간이 자신의 활동적인 자유를 통해 일치에 도달하게 되기까지 무한히 추구되어야 할 실천적 목표 지점인 것이다. 신 또는 절대자는 "지식의 대상"이 아니고, "활동의 대상"이다. 이것이야말로 신의 이념과 관련한 칸트 철학의 정신이고, 신을 신이 되게 하는 방식이다. "인격적 신은 없다"라는 선언 속에는, 바로 이 같은 '신-학적' 관심, 즉 신을 철저하게 신으로서 말하고자 하는 관심이 자리하고 있다. 신의 인격성에 대한 가장 날카로운 비판자는 지금 신의 절대성을 가장 치열하게 드러내려 한다.

신의 초월성에 대한 진술은 동시에 신의 내재성에 대한 진술로 이어진다. 초월적인 신은 개념적 반성을 통해, 즉 사유하는 활동을 통해 "매개적으로" 도달할 수 있는 것이 아니라, 앞에서 밝힌 것처럼 오히려 그 자신의 활동을 통해 가장 "직접적"으로 인간 현존재의 근거로 내재해 있다. 다른 말로 하자면 사유와 존재, 자유와 필연성의 통일성이라는 신적 원리가 자유를 실천하도록 요구받는 인간 존재의 토대를 형성하고 있다는 것이다.[71] 스피노자를 따라 이렇게 가장 직접적인 것, 가장 내재

Frommann-Holzbog, 1977), 347-357, 354ff. 도덕적 세계질서를 신과 동일시함으로써 신의 인격성을 부인하는 피히테의 입장에 대해서는 F. Wagner, *Der Gedanke der Persönlichkeit Gottes bei Fichte und Hegel* (Gütersloh: Gütersloher Verlagshaus: 1971), 28-62.

71 SW, I 333.

적인 것, 가장 단순한 것을 드러내는 것의 궁극적 목표는 오직 인간의 자유를 드러내기 위함이다. "인간의 본질"은 그 안에 내재하는 절대자로부터 유래하는 "통일성 속에서 그리고 이 통일성을 통해서" 이루어져 있다. 이 통일성은 다름 아닌 "절대 자유"이다.

셸링이 절대자의 자유를 이토록 강조하는 것은 단지 철학적 동기에만 기인하는 것은 아니다. 자연법과 자유의 법의 통일성 위에 인간이 존재한다는 것을 드러냄으로써 현실적인 세계의 변화를 준비하게 하려는 것이 셸링 철학의 '실천적' 동기이다. 철학의 관심은 개념 위에 개념을 쌓는 이론의 체계를 구축하는 데 있지 않다. 스피노자주의자가 된 셸링은 '무제약자로부터 출발'하면서 인간의 본질은 자유라는 칸트 철학의 핵심을 드러낸다. 이를 통해 프랑스 혁명과 더불어 시작된 것으로 이해되는 자유의 시대, 이제 곧 온 인류가 완성을 향해 다가가야 할 자유의 마지막 시대를 준비시키고자 하는 것이 셸링의 의도이다. 철학의 최종 원리를 질문하는 것은 이 무제약적 자유가 "역사 가운데 현실화되기 전에… 저 위대한 인류의 시대를 준비하기 위함이다":

인간에게 그가 누구인지(was er ist) 인식하도록 해라. 그러면 그는 곧 그가 무엇을 해야만 하는지(was er soll) 알게 될 것이다: 그에게 자기 자신을 이론적으로 존중하도록 해라. 실천적 존중이 곧 그 뒤를 따르게 될 것이다.[72]

자연법과 자유의 법이 대립하기를 멈추고, "자유 자신이 자연이 되고,

---

72 SW, I 157f.

자연은 자유"로부터 온다는 그 통일성의 법칙이 이루어질 날을 준비하는 것, 이를 위해 인간은 "사변하기 위해서가 아니라 행위하기 위해서 태어났다"는 사실을 드러내는 것,[73] 그것이 '무제약자로부터 출발'해서 '자유를 철학의 처음과 나중'으로 드러내고자 하는 젊은 셸링의 실천적 동기이고, 앞으로도 그의 철학 전체를 추진해 가게 될 핵심 요소이다.

V. 초기 셸링 철학의 신학적 의의와 한계

셸링의 초기 철학은 전문적인 신학적 문제를 다루지는 않는다. 그럼에도 그의 초기 작품들 안에는 분명 신학적인 근본 동기가 깔려 있다. 그것은 신은 주체와 객체의 관계 같은 세계 내적 관계들로부터 철저히 초월해 있는 존재이지만, 동시에 그는 인간의 자유로운 활동 자체까지도 그 깊은 심원에서부터 규정하는 절대 주체라는 신념이다. 절대 주체로서의 신은 인간의 자유와 대립되거나 인간의 자유를 제한하는 것이 아니라, 오히려 인간의 자유를 근거 지우고, 그 자유가 행사되어야 할 최종 목표를 드러내 준다. 자유로운 신이 인간을 자유롭게 한다. 이 같은 셸링의 견해는 "신의 존재와 인간의 자유가 도무지 양립 가능한 것인가?"[74]라는 오래된 질문에 대해 역으로 새로운 질문을 통해 대답을 시도하고 있다고 말할 수도 있다: "도대체 신의 자유로운 활동이 아니라면 우리가 어떻게 자유로울 수 있다는 말인가?"

---

73 SW, I 241f.

74 이에 대한 개괄적 논의를 위해서는 박영식, "하나님의 섭리와 인간의 자유," 「한국기독교신학논총」 65 (2009), 159-179.

한편 신의 초월성, 전능함을 강조하는 것은 곧바로 그에 상응하는 인간관, 세계를 지배하고 정복하는 인간상을 정당화하게 된다는 일반적인 견해 역시 셸링의 사상에 입각해 볼 때 일면적임을 알 수 있다. 전적으로 초월적인 절대 자아의 활동으로부터 유추되는 경험 자아와 경험 비자아는 오직 스스로 존재하는 절대 자아의 현실성(Realität) 혹은 그의 존재(Sein) 안에서만 자신의 현실성 또는 구체적 존재(Da-Sein)를 얻을 수 있다. 이는 곧 경험 자아와 경험 비자아, 주체와 객체는 모두 각각 그 중심에 절대 자아의 존재로부터 오는 절대 인과성이 내재해 있다는 것을 의미한다. 절대 자아가 이들에게 "공동의 중심"이 되는 한 주체와 객체, 인간과 자연은 상호 대립적인 관계 안에 존재하는 것처럼 보일지라도 사실상 양자 사이에는 "예정 조화의 원리"(Prinzip prästabilierter Harmonie)가 내재하고 있고, 그렇기 때문에 본질적으로 주체와 객체, 정신과 자연, "자유와 필연성은 동일"하다.[75]

하지만 이제 막 철학에로 전향한 셸링은 이 같은 주체와 객체의 동일성(Subjekt-Objekt-Identität)에 대한 사고를 실제로는 끝까지 밀고 나가지 못하고 있다는 것도 지적되어야 한다. 비록 절대 자아로부터 출발함으로써 주체와 객체의 동일성을 말하긴 하지만, 『자아론』에서 셸링은 실제로는 이와 배치되는 방식으로 인간 자유의 실천을 명시하고 있기 때문이다. 그것은 객체로 인한 제약성을 무한히 극복해 가는 활동을 주체의 자유의 내용으로 규정하고 있다는 데 있다. 이 같은 모순을 해결하기 위해서는 객체 안에 어떻게 절대자의 절대 동일성이 혹은 주객 동일성이 구현되어 있는지를 보다 구체적으로 드러내야만 한다. 이를 시도하는 것이 바로

---

75 SW, I 240f.

『철학적 서한』에 이은 자연철학적 저작들이고, 이를 통해 자연과 정신 모두가 "주체와 객체의 동일성"이라는 동일한 근본 구조로 구성되어 있음을 체계적으로 드러내려는 시도는 『선험철학의 체계』(1800)[76]에서 일단락된다.

비록 초기 셸링이 아직 절대자로부터 출발해서 경험세계 안의 주객 동일성의 구조를 완전히 드러내 보이지는 못하고 있다고 하더라도 초월 적 신은 곧바로 세계에 대한 인간의 지배를 정당화하고 말기 때문에 이 같은 신에 대한 관념을 내재적인 신으로 대체해야 한다는 현대 (창조) 신학의 경향을 일방적으로 수용하기에는 그 근거가 빈약해 보인다. 지금 까지 살펴보았듯 오직 가장 초월적인 신을 가장 내재적인 것으로 사유하 는 것이 가능하다면 그리고 이 초월적 신의 내재로 인해 주체와 객체 간의 조화로운 관계 형성을 제시하는 것이 가능하다면, 초월과 내재의 갈림길에서 서성거려야 할 이유가 더 이상 어디에 있을까?

셸링은 자유야말로 인간을 단지 자연적, 물질적 존재로 환원하지 못하도록 하는 결정적인 요소라고 말하고 있다. 이는 오늘날 근대적 주체와 객체의 분열이라는 철학적 문제를 넘어서고자 하는 창조 신학이 전개해 나가야 할 인간론이 어떤 모습이어야 하는지 방향을 제시해 주는 것으로 해석할 수 있다. 소위 '인간의 자연화'가 지니는 물질주의적, 자연주의적 환원의 방법은 이미 인간에 대한 많은 자연과학적 설명들이 전제하고 있는 바이고, 이는 언제든지 인간의 자유와 그의 독특성을 부정하는 이데올로기로 전환될 수 있는 위험성을 그 안에 내포하고 있다. 셸링의 신론과 그로부터 연역되는 인간론은 자연과 인간의 결코

---

76 SW, III 327-668.

분리할 수 없는 상호관계성에도 불구하고 인간을 신의 형상으로서, 즉 신과의 차이에도 불구하고 오직 신과의 직접적인 관계를 통해 자연에 대비해서 자연 안에서 살아가는 인간의 독특한 모습으로서의 자유를 드러내는 것이 신, 세계, 인간의 관계를 다루는 창조 신학의 내용이 되어야 할 것이라는 것을 말해 준다.

2 장
창조자 하나님의 자유와 인간의 자유
— 셸링의 『자유론』(1809)*을 중심으로

I. 현대 창조 신학의 핵심 테제와 셸링의 연관성

"창조 신학의 부흥"은 지난 20세기의 신학적 논의를 특징짓는 현상 중의 하나라고 말할 수 있다.[1] 오랫동안 잊혀져 왔던 창조로서의 자연에

---

* F. W. J. Schelling, *Philosophische Untersuchungen über das Wesen der menschlichen Freiheit und die damit zusammenhängenden Gegenstände*, SW, VII 331-408. 셸링 사후 셸링의 아들 K.F.A. Schelling은 셸링이 생전에 출판한 책들과 미간행 원고 및 강의록을 묶어 Sämtliche Werke를 출판하였다. 이 글에서는 이를 주제별로 재편집한 슈뢰터(M. Schröter)의 셸링 전집(Schelings Werke)을 참고하였고, 이때 인용되는 책의 권과 쪽수는 슈뢰터의 판본에 표기된 Sämtliche Werke의 권과 쪽수를 따른다. 이하에서는 SW, VII 331 과 같이 표기한다.

1 슈베벨은 "삼위일체론에 대한 관심"과 "창조라는 주제의 르네상스"를 20세기 후반부 신학적 논의의 가장 특징적인 현상으로 지적하고 있다: Christoph Schwöbel, *Gott in Beziehung* (Tübingen: Mohr Siebeck, 2002), 131; Christoph Schwöbel, "Introduction. The Renaissance of Trinitarian Theology. Reasons, Problems and Tasks," *Trinitarian*

대한 반성이 신학적 논의의 광장 가운데로 복귀한 것이다. 하지만 창조론 혹은 창조 신학의 부활은 사실 신학 내부적 요인보다는 신학 외적 요인에 기인한다. 다름 아닌 생태계의 위기와 이에 대한 인간의 점증하는 위기의식이었다. 당시의 논의들이 "파멸에 직면한 창조",[2] "창조의 파괴",[3] "창조의 보존", "창조를 위한 책임"[4] 등과 같은 표제어를 중심으로 진행되었다는 것은 창조 신학의 논의에 있어서 생태계의 심각한 파괴에 따른 위기의식이 그 중심에 자리하고 있었다는 것을 보여준다.

자연의 파괴가 치명적인 형태로 이루어지는 현실 앞에서 창조 신학의 가장 큰 관심사는 인간을 통한 자연의 수탈의 사상적 근원으로 간주되던 '인간중심주의'를 극복하는 일이었다. 이 같은 목표를 성취하기 위해서는 주로 다음과 같은 전략이 채택되었다: 첫째, 철학적으로는 데카르트의 주객 분열의 도식을 지양하는 것이었고, 둘째, 신학적으로는 세계에 대하여 초월한 신이라는 전통적인 표상을 세계 가운데 내재하는 신으로 대체하는 것이었다. 이를 통해 데카르트 이래로 서구에서 지속되어 온 '정신이 배제된 자연 이해'와 '자연이 배제된 정신 이해'를 정신과 자연, 주체와 객체의 '상호작용적 관계'에 대한 통찰로 대체하고자 했던 것이다. 이를 위해서는 더 이상 창조자와 피조물 사이의 '차이'가 강조되

Thelogy Today, ed. by Christoph Schwöbel (Edinburgh: T&T Clark, 1995), 1-30.

2 G. Altner, *Schöpfung am Abgrund. Die Theologie vor der Umweltfrage* (Neukirchen-Vluyn: Neukirchener Verlag, 1974).

3 Kirchenamt d. Evang. Kirche in Deutschland u. d. Sekretariat d. Dt. Bischofskonferenz, ed. *Verantwortung wahrnehmen für die Schöpfung: Gemeinsame Erklärung d. Rates d. Evang. Kirche in Deutschland u. d. Dt. Bischofskonferenz* (Gütersloh: Gütersloher Verlagshaus, 1985), 55.

4 K. Barner/K. Oeser, ed. *Schöpfungsverantwortung konkret. Aus der Arbeit der kirchlichen Umweltbeauftragten* (Neukirchen-Vluyn: Neukirchener Verlag, 1986).

어서는 안 되며, 신이 세계 가운데 내재할 뿐만 아니라 또한 신 가운데 내재하는 세계에 대한 일종의 패러다임의 전환이 요구된다는 것이 현대 창조 신학 문헌들에서 자주 나타나는 테제이다.

이 글은 상기한 창조 신학의 일반적 경향에 대한 지극히 단순한 질문과 더불어 시작된다: "정말 그것이 유일한 방안인가?" 데카르트의 주객 분열에 대한 대안적 사유를 끌어내기 위해 우리는 정말로 피조물에 대한 창조자의 초월과 자유에 대한 전통적 표상을 포기해야만 하는가? 이 같은 질문에 대답하기 위해서 특히 셸링의 『자유론』에 주목하면서 아래와 같이 4단계로 논의를 풀어가고자 한다: 1) 생태계의 파괴에 직면한 창조 신학의 철학적, 신학적 기본 입장이 무엇인지를 밝히고, 어떤 의미에서 셸링 철학을 되짚어 보는 일이 오늘날 우리에게 유의미할 수 있는지를 드러낸다. 2) 『자유론』의 출발점이 되는 셸링 철학의 근본 동기가 무엇인지를 밝히고, 여기에서 셸링이 신과 세계의 관계를 해명하는 기본 구조를 제시한다. 3) 신과 세계를 '구분 짓는' 셸링의 사유 방식을 고찰함으로써 데카르트식 주객이원론이 반드시 신과 세계의 차이를 제거함으로써만 극복되는 것은 아님을 밝힌다. 그와는 정반대로 창조물에 대한 창조자의 초월성과 자유를 전면에 내세우면서도—창조 신학의 일반적 전제와는 달리— 정신과 자연, 주체와 객체의 분열을 지양하는 것이 가능하다는 것을 드러낸다. 이때 특히 주목할 만한 것은 "신의 계시로서의 자연"(Schöpfung als Offenbarung Gottes)이라는 개념이다. 4) 신학적으로 유효한 근대의 인간중심주의의 대안은 현대 창조 신학적 문헌들에서 자주 주장되는 것처럼 단지 '우주중심주의'(Kosmo/Physio-zentrismus)에로 전환하는 데 있는 것이 아니라, '삼위일체론적 신중심주의'(trinitarischer Theozentrismus)에 있다는 것을 제시한다.

II. 현대 창조 신학과 셸링의 만남

현대 창조 신학의 철학적 · 신학적 테제들

현대 창조 신학의 다양한 논의를 모두 상세히 다룰 수는 없으므로 여기에서는 생태계 파괴의 정신적 동기로 간주되는 인간중심주의를 극복하기 위해서 현대 창조 신학이 지향하는 철학적 · 신학적 전략을 중심으로 그 논의를 간략히 정리해 보고자 한다.[5]

첫째, 철학적으로 보았을 때 창조 신학은 데카르트 이후 서구의 사유와 삶의 틀을 규정해 왔던 '주체와 객체의 분열'(Subjekt-Objekt Dichotomie)에 대한 비판과 그 지양을 목표로 한다. 이때 대부분의 창조 신학적 문헌들은 유대-기독교적 창조 신앙이 무자비한 자연의 착취를 가능하게 한 인간중심주의의 근원이라는 비판에 반하여 인간중심주의의 근원은 사유하는 존재(res cogitans)와 연장되어진 존재(res existensa)를 구분한 데카르트적 도식 안에 있다는 사실을 강조한다. 데카르트의 이분법적 분열 이후 자연은 단지 인식하고 행위하는 주체의 '대상'에 불과한 것으로 간주되기 시작했고, '주체'로서의 인간은 "자연의 주인이요 소유자"로 스스로를 이해하기 시작했다. 자연에 대한 인식 혹은 자연 그 자체는 오직 인간을 위한 "이익"과 인간의 삶을 위한 "목적"에 기여하는 한에 있어서만 의미를 갖는 것으로 간주되었다.[6] 이제 자연이 배제된 정신

---

5 아래의 글들은 이를 위해 좋은 개요를 제공해 준다: Chr. Frey, "Theologie und Ethik der Schöpfung. Ein Überblick," ZEE 32 (1988), 47-62; Chr. Frey, "Literaturbericht. Neue Gesichtspunkte zur Schöpfungstheologie und Schöpfungsethik?" ZEE 33 (1989), 217-232; Hermann Häring, "Schöpfungstheologie - Ein Thema im Umbruch," ThRv 97 (2001), 177-196.

그리고 정신이 제거된 자연에 대한 표상과 더불어 자연은 단지 인과율의 법칙에 의해 작동하는 "필연성의 영역"(Natur als Reich der Notwendigkeit)에 지나지 않는 것으로 그리고 인간의 능동적 활동에 의해 발전해 가는 "자유의 영역"으로서의 역사(Geschichte als Reich der Freiheit)를 위한 수동적 재료로서만 이해되었다. 근대 이후 인간의 역사, 특히 서구의 역사는 이렇게 "자연에 대한 수탈"[7]에 기반한 역사이다. 이 같은 주체와 객체 간의 분리를 사상적으로 극복하는 것은 오늘날 창조 신학이 지향하는 결정적인 철학적 목표와 과제로 주어져 있다.

둘째, 신학적으로 보았을 때 근대의 인간중심주의를 넘어서고자 하는 창조 신학은 하나의 공동의 신학(Theo-Logie), 즉 신론에 기반하고 있다. 그것은 바로 전통적인 '초월적 신'에 대한 표상을 비판하면서 이를 세계 안에 '내재하는 신'으로 대체하고자 한다는 것이다. 이는 다음과 같은 간단한 도식적 언어로 명료화할 수 있다: "창조 위에 계신 창조자" 대신에 "창조 안에 계신 창조자". 신의 세계 내재를 근거로 정신이 제거된 자연 이해를 지양하고 신과 세계 간의 직접적인 상호작용 속에서 인간에게서 독립해 있는 자연의 고유한 가치를 강조하는 것(즉, 세계 혹은 우주 중심주의 Physio-bzw, Kosmozentrismus)은 현대 창조 신학의 또 다른 목표 지점이기도 하다.[8] 인간중심주의를 넘어서는 우주중심주의, 주체와 객

---

6 R. Descartes, *Discours de la Méthode*. Avec introduction et notes par E. Gilson (Paris: Vrin, 1954), 122.

7 G. Altner, *Schöpfung am Abgrund* (1974), 86.

8 이와 관련하여 S.M. Daecke, "Säkulare Welt - sakrale Schöpfung - geistige Materie, Vorüberlegungen zu einer trinitarisch begründeten Praktischen und Systematischen Theologie der Natur," *EvTh* 45 (1985), 261-276; 261f.; 창조자의 내재성을 통해 "자연의 고유한 가치와 권리"를 회복하고자 하는 과정신학의 입장에 대해서는 Ch. Birch/J. B. Cobb, "God's Love, Ecological Survival and the Responsiveness of Natur," *Anticipation* 16

체의 분열을 극복하는 상호관계성은 피조물 안에 내재한 창조자를 강조할 때에야 가능하게 된다는 것이다. 몰트만이 자신의 "생태학적 창조론"을 "창조 안에 계신 하나님"(Gott in der Schöpfung)이라고 명명한 것은 결코 우연의 일이 아니다.9

이 글에서 우리는 이 같은 신-학적 전제를 비판적으로 검토하게 될 것이다. 주객 분열을 극복하기 위해 우리는 진정으로 오직 신의 세계 내재로부터 출발해야만 하는 것일까? 이제 더 이상 창조자와 피조물 사이의 '구분'이 아닌 양자 간의 '상호관계'만을 강조해야 하는 것일까? 신과 세계, 창조자와 피조물을 철저히 구분하면서 세계에 대해 초월해 있는 창조자에 대한 전통적인 이해는 진정으로 신과 세계, 인간과 자연, 정신과 물질의 대립을 초래하고, 지배적인 사회 관계를 정당화하는 방식으로만 기능할 뿐인가? 주체와 객체, 인간과 자연의 상호관계성을 해명하는 작업은 과연 신을 하늘로부터 끌어내릴 때에만, 창조자의 자유를 제한하고 자연의 과정과 인간의 삶의 수레바퀴에 사로잡히도록 할 때에만 가능한 일인가? 이에 대한 셸링의 대답을 우리는 『자유론』을 읽어가면서 살펴보게 될 것이다. 그 전에 먼저 해명되어야 할 것은 다음과 같다: "왜 오늘날 창조 신학의 맥락에서 셸링을 다루어야 하는가?"

(1974), 32-34; 신의 내재성에 대한 여성신학적 강조에 대해서는 D. Sölle, *Lieben und Arbeiten. Eine Theologie der Schöpfung* (Stuttgart: Kreuz-Verlag, 1985), 26f.

9 몰트만의 다음과 같은 진술은 내재성을 강조하는 현대 창조 신학의 경향을 그가 얼마나 의식적으로 수용하고 있는지 드러내 준다. "생태학적 창조론은 신에 대한 새로운 사고를 내포한다. 더 이상 신과 세계의 차이가 아니라 세계 안의 신의 내재와 신 안의 세계의 내재에 대한 인식이 그 중심에 서 있다." J. Moltmann, *Gott in der Schöpfung. Ökologische Schöpfungslehre* (Gütersloh: Gütersloher Verlagshaus, 1985), 27.

셸링 ─ 현대 창조 신학의 대화 파트너

독일 관념론자 중 한 사람인 셸링은 20세기 중엽까지 전문적인 철학자들 사이에서 거의 아무런 관심을 끌지 못했다.[10] 하지만 1950년대 말을 전후해 그의 사상은 다시금 주목받기 시작했고, 20세기 후반에 이르러서는 "셸링의 귀환"[11]을 말할 정도로 활발한 연구가 이루어지게 되었다. 여기에서는 철학에서뿐만 아니라 신학계 안에서도 점증하고 있는 "셸링의 필요성"[12]을 앞에서 언급한 현대 창조 신학과의 관련 속에서 살펴보도록 하겠다.

셸링의 철학이 20세기 후반에 이르러 복권된 이유 중의 하나는 바로 그가 주체-객체-분열의 이분법을 극복하고 주체-객체의 상호연관성 혹은 셸링 자신의 용어로 하자면 "정신과 자연의 동일성"을 지향하고 있기 때문이다. 예를 들어 셸링은 그의 자연철학에서 자연을 그 안에 전체와 부분, 보편과 특수가 통합된 하나의 유기체적 전체로 파악하고자 했다. 자연은 단지 원인-결과의 인과율에 따라 작동한다는 당시의 기계적, 원자론적 세계관과 주체의 바깥에 자리한 외부 세계로서의 자연은

---

10 셸링의 사상은 이미 그가 생존하던 당시부터 헤겔에 의해 극복되어진 것으로 간주되었고, 그의 이름 뒤에는 신지학(Theosophie)주의자, 반동적 기독교 사상가, 가톨릭주의자 등의 조롱이 뒤따랐다.

11 X. Tilliette, "Schellings Wiederkehr?," *Schelling. Einführung in seine Philosophie*, ed. by H. M. Baumgartner (Freiburg, München: Alber, 1975), 161-172; 161.

12 H.J. Sandkühler, *Friedrich Wilhelm Joseph Schelling* (Stuttgart: Metzler, 1970), 13; A. Jäger, "Es besteht ein Bedürfnis nach Schelling," *Schelling. Seine Bedeutung für eine Philosophie der Natur und der Geschichte*, ed. by L. Hasler (Stuttgart-Bad Cannstatt: Frommann-Holzboog, 1981), 247-251; H. Braun, "Ein Bedürfnis nach Schelling," *PhR* 37 (1990), 161-196.

인식하는 주체의 활동성과 그에 대한 반성에 의해서만 규정될 수 있다는 당시의 주체 중심적 인식론에 정면으로 대립하면서 셸링은 자연은 그 자체로 합목적적이며, 그 자체로 완결된 하나의 유기체적 체계임을 역설하였다. 정신과 자연은 결코 대립하지 않으며, 자연이 정신에 종속되는 것도 아니다. 오히려 자연은 정신이 자기의식에 이르기까지 걸어온 무의식적 발전의 과정이다. 따라서 '자연의 역사'는 인간 '정신의 발전의 역사'이며, 유기체적 전체로서의 자연은 인간의 정신이 그러한 것처럼 그 자체에 내재한 활동성 혹은 생산성에 의해 스스로를 조직화해 나간다. "정신은 보이지 않는 자연이고 자연은 보이는 정신이다."[13]

셸링이 유기체적 자연과 이를 구성하는 자연 안의 활동성 혹은 생산성에 대한 진술을 통해 의도하는 바는 명확하다. 그것은 바로 데카르트적인 주체-객체-분열의 이분법을 극복하고 주체와 객체, 정신과 자연의 근원적 통일성을 드러내고자 하는 것이다. 주체와 객체를 대립시키는 것은 "인간의 정신병"(Geisteskrankheit des Menschen)[14]에 지나지 않는다. 이처럼 "우리 안에 있는 정신과 우리 바깥에 있는 자연의 절대적 동일성"(absolute Identität des Geistes in uns und der Natur außer uns)[15]을 지향하는 셸링 철학은 생태계의 파괴에 직면하여 자연을 대상화하는 인식론을 대체할 대안적 패러다임으로 인식되면서 적극적으로 논의되고 있다.[16] 이런 의미에서 셸링은 지금 우리에게 동시대적일 뿐만 아니

---

13 F. W. J. Schelling, (*Einleitung zu den*) *Ideen zu einer Philosophie der Natur als Einleitung in das Studium dieser Wissenschaft* (1797), SW, II 56.

14 SW, II 13.

15 SW, II 56.

16 W. Schmied-Kowarzik, "Friedrich Wilhelm Joseph Schelling," *Klassiker der Naturphilosophie. Von den Vorsokratikern bis zu Kopenhagener Schule*, ed. by G.

라, 현대 창조 신학 안으로 통합된 철학적 문제의식의 고전적인 기원이자 창시자라고도 말할 수 있다.[17]

현대의 창조'신-학'과 관련해서도 셸링은 선구자적인 위치를 차지하고 있다. 왜냐하면 주체와 객체, 인간과 자연의 통일성을 '최종적으로 근거 지우기'(Letztbegründung) 위한 논의에 있어서 신의 초월성과 내재성의 문제는 셸링 철학에 있어서 결정적인 역할을 하기 때문이다. 이때 주목해야 할 점은 셸링은 결코 신의 초월성을 내재성으로 대치하려 하지 않으며, 무엇보다도 예수 그리스도라는 역사적 사건 속에 스스로를 계시하는 삼위일체 신과 그의 창조 활동에 대한 진술을 통해 초월과 내재의 문제를 풀어가고 있다는 점이다. 신과 세계 사이의 상호관계만이 아니라, 창조자와 피조물 간의 엄밀한 구분과 차이에 대한 강조를 셸링은 결코 잊지 않는다. 이 같은 문제의식을 기초로 아래에서는 『자유론』에 집중하면서 셸링의 창조에 대한 이해를 검토해 보도록 하겠다.

III. 창조자와 피조물의 관계

신과 인간의 자유 ―『자유론』의 출발점

셸링의 창조론을 고찰함에 있어서 놓치지 말아야 할 것은 셸링이

Böhme (München: Beck, 1989), 241-262.

17 바이체커의 "자연의 역사"나 블로흐의 "자연 주체"와 같은 개념들은 사실은 셸링에게서 이미 나타나는 "자연의 역사" 혹은 "산출하는 자연"(natura naturans)과 같은 개념을 재발견한 것에 지나지 않는다.

신과 세계의 관계를 삼위일체 창조자와 그 피조물의 관계로 해명하고자 하는 이유가 무엇인지, 이를 통해 추구하고자 하는 바가 무엇인지 규명하는 일이다. 이는 사실상 셸링이 주체와 객체의 동일성에 대한 '이론적' 해명을 통해 드러내고자 하는 철학적 사유의 숨은 '실천적' 동기인 동시에 그의 사상적 발전의 과정 전체를 초기부터 후기까지 그 연장선 속에서 해명하도록 하는 핵심 요소이다. 그것은 바로 '인간의 자유'이다. 자유로운 인간을 위해 신이 세계의 창조자라는 사실이 사유되어야 하고, 인간의 자유를 보장하기 위해 인간과 자연의 동일성이 창조자 신의 삼위일체적 자기 계시의 활동 속에서 근거 지워져야 한다. 이것이 바로 『자유론』과 셸링의 철학을 제대로 이해하게 하는 결정적인 해석의 단초이다.

『자유론』에서 셸링은 다음과 같은 두 가지 핵심 문제를 해결하고자 한다: 첫째, "자유에 대한 올바른 개념"을 발견하는 것이고, 둘째, "이 개념이 학문적 세계상의 전체와 맺는 관계",[18] 즉 인간의 자유가 세계에 대한 체계적 해명과 맺고 있는 관계를 풀어내는 일이다. 자유(Freiheit)와 체계(System)의 관계를 해명함에 있어서 직면하는 문제는 바로 세계와 그 안의 총체적 관계망들을 절대자 혹은 신 안에 근거 지워진 것으로 볼 때, 신의 절대적 능력과 인간의 자유가 어떻게 조화될 수 있는가 하는 문제이다. 만일 신이 사실상 신에 대한 개념 자체가 내포하고 있듯 '모든 것을 규정하는 현실'이라면 이렇게 신에 의해 규정되는 현실 속에서 인간의 자유에 대해 말할 수 있는가? 이에 대하여 셸링은 다음과 같이 대답한다: 신을 세계의 근원으로 파악하는 철학적 체계 속에서 조화될 수 있는 "현실적이고 생동적인 자유의 개념"(der reale und leb-

---

18 SW, VII 336.

endige Begriff der Freiheit)은 "선과 악의 능력"(Vermögen des Guten und des Bösen)[19]이고, 이렇게 이해된 인간의 자유는 오직 "신의 삶"(Leben Gottes)과 관련해서만 가능하다.

자유를 신의 삶과 연관시킴으로써 셸링이 무엇을 추구하고 있는지가 분명히 드러난다. 그것은 바로 신을 인간의 자유의 가능성의 조건으로 인간의 자유를 신 안에 근거 지워진 것으로 파악하려는 것이다.[20] 이를 위해서 셸링은 자유와 신의 전능성, 자유와 신에 대한 세계의 의존은 결코 서로 대립하는 개념이 아님을 밝힌다. 신의 전능함이 없이는, 세계를 보존하는 신의 능력이 없이는 세계는 그 즉시 무로 돌아갈 뿐이기 때문이다: 만일 신이 자기의 권능을 제약한다면, "그렇다면 인간은 존재하기를 멈출 것이다." "모든 세계 사물의 신에 대한 의존성"과 신의 "전능함" 혹은 모든 것을 작용시키는 신의 개념은 유한자들이 존재하기 위한 결코 제거될 수 없는 전제이다. 세계는 "언제나 새롭게 되는 창조"이며, 이러한 신의 계속적인 창조의 행위 속에서만 신에 대하여 (상대적으로) 독립적이고 자율적인 세계가 지속 가능할 수 있는 것이다. 이러한 맥락에서 셸링은 세계를 신 안에 내재하는 것(Immanenz der Welt in Gott)으로 사유하는 것만이 유한자의 자유를 위해 유효한 사고방식이라고 말한다. 왜냐하면 신의 '바깥에' 혹은 '병행해서'는 유한자의 존재 자체가 가능할 수 없기 때문이다. 유한자는 신의 능력 안에서만 존재할 수 있다. 이제

---

19 SW, VII 352.

20 인간의 자유를 신 혹은 절대자 안에 근거 지우고자 하는 것은 그 초기부터 나타나는 셸링 철학의 근본 동기이다. 이를 셸링은 1975년 2월 4일 헤겔에게 보내는 편지에서 다음과 같이 적고 있다.. "철학은 무제약자로부터 출발해야 한다. … 철학의 알파와 오메가는 자유이다." G. L. Plitt, ed. *Aus Schellings Leben. In Briefen*, Bd. 1: 1775-1803 (Leipzig: S. Hirzel, 1869), 76.

"인간이 신 바같이 아니라 신 안에 있으며, 인간의 활동성 자체가 신의 삶 안에 귀속되어 있다는 것이 어떻게 가능한지가 밝혀져야 한다."[21]

인간의 자유를 전능한 신과의 관계 속에서 근거로 삼고자 셸링은 상기한 바와 같이 피조물을 전능한 신 '안'에 내재한 것으로 사유하는 방식을 취한다. 아래에서 다시 언급하겠지만 셸링은 신과 세계의 상호 내재성이야말로 신과 인간의 자유를 동시에 말할 수 있게 한다고 본다. 그렇다면 이는 셸링이 신의 세계 초월성과 신과 세계의 차이를 강조한다는 우리의 출발점 자체를 허물어 버리는 것이 아닌가? 주목해야 할 점은 세계가 신 안에, 신이 세계 안에 내재한다는 셸링의 주장은 철저하게 세계에 대한 신의 초월성을 전제로 하고 있다는 것이다. 신과 세계의 상호 내재성을 말하면서도 셸링은 결코 "신과 사물을 동일시하거나 피조물을 창조자와 혼동"하지 않는다. 그 반대로 신과 세계의 상호 내재성은 "신과 사물을 철저히 구별"할 것을 전제로 한다. 왜냐하면 신과 세계는 "그 기원에 있어서 전적으로"(toto genere) 구별되기 때문이다. 신은 자기 존재의 근거를 오직 자기 안에만 두는(per se) 반면 피조물로서의 세계는 오직 스스로 존재하는 타자로서의 신에 의해서만(ab alio) 존재할 수 있기 때문이다.[22]

신의 내재성과 초월성은 신과 인간의 자유의 관계를 해명함에 있어서 핵심적인 역할을 한다. 내재성과 초월성 중 어느 한 측면을 약화시키지 않으면서 셸링은 신에 대한 세계의 의존(Dependenz der Welt von Gott)과 자립성(Selbständigkeit der Welt von Gott)을 동시에 드러내고자 하는 것이다. "의존성은 자립성, 특히 자유를 지양하지 않는다." 하지만

---

21 SW, VII 339.

22 SW, VII 340

문제는 어떻게 이를 논증하는가 하는 데 있다. 이를 위해 셸링은 "계시로서의 창조"(Schöpfung als Offenbarung)라는 개념을 전면에 내세운다. 셸링에 의하면 창조란 "자립적인 것을 정립하는 행위"(Setzen eines Selbständigen)이다.

> 사물이 신으로부터 귀결되었다는 것은 신의 자기 계시이다. 신은 오직 자기와 유사한 것들 속에서만, 자유 가운데에서 스스로 행위하는 것들 가운데에서만 계시될 수 있다. … 신 안의 내재와 자유는 서로 대립하지 않는다. 오직 자유로운 것만이 그것이 자유로운 한에 있어서 신 안에 있고, 자유롭지 않은 것은 그것이 자유롭지 않은 한에 있어서 신 바깥에 있다.[23]

지금까지의 내용들은 신의 초월성과 내재성을 중심으로 신과 인간의 자유가 상충하지 않는다는 것을 드러내기 위한 셸링의 사전작업이다. 하지만 우리는 아직까지 "현실적이고 생동하는 개념"으로서의 자유가 왜 "선과 악의 능력"으로 정의되어야 하는지 그리고 이렇게 정의된 자유가 "신의 삶"과 어떤 관계 가운데 있는지 모른다. 이 어려움은 "계시로서의 창조"라는 개념을 해명함으로써 비로소 해소될 것이다. "계시로서의 창조"라는 진술 이후의 『자유론』의 모든 내용은 사실상 이 개념에 대한 주석에 지나지 않는다. 『자유론』의 중심 주제, 즉 선과 악의 능력으로서의 자유와 신의 삶 안에서의 자유에 대한 해명은 이 계시로서의 창조 개념에 대한 풀이를 통해 이루어지고 있다.

---

23 SW, VII 346f.

신과 피조물의 관계의 형식적 구조 – 근거-결과의 관계

계시로서의 창조를 다루기 전에 "창조"는 "자립적인 것을 정립하는 행위"(Setzen eines Selbständigen)이며, "사물은 신으로부터 귀결"(Folge der Dinge von Gott)되었다는 진술 속에 드러나는 창조자와 피조물 간의 관계의 형식적 구조를 먼저 살펴보도록 하자.

첫째, 이 진술은 유한한 세계는 신적 존재로부터의 유출도 아니고, 창조 이전의 근원적 질료와 신의 상호작용을 통해 이루어진 것도 아니며, 신의 내적 · 논리적 필연성에 의해 존재해야만 하는 무언가도 아니라, 오직 전적으로 신의 자유로운 창조 활동에 의해서만 존재하게 된 산물이라는 것을 드러낸다. 신은 자유로우며, 자유로운 창조 행위의 결과로 존재하는 피조물은 창조자와 피조물 사이의 '차이'에도 불구하고 창조자와의 '유사성' 속에서 자유로운 존재로 정립되었다.

둘째, 상기한 신과 세계 사이의 관계를 셸링은 "근거-결과의 관계"(Grund-Folge-Relation)[24]로 정의한다. 근거-결과의 관계로서의 신-세계의 관계에 대한 표상은 사실상 셸링의 최초의 철학적 문헌들로부터[25] 『자유론』에 이르기까지 세계와 신의 관계를 해명하는 중심 개념이

---

24 SW, VII 340.

25 계시로서의 창조라는 『자유론』의 핵심 개념 역시 이 근거-결과의 관계에 대한 선이해 없이는 제대로 이해될 수 없다. 근거-결과의 관계는 특히 『자아론』(1795)에서 무제약자-제약자(Unbedingte-Bedingte) 관계를 통해 설명되고 있다. 유한자, 즉 제약자(Be-dingte)는 무제약자(Unbedingte)의 제약하는 행위(Bedingen)의 산물이며, 이 무제약자의 제약하는 행위는 무제약자 자신 외에는 (per se) 다른 어떤 이유도 가지지 않기 때문에 오직 자기 안에만 근거 지워진 자유로운 활동이다. "제약한다(Bedingen)는 것은 그것을 통해 무언가가 제약되는(bedingt), 즉 사물(Ding)로 만들어지는 활동을 말한다." 따라서 무제약자를 통해 제약되어진 것, 즉 유한자는 "자유를 통해 규정된 현실"(das durch Freiheit Wirkliche)이다. F. W. J. von Schelling, *Vom Ich als das Princip der Philosophie*, SW,

기도 하다. 근거-결과의 관계는 절대자와 유한자, 무제약자와 제약자 사이의 '질적인 차이'를 우선적으로 드러낸다. 신은 스스로 존재하는 반면 세계는 신의 자유로운 창조 행위에 전적으로 의존하고 있다. 이러한 한에 있어 근거-결과의 관계는 신에 대한 세계의 전적인 의존과 신과 세계의 '차이'에 대한 첨예한 구분(신의 초월성)을 내포한다. 반면 이러한 질적인 차이에도 불구하고 세계는 그것이 신의 자유로운 창조 활동의 결과인 한에 있어서 창조자의 자유의 흔적을 그 안에 가지고 있으며(신의 내재성), 창조자의 자유에 '상응'하는 자유야말로 유한한 세계의 현실을 규정하는 구성적 요소이다.

근거-결과의 관계는 신의 초월성과 내재성, 신과 세계의 차이와 유사성을 동시에 말하도록 한다. 주목해야 할 것은 창조자와 피조물이 그 '내적 구조'(interne Struktur)와 관련해서 가지는 유사성과 차이에 주목하는 일이다. 신의 창조 활동의 결과로서 피조물은 그 안에 자기의 근거가 되는 신의 내적 구조와 '유사'한 구조를 가지며, 그 유사성에도 불구하고 담보되는 신과 세계의 내적 구조의 '차이'는 인간 자유의 근거와 목표를 설정해 준다. 신과 세계의 내적 구조의 유사성은 다름 아닌 '주체와 객체의 동일성'이다. 이제 셸링이 "계시로서의 창조"라는 개념을 중심으로 어떻게 이를 풀어가는지 간략히 살펴보도록 하자.

I 166, 177.

IV. 삼위일체 신의 자기 계시로서의 창조
(Schöpfung als Offenbarung)

신의 계시로서의 '창조'(Schöpfung als Offenbarung)
: 창조 과정 속의 인간의 자유

앞에서 우리는 셸링이 인간의 자유를 신의 능력과 조화시키기 위해
자유를 "선과 악의 능력"으로 정의했다는 사실을 언급하였다. 여기에서
는 이를 보다 구체적으로 살펴보도록 하자. 이를 위해서는 먼저 『자유론』
의 두 가지 이론적 전제를 언급해야 한다. 첫째는 신의 '내적 이원론'(der
interne Dualismus)이고, 둘째로는 셸링의 '삼위일체적 신론'이다.

"내적 이원론"이란 "실존하는 것과 다만 실존의 근거가 될 뿐인 것
사이의 구별"을 의미한다.[26] 셸링에게 내적 이원론은 우선적으로 신의
특수한 존재 방식을 가리킨다. 유한한 사물들은 오직 다른 유한한 것들과
의 "관계 속에서만" 존재하는 반면 신은 "신이 실존하는 한, 자기의 실존
의 근거를 오직 자기 자신 안에만 가진다." 이 신의 실존의 근거를 실제로
실존하는 신과 구분하면서 셸링은 "신 안에 있는 자연"이라고 이름 붙인
다. 한편 내적 이원론은 유한한 사물들의 신에 대한 의존성과 자립성을
더 명확히 드러낸다. "사물은 신 안에 있으면서도 신 자체는 아닌, 즉
신의 실존의 근거 안에 자신의 근거를 가진다."[27] 세계는 결코 실존하는

---

26 "(Unterscheidung) zwischen dem Wesen, sofern existirt, und dem Wesen, sofern es
  bloß Grund von Existenz ist," SW, VII 357. 이 같은 셸링의 구분을 헤르마니가 자기의
  학위 논문에서 "내적 이원론"이라 명명한 후 이 개념은 보편적으로 통용되고 있다: F.
  Hermanni, *Die letzte Entlastung* (Wien: Passagen-Verlag, 1994), 73-98.
27 SW, VII 359.

신으로부터 '분리할 수 없는' 신의 실존의 근거 안에 자신의 근거를 가진 한 신에게 전적으로 '의존'한다. 반면 세계는 실존하는 신으로부터 분리될 수 없지만, 그럼에도 불구하고 '구별'되는 신의 실존의 근거로부터 유래하는 한 신으로부터 '자립적'이다.

하지만 내적 이원론 자체는 아직 어떤 의미에서 세계가 신의 '창조'인지를 설명하지 못한다. 이를 위해 결정적인 것은 삼위일체 신의 '창조하는 행위'에 대한 셸링의 강조이다. 셸링에 의하면 피조물과 창조의 과정 전체는 신이 "자기 자신인 사랑에 의해 움직여" "신 안에 출생된 신 자체"인 "말씀"을 자기의 실존의 근거 안으로 말함으로써 보내는 행위와 더불어 비로소 시작되었다. 이러한 태초의 창조는 자기 스스로를 '계시'하고자 하는 자유로운 신적 의지 외에는 다른 어떤 이유도 없다. 그것은 바로 "정신/영으로서의 신(Gott als Geist)이 자기 스스로를 계시"하고자 하기 때문이다.[28] "창조의 궁극적 의도"는 창조자로서의 신이 스스로를 "모든 것 안에 모든 것인 사랑"으로 계시하고자 하는 데 있다.[29]

신의 자기 계시로서의 창조 활동 이후 모든 피조물은 두 가지 원리, 즉 "어두움의 원리"(das dunkle Prinzip)와 "오성의 원리" 혹은 "빛의 원리"(das Prinzip des Verstandes/das Lichtprinzip)에 의해 생성된다. 전자는 피조물이 신과는 구별되는 신의 실존의 근거로부터 유래한다는 점에 있어서, 후자는 피조물이 신의 실존의 근거 안으로 보내진 신적 말씀의 작용에 의존한다는 점에 있어서 필연적으로 피조물을 구성하는 원리이다. 어두움의 원리는 신적 실존과는 '구별'되는 신의 실존의 근거로부터 유래하는 한 실존하는 신에 대해 자유로우며, 따라서 "피조물의 개별의

---

28 SW, VII 361, 380.
29 SW, VII 404, 408.

지"(Partikularwille)를 추동한다. 최초의 창조 행위 이래로 모든 사물이 이 신적 실존의 근원으로부터 유래하는 한, 이 원리는 모든 "피조물의 사실성"(Realität der Creatur)을 규정하는 '사실성의 원리'(das reelle Prinzip)이다. 그것은 "모든 사물에 있어서 더 이상 파악될 수 없는 사실성의 근원이자 그 어떤 노력을 통해서도 오성에 의해 제거되지 않으며, 영원히 근거로 남아 있을, 결코 사라지지 않을 마지막 흔적"이다. 한편 오성의 원리는 피조물의 개별의지를 지양 혹은 제거하지 않으면서도 어두움의 원리가 빛의 원리 아래에 종속되고, 이를 통해 빛의 의지와 통일성을 이루도록 규제하는 "보편의지"(Universalwille)이며, 사실성의 원리의 작용 속에 감추어져 있는 이념성을 점차 드러나게 하는 '이념성의 원리'(das ideelle Prinzip)로 작용한다.[30]

신의 창조 활동에 대한 셸링의 묘사를 잘 이해하도록 아래 도표를 첨부한다.

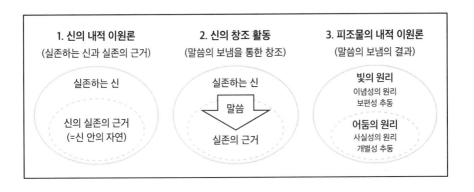

〈그림 3〉 신의 내적 이원론과 창조에 의한 피조 세계의 내적 구조

---

30 SW, VII 359ff.

위의 표가 의미하는 바는 다음과 같다.

1. 신의 내적 이원론: 실존하는 신과 그의 실존 근거의 통일
2. 신의 창조 활동: 신이 말씀을 그의 실존의 근거 안으로 보냄으로써
   이루어지는 창조 활동
3. 피조물의 내적 이원론: 위 2항에 따라 지속되는 신의 창조 활동과
   피조물의 내적 구조

셸링은 무기체의 발생으로부터 생명을 가진 유기체와 인간으로 발전하는 창조의 과정을 어두움의 원리와 빛의 원리, 사실성과 이념성의 원리, 개별의지와 보편의지의 통일적인 상호작용을 통해 이루어지는 것으로 본다. 이때 유의해야 할 점은 어두움의 원리와 빛의 원리의 통일성은 무차별적 단일성(differenzlose Einerleiheit)이 아니라, 창조의 점진적인 과정 속에서 두 원리 간에 구분이 이루어지고, 이를 통해 어두움의 원리가 오성의 원리에 종속됨으로써 이루어지는 비대칭적인 관계적 통일성(asymmetrische relationale Einheit)이라는 데 있다. 신적 실존의 근거로부터 비롯되는 어두움의 원리는 피조물 안의 개별성과 충동하면서 이를 통해 자기를 계시하고자 하는 신의 보편의지가 드러나도록 한다. 신의 실존의 근거 안으로 보내어진 말씀은 동시에 창조의 전 과정 속에서 자기 자신을 신적 실존의 근거로부터 구분 지음으로써 자기를 세계 안으로 보낸 정신으로서의 신이 계시되도록 한다. 어두움의 원리와 빛의 원리, 현실성의 원리와 이념성의 원리, 개별의지와 보편의지는 이런 방식으로 "모든 자연물 안에서 하나"이다. 두 원리 사이에 발생하는 점증하는 구별과 이와 더불어 더욱 분명하게 드러나는 둘 사이의 통일성

은 인간에게서 최고점에 이른다. 인간에게는 오성의 원리와 어두움의 원리 사이의 구분이 가장 높은 수준에서 일어나고 오성의 원리가 가장 명확히 드러나게 되는데, 이런 한에 있어서 인간은 신과 마찬가지로 "정신"이 되며, 따라서 "신의 형상"이다.

앞에서 우리는 셸링은 근거-결과로서의 관계인 신과 피조물 사이의 '내적 구조'를 비교함으로써 전능하고도 모든 것을 규정하는 신의 활동과 인간의 자유가 상충하지 않으며, 오히려 인간 자유의 근거와 목표는 신의 창조 활동에 의존하는 것으로 본다는 점을 미리 언급하였다. 이를 셸링은 신과 인간에게 공통적으로 내재하는 근거와 오성, 현실성과 이념성, 개별의지와 보편의지의 통일적 구조를 비교함으로써 수행하고 있다. 신의 창조 활동의 최종적 피조물인 인간에게는 창조자 신의 내적 구조에 상응하는 현실성과 이념성, 근거와 오성의 통일성이 이루어져 있으며, 따라서 인간은 창조자 신의 지상에서의 대변자이다. 정신으로서의 인간 안에서 "정신, 즉 가장 실재적으로 실존하는 신이 스스로를 계시한다." 인간 정신과 신적 정신의 구조적 '유사성'은 인간의 자유를 가능하게 한다. 인간의 정신은 그가 정신인 한에 있어서 마치 신적 정신이 자기의 실존의 근거와 오성 위에 존재하듯 창조의 두 원리보다 "상위의 것"이며, 따라서 "창조의 원리로부터 자유롭게 되었다."

한편 인간의 정신과 신적 정신의 구조상의 '차이'는 신의 자유와 인간의 자유의 근본적인 차이를 드러내 준다. 신적 정신에서 두 원리의 통일성은 결코 "분리되어질 수 없는"(unzertrennlich) 반면 인간에게서 이 두 원리는 "분리될 수 있는 방식으로"(zertrennlich) 통일성을 이루고 있다. 만일 인간 정신에서도 두 원리가 신적 정신에서와 똑같은 방식으로 분리될 수 없다면, 창조자와 피조물 사이의 차이는 사라지고 말 것이다.

이 같은 차이는 인간의 자유가 지니는 특징적인 모습을 드러내며, 셸링이 인간의 자유를 "선과 악의 능력"으로 정의 내리는 이유가 무엇인지 보여준다. 신의 형상으로서의 인간 앞에는 두 가지 길이 놓여 있다. 그는 자기의 자유에 기반해서 신적 정신이 자기의 자유를 행사하는 것과 같은 방식으로 두 원리의 통일성을 지향할 수도, 반대로 두 원리의 통일성을 왜곡(perversio)시킬 수도 있다. 전자의 경우에는 선이, 후자의 경우에는 악이 나타난다. 이것이 셸링이 인간의 자유를 "선과 악의 능력"으로 정의한 이유이다. 그것이야말로 모든 피조물의 밑바닥을 떠받치고 있는 사실성(Realität)과 이념성(Idealität)의 통일적 원리를 통해 살아 있는 (lebendig) 유기체적 존재로 만들어진 인간, 육체성과 지성의 통일을 통해 자유로운 존재로 만들어진 인간 자유의 본질을 드러내는 "사실적이고 생동적인" 자유의 개념인 것이다. "인간 안에는 가장 깊은 나락과 가장 지고한 천국이 공존하고 있다."[31]

신의 '계시'로서의 창조(Schöpfung als *Offenbarung*)
— 자유로운 인간을 위하여

위에서 우리는 신의 계시로서의 '창조'에 집중함으로써 왜 자유가 셸링에게 선과 악의 능력으로 정의되었는지 살펴보았다. 이때 셸링의 기본적인 사고 유형은 다음과 같다: 창조자로서의 신은 그 안에 근거와 말씀의 통일성의 구조를 지닌다. 그러므로 신의 창조 행위의 결과인 자연과 인간은 창조자와 동일한 구조, 즉 이념적 원리와 사실적 원리의 통일성(Einheit von idealem und realem Prinzip)이라는 구조를 가진다.

---

31 SW, VII 363f.

이제 아래에서는 '계시'로서의 창조라는 개념을 해명하면서 셸링이 이념적 원리와 사실적 원리의 통일성, 다르게 표현하자면 말씀과 자연, 주체성과 객관성의 통일성을 그토록 열정적으로 제시하는 이유가 무엇인지 살펴보도록 하겠다. 이는 셸링 창조론의 근본 동기이며, 철학자로서 그가 주객 분열에 기초한 당대의 철학에 대립하는 이유이기도 하다.

바로 위에서 묘사된 것처럼 셸링은 인간의 자유는 신의 창조 과정 가운데 자리 잡고 있는 이념성과 사실성, 정신과 자연의 통일성을 기초로 함으로써 생성된다는 것을 말하고자 한다. 이러한 진술을 통해서 셸링이 의도하는 바는 주관적 관념론, 즉 칸트와 피히테에 의해 대변되는 이성 중심적인 자유 이해를 극복하는 것이다. 셸링이 보기에 인간의 자유를 오직 이성적 활동성과만 연관시키고 인간을 자연으로부터 분리시키려는 이성중심주의는 정신과 자연을 분리시키려는 일종의 정신병에 불과하다. 셸링에 의하면 칸트와 피히테 철학의 핵심은 인간의 본질이 스스로를 규정하는 활동(Selbstbestimmen)으로서의 자유라는 사실을 드러낸 데 있다. 물론 이들이 인간의 자유를 강조한 것은 셸링이 보기에 크나큰 기여이다.

하지만 칸트와 피히테의 한계도 그만큼 큰데, 그것은 이들이 인간의 활동성을 오직 이성적, 이념적 활동에만 환원시킴으로써 "자유에 대한 논의에 있어서 사실은 아무 대답도 주지 못한다"[32]는 데 있다. 그 이유는 이들이 정신과 자연의 분리라는 데카르트의 전제 위에 서 있으며, 바로 그로 인해 사실상 인간이 자신의 자유를 가지고 선을 행할 가능성을 배제시키고 있기 때문이다. 이는 특히 인간은 "그 근원적 본질"에 있어서

---

32 SW, VII 351.

자유롭지만, 이 자유는 "그 현실에 있어서는" 그렇지 못하다고 분석하는 피히테의 『지식론』에서 드러난다. 피히테에 의하면 경험세계의 관계망 속에 살아가는 인간의 자유는 자연에 의해 "제약되어" 있다. 인간이 이렇게 자연에 얽매여 있는 한 인간은 자기의 자유를 현실화할 수 없다. 그가 진정으로 자유로울 수 있는 길은 오직 도덕법을 매개로 하여 자신을 제약하는 자연법을 깨뜨리는 것뿐이다. 그럴 때에만 인간은 선을 행할 수 있다. 이때 피히테가 도덕법과 자연법, 주체성과 객관성을 철저히 대립적으로 분류하는 칸트의 이원론을 토대로 한다는 것은 분명하다. 그리고 이처럼 정신과 자연, 자유와 필연성을 서로 대립하는 것으로만 이해하는 철학적 체계 속에서는 현실적인 인간, 즉 자연의 제약성 속에서 살아갈 수밖에 없는 인간에게는 스스로 선을 행할 가능성이 사실상 박탈될 수밖에 없다. 주체와 객체, 정신과 자연의 대립이라는 사고방식에 기초한 자유 이해는 실제로는 인간의 자유를 파괴시켜 버릴 뿐이다.

셸링이 '계시'로서의 창조라는 개념을 제시하는 것은 바로 이처럼 데카르트 이후 철학의 근본적인 주객 분열과 그에 기초한 인간 자유의 파괴에 반해 선을 향한 인간의 자유를 천명하기 위해서이다. 창조가 신의 '계시'라는 것은 창조는 계시의 빛에 비추어 인식되어져야 한다는 것을 의미한다. 그것은 곧 창조를 "자기 계시 안에 나타나는 신의 자유"에 근거하여 이해하는 것이다. 계시하는 행위는 어떤 필연성에 기인한 것이 아니라 전적으로 자유로운 신의 "활동이며 행위"(Handlung und That)인 것처럼, 창조는 그것이 '계시'인 한 "이미 주어져 있는 어떤 것이 아니라 하나의 활동(That)"이다.[33] 따라서 신의 피조물인 자연 안에서는 "일반적

---

33 SW, VII 394.

법칙의 연속이 아니라 신과 신의 인격이 그 일반적 법칙이다. 그 안에서 발생하는 모든 것은 신의 인격에 근거하여 있다."[34]

신의 자유와 인격이 자연의 일반적 법칙(allgemeines Gesetz)이라는 셸링의 언명은 한편으로 앞에서 살펴본 것처럼 자연은 신의 자유로운 창조 활동의 산물이며, 자연의 내적 구조 역시 인격적인 신의 내적 구조에 따라 구성되어 있다는 것을 의미한다. 이때 셸링은 전술한 내적 이원론을 근거로 신을 인격적 존재라고 정의 내린다: "모든 실존에게는 그것이 현실적이고 인격적인 실존이 되기 위한 조건이 있다. 신의 실존 역시 그런 조건 없이는 인격적일 수 없다." 인격적 존재인 신 안에는 내적 이원론에 기인하는 개별의지와 보편의지의 대립적인 상호작용이 상존하고 있다. 하지만 신은 그 특수한 존재 방식에 있어서 자기의 실존의 근거를 "자기 바깥이 아니라 오직 자기 안에" 지니고 있으며, 따라서 이 개별의지의 충동을 "오직 사랑으로 제어하면서 자신의 영화로움을 위해 자기 아래에 종속시킨다." 그 본질상 사랑의 정신(영)이자 인격적인 존재인 신 안에 이루어지는 신과 실존의 근거의 통일성은 바로 이러한 '비대칭적 관계의 통일성'이다. 사랑의 정신인 신 안에서 실존의 근거는 신에 대한 자신의 독자성을 잃지 않으면서도 자기의 한계를 넘어서지 않으며 언제나 "근거로서만, 종속되어진 것으로서만" 기능한다. 이런 의미에서 실존하는 정신으로서의 신과 그의 실존의 근거로서의 신 안의 자연은 "하나"이며, 이런 한에서 신은 "절대적인 인격"이다.[35] 신 안에서 실존의 근거는 가능태(Potenzzustand)로서의 한계를 넘어서지 않는다. 그것은 언제나 "토대이자 극복되어진 것으로" 머물러 있다.

---

34 SW, VII 396.
35 SW, VII 399, 405.

다른 한편, 신의 인격이 자연의 일반적 법칙이라는 진술은 신의 인격 안에서 통일성을 이루는 두 원리가 모든 자연의 사물 가운데에서 역동적으로 활동함을 의미한다. 데카르트와 칸트의 이원론이 주장하는 것처럼 기계적인 원인-결과의 필연성이 아니라, 자연 안에서는 언제 어디에서나 창조자인 신 안의 두 원리가 보편타당하고도 일반적으로 활동하고 있다. 이는 곧 피조물 안에 각인되어 있는 창조자 하나님의 자유의 흔적이다. 셸링은 이 사실을 "창조 안의 자유의 일반적 인식"(allgemeine Erkenntnis der Freiheit in der Schöpfung)36이라는 말로 표현하는데, 이는 특히 정신으로서의 인간에게 가장 직접적으로 해당된다. 인간 안에는 사실적 원리, 즉 자연적 원리인 실존의 근거가 작동하고 있다. 이러한 자연적 활동성이 인간 안에서 작용한다는 사실은 피히테가 주장하는 것처럼 인간의 자유와 배치되는 것이 아니다. 오히려 그와는 반대로 셸링에게 있어서 자연적 원리의 작용은 인간의 자유만 아니라, 사실적이고도 살아 있는 존재(reales und lebendiges Wesen)로서의 인간의 실존을 위해서 결코 제거될 수 없는 조건이다. 다른 말로 하자면 인간은 그가 자연적 존재인 한, 한순간도 끊임없이 사실성의 원리에 의해 촉발되어지는 개별성과 "자기성"(Selbstheit) 없이는 결코 인격적이면서도 자유로운 존재로 만들어질 수 없다. 이런 점에서 사실성의 원리, 혹 자연적 원리에 의해 끝없이 충동되어지는 피조물의 자기성은 곧 신의 자유로운 창조 행위의 흔적이다.

이때 강조되어야 할 것은 신 안에서 일어나는 두 원리 간의 관계상의 통일성이야말로 셸링에게 선을 향한 인간 자유의 실현을 위한 규준이

---

36 SW, VII 396.

되고 있다는 사실이다. 인간이 인격이자 정신이고 생명인 것은 그가 인격이자 정신이고 생명인 신의 구조에 기반하고 있기 때문이다. 선이란 자연적 충동과 개별의지를 제거함으로써 실현되는 것이 아니다. 그보다는 오히려 창조 과정 속에서 촉발된 자기성(Selbstheit)을 신의 보편의지 아래에 인간이 스스로 종속시킬 때에 비로소 선이 생성된다. 반면 개별의지와 보편의지의 관계적 통일성과 일치하지 않는 행위를 가리켜 셸링은 악이라고 부른다. 이렇듯 인간이 "활성화된 자기성을 사랑과 결합시키고 그것을 일반의지인 빛에 종속시킬 때… 실질적인… 선(aktuelle [...] Güte)"이 발현되는 것이다. "선이란 극복되어진, 즉 활동성으로부터 잠재성으로 되돌려진 자기성이다."[37]

V. 삼위일체론적 신중심주의를 위해

지금까지 우리는 『자유론』이 해결하고자 하는 근본 문제가 무엇인지 그리고 어떤 방식으로 셸링이 인간의 자유와 신의 조화 가능성의 문제를 해명하고자 했는지를 살펴보았다. 셸링이 주객 대립의 극복을 지향하는 현대 창조 신학의 철학적 기본 동기를 선취하고 있다는 것은 이를 통해 충분히 제시되었다고 할 수 있겠다. 이제 주목해야 할 것은 셸링이 창조를 위한 신의 자유와 사랑, 즉 신의 초월성을 강조하고 있는 방식이다. 셸링이 신과 세계 사이의 구조상의 유사성을 바탕으로 해명하고 있는 신과 세계의 상호 내재에도 불구하고 그는 세계와의 관계 자체를 시작케

---

37 SW, VII 400.

하는 신의 자유와 사랑을 굳건히 부여잡고 있다. 이는 다음과 같은 내용을 그 귀결로 가진다:

첫째, 셸링에게 신과 세계의 상호 내재는 창조자의 자유로운 활동을 통해 정립된 신에 대한 세계의 전적인 의존을 표현하는 방식이다. 양자 간의 상호 내재에도 불구하고 셸링은 양자 간의 상호의존성을 철저히 거부하면서 '창조자와 피조물 간의 관계상의 비대칭성'(relationale Asymmetrie zwischen Schöpfer und Geschöpf)을 끝까지 고수한다. 그런 한에 있어서 셸링의 창조 신학의 방법은 철저한 '신중심주의'(Theozentris- mus)라고 규정할 수 있다. 신의 창조 행위로부터 시작하면서 셸링은 결코 신과 세계의 차이를 제거하려 하지 않는다. 오늘날 많은 창조 신학적 문헌들이 주장하듯 신과 피조물 간의 상호관계는 강조되어야 할 것이다. 그러나 근본 질문은 여전히 변하지 않고 남아 있다: "어떤 관계를 말하는가?" 셸링이 우리에게 보여주듯 창조자와 피조물 사이의 관계는 비대칭적 관계이다. 신은 불트만과 판넨베르크가 말하듯 모든 것을 규정하는 현실이며, 유한한 현실의 모든 것은 그에 의해 규정된 것이다. 셸링에게서 보듯 신과 세계의 비대칭적 관계를 강조하는 것은 결코 자연을 도구화하거나 주체와 객체의 대립으로 이어지지 않는다는 것은 오늘날 내재성을 강화하기를 주장하는 창조 신학의 일방성을 드러내 준다.

둘째, 신 중심적으로 신의 창조 행위에 집중하는 것은 결코 '인간과 세계의 차이'를 제거하지 않도록 한다. 그 구조상의 유사성에도 불구하고 셸링은 인간과 자연 사이의 비유사성을 똑바로 응시하면서 인간의 특수한 지위를 드러내고자 한다. 인간과 자연 사이의 제거될 수 없는 이 차이는 신 중심적으로, 즉 신의 활동을 통해 근거 지워진다: "오직 그(인간: 필자) 안에서만 신은 세계를 사랑한다." 인간의 특수한 위치는 그가 정신인 신의 형상이며, 신과의 유사성 속에서 신에 의해 자유를 향한 능력을 부여받은 피조물이라는 데 있다. 신이 자연 가운데 내재한다는 사실을 강조하고, 이와 상응하여 유한자 전체가 주객 동일성이라는 공동의 구조 가운데 통일되어 있다는 것을 강조하는 셸링의 전략은 이를 통해 인간의 특수한 위치, 즉 인간의 자유를 드러내고자 하는 것을 목표로 한다. 신의 창조 활동은 주체와 객체의 통일성이라는 원리의 실현을 통해 이루어지고 있으며, 따라서 자연과 정신은 서로 대립하지 않는 통일성 속에서 신의 자유에 필적하는 인간의 자유를 생성시키기 위해 활동적이다. 이런 점에서 자연과 정신의 통일성은 거꾸로 인간이 자연에 대해 지니는 고유한 독자성의 약화나 제거를 초래하지 않는다. 오히려 자기 자신의 존재의 기반인 신과 자연 그 자체에 대해서도 자립적일 수 있는 존재, 그럼에도 자신의 자립성을 신과 자연과의 통일성을 위해 활동할 수 있는 존재, 그것이 바로 인간이다. 창조는 이런 점에서 신의 자기 계시이며, 신의 창조는 이처럼 자유로운 인간에 대한 사랑으로부터 촉발되었다. 인간은 "신이 자연의 의지를 가졌을 때 주목해 보았던 그 존재이다. 오직 그 안에서만 신은 세계를 사랑한다."[38]

셋째, 지금까지 정리된 바를 토대로 우리는 다음과 같이 질문할 수도 있다: "신의 창조 행위를 해명함으로써 드러나게 된 그 구조상의 유사성에도 불구하고 신과 세계, 인간과 자연의 차이를 강조해야만 하는 이유는 무엇인가?" 또는 "계시로서의 창조에 대한 인식을 도대체 어디에서 얻을 수 있단 말인가?" 이에 대한 셸링의 대답은 다음과 같이 정리할 수 있다: 삼위일체 창조자인 신이 성육신 가운데에서 자기 스스로를 계시했다.

---

38 SW, VII 363. "모든 자연적인 존재들은 신과의 관계 속에서 보자면 다만 주변부적인 존재들이다. 오직 인간만이 중심적인 존재이다"(VII 410f.).

이는 셸링의 신중심주의를 '삼위일체적 신중심주의'(Trinitarischer Theo-zen-trismus)로 보다 구체적으로 규정하게 한다.

상기한 대로 셸링은 창조를 계시의 빛 아래에서 인식하고자 한다. 계시로서의 창조의 인식론적 근거는 셸링에게는 그리스도의 모습 가운데에 놓여 있는 신의 자기 계시뿐이다. '인간이 되신 하나님'은 "그 말의 가장 특수한 의미에서 계시이다." 그는 "원상적이면서도 신적인 인간이다. … 그는 태초에 신과 함께 있었고, 그 안에서 모든 다른 사물과 인간 자신이 창조되었다."[39] 요한복음 서문과 연계하면서 셸링은 그가 차별화를 통한 통일성, 통일성 가운데의 차별화로 설명한 빛과 어둠의 분리를 말한다. 이때 주의해야 할 것은 셸링은 창조라는 개념으로 태초의 유일회적인 행위가 아니라, 종말에 있을 완성에까지 이르는 지속적인 삼위일체 창조자의 행위를 가리키고 있다는 것이다. 여기에는 아버지만 아니라 아들 함께 참여하고 있다. 정신으로서의 아버지는 아들 자기 실존의 근거 안으로 말씀하심으로써 그와는 다른 세계를 창조한다. 아은 아버지의 말씀하시는 행위에 일치하여 자연 안으로 오고 그리고 이를 통해 스스로를(빛으로서) 실존의 근거(어둠)로부터 구별 지음으로써 아버지의 창조 행위에 참여한다. 말씀이 스스로를 완전히 근거로부터 구별 짓고, 이로써 근거와 말씀의 완전한 관계적 통일이 실현될 종말에는 "아 자신도 그때에 만물을 자기에게 복종하게 하신 이에게 복종하게 되리니 이는 하나님이 만유의 주로서 만유 안에 계시려 하심이라."[40]

창조의 전체 과정은 셸링이 『자유론』에서 삼위일체 신의 제1위로 가리키는 정신/영의 완전한 계시를 목표로 한다. 사랑도 역시 아버지와

---

39 SW, VII 377.
40 SW, VII 405.

아, 창조자와 피조물의 비대칭적 차이를 제거하지 않는다. 오히려 사랑이야말로 그 차이를 제거하지 않으면서도 서로 대립하는 것처럼 보이는 것을 묶어주는 띠이다. 따라서 신과 세계의 차이를 강조하는 것은 오늘날 (창조)신학적 문헌에서 주장되듯 세계와 사회 속의 위계적 지배구조를 신학적으로 정당화하는 것과는 아무런 관계가 없다. 창조자의 자유와 아무런 전제가 없는 아버지의 사랑을 강조하는 것은 지배구조의 기원에 대한 이론에로 이어지는 것이 아니라, 오히려 반대로 창조자에 의해 주도적으로 세워지고, 인도되며, 완성될 상호 간의 자유와 사랑의 기원에 대한 이론이다. 셸링에게 아버지는 "모든 것으로부터 자유롭고, 그렇지만 모든 것을 일으키는 선이다. 한마디로, 모든 것 안에서 모든 것이 되는 사랑이다." "이것이야말로 모든 것이 스스로를 위해 존재할 수 있도록, 하지만 다른 것 없이는 존재하지 않도록 모든 것을 연결하는 사랑의 비밀이다."[41]

---

41 SW, VII 408.

3 장

칸트와 셸링의 '근본악' 개념 비교

─ 자유와 결정론의 대립을 극복하기 위해

I. 자유와 결정론 ─ 신학과 철학의 공동 문제

자유와 결정론의 대립의 신학적 측면과 문제

자유와 결정론의 대립은 서구 사상사에서 가장 오래된 질문 중 하나이자 신학과 철학이 공유하는 공통의 문제이다. 신학적으로 진술되는 그 고전적인 형태는 신이 피조세계의 모든 것을 규정하기 때문에 인간에게 자유란 없다는 주장이다. 이러한 논리 구조는 특히 펠라기우스 논쟁 이후 아우구스티누스의 신학 속에서 발견된다. 아우구스티누스는 타락 이후 인간은 죄를 짓지 않을 수 없는(non posse non peccare) 상황에 빠져 있으며, 이로부터 벗어나기 위해서는 오직 신의 구원하는 은총에만 전적으로 의지할 수 있을 뿐이라고 강조한다. 이러한 구원의 은총론은 예정론으로 확장되어, 구원받을 사람은 이미 예정되어 있으며, 인간은 자유의지를 가지고 구원을 위하여 기여할 여지를 가지지 않는다는 주장에로 귀결된다.[1]

아우구스티누스의 견해는 종교개혁자에게도 그대로 수용되는데, 루터는 『노예의지론』(1525)에서 자유의지란 오직 신에게만 귀속되는 속성이며, 인간은 신의 은총에 대한 자유의지를 갖지 않는다고 주장한다. 인간에게 부과되는 자유란 단지 이름에 지나지 않으며, 실제로는 인간은 신이 원하는 것을 행할 뿐이라는 것이다.[2] 인간의 구원을 위한 신의 주권적인 은총과 자유에 집중함으로써 루터는 아우구스티누스와 마찬가지로 인간의 자유의지를 부정한다.[3] 칼뱅은 이 같은 견해를 더 강화하여 세상의 모든 사건은 신의 예정과 결의에 따라 일어나며, 따라서 피조세계 가운데 우연적(contingent)인 사건은 있을 수 없다고까지 말한다: "우리는 하나님께서 개개의 사건을 조정하시며 이 사건은 모두가 하나님의 결정된 계획에서 나왔기 때문에 우연히 발생한 것은 아무것도 없다는 것을 입증해야 한다."[4]

이처럼 신학에서는 피조세계의 모든 것을 결정하는 신의 주권적

---

1 K. Kahnert, "Augustinus: De libero arbitrio – Über die freie Willensentscheidung," U. a. d. Heiden/H. Schneider, ed. *Hat der Mensch einen freien Willen?* (Stuttgart: Reclam, 2007), 87-99.

2 M. Luther, *De servo arbitrio* (WA 18, 636). "자유의지는 명백히 신의 속성이고, 그 무엇도 신의 유일한 위엄에 비교될 수 없다."

3 이처럼 신의 은총에 결정권을 부여하고 인간의 자유를 부인하는 루터의 입장을 귄터 벤츠는 '오직 은총으로'(sola gratia)라는 개신교 원리로부터 야기되는 필연적 귀결로 평가한다: G. Wenz, "Luthers Streit mit Erasmus als Anfrage an protestantische Identität," F. W. Graf/K. Tanner, ed. *Protestantische Identität heute* (Gütersloh: Gütersloher Verlagshaus, 1992), 135-160.

4 존 칼빈/김종흡 외 옮김, 『기독교강요』 상 (서울: 생명의 말씀사, 1988), 313.

행위를 강조하면서 인간의 자유를 부인하는 경향이 주도적인 위치를 차지해 왔다. 이는 신과 피조물로서의 인간 사이의 '근원적 차이'를 강조함으로써 '신과 피조물 간의 철저한 차이'와 '신에 대한 피조물의 전적인 의존성'을 보존하려는 동기에서 비롯된 것이다.5 하지만 그 동기를 인정한다 하더라도 신적 결정론을 바탕으로 인간의 자유를 부정하려는 경향은 의도하지 않은 문제를 초래한다. 이는 오히려 신을 자기 자신의 예정과 결정에 사로잡힌 존재로 만어 버릴 위험을 내포하고 있다. 신의 자유를 보장하려는 시도가 거꾸로 신의 자유를 위협하고 마는 것이다.

자유와 결정론의 대립의 철학적 측면과 문제

계몽주의와 근대를 거치면서 인간은 스스로를 기존의 종교적, 정치적 권위와 전통으로부터 해방시키고 자율적인 주체로서 스스로를 이해하기 시작한다. 데카르트 이후 철학은 기존의 신학적, 형이상학적인 존재의 구조로부터 사유하기를 거부하고, 사유하는 존재의 반성적 자기 관계성 속에서 철학의 토대를 발견하고자 한다.6 이와 더불어 자유와 결정론의 관계에 대한 논의 역시 기존의 전통과는 다른 방향으로 진행된다. 이제 세계 안의 사건은 더 이상 신의 행위에 의해서가 아니라 세계 가운데 내재해 있는 법칙성에 의해 발생하는 것으로 이해된다. 세계는 더 이상 창조자인 신의 활동에 의존해 있는 영역이 아니라, 단지 선행하

---

5 E. Jüngel, *Zur Freiheit eines Christenmenschen. Eine Erinnerung an Luthers Schrift* (München: Kaiser, 1978), 24ff.

6 W. Schulz, *Der Gott der neuzeitlichen Metaphysik* (Pfullingen: Günther Neske, 1957), 34ff.

는 원인과 그에 따르는 결과 그리고 이 양자를 매개하는 인과율의 법칙에 의해 결정되어 있는 것으로 간주된다. 자연은 필연성의 법칙에 내던져져 있으며, 그 미래적인 사건과 결과이 이미 결정되어 있는 하나의 '닫힌 체계'에 지나지 않는 것으로 이해된다.7 근대 이후 자유와 결정론의 문제는 사유하고 활동하는 주체로서의 인간과 그의 활동의 영역을 '자유의 영역'으로, 반면 인과율의 법칙에 따라 진행하는 자연을 '필연성의 영역'으로 대립적으로 이해하는 방향으로 전개된다.8

근대에 이르러 자유는 단지 외적인 강제로부터의 자유라는 소극적인 자유의 개념을 넘어서서 인간의 '근본 원리'(Fundamentalprinzip) 혹은 '존재론적 규정'(ontologische Bestimmung)으로까지 고양된다.9 자유란 '자기 자신의 행위의 법칙을 스스로 부과함'(Selbstgesetzgebung)이라는 의미에서의 '자율'(Autonomie)을 의미한다. 자유는 인간으로 하여금 자연으로부터 부과되는 미성숙성, 법칙성을 벗어나서 자기 자신의 운명을 스스로 개척해나갈 것을 요구한다. 이와 같은 이해는 칸트에게 이르러 더욱 심화된다: 인간은 "자연 상태의 미숙성으로부터 벗어나 자유의 상태 속으로"10 어가야 하며, "이성적인 존재는" 자연 상태에 반하여

---

7 G. Picht, *Der Begriff der Natur und seine Geschichte* (Stuttgart: Klett-Cotta, 1989), 91ff.

8 이는 근대의 문화철학, 역사철학, 사회철학 등 다양한 방면에서 동시적으로 진행되었고, 이러한 관점은 오늘날까지도 지대한 영향을 끼치고 있다. 예를 어 푸펜도르프는 문화를 자연 상태에 대립적인 것으로 이해하면서 자연에 반하여 인간의 자유로운 행위와 실천을 통해 구성되는 결과물로 이해하였는데, 이는 문화를 인간의 "자유의 실현의 영역"으로 이해하는 현대의 문화 이론에 이르기까지 지속적으로 영향을 미치고 있다. 이에 대해서는 F.W. Graf/K. Tanner, "Das religiöse Fundament der Kultur. Zur Geschichte der neueren protestantischen Kulturdebatte," R. Ziegert, ed. *Protestantismus als Kultur* (Bielefeld: Bertelsman, 1991), 7-66; 8ff.

9 근대철학의 근본 원리이자 인간의 존재론적 규정으로서의 자유에 대해서는 Chr. Schwöbel, "Imago Libertatis," *Gott in Beziehung* (Tübingen: Mohr Siebeck, 2002), 227-256.

"자기 자신의 목표를 (자기의 자유 가운데에서) 이루기 위한 적절한 상태를 실현"[11]해야 한다.

상기한 것처럼 근대철학은 인간에게는 자유를, 자연에는 인과율적 결정성을 부과하였고, 이를 통해 인간 자유의 진보를 담보하고자 했다. 그러나 결과적으로 이러한 이원론적 사고방식의 부작용도 적지 않은데, 예를 들자면 다음과 같다: 첫째, 오늘날 직면하고 있는 생태계의 위기는 자연을 인간의 자유로운 활동을 통해 극복해야 할 '대상'으로 간주하는 것이 얼마나 파괴적인지를 명백히 보여준다.[12] 둘째, 자유와 자연, 인간의 자율성과 자연 결정론에 대한 대립적 이해는 그 근본 동기와는 달리 오늘날에 이르러서는 인간의 자유에 대한 신념 자체를 뒤흔드는 결과를 초래하고 있다. 오늘날 뇌과학과 신경과학 등에서는 자연 결정론을 바탕으로 인간의 행위란 자유로운 것처럼 '보이지만', 실제로는 "무의식"[13]이나 뇌의 '인과율적 작용'에 의해 이미 '결정'되어[14] 있을 뿐이라고 주장하기도 한다. 인간의 의지와 행위 자체가 뇌의 자연적 작용에 의해 결정되

---

10 I. Kant, *Mutmaßlicher Anfang der Menschengeschichte*, A 18. 본고에서 칸트의 저서은 W. Weischedel, ed. *Werke Kants in zwölf Bd.* (Frankfurt a.M.: Suhrkamp, 1956)을 따라 인용될 것이다. 다만 함께 표기되는 쪽수는 Werkausgabe에 명기된 Originalausgabe 의 쪽수를 따른 것이다.

11 I. Kant, *Kritik der Urteilskraft*, § 83, B 392,

12 근대적 사유에 대한 생태신학적 비판의 다양한 사례로는 cf. Chr. Frey, "Theologie und Ethik der Schöpfung. Ein Überblick," *ZEE* 32 (1988), 47-62.

13 John Hospers, "What means this freedom?"; S. Hook, ed., *Determinism and freedom in the age of modern science* (New York: New York Univ. Press, 1958), 113-130.

14 신경생리학자인 벤자민 리벳(Benjamin Libet)은 외부적 자극에 대한 뇌의 반응기제에 대한 실험을 통해 자유의지 논쟁을 현대에 다시금 촉발시킨 인물이다. 그의 실험과 그 의미에 대해서는 cf. Chr. Geyer, ed. *Hirnforschung und Willensfreiheit. Zur Deutung der neuesten Experimente* (Frankfurt a.M.: Suhrkamp, 2004).

어 있기 때문에 인간에게는 '달리 행위할 수 있는 자유'가 사실은 없으며,[15] 따라서 "자유의지는 환상에 지나지 않는다."[16] 본래 자연에 대립하여 자유의 실천과 도덕성을 강조하던 근대적 사고는 이제 거꾸로 인간의 자유와 도덕성 자체에 대한 회의를 야기하는 모순적인 결과를 초래하고 말게 된 것이다.

신학적 · 철학적 문제의식 속에 다시 보는 '근본악'

상기한 문제의식 속에서 이 글은 칸트와 셸링의 근본악 개념을 매개로 두 철학자의 사상을 비교하면서 신의 결정과 인간의 자유, 인간의 자유와 자연 사이를 중재할 수 있는 방안을 모색해 보고자 한다. 칸트와 셸링은 각각 『이성의 한계 안에서의 종교』(1793)와 『인간 자유의 본질』(1809)에서 '근본악'의 문제를 다룬다. 이들은 아우구스티누스의 원죄론을 이어받은 근본악 개념을 자유에 대한 자신들의 철학 체계 안으로 통합시키면서 이를 매개로 인간의 자유와 자연 본성 사이의 관계를 해명하고 있다.[17] 본고에서는 자유의 철학으로 특징지어지는 칸트의

---

15 Peter van Inwagen, *An essay on free will* (Oxford: Oxford Univ. Press, 1983).

16 프란츠 M. 부케티츠/원석영 옮김, 『자유의지, 그 환상의 진화』(서울: 열음사, 2009), 5; G. Roth, *Aus Sicht des Gehirns* (Frankfurt a/M.: Suhrkamp, 2003), 172. 20세기 후반의 자유의지 논쟁을 상세히 논하는 것은 본고의 목적을 벗어나는 것이기에, 여기에서는 단지 자연에 대한 철저한 인과율적 이해를 바탕으로 인간의 자유와 자연을 대립적으로 이해하는 근대적 사고방식이 이제 거꾸로 인간의 자유를 의심스럽게 한다는 것을 지적하는 것으로 만족하고자 한다.

17 칸트와 셸링은 이성에 대한 신뢰를 바탕으로 인간의 자유를 증진하려는 것을 철학의 목표로 삼는 것으로 평가되었다. 반면 이들이 각각 근본악의 문제를 다루면서 기독교의 개념들을 수용하면서 이들은 자신들의 철학적 전제와 성과들을 내팽개쳐 버렸다고 비난받기도 하였다. 이에 반해 본고에서는 칸트와 셸링에게 근본악 개념은 인간 자유의 신장을 목표로

철학에서 '근본악'에 대한 해명이 필수적이었음을 밝히고, 더불어 ―칸트 철학의 기본 입장을 이어받으면서도― 칸트의 근본악 개념에 나타나는 문제를 해결하고자 하는 셸링의 근본악 이해를 비교하고자 한다. 이를 위해 II장에서는 "칸트의 자유의 철학과 근본악의 문제"가, III장에서는 "셸링의 자유의 철학과 근본악의 문제"가 다루어질 것이다. IV장에서는 I장에서 제시된 문제의식들을 셸링의 입장을 중심으로 재론하면서 자유와 결정론 사이의 대립적인 이해를 극복할 수 있는 자유에 대한 개념을 제시하고자 한다.

II. 칸트의 자유의 철학과 근본악의 문제

칸트 철학의 발전 속에서 보는 자유의 개념

『순수이성비판』[18]에서 칸트는 자기의 비판철학은 철학의 '코페르니쿠스적 전환'을 이루는 것이 되리라고 말한다. 이는 칸트가 철학의 방향을 기존의 존재의 형이상학으로부터 선험철학으로 대변되는 주체의 철학으로 철저히 전환시켰다는 데 있다. 기존의 형이상학에서는 인간의 인식이 그 인식의 대상을 향해 있었던 반면 이제 칸트는 "대상들을 우리의 인식을 따라 정렬"하고자 한다.[19] 인식하는 주체의 이성적 활동 안에서 인식의 가능성의 조건을 발견하고자 하는 선험철학 혹은 주체의

한 그들의 철학적 작업을 수행함에 있어서 필수적인 것이었음을 드러내고자 한다.
18 이하에서 『순수이성비판』(*Kritik der reinen Vernunft*)은 *K.r.V.*로 표기된다.
19 I. Kant, *K.r.V.*, B XVI.

철학으로의 대전환이 비판철학에서 이루어지게 되는 것이다.

이처럼 철학사적 대변환을 초래한 "사고방식의 혁명"[20]은 인간 이성이 자기 스스로에 대하여 수행하는 "비판적인 자기 점검"[21]을 의미한다. 다른 말로 표현하자면 인간 이성은 본래적으로 자기 자신에 대한 활동적인 행위 가운데에서 존재한다. 따라서 비판철학에서 이루어지는 소위 코페르니쿠스적 전환은 이와 같은 "실천이성의 우선성"을 전제하고 있으며, 칸트의 전체 비판철학은 "행위의 원리"(Prinzip Handlung)라는 토대 위에 구축되어 있다.[22] 그러므로 비판철학은 그 이론적·실천적 행위에서 모든 것을 자기 자신으로부터 결정하는 인간, 즉 자유의 지속적인 실행 가운데에 있는 "인간의 규정"을 드러내는 것을 지향한다.[23] 아래에서는 칸트가 제시하는 자유의 개념을 밝힘으로써 비판철학의 핵심을 드러내 보이고자 한다.

『순수이성비판』에 의하면 자유란 "어떤 상태와 그로 인해 야기되는 일련의 결과들을 전적으로 시작할 수 있는 능력"[24]이다. 이때 자유는 사유하는 주체의 절대적 통일성으로서의 '자아', 현상의 조건들의 절대적 연속(Reihe)으로서의 '세계' 그리고 사유의 모든 대상의 조건들의

---

20 *Ibid.*, XIII.

21 K. von Stosch, "Transzendentaler Kritizismus und Wahrheitsfrage," G. Essen/M. Striet, ed., *Kant und die Theologie* (Darmstadt: WBG, 2005), 46-94, 51.

22 V. Gerhardt, "Selbständigkeit und Selbstbestimmung. Zur Konzeption der Freiheit bei Kant und Schelling," H. M. Pawloswki u. a., ed., *Die praktische Philosophie Schellings und die gegenwärtige Rechtsphilosophie* (Stuttgart: Frommann-Holzbog, 1989), 59-106, 61-64.

23 R. Brandt, "Kant: Freiheit, Recht und Moral," Uwe a.d. Heiden/H. Schneider, ed., *Hat der Mensch einen freien Willen?*, 199-212.

24 I. Kant, *K.r.V.*, B 475.

절대적 통일성으로서의 '신'이라는 이성에 동반되는 세 가지 선험적 이념 중 세계의 이념과의 연관성 속에서 논의되고 있다. 세계란 "모든 현상의 수학적 전체이자 현상들의 종합의 총체성"25 혹은 "모든 현상의 총괄 개념"26이다. 세계의 근저에는 인과율의 원리가 자리하고 있으며, 따라서 세계 안의 모든 현상은 연속적인(diskursiv) 원인-결과의 관계를 통해 구성된다. 칸트는 연속적인 조건들의 마지막 근원으로 소급해 올라가면서 이러한 조건들의 절대적 총체이자 최종 기원인 '무제약자'의 이념이 이성에 있어서 필연적인 이념이라고 주장한다. 이때 칸트는 기독교 창조 신앙의 '무로부터의 창조'를 염두에 두면서 세계 내의 모든 인과율을 창조자의 "자유로부터 비롯된 인과율"(Kausalität aus Freiheit)이라고 진술한다. 이에 의하면 자유란 무언가를 전적으로 시작할 수 있는 능력, 즉 "원인들의 절대적 자발성(absolute Spontaneität)으로, 자연법칙에 따라 운행하는 일련의 현상을 자기 스스로부터 시작시키는 것"이다.27

'절대적 시작의 능력' 혹은 '절대적 자발성'으로 정의된 자유의 개념은 우선적으로는 세계 내의 인과율적 관계망들의 최초의 원인으로서의 무제약자에게 부과된 것이다. 이 무제약자에게 부과된 자유의 개념으로부터 칸트는 인간의 자유의 개념을 도출해낸다: "이를 통해 시간 속 일련의 사건을 자기 스스로부터 시작할 수 있는 능력이 증명되었기 때문에… 이제 세계 운행의 한가운데에서 상이한 일련의 사건을 인과율에 따라 자기 스스로부터 시작하게 하는 바로서의… 자유로부터 행위할

---

25 *Ibid.*, 391.
26 *Ibid.*, 391.
27 *Ibid.*, 474.

수 있는 능력이… 증명되었다."[28] 칸트에게 인간의 자유는 세계의 최초 원인인 신의 자유와의 '유비'(analogia) 속에서 해명되고 있다. 창조자가 인과율적 법칙에 따라 진행되는 세계 안의 연속적 사건들을 오직 자신의 자유로부터 시작해내는 것처럼 인간의 자유 역시 이에 상응하는 방식으로 인과율적 법칙에 따라 시간 속에서 진행되는 사건을 시작할 수 있는 능력으로 정의되고 있는 것이다. 하지만 칸트는 『순수이성비판』에서 이렇게 정의된 선험적 이념으로서의 자유의 실재성(Realität)을 이론 이성을 통해 증명해낼 수 있다고 보지는 않는다. 왜냐하면 자유라는 이념은 세계의 이념이나 무제약자의 이념과 마찬가지로 이성의 한계 개념으로서 대상세계와 직접 관련을 맺지 않는 초월적인 것이기 때문이다. 따라서 이 이념의 대상의 실재성을 확증하는 것은 이제 실천이성의 과제로 넘겨진다.

『실천이성비판』에서 칸트는 자유의 실재성은 다름 아닌 도덕법칙의 사실성(Faktizität)을 통해 드러난다고 주장한다. 자유와 도덕법칙은 서로를 제약하면서 서로의 사실성을 드러낸다. 도덕법칙은 자연법칙을 통해 제약되어 있는 경험세계 가운데 이 자연법칙으로부터 자유로운 또 다른 종류의 법칙으로서의 실천 법칙이 있다는 사실을 보여준다. 왜냐하면 이 실천 법칙은 자연법칙에 의해 제약된 경험세계 가운데 오직 자유의지를 통해서만 생성될 수 있기 때문이다: "자유와 무제약적인 실천 법칙은 서로서로를 지시해준다."[29]

도덕법칙의 사실성으로부터 자유의 사실성을 연역해 낼 때 칸트는 자유(의지)란 경험세계를 지배하는 자연 인과율의 법칙과는 전혀 다른

---

28 *Ibid.*, 476f.
29 I. Kant, *Kritik der praktischen Vernunft* (=*K.p.V.*), A 52.

종류의 법칙의 원인이라고 간주한다. 이때의 자유란 '자연법칙으로부터의 독립성'이라는 소극적인 개념을 내포한다. 자유란 '자연법칙으로부터의' 자유인 것이다. 하지만 여기에서 더 나아가 자유란 모든 인과율로부터의 독립성 속에서 실천이성이 자기 자신에게 법칙을 부과한 것으로 정의된다. 이것이 바로 자유에 관한 적극적 개념으로서의 자율이다. 자유란 순수실천이성이 '자신에게 법칙을 부여함', 곧 '자율'이다. 이렇게 도덕법칙으로부터 자유의 객관적 실재성을 드러내는 것을 가리켜 칸트는 "자유의 요청"[30]이라고 명명한다. 자유의 실재성은 이론 이성이 아니라 오직 실천이성을 통해서만 확증될 수 있다.

칸트에게 자유란 경험세계의 근저에 놓여 있는 자연법칙으로부터의 철저한 독립성 가운데 실천이성이 자신의 행위의 법칙을 스스로에게 부과하는 것을 의미한다. 따라서 이 법칙은 경험세계 속에서 자신의 행복을 추구하기 위해 목적-수단(Zweck-Mittel)의 계열을 따라 행위하는 "가언명령"(hypothetischer Imperativ)이 아니라, 모든 이성적 존재로서의 인간들을 그 자체로 목적으로 추구해야 한다는 무제약적인 의무로서의 "정언명령"(kategorischer Imperativ)의 형태로 실현된다. 그 대표적인 선언이 바로 인간을 어떤 이익의 도구로서가 아니라, 그 자체로 목적으로 대하라는 유명한 실천 명령이다: "너의 인격 가운데 있는 것뿐만 아니라 다른 모든 인간 각자의 인격 가운데 있는 인류를 언제든지 목적으로, 결코 단지 수단으로 이용하지 않도록 그렇게 행위하라."[31] 이러한 도덕법칙은 결코 자연법칙으로부터 도출되지 않는다. 하지만 도덕법칙이 무제약적으로 추구되는 한 도덕법칙은 자연법칙이 그런 것처럼 언제

---

30 *Ibid.*, 238.

31 I. Kant, *Grundlegung zur Metaphysik der Sitten* (= *G.M.S*), BA 66f.

어디에서나 일반적으로 적용되는 보편타당성(Allgemein- heit)을 갖게 되어야만 한다: "그것이 하나의 보편타당한 법칙이 되도록 네가 의욕할 수 있는 그러한 준칙에 따라서만 행위하라."[32]

지금까지 살펴본 것처럼 칸트에게서 자유는 철저히 자연 인과율과 자연 결정에 대해서 대립적인 것으로 이해된다. 동시에 자유는 자연법칙이 보편타당하게 작용하는 것처럼, 자유의 법칙이 보편타당하게 되도록 행위할 것을 요구받고 있다. 자유의 실재성은 이러한 도덕법칙의 실행 속에서만 드러난다. 하지만 칸트의 자유 이해는 다음과 같은 문제를 내포하고 있다: 도덕법칙은 실천이성의 자유로부터 비롯되고, 도덕법칙을 통해 자유의 실재성이 드러나는 것이라면, 인간의 행위 가운데에서는 오직 순수한 실천이성의 자기 전개만이 일어난다. 그런데 이럴 경우 실제로는 인간이 자유를 가지고 악을 행할 수 있는 가능성은 사실상 배제되어 버리는 문제가 발생하는 것이다. 자유의지가 언제나 이성의 법칙 가운데 서 있다면 '악을 행할 자유'는 원천적으로 제거되어 있다. 그렇다면 칸트의 자유(의지)론은 사실상 또 다른 종류의 숙명론으로 전락하고 말 위험 앞에 놓여 있는 것이다.[33]

근본악과 자유의 이율배반
: 자유의 사실성으로서의 근본악과 선의 불가능성

『이성의 한계 안에서의 종교』(이하『종교론』)[34]가 발표되자 괴테는

---

32 *Ibid*., 52.

33 이러한 비판은 이미『실천이성비판』이 출판되자마자 카를 슈미트(Carl Christian Schmid) 등에 의해 제기된 바 있다. 이에 관하여는 G. von Wallwitz, "Kant über Fatalismus und Spontaneität," *Allgemeine Zeitschrift für Philosophie* 28 (2003), 207-227; 213ff.

칸트가 자기 자신을 더럽혔다고 비판했다. 인간의 이성과 자유를 천명하고자 했던 이전의 입장에 반해 『종교론』은 계시종교의 내용을 변증하는 것처럼 보였기 때문이다. 실러, 헤르더 등도 이와 유사하게 칸트를 비판했는데, 그 핵심은 칸트가 자신의 철학적 입장을 스스로 저버렸다는 것으로 모아진다.35 하지만 이러한 비판은 사실 이 책에 대한 오독에서 비롯된 오해이다. 아래에서는 『종교론』은 칸트의 자유 개념이 내포하고 있는 내적 한계를 극복하기 위해 필수적이라는 사실을 밝히고, 동시에 『종교론』의 '근본악' 개념 가운데 드러나는 칸트의 자유 개념의 또 다른 문제점을 지적하고자 한다.

『종교론』에서 칸트는 인간에게는 "도덕적 악에로의 성향"(Hang zum ... moralisch Bösen)이 있다고 진단한다. 이 악에로의 성향은 모든 인간에게서 보편적으로 발견되기 때문에 "악을 향한 인간의 자연적 성향"으로 불릴 수도 있다.36 "인간은 본성상 악하다." 인간의 본성 속에는 "근본적인… 악"이 자리 잡고 있다.37

칸트의 근본악 개념은 사실상 창세기의 타락 이야기를 바탕으로 하는 아우구스티누스의 원죄론을 철학적으로 변형한 것이라고 해도 무방하다. 이는 칸트 스스로가 이 근본악을 원죄라는 개념과 호환될 수 있는 것으로 간주하고 있을 뿐만 아니라 아우구스티누스를 따라 근본악의 원인을 인간의 자유 안에서 찾기 때문이다. 반면 칸트의 근본악

---

34 I. Kant, *Die Religion innerhalb der Grenzen der blossen Vernunft* (1798 = *Religionsschrift*).

35 이에 대해서는 cf. H. Hoping, *Freiheit im Widerspruch. Eine Untersuchungen zur Erbsündenlehre im Ausgang von Immanuel Kant* (Innsbruck: Tyrolia, 1990), 52f.

36 I. Kant, *Religionsschrift*, B 21.

37 *Ibid.*, 27.

은 아우구스티누스 전통과는 구별되는 특징을 지니는 것도 사실이다. 일례로 칸트는 근본악이 인류의 조상으로부터 '유전'된다거나 또는 인간의 자연적 소질 혹은 감각성이 그 원인이라는 주장을 거부한다. 이는 사실상 자유에 대한 칸트 자신의 기존의 입장을 그대로 반영하는 것이다. 근본악은 기본적으로 인간의 도덕적 성질에 대한 평가이며, "도덕적 성질"이란 실천이성과 "자유의 사용"(Gebrauch der Freiheit)에 따른 결과이다.[38] 여기에서 우리는 도덕법칙은 실천이성의 자유의 사실성을 드러낸다는 칸트의 신념이 재확인되고 있음을 본다. 인간의 자유의 실행을 통해 타락 이전의 무죄로부터 유죄의 상태로 빠지게 되었다고 가르치는 기독교의 타락론은 실천이성의 자유의 행사를 통해서 인간이 근본악의 상태에 빠져들게 되었다는 이성의 가르침과 동일한 내용을 가진 것으로 해석된다.

칸트에 따르면 인간이 근본악의 상태로 빠져들게 된 것은 인간의 이성이 스스로에게 잘못된 준칙을 설정했기 때문이다. 인간은 자기애(Selbstliebe)의 소질과 자신에게 무조건적으로 법칙을 부과하는 실천이성이라는 두 소질의 결합을 통해 도덕적 행위를 수행할 수 있다. 만일 인간이 실천이성에 자기애를 종속시킨다면, 그것은 실천이성에 근거하여 수행하는 도덕적 활동 곧 선이 된다. 반면 근본악은 인간이 실천이성을 따르지 않고 오히려 자기애를 따라 행위의 준칙을 설정하였다는 사실을 드러낸다. 자기애와 실천이성의 관계가 자유의 실행을 통해 "전도"(Umkehrung/perversio)되어 있는 것, 바로 그것이 인간의 본성으로서의 근본악의 상황인 것이다.[39]

---

38 *Ibid.*, 40.

39 *Ibid.*, 33ff.

이를 다른 측면에서 해석해 보자면 경험세계 가운데 자명한 것으로 드러나는 악의 현실성은 신이나 사탄 또는 자연이나 감각성의 산물이 아니라, 오직 실천이성의 자유의 실행을 통해 발생하게 된 것임을 의미한다. 즉, 『종교론』에서 근본악은 인간에게 '악을 향한 자유'가 배제되어 있는 것처럼 오해하게 만드는 『실천이성비판』과 『도덕형이상학』 등에 나타나는 칸트의 자유의 철학이 지닌 논리적 문제에 대한 해명으로 기능하는 것이다. 근본악이 인간의 보편적이면서도 '자연적'인 성향임에도 불구하고 인간의 "자유의 행위"의 결과인 한, 이에 대한 책임은 도덕적 행위의 주체로서의 인간 자신이 오롯이 감당해야만 한다. 어떤 준칙을 스스로에게 설정할 것인가 하는 것은 인간 스스로가 자신의 자유로운 선택을 통해 설정한 것이며, 따라서 인간은 자신의 본성을 스스로 결정하는 "자기 자신의 창시자"이다.[40]

자유의 오도된 실행 때문에 근본악이 발생했다는 주장은 악을 행할 자유를 제거하고 숙명론에 빠질 위험이 있다는 비판에 대한 칸트의 자기변호로서 기능한다. 하지만 이렇게 '악의 가능성'으로서의 자유의 측면을 드러내자마자 칸트는 또 다른 문제에 직면하고 만다. 이제는 악의 가능성이 아니라 '선의 가능성'이 부인될 수밖에 없는 상황에 빠지고 마는 것이다. 물론, 칸트는 인간에게 '선의 가능성'이 존재한다는 사실을 부인하지는 않는다. 그에 의하면 "악으로부터 선에로 전향"하는 일, 곧 선의 가능성이 여전히 놓여 있다. 그뿐만 아니라 악의 성향을 초래하고 말았던 자기애와 도덕법칙의 이중적 구조는 사실은 "선에로의 소질"이며, 그 자체로 "선"하다.[41] 따라서 인간에게는 악에서 벗어나

---

40 *Ibid.*, 6ff.
41 *Ibid.*, 49f.

선을 행할 가능성이 여전히 놓여 있다.

바로 위에서 살펴본 것처럼 칸트가 선의 가능성을 주장하는 것은 사실이다. 하지만 그가 선의 가능성을 '언급'한다는 것이 곧 그의 철학 체계 속에서 선의 가능성이 이론적으로 '입증'되고 있음을 의미하는 것은 아니다. 선에로의 전향의 가능성은 칸트에게 있어서는 실제로는 입증된 것이 아니라, 단지 도덕법칙의 필연성으로 '요구'되고 있을 뿐이다. 마치 근본악이 자기애와 도덕법칙이라는 인간 존재의 이중적 구조 속에서 자기애에 입각한 준칙을 설정했기 때문에 귀결되는 것이듯 인간이 이 준칙을 역전시킬 때에 선이 실현되게 된다. 하지만 칸트에게 이러한 준칙의 설정행위는 시간과 인과율의 지배를 받는 경험세계를 초월한 (혹은 선행하고 있는) 지성의 영역에서 이루어지는 "지적 행위"(intelligible Tat)이다. 준칙의 설정은 경험세계와는 아무런 연속성을 갖지 않는 순수이성의 영역, 즉 현상계(Phenomenon)에 대척해 서 있는 실재계(Noumenon)로서의 '지성'(Intelligenz)에 의해 실행된다. 따라서 이럴 경우 '근본악'이라는 사실성에 사로잡혀 있는 경험세계의 인간에게는 그가 인과율의 법칙을 따라 작동하는 자연법칙에 매여 있고, 시간의 연속성 속에서 자기 자신의 행복을 추구하는 존재인 한, 이를 극복하고 선을 행할 가능성이 실질적으로는 제거되어 있다. 인간이 "자연을 넘어서서 그처럼 높이 고양되는" 일은 그것이 도덕법칙에 의해 인간에게 명령되는 것이기 때문에 추구되어야 한다. 하지만 경험세계 속의 인간에게 그것이 어떻게 가능한지에 대해 칸트는 사실상 침묵하면서 그것이 도덕법칙의 요구라고 다시금 반복하고 있을 뿐이다: 그것은 "경험의 예들을 통하여 증명될 수 없다." 다만 그것은 인간에게 부과된 의무이기 때문에 "우리는 그것을 할 수 있어야만 한다."[42]

자유와 신의 양립불가능성

위에서 우리는 칸트의 자유 개념이 내포하고 있는 문제점을 살펴보았다. 칸트는 한편으로는 악의 가능성을, 또 다른 한편으로는 선의 가능성을 부인하는 모순적인 상황에 처하고 말았다. 이는 칸트 철학에서 중요한 역할을 하고 있는 두 이론적 전제의 필연적 귀결이다. 그중 첫째는 이중세계 이론(zwei-Welten-Lehre)이고, 둘째는 이중세계 이론이 전제하고 있는 신과 세계의 관계에 대한 칸트의 이해이다. 칸트는 인간의 자유를 도드라지게 드러내기 위해 이 두 이론 틀을 결합시키고 있는데, 결과적으로는 이것이 자유를 강조하려는 칸트 자신의 동기와는 배치되는 방향으로 작용하고 있는 것이다.

우선 칸트는 『순수이성비판』에서 '물자체'와 '현상계'를 구분하면서 인식의 대상은 오직 직관과 오성의 작용을 통한 종합이 이루어지는 현상계에만 제한되는 것으로 한정시켰다. 그런데 이처럼 이중세계 이론은 실천 철학에도 그대로 이어져 인간 역시도 "고유한 자신"(eigentliches Selbst)으로서의 "자아 자체"(Ich an sich)와 감각세계 혹은 현상세계에 드러나는 유한한 자기의식이라는 두 영역으로 구분된다. 도덕적 실천을 위한 준칙의 설정과 같은 자유의 실행은 바로 자아 자체의 초월적 순수이성의 영역에서 발생한다.[43] 이럴 때에만 모든 (자연) 인과율로부터 독립하여 그 자신의 고유한 (도덕)법칙을 스스로 규정하는 것으로, 즉 '전적인 시작의 능력' 혹은 '절대적 자발성' 또는 '자기 스스로에게 법칙을 부과함'으로 정의된 자유의 개념이 보장받을 수 있기 때문이다.

---

42 *Ibid.*, 76f.

43 I. Kant, *G.M.S.*, BA 107ff., 123.

이중세계 이론은 다른 한편으로는 인간의 자유를 신의 간섭으로부터 보장하려는 시도이기도 하다. 『실천이성비판』에 의하면 창조자로서의 신과 인간의 자유는 서로 양립할 수 없다. 왜냐하면 창조자로서의 신이 모든 유한한 실체들의 실존의 근원이라면, "인간의 행위들은… 전적으로 인간의 힘 바깥에 놓여 있는 존재 가운데 그들을 규정하는 근거"[44]를 가질 것이기 때문이다. 유한한 세계는 이 최고 존재에 의해 작용되는 인과율에 전적으로 의존할 것이고, 이 인과율은 모든 유한자를 결정 (bestimmen)할 것이다. 따라서 창조자에 대한 생각은 인간의 자유와 결코 양립할 수 없다. 이러한 문제를 극복하기 위해서 칸트는 창조자로서의 신을 경험세계와의 관계성으로부터 제거하고, 단지 순수이성의 영역에서 수행되는 도덕적 실천과만 관련짓는 것으로 사유한다. 즉, 유한한 경험세계 속에서 작용하는 신의 인과율적 작용에 대한 이론적 탐구를 거부하고, 신에 대한 이념을 실천이성이 도달해야 할 최고선의 이념으로 정의 내리는 방식으로 칸트는 신과 인간의 자유의 문제를 조화시키고자 시도하고 있는 것이다. 창조자로서의 신에 대한 사유와 인간의 자유는 서로 양립할 수 없다.[45]

지금까지 우리는 칸트의 비판철학의 자유 개념을 검토하면서 칸트의 이론이 결국에는 인간의 자유를 드러내고자 하는 그 근본 동기와 불화하게 됨을 살펴보았다. 이를 간략히 정리하자면 다음과 같다: 칸트에게 자유란 '절대적 자발성', '무언가를 전적으로 시작할 수 있는 능력'이다.

---

44 I. Kant, *K.p.V.*, A 180.

45 이에 대한 보다 자세한 해명을 위해서는 F. Hermanni, *Die letzte Entlastung. Vollendung und Scheitern des abendländischen Theodizeeprojekts in Schelligs Philosophie* (Wien: Passgen Vlg., 1994), 53ff.

하지만 이러한 개념 정의는 칸트가 자유와 자연 인과율, 이성과 물질, 정신과 자연의 이원론적 대립 속에서 사유하고 있음을 드러낸다. 또한 칸트에게는 창조자로서의 신과 인간의 자유 역시 철저히 대립하고 있다. 순수이성과 현상계, 자유의 영역과 필연성의 영역을 철저히 대립적인 것으로 간주하면서 칸트는 오직 도덕적 세계 질서의 입법자로서 순수이성의 도덕 실천과만 관련되는 것으로 신을 이해한다. 이러한 이론 틀로 인해 칸트는 현상세계, 즉 자연의 제약성 속에 사는 인간에게 선에로의 자유가 어떻게 실행가능한 것인지 해명하지 못하는 문제에 빠지고 만다. 칸트의 철학 전반에는 인간의 자유를 드러내려는 동기가 내재해 있지만, 결과적으로는 인간의 자유를 제약하는 것으로 귀결되고 마는 것이다. 자유와 자연 인과율이 대립적으로 이해되고, 창조자로서의 신과 인간의 자유가 서로 대립적으로 이해될 때 결과적으로는 인간의 자유가 부인되는 결과를 초래하고 마는 것이다.

III. 셸링의 자유의 철학과 근본악의 문제

본래 신학생이었던 셸링은 1794~1795년에 신학을 포기하고 철학에로 전향한다. 이때부터 셸링은 자유야말로 자신의 철학의 유일한 관심사이자 주제라고 선언한다: "철학의 시작과 끝은 자유이다."[46] 셸링의 철학은 한 마디로 자유의 철학이다. 이때 셸링은 칸트의 자유의 철학을 수용하면서 동시에 그 문제점을 극복하는 것을 자신의 작업 과제로

---

46 G.L. Plitt(ed.), *Aus Schellings Leben. In Briefen*, Bd. 1: 1775–1803 (Leipzig: S. Hirzel, 1869), 71(이하 Plitt).

삼는다.[47] 아래에서는 셸링이 어떻게 칸트의 문제들을 극복하는지를 근본악 개념을 중심으로 간략히 기술하면서 자유와 결정론의 문제를 해결하기 위한 셸링의 통찰을 스케치해 보도록 하겠다. 이는 특히 셸링의 『인간 자유의 본질』(1809, 이하 『자유론』)[48]을 중심으로 이루어질 것이다.

자유와 신의 양립 가능성

『자유론』에서 셸링이 해결하고자 하는 철학적 문제는 다음 두 가지이다. 첫째, "자유에 대한 올바른 개념"을 발견하는 것이고, 둘째, "이 개념이 학문적 세계상의 전체와 맺는 관계",[49] 즉 인간의 자유가 세계에 대한 체계적인 해명과 맺는 관계를 풀어내는 일이다. 이를 해명하고자 할 때 직면하게 되는 어려움이 있는데, 그것은 세계 안의 총체적 관계망들을 신 안에 근거 지워진 것으로 볼 때, 신의 절대적 능력과 인간의 자유가 어떻게 조화될 수 있는지를 해명하는 일이다. 셸링은 세계의 모든 것을 규정하는 실체로서의 신과 인간의 자유는 조화될 수 없다는 일반적인 견해에 반하여 이 둘을 조화시키는 것이 가능하다는 것을, 나아가서 신이야말로 인간의 자유의 가능성의 조건이라는 것을 제시하

---

47 Plitt, I 73: "칸트는 결과들을 제시했다. 하지만 그에게는 전제들이 결여되어 있다. 전제들 없이 누가 결과들을 이해할 수 있겠는가?"

48 F. W. J. Schelling, *Philosophische Untersuchungen über das Wesen der menschlichen Freiheit und die damit zusammenhängenden Gegenstände*, SW, VII 331-408. 본고에서는 슈뢰터(M. Schröter)가 편집한 셸링저작집(Schellings Werke)을 참고하였다. 하지만 인용되는 책의 권과 쪽수는 슈뢰터의 편집본에 명기되어 있는 전집(셸링의 아들 K. F. A. Schelling이 편집한 Sämtliche Werke)의 권과 쪽수를 따른다(이하에서는 SW, VII 331과 같이 표기).

49 SW, VII 336.

고자 한다. 신의 전능성과 인간의 자유, 신에 대한 세계의 의존과 인간의 자유는 결코 서로 대립하는 것이 아니다. 오히려 인간과 세계의 존재 자체는 신에 전적으로 의존하고 있으며, 이 신에 대한 세계의 의존성이야 말로 곧 인간의 자유의 조건이 된다는 것이 셸링의 입장이다: "모든 세계 사물의 신에 대한 의존성"과 신의 "전능함"은 유한자들이 존재하기 위해서는 결코 제거될 수 없는 전제이다.[50] "의존성은 자립성, 특히 자유를 지양하지 않는다."[51]

셸링의 독특성은 이처럼 세계와 인간의 자유를 근거 지우기 위해 세계가 철저히 신에게 의존하며, 이 신의 힘과 행위에 의한 산물이라는 것을 드러내는 데 있다. 이러한 신과 세계의 관계를 셸링은 '근원-결과-관계'(Grund-Folge-Relation)로 표기한다. 만물의 근원으로서의 신은 오직 자기 자신 안에, 자기 자신을 통해서만 존재한다. 반면 이 근원인 신에게 의존하는 유한한 사물들은 다른 것들과의 관계 안에서, 그것들과의 관계를 통해서만 존재한다. 이런 점에서 신과 세계는 그 기원에 있어서 서로 철저히 '구별'된다. 이와 같은 양자 간의 구별성은 세계가 신에게 철저히 의존하고 있음을 드러낸다. 한편 이러한 세계의 의존성은 동시에 세계가 자신과는 '구별'되는 존재인 신에 대하여 상대적인 자립성과 자율성을 담보하게 하는 요소이다. 왜냐하면 세계는 신에게 의존하지만 신과는 '구별'되며, 이렇게 신에 대한 차이 속에서 세계는 신에 대한 상대적인 독립성을 지니기 때문이다. 따라서 의존성은 결코 신에 대한 세계의 자유를 제거하지 않는다. 의존성은 다만 이 세계가 그것이 의존하고 있는 존재인 신에 의해 만들어진 '결과'라는 것을 표현할 뿐이다.[52]

---

50 SW, VII 339.
51 SW, VII 346.

신에 대한 세계의 의존성과 세계에 대한 신의 지속적인 활동이 어떻게 자유를 가능하게 하는지를 해명하기 위해 셸링은 "계시로서의 창조"라는 개념을 전면에 내세운다. 창조란 "자립적인 것을 정립하는 행위"이다. "사물이 신으로부터 귀결되었다는 것은 신의 자기 계시이다. 신은 오직 자기와 유사한 것들 속에서만, 자유 가운데에서 스스로 행위하는 것들 가운데에서만 계시될 수 있다."[53] 이 세계를 신의 창조이자 계시로 파악함으로써 셸링은 신에 대한 세계의 의존성과 자유를 동시에 해명하기 위한 입각점을 얻게 된다. 창조 활동이—'창조'(creatio)라는 전통적인 개념이 함축하듯— 신의 자유에 기인한 것이라면, 이 행위의 결과로 존재하는 세계와 신은 결코 인과율적 필연성의 법칙을 통해 매개되지 않을 것이다. 또한 이 창조 행위가 신의 '계시' 활동이라면, 신과는 질적으로 구분되는 이 세계는—신과 세계 사이의 질적 차이에도 불구하고—창조자인 신의 자유에 상응하는 자유의 흔적을 그 안에 담고 있기 마련이다.

신에 대한 세계의 의존성과 자립성, 유사성과 자유의 양립 가능성을 제시한 후 셸링은 이제 이를 구체적으로 드러내기 위해 창조자와 피조물

---

52 SW, VII 340f., 346. 이에 대한 보다 자세한 해명을 위해서는 cf. Yong Joo Lee. "Freiheit des Schöpfers und Freiheit des Menschen: Ein Überblick über die Schöpfungslehre Schellings nach seiner Freiheitsschrift (1809)," *Korean Journal of Christian Studies* 63 (2009), 151-171, 특히 159f. 이 글은 본서의 2장 "창조자 하나님의 자유와 인간의 자유"에 해당한다.
신의 전능성에 제한을 가하고, 신의 자기제한을 통해 신에 대한 세계와 인간의 상대적 자유를 담보하려는 오늘날의 신학적 경향에 반하여, 셸링은 신과 세계의 관계에 대한 흥미로운 사고유형을 제공해 주고 있다. 최근의 신학 경향에 대한 대표적인 사례로는 cf. J. Moltmann, *Gott in der Schöpfung* (Gütersloh: Gütersloher Verlagshaus, 1985), 93ff.

53 SW, VII 346f.

사이의 존재론적 구조상의 유사성과 차이를 밝히는 데 집중한다. 신과 인간 사이의 존재론적 구조상의 유사점은 인간이 창조자인 신에게 의존적인 존재라는 것을 드러낸다. 하지만 그 구조상의 유사점에도 불구하고 —혹은 유사성으로 인해— 생성되는 차이는 인간으로 하여금 신에 대한 상대적 자유를 가진 존재가 되게 한다. 이때 결정적으로 중요한 것이 신과 세계는 모두가 '이성적 원리와 실재적 원리의 통일성'이라는 존재론적 구조를 공유하고 있다는 견해이다.

셸링에 의하면 신은 "영원한 정신"이다. 영원한 정신으로서의 신은 "참으로… 실존하는 신"이다. 그런데 이 정신으로서의 신은 자신의 실존의 근거와 이 실존의 근거로부터 파생되는 신적 오성의 통일성이라는 구조를 이루면서 존재한다. 실존의 근거와 신적 오성을 가리켜 셸링은 각각 "동경"과 "오성", "의지"와 "말씀", "오성의 의지"와 "의지 안의 의지", "개별의지"와 "보편의지" 등으로 명명한다. 길고도 복잡한 셸링의 논의를 간략히 정리하자면, 신 안에 있는 신의 실존 근거는 하나의 "무의식적인 의지"이자 "동경"으로서 실존하는 바로서의 신의 통일성이 구현되기를 지향한다. 그것은 신의 근거이기 때문에 실존하는 신 자신과는 구별되지만, 신의 의지 아래에 복속된 채로 신 안에 있다. 이 무의식적인 충동과 의지로부터 신 안에서는 이것과는 구별되는 "표상", "오성" 혹은 "말씀"이 생성된다. 그것은—삼위일체의 제2위격으로서의 말씀에 대한 은유 가운데— "신 안에서 출산된 신 자신"이라고 불리며, 이 신적 말씀을 통하여 정신으로서의 신의 통일성이 계시되는 것을 신의 실존의 근거는 지향한다. 정리하자면 영원한 정신으로서의 신은 그 가운데 실존의 근거와 신적 오성의 통일성이라는 구조를 이루고 있으며, 실존의 근거는 신적 오성에 상대적으로 자립적이지만, 신적 오성을 통해 신의 자기 계시가 이루어지도록 작용하며, 이렇게 계시되는 신적 오성과 신의 통일성에 복속되어 있다.

피조물로서의 세계가 신에게 의존하면서도 자유로울 수 있는 것은 이 세계가 위에서 기술한 신의 내적 구조와 상응하는 것으로 창조되었고 또 여전히 이 신의 내적 구조에 일치하는 신의 창조적 활동에 의존하고 있기 때문이다. 최초의 창조 이후 모든 피조물은 두 가지 원리, 즉 실존의 근거로부터 비롯되는 "어두움의 원리"(das dunkle Prinzip)와 이에 대척하여 서 있는 "오성의 원리" 혹은 "빛의 원리"(das Prinzip des Verstandes/das Lichtprinzip) 간의 공동의 작용을 통해 생성된다. 전자는 신의 실존의 근거에 의해 촉발되어 모든 "피조물의 실재성"을 규정하는 '실재성의 원리'(das reelle Prinzip)이자 "피조물의 개별의지"를 추동하는 '개별성의 원리'이다. 한편 오성의 원리는 개별의지를 제거하지 않으면서도 어두움의 원리가 빛의 원리 아래에 종속되는 방식으로 빛의 원리와 통일성을 이루도록 하는 "보편의지"이며, 실재성의 원리의 작용 속에 감추어져 있는 이념성을 점차 드러나게 하는 '이념성의 원리'(das ideelle Prinzip)이다.54 무기체의 발생으로부터 유기체와 인간의 출현에 이르는 창조의 모든 과정은 이 두 원리의 통일적인 상호작용을 통해 이루어지며, 창조의 모든 과정은 "최초의 어두움의 원리가 빛으로 내적으로 변형 혹은 변용되는 것을 목표로" 그리고 이를 통해 모든 빛 가운데 있는 신이 계시되는 것을 지향한다.55

실재성과 이념성, 무의식과 의식, 개별의지와 보편의지의 통일성은 신과 피조물로서의 세계 모두에게서 제거되지 않는 공통의 존재의 구조

---

54 SW, VII 359ff.

55 SW, VII 362.

이다. 셸링은 이렇게 서로 구별되는 두 원리의 통일적인 결합 속에 실존하는 신을 가리켜 '인격'이라고 부른다. 이는 셸링을 따르자면, 인격이란 "자립적인 것과 그것으로부터 독립적으로 있는 토대의 결합"으로 정의되기 때문이다. "영원한 정신"인 신은 서로 독립적인 "힘들의 생동적인 결합"이라는 존재론적 구조 위에 실존하며, 바로 그렇기 때문에 신은 "가장 지고한 인격성"을 갖춘 인격적 존재이다.[56]

두 원리의 통일성은 신 안에만 구현되어 있는 것은 아니고, 이 신의 창조 활동의 결과로 존재하게 된 신의 피조물들 가운데에서도 실현되어 있다. 특히 이 두 원리의 통일성은 신의 형상인 인간에게서 가장 고도의 형태로 발현된다. 두 원리의 통일성으로 인하여 인간은 영원한 정신인 신의 형상인 "정신"이 되며 또한 "인격성"을 얻는다. 바로 이것이야말로 신에 대한 의존성 가운데 존재하는 인간이 그 의존성에도 불구하고─혹은 바로 그 의존성으로 인해─ 자유로운 존재가 되게 하는 존재론적 근거이다. 인격적 정신인 인간은─인격적 정신인 신이 그렇듯─ "피조물들로부터 피조물들을 초월"해 있다. 실존하는 존재로서의 초월적인 신이 자기 자신 안에 두 원리의 통일적 구조를 가지고 있음에도 불구하고 이 구조 자체에 대하여 초월적인 것처럼 인간 역시도 "두 원리로부터 자유로우며", 자기 자신을 "완전한 자유 가운데에서" 바라본다.[57]

그 유사성에도 불구하고 신과 인간이 공유하는 존재론적 구조는 그 통일성의 정도에 있어서 엄격히 구별된다. 신 안에 있는 두 원리의 통일성이 결코 "분리되어질 수 없는" 것이라면, 인간에게 이 두 원리는 "분리될 수 있는 방식으로" 통일성을 이룬다. 이러한 차이는 셸링이

---

56 SW, VII 394.
57 SW, VII 364.

강조하는 창조자와 피조물 사이의 차이를 드러내 준다. 하지만 이것이야 말로 셸링으로 하여금 비로소 자유의 개념을 제시하게 만든다. 이제 인간 앞에는 두 가지 길이 놓여 있다. 인간은 신의 창조 활동을 통해 부여받은 존재론적 유사성과 이를 통해 생성되는 자유를 기반으로 하여 신이 자기의 자유를 행사하는 것과 같은 방식으로 두 원리의 통일성을 지향할 수도, 반대로 두 원리의 통일성을 분리, 왜곡시킬 수도 있다. 전자의 경우에 생성되는 것이 '선'이라면, 후자를 통해 출현하는 것이 '악'이다.[58] 이를 바탕으로 셸링은 자유라는 개념을 "선과 악의 능력" (Vermögen des Guten und des Bösen)이라고 정의 내린다.[59]

근본악과 자유: 자유의 사실성으로서의 근본악과 선의 가능성

셸링은 칸트로부터 "자연적인 악에로의 성향"으로서의 "근본악" 개념을 수용한다. "인간 가운데 있는 근원적인 악"은 인간의 "자유의 실행"을 통해 나타나는 것인 한, "근원적인 죄"라고도 불릴 수 있다. 칸트가 그랬던 것처럼 셸링도 악의 사실성을 인간이 자신의 자유를 실행에 옮겼기 때문에 나타난 결과로 이해한다: "저 고유한 행위를 통해서, 하지만 출생과 더불어 부과된 악만이 근본악이라고 불릴 수 있다."

근본악을 인간의 자유 실행으로 초래된 것으로 본다는 점에서 셸링이 칸트의 입장을 따르는 것은 사실이지만, 선과 악의 능력으로 정의된 자유가 실행에 옮겨지는 과정을 해명하는 셸링의 방식은 칸트와는 사뭇 구별된다. 칸트가 이성과 자연의 철저한 이원론적 분리 위에 서 있었던

---

58 SW, VII 363f.
59 SW, VII 352.

반면 셸링은 인간의 자유를 실재성의 원리(개별성의 원리)와 이념성의 원리(보편성의 원리)의 철저한 '통일성'에 바탕하고 있는 것으로 분석한다. 창조의 전 과정을 통해 현실화되어 가는 개별성의 원리(자연적 원리)와 보편성의 원리(이성적 원리)는 인간에게서 최고조의 통일성을 이루고 있으며, 이것이 바로 인간으로 하여금 세계의 존재론적 구성원리의 산물임에도 불구하고 동시에 그로부터 자유로운 존재가 되게 한다: "인간은 자신 안에 선과 악을 향한 자기운동의 근원을 동시적으로 가진 최고봉에 놓였다. 인간 안에 있는 원리들의 연결은 필연적인 것이 아니라, 자유로운 것이다. 인간은 이제 결단의 지점에 서 있다. 그가 무엇을 선택하건 간에 그것은 그의 행위가 될 것이다."[60]

그런데 문제는 인간 자신의 존재와 자유의 가능성의 조건이 되는 자연적 원리, 즉 개별성의 원리가 인간의 '자기성'(Selbstheit)을 촉발시킨 데 있다. 이로 인해 인간은 개별성과 보편성을 통일하려는 신의 활동에 반하는 방식으로, 즉 개별성과 보편성, 자연과 이성을 분리하는 방향으로 자신의 자유를 실행시킨다. 근원의 의지는 피조물 안에서 "피조성에로의 충동"을 자극한다. 이렇게 "모든 것을 개별화 혹은 피조물화하려는" 개별의지로 인하여 피조물은 모든 것을 보편화하려는 신의 의지를 접촉할 때에는 자신의 개별성을 상실하게 되리라는 "생명의 두려움"(Angst des Lebens)을 경험하고, 이로 인해 신의 보편의지를 저버리고 악을 선택하게 된다.[61] 근본악이라는 모든 인간의 근본적인 조건은 이렇게 인간의

60 SW, VII 373f.
61 SW, VII 381. 하버마스는 신의 근거로부터 촉발된 개별의지가 인간의 자기성을 충동한다면 인간은 악에 대한 책임으로부터 자유롭게 되며, 악 역시도 단지 '선한 악(felix culpa)에 지나지 않는다고 비판한다. 그러나 이런 주장은 두 원리의 통일적 작용은 선과 악의 '가능성'을 촉발할 뿐 '악의 현실성' 자체를 촉발하지 않는다는 셸링의 입장을 제대로 파악하지

자유의 실행의 결과로 주어진 것이다.

비록 근본악으로 인해 모든 인간이 악의 현실성 아래 놓여 있지만, 그럼에도 "선으로의 전환"은 여전히 가능하다. 이를 위해 셸링은 다시금 '계시로서의 창조' 개념을 도입한다. 신의 세계 창조의 전 과정은 개별성의 원리를 보편성의 원리에 일치시키고, 이를 통해 이 두 원리의 통일성이 실현되어 있는 정신으로서의 신의 영원한 사랑을 계시하려는 것을 목표로 한다. 이렇게 자기성을 신의 보편적 의지에 종속시킴으로써 악을 극복하고 선을 실현시키려는 신의 창조 활동의 목표는 바로 가장 고유한 의미에서 계시라고 불리는 그리스도의 사건에서 나타난다. 자신에게 부여된 자유를 가지고 이러한 신의 자기 계시의 현실에 인간이 자신의 개별의지를 종속시키는 활동을 할 때, 그때 비로소 인간에게서는 선을 향한 전향이 발생한다. 개별성과 보편성의 원리, 자연과 이성은 모두 신의 창조 행위의 원리이며, 이것들은 근본악에도 불구하고 인간 안에 여전히 작용하고 있기 때문에 인간은 자유로우며 선을 지향할 수 있다. 모든 인간을 사로잡고 있는 근본악에도 불구하고 계시로서의 창조 활동이 여전히 신에 의해 수행되고 있는 한, "선의 원리"는 결코 사라지지 않는다. 선이란 이렇게 인간 안에서 작용하는 신의 자기 계시의 필연적인 활동과 결합하는 일이다. 이런 의미에서 셸링은 다음과 같이 대담하게 선언한다: "필연성과 자유는 하나이다."[62]

못한 것이다. Cf. J. Habermas, *Das Absolute und die Geschichte. Von der Zweispältigkeit in Schellings Denken* (Ph.D. diss. Univ. Bonn, 1954), 268f.

62 SW, VII 391; "인간의 의지가 활성화된 자기성을 사랑과 결합시키고, 이 자기성을 보편적인 의지 아래에 복속시키면, 그로부터 비로소 실제적이면서도 인간 안에 있는 예민함으로 감각화된 선이 일어난다." 따라서 셸링에게 참 자유의 방향은 자기 자신을 향한 '내면화'가 아니라 '외면화'(Externalisierung)에 있다. D. Sturma, "Präreflexive Freiheit," O. Höffe/

셸링의 자유 개념과 그 의의

셸링의 자유 이해를 칸트의 자유 개념으로부터 구별 짓는 특징적인 내용은 그가 인간의 자유를 철저히 신의 창조 행위의 결과로 분석해 내고 있다는 사실이다. 창조자로서의 신은 창조의 전 과정을 규정하고 인간에게 이르러 자연적 원리와 이성적 원리가 최고조로 발현되도록 한다. 이를 통해 자유를 부여받은 인간은 언제나 선과 악의 양자택일, 즉 '다른 방식으로 행위할 수 있음'이라는 선택적 상황 속에 살고 있다. 이런 점에서 인간은 자유롭다. 반면 인간이 신의 창조 행위에 상응하는 방식으로 자유를 사용할 것인지의 여부는 어디까지나 인간 자신의 자유로운 결정에 달려 있다. 이런 점에서 셸링은 "영원한 시작"[63]이라는 비유로 인간의 실존적 상황을 묘사한다. 자유를 토대로 하여 언제나 새로운 것을 시작할 수 있다는 점에서 인간은 영원한 시작이다. 이런 점에서 셸링의 자유 이해는 자유를 '절대적 시작의 능력'으로 정의한 칸트의 자유 개념과의 연속성 속에 서 있다. 또한 '선과 악의 능력', 즉 '대안적인 선택 행위의 능력'으로 이해되는 자유 개념은 '자기 스스로를 규정함'이라는 칸트의 '자기 규정' 혹은 '자율로서의 자유' 개념을 동시에 그 안에 함축하고 있다. 이런 점에서 셸링은 칸트의 자유 개념과의 연속성 속에 서 있다.[64]

하지만 셸링의 자유 개념은 칸트의 그것과 구분되는 독특성을 가진

A. Pieper, ed., *Über das Wesen der menschlichen Freiheit* (BerlAkademie Verlag, 1995), 149-172; 160.

63 SW, VII 386.

64 SW, VII 351.

다. 칸트에게 인간의 자유란 하나의 '절대적' 시작이며, 그러한 바로서 자유는 모든 경험세계로부터 독립적인 순수실천이성의 영역에서만 발생한다. 이에 반해 셸링은 인간의 자유를 결코 '절대적'인 시작으로 이해하지는 않는다: "자유의 행위는… 그것이 그다음의 사태, 예를 들어 선 또는 악을 실행시키기 위해서는 언제나 규정적인 행위(bestimmte Handlung)이다. 절대적인 비규정성으로부터 규정성에로 넘어가는 일은 없다." 이러한 '인간 자유의 피규정성'에 대한 인식은 셸링의 자유 개념을 칸트의 자유 개념으로부터 구분 짓는 결정적인 요소이다. 모든 인과율적 관계망으로부터의 자유 가운데 이성적 존재가 순수한 자발성으로부터 스스로를 규정한다는 칸트의 자유 개념은 "일반적이고도… 형식적인 자유의 개념"일 뿐이다. 칸트가 자유를 인간의 지성적 본질과 연관시킨 것은 그 자체로는 정당하다. 하지만 셸링이 보기에는 순수한 실천이성으로부터 비롯되는 자유를 "하나의 전적으로 비규정적인 능력"으로 정의 내리는 것은 자유가 아니라 "임의의 개념"에 더 가깝다. 인간이 이것 혹은 저것의 선택 상황에서 '아무것이나' 선택할 수 있다는 의미에서의 자유란 사실상 자유가 아니라 인간이 "전혀 비이성적으로 행위한다는 것을 의미할 뿐"이기 때문이다. 이에 반하여 셸링은 개별의지와 보편의지, 비이성과 이성의 통일성이라는 존재론적 구조가 정신이자 인격적인 존재로서의 인간의 존재와 자유의 근거로서 '이미 주어져 있음'을 강조한다. 인간이 윤리적으로 행위할 수 있기 위해서는 이 통일성이 "이미 전적으로 그리고 완성적으로 거기에 있어야만" 한다. 선 혹은 악에로의 자기 규정으로서의 자유는 신의 자유처럼 무제약적인 것이 아니다. 오히려 "자기 자신을 규정할 수 있기 위해서 (지적인 존재는 _ 필자 주) 그 안에 이미 규정되어 있어야만 한다."65

오늘날 자유와 자연의 관계에 대한 논의의 관점에서 보자면, 이러한 셸링의 입장은 자연을 인간의 자유를 위해 필수적인 구성 요소로 파악하도록 한다는 의의가 있다. 피조물로서의 인간은 개별적 원리와 보편적 원리, 자연적 · 실재적 원리와 이념적 · 오성적 원리의 통일성이라는 존재론적 구조를 토대로 한다. 다른 말로 표현하자면, 인간은 실재성과 이념성, 자연과 정신의 통일성을 통해서 자유로운 존재로 규정되어 있다는 것이다. 따라서 인간의 행위는 그가 무엇을 선택하건 간에 언제나 그의 존재를 구성하는 자연적 원리 혹은 자연적 속성과의 긴밀한 결합 속에서만 가능하다. 칸트에게 자연이 인간의 자유를 저해하는 요소라면, 셸링에게 자연은 인간의 자유를 위해 결코 제거될 수 없는 구성적 요소로 이해되고 있다.66 자연은 결코 인간의 자유의 대립항이 아니다. 오히려 인간 안에 작용하는 자연적 속성들은 인간의 자유의 '토대'(Basis)이자 '근원'으로 작용한다. 칸트에게서 보았듯이 자연을 정신과의 대립적 관계 속에서 파악하면서 원인-인과율의 필연성의 법칙에 내던져져 있는 영역으로 이해하는 것은 오히려 인간의 자유를 위협하는 결과를 초래하고 만다. 반면 자연을 신의 자유로운 창조 활동의 피조물로 파악하면서 그 안에 내재하는 창조자로서의 신의 활동에 주목할 때 인간은

---

65 SW, VII 351f. 이런 의미에서 야콥스는 "셸링이 칸트식의 자기 결정으로부터 선이 초래된다는 사고를 거부한다"고 올바로 지적하고 있다. W. G. Jacobs, "Die Entscheidung zum Bösen oder Guten," O. Höffe/A.Pieper, ed., *Über das Wesen der menschlichen Freiheit*, 125-148.

66 실재와 이념, 무의식과 오성의 통일성에 대한 셸링의 진술은 데카르트 이후 유럽 철학에서 나타나는 정신과 자연의 이원론적 대립을 극복하고자 하는 셸링 철학의 근본 동기에서부터 비롯된 것이다. "새로운 유럽철학 전체의 문제는 그것이 (데카르트에 의해) 시작되었던 이후부터 자연이 사라져 버렸다는 것 그리고 생동적인 근거가 거기에 결여되어 있다는 공동의 결핍에 놓여 있다"(VII 356).

"창조 안에 있는 자유에 대한 일반적인 인식"67에 도달할 수 있다. 신의 피조물로서의 자연 안에는 인간의 정신에서와 마찬가지로 개별성과 보편성, 자연과 이성의 원리의 통일성이 작용하고 있고, 바로 그렇기 때문에 인간 안에 작용하는 자연적 원리는 인간 자유의 걸림돌이 아니라, 인간 자유의 토대가 된다. 이럴 때에야 비로소 인간의 자유를 드러내고자 했던 칸트 철학의 정신을 제대로 구현하게 된다는 것이 셸링의 생각이다.

IV. 사랑: 자유의 내용

신이 모든 것을 규정한다는 믿음과 인간의 자유는 조화될 수 없다는 견해는 오랫동안 통용되어왔다. 이에 반해 셸링은 창조자로서 세계 안의 모든 것을 규정하는 신이야말로 인간이 자유로운 존재가 되도록 하는 최종 근거임을 드러내고자 한다. 피조물은 창조자의 지속적인 작용과 행위가 없이는 존재할 수 없기 때문이다. 이때 신의 행위와 인간의 행위를 서로 대립적이지 않도록 이해하게 하는 중요한 요소는 세계를 규정하는 창조 활동을 신의 자유 가운데에서 발견하는 일이다. 신과 세계의 관계를 이렇게 자유를 통해 근거 지워진 것으로 파악하는 것은 신과 세계 사이의 관계를 제1원인과 제2원인이라는 '인과성의 관계'로 파악하고, 이를 토대로 세계 안의 모든 현상을 인과율적 필연성의 법칙에 사로잡힌 것으로 이해하는 기존의 신학적—그리고 칸트의— 입장에 대한 비판과 수정으로 기능한다. 신의 자유로부터 비롯된 창조 행위가

---

67 SW, VII 396.

이 세계 가운데에서 작용하고 있다면, 정신과 자연, 주체와 객체 간의 이원론적 분리는 사실상 불가능할 것이고, 동시에 이 창조자의 활동에 의존하고 있는 자연 역시도 필연성의 법칙에 따라서만 진행하지는 않을 것이다. 오히려 자연의 근저에는 신의 창조 활동을 구성하는 두 원리의 통일성이 작용하고 있다. 따라서 세계와 정신, 자연과 자유는 서로 대립적인 것이 아니라 신적 통일성, 즉 개별성과 보편성, 자연과 자유의 통일성이라는 신적 원리 아래 통일되어 있는 것으로 이해되어야 한다.

칸트와 셸링 모두는 근본악 개념을 통해 인간의 자유의 사실성을 드러내고자 했다. 하지만 이성과 자연의 이원론에 바탕하고 있는 칸트는 실질적으로는 선에로의 자유가 어떻게 실행 가능한지를 제시하지 못했다. 반면 셸링은 세계의 존재론적 구조인 정신과 자연의 통일성을 강조함으로써 경험세계 가운데 살아가는 인간에게 놓여 있는 선에로의 가능성을 제시할 수 있었다. 이때 셸링의 입장은 자연에 대한 결정론적 이해를 토대로 인간의 자유를 부인하는 오늘날의 환원주의적, 물질주의적인 자연과학적, 철학적 입장들에 대한 유용한 대응 논리를 제공해 준다. 인간 가운데에서 작용하는 자연적 원리는 인간의 윤리적, 실천적 행위를 '결정'(determinate)하는 원인으로서가 아니라, 인격적 인간 행위의 '토대'이자 '근거'로 이해되어야 한다는 것을 셸링은 보여준다. 자연적 원리의 지속적인 작용이 인간에게서 자유를 제거해 버리는 것은 아니다. 인격적 존재 아래에 작동하는 비인격적, 무의식적 자연의 작용은 인간 존재와 자유의 '근거'이거나 '토대'이지 결코 인격적 존재의 모든 행위를 '필연적으로 야기'(necessitate)하는 것은 아니다.

한편 셸링은 자유를 '절대적 시작의 능력'으로 정의하는 칸트의 자유 개념을 수용·비판하면서 자유로운 존재가 되기 위한 인간 존재의 '피규정성'을 강조한다. 자유로운 행위란 순수한 실천이성의 영역 속에서 이루어지는 일이 아니고, 언제나 자연과 정신, 무의식과 이성의 통일성 이라는 피규정적 조건 속에서만 가능한 일이다. 이러한 셸링의 자유 개념은 칸트의 형식적인 자유 개념을 넘어 자유의 실질적이고도 구체적 인 내용을 추구하도록 한다. 칸트가 무제약자의 이념으로부터 순수한 자발성으로서의 자유라는 형식적 자유 개념을 도출해 낸 반면 셸링은 창조자의 자유 속에서 세계를 향한 신의 사랑을 발견한다. 신의 자기 계시로서의 창조는 두 원리의 통일성인 신이 스스로를 "모든 것 안에 모든 것인 사랑"[68]으로 계시하려는 것을 목표로 한다. 신의 자유는 단순 히 세계 안의 인과율적 작용의 원인으로 이해되어서는 안 된다. 오히려 신의 자유는 서로 대립하는 두 원리의 통일성이, 또한 신과 세계가 그 존재론적 차이에도 불구하고 사랑 가운데 하나가 되는 것을 지향하고 있다. 세계창조와 인간의 자유는 이렇게 신의 자유와 사랑을 공통의 토대로 가진다. 자기의 존재의 구조의 내용을 규정하고 있는 이 신의 사랑에 스스로를 결합시킬 때 인간 자유의 본질과 선은 현실화되기 시작한다. 자유 없는 사랑은 맹목적이고, 사랑 없는 자유는 공허하다. 신과 세계, 신과 인간의 자유의 오랜 대립을 넘어서기 위해서는 신의 자유와 인간의 자유를 사랑이라는 내용 속에서 파악해야 한다는 것을 보임으로써 셸링은 자유와 결정론의 오랜 대립을 넘어서는 대안적 사유 방식을 제공해 주고 있다.

---

68 SW, VII 404.

4 장

악의 문제와 신

― 셸링의 『자유론』을 중심으로

I. 고난당하는 신이 악의 문제에 대한 해답인가?

악 혹은 무고한 자의 고난은 언제나 기독교 신앙에 대답하기 힘든 질문을 제기한다. 리사본과 아우슈비츠, 아이티와 세월호의 처참한 현장 속에서 들려오는 신음 소리는 동일하다: "신이 존재한다면, 악은 어디로부터 온 것인가?"(Si deus esse, unde malum?) 악은 신의 선함과 전능함에 대해 그리고 더 나아가서 신의 존재 자체에 대해 근본적인 질문을 제기한다. 그렇기에 악은 신학에게 언제나 '문제'가 된다.

근대 이후 악의 문제는 신정론 혹은 신정론 문제라는 이름하에서 다루어져 왔다. 그것은 대체로 유신론과 악의 현실이 서로 대립되는 것이 아니라는 것을 보임으로써 '신을 정당화'하거나 혹은 기존의 유신론적 신념을 정당화하는 방향으로 진행되기도 하였다.[1]

반면 20세기 후반 이후 신학에서는 기존의 유신론적 신 개념을 정당화하기보다는 신에 대한 이해 자체를 변화시키는 방식으로 악의 문제에 대응하고 있다. 세부적인 논지는 다양하지만 대체로 악의 문제에 직면하여 전능한 신 혹은 세계를 주권적으로 다스리는 신에 대한 전통적 표상을 포기하고, 대신에 스스로의 능력을 제한하는 신[2] 혹은 피조물과 함께 고난당하는 신[3]을 강조하는 것이 그 주된 경향으로 나타난다. 신은 전능하면서 고난당하지 않는다는 전통적인 신 이해를 포기하고, 대신에 자신의 능력을 제한하면서 피조물의 고난에 함께 참여하는 신으로의 전환은 현대 신학에 있어서 이제 하나의 "새로운 정통"[4]이 되었다.

---

1 그 고전적인 사례로는 '신정론'이라는 개념을 최초로 제시한 라이프니츠를, 최근의 사례로는 알빈 플란팅가를 들 수 있다: 존 힉/김장생 옮김, 『신과 인간 그리고 악의 종교철학적 이해: 아우구스티누스에서 플란팅가까지 신정론의 역사』 (파주: 열린책들, 2007). 물론 악을 인간의 타락과 죄로 인해 부과된 신의 징계와 교육의 수단으로 간주하는 오래된 시도들이 있었던 것이 사실이다. 여기에서는 그 모든 논의를 관심으로 둔 것은 아니고, 악의 문제에 직면하여 신을 합리적으로 정당화하려는 협의에서의 신정론을 가리킨다.

2 이러한 신 개념 형성에는 화이트헤드의 과정철학이 기여한 바가 크다. 신은 세계를 강제로 다스리지 않고, 설득하는 상호작용을 통해 다스린다는 화이트헤드의 사상은 과정신학뿐만 아니라 과학신학 등에도 광범위하게 영향을 끼쳤다. 대표적 과학신학자인 존 폴킹혼은 신은 피조세계 가운데 "때로는 방임에 가까울 정도의 자유"를 부여하였으며, 자연 안에서 때때로 신정론적 질문을 야기하는 현상들은 신이 자기제한을 통해 피조물에게 부여해 준 자유의 대가라고 이야기하기도 한다: Cf. 존 폴킹혼/이정배 옮김, 『과학시대의 신론』 (파주: 동명사, 1998), 14; John Polkinghorne, *Faith, Science, Understanding* (New Haven/London: Yale Univ. Press, 2000), 111; 화이트헤드와 과정신학의 "창조적-응답적 사랑"으로서의 신에 대한 이해에 대해서는 존 캅/류기종 옮김, 『과정신학』 (서울: 열림, 1993), 57ff.

3 악의 문제와 관련하여 피조물과 함께 고통당하는 신을 강조하는 가장 대표적인 인물은 몰트만이다: Jürgen Moltmann, *Der gekreuzigte Gott* (München: Chr. Kaiser Verlag, 1972), 184ff., 230ff.

4 Ronald Goetz, "The suffering God: The Rise of a New Orthodoxy," *The Christian Century* 103 (1986), 385-389.

악의 문제에 직면하여 신론 자체에 변화를 주려는 경향은 악의 현실에 대한 쓰라린 인식과 고통받는 자들에 대한 깊은 공감으로부터 비롯된 것이 분명하다. 하지만 이러한 시도들은 신론 자체에 있어서 상당한 어려움을 초래하는 것도 사실이다. 왜냐하면 신의 전능성을 제한시키고 신을 피조물과 함께 고난당하는 존재로 이해한다면, 그것은 '모든 것을 규정하는 실재로서의 신'(Gott als die alles bestimmende Wirklichkeit)을 포기하고 신을 피조물과 동일한 존재론적 지위로 격하시켜 버리는 것이기 때문이다.5 그뿐만 아니라 고난당하는 신에 대한 표상은 악의 문제 자체를 다루는 데 있어서도 어려움을 초래한다. 신이 피조물과 더불어 고난당한다는 것은 심정적인 위로가 될 수는 있지만, 무고한 자의 고난 곧 악의 현실이 세계의 최종적 현실이 아니라는 것을 이야기하기 어렵게 하는 것도 사실이다.6 고난당하는 신은 실제로는 고난당하는 자에게 "아무런 도움이 되지 못한다."7

---

5 이와 관련하여 웨이낸디는 전통적인 신론에서 신의 수난 불가능성에 대한 진술은 창조자와 피조물 사이의 존재론적 차이를 드러내고자 하는 의도에서 비롯된 것이라고 지적한다. 반면 신이 고난당한다는 현대의 신론은 이러한 창조자와 피조물 사이의 질적 차이를 제거해 버리고, 양자를 동일한 존재론적 질서 가운데 있는 것으로 만들어 버리는 위험이 있다고 말한다. 그러므로 고난당하는 신이라는 현대적인 표상에 반해서 웨이낸디는 "신은 고통당하지 않는다"는 명제를 대담하게 제시한다. 이러한 진술이 신을 악의 현실에 무관심한 존재로 만들어 버린다는 일반적인 평가는 성급한 일이다: Thomas G. Weinandy, *Does God suffer?* (Notre Dame: University of Notre Dame Press, 2000), 152ff. 이와 유사한 비판으로는 Friedrich Hermanni, *Das Böse und die Theodizee* (München: Gütersloher Verlagshaus, 2002), 243ff.

6 Johannes B. Metz, "Theologie als Theodizee?" Willi Oellumüller (ed.), *Theodizee - Gott vor Gericht?* (München: Wilhelm Fink Verlag, 1990), 103-119; 104. 멧츠는 아우슈비츠 이후 신학, 즉 신에 대한 이야기는 "타자들, 불의하게 고통당하는 이들, 우리 역사의 희생자들과 패배자들의 구원을 향한 외침"이어야 한다고 말한다. 악의 문제는 고난당하는 신이라는 고난의 형이상학이 아니라, 현재의 악과 고난의 현실로부터의 구원, 즉 악의 현실과는 '전적으로 다른' 새로운 현실을 구현해 내는 신에 대한 이야기를 요청한다는 것이다.

악에 직면하여 터져 나오는 질문, 즉 "신이 존재한다면 악은 어디에서 온 것인가?" 하는 질문은 본래 또 다른 질문과 연결되어 있다. 그것은 바로 "신이 존재하지 않는다면, 선은 어디에서 오는가?"(Bona vere unde, si non est?) 하는 것이다.[8] 악의 현실에 직면하여 신의 전능성을 제한하는 것은 악과 고난의 현실이 이 세계의 최종적 모습이 아니라는 사실과 악에 대한 선의 승리를 신뢰하고 희망하는 것을 힘들게 하는 "중차대한 결함"[9]을 그 안에 내포하고 있다는 비판의 소리에도 귀 기울여야 한다. 악의 현실은 전통적인 신 이해를 문제시하게 만드는 것이 사실이다. 하지만 신의 전능성을 폐기하고, 주권성을 제한하는 것이 곧 악에 대한 투쟁과 선의 추구를 가능하게 해 주는 것도 아니다. 고난당하는 신은 악의 현실에 대한 책임으로부터 자유로울 수는 있으나 악의 현실의 극복으로서의 선을 향한 실천적 동인을 제공하기에는 힘겨워 보인다.[10]

이 같은 문제의식을 바탕으로 본고에서는 악의 현실에 직면하여 신의 전능성과 주권성을 포기하지 않는 방식으로 신을 사유하는 방안을

---

7 이와 관련하여 칼 라너는 고난당하는 신은 "아무런 도움이 되지 못한다"고 말한다. "(신이라 는 단어가 도무지 의미를 가지기 위해서는) 신은 참되고도 진정한, 나를 위로하는 의미에서 수난당하지 않는 신(Deus impassibilis), 변화하지 않는 신(Deus immutabilis)이다": Karl Rahner, *Im Gespräch*, Bd. 1: 1964-1977, ed. by P. Imhof/H. Biallowons (München: 1982), 246. F. Hermanni, "Abschied vom Theismus? Die Theoldizeeuntauglichkeit der Rede vom leidenen Gott," Peter Koslowsik/Friedrich Hermanni (ed.), *Der leidende Gott* (München: Wilhelm Fink Verlag, 2001), 151-176, 162에서 재인용.

8 Hartmut Rosenau, "Theodizee IV. Dogmatisch," *TRE* 33 (Berlin/New York: De Gruyter, 2002), 222-229; 222.

9 Armin Kreiner, "Gott im Leid? Zur Theodizee-Relevanz der Rede vom leidenden Gott," Peter Koslowski/Friedrich Hermanni (ed.), *Der leidende Gott* (München: Wilhelm Fink Verlag, 2001), 213-224; 221.

10 신의 전능성을 제한하는 시도들은 악에 직면하여 여전히 신을 '변호'하려는 좁은 의미에서 의 신정론적 관심에 매몰되어 있는 것으로 보인다.

모색해 보고자 한다. 이를 위해 셸링의 『자유론』(1809)[11]이 검토될 것이다. 본래 『자유론』은 인간 자유의 본질을 신의 만유규정성과 관련하여 해명하고 있는 작품이지만,[12] 그 과정에서 악의 문제를 긴밀히 연결하여 다루고 있다.[13] 본고에서는 창조자와 피조물의 관계에 대한 존재론적 분석(II장)을 우선 살펴보고, 피조세계 안에서 악의 가능성과 현실성(III장), 선의 가능성과 신의 계시의 관계(IV장) 그리고 신의 삶의 과정과 악의 극복에 대한 셸링의 진술의 의미에 대한 분석(V장)의 순으로 탐구하도록 하겠다. 이를 통해 신의 전능성 혹은 신의 만유작용성을 부인하지 않으면서 악의 근원에 대한 이론적 질문과 그 극복에 대한 실천적 질문에 적절히 대응할 수 있는 방식으로 신을 사유하는 방안을 모색해 보고자 한다.

---

11 F. W. J. Schelling, *Philosophische Untersuchungen über das Wesen der menschlichen Freiheit und die damit zusammenhängende Gegenstände*, M. Schröter (ed.), *Sämtliche Werke* (München: C.H. Beck und R. Oldenbourg, 1927), VII 331-416. (이후부터 셸링의 작품은 SW, VII 331의 형태로 표기될 것이다.)

12 이에 대해서는 cf. Yong Joo Lee, "Freiheit des Schöpfers und Freiheit des Menschen: Ein Überblick über die Schöpfungslehre Schellings nach seiner Freiheitsschrift (1809)," *Korean Journal of Christian Studies* 63(2009), 151-171. 이 논문은 본고의 제2장 "창조자 하나님의 자유와 인간의 자유: 셸링의 『자유론』(1809)을 중심으로"에 해당한다.

13 『자유론』을 악의 문제와 긴밀히 결합하여 이해하려는 시도들이 국내에서도 최근 들어 자주 나타나고 있다: 강순전, "셸링의 자유론에서 악과 책임의 문제," 「인문학연구」vol. 5 (2000): 1-13; 박영선, "칸트, 셸링 그리고 실재성으로서의 악," 「대동철학」 제56집 (2011. 9.): 1-26.

II. 창조자와 피조물의 관계에 대한 존재론적 분석

자기 계시로서의 창조 – 피조물의 자유의 토대

『자유론』에서 셸링은 본래 다음과 같은 두 가지 철학적 문제를 해명
하고자 한다: 첫째, "자유에 대한 올바른 개념"이 무엇인지를 제시하고자
하는 것이고, 둘째, "이 개념이 학문적 세계상의 전체와 맺는 관계",
즉 인간의 자유가 세계에 대한 체계적 해명과 맺고 있는 관계가 무엇인지
를 드러내는 일이다.[14] 이때 세계에 대한 체계적 해명이란, 세계와 세계
를 구성하는 유한자들의 총체적인 관계망을 절대자 혹은 신과의 관계
안에서 해명하는 것을 뜻한다. 그런데 이럴 경우 인간의 자유와 세계에
대한 해명을 신과 연관지어 진술하는 것은 사실상 불가능해 보인다.
왜냐하면 셸링은 신을 그 개념 자체가 내포하듯 '모든 것을 규정하는
현실'로 이해하는데, 이럴 경우 모든 유한한 현실이 신에 의해 규정되었
다고 말하는 것과 그 현실 가운데에서 인간의 자유에 대해 이야기하는
것은 서로 상충하는 것처럼 보이기 때문이다. 이와 관련하여 셸링은
자신의 우선적인 과제는 인간의 자유에 대한 "현실적이고 생동적인
자유의 개념"(der reale und lebendige Begriff der Freiheit)을 드러내고자
하며, 이러한 바로서의 자유란 "선과 악의 능력"(Vermögen des Guten
und des Bösen)이라고 정의 내린다. 이렇게 이해된 인간의 자유는 오직
"신의 삶"(Leben Gottes)과의 연관성 속에서 충분히 해명 가능하다는
것이다. 이렇게 인간의 자유를 신의 삶과 연관지음으로써 셸링은 향후

---

14 SW, VII 336. 아래의 내용은 각주 12의 논문을 간략히 정리한 것이다.

뒤따르게 될 『자유론』의 기본적인 테제를 제시한다: 신은 인간의 자유의 가능성의 조건이며, 세계의 존재와 인간의 자유는 오직 신의 전능함 혹은 만유작용성에 철저히 의존한다.

하지만 세계가 신의 전능함 혹은 만유작용성에 철저히 의존한다는 것과 그러한 바로서의 세계 안에서 인간이 자유롭다는 진술은 서로 모순되는 것처럼 보이는 것이 사실이다. 이에 반해 셸링은 양자는 서로 대립하지 않는다고 말한다. 왜냐하면 신의 전능함이 없다면, 즉 세계를 지속적으로 보존하는 신의 능력이 없다면, 세계는 그 즉시 무로 돌아갈 것이기 때문이다. '만일 신이 자기의 권능을 제약한다면', "그렇다면 인간은 존재하기를 멈출 것이다." 신의 "전능함" 혹은 모든 것에 작용하는 신의 힘은 유한자들이 존재하기 위해서 필수적인 전제이며, 이는 "모든 세계 사물의 신에 대한 의존성"을 의미한다.15 이처럼 신에 대한 세계의 의존성과 신으로부터 세계의 자립성을 동시에 담보하게 하는 이론 틀을 마련하려는 것이 셸링의 주된 관심사이다: "의존성은 자립성, 특히 자유를 지양하지 않는다." 이를 위해 셸링은 "계시로서의 창조" (Schöpfung als Offenbarung)라는 개념을 전면에 내세운다.

셸링에 의하면, 창조란 "자립적인 것을 정립하는 행위"(Setzen eines Selbständigen)이다. 창조란 무엇보다도 모든 "사물이 신으로부터 귀결 되었다"는 것을 의미한다. 이처럼 신이 자기와는 구별되는 사물들을 정립하는 창조 행위를 셸링은 "신의 자기 계시"라고 정의 내린다. 이렇게 창조를 신의 자기 계시로 이해한다면, 피조물로서의 세계는 자기의 창조 자를 따라서 '자유롭다'. 왜냐하면 "신은 오직 자기와 유사한 것들 속에서

---

15 SW, VII 339.

만, 자유 가운데에서 스스로 행위하는 것들 가운데에서만 계시될 수" 있기 때문이다.[16] 세계는 신의 창조 행위의 결과로서 존재하게 되었으며, 바로 그러한 바로서 신의 지속적인 작용에 철저히 의존하는 한 세계는 신에 대하여 자유롭다. 이 세계는 "언제나 새롭게 되는 창조"이며, 이러한 신의 계속적인 창조 행위 속에서만 세계는 신에 대하여 (상대적으로) 독립적이고 자율적인 것으로 존재할 수 있다.[17] 세계는 철저히 신의 창조 행위에 의존하는 가운데 존재하고, 동시에 그렇게 신에 대해 의존하면서도 신과는 구별되는 가운데 존재하기 때문에 신에 대해서 자립적이다. 신에 대한 세계의 의존성과 자립성은 모두 세계가 그 창조자인 신의 자기 계시의 활동의 결과물이기 때문이다.

내적 이원론: 세계의 존재론적 구조와 인간의 자유

비록 신에 대한 세계의 의존성과 이에 기반한 신에 대한 세계의 자립성이 계시로서의 창조라는 개념을 통해 간략히 제시되었지만, 신의 창조로서의 세계가 구체적으로 어떤 방식으로 창조자에 의해 결정된다는 것인지 그리고 어떻게 인간에게 '선과 악의 능력'으로 정의되는 자유가 부여된다는 것인지에 대해서는 아직 해명이 더 필요하다. 이를 위해서는 『자유론』의 모든 이론 형성에 있어서 중심적인 역할을 하는 '내적 이원론'을 살펴보아야만 한다.

내적 이원론이라는 개념 자체는 셸링 본인이 사용했던 개념은 아니지만, 셸링이 "실존하는 것"과 "실존의 근거(Grund der Existenz)가 될

---

16 SW, VII 346f.
17 SW, VII 339.

뿐인 것" 사이를 구별한 사실을 지시하는 개념이다.[18] 이 개념은 모든 '실존하는 것'은 언제나 자신과는 구별되는 '실존의 근거'가 되는 것과의 긴밀한 관계를 통해서 존재하는데, 그 긴밀한 관계에도 불구하고 실존하는 것과 실존의 근거 사이는 엄밀히 구별된다는 것을 묘사하려는 것이다. 예를 들어 모든 유한한 사물들은 그것이 '실존'하는 한 그 자신과는 구별되는 자기 바깥에 있는 실존의 근거가 되는 것과의 "관계 속에서만" 존재한다. (비유를 들어 설명하자면, 실존하는 인간은 모두 자신의 실존의 근거를 자기 자신이 아니라 자기 바깥에 있는 부모에게 두는 것과 유사하다.) 반면 신은 그가 "실존하는 한, 자기 실존의 근거를 오직 자기 자신 안에만 가진다." 이 신의 실존의 근거를 가리켜 셸링은 "신 안에 있는 자연"이라고 부른다.

한편 내적 이원론은 신의 피조물에게도 똑같이 적용되는데, 이를 통해 셸링은 신에 대한 유한한 사물들의 의존성과 자립성을 동시에 드러내고자 한다. "사물은 신 안에 있으면서도 신 자체는 아닌 신의 실존의 근거 안에 자신의 근거를 가진다."[19] 유한한 사물들은 자신의 실존의 근거를 자기 자신 안에 지니지 않으며, 오직 실존하는 신과는 구별되는 신 안의 자연 안에 두고 있다. 신 안의 자연이 실존하는 신으로부터 결코 '분리되지 않는' '신 자신'의 실존의 근거라는 점에서 모든 유한한 존재들은 전적으로 신에게 '의존'한다. 반면 신 안의 자연이 신으로부터 분리되지는 않지만, 실존하는 신으로부터는 '구별'되는 실존의

---

18 "(Unterscheidung) zwischen dem Wesen, sofern existirt, und dem Wesen, sofern es bloß Grund von Existenz ist.": SW, VII 357. 이 같은 셸링의 구분을 헤르마니가 자기의 학위 논문에서 "내적 이원론"이라 명명한 후 이 개념은 보편적으로 통용되고 있다: F. Hermanni, *Die letzte Entlastung* (Wien: Passagen-Verlag, 1994), 73-98.
19 SW, VII 359.

'근거'라는 점에서 이 신의 실존의 근거로부터 유래하는 모든 유한한 사물들은 실존하는 신 자신과는 '구별'되며, 이러한 점에서 모든 유한한 세계 사물은 실존하는 신에 대해서 '자립적'이다.

하지만 내적 이원론 자체는 아직 어떤 의미에서 세계가 신의 '창조'인 지를 설명하지 못한다. 이를 위해 결정적인 것은 신의 '창조하는 행위'에 대한 셸링의 강조이다. 셸링에 의하면 피조물과 창조의 과정 전체는 신이 "자기 자신인 사랑에 의해 움직여" "신 안에 출생된 신 자체"인 "말씀"을 말하면서 자기의 실존의 근거 안으로 보내는 행위와 더불어 비로소 시작되었다. 이러한 태초의 창조는 자기 스스로를 '계시'하고자 하는 신의 자유로운 의지 외에는 다른 어떤 이유도 없다. 창조의 이유는 바로 "정신/영으로서의 신(Gott als Geist)이 자기 스스로를 계시"하고자 하기 때문이다.[20] 창조자로서의 신이 스스로를 "모든 것 안에 모든 것인 사랑"으로 계시하려는 것이 "창조의 궁극적 의도"이다.[21]

신의 자기 계시로서의 창조 활동 이후 모든 피조물은 두 가지 원리, 즉 "어두움의 원리"(das dunkle Prinzip)와 "오성의 원리" 혹은 "빛의 원 리"(das Prinzip des Verstandes/das Lichtprinzip)의 작용에 의해 생성된다. 전자는 피조물이 신과는 구별되는 신의 실존의 근거로부터 유래한다는 점에서, 후자는 피조물이 신적 말씀의 작용에 의존한다는 점에 있어서 피조물을 구성하는 원리이다. 어두움의 원리는 신적 실존과는 '구별'되 는 신의 실존의 근거로부터 유래하기 때문에 실존하는 신에 대해 자유로 우며, 따라서 "피조물의 개별의지"(Partikularwille)를 추동한다. 최초의 창조 행위 이래로 모든 사물이 이 신적 실존의 근원으로부터 유래하는

---

20 SW, VII 361, 380.
21 SW, VII 404, 408.

한, 이 원리는 모든 "피조물의 실재성"(Realität der Creatur)을 규정하는 '실재성의 원리'(das reelle Prinzip)이다. 그것은 "모든 사물에 있어서 더 이상 파악될 수 없는 실재성의 근원이자 그 어떤 노력을 통해서도 오성에 의해 제거되지 않으며 영원히 근거로 남아 있을, 결코 사라지지 않을 마지막 흔적"이다. 이에 반해 오성의 원리는 피조물의 개별의지를 지양 혹은 제거하지 않으면서도 어두움의 원리가 빛의 원리 아래에 종속되고, 이를 통해 빛의 의지와 통일성을 이루도록 규제하는 '보편의지'(Universalwille)이며, 실재성의 원리의 작용 속에 감추어져 있는 이념성을 점차 드러나게 하는 '이념성의 원리'(das ideelle Prinzip)로 작용한다.22

셸링은 무기체의 발생으로부터 생명을 가진 유기체와 인간으로 발전하는 창조의 과정을 어두움의 원리와 빛의 원리, 실재성과 이념성의 원리, 개별의지와 보편의지의 통일적인 상호작용을 통해 이루어지는 것으로 본다. 이때 유의해야 할 점은 어두움의 원리와 빛의 원리의 통일성은 무차별적 단일성(differenzlose Einerleiheit)이 아니라, 창조의 점진적인 과정 속에서 두 원리 간에 구분이 이루어지고, 이를 통해 어두움의 원리가 오성의 원리에 종속됨으로써 이루어지는 비대칭적인 관계적 통일성(asymmetrische, relationale Einheit)이라는 데 있다. 어두움의 원리는 피조물 안의 개별성을 충동하면서 이를 통해 자기를 계시하고자 하는 신의 보편의지가 드러나도록 한다. 신의 실존의 근거 안으로 보내어진 말씀은 동시에 창조의 전 과정 속에서 자기 자신을 실존의 근거로부터 구분지음으로써 정신으로서의 신이 계시되도록 한다. 어두움의 원리와 빛의 원리, 실재성의 원리와 이념성의 원리, 개별의지와 보편의지는

---

22 SW, VII 359ff.

이런 방식으로 "모든 자연물 안에서 하나"이다. 두 원리 사이에 발생하는 점증하는 구별과 이와 더불어 더욱 분명하게 드러나는 둘 사이의 통일성은 인간에게서 그 최고점에 이른다. 인간에게는 오성의 원리와 실재성의 원리 사이의 구분이 가장 높은 수준에서 일어나고, 오성의 원리가 가장 명확히 드러나게 된다. 정신으로서의 신에게서 신적 오성과 실존의 근거가 통일성을 이루는 것처럼 인간에게서도 가장 고도의 수준에서의 두 원리의 통일성이 이루어진다. 이로 인해 인간은 신과 마찬가지로 "정신"이며, "신의 형상"이다.

인간은 신의 내적 구조에 가장 유사하게 창조되었다는 점에서 신과 마찬가지로 정신으로 실존한다. 이러한 신과 인간의 내적 구조의 유사성은 셸링이 인간의 자유를 '선과 악의 가능성'으로 정의한 이유를 해명해 준다. 정신으로서의 인간은 역시 정신인 신의 내적 구조와 '유사'하며, 바로 이 같은 구조적 유사성이 인간의 자유의 토대가 된다는 것이 셸링의 입장이다. 인간의 정신은 그가 정신인 한에 있어서 마치 신적 정신이 자기의 실존의 근거와 오성 위에 존재하듯 창조의 두 원리보다 "상위의 것"(etwas Höheres)이며, 따라서 "창조의 원리로부터 자유롭게 되었다."

비록 인간의 정신이 신의 정신과 구조적으로 유사하지만, 그렇다고 해서 신 안에서 이루어지는 두 원리의 통일성과 완전히 일치하는 것은 아니다. 그렇다면 신과 인간 사이의 차이는 제거되고 말 것이다. 따라서 셸링은 인간의 정신과 신적 정신 사이에는 두 원리의 통일성의 방식에 있어서 분명한 '차이'가 있으며, 바로 이러한 차이야말로 신의 자유와 인간의 자유가 완전히 동일하지 않고 구별된다고 말한다. 신적 정신에게는 두 원리의 통일성이 결코 "분리될 수 없는"(unzertrennlich) 방식으로 하나가 된 반면 이 두 원리는 인간에게는 "분리될 수 있는 방식으로"(zer-trennlich) 통일성을 이루고 있다. 만일 인간 정신에게도 두 원리가 신적 정신에게서와 똑같은 방식으로 분리될 수 없다면, 창조자와 피조물 사이의 차이는 사라지고 말 것이다. 이 같은 차이는 인간의 자유가 지니고 있는 특징적인 모습을 형성해 낸다. 신의 형상으로서 인간 앞에는 두 가지 길이 놓여 있다. 그는 자기의 자유에 기반해서 신적 정신이 자기의 자유를 행사하는 것과 일치하는 방식으로 두 원리의 통일성을 지향할 수도, 반대로 두 원리의 통일성을 왜곡(perversio)시킬 수도 있다. 전자의 경우에는 선이 발생하게 되지만, 후자의 경우에는 악이 발생하게 된다. 이것이 바로 셸링이 인간의 자유를 "선과 악의 능력"으로 정의한 이유이다. 그것은 모든 피조물의 밑바닥을 떠받치고 있는 실재성과 이념성의 통일적 원리를 통해 살아 있는(lebendig) 유기체적 존재로 만들어진 인간, 육체성과 지성의 통일을 통해 자유로운 존재로 만들어진 인간 자유의 본질을 드러내는 "사실적이고 생동적인" 자유의 개념이다. 신으로부터 부여받은 인간의 존재론적 규정은 선으로도, 악으로도 발현될 수 있다. 그런 점에서 인간은 천국과 지옥을 동시에 자기 안에 지닌다: "인간 안에는 가장 깊은 나락과 가장 지고한 천국이 공존하고 있다."

III. 악의 가능성과 현실성

악의 가능성과 신의 자기 계시

앞에서 살펴본 것처럼 셸링에게 신의 창조로서의 세계와 인간의
자유는 동일한 존재론적 구조, 즉 오성과 근거, 빛과 어두움, 보편의지와
개별의지의 비대칭적인 관계적 통일성을 토대로 한다. 흥미로운 것은
셸링은 바로 이러한 존재론적 구조 자체가 악의 가능성이 되는 것으로
간주한다는 점이다. 신의 실존의 근거로부터 비롯되었다는 점에서 인간
은 실존하는 신 자신과는 구별되는 "자기성"(Selbstheit)을 가진다. 이 자기
성이 이념적 원리와 통일성을 이룬다는 점에 있어서 인간은 "정신"이며
또한 "인격"으로 존재한다. 이처럼 정신이자 인격으로 고양된 인간은—
마치 두 원리의 완전한 통일성으로서의 신이 정신이자 인격으로서 그런
것처럼— "피조물적인 것으로부터 초피조물적인 것에로 고양"되어 있
다. 따라서 정신으로서의 인간은—신이 그런 것처럼— "두 원리로부터
자유로우며", 이 두 원리의 관계적 통일성을 파괴시킬 수 있는 능력을
가진다. 인간은 실존의 근거로부터 기원하는 자기성으로 인하여 자기
자신의 개별의지를 보편의지로부터 분리시킬 수 있고, 이러한 "원리들
의 분리성"(Zertrennlichkeit der Principien) 바로 그것이 "악의 가능성"이
다.23

악의 가능성을 신의 창조로부터 비롯되는 존재의 구조 속에서 찾으
려는 셸링의 시도는 악에 대한 전통적인 이해와 확연히 구분된다. 그것은

---

23 SW, VII 363f.

악을 '선의 결여'(privatio boni)로 보는 아우구스티누스 전통과 그 연속성 속에서 존재하는 것들의 불완전성 혹은 유한성에 기인한 것으로 보는 라이프니츠의 견해를 모두 넘어선다. 악의 근원은 단지 '소극적인' 방식으로 유한한 존재자들의 결핍 혹은 불완전 속에서가 아니라, 오히려 "긍정적인 것", 아니 "차라리 가장 긍정적인 것" 가운데 놓여 있다. 따라서 악은 마니교적 이원론에서 주장하듯 선에 절대적으로 대립하는 악한 원리로부터 비롯되는 것도 아니다. "악에 대한 올바른 개념은… 원리들의 적극적인 전도 혹은 왜곡"이다.[24] 선과 악은 모두 동일한 존재론적 원리를 토대로 한다. 개별의지가 보편의지와 통일성을 이루고 있을 때, 즉 개별의지가 보편의지와 일치할 때 그 안에서 두 원리는 "신적인 기준과 균형"을 이루며, 이것이 곧 선이다.[25] 반면 개별의지가 보편의지를 넘어 스스로를 고양시킬 때 두 힘의 관계는 전도되어 버리고 악이 발생한다. 그럼에도 불구하고 선과 악은 모두 동일한 존재론적 구조와 힘을 기반으로 한다. 개별의지와 보편의지, 근거와 오성의 관계적 통일성은 신의 창조로부터 비롯되어 피조물에게 부과된, 피조물이 존재하는 한 결코 제거될 수 없는 존재의 구조이다. 이처럼 선과 악은 모두가 신의 창조로부터 주어진 동일한 존재론적 구조를 토대로 한다는 의미에서 셸링은 다음과 같이 선언한다: "선과 악은 동일하다."[26]

결핍이나 불완전성이 아니라 '가장 긍정적인 것' 안에 악의 가능성이 놓여 있는 것으로 보는 셸링의 관점은 인간의 자유를 포함하여 세계의 모든 관계망을 창조자인 신과의 관계 안에서 파악하려는 『자유론』의

---

24 SW, VII 365f.
25 SW, VII 369.
26 SW, VII 341.

본래 기획을 충실히 반영한다. 특히 악의 가능성을 신의 계시로서의 창조로 인해 결과된 피조세계의 존재론적 구조 가운데에서 발견한다는 것은 곧 '선과 악의 능력'으로 정의되고 있는 자유가 신의 계시 과정에 철저히 의존하고 있음을 명시적으로 드러내 보여주는 것이다. 그러나 이는 자연스럽게 악과 신의 관계에 관하여 일련의 비판적 질문을 제기하게 한다: "그렇다면 신이 악의 '원인'인가? 악이 신의 자기 계시인 창조로부터 필연적으로 비롯되는 것이라면, 어떻게 신의 선함을 이야기할 수 있단 말인가?" 셸링 역시 이러한 문제를 인식하고 있다. 이와 관련하여 잊지 말아야 할 것은 셸링이 피조물의 존재론적 구조와 연관지어 이야기하는 악은 결코 악의 '현실성'이 아니라 단지 악의 '가능성'이라는 사실이다: "하지만 가능성은 아직 현실성을 함축하지 않는다."

셸링은 악의 가능성과 현실성을 매우 세심히 구별하는데, 이 구분을 간과하면 『자유론』의 핵심 내용을 놓쳐버릴 수 있기 때문에 매우 주의해야 한다. 피조물이 내적 이원론으로부터 도출되는 존재론적 구조를 토대로 하고 있는 한, 즉 신과는 구별되는 실존의 근거가 끊임없이 피조물 안에서 작용하고 있는 한, 인간을 포함하는 모든 피조물 안에는 정신으로서의 신의 의지와는 구별되는 다른 의지가 "보편적으로 작용"한다. 이 악의 가능성은 "창조로부터 비롯되어 도처에서 선과 투쟁 가운데 있는 보편적인 원리"이다. 신의 보편의지와는 대립하는 피조물의 개별의지를 고양한다는 점에서 실존의 근거의 지속적인 작용은 "악을 향한 미혹과 유혹의 일반적 근거"이다.[27] 그러나 이 악의 가능성은 단지 가능성으로 머물 뿐 그 자체로 현실화되지 않는다. 실존의 근거의 작용으로 인해

---

27 SW, VII 373f.

비롯되는 이 일반적 악의 가능성은 신과 피조물 모두를 위하여 제거될 수 없는 중요한 역할을 한다. 첫째, 신과의 관련 속에서 보자면 근거의 작용은 신의 계시를 위해 필연적이며, 둘째 피조물과의 관련 속에서 보자면 악의 가능성은 피조물의 자립성을 강화하고, 이를 통해 결국 인간이 자기의 자유를 실현하는 데 있어 결정적 역할을 한다. 아래에서는 이를 간단히 살펴보도록 하겠다.

첫째, 실존하는 신과는 구별되는 방식으로 독자적으로 작용함으로써 신의 실존의 근거는 신이 사랑으로서 존재하도록, 그리하여 사랑으로 존재하는 신의 자기 계시가 이루어지게 하는 데 기여한다. 신 안에는 근거와 오성, 개별의지와 보편의지라는 두 개의 상반된 원리가 관계적 통일을 이루고 있는데, 이러한 바로서의 신을 가리켜 셸링은 정신 혹은 인격이라고 칭한다. 이 신은 서로 대립하는 두 원리를 자기 안에서 통일시키고 있다는 점에서 두 원리를 결합시키는 "영원한 띠"이며, 이러한 바로서 신은 "순수한 사랑"이다.28 따라서 순수한 사랑인 신 안에는 "악에로의 의지" 같은 것은 존재하지 않는다. 신은 자기 자신 안에 자기와는 구별되는 근거가 작용하도록 한다. 왜냐하면 그렇게 해야만 신은 자기 자신인 바로서, 곧 상이한 원리들의 통일체인 사랑으로서 실존할 수 있으며, 이를 통해서 비로소 피조물과의 관계 속에서 스스로를 사랑으로서 계시할 수 있기 때문이다. "근거의 의지와 사랑의 의지는 두 개의 상이한 의지이며, 각자는 스스로 작용한다. … 사랑이 존재할 수 있게

---

28 아우구스티누스는 성령(독일어로는 Geist)을 아버지와 아들이라는 서로 구별되는 두 신적 인격을 하나로 연결하는 사랑의 띠(vinculum caritatis)로 정의한 바 있다. 셸링은 아우구스티누스의 성령 개념을 수용하면서 정신의 본질이 사랑이라고 진술하고 있다. 아우구스티누스의 성령 개념에 대해서는 Wolf-Dieter Hauschild, "Geist/Heiliger Geist/Geistesgaben IV," *TRE* 12 (Berlin/New York: De Gruyter, 1984), 196-217; 202f.

하기 위해서 근거는 작용해야만 한다. 사랑이 실제로(reell) 존재할 수 있게 하려면 근거는 사랑으로부터 독립적으로 작용해야만 한다." 신의 실존의 근거는 신이 사랑으로서 존재할 뿐만 아니라, 스스로를 사랑으로 계시하기 위해서 필연적으로 신과 피조물 안에서 작용해야만 한다. 이처럼 근거의 작용은 실존하는 신과는 구별되지만, 동시에 사랑으로서의 신의 자기 계시를 지향한다는 점에서 신의 의지와 일치한다. 신과는 구별되어 작용하는 근거의 의지는 본질적으로 "계시를 위한 의지"에 지나지 않으며, 그런 점에서 "사랑의 의지와 근거의 의지는 그들이 구별된다는 것 그리고 처음부터 각자를 위해서 작용한다는 바로 그 사실을 통해서 하나이다."[29] 이렇게 신의 자기 계시를 지향하는 실존의 근거 작용은 마침내 인간에 이르러 최고조에 달한다. 앞에서 이미 살펴본 것처럼 인간 안에는 근거와 오성의 원리가 통일성을 이루고 있으나 신과는 달리 두 원리는 분리될 수 있는 방식으로 하나를 이룬다. 이처럼 실존의 근거 작용으로 인해 인간 안에 구현되어 있는 두 원리의 분리 가능성이 곧 인간 안에 보편적으로 기능하고 있는 '악의 가능성'이다. 이 악의 가능성은 신의 계시를 위하여 "필연적"이다. 왜냐하면 "모든 존재는 오직 자신에게 대립하는 것 안에서만 계시될 수 있기 때문이다."[30]

둘째, 근거의 작용은 피조물의 존재와 자립성의 구현, 나아가서 실재적이면서도 생동적인 인간의 자유를 위해 필수적이다. 신은 자기 스스로를 사랑으로 계시하기를 의지하는데, 바로 이를 위해 신은 자기 자신 안에서 그리고 피조물 안에서 실존의 근거가 독립적으로 작용하도록

---

29 SW, VII 375.

30 SW, VII 373.

만든다. 창조와 더불어 실존의 근거는 모든 피조물 가운데에서 작용하면서 피조물의 개별의지를 자극한다. 실존의 근거는 피조세계 안에 신적 정신에 대해 "대립을 추구하는 것"을 산출해내고, 이처럼 신과는 구별되는 것 안에서 비로소 "사랑의 의지로서의 정신"이 드러나게 된다. 사랑이란 대립하는 것, 서로 다른 것들을 제거하지 않으면서 하나로 묶는 띠이기 때문이다. 신적 실존에 의해 촉발되는 이러한 '자극'은 피조물로 하여금 생명을 얻게 하기 위해 필수적이다. 셸링은 전체 자연, 특히 유기체적 생명체의 모습은 이 세계가 이처럼 실존의 근거에 의해 촉발되는 '자극'의 작용의 결과라는 것을 명시적으로 보여준다고 말한다. 자극에 반응하고, 자신의 생존을 위해 반응하며, 충동과 욕구를 가진 유기체적 생명의 모습은 전체 자연이 "단지 하나의 기하학적 필연성"을 통해서가 아니라 "자유, 정신, 개별의지"의 작용을 통해 생성되었다는 것을 보여준다. "욕구와 욕망이 있는 곳이라면 어디에서든지 일종의 자유"가 작용하고 있다. 유기체들 가운데에서 드러나는 욕구와 욕망은 인간에게서 명시적으로 드러나는 "자기성과 자아성"(Selbstheit und Ichheit)의 "토대"(Basis)이다. 피조물 가운데에서 나타나는 개별성에로의 지향들은 "피조물의 비이성적 원리 혹은 어두움의 원리의 자극"으로 인해 발생한 것이다. 이렇게 실존의 근거의 작용으로 인해 "활성화된 자기성"은 전체 자연 가운데에서 기능하고 있으며, 이를 통해 개별의지와 보편의지의 통일성을 깨뜨릴 수 있게 하는 기초로 작용한다는 점에서 이것은 "의심의 여지가 없는 악의 선표지(Vorzeichen)이다." 이처럼 실존의 근거는 피조물 안에서 신의 의지와는 독립적인 피조물의 개별의지를 촉발시키고, 이를 통해 인간에게 이르러 개별의지와 보편의지의 두 원리가 분리 가능한 방식으로 통일성을 이루도록 생성해 낸다. 이렇게 실존의 근거 작용으로 인해 인간 가운데 수립된 개별의지와 보편의지, 근거와 오성의 분리 가능한 통일성이 곧 악의 가능성이다. 하지만 셸링에게 악의 가능성은 단지 가능성으로 머물 뿐 그것이 곧 세계 가운데 악을 초래하는 직접적 원인인 것은 아니다. 악이 현실화되는 것은 오직 인간의 자유의 실행을 통해서만 이루어진다.

악의 현실성과 인간의 자유

악의 가능성은 신의 창조로서의 세계가 서로 대립하는 원리들의 통일성 위에 구축되어 있다는 사실 그리고 그 통일성 속에는 보편성(혹은 오성/이념성)에 대립하는 개별성(혹은 비합리성/실재성)을 촉발시키는 실존의 근거 작용이 지속적으로 이루어지고 있다는 사실 자체를 가리키는 것에 다름 아니다. 그러나 이 악의 가능성은 결코 악의 현실성을 의미하지 않는다. 오히려 악의 가능성은 사물의 실재성을 위해 제거될 수 없는 토대라는 점에서 "실존을 위한 근원 근거"(Urgrund zur Existenz)이다. 피조물의 실존을 위한 근원 근거로서 악의 가능성은 "자연 안에서 작용하는 근거의 고도화된 포텐츠[31]"로서 "모든 창조된 존재 안에서 현실화될

---

31 포텐츠란 본래 셸링의 자연철학에서 비롯된 개념이다. 여기에서는 그와 관련한 복잡한 논의를 다 나열할 수는 없으며, 다만 『자유론』의 맥락에서 다음과 같이 간단히 설명할 수 있다: 정신으로서의 신은 근거와 오성의 통일성으로 실존한다(existiert). 그런데 이 같은 관계적 통일성으로서의 신은 무기체로부터 유기체, 자연과 역사에 이르는 모든 과정에서 바로 동일한 구조가 현실화되도록 활동함으로써 자기 자신을 계시한다. 이때 각각 하위의 것은 상위의 것의 '토대'로 작용하지만 정작 상위의 것을 산출하는 '원인'은 아니다. 오히려 그 반대로 상위의 것이 '이미 주어져' 있기 때문에 하위의 것은 그 안에서 상위의 것의 토대로 기능하는 것으로 사유될 수 있다. 마찬가지로 악의 가능성은 유기체적 존재인 동시에 정신인 인간이 그 안에서 선을 행할 수 있는 토대로 주어져 있을 뿐, 그것이 곧바로 인간으로 하여금 악을 현실화하게 하는 원인으로 작용하는 것은 아니다. 이렇게 무기체-

것을 추구"하지만 그것이 실존의 '근거'의 작용인 한 직접 현실화되지는 못하고 언제나 "단지 근거로서" 작용할 뿐이다. 즉, 피조물이 실존하기 위해서 실존의 근거의 작용은 필연적이고, 바로 그런 점에서 실존의 근거의 작용으로부터 초래되는 악의 가능성 역시도 피조물이 실존하기 위해서는 필연적이다.[32] 그럼에도 근거의 작용과 악의 가능성은 그 스스로 '실존하는 것'으로서 현실화되지는 않으며, 어디까지나 '근거'로 머물러 있다는 것이다.

이처럼 신과 신의 보편의지에 대해 독립적인 개별성으로서의 악의 가능성이 모든 피조물에게 보편적으로 부과되어 있다는 점에서 이 악은 "하나의 일반적인 악"이라고도 부를 수 있다. "근거의 자기-자신을-위한 작용"(Für-sich-Wirken des Grundes)이 피조물 전체 안에서 보편적으로 작용한다는 점에서 악은 "일반적 원리"로까지 고양되어 있다. 그러나 이 악의 일반적 가능성이 곧 악의 현실성과 필연성을 의미하는 것은 아니다. 오히려 악의 일반적 가능성은 인간이 선을 현실화시키는 데 기여할 수도 있다. 왜냐하면 일반적인 악을 인식함으로써 인간은 선과 악을 구별하고 악이 아닌 선을 자발적으로 선택할 수도 있게 되기 때문이다. 따라서 악의 일반적 가능성은 오히려 선의 현실화를 지향한다. 인간은 개별의지와 보편의지의 통일체인 정신으로서 존재하기 때문에 자연 안에 작용하는 두 힘에 대하여 상대적으로 자율성을 확보하고 있다.

유기체-정신-역사라는 일련의 단계들에서 상위의 것의 토대로 기능하는 하위의 것을 상위의 것에 대한 '포텐츠'라고 부른다. 자연철학에서의 포텐츠 개념에 대해서는 Hermann Krings, "Natur als Subjekt," Reinhard Heckmann/Hermann Krings/Rudolf W. Meyer, ed., *Natur und Subektivität* (Stuttgart-Bad Cannstatt: Frommann-Holzboog, 1985), 111-128; 125f.

32 SW, VII 376f.

이로 인해 인간은 정신에 대하여 근거의 힘이 독립적으로 작용하고 있다는 것을 인식할 수 있으며, 이와 더불어 보편의지에 부합하는 선과 개별의지를 따르는 악을 구별할 수 있게 된다. 이를 통해 최종적으로 인간이 선을 행할 수 있도록 그 마지막 '근거'로서 작용하기를, 그리하여 신이 그런 것처럼 피조세계 가운데에서도 "사랑의 의지"가 출현하게 되기를 악의 가능성은 지향한다. 그러므로 악의 일반적 가능성은 결코 악의 현실성을 의미하지 않는다.[33]

개별의지를 촉발시키는 근거의 작용은 신의 사랑의 계시와 선의 출현을 지향한다. 그렇지만 일단 피조물 가운데 촉발되어진 개별의지는 신의 보편의지와의 결합을 어렵게 한다. 왜냐하면 신의 보편의지와의 결합이 피조물에게는 자신의 고유성의 상실을 의미하는 것으로 인식되기 때문이다. 보편의지와의 결합은 인간에게 마치 "파멸시키는 불"과도 같이 느껴진다. 따라서 인간은 개별의지와 보편의지의 통일성이라는 "중심"을 벗어나 스스로의 자기성을 보존하기 위해 "주변부"로 피신하려 한다. 이렇게 인간이 개별의지를 보편의지보다 고양시키는 방식으로 자신의 자유를 실행하는 것, 바로 이것이 악의 현실성이다. 피조물 가운데 내재하는 실존의 근거의 작용은 인간으로 하여금 거의 필연적으로 악의 현실성을 선택하도록 하는 것처럼 보인다. 하지만 현실화된 악은 언제나 "인간 자신의 선택"이다. 악은 결코—선과 사랑의 출현을 지향하는— 실존의 근거 자체가 만들어 낼 수 없으며, "피조물 각자는 자기 자신의 죄로 인해 타락"할 뿐이다.

셸링은 악의 가능성과 현실성을 섬세하게 구별하면서 후자는 오직

---

33 SW, VII 380f.

인간의 자유의 실행을 통해서만 나타난다고 이야기하는데, 그 의미를 다음과 같이 간략히 정리할 수 있다:

첫째, 셸링은 인간의 자유를 '자기 규정'으로 정의하는 칸트의 자유 개념을 공유하면서도, 자유가 가지고 있는 근원적인 피규정성을 드러내 보여준다. 셸링은 칸트로부터 인간이 가지고 있는 "악에로의 경향성"으로서의 "근본악" 개념을 수용하면서 이 같은 인간의 본성은 다름 아닌 인간 자신의 "자유의 행위"(Actus der Freiheit)의 결과라고 주장한다.34 인간의 보편적 타락의 본성으로서의 근본악은 결코 신의 창조의 필연적인 귀결도 아니고 혹은 특정한 형이상학적 원리로부터 도출되는 것도 아니다. 그것은 철저히 인간 스스로의 "고유한 활동을 통해서… 초래된 악"이다. "인간 안에 있는 근원적인 악" 혹은 "근원적인 죄"는 인간이 스스로의 선택을 통하여 현실화한 것으로, 인간의 자기 규정으로서의 자유로운 활동의 결과라는 것이다. 한편 악의 가능성에 대한 셸링의 분석은 인간의 이러한 자기 규정으로서의 자유는 결코 절대적 비규정성을 의미하는 것이 아니라, 이미 그 자체로 선과 악의 가능성이라는 특정한 선택지 앞에 놓여 있는 "피규정적 행위"(bestimmte Handlung)라는 것을 보여준다. "스스로를 규정할 수 있기 위해서 그것은 자기 안에 이미 피규정되어 있어야만 했다."35 즉, 인간의 자유는 신의 창조 이후 지속적으로 작용하는 개별의지와 보편의지, 실재성과 오성의 통합이라는 존재론적 구조 위에서만 작동하는 것이다. 이러한 존재론적 피규정성

---

34 이에 대해서는 다음의 논문을 참고하라: 이용주, "자유와 결정론의 대립을 넘어: 칸트와 셸링의 '근본악' 개념을 중심으로," 「신학논단」 72 (2013): 101-136; 이 논문은 본서의 3장 "칸트와 셸링의 '근본악' 개념 비교: 자유와 결정론의 대립을 극복하기 위해"로 수록되어 있다.

35 SW, VII 381f.

위에서만 인간은 선과 악의 능력으로서의 자유를 소유할 수 있게 된다.

둘째, 악의 현실성이 인간의 자유의 실행을 통해 비롯된 것이라면, 악의 현실성은 인간이 자기 자신의 존재론적 규정 자체에 대립하는 방식으로 자유를 행사하고 있음을 의미한다. 실존의 근거가 촉발시키는 충동으로 인해 인간이 보편의지에 반하여 자신의 자기성을 보존하고자 할 때에는 악이 현실화된다. 그러나 이는 신적 계시의 의지가 지향하는 보편의지와 개별의지의 관계적 통일성을 깨뜨린다. 인간은 자신의 존재론적 구조와는 대립되는 방향으로 자신의 자유를 사용해 버린 것이다. 이제 인간은 "존재로부터 비존재에로, 진리에로부터 거짓에게로, 빛으로부터 어두움에로 넘어 들어간다." 인간이 스스로의 자기성을 보존하고자 하면 할수록 그는 더욱더 "통일성으로부터 벗어나"게 되며, "자기 집착을 향한 배고픔"은 더욱 커져갈 뿐이다. 악의 현실성은 인간이 자기성에 대한 집착으로 인해 스스로의 존재와 자유를 가능하게 하는 조건인 존재론적 구조 자체를 "더욱 파괴시키는 모순" 가운데 처해 있다는 사실을 의미한다.[36]

IV. 선의 가능성과 현실성

선의 가능성과 종교

근거와 오성, 개별의지와 보편의지의 통일성은 인간의 존재와 자유를 가능하게 하는 존재론적 구조이다. 그런데 악의 현실성은 인간이

---

36 SW, VII 390f.

자신의 자유를 가지고 자신의 존재론적 구조 그 자체에 대립하고 있는 현실을 보여준다. 이런 의미에서 셸링은 인간에 의해 두 원리가 '파괴' 혹은 '분리'되고 말았다고 하면서 이를 가리켜 기독교 전통을 따라 '죄' 혹은 '타락'이라고 부른다. 인간이 자신의 존재론적 구조를 왜곡하는 것, 그것이 바로 악의 현실성이다. 이와 관련하여 다음과 같은 질문이 제기되는 것은 매우 자연스러운 일이다. 인간의 존재론적 구조 자체가 악의 가능성으로 작용하고, 이를 토대로 인간이 악을 현실화함으로써 자신의 존재론적 구조 자체를 왜곡시킨 것이라면, 인간에게 선의 가능성은 남아 있는 것인가? "인간이 악으로부터 선에로 돌이키는 것"은 도무지 가능한 것일까?

인간에게 선의 가능성이 남아 있는가에 대한 질문은 셸링의 『자유론』에 대한 논의 중에서 가장 결정적인 내용 중 하나이다. 이에 대하여 셸링은 인간이 자기 자신의 존재론적 원리와 그리고 나아가서는 신의 창조의 의지와 지속적으로 대립하고 있음에도 불구하고 여전히 인간에게는 선의 가능성이 남아 있다고 말한다. 악의 현실성에도 불구하고 "선의 원리는 완전히 사멸하지 않았"기[37] 때문이다.[38]

---

37 SW, VII 389.

38 이와 관련하여 악의 현실성은 결코 인간의 존재론적 구조, 즉 개별성과 보편성, 실재성과 이념성의 관계적 통일성을 '파괴'하거나 '분리'를 통해서가 아니라, 두 원리의 통일성의 '왜곡'(perversio)을 통해 발생하는 것으로 이해하는 것이 셸링에 대한 적절한 이해이다. 왜냐하면 두 원리가 진정으로 파괴되거나 분리된다는 것은 존재론적 구조 자체의 파괴와 선의 불가능성을 의미하는 것이기 때문이다. 비록 셸링이 자유론 전체에 걸쳐서 종종 두 원리가 분리와 분열, 파괴 등을 거론하고 있지만, 그 본래적인 의미는 두 원리의 관계적 통일성의 '왜곡'(perversio)을 가리키는 것으로 이해하는 것이 적절하다. 그럴 때에야 우리는 악의 현실성에도 불구하고 선의 가능성을 논할 수 있다. 원리들의 '분리'가 아니라, 원리들 간의 관계의 '왜곡'(혹은 '전도')이 셸링의 본래적인 의도라는 것을 안네마리 피퍼는 정확히 파악하고 있다. Annemarie Pieper, "Die Wurzel des Bösen im Selbst," Otfried

선의 가능성과 관련하여 셸링이 주목하는 것은 인간의 도덕적 능력이 아니다. 그보다는『자유론』전체를 관통하여 그가 일관되게 강조하였던 두 원리의 관계적 통일성을 다시금 강조한다: "악이 두 원리의 불일치(Zwietracht)"에 기인하는 것이라면, "선이란 오직 그것들의 완전한 일치(Eintracht)"에 놓여 있다. 두 원리를 완전히 결합시키는 "띠"는 오직 "신적인" 것일 수밖에 없다. 그러므로 두 원리를 "제약적인 방식이 아니라, 완전하고도 무제약적인 방식으로 하나"로 묶어주는 신에게서만 선의 가능성이 발견될 수 있다. 이와 더불어 셸링의 유명한 경구가 제시된다. "참된 자유는 거룩한 필연성과의 조화(Einklang) 가운데 있다."

셸링이 두 원리의 완전한 관계적 통일성으로서의 신에게서 선의 가능성을 찾는다는 것은 마치 인간에게서는 더 이상 그 가능성이 제거되어 있는 것처럼 보이게 한다.[39] 그러나 이는 결코 선의 실현을 신에게로 넘겨버리면서 인간에게 선의 실현을 위한 책임을 불필요한 것으로 만들

Höffe/Annemarie Pieper (ed.), *Über das Wesen der menschlichen Freiheit* (BerlAkademie Verlag, 1995), 91-110; 103. 반면 악을 두 원리의 '분리'로 파악하는 오해들로는 Wilhelm Vossenkuhl, "Zum Problem der Herkunft des Bösen II: Der Ursprung des Bösen in Gott(364-382)," Otfried Höffe/Annemarie Pieper (ed.), *Über das Wesen der menschlichen Freiheit*, 111-124; 116f.; Hermann Krings, "Von der Freiheit Gottes," Otfried Höffe/Annemarie Pieper (ed.), *Über das Wesen der menschlichen Freiheit*, 173-187; 184f.; 박영선, "칸트, 셸링 그리고 실재성으로서의 악,"「대동철학」vol. 56 (2011), 1-26, 18f. 박영선은 두 원리의 관계의 '전도'가 악을 촉발시킨다는 것을 인지하고 있지만, '분리'와 '전도'를 엄밀히 구별해서 사용하지는 않는다(20).

39 이처럼 셸링에게 있어서 도덕적 개선이 불가능하다는 주장에 대해서는 다음을 참고할 것: Friedrich Hermanni, *Die letzte Entlastung* (1994), 153f. 이 같은 주장에 반하여 우리는 악의 현실성에도 불구하고 신이 두 원리의 관계적 통일성으로 여전히 피조물의 존재 구조를 감싸고 있다는 진술에 주목해야 한다. 선의 원리가 아직 사멸하지 않은 이유가 바로 이것이며, 종교와 신 안에서 발견되는 선의 승리에 대한 신앙이야말로 인간으로 하여금 선에로의 전환을 가능하게 한다.

어 버리는 것이 아니다. 그보다 셸링은 신의 실존 가운데 구현되어 있는 두 원리 간의 완전한 통일성을 다시금 진술함으로 이를 지향하는 종교 가운데에서 인간의 참된 도덕적 실천의 가능성이 놓여 있는 것으로 제시하고 있다. "어두움(자기성)의 원리가 빛에 결합되어 있음(Gebundenheit)"이야말로 두 원리의 참된 관계이다. 빛의 원리와 어두움의 원리의 완전한 '묶임', 즉 완전한 '띠'는 다름 아니라 '종교' 속에서 발견된다.

'종교'(religio)라는 개념은 그 자체가 본래 '결합'을 의미한다.[40] 따라서 두 원리의 완전한 결합을 따라 자유를 실행하는 것은 오직 종교 안에서만 가능하다. 종교적 인간은 자신이 신 안에서 얻게 된 "명확한 인식 혹은 정신적 빛 그 자체"를 따라 행동한다. 그에게는 이 원리를 벗어나는 행위는 있을 수 없다. 따라서 종교적 인간의 행위는 신적 원리의 필연성과 정확히 일치한다. 그는 "결코 다른 방식으로는 행동할 수 없다." 종교적 인간은 "의를 위한 가장 고귀한 결정 속에서 그 어떤 다른 선택도 없이" 행동한다. 이렇게 인간 개인의 자유를 고도의 필연성과 결합시키는 종교야말로 "그 단어의 가장 고귀한 의미에서 양심적"이다.

셸링은 단지 인간에게 선의 가능성이 있다는 것을 언급하는 것으로 만족하지 않는다. 오히려 거기에서 더 나아가서 셸링은 "열광주의로서의 덕"에 대해서 말하기까지 한다. 신적 원리와의 일치 속에서 비로소 인간은 적극적으로 "영웅주의로서의 덕", 즉 "악에 저항하는 투쟁"을

---

40 이때 셸링은 'religare', 즉 신과의 '결합'으로 종교를 정의하는 락탄티우스(Lactantius)의 개념 정의를 수용하고 있다. 하지만 동시에 이러한 바로서의 종교 안에서 가장 '양심적'일 수 있다고 주장한다는 점에서 'religere'로 정의한 키케로의 개념 정의를 결합시키고 있다고 말할 수 있다. 종교에 대한 어원적 풀이에 대해서는 Falk Wagner, "Religion II. Theologiegeschichtlich und systematisch-theologisch," *TRE* 28 (BerlNew York: De Gruyter, 1997), 522-545; 523.

감행할 수 있다. 이것이야말로 "실천적 의미"에서의 종교가 가지는 힘이자 의미이다. 두 원리의 완전한 통일성으로서의 신에 대한 "신뢰, 신적인 것에 대한 확신" 안에서만 선에로의 전향이 가능하다. 이것이야말로 실천적 의미에서의 "신앙"에 대한 올바른 이해이다. 신앙은 결코 종교적 교훈들을 "참된 것으로 인정"(Fürwah- rhalten)하는 것이 아니다.[41] 종교 안에서야말로 참된 도덕적 실천, 즉 선을 향한 자유의 무조건적 추구가 가능하다는 것을 보인 후 이제 셸링은 그 종교의 내용이 되는 신의 자기 계시의 과정에서 구현될 악의 극복을 논한다.

신의 자기 계시와 악의 극복으로서의 선

셸링에게 악의 가능성과 현실성은 신의 자기 계시로서의 창조 과정과 긴밀히 결합되어 있다. 『자유론』의 말미에서 셸링은 악의 가능성과 현실성 모두가 신의 자기 계시로 기인한 것이라면, 어떤 의미에서 신이 도덕적 존재로 사유될 수 있는지에 대한 문제를 다룬다. 그것은 "악에 직면하여 신은 어떻게 정당화될 것인가?"[42] 라는 신정론적 질문의 외형을 띠고 나타난다.

위의 질문에 대한 셸링의 일차적인 대답은 앞에서도 여러 번 언급된 것처럼 피조물 가운데 촉발되는 개별의지와 자기성은 결코 그 자체로 악한 것이 아니라는 것이다. 그와는 정반대로 "현실화되어진 자기성은 생명의 예민함을 위해서 필연적"이다. 그것이 없다면 "완전한 죽음, 선의 무기력"만이 있을 뿐이다. 근거의 작용은 "직접적으로 악 그 자체"

---

41 SW, VII 392f.
42 SW, VII 394.

를 지향하는 것이 아니라 "생명의 일깨움"을 지향한다. 따라서 근거의 작용은 그 자체로 '선'하다. 현실화되어진 자기성이 없이는 선도 있을 수 없다. "작용하는 자기성이 없는 선이란 그 자체가 작용하지 못하는 선"에 지나지 않는다. 따라서 자기성을 촉발하는 근거의 작용은 악한 것이 아니다. 마치 신에게 실존의 근거가 언제나 신의 '근거'로서, 즉 '포텐츠'로서 남아 있는 것처럼 인간이 자신의 자기성을 "현실성으로부터 잠재성에로 되돌려" 버릴 때 선이 현실화된다.[43]

신과 피조물 가운데에서 작용하는 근거의 의지는 신과 인간이 인격이자 사랑으로서 존재하게 하며 또 보편의지와의 관계적 통일성을 통해 선과 사랑이 피조물 안에서 실현되게 하기 위해 필수적인 요소이다. 그렇기 때문에 신의 자기 계시가 완성되는 종말에 이르기까지 근거의 작용은 중단되지 않는다. 따라서 신은 비록 자기 계시의 과정 가운데 악의 현실화가 발생할 것을 예지했다 할지라도 결코 악 가운데에서 작용하는 실존의 근거를 제거하지 않는다. 왜냐하면 악 가운데에서 작용하는 근거의 의지는 그 자체로 신이 인격으로 존재하게 하는 신의 실존의 조건이기 때문이다. 따라서 셸링은 매우 과장된 수사학적 표현으로 근거의 작용의 필연성을 주장한다: "악이 없었다면 신 자신도 존재할 수 없었을 것이다."[44] 또한 신은 결코 피조세계 가운데에서 현실화되는 악 때문에 자기 계시를 중단해서도 안 된다. 왜냐하면 악은 오직 선에 대한 대립 가운데에서만 악으로 현실화될 뿐이며, 본래 선과 동일한

---

43 SW, VII 399f.

44 SW, VII 403. 이 문장은 신의 자기 구현을 위하여 악이 필수적이라는 것을 의미하는 것으로 오해되어서는 안 된다. 그보다는 악은 신 자신의 존재론적 구조에 의존하여 있으며, 따라서 신이 종말에서의 완결적인 자기 계시 이전에 악을 제거하려 한다면 자신의 존재론적 구조 자체를 지양해야 한다는 것을 뜻하는 것으로 이해하는 것이 적절하다.

존재론적 구조를 그 바탕으로 하기 때문이다. 그런 의미에서 "선과 악은 동일하다."[45] 따라서 만일 신이 자기 계시의 과정 속에서 "적어도 동반하는 방식으로" 악이 발생할 것을 예지하고, 그래서 자신의 계시를 포기하였다면, 그것은 계시로서의 창조 과정이 궁극적으로 지향하는 선과 사랑이 그에 대한 대립으로 존재할 뿐인 악에 굴복하고 마는 것에 지나지 않는다. 그것은 "사랑에 대한 대립"으로서의 악이 존재하지 않게 하기 위해 "사랑 그 자체가 존재해서는 안 된다는" 것, 즉 "절대적으로 긍정적인 것"(das absolut-Positive)이 "오직 대립으로서만 실존하는 것"에 희생되어야 한다는 것을 의미할 뿐이다.[46]

그렇다면 악은 도무지 극복될 수 없다는 말인가? 이에 대한 셸링의 대답은 명확하다. 악은 신의 계시로서의 창조를 떠받치는 존재론적 구조의 작용이 최고조로 현실화될 종말에 극복된다: "계시의 목적은 선으로부터의 악의 축출이며, 악을 완전한 비실재로 공표"하는 것이다. 본래 실존의 근거는 신의 실존을 위한 조건에 지나지 않으며, 신의 사랑 아래에 복속되어 있다. 악의 가능성과 현실성이 바로 이러한 내적 이원론의 원리를 토대로 하는 것처럼 악의 최종적인 극복은 그것을 가능케 했던 창조의 원리로서의 내적 이원론이 최종적으로 완성되는 것을 통해서 이루어진다. 실존의 근거는 그 지속적인 작용을 통하여 말씀/빛이 그 가운데에서 발생하도록 그리고 두 원리 사이의 관계적 통일성을 통해 정신이자 인격으로 실존하는 신 아래에 복속하는 것을 지향한다. 따라서 실존의 근거는 신에 대하여 상대적으로 독립적인 작용을 통하여 "신의 완전한 현실화"를 지향한다. 이렇게 신의 실존이 완전히 현실화할 때,

---

45 SW, VII 400.

46 SW, VII 402.

근거는 오직 신의 실존의 '조건'으로서만 존재하게 된다. 이제 근거의
모든 작용은 다만 "현실성을 향한 욕망, 영원한 갈망과 갈증으로"만
머물 뿐 결코 현실화될 수 없다. 그것은 그 "포텐츠 상태로부터 넘어
나올 수 없다." 본래 악이란 근거의 작용이 빛의 작용과의 통일성을
깨뜨릴 때 발생하는 것이다. 반면 근거가 오롯이 근거로만 머물게 됨으로
써 그 작용이 완성될 때에는 악은 오직 "포텐츠의 상태로 환원"되고
만다. 악의 활동성은 이제 "지속적으로 삼키워져 버린 상태"에 머물
뿐이며, 이는 곧 "비존재의 상태" 혹은 "완전한 비실재"를 의미한다.[47]

종말에 이루어질 악의 최종적인 극복에 대한 셸링의 가르침은 악의
현실적인 극복이나 인간의 도덕적 개선을 불가능하게 한다는 평가들이
있는 것이 사실이다.[48] 하지만 이 같은 비평은 종말에 이루어질 악의
최종적인 극복과 이를 향한 신의 지속적인 작용을 주장하는 셸링의
실천적 동기를 제대로 이해하지 못한 것에 불과하다. 셸링은 종말에
신에 의해 이루어질 완성을 단지 기다리기만 하면 된다고 말하지 않는다.
그와는 반대로 신에 의한 악의 극복에 대한 희망은 미래에 대한 기다림으

---

47 SW, VII 403f.

48 종말에 신에 의해 이루어질 악의 극복에 대한 셸링의 진술은 악의 문제와 관련하여 갑작스러
  운 "주체의 변경"을 가하고 "근거 지워지지 않은 희망"을 이야기할 뿐이라고 이베르는 평가
  한다: Christian Iber, "Die Theodizeeproblematik in Schellings *Freiheitsschrift*,"
  FZPHTh 48(2001), 146-164, 160ff; H. Rosenau도 비슷한 생각이다. 인간은 자기의 존재의
  구조로 인해 악을 현실화했는데, 똑같은 존재의 구조를 토대로 선으로 전향하는 것은 불가능
  하다고 비판한다: H. Rosenau, "Theogonie. Schellings Beitrag zum Theodizeeproblem
  nach seiner 『Freiheitsschrift』 von 1809." *Neue Zeitschrift für Systematische Theologie*
  32(1990), 26-52; 50. 하지만 이러한 비평들은 악의 현실성에도 불구하고 여전히 피조물의
  존재론적 구조를 떠받치고 있는 신이 '지금 여기에서' 이미 피조물의 존재론적 구조의
  왜곡에 대한 지양과 극복으로 작용하고 있다는 것을 간과하고 있다. 인간은 신에 의해
  지탱되는 바로 그 동일한 존재론적 구조를 토대로 '자유롭기' 때문에 이 신의 역사에 참여
  할 수 있다. 선과 악의 능력으로서의 자유는 결코 상실되지 않았다.

로 머무는 것이 아니라, 오히려 현재의 악의 현실 속에서도 여전히 거기에 '영향받지 않은 채' 지금 현재에도 피조세계의 존재의 근거를 떠받치는 신의 지속적인 창조 행위를 바라보게 한다. 악의 현실성에도 불구하고 신은 결코 이 세계를 버리지 않는다. 개별의지와 보편의지의 관계적 통일성을 토대로 인간은 그 통일성을 왜곡시키지만 신은 인간에 의해 자행되는 창조세계의 존재론적 구조의 파괴에 의해 영향을 받지 않는다. 이런 점에서 신은 세계의 악에 의해 영향받지 않는다. 악의 현실성에도 불구하고 신은 여전히 사랑으로써 존재의 구조를 유지하면서 그 궁극적인 완성을 향해 나아간다. 신은 피조물 안에 있는 악의 가능성과 현실성을 촉발시키는 힘들의 띠를 "감싸고… 사랑으로 덮는다." 왜냐하면 "신은 결코 자신의 실존에 있어서 방해받을 수도, 지양될 수도 없기 때문이다."[49] 따라서 종말에 대한 기대는 단지 악의 극복의 미래적 실현에 대한 근거 없는 희망을 뜻하지 않는다. 그보다는 오히려 피조세계 가운데 이루어지는 악의 현실성에도 불구하고 거기에 영향을 받지 않으면서 자신의 창조와 계시를 성취해 가는 신을 주목하게 한다. 이러한 신적 필연성과 하나가 되는 것 그리고 이를 통해 현재 속에서 악에 저항하고 극복할 수 있다는 것을 드러내려는 것이 종교성과 신의 계시에 집중하는 셸링의 '실천적' 의도인 것이다.

악의 현실이 아무리 거대하다 할지라도 그것은 결코 그 존재의 근거를 스스로 가지지 않는다. 악은 오직 선에 대한 대립으로서만, 신의 사랑에 대한 대립으로서만 존재하며, 종말에 이르러서는 '완전한 비실재'로 극복되어질 것에 불과하다. 사실상 그것은 '비존재'일 따름이다.

---

49 SW, VII 391.

미래에 이루어질 악의 극복은 이미 '지금 여기에서' 우리가 경험하는 악의 본질이 무엇인지를 알게 해 준다. 그것은 단지 '비본질'이자 '비존재'에 불과하다. 악은 오직 극복되어질 대상으로서만 존재할 뿐이다. 피조 세계를 구성하는 존재론적 구조의 본래적인 작용의 최종적인 실현과 더불어 악의 극복이 이루어질 것이다. 그때에는 근거는 오직 '근거'로서, 즉 신의 실존의 '조건'으로서만 작용함으로써 철저히 포텐츠 상태에 머문다. 개별의지는 보편의지에 그리고 보편의지는 정신으로서의 신에게 철저히 복속하며, 이로써 "신은 모든 것 안에 모든 것"이 된다. 신과 피조물의 내적 구조를 이루는 존재론적 구조의 작용이 최종적으로 현실화됨과 더불어 악의 현실성뿐만 아니라 가능성 자체도 철저히 극복되리라는 것이다. 창조에서 완성에 이르는 전체 과정은 이리하여 신이 스스로를 사랑으로 계시하게 될 목표를 향해 나아간다: "사랑이야말로 가장 지고한 것이다"(Die Liebe aber ist das Höchste).

V. 신의 삶: 그 형식적 구조와 신의 주권성

지금까지 살펴보았듯이 『자유론』은 창조에서부터 인간 자유의 본질, 악의 가능성과 현실성 그리고 그 최종적인 극복에 이르기까지 전체 논의를 관통하는 하나의 형식적 구조를 기반으로 한다. 그것은 바로 내적 이원론을 토대로 구성되는 실존자와 근거, 실재성과 이념성, 어두움과 빛의 통일성이라는 구조이다. 셸링에게 있어서 이 서로 대립되는 요소들은 내적 관계에서 통일성을 이루고 있다. 그럼에도 이 통일성은 형식적으로는 서로 대립하는 '두' 요소의 통일성이라는 점에 있어서

'이원론적'이거나 혹은 '두 요소'를 근간으로 하고 있으며, 이를 가리켜 셸링은 대립하는 두 요소의 "절대 동일성"이라고 부른다. 이 절대 동일성은 정신으로서의 신과 피조물, 인간의 자유 그리고 악의 가능성과 현실성 모두의 근간을 구성하는 근원적인 형식적 구조이다.

　하지만 『자유론』의 말미에 이르러서 셸링은 이 책 전체를 관통하는 근본 논리 구조인 내적 이원론을 지양시키면서도 동시에 다른 한편으로는 그것을 다시 근거 짓는 전혀 다른 논리 구조를 제시한다. 정신으로서의 신과 피조물의 존재론적 구조인 내적 이원성에 선행하는 하나의 단일한 신적 본질로서의 "근원 근거"(Urgrund)가 바로 그것이다. 상기했다시피 모든 악이 극복되는 종말에는 개별의지와 보편의지, 근거와 실존자의 통일성이 최종적으로 구현되며 "가장 지고한 것"인 사랑으로서의 신의 계시가 이루어질 것이다. 그러나 이 사랑은 결코 두 원리의 통일성의 산물이 아니라, 오히려 철저히 두 원리에 선행하는 것이다. "사랑은 근거와 실존자가 (분리된 것으로) 존재하기 전에 이미 존재하였던 그것이다. 하지만 그것은 아직 사랑으로서 존재하지는 않았다." 이처럼 "모든 근거와 모든 실존자에 앞서서, 그러니까 모든 이원성 자체에 앞서서 유일한 본질이 존재"했는데, 그것을 가리켜 셸링은 '근원 근거'라고 부른다.

　셸링에게 근원 근거는 모든 이원성 혹은 이원성의 관계적 통일성보다 절대적으로 선행하기 때문에 그 안에 그 어떤 차이나 구별도 존재하지 않는다. 그것은 근거와 실존자, 개별의지와 보편의지 그 무엇도 아니며, 따라서 양자 모두에게 "비근거"(Ungrund)라고 할 수밖에 없다. 혹은 두 원리 모두와 완전히 구별되는 것이기 때문에 "무차별"(Indifferenz)이라고 불릴 수도 있다. 이렇게 근원 근거는 두 원리로부터 전적으로 독립하여 선행한다는 점에서 지금까지 『자유론』의 전체에서 작용하는 내적 이원성을 지양한다.

하지만 동시에 이 무차별은 스스로부터 근거와 실존자, 실재성과 이념성을 산출해 낸다는 점에서 이원적 원리와 그 통일성의 '근원 근거' 이기도 하다: "무차별이 없었다면, 즉 비근거가 없었다면, 원리들의 이원성도 없었을 것이다." 근원 근거는 두 대립하는 원리들 모두에 대해 "전적인 무차별"(totale Indifferenz)이기 때문에 두 원리 모두에 대해서 근본적으로 "무관심"(gleichgültig)하다. 따라서 근원 근거는 자신의 내적 구분을 통해 생성된 두 원리 가운데 '전적으로' 내재함으로써 그 둘을 확증한다. 무차별로서의 근원 근거는 "자기 자신을 나누며", 근거와 실존자 모두 가운데에서 "동일한 방식으로, 그러니까 각자 가운데에서 전체 혹은 단일한 고유한 본질"을 이룬다. 따라서 "근거와 실존자의 구분"은 따라서 "참으로 실제적인 구분"이다. 이렇게 모든 존재의 근본 구조를 형성하는 두 원리가 철저히 무차별로서의 근원 근거로부터 비롯 된다는 점에서 근원 근거는 두 원리를 근거 짓는다. 셸링은 내적 이원론 자체에 선행하는 단일한 절대자가 있으며, 이 단일한 절대자의 자기 구분을 통하여 비로소 근거와 실존자의 내적 이원성, 개별의지와 보편의 지의 통일성이 형성된다고 본다. 이것이야말로 "철저하게 고찰된 절대 자"라는 것이다.

도대체 무차별 혹은 비근거로서의 절대자가 자기 자신으로부터 근거 와 실존이라는 내적 이원성을 산출해 내는 이유는 무엇인가? 이 질문에 대한 셸링의 대답이야말로 『자유론』 전체의 논의를 이해하게 하는 가장 결정적인 부분이다. 셸링은 이 책의 전체 논의의 근저에 놓여 있는 내적 이원론 혹은 근거와 실존자의 구별과 그 내적인 관계적 통일성에 대한 논의를 종결지으면서 "저 최초의 구분, 즉 근거인 존재와 실존하는 존재 간의 구분은 도대체 무엇을 위해 봉사해야 하는가?"라는 질문을 제기하고 있기 때문이다. 이 질문에 대한 대답이야말로『자유론』"전체의 연구에 있어서 가장 지고한 부분"이다.[50] 이에 대한 셸링의 대답은 다음과 같이 간략히 정리할 수 있다:

셸링에게 신은 "체계가 아니라 생명(혹은 삶 _ 필자 주)이다."[51] 절대자로서의 신은 내적으로 그 어떤 구별도 가지지 않는 무차별/비근거로부터 이원성의 통일성으로 스스로를 내적으로 구별해 낸다. 이제 근거와 실존의 통일성으로서 신은 인격이자 사랑으로 존재하며, 이러한 신에 대한 의존성 속에서 비로소 신과 피조물, 창조자와 창조자에 대하여 상대적으로 자립적인 피조물이 창조된다. 이를 통하여 신은 피조 세계 가운데 "생명과 사랑 그리고 인격적 존재"가 존재하도록 한다. 그리고 내적 이원성이 종말에 이르러 최종적으로 완성됨과 더불어 신은 두 개별적인 원리들의 온전한 통일성인 사랑으로서 스스로를 계시한다. 이처럼 서로 대립되는 것들이 "사랑을 통하여 통일"되게 하려는 바로 그 목표를 향하여 무차별/비근거로서의 신은 하나의 삶의 과정을 감행한 것이다. 말하자면 사랑으로서의 신의 최종적인 계시는 신과 피조물 간의 관계의 산물이 아니라, 철저히 신 자신에 의해 주권적으로 의지된 것이다. 이처럼 무차별/비근거로서의 신이 모든 이원성에 선행하여 이원성의 통일성을 규정하고 있는 한, 신은 "모든 것으로부터 자유"롭다. 그러나 무차별/비근거로서의 신의 자유는 결코 피조물로'부터의' 자유가 아니라 피조물에게 생명과 인격을 부여하기를 원하는 자유이며, 자신의 자유로운 활동

---

50 SW, VII 406f.
51 SW, VII 399.

을 통해 피조물에게 생명과 자유를 부여하기를 지향한다는 점에서 "사랑"이다. 피조물의 모든 존재론적 구조 가운데에서 철저히 그것을 규정하는 바로서 신은 "모든 것을 관통하여 작용하는 은혜(Wohltun), 즉 한마디로 하자면, 모든 것 가운데 모든 것인 사랑"이다.[52]

"가장 지고한 관점에서", 즉 무차별에서 이원성의 통일성으로 그리고 사랑이라는 통일성으로 이행하는 신의 삶이라는 관점에서 보았을 때, 선과 악은 결코 "대립"하는 것이 아니다. 그것은 악에게 하나의 존재론적 지위를 부여할 때에만 가능하다. 그에 반하여 악이란 결코 "본질이 아니라 비본질(Unwesen)일 뿐이다. 그것은 오직 (선에 대한_ 필자 주) 대립 속에서만 실재성을 가질 뿐, 그 스스로는 가지지 못한다." 이러한 악에 대한 셸링의 평가는 결코 악의 실재성과 위력을 간과하는 것이 아니다. 오히려 이는 악이란 오직 신의 선한 창조 행위의 내적 구조를 이루는 관계적 통일성에 기생하는 방식으로만 출현한다는 것을 보임으로써 그리고 악의 현실에도 불구하고 그 존재론적 토대를 떠받치면서 악의 극복을 향해 나아가는 신의 활동을 지시함으로써 악의 극복과 선의 추구야말로 인간 자유의 참 본질이자 지향점이라는 것을 제시하려는 것이다. 그 힘이 아무리 거대해 보인다고 할지라도 궁극적으로 악은 신의 자기 계시의 과정을 추동하는 "절대 동일성에 포괄되어 있지 못하고, 거꾸로 영원히 그것으로부터 배제되고 제거되어 있다." 관계적 통일성이라는 존재론적 구조를 매개로 피조물의 전 과정을 규정하는 절대자의 계시의 관점에서 보았을 때 악의 가능성과 현실성을 근거 짓는 내적 이원성의 통일성은 "신의 인격성 아래에 복속되어 있다."[53] 피조세계가

---

52 SW, VII 408.
53 SW, VII 409.

신 안에 그리고 신이 자연과 역사를 포괄하는 모든 과정 가운데에서 이것들을 규정하는 실재로서 작용한다는 신념만이 악의 최종적인 극복을 지향하도록 그리고 그 새로운 역사에 대한 부름에 응답하는 방식으로 인간의 자유를 사용하게 한다. 이렇게 인간 자유와 관련된 모든 체계적 문제들을 신적 삶과의 연관성 속에서 해명함으로써 "인류를 돕고자 하는 것"[54] 그것이 『자유론』의 목표이다.

VI. 전능한 창조자: 악이 극복되리라는 희망

세계의 모든 의미 연관을 신 개념과 긴밀히 결합시키는 것은 신학의 숙명이다. 악의 고통스러운 현실은 언제나 신에 대한 기존의 이해를 반성하도록, 그리하여 신에 대한 새로운 사유를 시도하도록 촉구한다. 하지만 기존의 신 개념을 단순히 뒤집는 것만으로 그 과제가 충분히 완수되는 것은 아니다. 하나의 삶의 과정을 전개해 나가는 신에 대한 셸링의 사유는 분명 고전적 신론의 '존재 자체'로서의 신과는 구별되며, 따라서 전통적인 신론과는 구별되는 다른 사유 모델을 추구하는 현대 신학의 시도와 일치한다. 하지만 셸링은 악의 문제를 해소하기 위해 고난받는 신에 대한 사유에로 성급히 넘어가지 않는다. 그와는 달리 셸링은 자신의 피조세계 가운데 발생하는 악의 현실성을 적극적으로 부정하는 신에 대해 이야기한다.

악의 가능성과 현실성 모두가 신의 창조 행위를 통해 부여된 존재론

---

54 SW, VII 412.

적 구조를 토대로 한다는 점에서 신은 악의 '근원'이라 할 수 있다. 그러나 이것이 곧 신이 악의 '원인'이라는 것을 의미하지는 않는다. 신은 모든 것의 근원의 힘으로서 악, 혹은 고난의 한가운데에 함께하지만, 동시에 신은 결코 악에 영향받지 않는 존재의 힘으로써 그 악의 현실을 영원히 부정하고 극복해 내는 과정을 감행한다. 악은 신의 영원한 부정의 대상으로서만 존재하며, 그런 의미에서 신은 악과 고난의 현실에 영향을 받지 않는다. 하지만 신은 바로 이처럼 악으로부터 자유롭기 때문에 악과 고난의 과정을 극복해 내는 삶의 과정에 뛰어든다. '모든 것을 결정하는 실재'로서의 신은 악을 극복하고 선이 현실화되는 과정을 오직 자기 자신의 자유와 사랑으로부터 규정하며, 이런 의미에서 신은 모든 과정을 "다스린다".[55] 따라서 그는 '전능'하다. 셸링이 말하듯 신이 전능을 거두어들인다면 인간의 자유와 생명도, 악의 가능성과 현실성도, 악의 극복과 선의 승리도, 최종적인 사랑의 완성도 있을 수 없다.

악은 언제나 고통스럽게 체감되고, 고통에 찬 질문을 제기한다: "신이 존재한다면, 악은 어디에서 오는가?" 하지만 이 질문은 악의 기원에 대한 해명을 요구하는 이론적 질문에 그치지 않는다. 혹은 신이 함께 고난당한다는 진술만으로 충분히 해소되지도 않는다. 오히려 이 질문은 고통에 가득 찬 현실을 넘어서게 하는 초월성에 대한 부르짖음을 그 안에 함축한다: "신이 없다면, 선은 어디에서 오는가?"(Si deus mon sees, unde bonum?) 긴밀히 결합되어 있는 이 두 개의 오래된 질문은 악에 대한 투쟁을, 악에 대한 선의 승리에 대한 신뢰를 요청한다. 신은 악과 고난에 굴복하지 않으며, 악과 선, 죽음과 생명 모두의 근원이며, 동시에

---

55 SW, VII 409.

모든 부정적인 것을 극복해 내는 초월적인 존재의 힘으로 작용한다. "고난당하지 않는 신만이 도울 수 있다." 악과 고난의 현장 한가운데에서 이미 그것을 부정하는 신, 그 신에 대한 신앙은 악의 기원에 대한 질문을 넘어 그 극복을 향한—셸링의 표현을 빌리자면— '영웅주의'적 투쟁에로 인도한다.

2부

창조와 인간

5 장
판넨베르크의 삼위일체 신학적 창조론

I. 판넨베르크 창조론에 대한 국내 연구의 한계

볼프하르트 판넨베르크(Wolfhart Pannenberg, 1928~2014)는 위르겐 몰트만과 더불어 20세기 후반 이후 전 세계적인 신학 담론을 주도해 온 인물 중 하나이다. 그렇지만 몰트만과 비교해 보면 한국에서의 판넨베르크 연구는 상대적으로 활발하지 못한 것이 사실이다. 일례로 몰트만의 경우 새로운 저서가 출판될 때마다 그의 변화한 신학적 입장들이 매우 활발히 한국 신학계에서 수용·논의되었던 것에 반해 이미 1993년에 완간된 판넨베르크의 3부작『조직신학』[1]은 아직 제대로 번역조차 되지 않고 있다.[2] 하지만 이는 단지 판넨베르크의 주저가 '아직' 완역되지

---

1 Wolfhart Pannenberg, *Systematische Theologie*, vol. I-III (Göttingen: Vandenhoeck & Ruprecht, 1988/1991/1993).

2 이 진술은 이 글의 원본이 되는 논문이 처음 발표되었던 2011년을 기준으로 한다. 이후

않았다는 데 국한되는 문제는 아닌 것처럼 보인다. 그보다 이는 판넨베르크가 자신의 수십 년에 걸친 신학적 기획과 개별 연구들을 『조직신학』에서 어떻게 체계적(systematisch)으로 종합하고 있는지를 제대로 소개하지 않고 있는 국내 판넨베르크 연구 현황의 한계를 반영하고 있는 듯하다.[3]

물론 연구의 주제와 범위 등에 따라 『조직신학』은 거론될 수도, 그렇지 않을 수도 있다. 하지만 이 신학의 대작(opus magnum)에 대한 체계적인 탐구와 소개가 배제된 채 그것이 '마치 아직 쓰이지 않은 것처럼' 판넨베르크의 신학을 소개하는 일은 오히려 그의 신학에 대한 올바른 이해와 정당한 평가를 방해할 위험을 내포하고 있기 때문에 매우 우려되는 것이 사실이다.[4] 예를 들어 최근 판넨베르크는 자연과학과 신학 간의

『조직신학』 I, II, III이 2017~2019년 사이에 새물결플러스 출판사에서 번역·출판되었다.

3 최근에 발표되는 논문들 중에서도 판넨베르크의 『조직신학』 자체 혹은 여기에서 다루어지는 개별 주제들을 그 주된 내용으로 삼는 글을 찾기 힘들다는 것은 사실 대단히 의아한 일이다. 예를 들어 김동건, "판넨베르크의 계시론: 보편사로서의 계시와 예수에게 나타난 계시," 「신학과 목회」 제32집 (2009): 125-162; 정기철, "판넨베르크의 시간 문제와 종말론," 「신학이해」 제22집 (2001): 142-171; 심광섭, "예수의 부활과 기독교의 희망," 「신학이해」 제22집 (2001): 36-83 등은 비교적 최근의 논문임에도 불구하고 여기에서 다루어지고 있는 주제들에 대해 판넨베르크가 『조직신학』에서 어떤 입장을 취하고 있는지에 대해서는 대부분 침묵하고 있다. 『조직신학』이 단편적으로 인용되고 있기는 하지만 그 내용을 체계적이고 상세히 설명해 주지는 않는다는 것이 한계이다.

4 각주 3에서 제시한 문헌들은 대부분 판넨베르크의 보편사 개념을 중심으로 다루면서 계시의 인식에 있어서 신앙과 이성의 관계에 대한 문제에 주목한다. 판넨베르크에 대한 이들의 평가가 서로 상이함에도 불구하고 대체로 공유하고 있는 관점이 있는데, 그것은 이들이 보편사와 이성을 통한 신 인식을 판넨베르크의 중심 사상으로 이해하고 있다는 것이다. 정기철은 신의 현실은 "이성의 눈을 가진 자에게도 접근 가능하지만 믿음으로만 올바로 그리고 참으로" 만나게 될 것이라고 하면서 판넨베르크와 거리를 두고 있다(정기철, 앞의 논문, 171). 반면 심광섭은 판넨베르크는 계시를 이해하기 위해 신앙이 필요 없고 오직 이성만으로도 가능하다는 "자연신학"을 추구한다고 하면서도 사실은 "신앙의 신학"을 하는 모순을 안고 있다고 평가한다(심광섭, 앞의 논문, 43, 81). 김동건 역시도 판넨베르크는 이성을 통한 보편적 신 인식과 예수를 통한 특별한 신 인식의 두 가지 방법이 병존하는

대화의 맥락에서 자주 거론되면서 '자연의 신학'을 추구하는 신학자로 평가받곤 한다.5 하지만—비록 판넨베르크가 그의 『조직신학』 속에서도 자연과학과 신학의 대화를 추구하고 있는 것이 사실이지만— 이 주제는 『조직신학』에 이르러서는 선행하는 창조론에 대한 단편들에서와는 달리 보다 더 포괄적이면서도 명시적인 교의학적 목표 또는 체계적-신학적(systematisch-theologisch)인 관점 아래에서 통합되어 다루어지고 있다는 사실을 잊어서는 안 된다. 그것은 바로 이 세계를 '삼위일체 신의 피조물로 해석'하는 데 있다. 즉, 자연과학과 신학의 대화라는 판넨베르크 신학의 한 부분적 측면은 『조직신학』에 이르러서는 자연과 인간, 역사를 포함한 세계 현실의 모든 것을 삼위일체적 "신론으로부터"(von der Gotteslehre her; cf. I 77) 체계적으로 해석해 내려는 '신-학'(theo-log-

---

모순을 지닌다고 말한다(김동건, 앞의 논문, 29). 물론 이들의 평가는 역사 가운데 나타나는 신의 계시는 "볼 수 있는 눈을 가진 모두에게 열려 있다"는 『역사로서의 계시』에 나타나는 판넨베르크의 도전적인 선언과 더불어 촉발된 광범위한 논쟁을 전제·반영하고 있다: Wolfhart Pannenberg(ed.), *Offenbarung als Geschichte* (Göttingen: Vandenhoeck & Ruprecht, 1961), 98ff. 이에 반하여 판넨베르크는 『조직신학』에 이르러서는 이성보다는 신의 계시에 더 강조점을 두고 있으며, 이를 통해 얻어지는 삼위일체 신학의 빛 아래에서 그의 다른 하위 주제들을 이해해야 한다는 것이 필자의 판단이다.

5 이 같은 연구들은 주로 장 이론과 우발성 그리고 성령에 대한 판넨베르크의 단편들을 주로 다루면서 신학이 과학 시대에 자연과학과의 열린 대화를 게을리해서는 안 된다는 결론으로 이어지곤 한다. 하지만 이때에는 판넨베르크가 그 대화를 통해 지향하는 신학적 목표를 놓치고, 판넨베르크의 신론이 마치 과학과의 대화를 통해 형성된 것과 같은 오해를 초래할 우려도 있다. 이러한 오해를 야기시키는 국내의 연구들로는 장회익, "판넨베르크의 과학사상. 우발성과 마당 개념을 중심으로," 「과학사상」 제37호 (2001): 110-125; 신재식, "신학과 자연과학의 대화를 통해서 본 판넨베르크의 자연의 신학," 「신학이해」 제22집 (2001): 117-141; 이정배, "보편사 신학의 얼개에서 본 판넨베르크의 자연신학 연구,"『기독교 자연신학』(서울: 대한기독교서회, 2005), 78-104. 판넨베르크의 창조론 혹은 자연의 신학을 직접 주제로 삼고 있는 것은 아니지만, 판넨베르크는 "세계를 자연과학으로 서술한다"는 정기철의 진술도 다른 저자들과 유사한 오해를 초래한다. 정기철, "판넨베르크의 시간문제와 종말론," 「신학이해」 제22집 (2001): 142-171.

isch)적인 관심 아래 통합되어 있다는 것이다. 따라서 적어도 『조직신학』이후 신의 창조로서의 자연에 대한 판넨베르크의 입장은 '자연의 신학'이라는 표어보다는 '삼위일체 신학적 창조론'이라는 표어 아래에서 보다더 적절히 묘사된다는 것이 본고의 입장이다.

아래에서는 판넨베르크의 『조직신학』을 중심으로 그의 삼위일체 신학적 창조론의 개요를 제공하면서 이러한 틀 안에서 자연과학과의 대화가 지향해야 할 교의학적 의미를 판넨베르크를 따라 개괄적으로 제시하고자 한다. 이를 위해서 II장에서는 『조직신학』에서 이루어지고 있는 판넨베르크 신학의 체계적-삼위일체 신학적 기획을 묘사함으로써 『조직신학』 전체를 아우르고 있는 방법론적-내용적 중심을 개괄해 보이고자 한다. III장에서는 『조직신학』의 체계적 중심으로 작용하는 삼위일체 신학의 관점 아래에서 삼위일체 신의 외부를 향한 행위로서의 창조 행위에 대한 교의학적 진술을 정리하고, IV장에서는 판넨베르크가 삼위일체 신의 외적 행위에 상응하는 피조물로서의 세계의 존재와 구조를 제시하기 위해 수용하는 자연과학적 논의들을 언급한 후, V장에서는 판넨베르크의 삼위일체 신학적 창조론을 토대로 오늘날 창조 신학이 자연과학과의 대화 가운데 추구해야 할 교의학적 목표를 제시하고, 더불어 판넨베르크의 창조론의 신학적 한계를 지적하고자 한다.

II. 삼위일체 신에 대한 체계적 진술로서의 신학의
정의와 과제

하나의 체계적 신-학(Systematische Theo-logie)으로서의 조직 신학

『조직신학』I권의 서문에서 판넨베르크는 "조직신학"이라는 제목을 가지고 본인은 "기독교 교훈의 총체적인 기술"을 제공하려 한다고 적고 있다. 흥미로운 사실은 이때 판넨베르크는 자신이 '조직신학'이라는 개념을 사용하는 것을 철저히 "문자적으로" 이해해 줄 것을 요구하고 있다는 것이다. 즉, 앞으로 3권에 걸쳐 전개될 방대한 저서에 "조직신학"이라는 제목을 붙이는 것은 일견 진부하거나 혹은 "교조주의적"(dogmatisch) 인 함의를 지닌 것으로 의심받는 '교의학'(Dogmatik)이라는 전통적인 용어를 대체하려는 의도에서 비롯된 것이 아니다. 오히려 그와는 정반대로 "조직신학으로서의 교의학"이라는 제목 아래에서 기술된 『조직신학』 I권의 1장 3항이 드러내듯 교의학 자체는 조직신학일 수밖에 없다. 이때 "문자적으로" 이해되어져야 할 '조직적', 즉 '체계적'(systematisch)이라는 수식어는 다름 아니라 "교의학의 재료들을 그 모든 부분에 있어서 기독교적 신 관념의 전개로서" 드러냄으로써 "기독교 교훈의 체계적 통일성"을 제시하고자 하는 판넨베르크의 『조직신학』의 기본 관심과 의도를 명시적으로 드러내 보여준다(I 7). 이를 바탕으로 판넨베르크의 『조직신학』 전체의 기본적인 특성을 우리는 다음과 같이 우선 정리할 수 있을 것이다: '조직'신학은 창조론에서부터 종말론에 이르는 기독교의 교훈 혹은 기독교 교리 전체를 기독교의 신 관념을 중심으로 통일적으로 기술하는 하나의 '체계적' 신학이다.

하나의 체계적 신학으로서의 교의학을 수행함에 있어서 곧바로 직면하게 되는 문제는 기독교 교의학의 내용이 되는 신에 대한 인식이 과연 어떻게 가능한가 하는 것이다. 이는 동시에 신에 대한 인간의 진술인 교의학이 과연 어떻게 신에 대한 자신의 진술의 참됨을 주장할 수 있는가라는 진리 주장(Wahrheitsanspruch)에 관한 문제와 결부되어 있다. 이에 대한 판넨베르크의 대답은 명료하다: "신 자신을 통해서, 즉 계시를 통해 이루어지는 신 인식의 가능성은 이미 그 자체로 신학의 기본 조건에 속한다"(I 12). 기독교의 교훈, 즉 교의에 대한 학문으로서의 교의학은 그 주제인 신에 대한 인식의 가능성을 신의 계시 속에 근거 지워져 있는 것으로 이해한다. 그렇다면 신에 대한 신학적 진술들은 사실상 그 자체로 자신의 진리성을 신 자신의 계시를 통해 이미 정당화되어 있는 것으로 이해할 수밖에 없다. 기독교 신앙의 교의들은 사실상 "신 자신의 교의들"(I 26)이다. 신에 대한 기독교 교훈의 모든 내용의 체계적 진술로서의 조직신학에 있어서 "기독교 교훈의 진리"는 그 자체로 자명한 것으로 전제되어 있다. 조직신학의 내용의 참됨은 그 자체로 "자명"(affirmativ)한 사실이다(I 59).

판넨베르크가 신학적 진술의 참됨을 자명한 것이라고 진술하고 있지만, 이것이 곧바로 그가 모든 비판적 검토를 배제한 채 기존의 전통적인 기독교 교의와 교의학을 반복하는 것을 조직신학의 과제로 파악하고 있다는 식으로 오도해서는 안 된다. 오히려 판넨베르크에 의하면, 교의학은 기독교 교의의 참됨을 자명한 것으로 전제할 뿐만 아니라, 더 나아가서 그 참됨이 신학을 수행하는 개별 연구자의 주관적 신념에만 머물러 있지 않고 보편적으로 받아들여질 수 있도록 모든 내용을 "철저한 개방성 속에서 해명"해야만 한다. 한편으로 기독교 교훈의 진리성은 신학적 반성에 선행하는 주관적 신앙에 있어서 자명한 것으로 받아들여지는 것이 사실이다: "원칙적으로 신앙은 신학적 반성에 선행한다"(I 60f.). 하지만 다른 한편으로 신학은 그 가운데에서 진술되는 기독교 교훈의 진리성이 보편적으로 받아들여질 수 있기까지 기독교의 교의 자체의 참됨을 주제화하여야 한다. 그리고 이러한 작업을 수행하는 신에 대한 인간적 진술로서의 신학은 신이 역사의 마지막에 최종적으로 자기 자신을 계시하기까지는 "가설로서의 지위"(I 66)를 차지하고 있을 뿐이다.

신학은 그 참됨의 자명성과 가설로서의 성격 모두를 그 안에 내포하고 있다. 여기에서 주목해야 할 것은 이처럼 신학의 진리 주장이 내포하고 있는 두 가지 측면을 판넨베르크는 철저히 '신학적'으로 근거 지우고 있다는 것이다. 신에 대한 진술이 보편타당한 진리로 인식될 수 있어야하는 이유는, 신학은 다름 아니라 신의 "계시의 진리의 보편성과 계시및 신 자신의 진리"(I 60)에 기반하고 있기 때문이다.[6] 신학적 진술의 보편적인 타당성은 거기에서 다루어지고 있는 신의 개념 자체에 근거한다(I 62f). 신은 곧 진리 자체이고, 그런 한에서 신에 대한 진술은 보편적으로 참된 것으로 드러나야만 한다. 이는 신학적 진술의 자명적 특성만아니라 그 가설적 성격까지도 실질적으로 규정한다. 진리의 통일성으로서의 신에 대한 지식은 예수 그리스도의 역사 속에 이루어진 종말의 '선취'에 기반하고 있다. 그런 한에 있어서 신에 대한 인간적 진술로서의 신학은 신적 진리의 "선취"로서의 역할을 한다. 동시에 신학적 활동

---

6 이때 판넨베르크는 신은 진리 자신이고, 따라서 모든 진리는 신으로부터 기원한다는 아우구스티누스의 가르침을 따라 진리의 개념과 신의 개념(Gottesbegriff)을 서로 결합시키고 있다: Augustinus, *De lib. arb.* II, 10, 12, 15(*ST*, I, 62f.에서 인용).

자체는 예수 그리스도의 역사 속에 선취되어 있지만, 역사의 종말에 궁극적으로 드러날 신의 통일적 진리를 재현하는 것이자 미리 구현하는 것이기도 하다. 그런 의미에서 신학은 "신적 진리의 통일성에 대한 재현 이자 선기획"(Nachvollzug und Vorentwurf der Kohärenz der göttlichen Wahrheit)이다(I 66). 따라서 신학에 있어서 신과 신의 진리는 단지 신학 의 여러 주제 혹은 대상 가운데 하나에 지나는 것이 아니다. 오히려 신은 신적 계시와 신적 진리의 인식의 가능성만 아니라, 지금의 세계 가운데 서 신과 신의 실재가 의심되어지는 상황조차도 결정하는 주체로 다루어 져야 한다. 교의학적 진술의 참됨은 보편적으로 타당하다는 것과 그것은 단지 가설적인 성격을 가지고 있다는 것, 신적 진리의 확실성과 이에 대한 회의 가능성 모두는 단지 인간의 인식 능력의 한계 때문에만 기인하 는 것이 아니라, '신 자신에 의해' 그렇게 규정되어 있는 것으로 이해되고 진술되어야 한다. 이럴 때에야 신학은 신학적일 수 있는 것이다.

전술한 바를 토대로 우리는 판넨베르크의『조직신학』은 하나의 '체 계적' 신학인 동시에 체계적인 '신학'을 추구하고 있다고 정리할 수 있다. 교의학은 기독교의 교의들을 체계적으로 진술함에 있어서 세계, 인간, 역사 등의 현실 전체를 오직 신과의 관련성 속에서 해명한다는 점에서 조직신학, 즉 '체계적' 신학이다. 다른 말로 하자면 조직신학은 전체 세계 현실을 창조자, 구원자, 완성자로서의 신의 구원의 경륜 속에서 근거 지워지고, 화해되고 완성되어지는 것으로 해명하고, 이를 통해 세계, 인간, 역사 가운데에 드러나고 있는 "신의 신성"(Gottheit Gottes)과 "신의 현실"(Wirklickkeit Gottes)을 진술해야 한다. 따라서 교의학은 기독 교 교훈의 여러 주제를 진술함에 있어서 "신에 대한 체계적인 교훈이고 그 외에는 다른 무엇이 아니다"(I 70). 이렇게 교의학은 그 개별 주제들을 다룸에 있어서 체계적 '신학'으로서 진술되어야 한다.

조직신학의 내용으로서의 삼위일체신론

하나의 체계적 신학으로서의 교의학은 신을 그 대상(Objekt)으로 삼을 뿐만 아니라 동시에 신 자신을 그에 대한 인식의 가능성의 조건이자 주체(Subjekt)로서 진술해야 한다. 따라서 신에 대한 이론으로서 신학의 고유한 출발점은 계시론이 될 수밖에 없다. 기독교 교의학의 특수하면서도 고유한 출발점으로서의 계시론은 『조직신학』 I권의 제4장 '하나님의 계시'에서 본격적으로 다루어진다. 여기에서 판넨베르크는 신이 "모든 것을 포괄하면서도 모든 것을 규정하는 힘"(eine alles umfassende und alles bestimmende Macht)이라면, 그에 대한 인식은 오직 신 자신에 의해서만 가능할 수밖에 없다고 단언한다: "신은 오직 그가 자기 자신을 인식하도록 내어줄 때에만 인식될 수 있다… 신 인식은 오직 신 자신에 의해 개방된 인식을 통해서 가능하다"(I 207).[7]

7 신 인식에 있어서 이처럼 '계시의 우선성'을 강조하는 판넨베르크의 태도는 바르트를 연상시킨다. 물론 판넨베르크는 바르트가 아니다. 바르트가 계시의 우선성을 근거로 종교를 불신앙으로 간주하는 반면 판넨베르크는 철학적 신 개념 속에 나타나는 신에 대한 일반적인 표상(I권, 제2장)과 종교들과 이 종교들의 역사 속에서 보다 구체적으로 드러나는 신 경험을 긍정적으로 평가하면서(I권, 제3장) 이를 계시 가운데에서 발생하는 참된 신 인식의 내용과 결합시키고 있다. 즉, 제2장과 제3장에서는 기독교 신앙 바깥에서의 신 인식의 가능성이 다루어졌던 반면 이제 제4장은 신 인식의 가능성에 대한 논의를 신의 자기 계시 개념을 매개로 보다 기독교적이면서도 교의학적인 내부적 관점에서 구체화되도록 하는 "전환점"으로서 기능한다. 『조직신학』에 나타나는 "계시의 우선성"에 대해서는 cf. Joachim Ringleben, "Pannenbergs Systematische Theologie," *Theologische Rundschau* 63 (1998): 337-350; 340; 판넨베르크의 종교에 대한 관심에 대해서는 cf. 최성수, "판넨베르크 신학의 주제로서 종교," 「신학이해」 제22집 (2001): 84-116; 계시론이 『조직신학』 전체의 구조에서 차지하는 "전환점"으로서의 역할에 대해서는 cf. Christoph Schwöbel, "Wolfhart

참된 신 인식은 오직 계시를 통해서만 가능하다는 것을 명시적으로 선언한 후 판넨베르크는 구약과 신약성서에 나타나는 다양한 계시 이해를 포괄할 수 있는 계시 개념을 신의 '자기 계시'라는 개념으로 요약한다.[8] 물론 이 개념이 성서에서 문자적으로 등장하는 것은 아니다. 그럼에도 불구하고 이스라엘이 역사 속에서 신의 계시로서 경험한 사건들 안에서 "신성은 계시 사건의 내용으로서만이 아니라 오히려 일상적인 삶 가운데 감추어져 있는 것에 대한 정보들의 근원"으로 이해되었다(I 218). 즉, 계시 사건은 그것이 언어적 전달의 형태로 이해되건 혹은 역사적인 신적 행위의 형태로 이해되건 간에 그 사건들 속에서 신의 자기 '전달'이 일어나는, 즉 신을 그 '주체'로 하는 행위이며, 동시에 그것은 신이 '자기 자신'을 개시(sich-Selbst eröffnen)함으로써 이 계시의 행위자로서의 신 자신을 그 '내용'으로 하는 신의 '자기 계시'로 이해되어져야 한다. 예언자들로부터 비롯하여 묵시 사상을 통해 계승된 이러한 계시 이해는 신약성서와 원시 기독교에 이르러서는 기독론적으로 변형 · 발전된다. 이제 종말론적인 신의 나라와 그의 통치에 대한 예수의 선포와 삶, 십자가와 부활을 통해 최종적인 신의 자기 계시가 예수의 인격 가운데에서 이루어진 것이다. 특히 예수의 부활 사건은 모든 죽은 자들의 부활과 더불어 이루어지는 종말의 미래에 실현될 신의 영광의 계시의 현재적인 선취(Antizipation)로 간주된다. "예수 그리스도의 출현과 운명 가운데에서 마지막 계시의 선취"(I 249)가 이루어진 것이다.

Pannenberg," David Ford, ed. *Theologen der Gegenwart*, trans. & ed. by Chr. Schwöbel (Paderborn: Ferdinand Schönigh, 1993), 240-271; 257.

8 신의 '자기 계시'라는 개념을 처음 도입한 사람은 셸링이다. 이후 이 개념은 헤겔에게 수용되었고, 불트만을 거쳐 판넨베르크에게까지 이어진다. 셸링이 창조 활동을 신의 자기 계시로 제시하는 내용에 대해서는 본서 2장의 IV, 4장의 II 등에서 설명되었다.

판넨베르크의 계시 이해를 상세히 다루는 것은 본고의 논의를 벗어나는 것이므로 더 이상 자세히 다룰 수는 없다. 다만 여기에서 주목해야 할 것은 판넨베르크는 예수에게서 나타나는 신의 자기 계시를 바탕으로 『조직신학』 I권의 제5장에 이르러서는 삼위일체 신론을 근거 지우고 또한 이를 향후 자신의 『조직신학』의 내용 전체를 결정하는 중심점으로 수립하고자 시도하고 있다는 사실이다. 기독교 신앙의 대상으로서의 삼위일체 신에 대한 인식의 자리는 신의 자기 계시로서의 예수의 인격과 삶이다. 역으로 역사적 예수가 신의 자기 계시라면, 신에 대한 이론으로서 기독교 신학의 모든 진술은 "예수 그리스도 가운데 일어난 신의 자기 계시 속에 담겨져 있는 것의 해설"[9]에 지나지 않는다. 신의 자기 계시로서의 예수에게서 그가 자기의 아버지로 칭하는 신과의 관계 그리고 이 아버지로서의 신에 대한 예수의 아들로서의 관계가 드러나고 또한 이 아버지-아들의 관계는 성령 없이는 구성되지 않는 것으로 나타난다. 따라서 "삼위일체론을 근거 지우는 일은 성부, 성자, 성령이 계시 사건 속에서 나타나고, 서로서로 관계 맺는 그 방식으로부터 출발해야 한다" (I 325).

신의 자기 계시인 예수로부터 출발하여 이 예수가 성령 가운데에서 아버지인 신과 맺는 관계로부터 삼위일체론을 구축해야 한다는 판넨베르크의 진술은 너무 당연한 말처럼 들린다. 하지만 이는 삼위일체론과 관련하여 신학사에서 오랫동안 지속되어 온 문제들을 극복하려는 판넨베르크의 시도이다. 이는 '단일 본질 — 세 인격'(una substantia — tres personae)이라는 전통적인 삼위일체 양식을 해명함에 있어서 성부에

---

9 Gunther Wenz, *Wolfhart Pannenbergs Systematische Theologie* (Göttingen: Vandenhoeck & Ruprecht, 2003), 71.

대한 성자와 성령의 관계를 오직 신성의 근원인 성부로부터 오는 '근원의 관계'(Ursprungsrelation)에만 집중함으로써 결국에는 종속설과 양태론에 빠질 위험을 지니는 삼위일체론의 전통적 방식에 대한 그의 비판이자 독특한 제안인 것이다.[10] 단일한 신적 본질로부터 출발하여 삼위를 도출해 내려는 기존의 시도에 반하여 삼위일체론의 근거 지우기와 해명은 성서에 나타나는 계시의 증언들 가운데 드러나는 삼위들 간의 관계에 대한 해명을 통해 단일한 신성과 그의 속성에 대한 논의로 이행해 가야 한다는 것이 판넨베르크의 삼위일체론의 중심 테제이다.

근원의 관계에 집중하는 기존의 삼위일체론의 한계를 넘어서기 위해서 판넨베르크는 신의 자기 계시로서의 예수에게서 나타나는 삼위들 '상호 간의 자기 구분'(wechselseitige Selbstunterscheidung)과 '상호 의존'(wechselseitige Abhängigkeit)에 주목한다. 예수는 아버지로서의 신과 자신을 철저히 구분하는 가운데 오직 아버지의 신성이 드러나고 그의 통치가 이루어지도록 하며, 이러한 철저한 자기 구별 가운데에서 예수와 아버지의 하나됨이 드러난다. 이러한 예수의 자기 구분은 단지 인간 예수와 신의 관계에만 국한되지 않는다. 인간 예수는 신의 '자기 계시'이므로 예수가 아버지의 아들이라는 사실은 그가 이미 신성 속에서 아버지의 영원한 상대자인 영원한 아들이라는 것을 계시한다: "이렇게 신의 아버지 되심에 상응하는 자로서 예수는 아들이다. 왜냐하면 그 안에서

---

10 전통적인 삼위일체론에서는 신성의 근원으로서의 성부의 단일근원(Monarchie)으로부터 삼위를 도출하거나 혹은 단일한 신적 본질의 삼중적인 자기 전개 혹은 자기 의식의 모델을 토대로 삼위를 도출해 내었다. 전자의 경우는 성자와 성령을 성부의 신성에 종속하는 것으로 이해하는 종속설(Subordinationismus)에게로, 후자는 삼위를 단일한 신적 본질의 세 양태로 간주하는 양태론(Modalismus)에 빠져버릴 위험을 내포하고 있다. 이에 대한 판넨베르크의 자세한 해명에 대해서는 *ST*, I 305ff.

영원한 신이 아버지로서 계시되고 있으며, 또한 그가 아들에 대한 관계 속에 있는 한 그는 아버지이기 때문이다. 그렇기 때문에 아들은 아버지의 영원한 상대자로서 그의 신성을 공유한다"(I 337). 이렇듯 삼위 간의 상호관계(예를 들어 아버지-아들의 관계)는 삼위 상호 간의 자기 구분(예를 들어 아버지-아들 간의 상호 구분)을 통해 구성된다. 이는 역으로 삼위들은 각각 자기의 고유한 인격적 정체성과 신성에 있어서 상호 구분을 통해 서로에게 의존하고 있음을 의미하는 것이기도 하다. 신약성서의 증언들이 드러내듯 아버지는 신으로서의 자기의 주권을 아들에게 넘겨주고, 이를 통해 세계로 파송된 그의 아들이 자신의 파송 가운데에서 아버지를 영화롭게 함으로써 아버지의 주권을 현실화하도록 한다. 성령은 "아버지와 아들 사이의 사귐(Gemeinschaft)의 조건이자 매개자"(I 340)로서, 아버지와 아들이 자신을 통해 각각 상대방을 영화롭게 하도록 한다. 이처럼 자기 자신이 아니라 다만 아버지와 아들만을 영화롭게 함으로써 성령은 이 양자로부터 스스로를 구분한다. 아들이 오직 아버지를 영화롭게 함으로써 자신의 신성이 드러나게 하는 것처럼 성령의 신성은 아들을 영화롭게 함으로써 구성된다. 또한 성령은 아들을 영화롭게 함으로써, 아버지의 영원한 아들로서의 예수의 신성을 드러내며, 이와 더불어—아들과 영원 가운데 결합되어 있는— 아버지가 아들을 통해 계시되게 한다. 이러한 성령의 자기 구분의 활동 속에 "아버지와 아들 외의 또 다른 개별 인격"으로서의 성령의 독특한 인격성과 그의 고유한 신성이 나타난다(I 342f.).

위에서 살펴본 대로 판넨베르크는 세 위격의 상호 구분과 상호의존으로부터 출발하여 이들의 단일한 신적 본질에 대한 논의로 이행하고자 한다. 이럴 경우 전통적으로 신성 혹은 신의 본질과 동일시되는 성부의 왕권(Monarchie)은 성부 이외의 두 위격의 고유하면서도 독자적인 활동에 의존하는 것으로 이해된다: "아버지의 왕권은 세 인격의 전제가 아니라 이들의 공동작용의 결과이다. 아버지의 왕권은 그들의 통일성의 인장(Siegel)이다"(I 353). 신의 통일적 본질 혹은 신의 통치의 통일성이 과연 무엇인가 하는 것은 오직 삼위일체의 세 위격의 행위를 통한 중재 가운데에서만, 즉 예수에게서 가장 특징적으로 드러나는 신의 구원사 가운데 나타나는 세 위격의 통일적인 활동과의 관련 속에서만 파악될 수 있다고 판넨베르크는 제안한다. "신적 본질이라는 개념은 아버지, 아들, 성령 간의 인격적 관계들의 총괄 개념"을 의미하며, 따라서 "신의 본질의 통일성"은 "이 세 위격의 구체적인 삶의 관계 가운데에서 발견"되어야 한다는 것이다.[11]

그런데 아버지의 왕권과 신의 본질상의 통일성이 다른 위격들의 경륜적 행위를 통해 중재된다는 판넨베르크의 주장은 매우 자주 오해되곤 한다. 예를 들어 판넨베르크에게서 아버지의 왕권은 창조로부터 종말에 이르는 구원 사역의 결과로서 비로소 실현된다거나 신의 본질은 세 위격의 사귐의 역사를 통해서 비로소 이루어진다거나 혹은 내재적 삼위일체는 신의 주권이 실현될 종말에 이르러서야 비로소 경륜적 삼위일체의 결과로 형성된다는 등의 해석들이 바로 그와 같은 오해의 대표적인 사례이다.[12] 판넨베르크는 이러한 견해야말로 자신이 적극적으로

---

11 이처럼 성부, 성자, 성령의 경륜적 행위들 속에서 신의 본질상의 통일성이 무엇인지를 드러내는 삼위일체론을 가리켜 판넨베르크는 "구체적인 유일신론"(konkreter Monotheismus)이라고 부른다(I 363).

12 이와 유사한 종류의 해석으로는 김영한,『바르트에서 몰트만까지』(서울: 대한기독교서회, 2003), 442. "그리하여 판넨베르크는 경륜적 삼위일체만을 말하고… 본질적 삼위일체는 역사의 과정에 의존한다고 말한다."; 김영선,『예수와 삼위일체 하나님. 판넨베르크의

거부하는 것임을 명시적으로 밝히고 있다: "삼위일체 신은 역사의 결과로서 역사의 종말론적 완성 가운데에서야 비로소 자신의 현실성(Wirklichkeit)을 획득하게 되리라는 생각은 거부된다." 이처럼 명백한 언급에도 불구하고 판넨베르크에게 신의 내재적 삼위일체와 그의 본질은 종말에 이르러서야 비로소 완성된다는 오해를 종종 접하게 되는데,[13] 이는 종말에 이르러 완성될 역사의 전체 과정이 신의 자기 '계시'라는 사실을 간과하기 때문에 비롯되는 것으로 보인다. 역사의 종말은 아들이 최종적으로 아버지에게 복종하는 행위를 통해 아버지의 왕권과 삼위일체 신의 본질의 내적 통일성을 최종적으로 '드러내는' 자리이지 비로소 실현시키는 자리가 아니다. "종말론적 완성은" 예수의 선포와 기독교 신앙 가운데에서 신앙되어지던 이 "삼위일체 신이 영원 전부터 영원까지 참 신이라는

기독론과 삼위일체의 관계성』(서울: 기독교문서선교회, 1996), 270. "하나님의 존재와 신성은 미래의 종말(Eschaton)에 있기 때문에… 하나님은 아직 존재하지 않는다."; 박만,『현대 삼위일체론 연구』(서울: 대한기독교서회, 2003), 66f. "그의 신적 통치가 온전히 이루어질 때 그 온전한 신성을 회복하는 이로서의 하나님은 세계 역사와 그 사건들의 영향을 받으며 또 그것들에 의해 결정되는 존재이다. … 내재적 삼위일체는 삼위 하나님이 온 세계에서 그의 완전한 주권 회복과 그로 인한 완전한 신성 회복을 이룬 상태를 뜻하며…"
13 위의 각주 12에 명기된 연구자들 외에 J. A. M. Camino, K. Vechtel, M. Schulz 등도 이와 유사하게 해석하고 있다. 특히 카미노는 판넨베르크에게 있어서 예수에게서 나타나는 신의 자기 계시는 자기 포기, 즉 "신 안의 영원한 케노시스"를 내포하고 있다고 말한다. 이는 사실상 판넨베르크를 몰트만 식으로 해석하는 것에 지나지 않는데, 이에 대해서는 J. A. M. Camino, "Wechselseitige Selbstunterscheidung? Zur Trinitätslehre Wolfhart Pannenbergs," H. L. Ollig/O. J. Wirtz ed., *Reflektierter Glaube* (Egelsbach/Frankfurt/München: Hänsel-Hohenhausen, 1999), 131-149; 147; Klaus Vechtel, *Trinität und Zukunft. Zum Verhältnis von Philosophie und Trinitätstheologie im Denken Wolfhart Pannenbergs* (Frankfurt a.M.: Knecht, 2001), 195, 215; Michael Schulz, *Sein und Trinität* (St. Ottilien: EOS Verlag, 1997), 473f. 반면 이런 종류의 해석에 대한 판넨베르크 자신의 반박에 대해서는 cf. W. Pannenberg, "Geschichtliche Offenbarung Gottes und ewige Trinität," *Kerygma und Dogma* 49 (2003): 232-246; 242ff.

사실이 확증되는 자리"이고 "계시"(offenbar) 되는 곳이다(I 359). 역사의
종말에 일어날 신의 자기 계시는 '이미' 예수의 삶과 부활 가운데 선취되
어 있으며, 그것이 철저히 신의 '계시'로서 이해되어지는 한 삼위일체
신의 경륜적 사역은 이 신의 영원한 내적 본질과 그의 내재적 삼위일체의
통일성을 따라 진행된다: 성자와 성령의 활동 가운데 "아버지의 왕권은
이미 현재적인 실재를 가진다"(I 353). 창조에서부터 종말에 이르는 전체
역사는 이러한 삼위들 간의 내재적 관계가 피조물과의 관계 가운데에서
드러나는 '반복'에 불과하다.[14] 판넨베르크에게 있어서 신은 결코 역사
과정의 산물이 아니라 철저히 전체 과정의 주인으로 이해되고 있다.

삼위일체 신의 단일한 본질은 결코 그의 경륜적 활동을 통해서야
비로소 실현되는 것이 아니라는 것은 조직신학 I권의 제6장 '신의 본질과
그의 속성들의 통일성'에서 더욱 분명하게 드러난다. 여기에서 판넨베르

---

14 판넨베르크는 바르트와는 달리 경륜적 삼위일체는 내재적 삼위일체에 '상응'(Entspre-
chung)한다는 사실을 직접적으로 주제화하지는 않는다. 그럼에도 불구하고 그 역시도
삼위일체의 경륜적 활동은 그 내재적 관계를 '따라서', 이에 '상응'하는 방식으로 진행하는
것으로 이해하고 있음은 분명하다: "신은 그의 영원 속에서 모든 시간에 대하여 동시적이
고, 자기의 창조세계에 대한 자신의 주권을 계시하려는 그의 행위의 목표는 그의 영원한
본질 가운데 있는 어떤 결핍을 만족시키려는 데 있지 않다. 오히려 그 목적은 자기의 피조물
들을 성령을 통하여 아버지와 아들의 영원한 사귐 안으로 끌어들이기 위함이다. 그런
한에 있어서 신의 세계 행위는 세계와의 관계 가운데 일어나는 그의 영원한 신성의 반복이
다"(ST, I 422).; 링레벤은 신의 자기 계시로서의 예수에게서 나타나는 내재적 삼위일체와
경륜적 삼위일체의 '상응'에 대하여 간략히 정리해 주고 있다: Joachim Ringleben,
"Pannenbergs Systematische Theologie" (1998), 344. 판넨베르크는 후일 위격들 간의
자기 구분이라는 자신의 개념은 상응 개념보다 예수에게 나타나는 계시의 내용을 훨씬
더 구체적으로 진술한다고 밝히고 있다. Cf. W. Pannenberg, "Geschichtliche Offenbarung
Gottes und ewige Trinität" (2003), 242. 한편 바르트의 삼위일체 신론에 있어서 결정적인
역할을 하고 있는 '상응' 개념을 윙엘은 "신은 스스로 상응한다"(Gott entspricht sich)라는
개념으로 정리하고 있는데, 이에 대해서는 바르트 연구의 고전이라 할 만한 그의 저서
Eberhard Jüngel, Gottes Sein ist im Werden (Tübingen: J. C. B. Mohr, 1966), 36ff.

크는 요한복음의 진술에 따라 그가 영과 사랑으로 정의하는 신의 본질이 세 위격과 맺는 구체적인 관계를 기술하면서 이를 바탕으로 신의 내재적 삼위일체와 경륜적 삼위일체, 신과 세계와의 관계를 구체적으로 진술하고 있다.

판넨베르크에 의하면 성부, 성자, 성령이라는 세 위격은 "신의 구체적인 존재의 형태들"(I 388)이다. 이 세 위격은 앞서 진술한 것처럼 상호 의존적이면서도 각각의 고유한 활동을 지니는 "독립적인 행위의 중심들"(selbständige Aktzentren, I 347)이며, 그러한 한에서 이들은 '인격'이라 불리게 된다. 판넨베르크에 의하면 이들 세 인격은 하나의 영으로서의 신적 본질이 구체적으로 드러나는 형태들인데, 이를 보다 개념적으로 해명하기 위해 판넨베르크는 패러데이의 장 이론을 차용한다. 장 이론에 의하면 우주적인 힘의 장은 모든 물질과 질료적 사물에 독립해 있지만, 동시에 각각의 물체 안에서는 단일한 힘의 장이 구체적으로 현현하고 있다. 이와 마찬가지로 영으로서의 신성의 본질을 하나의 장과 같은 것으로 이해한다면, 삼위일체의 세 위격은 이 단일한 본질이 그 가운데 구체적으로 현현하는 자리로 이해될 수 있다는 것이다. 이때 삼위의 상호활동을 통해 드러나는 신의 본질은 다름 아닌 '사랑'이다. 각각의 고유한 행위의 중심으로서의 세 인격은 상호 간의 자기 구분과 상호의존의 활동을 통해 그들의 관계망 전체를 "자기가 아닌 타자를 존재하게 하는 사랑"(I 461)으로 구성한다. 아버지는 아들을, 아들은 아버지를 사랑하며, 성령은 아버지를 아들 안에서 또한 아들을 아버지 가운데에서 사랑한다. 이처럼 상호 간의 사랑 가운데 존재하는 세 위격이 '신의 구체적인 존재의 형태'라면, 이 세 위격은 다시금 신의 영원한 본질로서의 사랑이 구체화되는 형태라 할 수 있다. 삼위일체적 인격들의 사귐 가운데에서 "신은 영원히 스스로를 사랑하는 자"(I 460)이다. "신의 존재 혹은 본질은 사랑이다"(I 458). "사랑은 고유한 신적 본질로 사유되는 '영'이 내용적으로 구체화된 형태이다"(I 461).

이처럼 신의 단일한 본질을 영과 사랑으로, 내재적 삼위일체의 세 위격을 이 사랑의 구체화로 파악하는 판넨베르크의 사유는 이제 이어질 창조론을 위해서도 결정적인 의미를 지닌다. 영원한 사랑으로서의 신의 본질은 삼위일체의 내재적 사귐 가운데에서 이미 완성되어 있지만, 신은 바로 그 사랑으로 인해 자유로운 행위 가운데 세계를 창조함으로써 자기와는 구별되는 피조물들을 아버지와 아들의 내재적 사귐 안으로 참여토록 하기 때문이다. 바로 이것이 삼위일체 신의 자기 계시로서의 예수의 파송과 성육신 가운데 드러나는 신의 경륜적 행위의 목표이다. 성령 가운데 아들을 통해 중재되는 아버지의 왕권과 신적 본질은 피조물들을 "아버지와 아들의 영원한 관계에 참여토록 하는 데 있다"(I 421).

삼위일체론에 대한 판넨베르크의 기본적인 진술은 I권의 제6장과 더불어 마감된다: 이제 "삼위일체 신에 대한 교훈은 잠정적으로 종결된다." 하지만 이는 단지 '잠정적'일 뿐이다. 왜냐하면 조직신학 전체는 이러한 기독교의 신론, 정확히는 삼위일체 신론의 '체계적'인 진술 바로 그것이기 때문이다. 삼위일체론에서 다루어진 신의 본질과 이 신의 내적인 삼중적 관계, 내재적 삼위일체와 경륜적 삼위일체는 이제『조직신학』II권에서부터 이어지게 될 창조론과 인간론, 그리스도론 등 각각의 분야에서 보다 구체적으로 재진술되어야 한다. 삼위일체론은 "기독교 교의학의 전체 내용을 미리 파악하는 요약"이며, 이는 다시금 각 분과에서 "보다 명시적으로 해명되어야" 한다(I 363). 이렇게 삼위일체론은 체계적 신학으로서의 조직신학이라는 관점 아래에서 창조론과 연결된다. 이렇게 교의학의 모든 부분의 핵심을 이루면서 이를 바탕으로 여타 모든 주제에 대한 논의가 진행되도록 한다는 점에서 삼위일체론은 『조직신학』 "전체의 핵심 부분"15이자 "유기적 중심"(organizing centre)16이다. "기독교 교의학은 그 모든 부분에 있어서 신론"(I 482f.)이라면, 이제 『조직신학』 II권에서 이어서 다루어질 창조론(제7장)은 삼위일체 창조자와 피조물의 관계와 삼위일체 신의 창조 행위의 결과로서의 피조물의 근본 구조를 이러한 삼위일체 신론을 따라 재진술해야 할 과제를 이어받는다.

III. 신학적 창조론: 삼위일체 창조자의 행위에 대한 진술

신의 행위로서의 창조: 창조자의 자유와 사랑

창조론을 다루는 제7장 '세계의 창조'(II 15-201)에서 판넨베르크는 창조자로서의 신과 피조물로서의 세계 사이의 관계를 삼위일체 신학적으로 해명하고자 한다. 이는 특히 제7장의 "I. 신의 행위로서의 창조 (Schöpfung als Akt Gottes)" 중 "3. 창조 행위의 삼위일체적 기원"(II 34-50) 에서 집중적으로 다루어진다. 이를 기술하기 전에 먼저 아래에서는 우선 "I. 신의 행위로서의 창조" 중 처음 두 단락인 "1. 신의 바깥을 향한 행위"(II 15-23)와 "2. 창조 행위의 고유성"(II 23-34)의 중심 내용을 간단히 살펴보고자 한다. 이 부분은 창조자와 피조물 사이의 관계는 오직 신의

---

15 Gunther Wenz, *Wolfhart Pannenbergs Systematische Theologie* (2003), 78.

16 Christoph Schwöbel, "Rational theology in trinitarian perspective: Wolfhart Pannenberg's Systematic Theology," *Journal of Theological Studies* 47(1996): 498-527; 504.

외부를 향한 행위를 통해서만 이루어지는 것이라는 것임을 보이고, 이를 통해 신의 세계 창조 행위 속에 드러나는 신과 세계 사이의 관계의 기본적인 질(Qualität)을 미리 결정해 주는 기능을 하고 있다.

먼저 판넨베르크는 기독교 창조 신앙의 기본 내용이 지니고 있는 중심적 의미들을 그 개념상의 정의로부터 풀어낸다. 판넨베르크가 약술하는 기독교 창조 신앙의 핵심은 이것이다: "세계는 신의 활동의 산물이다"(II 15). 이 문장은 일견 터무니없이 단순해 보이지만 사실은 기독교 창조 신앙의 가장 근본적인 내용들을 그 안에 함축하고 있다. 이는 첫째, 신의 피조물로서의 세계는 결코 신의 신성에 속하는 것이 아니고 다만 신의 자유로운 행위의 산물이라는 것과 둘째, 신의 자유로운 창조 행위의 산물인 세계는 신의 사랑에 의해 창조자로부터 구별되며 자립적인 존재로 있게 되었다는 것을 의미한다. 유대-기독교의 창조 신앙은 신의 "창조 행위의 무한정한 자유"(II 31) 가운데에서만 피조물의 존재의 근거를 찾으며[17], 이는 피조물은 신의 창조하는 행위에 전적으로 의존해 있는 존재라는 것을 그 내용으로 한다. 동시에 피조물이 전적으로 창조자에게 의존한다는 것은, 피조물은 신의 사랑이 없이는 도무지 존재할 수 없다는 세계에 대한 특수한 이해를 내포하고 있다. 특히 신의 구속사

---

17 판넨베르크는 구약성서의 창조 기사와 초기 기독교의 무로부터의 창조 개념을 분석함으로써 유대-기독교의 창조 신앙은 '이원론적 우주기원론'과 '신의 내적 필연성으로부터의 창조' 사상을 철저히 거부한다고 밝힌다. 세계는 결코 신과 그에 대하여 서 있는 또 다른 원리와의 공동작용을 통해 형성된 것도 아니고, 신의 본질상의 필연성으로부터 신의 자기실현을 위한 과정의 한 계기로서 생성되어야만 했던 것도 아니다. 질료와 형상의 결합을 통해 세계의 기원을 설명하는 플라톤의 티마이오스가 전자의 고전적 형태라면, 신은 세계의 창조성에 단지 이상적 목표를 제공해 줄 뿐이라고 보는 화이트헤드의 철학은 그 현대적 변형이다(cf. ST, II 29f.). 한편 후자로는 절대자의 존재로부터 유한자의 생성의 논리적 필연성을 도출하고, 이 유한자를 절대정신의 자기실현의 필연적 계기로 간주하는 헤겔이 그 대표적인 예이다(cf. ST, II 32f.)

는 세계가 단지 사라져 버릴 허무한 존재가 아니라 신이 굳게 부여잡고 있는 신의 사랑의 대상이라는 것을 보여준다.

그 전체에 있어서 그리고 그 개별 사건들과 사물, 존재들에 있어서 세계의 우발성은 신의 창조하는 행위의 전능한 자유 속에 근거 지워져 있다. 무언가가 존재하며 무가 아니라는 사실은 바로 이와 같은 그 기원상의 자유로 인하여 신의 사랑의 표현이라는 질(Qualität)을 얻게 된다(II 34).

피조물로서의 세계가 신의 자유와 사랑의 산물이라는 것은 창조 신앙을 삼위일체 신학적으로 분석할 때 더욱 분명히 드러난다. 세계를 창조하는 신의 행위는 결코 그의 내적 필요 때문이 아니다. 왜냐하면 성부, 성자, 성령의 영원한 내적 사귐의 관계 가운데 있는 신은 이로 인해 이미 "자기 자신 안에서 활동적"이기 때문이다: "아버지, 아들, 영의 상호관계 가운데에서 신은 자기 자신 안에서 생동적이다." 따라서 이미 자신의 내적 관계 가운데 충족적인 삼위일체 신이 자기와는 다른 무언가를 창조하는 행위는 삼위일체 신의 내적 통일성을 구성하는 위격들 간의 활동과는 분명히 '구분'되어야 할 다른 종류의 행위, 즉 "그 자신의 자유의 행위"이다.[18] 하지만 역으로 삼위일체 신은 자기 자신

---

18 피조물이 존재하지 않더라도 신은 이미 삼위일체의 내재적 사귐 가운데에서 자기 충족적이다. 이와 같은 판넨베르크의 명시적인 진술은, 그에게 있어 신의 신성이나 본질 혹은 내재적 삼위일체는 신과 세계 사이의 관계의 산물이라는 해석이 잘못된 것임을 다시금 보여준다. "창조로서의 세계가 신의 자유로운 행위로부터 기원한다는 것은, 설령 세계가 존재하지 않았다고 할지라도 신의 신성에 있어서는 아무것도 결핍되지 않았으리라는 것을 의미한다"(ST, II 23).

안에서 '이미 활동적'이기 때문에 외부를 향한 신의—구원과 종말에서의 완성을 포괄하는— 창조 활동은 삼위일체 신의 내적 활동과는 질적으로 다르다 하더라도 그와 전적으로 다른 종류의 활동이라고 할 수는 없다. 오히려 신의 창조 행위는 그 삼위일체적 사귐의 행위 가운데 '근거 지워져' 있고, 따라서 신과 세계, 창조자와 피조물 사이의 관계의 근저에는 이 삼위일체 신의 내적 삶에 상응하는 삼위일체 창조자의 행위가 놓여 있다:

> 세계와의 관계 가운데 있는 신의 행위는 자기의 삼위일체적 삶 가운데 있는 행위와 완전히 다른 것은 아니다. 오히려 신과 세계의 관계 속에는 저 삼위일체적 삶 자체가 외부를 향하고 있고, 이 삼위일체적 삶은 신이 자기 자신으로부터 나와서 창조자와 피조물 사이의 관계를 규정하는 근거가 된다(II 18f.).

이미 삼위일체론에 관한 부분에서 살펴보았듯이 삼위일체 신의 세 위격은 상호 간의 행위를 통해 자기 자신이 아닌 타자로서의 다른 위격들을 존재하게 하며, 이를 통해 상호 간의 사랑의 관계를 구성하고 있다. 이와 같이 사랑의 관계 가운데 있는 삼위일체 신의 내적 활동이 그의 외부를 향한 활동을 규정하고 있다면, 이 삼위일체 창조자의 자유로운 창조 행위는 또한 그의 사랑을 그 내용으로 하고 있음은 자명한 일이다. 신이 피조세계와의 관계 속에서 수행하는 모든 외부를 향한 행위는 "피조물로 하여금 그 창조자와의 사귐에로, 즉 아버지와 가지는 아들의 사귐 가운데 성령을 통하여 참여토록"(II 21) 하려는 사랑에 기인한다. 이처럼 창조자와 피조물의 관계가 오직 창조자의 자유와 사랑에 비롯한 것으로 그리고 이 양자의 관계를 구성하는 신의 창조 행위가 삼위일체 신의 활동으로 이해된다면, 이제는 이 창조 행위 가운데에 놓여 있는 삼위일체 신의 행위를 드러내는 것이 창조론의 과제가 된다. 다른 말로 표현하자면 신의 창조 활동은 삼위일체적으로 구조화되어 있으며, 이를 예수 그리스도에게서 계시된 삼위일체 신의 모델을 따라 재구성하는 것이 아래에서 다루어질 『조직신학』 II권의 "3. 창조 행위의 삼위일체적 기원"의 내용이다.

삼위일체 신의 창조 행위의 이중 구조

신의 창조 행위를 삼위일체 신학적으로 분석하기 위해 판넨베르크는 신의 자기 계시로서의 예수에게서 나타나는 자기 구분에 다시금 집중한다. 스스로를 신으로서의 아버지로부터 철저히 구분하는 인간 예수의 자기 구분은 아버지-아들의 내재적 관계 가운데에서 이루어지는 영원한 아들의 아버지로부터의 자기 구분을 인식하게 하는 "인식의 근거"(Erkenntnisgrund)이다. 반면 바로 이 영원한 아들의 자기 구분의 행위가 스스로를 신으로부터 철저히 구별하는 인간 예수의 근원인 것과 마찬가지로 아버지에 대한 아들의 자기 구분은 인간 예수만이 아니라 창조자와의 차이 가운데 존재하는 모든 피조물을 위한 "존재의 근거"(Seinsgrund)이다(II 36f.). 신으로부터 구별되는 유한한 피조물은 스스로를 성부로부터 구별하는 성자의 자기 구분의 활동을 통해 생성된다. 판넨베르크는 헤겔을 따라―물론 그와는 구별되는 방식으로― '창조의 중보자'로서의 아들을 "다름의 원리"(das Prinzip der Andersheit)로 간주한다. '다름' 혹은 '차이'는 필연적으로 서로 상이한 것들 간의 다름이라는 의미에서 '복수성' 혹은 '다양성'의 개념을 포괄한다. 따라서 성자는 "피조세계의 다양성을 산출해 내는 원리"(das generative Prinzip der Mannigfaltigkeit der geschöpflichen Welt)이다(II 42). 성자는 자신을 아버지로부터 구분함으로써 오직 성부만을 유일한 신으로 존재하도록 하는데, 이렇게 스스로를 신성으로부터 분리시킴으로써 성자는 피조세계가 존재하도록 한다. 이러한 성자의 자유로운 자기 구분의 행위는 동시에 성자를 피조세계 가운데로 보냄으로써 피조물들을 아버지와 아들의 사귐의 관계 안으로 참여케 하려는 성부의 파송에 '상응'하는 행위이다. 그렇기 때문에 아들은 스스로를 세계의 창조자로 주장하지 않고 오직 성부만을 창조자로 영화롭게 하며, 그의 나라와 통치가 피조세계 가운데 이루어지도록 활동한다(II 44f.). 따라서 성자가 피조물의 존재의 근거라 할지라도 성자는 창조자가 아니고 오직 창조의 중보자이다. 또한 창조자로서의 아버지는 자신의 아들에 대한 영원한 사랑 속에서 그 사랑의 대상인 아들이 나타나는 피조세계를 사랑한다.

성자는 '다름의 원리'일 뿐만 아니라 신적 로고스로서 피조세계의 다양한 존재가 그 창조 질서 가운데 함께 존재하도록 하는 "공존의 원리"(Prinzip der Zusammengehörigkeit)이기도 하다. 따라서 성자는 피조물들이 그 차이와 다양성을 통해 아버지와의 사귐이라는 통일적 질서 안으로 들어가도록 행위하는데, 이러한 성자의 사역은 성령의 사역과 긴밀히 결합되어 있다. 성서의 전승에 의하면 성령은 모든 피조물 가운데 있는 "생명의 근원"으로서 "초월적 신의 창조적인 현존의 원리"이다. 따라서 성령은 모든 피조물이 그 차이와 한계에도 불구하고 다른 피조물과의 관계 가운데 살아 있도록 그리고 궁극적으로 자기의 유한성을 초월하여 창조자에게 참여토록 한다. 성령은 이렇게 피조물들 가운데 내재하면서 피조물들을 신과의 일치에로 이끄는 원리인 것이다. 이러한 원리로서의 성령은 "창조의 역동성"을 담당하면서 "피조물들의 자기 초월이 점증적으로 내면화하는 과정"으로서의 생명의 진화 과정을 이루어간다(II 48). 그것이 성부, 성자와 구별되는 또 다른 행위 중심으로서의 성령의 사역인 것이다.

지금까지 이번 절에서 살펴본 것처럼 판넨베르크는 창조자와 피조물의 관계를 철저히 삼위일체론을 바탕으로 진술하고자 한다. 피조물은 삼위일체 신의 창조 행위에 그 존재와 과정을 전적으로 의존하고 있으며, 창조자로서의 성부의 행위는 성자와 성령을 통해 중재된다. 따라서 이러한 다름과 사귐, 질서와 역동성의 원리로서의 성자와 성령의 창조적 활동은 피조물의 존재와 과정의 근본 구조를 형성하고 있다는 것이 판넨베르크 창조론의 기본 골격을 이루고 있는 것이다.

IV. 피조물인 세계의 현실과 창조 신앙의 진리

신학과 자연과학 간의 대화는 『조직신학』 제7장의 "I. 피조물의 세계"(II 77-161)에서 집중적으로 다루어지는데, 아래에서는 이 중 특히 '우발성과 자연법칙의 관계' 및 '장 이론의 신학적 사용'에 특히 주목하고자 한다. 물론 이 외에도 판넨베르크가 여러 자연과학적 주제들을 다루고 있긴 하지만, 이 모두를 거론할 수는 없으므로 본고에서는 일단 이 주제들에 집중하고자 한다. 이는 판넨베르크가 시도하는 신학과 자연과학의 대화의 중심 내용이라는 사실로 인해 정당화될 수 있을 것이다.[19] 아래에서는 이와 관련한 판넨베르크의 진술 자체를 상세히 소개하기보다는

『조직신학』에서 그가 이러한 대화의 주제와 방법들을 자신의 창조론 안에서 신학적으로 근거 지우는 방식에 더 집중하고자 한다.

세계의 우발성과 법칙성

우선 판넨베르크는 신의 피조물로서의 세계는 그 전체에 있어서 또한 그 가운데 일어나는 모든 사건에 있어서 '우발적'(kontingent)이라고 확신한다. 우발성은 "모든 사건의 근본 성질"(II 88)이다. 우발성 개념은 종종 판넨베르크가 출애굽이나 부활 같은 신의 역사적 행위로부터 도출하여 자연에 적용하는 개념으로, 자연과학에서 논의되는 자연의 법칙성 혹은 필연성에 반대되는 개념으로 간주되곤 한다.[20] 하지만 우발성의 개념이 그 자체로 법칙성에 반대되는 것은 아니다. 판넨베르크의 정의에 의하면 우발성 혹은 '우발적인 것'이란 "필연적으로 존재하지 않는 것은 아닌 실제로 존재하는 것"(dasjenige faktisch Existierende, was nicht notwendig nicht ist)을 의미한다.[21] 즉, "그것이 존재하지 않을 수도

---

19 각주 5에 언급한 신재식, 이정배, 장회익 등의 논문들과 이들이 대체로 그 입장을 공유하고 있는 필립 헤프너 역시 이 주제들을 중심으로 판넨베르크의 자연과학과의 대화를 정리하고 있다: Philip Hefner, "The role of science in Pannenberg's theological thinking," *Zygon* 24(1989): 135-151.

20 이와 관련하여 장회익, "판넨베르크의 과학사상. 우발성과 마당 개념을 중심으로" (2001), 113. "판넨베르크는 우발성 개념을 때로는 합법칙성lawfulness과 대비시키고 때로는 결정론적 질서deterministic order와 대비시키는 듯 하다."; 이정배 역시 판넨베르크는 "창조에 있어서 규칙성보다는 우발성에 인식론적 우위를 부여"하였는데, 이는 "하느님의 미래적 활동의 빛에서 비롯된 신학적 명제"라고 평가하고 있다: 이정배, "보편사 신학의 얼개에서 본 판넨베르크의 자연신학 연구" (2005), 90.

21 여기에서 이루어지는 우발성 개념에 대한 설명은 1994년에 쓰여지고, 2000년에 출판된 논문에 주로 의존하고 있다: Wolfhart Pannenberg, "Die Kontingenz der geschöpflichen Wirklichkeit," W. Pannenberg, *Beiträge zur Systematischen Theologie* (Göttingen:

있었지만 실제로는 존재함"이라는 의미에서 판넨베르크는 우발성 개념을 사용하고 있다. 이와 같이 구체적인 의미에서 이해한다면, 우발성 개념은 자연의 법칙적 운행을 부인하는 것도, 자연법칙적 필연성을 반드시 배제하는 것도 아니다. 우발성은 다만 "절대적으로 필연적인"(absolut notwendig) 것에 대한 반대 개념으로 이해되어야 하며, 이와 같은 절대적 필연성은 "자기 스스로부터 자기 자신을 통하여 존재하기 때문에 그 비존재가 사유될 수 없는 것"에게만 부과되는 종류의 것이다.

비록 판넨베르크가 우발성과 자연의 법칙적 운행이 서로 대립하는 것이 아니라고 밝히고 있지만, 이에 대한 그의 진술은 혼동을 야기시키는 것이 사실이다. 그 이유는 다음과 같다: 한편으로 판넨베르크는 우발성은 자연의 합법칙적 운행을 결코 배제하지 않으며, 자연과학에서 이루어지는 자연에 대한 법칙적 기술 역시 이미 세계 현상의 우발성을 전제한다고 본다(cf. II 81). 반면 이와는 정반대로 판넨베르크는 자연의 법칙적 운행을 부인하는 것처럼 보이기도 한다. 예를 들어 그는 자연현상에 대한 자연과학의 법칙 가설을 날카롭게 비판하고 있는데, 자연의 법칙성에 대한 자연과학적 기술의 단순화된 형식은 다음과 같다: "A 다음에는 B"(wenn A, dann B). 이 형식은 A라는 초기 조건과 부대 조건들이 주어졌을 때에는 반드시 B라는 사태가 출현할 수밖에 없다는 자연과학적 법칙 가설을 단순화한 것이다. 이와 관련하여 판넨베르크는 자연과학은 이와 같은 법칙에 따라 세계를 인식함에 있어서 이를 가능케 하는 조건들과 구체적 사건들의 우발성을 단지 '전제'하기만 할 뿐, 실제로는 이로부터 '추상'해 버린다는 사실을 특히 중점적으로 비판한다. 즉, B라는 사태는

Vandenhoeck & Ruprecht, 2000), 69-81; 80; 이와 유사한 설명은 ST II 84f.에서도 나타난다.

A라는 조건이 먼저 이미 주어져 있을 때에라야 'A 다음에는 B'라는 법칙성을 따라 출현할 수 있다. 하지만 이 A라는 조건은 단지 우발적으로 주어져 있는 것이지 필연적으로 존재해야만 하는 것이 아니다. 한편 이 법칙을 따라 A 이후 B라는 사태가 발생한다고 하더라도 이 결과로서의 B는 언제나 동일한 B가 아니라, 이 법칙을 따라 이미 발생했던 다른 사건들과는 다른 무엇인가에 대하여 일어나는 것이다. 즉, 자연과학은 자연의 법칙성이라는 추상적이고도 형식적인 이념으로 인해 개별 자연현상들이 지니는 특이성(Besonderheit)과 개별성(Partikularität)을 구체적으로 다루지 않는다는 것이 자연과학의 법칙 가설에 대한 비판의 내용이다. 하지만 이는 여전히 우발성과 법칙성이 대립적으로 이해되고 있음을 보여주는 것이 아닌가? 이에 대하여 판넨베르크는 아래와 같이 대답한다: 자연에 대한 자연과학의 법칙적 기술은 질서 잡힌 방식으로 일어나는 "유사한 형식상의 운행"(gleichförmige Abläufe)에 대한 진술이다. 판넨베르크는 자연의 운행 자체가 질서 잡힌 "유사한 형식들"(Gleich-förmigkeiten)을 따라 이루어진다는 것을 결코 부인하지 않는다. 다만 자연과학에 대한 그의 비판적인 논지의 핵심은 자연현상의 유사한 형식과 우발성, 보편성과 개별성 어느 하나를 사상하지 않고 동시에 사유해야 한다는 것이다. 자연 안의 질서 잡힌 구조는 근본적으로 우발적이며, 우발적인 사건들은 오직 질서 잡힌 형식들 속에서만 나타날 수 있기 때문이다: "모든 사건은 사건의 우발성이라는 의미에서 우발적인 것으로 생각될 수 있다. 이는 이것이 법칙을 통해 조정되어 나타나는 것처럼 보이는 곳에서도 그러하다"(II 85).

판넨베르크는 우발성과 법칙성을 결코 대립적으로 이해하지 않으며, 그 반대로 자연과학과의 대화에 관한 첫 번째 단편(Kontingenz und

Naturgesetz)[22]을 발표할 때부터 이미 이 둘을 동시에 근거 지울 수 있는 '신학적' 방식을 찾는 데 집중해 왔다. 이때 주목해야 할 것은 초기의 판넨베르크는 이 우발성과 법칙성을—비록 우발성이 더 강조되고 있긴 하지만— '창조 신앙 자체로부터 근거 지우고자' 시도하고 있다는 사실이다: 자연 안의 "우발적인 조건들과 사건들은… 신의 창조하는 행위의 표현"으로 이해되어야 한다. 우발성이라는 개념은 사실 "신학적으로는 신의 창조하는 행위를 가리키는 것들에 대한 철학적 표현"(II 88)에 지나지 않는다. 앞에서 살펴본 바와 같이 피조물로서의 세계는 신의 신성의 일부도 아니고, 신의 본질의 내적 필연성 때문에 존재하는 것도 아니며, 오직 신의 자유로운 창조 행위의 산물로서만 존재한다. 그것은 '반드시 존재해야만 하는 것은 아니지만 실제로는 존재하는' 것이며, 따라서 피조물로서의 세계는 우발성을 그 기본 조건으로 지닐 수밖에 없다.

자연의 법칙성 역시도 마찬가지로 창조 신앙을 따라 근거 지워지는 세계의 기본 조건으로 간주된다. 창조 신앙은 "우발적인 것만이 성서의 신과 연관되어 있고, 사건의 법칙적 운행은 그렇지 않다는 식으로 이해되어서는 안 된다." 자연에 대한 법칙적 기술은 자연 안에 내재해 있는 질서에 대한 서술이고, 이러한 자연 질서는 신의 "창조적인 사랑의 특성"이 나타나는 것으로 이해되어야 한다. 우발적인 사건들은—그것이 철저히 우발적이기만 하다면— 아무런 지속성을 가질 수가 없다. 반면 이러한 우발적인 사건들이 그 근원적 우발성에도 불구하고 "사건들의 관계들의 반복"을 통해 형성되는 지속성과 질서를 가지게 되는 것은 창조자로서의

---

22 Wolfhart Pannenberg, "Kontingenz und Naturgesetz," A. M. K. Müller/W. Pannenberg, eds., *Erwägungen zu einer Theologie der Natur* (Gütersloh: Gütersloher Verlagshaus: 1970), 34-80.

신의 사랑 때문이라는 것이 초기 판넨베르크의 입장이다. 세계의 우발성과 법칙성은 신학과 자연과학 각각에게 따로 분리되어 귀속되는 것이 아니라, 세계를 신의 창조로 이해하는 창조 신앙 그 자체 안에 근거 지워져 있는 신학적 개념들인 것이다: "창조적인 것의 개념으로부터 우발성과 법칙성의 결합이 나타난다."[23]

판넨베르크는 자연과학과의 대화를 시작하던 초창기부터 이미 자연의 우발성과 법칙성을 모두 창조 신앙 그 자체로부터 끌어내고자 했는데, 이러한 시도는 『조직신학』에 이르러서도 그대로 이어진다. 세계의 우발성은 세계가 신의 자유로운 창조 행위에 의해 존재하게 되었다는 것으로부터 자연스럽게 도출된다: "그 전체와 모든 개별적인 사건, 사물들과 존재들 안에 놓여 있는 세계의 우발성은 신의 창조 행위의 전능한 자유 속에 근거 지워져 있다"(II 34). 하지만 초기와는 달리 『조직신학』에 이르러서 판넨베르크는 신의 창조 행위를 삼위일체 신학적으로, 특히 철저히 성자를 통해 중재되는 것으로 묘사하는데, 이와 같은 변화는 자연의 법칙성을 근거 지우는 방식에서도 특징적인 변화를 초래한다. 판넨베르크에 의하면 "자연법칙적 질서"란 "시간의 과정 가운데에서 사건들이 발생하게 되는 규칙들의 총괄 개념"으로서 "세계의 통일적인 질서"를 드러내고자 하는 것이다. 즉, 자연법칙이란 본래 사물들과 사건들의 다양성과 이것들의 통일적 연관성을 제시하고자 하는 것인데, 이러한 세계의 다양성과 통일적 질서는 다름 아닌 피조물로서의 세계 가운데 내재하는 성자의 활동의 결과라고 판넨베르크는 말한다. 로고스로서의 성자는 신과는 다른 존재를 산출하는 "다름의 생산적 원리"로서 "그

---

23 *Ibid.*, 58.

특수성 가운데 존재하는 모든 개별적 피조물의 근원이자 피조물들 간의 관계의 질서의 원리"이다(II 80). 이렇게 "아버지로부터의 아들의 자기 구분으로부터 그리고 그의 생산적 활동으로부터 피조된 현상들의 구체적인 존재와 질서를 근거 지우는 것"(II 88), 그것이 오늘날 (창조)신학의 과제라고 판넨베르크는 이해하고 있는 것이다.

판넨베르크가 세계 현상들의 다양성과 통일적 질서의 근원을 창조의 중보자이자 로고스로서의 성자에게서 발견한다고 하더라도 이것이 곧 그가 로고스의 역할을 자연법칙의 역할과 동일시한다는 것을 의미하는 것은 아니다. 오히려 이와 같은 세계에 대한 신학적 진술은 세계에 대한 자연법칙적 기술보다 훨씬 구체적이며, 따라서 보다 사태에 적합한 이해라 할 수 있다. 그 이유는 전술한 대로 자연법칙은 구체적인 사건들로부터 추상해 버림으로써 사건들의 우발성과 그 개별적 고유성을 그 안에 반영하지 못하는 반면 로고스는 "세계의 추상적인 질서가 아니라 구체적인 질서"이기 때문이다. 로고스가 구체적인 질서라는 사실은 로고스는 개별 존재들의 특수성을 제거하는 것이 아니라, 오히려 그것이 작용하면 할수록 피조물들의 개별성(Individualität)을 고양시키는 방향으로 활동하며, 이러한 개별성과의 가장 긴밀한 결합 가운데에서만 피조물의 보편적 원리로서의 로고스는 가장 명시적으로 드러난다는 것을 의미한다. 즉, 로고스의 작용은 자연법칙처럼 일반성(Allgemeinheit)과 추상성(Abstraktheit)에 매몰되어 버리는 것이 아니라, 일반성과 특수성(Besonderheit)이 가장 긴밀하게 통일되는 방식으로 이루어진다. 이것이 드러나는 자리가 바로 신적 로고스의 성육신으로서의 예수이다. 피조세계의 존재의 근원인 로고스는 보편적인 방식으로 피조물 가운데에서 작용하지만, 그는 인간 예수라는 특수한 존재 가운데에서 가장 완전한 의미에서 활동한다. 아버지로부터 자신을 구별함으로써 피조물을 존재하게 하는 아들은 스스로를 철저히 아버지로부터 구별하는 예수 가운데에서만 명시적으로 드러나는 것이다.

판넨베르크는 성자의 창조의 중보자로서의 활동으로부터 피조물의 우발적인 존재와 그 통일적인 질서를 도출해 낸다. 성부로부터 자신을 구분하는 성자의 자기 구분의 행위에 상응하여 일어나는 성자의 창조적 활동은 "피조물들을 아버지에 대한 아들의 삼위일체적 사귐에 참여토록" 하는 것을 목표로 한다. 삼위일체 하나님의 내적 사귐에 자발적으로 참여하기 위해서는 피조물은 지속성을 지녀야만 하며, 이 지속성은 "자연법칙에 의해 조율되는 사건들의 유사한 형식성"이 없이는, 즉 "사건들의 규칙성"이 없이는 발생할 수 없다. 지속성을 지니지 못하는 존재들은 단지 곧 사라져 버릴 허무한 것들에 지나지 않기 때문이다. 따라서 자연 사건들의 유사한 형식성으로서의 자연법칙은 —초기의 입장에서 그랬듯— "창조자이자 보존자로서의 신의 활동의 신실함"의 표현으로 간주되는 것을 넘어서 이제는—성자가 성부에 대해 그러한 것처럼— 신에 대해 자기 스스로를 자발적으로 구분해 내는 존재를 생성해 냄으로써 피조물을 창조자의 삼위일체적 사귐에 참여토록 하려는 창조의 목적을 위해 필수적인 요소로 이해된다.

> 모든 생성과 소멸이 자연법칙의 유효함을 통해 중재되는 것은… 피조물들이 신에 대해 창조자로부터 구별되는 피조물이라는 표상 가운데 내포되어있는 저 지속성을 획득하기 위한 조건이다. 오직 이러한 전제 아래에서만 피조물은 신에 대하여 자발적으로 행위할 수 있다. 그것은 피조물이 아버지에 대한 아들의 관계 안으로 포섭되고 이로써 신과의 사귐에

도달할 수 있기 위한 조건이다(II 91f.).

판넨베르크에게 있어서 자연의 법칙적인 운행은 창조 신앙과 대립되는 것이 결코 아니다. 오히려 자연의 규칙성과 통일적 질서는 우주적 질서의 원리로서의 성자의 행위의 결과이며, 이러한 규칙적 사건들을 통해 피조물로서의 세계는 아버지와 아들의 사귐이라는 큰 목표를 향해 보다 고양되어 갈 수 있게 되는 것이다.

성령의 작용과 힘의 장

전술한 우발성과 자연법칙 사이의 관계에 대한 판넨베르크의 이해는 『조직신학』 II권에 포함되어 있는 제7장의 "II. 피조물의 세계" 중 "1. 창조의 다양성과 통일성"(II 77-96)에 주로 나타난다. 여기에서 판넨베르크가 주로 피조물 가운데에서의 성자의 작용에 주목한다면, 이제 이어지는 "2. 신의 영과 자연 사건의 역동성"(II 96-138)에서는 성자의 작용으로부터 결코 분리될 수 없지만, 그럼에도 그것과는 명백히 구분되는 피조세계 가운데에서의 성령의 독특한 행위를 해명하는 데 집중한다.

성령은 성자와는 달리 창조자와 피조물 그리고 피조물 상호 간의 차이를 지양하여 창조자와 피조물, 서로 구분되는 피조물들이 상호관계 가운데 존재하게 할 뿐만 아니라, 궁극적으로는 피조물들이 아버지와 아들의 사귐의 관계에 참여하도록 이끈다. 이렇게 세계에 내재하면서 작용하는 성령을 가리켜 판넨베르크는 "우주적 역동성의 원리"(cf. II 78)라고 칭한다. 왜냐하면 다름의 생산적 원리인 성자의 작용으로 말미암아 신에 대하여 그리고 서로에 대하여 자립적으로 존재하게 된 피조물들은 이를 다시 결합시키는 성령의 작용을 통해서 서로 간에 긍정적인 관계를 형성하게 될 뿐만 아니라, 그 차이와 다름을 넘어서 신의 삼위일체적 사귐에 참여하게 되기까지 운동(Bewegung)하는 역동성을 지니게 되기 때문이다. "피조된 존재들의 자립성과 더불어 생성된 분리를 극복하는 것", 그것이 성자와는 구별되는 "성령이라는 인격의 특수성"에 귀속되는 성령의 창조적이면서도 역동적인 작용이다(II 104).

피조세계 가운데에서 작용하는 성령의 행위를 판넨베르크는 특히 패러데이의 장 개념과 연결시키는데, 이는 판넨베르크의 창조론의 가장 특징적인 내용 가운데 하나인 동시에 가장 논쟁적인 부분이기도 하다. 패러데이의 장 이론에 따르면 물질과 물체들은 우주적인 힘의 장이 구체적으로 드러나는 형태이다. 힘은 근대의 기계론적 우주론에서 전제하던 것처럼 질량을 지닌 물체에게 귀속되는 것이 아니라, 오히려 그것들에 선행하여 독립적인 장으로 존재하는 실재이며, 이 힘의 장들은 하나의 단일한 장에게로 수렴된다. 판넨베르크는 이러한 패러데이의 장 개념은 사물의 운동을 가능케 하는 힘의 근원을 오직 물질에게만 귀속시킴으로써 비물질적인 영인 신이 어떻게 물질세계에 대해 작용하는지에 대한 신학적 설명을 근본적으로 불가능하게 만들어 버리는 근대 우주론의 문제를 해소시켜주는 장점을 지닌 것으로 평가한다. 이는 특히 장 개념의 철학적 기원을 스토아 철학의 신적 영(Pneuma) 개념에 기원한 것으로 밝히고 있는 막스 얌머의 기원사적 해석을 통해 더욱 강화된다. 얌머에 의하면, 스토아 철학에서 신적 영은 가장 미세한 질료(Stoff)로서 우주 안의 모든 사물 가운데 침투해 있으면서 그것들의 보존과 운동을 산출한다. 이러한 스토아의 영 개념은 비록 그것이 영을 일종의 물질처럼 간주한다는 점에 있어서 오리겐 이후 초기 교부들에 의해 거부되었지만(cf.

I 404f.), 그럼에도 불구하고 신의 숨결 혹은 바람 등의 표상으로 피조세계 가운데 내재하는 신의 영(Ruah)에 대한 성서적 가르침과의 유사성으로 인해 널리 수용되어왔다. 이제 패러데이의 장 이론에 이르러서는 이 힘을 일종의 미세한 사물과도 같은 것으로 오해하는 것이 극복되고, 물체 혹은 물질을 오직 비물질적인 힘의 장이 구체적으로 드러나는 장소로 설명하게 되는데, 그러한 바로서의 장 개념은 세계 가운데 내재하는 성령의 역동성에 대한 신학적 교훈과 공명할 수 있다는 것이 판넨베르크의 판단이다(II 99f.).

하지만 성령을 장 개념과 연결시키는 판넨베르크의 시도는 여러 비판에 직면하게 된다. 그중 가장 일반적인 비판은 판넨베르크가 사용하는 장 개념은 물리학에서의 장 이해와 실제로는 일치하지 않는다는 것이다.[24] 이와 같은 비판은 세계에 대한 자연과학적 해명과 신학적 해명 사이의 대화를 추구하는 판넨베르크에게는 치욕스러운 것처럼 보인다. 하지만 판넨베르크가 수행하는 신학과 자연과학의 대화를 자세히 살펴보면, 오히려 이러한 비판들이야말로 그의 의도를 제대로 파악하지 못하고 있음을 발견하게 된다. 왜냐하면 사실상 판넨베르크는 엄격한 의미에서 자연과학과 신학 사이의 '직접적인' 대화를 진행한 적이 없기 때문이다. 오히려 판넨베르크는 양자 간의 대화는 직접적인 방식이 아니라, 그 제3의 중간지대로서의 철학을 매개로 할 때에야 비로소 가능하다고 본다.[25] 이는 패러데이의 장 개념을 수용하는 판넨베르크의 논리

---

24 J.S. Wicken, "Theology and Science in the evolving Cosmos," *Zygon* 23 (1988): 45-55; J. Polkinghorne, "Wolfhart Pannenberg's engagement with the natural sciences," *Zygon* 34 (1999): 151-158; W. B. Drees, "Contingency, Time, and the Theological Ambiguity of Science," C. R. Albright and J. Haugen, eds., *Beginning with the End* (Illinois: Open Court, 1997), 217-245.

속에서도 그대로 적용된다. 세계 속에서 행위하는 성령의 작용을 패러데이의 장 개념과 연결시킬 수 있는 것은 장 개념이 구체적으로 기독교 신학과 철학에 영향을 미친 스토아의 영 개념을 기반으로 하기 때문에 가능한 일이다. 판넨베르크에게 자연과학과 신학의 대화는 철저히 (자연)철학적 영역 위에서 간접적인 방식으로 이루어지고 있음을 잊어서는 안 된다.

이렇게 판넨베르크가 자연과학적 진술을 간접적인 방식으로 피조물로서의 세계에 대한 신학적 해명에 수용하고 있다는 사실을 기억한다면, 판넨베르크가 성령의 작용을 우주적 역장과 동일시한다거나[26] 혹은 자연과학적 장 이해를 근거로 영으로서의 신에 대한 이해를 도모한다는 등의 평가는 그 근거가 빈약하다는 것이 자연스럽게 드러난다.[27] 그와는

---

25 Cf. W. Pannenberg, "Das Wirken Gottes und die Dynamik des Naturgeschehens," W. Pannenberg. *Beiträge zur Systematischen Theologie* Bd. 2, (Göttingen: Vandenhoeck & Ruprecht, 2000), 69-81; 볼프하르트 판넨베르크, "창조 신학과 자연과학," 한스 페터 뒤르, 클라우스 마이어-아비히/여상훈 옮김, 『신, 인간 그리고 과학』(서울: 시유시, 2000), 297-314; 300ff.

26 예를 들어 위켄은 판넨베르크는 장 개념을 도입함으로써 영으로서의 신을 "물질화"(physicalizes)시킨다고 지적하는데, 이는 판넨베르크의 신학적 의도를 전혀 파악하지 못한 것이다. J. S. Wicken, "Theology and Science in the evolving Cosmos" (1988), 52; 판넨베르크에 대한 위켄의 몰이해에 대한 적절한 지적에 대해서는 cf. I. Taylor, *Pannenberg on the Trinune God* (London: T&T Clark, 2007), 78f.

27 이신형은 판넨베르크에게 자연에 대한 신학적 진술은 "자연과학적 이론의 신학화를 통해 보편적 진리를 획득"한다고 평가하는데, 이는 판넨베르크가 우선 물리학적 장 개념을 수용한 후 이를 통해 얻어진 장으로서의 신성과 물리학적 장 사이를 "하나의 실제"로 간주하는 "사실적 언어"로 신학적 진술을 사용하기 때문이라고 분석하고 있다. 그 증거 중 하나로 이신형은 판넨베르크가 신의 인격성을 제거하고 삼위일체의 신성을 단지 비인격적인 장으로 이해하고 있다고 지적한다. 이신형, "하나님과 자연과학," 「한국기독교신학논총」21집 (2005): 109-135, 특히 cf. 111, 118f.; 이정배 역시 마찬가지로 판넨베르크에게서는 "자연과학이 제시하는 역장 이론이 하나님에 대한 실재적 지식을 가져다" 주고 있다고 정리하면서 판넨베르크에게서 과학과 종교는 공명의 단계를 너머 "실재적 일치에

정반대로 판넨베르크는 창조의 작업에 참여하고 있는 성령의 활동을 장 개념을 통해 묘사하는 자신의 작업은 자연과학과 공유하는 "공통점"을 가질 뿐만 아니라 "특징적인 차이"도 역시 지니고 있음을 잊지 말라고 분명하게 요구하고 있다(II 105).28

성령의 역동적 작용을 하나의 장으로 묘사하는 판넨베르크의 시도는 성자의 작용으로 인해 창조자에 대하여 자립적으로 존재하게 된 피조물들이 그 자립성에도 불구하고 창조자와의 관계가 절연된 채 스스로 존재하는 것이 아니라, 오히려 그 가운데에 내재하는 신의 영으로 인해 창조자와의 뗄 수 없는 관계 가운데 있으며, 철저히 그의 작용에 의존하여 존재하며 운동한다는 것을 드러내려는 '신학적' 의도 아래 기획되어 있다. 이는 피조물의 구성적인 조건으로서의 시간과 공간을 신적 영의 영원성과 관련하여 해명하는 부분("c. 성령의 작용의 측면으로서의 공간과 시간," II 105-124)에서 더욱 명시적으로 드러난다.29 모든 피조물은 신의

로까지 나아가고" 있다고 평가한다. 이정배, "보편사 신학의 얼개에서 본 판넨베르크의 자연신학 연구" (2005), 100f.

28 사실 『조직신학』 II권에서 물리학적 장 개념과 성령의 역동적 장 사이의 연결은 대단히 느슨한 방식으로 이루어지고 있고, 그 역시도 철저히 신학적인 전제 위에서 이루어지고 있다. 장 개념은 피조물을 신과의 사귐으로 이끄는 영의 역동성을 구체화하기 위한 하나의 방편으로 차용되고 있는데, 이는 사실상 성령을 성부와 성자, 신과 신자들을 연합하게 하는 띠(vinculum caritatis)라고 가르쳤던 전통적인 신학적 진술을 피조물로서의 자연에 대하여 적용하는 것에 지나지 않는다. 성령의 이러한 고유한 활동(energeia)에 대한 전통적 가르침에 대해서는 cf. J. McIntyre, *The Shape of Pneumatology* (Edinburgh: T&T Clark, 1997), 88ff.

29 판넨베르크의 장 개념 수용을 다루는 논문들은 주로 이 시간과 공간에 대한 문제를 간과하는 경향이 있는데, 이에 대하여 판넨베르크는 장 개념은 시공간과의 밀접한 연결 속에서만 제대로 이해될 수 있다고 지적한다. W. Pannenberg, "Das Wirken Gottes und die Dynamik des Naturgeschehens" (2000), 53; W. Pannenberg, "Wolfhart Pannenberg-A Dialogue. God as Spirit-and natural science," *Zygon* 36 (2001): 783-794; 788f.

영원성과는 달리 각각의 부분 공간들(Teilräume)과 과거-현재-미래로 구분되는 시간의 흐름 가운데 존재한다. 비록 그것이 유한한 피조물들의 구성적인 조건임에도 불구하고 판넨베르크는 이 시간과 공간의 근저에는 신의 영원성이 그의 영을 매개로 자리하면서 서로 단절적인 시간과 공간의 통일성을 구성하며, 이것들의 조건이 된다는 것을 제시하고자 한다. ―하나의 단일한 장과 이 장이 구체적으로 현현하는 자리인 개별 사물들이라는 표상을 전제로― 개별 공간들은 그것들에 선행하여 존재하면서 그것들을 포괄하는 하나의 단일한 공간에 대한 표상이 없이는 결코 이해될 수 없다. 그러한 바로서의 공간이란 "부분 공간들의 관계들의 총괄 개념"이자 "공간의 여러 지점들(Raumpunkte)의 관계들의 총괄 개념"이다. 그런데 이러한 공간은 자기와는 구분되는 피조물을 창조함으로써 창조자에 대한 상대 가운데(im Gegenüber) 피조물이 존재하도록 공간을 부여해주는 창조자의 행위로 말미암아 비롯된 것이다. 창조자는 "피조물에게 신에 대하여 신 옆에 존재할 수 있는 공간을 부여한다"(II 107). 하지만 이 공간은 결코 신 옆에 혹은 신 안에 절대적으로 비어있는 공간이 아니며, 언제나 "신의 임재를 통하여 채워져 있다"(II 107). 지금까지 정리된 복잡한 논의들과 연결하여 간략히 정리하자면, 다름의 원리인 성자의 행위를 통해 존재하게 된 피조물은 신에 대한 상대적 자립성의 공간 가운데 존재하며, 이 신과의 차이 가운데 생성된 공간은 다시금 그 안에 내재하는 성령의 작용을 통해 신의 영원성과 연결되어 있다는 것이다.

장 개념의 사용과 관련하여 결정적인 부분은 앞에서 설명되었던 피조된 공간의 전제이자 조건으로 그 가운데 내재하는 신적 영의 임재를 토대로 '공간을 시간화'하여 해석해 내는 판넨베르크의 시도이다. 그에 의하면 공간은 "동시적으로 현재적인 모든 것의 포괄"하는 것인데, 이는 역으로 공간이란 "상이한 것의 동시성"(Gleichzeitigkeit des Verschiedenen)을 의미한다. 즉, 공간은 기본적으로 시간과의 관계를 통하여 구성되어 있으며, 따라서 공간은 시간으로 환원될 수 있다. 그러므로 공간 가운데 내재하는 신의 영의 역동성을 진술한다는 것은 동시에 "신적 영이 작용하는 장의 시간적인 구조를 묘사"하는 것과 마찬가지이다(II 111).[30] 판넨베르크는 신의 영원성을 시간에 대하여 대립적인 개념으로서의 무시간성으로서가 아니라 모든 "시간을 포괄하는 현재"로 이해할 것을 제안한다. 신의 영원성은 모든 시간에 대하여 동시적으로 현재적임을 의미하며, 따라서 영원에게는 과거-현재-미래의 구분이 있을 수 없고, 따라서 영원한 존재로서의 신은 결코 "미래를 자기 바깥에 지니지 않는다"(II 113). 그러므로 이러한 신의 영원이 시간의 구조 속에 존재하는 유한한 피조물 가운데 내재한다는 것은 피조물은 이미 확정된 과거와 흘러가는 현재에 그 기원을 두고 있는 것 같지만, 실제로는—신의 영원성 가운데에서는 이미 현재적이지만, 피조물의 입장에서 볼 때는 여전히 개방되어 있는— 미래로부터 그 존재와 운동, 변화와 완성의 힘을 얻게 된다는 것을 의미한다. 성령의 작용을 통한 그리스도의 부활을 통해 미래적 종말의 완성이 선취해 들어오고, 바로 이 성령이 또한 신을 믿는 자들에게 미래적인 완성에의 참여를 보장해 주는 것과 마찬가지로 피조

---

30 이때 판넨베르크는 "공간은 시간이다"라고 선언하는 게오르크 피히트의 철학적 입장을 수용하고 있다: G. Picht, *Hier und Jetzt* (Suttgart: Klett-Cotta, 1980), 372f. 피히트는 근대 이후 자연을 대상화시키는 철학적 시도에 반하여 주체와 객체, 자연과 역사의 분리를 극복하고자 시도하면서 "자연은 역사이다"라고 선언하는데, 이러한 시도는 몰트만과 판넨베르크를 비롯하여 독일의 생태신학에도 지대한 영향을 끼쳤다. Cf. G. Picht, *Der Begriff der Natur und seine Geschichte* (Stuttgart: Klett-Cotta, 1989), 18ff.

물은 자신의 시간 구조 가운데 내재해 있는 성령의 작용으로 말미암아 "가능성의 장으로서의 미래"로부터 오는 "보다 높은 완성을 향한 개방성" 가운데 존재하는 것이다. "창조 가운데 존재하는 신적 영의 역동성은 가능성의 장으로서의 미래의 창조적인 힘 속에서 스스로를 나타낸다"(II 119).

과거-현재-미래라는 시간의 모든 양태 가운데 현존(Gegenwart)하는 신의 영의 역동성은 피조물의 현재(Gegenwart) 속에 일어나는 "모든 사건 속에서 미래의 힘으로서" 작용한다. 실로 판넨베르크에게 있어서 미래란 신의 영원성이 피조물의 현재 안으로 밀고 들어오는 통로와도 같다. 이와 더불어 판넨베르크는 물리학에서의 장 개념에 새로운 신학적 의미를—물리학 자체로부터는 도출될 수도 없고, 엄격한 자연과학적 의미에서는 비과학적인— 부과한다. 이렇게 신학적으로 파악된 세계에 대한 진술은 이제 하나의 장으로 파악되는 피조물의 세계와 그 가운데에서 일어나는 모든 자연 사건들을 "미래의 우선성"(Primat der Zukunft)이라는 존재론적 규정 가운데 놓여 있는 것으로 이해하게 한다. 세계의 미래는 자연법칙적 인과율에 매여 있는, 즉 선행하는 사건들에 의해 결정되는 것이 아니다. 오히려 그 반대로 미래로부터(즉, 신의 영원성으로부터) 오는 가능성에 의해 피조물의 현재가 규정된다. 특히 양자물리학에 의해 발견된 세계의 우발성과 비규정성은 이 세계가 철저한 인과율의 법칙에 의해 작용하는 것이 결코 아니라는 것을 보여주는—따라서 세계에 대한 신학적 진술이 자연과학적 발견과 공명할 수 있음을 보여주는— 자연과학적 증거이다. 이렇게 세계의 현재는 "가능성의 왕국으로서의 미래"에 의해 결정되고, 따라서 세계의 현재는 "가능성의 나라의 힘이 구체화"되는 것으로 이해되어야 한다. 이를 정리하자면 피조물에 대하여 성령이 일종의 장으로 내재하면서 작용한다는 판넨베르크의 진술은 사실은 피조세계의 모든 사건은 신의 영의 작용에 철저히 의존해 있다는 것을 드러내는 것에 지나지 않는다. 모든 부분 공간과 모든 시간의 양태 안에서 이 모든 부분을 포괄하는 장으로 내재하는 신의 영은 결코 이 개별적인 부분들에 종속되지 않으며, 오히려 자신의 힘을 통해 이 모든 개별적 사건과 존재들을 결정해 나가고 있다는 것이다. 판넨베르크에 의하면 이것이야말로 패러데이의 장 개념이 지니는 본래적인 "형이상학적 직관"(II 123)의 내용이며, 바로 이처럼 시공간의 문제와 관련된 '철학적' 의미를 매개로 장 개념은 신학에 의해 채택되고 신학적 의미를 새롭게 부여받게 되는 것이다.

V. 삼위일체 신학적 창조론
— 자연과학과의 대화의 신학적 기준

『조직신학』은 거기에서 다루어지는 모든 교의학적 주제들을 철저히 '신학적'인 방식으로, 그것도 철저히 '삼위일체 신학적'인 방식으로 해명하고자 한다. 신의 자기 계시인 예수로부터 얻게 되는 삼위일체 신에 대한 인식으로부터 시작하여 삼위일체 신론을 토대로 세계와 인간, 자연과 역사의 모든 과정이 이 신에 의해 규정되며 인도되고 있음을 드러내려는 철저히 '체계적이면서도 신학적'(systematisch, theologisch)인 의도와 동기가 판넨베르크의 마지막 대작 전체를 관통하고 있는 것이다. 그의 창조론 역시도 창조자와 피조세계 사이의 관계의 근거를 철저히 삼위일체 창조자의 내재적 삶을 구성하는 자유로운 행위와 사랑 안에서 발견하고 또한 이를 바탕으로 성자와 성령의 창조적 활동 속에서 피조물의 존재와 과정을 규정하는 원리를 찾는다. 따라서 『조직신학』에 이르러 집대성되는 창조자와 피조물의 관계에 대한 판넨베르크의 진술은 철저히 '삼위일체 신학적 창조론'으로 불리는 게 타당할 것이다. 판넨베르크를 '자연의 신학'의 대표자 중 하나로 분류하는 것이 틀린 것은 아니지만, 이렇듯 보다 포괄적인 판넨베르크의 신학적 입장을 제대로 반영하지 못하고 있음을 지적하지 않을 수 없다.

판넨베르크의 철저한 삼위일체 신학적인 관점은 신학과 자연과학 사이의 대화 방식 역시도 그대로 결정하고 있다. 소위 우발성과 자연법칙, 장 이론 등과 같은 주제들은 그것들이 자연과학의 유력한 입장이기 때문에 신학의 대화 파트너가 되는 것이 아니라, 그것들 안에 우발성과 질서의 근원인 아들의 행위 및 공간과 시간에 내재하는 신의 영원한 영의 역동적 작용과 조화 가능한 요소들이 있다는 점에서 비로소 대화의 장으로 불린다. 이러한 입장에 대해 비판적인 시각이 존재하는 것이 사실이지만, 역으로 판넨베르크는 철저한 신학적 전제 없이 이루어지는 자연과학과의 대화는 이 세계를 "삼위일체 신의 창조로 해석"(II 77)하는 데 기여하지 못한다고 충고할 것이다. 자연과학과의 대화는 그 자체에 고유한 의미가 있는 것이 아니라, "기독교적인 신 이해의 전망"에서부터 "경험적인 지식과의 조화"를 통해 창조자로서의 신에 대한 기독교의 교훈의 "진리 주장"을 더 명확히 하는 데 그 목표가 있기 때문이다. 그럴 때에야 창조론은 "기독교의 신 이해의 해설이자 확증"(II 12)으로서의 과제를 수행할 수 있다는 것이 판넨베르크의 입장이다. 또한 이를 통해 신학은 세계에 대한 과학적 진술만으로는 결코 도출될 수 없는 피조물로서의 세계에 대한 특수한 신학적 이해를 제시해야 하는 과제도 역시 함께 지니고 있다.

6 장

생태주의 인간론의 아포리아를 넘어

— 판넨베르크의 『조직신학』을 중심으로

I. 생태주의적 인간관의 기여와 한계

20세기 중반 이후 신학의 가장 중요한 흐름 중 하나는 생태주의적 관점이라고 할 수 있다. 인간에 의해 자행되는 자연에 대한 광범위한 파괴와 착취로 인해 초래된 생태계의 위기에 직면하여 전통적인 '인간중심주의'를 극복하고 '생태중심주의' 혹은 '세계중심주의'에로의 전환을 촉구하는 것이 생태주의 신학의 핵심 논조라고 할 수 있다. 이를 위해 생태신학은 대체로 인간중심주의가 영혼과 신체, 정신과 물질의 이원론에 기초해 있다는 사실을 지적하면서 자연과 인간의 차이를 제거하고, 자연에 대한 인간의 유사성 내지는 의존성을 강조하려는 경향을 지닌다. 하지만 소위 '인간의 자연화'라고도 부를 수 있는 이러한 생태주의 인간관의 전략은 자유와 같은 인간의 매우 독특한 특징을 단지 물질적 과정의 결과로 축소시켜 버리는 자연주의적 환원주의의 한계를 공유한다고 본고는 비판적으로 평가한다. 이러한 문제의식을 토대로 본 연구에서는 판넨베르크의 『조직신학』의 '창조론'과 '인간론'을 살펴보면서 자연과 인간의 연속성을 강조하면서도 인간의 독특한 지위를 논할 수 있는 신학적 사유 방식에 대해 살펴보고자 한다. 이를 위해 II장에서는 인간을 자연화하려는 시도의 한계를 간략히 정리하고, III장과 IV장에서는 각각 판넨베르크의 창조론과 인간론을 자연과 인간의 관계에 대한 논의를 중심으로 정리할 것이다. 이 과정에서 삼위일체 하나님의 창조 활동의 결과 인간에게는 자연과의 연속성에도 불구하고 자연으로부터 구별되는 고유한 특징으로서의 자유가 주어져 있다는 것이 드러날 것이다. 이를 통해 자연에 대한 인간의 차이와 특수성을 강조하면서도 생태적 관심사가 배제되지 않을 수 있다는 사실을 제안하고자 한다.

II. 인간과 자연의 유사성?
— 인간중심주의와 자연중심주의 사이에서

인간의 자연화 (1): 생태주의 인간관의 한계

생태적 관심사가 20세기 중엽 이후 창조 신학의 부흥에 기여한 가장 중요한 요인이라고 해도 과언이 아니다. 그 세부적인 내용에서는 차이가 있지만, 생태신학은 대체로 환경 파괴의 사상적 근원으로 간주되는 '인간중심주의'와 이것의 종교적, 신학적 근간인 '초월적' 신론을 극복하는 것을 그 지향점으로 삼는다. 전자와 관련해서는 인간의 영혼과 신체,

정신과 자연, 주체와 객체의 대립이라는 이분법적 도식을 극복해야 한다는 요구가 주조를 이루며, 후자와 관련해서는 주권적이고 초월적인 신 대신에 세계 안에 '내재'하면서 피조세계와 상호작용하는 신 개념으로 신론의 변화를 촉구하는 것이 생태신학의 대체적인 공통점이다.[1]

초월적인 신 이해와 인간중심주의가 서로 긴밀히 결합되어 있다는 것은 생태신학에서뿐만 아니라 현대 신학에서 비교적 광범위하게 공유되는 관점이다. 플라톤 철학의 영향 속에서 오랫동안 신학에서는 영으로서의 신을 물리세계에 대해서 초월적인 존재로 상정하였고, 인간의 영혼만을 신의 본질과 유사한 것으로 간주해 왔다. 신과 세계, 인간의 영혼과 신체는 서로 대립적인 것으로 여겨졌는데, 이러한 고전적 관점은 근대 이후 주체와 객체(데카르트) 혹은 자유의 왕국과 필연성의 왕국(칸트)이라는 철저히 대립되는 두 영역으로 세계 현실을 분리시키는 이원론으로 이어진다. 자연은 그 어떤 영적, 정신적 속성도 지니지 않고 단지 기계적 인과율에 의해 작동하는 영역인 반면 이를 인간의 "이익"에 부합하도록 지배함으로써 인간으로 하여금 자연세계의 "주인이자 소유자"[2]가 되도록 하는 '인간중심주의'가 생태계 파괴의 사상적 동기로 작동해 왔다는 것은 부인할 수 없는 사실이다.

정신과 자연, 주체와 객체의 대립이라는 이원론에 기초한 인간중심주의의 대안으로 생태신학은 "우주중심주의" 혹은 "세계중심주의"를 제시한다. 인간의 이익을 위해 대상화되어도 좋은 것으로 자연을 바라보

---

1 이에 대한 개괄적 진술로는 본서의 1장 "초기 셸링 철학의 신학적 기여: 현대 창조 신학의 신론구축을 위해" 중 I을 참고하라.

2 R. Descartes, *Discours de la Méthode*, Avec introduction et notes par E. Gilson (Paris: Vrin, 1954), 122.

아서는 안 되며, 자연을 그 자체로 고유한 "내적인 가치"를 지닌 것으로 보아야 한다는 것이다. 이를 위한 '신학적' 방안이 바로 범재신론, 즉 신을 세계의 '바깥'이 아니라 세계 "안에" 있는 것으로 이해해야 한다는 제안이다. 세계 안에 있는 신을 통해 만물이 긴밀하게 '내적인 상호연관성'을 이루고 있기 때문에 인간과 자연, 주체와 객체는 서로 대립적이지 않다. 이와 관련하여 맥페이그는 더 이상 자연과 구별되는 인간의 "독특성"에 주목해서는 안 된다고 주장하며, 대신에 "우주론적이며 진화론적이며 생태적"인 방식으로 인간을 자연과의 연속성 속에서 파악하는 "21세기 인간관"을 제안한다. 자연과 인간은 서로 "내적으로 상호연결" 되어 있으며, 이 "상호관계성과 상호연계성"에 대한 인식을 통해서 인간중심주의를 극복해야 한다는 것이다.[3] 한 걸음 더 나아가 토마스 베리는 인간의 생명, 자유, 행복을 추구하는 "민주주의"가 아니라 "생명주의"(biocracy)에로 문명의 전환을 이룰 것을 촉구한다. "인간중심주의"에 기반한 민주주의는 "자연에 대한 인간의 음모"에 불과하며, "생명중심주의와 지구중심주의"에로 전환할 때만이 생태적 위기를 극복할 수 있다는 것이다.[4]

인간중심주의를 극복하기 위해 생태신학은 대체로 자연과 인간 상호 간의 '차이'보다는 '연속성' 혹은 '통일성'에 주목한다. 이를 몰트만은 "자연을 인간화"하고 "인간을 자연화"[5]하는 방안이라고 정리한다. 재난과도 같은 생태계 파괴의 현실을 고려할 때 이러한 생태주의 인간관의

---

3 샐리 맥페이그/김준우 옮김,『기후변화와 신학의 재구성』(고양: 한국기독교연구소, 2008), 72ff.
4 토마스 베리/김준우 옮김,『신생대를 넘어 생태대로』(고양: 에코조익, 2006), 75f.
5 생태신학적 인간관 개관을 위해서는 다음을 보라: J. Moltmann, *Gott in der Schöpfung: Ökologische Schöpfungslehre* (Gütersloh: Gütersloher Verlagshaus, 1985), 63f., 193ff.

실천적 동기는 충분히 공감할 수 있는 바이다. 하지만 이러한 관점은 몇 가지 신학적, 현실적 질문들을 제기하게 만드는 것도 사실이다. 첫째, 인간을 자연화하는 방안은 인간을 '하나님의 형상'으로 규정하면서 다른 피조물과는 '구별'되는 '독특성'을 인간에게 부여하는 성서적, 신학적 인간 이해의 전통적인 논의들로부터 너무 손쉽게 결별하고 있다는 점에서 명백히 그 한계를 지닌다. 둘째, 인간이 자연과의 연속성 속에 있다는 것은 심각한 생태계 파괴에 직면하여 하나의 '당위'(Sollen)로서 요구되고 있다. 하지만 인간에 의해 자행되는 광범위한 생태계 파괴의 현실은 거꾸로 인간이 '실제로는'(de facto) 자연과의 연속성 속에만 있는 것은 아니라는 사실을 보여주는 것은 아닌가? 생태주의는 인간이 자연의 파괴를 초래할 만큼 자연에 대한 상대적인 독립성 속에 있다는 그 사실(Sein)을 고려하지 않는 것으로 보인다. 자연 없이 인간이 존재할 수 없는 것은 당연하지만 인간은 단지 자연에 순수하게 의존적이거나 연속적이기만 한 것도 아니다.[6] 셋째, 인간과 자연의 연속성에 주목해야 한다는 요구는 자칫하면 인간의 존엄성이나 자유와 같은 가치들을 약화시키고, 인간을 단지 물질 작용에로 격하시킬 위험성이 분명히 존재한다. 이는 자연주의적 환원주의에 기초한 자연과학의 인간 이해에 분명히 드러나는 특징이다. 이 문제에 대해서는 바로 다음에서 간략히 살펴보도록 하겠다.

---

[6] 기독교윤리학적 관점에서 이루어지는 생태신학에 대한 유사한 비판에 대해서는 다음을 참고하라: W. David Hall, "Does Creation Equal Nature? Confronting the Christian Confusion about Ecology and Cosmology," *Journal of the American Academy of Religion* 72/3 (2005): 781-812.

인간의 자연화 (2): 환원론적-자연과학적 인간관의 한계

현대 자연과학은 근본적으로 인간을 자연의 한 부분으로 혹은 자연과의 연속성 속에서 이해하고자 하며, 이런 점에서—의도한 바는 아니지만— 생태주의 인간론의 요구사항을 그 안에서 이미 현실화하고 있다. 예를 들어 20세기 중반 이후 비약적으로 발전한 진화과학과 뇌과학은 인간의 신체를 구성하는 DNA 분자구조 및 뇌의 작용에 대한 진일보한 이해를 토대로 인간의 신체와 의식에 대한 지식을 대폭 확장시켰다. 그런데 윌슨이나 도킨스 등의 사례에서 볼 수 있듯 자연과학은 인간을 구성하는 최소 구성요소의 물리적인 작동 방식에 대한 설명을 전체 인간에 대한 설명으로 대체한다는 점에서 자연주의적이며 환원주의적 (naturalistic reductionism)이라고 할 수 있다. 이들은 인간을 최소한의 물리 조건들의 작동방식으로 축소시킴으로써 인간이란 "~에 지나지 않는다"라는 환원론적 설명으로 만족하는 경향이 있다. 예를 들어 DNA 구조의 발견자 중 한 명인 프랜시스 크릭(Francis Crick)은 다음과 같이 인간을 정의한다: "당신은 뉴런보따리에 불과하다."[7] 뇌과학의 성과들을 토대로 인간의 자아와 의식을 설명하고자 하는 게르하르트 로트의 진술 역시 이와 유사하다. 그에 따르면 인간이란 단지 "하나의 자율적 시스템이지 감각하는 자아가 아니다."[8]

물론 현대 자연과학의 인간 이해가 필연적으로 자연주의적 환원주의

---

7 Francis Crick, *The Astonishing Hypothesis: The Scientific Search for the Soul* (New York: Scribner, 1994), 3.

8 G. Roth, *Das Gehirn und seine Wirklichkeit. Kognitive Neurobiologie und ihre philosophischen Konsequenzen* (Frankfurt a/M.: Suhrkamp, 1997), 309f.

로 귀결된다는 식으로 비약해서는 안 된다.9 하지만 위의 사례들은 인간의 자연화라는 생태주의적 관점이 함축하고 있는 위험성이 무엇인지를 보여준다. 자연과학의 환원주의는 신체에 대한 정신의 우월성을 말하는 고전적 인간 이해를 뒤집어서 인간의 정신성과 인격성을 철저히 신체의 물리적 작용으로 환원시킨다. 이런 점에서 자연주의적 환원주의는 전통적인 인간중심주의에 대한 완전한 안티 테제로서 생태주의가 지향하는 인간의 자연화를 아주 급진적인 방식으로 선구현하고 있다. 이는 정신-신체-이원론과 이에 기초한 인간중심주의를 극복하기 위한 방안으로 제기되는 인간의 자연화는 신중하게 주의를 기울이지 않으면 정신과 의식의 가치, 자유의지, 도덕적 주체로서의 인간에 대한 논의 등을 어렵게 만들 위험이 있다는 것을 보여준다.10

자연의 대상화와 착취를 정당화하는 과도한 인간중심주의는 분명 시급하게 지양되어야 한다. 하지만 거꾸로 '인간의 자연화' 혹은 '인간과

---

9 자연과학적 인간 이해가 자연주의적 환원주의로 귀결되지 않는 대표적인 사례로는 캠브리지대학의 분자생물학 교수인 데니스 알렉산더를 들 수 있다. 그는 도킨스처럼 인간을 철저히 유전자의 산물로 간주하는 유전자 결정론을 반박하면서 오히려 최신의 유전학은 환경과의 상호작용, 인격적 선택 등을 통해 인간이 형성되는 것을 부정하지 않는다고 말한다. 또한 유전학의 인간 이해는 인간을 심신통일체로서 이해하는 성서적, 신학적 인간 이해와도 배치되지 않는다. 이에 대해서는 본서의 7장 "하나님의 형상으로서의 인간에 대한 진화생물학적 이해 — 데니스 알렉산더(Denis Alexander)를 중심으로"에서 상세히 다루게 될 것이다. 이 문제를 다루는 알렉산더의 대표작은 다음과 같다. Denis Alexander, *Genes, determinism, and God* (New York: Cambridge University Press , 2017). 한편 콜로라도대학의 철학교수인 롤스톤 역시 과학, 윤리, 종교 등 인간의 지적, 인격적 활동을 철저히 자연화(naturalize)하는 사회생물학을 비판한다: Holmes Rolston III, *Genes, Genesis and God. Values and Their Origins in Natural and Human History* (Cambridge: Cambridge University Press, 1999).

10 이와 관련해서는 다음을 살펴보라. 김균진, "인간중심주의와 자연중심주의의 문제,"「신학논단」 45 (2006): 107-145; 122.

자연의 동일시'라는 성급한 요구는 인간의 인격적 존엄성을 훼손할 수도 있다는 사실이 간과되어서도 안 된다. 그뿐만 아니라 생태신학이 대체로 주장하듯이 다른 자연 존재에 대한 인간의 차별성에 주목하는 것이 반드시 자연에 대한 파괴와 착취로 이어지는 것도 아니다. 이와 관련하여 튀빙겐의 가톨릭 윤리학자인 아우어(Alfons Auer)는 "무한정한 인간중심주의"(schrankenlose Anthropozentrik)[11]는 거부되어야 하지만, "전체 자연 안에서 인간의 특수한 위치"(Sonderstellung des Menschen im Gesamt der Natur)조차 부정해서는 안 된다고 말한다.[12] 중요한 것은 자연과 인간의 연속성과 상호연관성을 거부하지 않으면서도 바로 그 연속성 속에서 자연에 대한 인간의 구별성과 독특성에 대한 적절한 진술 방안을 찾는 일이다. 이는 인간에 대한 전통적인 신학적 개념들을 무조건적으로 옹호하려는 것이 아니다. 그보다는 인간과 자연의 차이를 부정하는 생태주의 관점은 인간이 어떻게 그토록 광범위하게 자연을 파괴할 수 있었는지에 대한 적절한 인간학적 해명 방안을 결여하고 있다는 데 기인한다. 또한 자연과는 구별되는 인간의 독특성이 부정된다면 자연에 '대하여' 반성적이고도 책임적인 활동을 실행에 옮길 가능성 역시도 원천적으로 제한될 수밖에 없다는 점에서 자연과 인간의 차이, 인간의 독특한 지위는 결코 손쉽게 거부되어서는 안 된다.[13] 아래에서는 인간중심주의의 대안으로서 제기되는 생태주의적 인간 이해의 아포리아를 넘어서는 방안을

---

11 Alfons Auer, *Umweltethik* (Düsseldorf: Patmos, 1989), 54f.

12 *Ibid.*, 209.

13 이런 점에서 스패만은 오직 인간에게만 윤리적 자기 목적을 부여하는 "윤리적 인간중심주의"를 타인과 자연에 대해 책임을 지는 의무감을 가리키는 "방법론적 인간중심주의"로부터 구별할 것을 제안한다. 김종엽, "인간존엄성 – 인간중심적 사고의 부활인가?" 「철학과 현상학 연구」 47 (2010): 37-67; 54.

판넨베르크를 통해서 모색해 보고자 한다.

III. 삼위일체 하나님의 창조 행위 가운데 형성되어가는 세계와 인간

삼위일체 하나님의 창조 행위의 기본 구조

판넨베르크의 창조론은 세계의 존재와 생성을 하나님의 자유로운 창조 활동(Schöpfungsakt)의 결과로 제시하고자 한다. 특히 하나님의 창조 활동을 단순히 유일신론적으로가 아니라 철저히 삼위일체론적으로 묘사하는 것이 판넨베르크의 주 관심사이다. 이를 위해 판넨베르크는 하나님의 창조 활동을 아버지, 아들, 영이라는 세 인격이 공동으로 작용하는 활동으로, 하지만 바로 그로 인해 세 인격의 고유성과 개별성이 그 안에 구조 지워져 있는 것으로 진술한다. 이런 점에서 판넨베르크의 창조론은 철저하게 "삼위일체 신학적 창조론"[14]이라고 할 수 있다.

이 세계가 삼위일체 하나님의 창조 활동의 결과라는 사실에 대한 인식의 토대를 판넨베르크는 다름 아닌 나사렛 예수의 신에 대한 '자기 구분'에서 찾는다.[15] 인간 예수는 하나님을 아버지로 부르면서 자신을

---

14 이에 대해서는 본서의 5장 "판넨베르크의 삼위일체 신학적 창조론"에서 상세하게 해명되었다.

15 하나님 아버지에 대한 예수의 자기 구분은 판넨베르크의 『조직신학』 전체를 관통하는 삼위일체 하나님에 대한 인식의 가능성의 토대이다. 이에 대해서는 다음을 보라: W. Pannenberg, *Systematische Theologie*, Bd. I (Göttingen: Vandenhoeck & Ruprecht, 1988), 287ff. 하나님 아버지에 대한 예수의 자기 구별은 곧 하나님의 '내재적' 삼위일체에

철저히 이 하나님으로부터 구분하는데, 이 예수의 자기 구분은 근본적으로 내재적 삼위일체, 즉 삼위일체 하나님의 내적 관계 가운데 이루어지는 영원한 아들의 아버지에 대한 자기 구분에 대한 "인식의 근거"(Erkenntnisgrund)이다. 예수의 선포와 사역 사운데 드러나는 아버지에 대한 자기 구분은 영원한 아들의 아버지에 대한 자기 구분의 행위에 상응하는 활동이며, 이 자기 구분 가운데 성령의 활동을 통해 하나가 되는 아버지-아들의 상호관계가 계시된다. 판넨베르크는 나사렛 예수의 자기 구분으로부터 삼위일체 하나님의 내적 사귐을 구성하는 아버지에 대한 아들의 자기 구분을 하나님의 경륜적 활동, 즉 하나님의 외부를 향한 활동의 총괄 개념으로서의 창조 활동의 토대로 제시한다. 영원한 아들의 자기 구별의 행위는 한편으로는 스스로를 하나님으로부터 철저하게 구분하는 인간 예수뿐만 아니라 창조자 하나님과의 제거될 수 없는 차이 가운데 존재하는 피조물의 "존재의 근거"(Seinsgrund)라는 것이다.16

영원한 아들의 아버지로부터의 자기 구분의 활동을 일단 인식론적으로 확보하고 난 후 판넨베르크는 아버지, 아들, 영, 상호 간에 이루어지는 상호 구분과 상호관계의 활동이 곧 이 삼위일체 하나님의 외부를 향한 활동인 창조 활동의 구조를 이루는 것으로 제시한다.17 말하자면 창조

대한 인식의 토대이며, 하나님의 창조 활동은 아버지, 아들, 영의 내재적 상호관계와 상호 작용에 '상응'하는 경륜적 활동이다. 본고에서는 지면상 이 문제를 상세하게 다룰 수 없으므로 이에 대해서는 다음을 참고하라. 이용주, "Wolfhart Pannenberg의 삼위일체 신학적 창조론," 358ff. 이 글의 다음에서 다루어질 판넨베르크의 창조론과 관련된 내용은 이 논문의 논지를 따른다.

16 W. Pannenberg, *Systematische Theologie*, Bd. II (Göttingen: Vandenhoeck & Ruprecht, 1991), 36f. 판넨베르크는 창조에 대한 구약성서적 표상들에만 의존하지 않고, 영원한 아들로서의 로고스를 창조의 중보자로 고백하는 신약성서와 신학의 전통을 적극적으로 전용하고 있다.

활동은 아버지, 아들, 영이 자신들의 내적 관계에 일치하는 방식으로 공동으로 수행하는 활동이며, 따라서 창조 활동 안에는 개별 인격들의 활동의 고유한 특징들이 드러난다는 것이다. 이런 점에서 창조 활동은 "삼위일체론적 기원"[18]을 지닌다.

우선 하나님과는 구별되는 피조물이 창조자 앞에 존재하고 존속하는 것을 판넨베르크는 아버지의 활동에 귀속시킨다. 세계가 창조자와는 구별되는 독특한 피조물로서 창조자 앞에(im Gegenüber) "존재"하고, 피조물로서 "존속성"과 "자립성"(Selbständigkeit)을 지니는 것은 창조 활동을 구성하는 아버지의 활동의 결과이다.[19]

창조 활동에 있어서 아버지의 역할에 대해서 간략히 진술한 후 판넨베르크는 아들과 영의 역할에 대한 상세한 묘사에 주력한다. 앞에서 언급한 것처럼 아버지로부터 스스로를 구별하는 아들의 자기 구분의 행위를 판넨베르크는 피조물의 "존재의 근거"로 정의한다. 하나님과는 구별되는 피조물이 아들의 아버지로부터의 자기 구분의 행위를 통해 존재하게 된다는 점에서 아들은 창조의 중보자이며, 이런 점에서 아들은 "다름의 원리"(das Prinzip der Andersheit)이다. 아들은 하나님과는 다른

---

17 이는 내재적 삼위일체와 경륜적 삼위일체를 서로 상응하는 것으로 제시하는 라너 이후의 삼위일체론의 경향을 그대로 반영하는 것이다. 이에 대해서는 다음을 참고하라: Karl Rahner, "Bemerkungen zum dogmatischen Traktat ‚De Trinitate'," *Schriften zur Theologie*, Bd. IV (Einsiedeln: Benziger, 1954), 115.

18 W. Pannenberg, *Systematische Theologie*, Bd. II (1991), 34.

19 *Ibid.*, 35f. 창조자와 피조물의 관계와 관련한 아버지의 활동은 판넨베르크의 창조론에서 더 이상 다루어지지 않으며, 그 중심 내용은 아들과 영의 활동에 대한 분석으로 이루어져 있다. 이런 점에서 판넨베르크가 해명하는 창조 활동은 형식적으로는 '삼위일체론적'이지만, 실질적으로는 아들과 영의 활동에 의해 구조 지워져 있다. 이에 대한 비판적 평가에 대해서는 다음을 보라: 이용주, "Wolfhart Pannenberg의 삼위일체 신학적 창조론" (2011), 392f.

세계의 존재의 근거일 뿐만 아니라 세계 안에서 서로 '다른' 것들이 존재하게 한다는 점에서 "피조세계의 다양성을 산출하는 원리"(das generative Prinzip der Mannigfaltigkeit der geschöpflichen Welt)이다.[20] 또한 로고스로서 아들은 서로 다른 세계 사물들이 특정한 질서 가운데에서 공존하도록 하는데, 이런 점에서 아들은 피조물들이 "창조의 질서 가운데에서 함께 귀속하게 하는 원리"(Prinzip... der Zusammengehörigkeit in der Ordnung der Schöpfung)[21]이기도 하다.

창조에 있어서 아들의 활동은 영의 활동과 분리할 수 없이 결합되어 있다. 영을 피조물들의 "생명의 근원"이자 "초월적인 하나님의 창조적인 현존의 원리"로 제시하는 성서의 전승을 따르면서 판넨베르크는 영은— 아들의 활동으로 인해 서로에 대한 차이 가운데 존재하는— 피조물들이 서로 간의 관계 가운데 살아 있게 하며, 궁극적으로는 피조물들이 그 유한성을 넘어서 창조자와의 관계, 보다 구체적으로는 아버지와 아들의 관계에 '참여'하게 한다. 따라서 영은 "피조물이 신적 생명에 참여하게 하는 매개자"이다. 이러한 영의 활동은 피조세계 안에서 "창조의 역동성"을 관장하며, 그 결과 피조세계 안에서 "피조물들의 자기 초월의 점진적인 내면화 과정"이 발생하게 한다. 아래에서 보다 상세히 설명하겠지만 판넨베르크는 이처럼 영에 의해 초래되는 피조물의 점증적인 자기 초월의 과정을 "생명의 진화의 단계들"과 동일시한다.[22]

일단 삼위일체 하나님의 창조 활동에서 아버지, 아들, 영의 활동의 특징을 신학적으로 해명한 다음 판넨베르크는 세계의 시작에서부터

---

20 *Ibid.*, 42f.

21 *Ibid.*, 46.

22 *Ibid.*, 47f.

인간의 출현에 이르는 전체 과정을 특히 아들과 영의 활동에 의한 것으로 해명하고자 시도한다. 사실 이는 1940년대에 이미 바이체커(C. F. von Weizsäcker)가 제시한 "자연의 역사"(Geschichte der Natur)23를 자기만의 방식으로 신학적으로 전유하는 것이라고 말할 수 있다. 아래에서는 자유 증진의 과정으로서의 자연의 역사를 판넨베르크가 어떻게 아들과 영의 작용에 의한 것으로 제시하는지를 살펴볼 것이다.

삼위일체 하나님의 피조물로서의 자연의 역사

위에서 살펴본 것처럼 삼위일체론에 입각하여 아들과 영의 창조 활동을 정리한 후 판넨베르크는 이어서 각각 "우주적 질서"의 원리와 "역동성"의 원리인 아들과 영이 "세계 안에서 내재적으로 작용"하기 때문에 생성되는 피조물로서의 자연의 특징들을 현대 자연과학과의 대화를 통해 묘사하고자 시도한다.24 그 모든 내용을 상세히 서술할 수는 없으므로25 아래에서는 판넨베르크가 자연의 역사라는 바이체커의 개념을 어떻게 아들과 영의 활동과 연관시키는지, 그래서 피조물로서 자연의 역사적 과정을 자유 확장의 과정으로 해석하는지를 중심으로 간략히 정리하고자 한다.

판넨베르크는 자연의 법칙성과 우발성이 모두 '다름의 원리'인 아들의 지속적인 창조 활동의 결과인 것으로 해석한다. 신적 로고스로서의

---

23 C. F. von Weizsäcker, *Geschichte der Natur* (Göttingen: Vandenhoeck & Ruprecht, 1962).

24 W. Pannenberg, *Systematische Theologie*, Bd. II(1991), 77f.

25 이에 대해서는 본서의 5장의 "IV. 피조물인 세계의 현실과 창조 신앙의 진리"에 상세히 다루어져 있다.

아들은 하나님과 구별되는—그래서 다양성과 복수성 가운데 있는—피조물들이 무질서한 혼돈이 아니라 하나의 "통일적인 질서" 가운데 존재하도록 하는데, 이것이 바로 "자연법칙적 질서"이다. 물론 로고스의 활동이 자연의 법칙성 그 자체와 정확히 일치하는 것은 아니다.[26] 그보다는 판넨베르크는 법칙만으로 환원되지 않는 자연세계의 우발적 특성 역시도 아들의 활동에 의한 것으로 이해할 것을 제안한다. 자연에 대한 순수한 법칙적 묘사는 자연 사건의 발생을 단지 "A라면 B"(wenn A, dann B)라는 도식으로 치환하여 설명하고자 한다. 즉, "사건의 구체적인 질서를 묘사"하기보다는 언제나 "동일형식성을 따라 반복하는 발생의 형태"에만 주목한다. 이에 반해 판넨베르크는 자연의 법칙성은 실제로는 "사건들의 우발적인 발생"이라는 특수성과 긴밀히 결합되어 있다고 강조한다. 피조물로서의 세계가 근본적으로 다름의 원리이자 신적 로고스인 영원한 아들의 우발적 창조 활동의 결과라는 점에서 그리고 자연의 법칙적 운행 역시 이러한 우발성을 전제로 한다는 점에서 자연의 법칙성과 우발성은 서로 분리될 수 없이 긴밀히 결합되어 있다.[27]

　　법칙성과 우발성이 자연 안에서 함께 작용한다는 것은 특히 "보다

---

26 일반적인 자연법칙이 개별 사물들의 구체성을 외면하고 단순히 그 "보편적인 형식"에만 집중하는 반면 로고스의 활동은 "세계의 추상적인 질서가 아니라, 구체적인 질서"이며 따라서 자연 안의 개별자들의 고유성과 독립성을 지향한다는 것이 판넨베르크의 해명이다. 이는 로고스의 활동은 다름 아닌 나사렛 예수라는 개별적이고도 구체적인 인간 안에서 인식 가능하게 되었다는 신학적 분석에 기초한 것이다: W. Pannenberg, *Systematische Theologie*, Bd. II (1991), 80f.

27 판넨베르크에 대한 국내 문헌들은 판넨베르크가 자연의 법칙성과 우발성을 서로 대립하는 것으로 본다고 오해하곤 한다: 장회익, "판넨베르크의 과학사상. 우발성과 마당 개념을 중심으로," 「과학사상」 제37호 (2001): 110-125; 113; 이정배, "보편사 신학의 얼개에서 본 판넨베르크의 자연신학 연구," 『기독교 자연신학』 (서울: 대한기독교서회, 2005), 78-104; 90.

고도의 복잡성을 갖춘 생성물의 출현"[28]을 통해 확인된다. 빅뱅 이후의 "우주의 생성과 역사", "생명체의 생성과 발전"과 같은 자연 과정들의 배후에는 자연법칙이 자리하고 있는 것이 사실이지만, 보다 복잡한 구조화와 생명체의 출현은 하위 단계의 자연법칙만으로는 설명되지 않는다는 점에서 우발성을 그 특징으로 한다. 판넨베르크는 자연 가운데에서 관측되는 복잡성의 증가라는 독특한 현상을 바이체커의 '자연의 역사' 개념을 차용하여 설명한다.

바이체커는 자연을 동일한 법칙의 기계적인 반복에 불과한 것으로 간주하던 근대적 자연 이해에 반하여 대안적인 자연 이해를 제공하고자 시도하였다. 모든 자연현상이 열역학 제2법칙, 즉 사용 가능한 에너지의 감소는 되돌릴 수 없다는 엔트로피의 법칙의 지배를 받는다는 사실에 주목하면서 모든 자연현상은 "원칙적으로 비가역적이고 비반복적"(un-umkehrbar und unwiederholbar)인 특징을 지닌다고 바이체커는 말한다. 비가역성과 비반복성이 '역사'의 고유한 특징이라는 점에서 바이체커는 "자연은 역사이다"라고 선언하기를 주저하지 않는다.[29] 판넨베르크는 바이체커의 자연의 역사 개념을 이어받으면서 복잡성의 증가라는 우발성은 자연이 근본적으로 "비가역성"을 특징으로 하는 시간과 분리할 수 없이 결합되어 있기 때문이라고 분석한다. 시간과 결합되어 있는 자연 안의 개별 사건들은 "비가역적이며 비반복적"이다.[30] 이런 점에서 자연은 이스라엘 역사 가운데 있었던 하나님의 역사적 행위 그리고 역사적 사건 일반이 지니는 특징인 '비가역성과 비반복성'을 특징으로

---

28 W. Pannenberg, *Systematische Theologie*, Bd. II (1991), 83f.

29 C. F. von Weizsäcker, *Geschichte der Natur* (1962), 10.

30 W. Pannenberg, *Systematische Theologie*, Bd. II (1991), 86.

하며, 그런 점에서 '자연의 역사성'에 대해 말할 수 있다는 것이다.[31]

다름의 원리이자 질서의 원리인 로고스의 활동으로 인해 자연은 법칙성과 우발성 그리고 이를 포괄하는 역사로서의 특징을 그 안에 지니게 된다. 이때 주목해야 할 것은 판넨베르크가 피조물 가운데 이루어지는 아들의 창조 활동을 영의 활동과 분리할 수 없이 결합되어 이루어진 것으로 제시하고 있다는 것이다. 판넨베르크는 영을 "생명의 원리"이자 "운동의 원리"라고 정의 내린다. 이는 "전체 창조물"(창 1:2) 안에서 활동하면서 모든 살아 있는 것들에게 "생명을 부여하는 원리"(das belebende Prinzip)로 하나님의 영을 묘사하는 성서의 진술들에 기초해 있으며 또한 인간을 하나님을 향해 상승 운동을 하도록 돕는 것으로 영의 역할을 진술한 신학 전통에 기초한 것이다. 영에 대한 다양한 이해들을 아우르면서 판넨베르크는 영은 피조세계 안에서 "창조적인 역동성"을 촉발시킨다고 정리한다.[32]

피조물 가운데서 영이 작용하는 방식을 해명하기 위해 판넨베르크는 패러데이의 장 이론을 차용하는데, 이는 영에 관한 판넨베르크의 진술에 있어서 가장 독특한 부분이라고 할 수 있다. 장 이론에 따르면 에너지장은 개별 사물들에 선행하여 존재하며, 개별 사물들은 이 에너지장이 구체적으로 현현하는 형태이다.[33] 마치 힘의 장에 의해 개별 사물들이 생성되고, 개별 사물들 안에서 그와는 구분되는 독립적인 힘의 장이

---

31 Ibid., 87f.

32 Ibid., 96ff.

33 판넨베르크는 자연과학과의 대화를 시작하던 1970년대부터 이미 패러데이의 장 이론을 참고하여 영의 작용을 해명하고자 시도하고 있다: W. Pannenberg, "Der Geist des Lebens," *Glaube und Wirklichkeit. Kleine Beiträge zum christlichen Denken* (München: Chr. Kaiser, 1975), 31-56.

작용하는 것처럼 판넨베르크는 하나님의 영, 즉 영원이 공간과 시간이라는 형식에 매여 있는 유한한 피조물의 필수불가결한 조건이라는 것을 제시하고자 한다.[34] 본 절의 관심사인 자연의 역사와의 연관성 속에서 보자면, "시간을 포괄하는 현재"[35]인 하나님의 영원이 과거-현재-미래라는 시간의 기본 구조에 매여 있는 유한한 피조물 가운데 내재해서 작용함으로써 그 안에서 과거로부터 현재까지 이어지는 인과율적 관계망을 넘어서는 새로움을 출현시킨다는 것을 판넨베르크는 제시하고자 한다. 피조물의 관점에서 과거는 흘러갔고, 현재는 경험되고 있으며, 미래는 아직 오지 않았다. 반면 각각의 시간의 양태들 전체를 포괄하는 영원으로서의 영에게는 과거-현재-미래가 언제나 '현재'적이다. 이 영원으로서의 영이 피조물 가운데 내재하여 작용함으로써 피조물의 입장에서는 아직 오지 않은, 그래서 과거와 현재의 연속성과는 구별되는 "가능성의 장으로서의 미래"가 피조세계 가운데 작용하게 한다. 이를 통해 영은 피조물로 하여금 "보다 높은 완성을 향한 개방성" 가운데 존재하게 하며, 바로 이런 점에서 자연은 인과율의 법칙에로만 환원되지 않는 새로움을 향해 열린 개방성을 그 안에 지니게 된다는 것이다.

피조물 안에서 영이 작용함으로써 촉발되는 자연의 특징적인 모습을 판넨베르크는 다시금 열역학 제2법칙의 엔트로피의 증가와 연결시킴으로써 '자연의 역사'가 하나님의 영의 내재적인 작용에 의해 발생하는 것으로 해석해 낸다. 모든 자연현상은 엔트로피의 증가라는 '비가역적인' 사건과 결합되어 있다. 이는 자연현상이 '비가역성과 비반복성'을

---

34 이에 대한 보다 상세한 진술을 위해서는 다음 글을 참고하라. 이용주, "판넨베르크의 성령론," 한국조직신학회 엮음, 『성령론』(서울: 대한기독교서회, 2017), 249-283.

35 W. Pannenberg, *Systematische Theologie*, Bd. II (1991), 113.

특징으로 하는 시간이라는 구조 가운데에서 발생하기 때문이다.36 한편 엔트로피의 증가는 단지 파괴적인 힘으로만 작용하지 않는다. 우주의 역사 속에서 엔트로피가 지속적으로 증가함에도 불구하고 이는 동시에 보다 고도의 질서를 갖춘 사물들이 출현하는 사건들과 결합되어 있다. 판넨베르크는 이처럼 시간 구조 가운데에서 출현하는 복잡성과 새로움의 출현을 시간 안에 내재하는 영의 활동에 의한 것으로 해석해 낸다. "미래의 창조적인 힘인 영의 역동성"37이 시간 구조 안에서 작용함으로 인해 피조물 안에서는 기존의 물리법칙만으로는 환원되지 않는 창발적 사건들이 발생한다는 것이며, 판넨베르크는 생명체의 출현을 그 대표적인 사례로 제시한다.

위에서 살펴본 것처럼 아들과 영의 작용을 통해 매개되는 삼위일체 하나님의 창조 활동은 하나님과는 구별되는 피조물이 삼위일체 하나님의 내적 사귐의 삶에 참여하도록 하는 것을 그 목표로 한다. 역사로서의 자연의 긴 과정 가운데 발생하는 복잡성의 증가와 자연의 "자기조직화"를 통한 "유기체적 생명"의 생성은 이 하나님의 창조 활동이 그 목표에 도달하기 위해 필수불가결한 과정이다. 물론 원자와 분자, 무기체의 생성, 은하와 별들의 생성과 소멸과 같은 비유기체적 과정 역시도 하나님과는 구별되는 자립적인 사물들의 존재라는 하나님의 창조 목표에 따른

---

36 엔트로피의 증가를 자연 사건이 시간 구조의 비가역성과 결합되어 있기 때문인 것으로 해석하는 것은 판넨베르크의 독창적인 해석이 아니고 바이체커로부터 이어받은 것이다. 여기에서도 우리는 판넨베르크가 바이체커에게 크게 의존하고 있다는 사실을 알 수 있다. 이와 관련해서는 다음을 참고하라: *Ibid.*, 118f.; C. F. von Weizsäcker, *Die Einheit der Natur* (München/Wien: Carl Hanser Verlag, 1974), 172-182; C. F. von Weizsäcker, *Geschichte der Natur* (1962), 41.

37 W. Pannenberg, *Systematische Theologie*, Bd. II (1991), 119.

것이다. 하지만 생명체의 출현은 피조물이 그 "자립성에 있어서 새로운 단계"에 도달했다는 것을 의미한다. 이는 생명체의 경우에—특히 동물의 경우에— "자립성"(Selbständigkeit)뿐만 아니라 "자기 행위라는 활동성"(Aktivität eines Sichverhaltens)에 도달한다는 점에서 무기체의 자립성과는 질적인 차이를 지니기 때문이다. 생명체는 자신이 아닌 타자 및 자신을 둘러싼 환경과의 관계 속에서 개별 개체의 '자기' 보존과 미래에도 이어질 지속적인 존속을 위해 '자기' 중심적인 방식으로 활동한다. 이러한 피조물의 자립성은 인간의 출현과 더불어 그 정점에 도달한다: "피조물의 완전한 자립성은 우선 생명체를 통해서 도달하게 되며, 그중에서도 특히 인간의 생성을 통해 특수한 방식으로" 이루어진다. 판넨베르크는 역사로서의 자연의 긴 과정을 통해 인간이 '자립성'과 '자기 관계성'을 갖춘 존재로서 생성하게 된 것은 그 안에서 하나님의 "영에 대한 관계의 내면화"가 구현되어 있기 때문이라고 해석한다.[38] 피조물 가운데에서 활동하는 아들과 영의 지속적인 활동은 생명체, 특히 인간에게 이르러 첨예한 형태로 내면화되고, 이를 통해 '자기' 자신으로부터 촉발되는 자유로운 활동을 통해 창조자와 관계를 형성하게 한다. 자연의 역사는 곧 피조물의 자립성, 즉 자유가 확대되는 과정이며, 이는 자기 자신에 대해 자립적인 피조물과 사귐의 관계를 형성하고자 하는 삼위일체 하나님의 창조 활동의 목적에 부합한다.

---

38 *Ibid.*, 159f.

IV. 자연의 역사와 인간의 특수성

『조직신학』의 인간론에 나타나는 판넨베르크의 인간 이해는 매우 독창적이면서도 난해하여 그 논지를 파악하기가 쉽지 않다. 구체적인 내용은 아래에서 보다 상세히 다루어지겠지만, 이해를 돕기 위해 그 주요 논지를 먼저 다음과 같이 정리하고자 한다: 인간은 다른 동물과 '공유'하고 있는 특징, 즉 그 안에 내주하여 작용함으로써 '생령'이 되게 하는 하나님의 영의 작용으로 인해 다른 동물과는 '구별'되는 '자기의식' 적인 존재가 된다. 자기의식적인 존재인 인간은 자신과 세계, 무한자에 대한 의식적(이성적) 구별의 활동을 수행하는데, 이는 아버지에 대한 아들의 자기 구별의 활동에 상응한다. 다른 생명체와 마찬가지로 영과 아들의 작용의 결과라는 점에서 인간은 자연과 유사하지만 동시에 바로 그 작용으로 인해 의식적 존재가 됨으로써 인간은 다른 피조물과는 구별되는 신적 통치의 대리자라는 특수한 지위를 얻는다.

자연과 인간의 유사성과 차이
: 영의 작용과 영혼-신체-통일체로서의 인간

판넨베르크는 인간을 자연의 활동성의 산물로, 즉 자연과의 연속성 속에 있는 것으로 이해하는데, 이 점에서 그는 근대적 주객도식을 거부하면서 자연과의 연속성 혹은 유사성 속에서 인간을 파악하려는 최근의 신학적 인간론의 경향을 공유한다. 인간은 "가장 고도로 발달된 생명체" 이지만 일련의 진화 과정 속에서 새로운 생명을 산출하는 "자연의 생산성"의 결과로써만 존재할 수 있게 된 것이 사실이다.[39] 고전적인—신학적, 철학적— 인간론이 인간의 고유성을 신체와는 구별되는(혹은 신체에 대해 대립되는) 인간의 영혼 혹은 이성에서 찾고자 했던 것에 반해 판넨베르크는 "신체와 영혼의 인격적 통일성"[40]을 강조한다. 이러한 입장은 하나님의 영이 불어옴에 따라 인간이 비로소 '생령'(nephesh hajja), 즉 '영이 깃든 신체'(beseeltes Leib)가 되었다는 성서 전승에 기초한 것이다. 역시 동일한 성서 전승이 생령이라는 개념을 가지고 인간뿐만 아니라 호흡이 깃든 생명체로서의 전체 동물을 지칭한다는 것을 염두에 둔다면, 인간이 다른 동물과 공유하는 유사성을 판넨베르크가 강조한다는 데에는 의심의 여지가 없다. 인간과 동물은 모두 '생령'이며, 이 점에서 인간은 다른 동물종들과 유사하다.

하지만 판넨베르크가 자연과 인간의 유사성만을 강조하는 것은 아니다. 오히려 그는 자연과는 구별되는 인간의 특별한 지위와 역할을 강조하는데, 이는 오직 인간만을 가리켜 "하나님의 형상"이라고 묘사하면서 특수한 방식으로 "하나님과의 사귐"을 갖도록 창조되었다고 말하는 성서에 근거한다. 또한 인간은 "하나님과의 사귐 및 하나님에 대한 친밀성과 결합되어 있는 다른 피조물에 대한 지배의 지위"를 지니는 것으로 묘사하는 제사장 문서를 토대로 판넨베르크는 다른 피조물에 비해 인간이 지니는 명백한 "우선성"(Vorrang)을 강조한다.[41]

'생령'이라는 점에서 인간은 다른 동물과의 연속성과 유사성 가운데 있지만, 그럼에도 불구하고 '하나님의 형상'으로서 인간에게는 다른 자연 피조물에게는 결여되어 있는 독특한 지배의 역할이 주어져 있다.

---

39 *Ibid.*, 203.
40 *Ibid.*, 209.
41 *Ibid.*, 218f.

그렇다면 다른 피조물과의 연속성에도 불구하고 인간을 다른 생명체들로부터 구별 짓게 하는 인간의 고유한 특징은 무엇인가? 그것은 바로 인간의 의식(및 자기의식)에 있다. 물론 판넨베르크는 전통적 인간론이 인간의 특수성을 신체와는 구별되는 하나의 독립된 실체로서의 영혼 혹은 이성에서 찾았던 것을 비판한다. 그럼에도 불구하고 "인간이라는 현실을 해석"할 때에는 "인간이 자신의 삶을 의식적으로 영위한다는⋯ 사실"에 주의를 기울여야만 한다. "의식이라는 사실(Tatsache des Bewus-stseins)은 인간 삶의 기본 여건"이며, 따라서 모든 종류의 인간론은 이 '사실'을 "적절하게 해석하기 위해 노력"해야 한다.42

고전적인 실체론적 영혼(이성) 이해에 반하여 판넨베르크는 인간이 의식적, 이성적 존재가 되는 것을 생명의 원리로서 피조물 가운데 현존하면서 지속적으로 작용하는 하나님의 영의 활동에 의한 것으로서 제시하고자 한다: "다른 모든 생명의 전개와 마찬가지로 이성의 활동은 신적인 영의 생명을 부여하는 작용(belebendes Wirken)"43의 결과이다. 하나님의 "영이 의식의 제반 기능들 전체에 대해 맺는 관계"를 밝히기 위해 우선 주목해야 할 것은 생명체(성서 전승으로는 생령)인 인간에게 근원적으로 주어져 있는 "삶의 감각"(Lebensgefühl)이다.44 삶의 감각은 인간이 자신 안에서 작용하는 하나님의 영, 즉 "생명의 무한한 근거와 맺는 근본적인 관계"이다. 이 삶의 감각은 다른 인간과의 상호주관적인 관계

---

42 *Ibid.*, 209f.
43 *Ibid.*, 219.
44 부언하자면 삶의 감각은 모든 생명체가 자신의 생명을 지각하는 가운데 자신을 유지하고 자 하는 기본적인 감각을 가리킨다. 인간은 다른 모든 생명체와 함께 이 삶의 감각을 공유하고 있는데, 판넨베르크는 이것이 개별 생명체에 깃든 하나님의 영의 작용이라고 해명하고 있는 것이다.

를 통해 개별 인간에게 의식 및 자기의식이 출현하는 토대이다. 성인의 경우에는 자기와 세계를 구분하는 가운데 삶의 경험이 이루어지지만, 아직 어머니와 공생적 관계 가운데 있는 유아에게는 자기와 세계 사이의 구별이 의식화되지 않으며, 단지 삶의 감각만이 주어져 있을 뿐이다. 이 삶의 감각을 매개로 유아기의 인간은 유쾌와 불쾌를 경험하게 되는데, 이를 통해 인간에게는 "함축적인 자기 관계"가 형성되기 시작한다. 이렇게 삶의 감각으로 인해 인간이 맺는 자기 관계를 가리켜 판넨베르크는 "추후에 세계의식에 대한 차이 가운데에서 자기의식을 형성하게 만드는 출발점"이라고 정의한다.[45]

삶의 감각과 더불어 형성되는 자기 관계 혹은 자기 신뢰(Selbstvertrautheit)는 인간에게만 고유한 것은 아니고, 인간은 이를 생명을 가진 다른 동물들과 공유한다. 하지만 이 자기 관계를 토대로 특히 아동기의 놀이 활동을 통해 인간에게는 "대상에 대한 의식이라는 사태 적합성"이 생성된다. 즉, 자기 자신과 맺는 충동적인 관계를 넘어서 타자를 타자로 인지하고 공존하는 가운데 상이한 사물들 상호 간의 구별 및 관계를 지각하게 되며, 나아가서는 자기 자신을 다른 사물들 및 인간들로부터 '구별 짓는' 작업이 이루어진다. 다른 인간과의 상호관계적 활동을 통해서 인간은 충동에 의해 주도되는 자기 관계를 넘어 비로소 자신과 자신이 아닌 존재들에 대한 구별과 의식을 획득하게 되는데, 이는 자신이 아닌 다른 대상세계와는 구별되는 자신의 신체를 "'나'라는 표지어(Indexwort)"[46]

---

45 W. Pannenberg, *Systematische Theologie*, Bd. II (1991), 221. 이 내용은 『조직신학』에서는 상세하게 다루어지지 않는데, 이는 관련된 내용들이 이미 『신학적 전망 안에서의 인간론』에서 다루어졌기 때문이다. 보다 자세한 논증을 위해서는 다음을 살펴보라. W. Pannenberg, *Anthropologie in theologischer Perspektive* (Göttingen: Vandenhoeck & Ruprecht, 1983), 219ff., 254ff.

를 통해 지시하는 가운데 표현된다.

앞에서 진술한 것처럼 삶의 감각은 하나님의 영이 인간의 신체 가운데 현존한다는 사실의 표현이다. 삶의 감각은 개별 인간에게 현존하는 생명의 근원인 하나님의 영의 지속적인 작용을 통해 촉발되며, 이를 토대로 한 다른 인간과의 상호작용, 즉 상호주관적 관계를 통해 개별 인간에게는 대상세계에 대한 의식과 자기 자신에 대한 의식이 생성된다. 이런 점에서 "자신의 고유한 자아에 대한 의식", 즉 인간의 자기의식은 영의 작용에 의해 촉발되는 "삶의 감각의 통일성이 다양화됨으로써 이루어지는 산물"[47]이다.

인간의 자기의식과 세계에 대한 의식의 형성 과정을 분석함으로써 판넨베르크는 생명체로서의 인간이 지니는 신체적, 감각적 특징이 어떻게 해서 의식의 영역에로 전이(Übergang)되는지를 보이고자 한다. 이는 한편으로는 인간을 자연과의 연속성 속에서 보고자 하는 현대적 인간 이해를 충실히 반영하는 것이다. 반면 다른 한편으로 판넨베르크는 자연과의 유사성을 토대로 해서 인간이 어떻게 다른 생명체와는 명백히 '구분'되는 특징을 지니게 되는지를 보이는 데 주력한다. 이는 일단 생성된 의식과 자기의식은 인간으로 하여금 "신체와 영혼의 구별"을 초래하게 된다는 판넨베르크의 이어지는 논증을 통해 보다 선명히 드러난다.

판넨베르크에 의하면 자신의 의식과 신체를 가리켜 '나'라고 부르는 인간에게 신체는 "자기 자신에 대해서만 아니라 다른 이들에 대해서도" 존재하는 것으로 지각된다. 반면 자신의 "영혼", 즉 "의식의 내면세계"는 오직 자기 자신에 대해서만 존재하는 것으로 인지된다. 이로 인해 자기의

---

46 W. Pannenberg, *Systematische Theologie*, Bd. II (1991), 222.

47 *Ibid.*, 222f.

식을 지닌 인간에게는 "신체와의 차이 가운데 있는 영혼이라는 의식의 내면세계가 인간의 고유한 자아로서 파악"되기에 이른다.48 이렇게 자신의 신체와는 구별되는 내면세계만을 자기 자신으로 의식하는 과정을 통해 자연적 존재로서의 인간은 자기 스스로를 자연으로부터 구별되는 존재로 파악하게 된다는 것이다. 판넨베르크에 의하면 세계와 자기 자신, 자신의 영혼과 신체를 구별하는 활동은 인간을 다른 피조물들로부터 구별 지을 뿐만 아니라 자연에 대한 인간의 책임을 위해서도 필수적인 일이다. 이는 아래에서 살펴볼 것이다.

자연과의 차이를 통한 일치: 로고스의 작용과 인간의 자유

앞에서 살펴본 것처럼 판넨베르크는 인간의 의식을 생명체로서의 인간 안에서 작용하는 하나님의 영의 활동에 의해 촉발되는 것으로 해석한다. 영의 지속적인 작용을 토대로 하면서 이루어지는 다른 인간들과의 상호작용을 통해 하나의 생명체인 인간에게는―다른 생명체와는 구별되는― 자기 자신과 대상세계에 대한 의식이 생성된다는 것이다.49 다른 생명체와는 달리 자신의 의식의 내면세계와 신체, 자기의 영혼과 대상세계를 '구별'하는 의식의 활동성은 인간이 자신의 존재 규정, 즉

---

48 *Ibid.*, 223.

49 이런 점에서 판넨베르크의 의식 이론은 인간의 주체성을 인간의 자아(Ich)가 자기 관계 가운데 스스로 구성하는 것으로 이해했던 전통적인 주체철학과는 달리 철저히 신적 영의 작용과 주체들 간에 이루어지는 상호작용을 통해 결과적으로 구성되는 것으로 제시하고자 한다는 점에서 데카르트, 칸트, 피히테 등의 주체 이론과는 엄밀히 구별된다. 오히려 판넨베르크의 주체 이론은 상호주관성을 통해 주체가 형성되는 것으로 보는 최근의 철학적 논의와 궤를 같이 한다. 상호주관성의 문제와 관련한 간략한 이해를 위해서는 다음을 참고하라: 김상봉, 『서로주체성의 이념』 (서울: 길, 2007), 165ff.

하나님의 형상으로서 하나님과 연합을 실현하는 데 있어 필수적인 일이다. 이를 판넨베르크는 두 가지 방식으로 로고스의 활동과 연관시킨다. 하나는 인간의 자기 구별의 활동은 하나님과는 구별되는 피조세계를 산출하는 로고스의 자기 구별의 활동의 산물이자—비명시적인 방식으로 이루어지는— 그에 상응하는 인간의 활동이라는 것이다. 다른 하나는 자기 구별의 활동은—명시적인 방식으로— 신으로부터 자기를 구별함으로써 인간이 아버지, 아들, 영의 내적 사귐의 삶에 참여하기 위해 필수적인 전제라는 것이다. 전자가 인간의 의식적인 자기 구별활동에 대한 기원론적(protological) 해명이라면, 후자는 인간의 자기 구별 활동의 목표에 대한(teleological) 해명이라고 할 수 있다. 이를 통해 판넨베르크는 인간의 자기 구별의 행위를 삼위일체론적으로, 즉 아들과 영의 지속적인 창조 활동의 산물로서 해명하는 동시에 삼위일체 하나님과의 사귐이라는 인간의 행위의 궁극적 지향점을 제시하고자 한다. 아래에서는 이를 간단히 살펴보도록 하겠다.

첫째, 인간의 의식 가운데 발생하는 자기 구별의 활동은 아들의 자기 구별의 활동에 의한 산물이며, 이런 점에서 인간의 의식적 자기 구별은 아버지로부터 자기를 구별하는 아들의 활동에 대한 '비주제화된'(unthematisch)[50] 참여이다. 그 논거로써 우선 판넨베르크는 자기의식 및 세계의식의 생성과 더불어 동시에 형성되는 "무한자 의식"(Bewusstsein des Unendlichen)에 대한 헤겔의 묘사를 차용하는데, 간략히 정리하자면 다음과 같다: —자아의 생성과정을 설명하면서 언급했던 것처럼— 다양

---

50 '비주제화'(unthematisch)라는 개념은 판넨베르크의 글에 가끔 등장하는 독특한 표현이다. 이 개념은 의식적으로 의도된 것은 아님에도 불구하고 인간의 특수한 활동이 부지불식간에 이미 하나님과 하나님의 활동을 지향하거나 상응하는 경우를 가리킬 때 사용된다.

한 경험을 통해 인간에게는 자기의식이 생성되는데, 이와 더불어 자기와는 구별되는 경험의 총체로서의 세계에 대한 의식이 형성된다. 자아와 세계는 '유한자'라는 개념 안에서 통일적으로 사유되는데, 인간은 이 유한자 전체에 대립하여 있는 것으로 사유되는 '무한자' 개념 안에서 유한자 전체의 최종적인 통일적 근거를 발견한다. 일차적으로 이 무한자는 "유한자의 타자"(das Andere des Endlichen)로서 전체 유한자에 대한 '대립' 가운데 있는 것으로 파악된다. 한편 반성적 사유 가운데 인간의 지성은 이 무한자가 단지 유한자에 대립되는 초월자로서 있지 않으며, 오히려 "유한자의 모든 영역"이 무한자에 대한 "대립 가운데에서" 이 무한자에 의해 "규정되고 한계 지어져"(bestimmt und begrenzt) 있다는 의식에 도달한다. 즉, 무한자는 단지 유한자에 대한 대립 속에 있는 것이 아니라 오히려 유한자를 규정하는 실재이며, 모든 유한자 안에서는 이미 무한자가 작용하고 있다는 것이다. 이에 기초하여 본다면 "유한자에 대한 파악" 안에서는 "무한자에 대한 비주제화된 의식"(unthematisches Bewusstsein des Unendlichen)이 이미 작동하고 있다.[51]

의식의 반성 가운데 획득되는 무한자와 유한자 사이의 관계에 대한 사고를 판넨베르크는 로고스의 활동의 산물로서 해석해 낸다. 사실 인간의 의식의 생성을 로고스와 연관짓는 판넨베르크의 논리는 『조직신학』의 다른 주제들을 다룰 때와는 달리 그다지 치밀하지 않아 보인다. 그는 다만 상호 간의 구별성 가운데 존재하는 유한자를 산출하는 무한자의 활동에 대한 헤겔의 사고를 빌려 무한자와 유한자, 자기 자신과 타자를 구분하는 인간의 지적 활동을 그가 창조론에서 '다름의 원리'로 정의한

---

51 W. Pannenberg, *Systematische Theologie*, Bd. II (1991), 224f.

로고스의 활동으로 해석하는 데 그치고 말 뿐이다: "개별 유한자들을 다른 유한자들로부터 그리고 자신의 고유한 자아와 더불어 모든 유한자를 무한자로부터 구별 짓는 이성적 활동 안에는 신적 로고스가 작용한다." 이 로고스는 "자신의 고유성 속에 있는 모든 피조물을 산출"한 바로 그 로고스이다. 비록 그 논증 방식이 치밀하지는 않지만, 판넨베르크가 무엇을 말하고자 하는지는 선명하다. 그는 인간의 의식에 기초한 활동, 즉 자아와 타자, 유한자와 무한자를 '구분'하는 의식적, 지적 활동을 아버지로부터 자기 자신을 '구별'하는 로고스의 활동에 '상응'[52]하는 것으로 제시하고자 하는 것이다. "타자의 타자성에 대한 지각 속에서 인간의 지성은 아버지로부터의 영원한 아들의 자기 구분에 참여"한다. 자신과 타자를 구분 짓고 또 서로 구별되는 것들을 세계에 대한 의식 가운데에서 연관시키는 인간의 의식적 활동은—비록 그가 명시적으로 인식하지는 못하고 있다 할지라도— 하나님과는 구별되는 피조물의 세계를 존재하게 하는 로고스의 활동이 그의 안에서 지속적으로 작용하고 있기 때문이며 또한 인간은 이런 방식으로 로고스의 활동에 암묵적으로 참여하고 있다. 이처럼 로고스의 자기 구분의 활동에 '상응'하여 이루어지는 인간 지성의 구분하는 활동은 삼위일체 하나님과의 특별한 사귐에 참여하도록 하나님의 형상으로 창조된 인간 규정의 현실화를 위해 필수적인 요소이다.

---

52 판넨베르크 스스로는 하나님의 활동과 인간의 활동의 '유비'로서 양자 간의 '상응'을 강조하는 바르트에 비해 상응 개념을 자주 사용하지는 않으며, 그것은 로고스와 지성의 활동성 사이의 유사성을 드러내는 이 부분에서도 그렇다. 하지만 본문에서 판넨베르크가 인간 지성의 구분 활동을 로고스의 자기 구분 활동과의 유사성 속에 있는 것으로 제시한다는 것만은 분명하다. 바르트 연구에서 자주 사용되는 이 '상응' 개념에 대해서는 다음을 참고하라: Eberhard Jüngel, *Gottes Sein ist im Werden* (Tübingen: J. C. B. Mohr, 1966), 36ff.

둘째, 하나님과의 사귐이라는 인간의 독특한 존재 규정이 실현되는 자리는 다름 아닌 나사렛 예수이다. 인간으로서 나사렛 예수는 자기 자신을 철저히 하나님 아버지로부터 '구별' 짓는데, 인간 예수의 하나님에 대한 자기 구별의 활동은 내재적 삼위일체 내에서 영원한 아들이 아버지와 맺는 관계를 계시한다. 자신을 아버지로부터 구분 짓는 가운데 아들은 영의 매개를 통해 아버지와 하나이며, 이런 점에서 예수의 자기 구분의 활동은 아버지, 아들, 영, 세 인격 간에 이루어지는 삼위일체적 사귐의 인식론적 토대이자 인간이 삼위일체 하나님과의 사귐에 참여하는 길이 무엇인지를 보여준다. 아들은 "자신을 아버지로부터 그리고 아버지를 자신으로부터 구분하여 아버지를 한 분 하나님으로 계시"하며, 바로 이처럼 자기 구분하는 아들의 활동과의 관계 안에서 "아버지는 영원한 아버지 하나님"으로 계신다.[53] 스스로를 아버지 하나님으로부터 철저히 구분하는 나사렛 예수는 영의 연합시키는 활동을 통해서 삼위일체 하나님의 내적 사귐의 삶에 참여하는데, 이처럼 삼위일체 하나님과의 사귐이라는 인간의 창조 목적이 예수에게서 온전히 실현되어 있다는 점에서 나사렛 예수는 진정한 하나님의 형상이다. 이처럼 나사렛 예수 안에서 완성된 하나님의 형상에 '상응'하게 행동할 때 인간은 하나님의 형상을 따라 창조된 인간 자신의 본래적인 존재 규정에 부합할 수 있게 된다.

의식의 활동 가운데에서 이루어지는 인간의 자기 구분의 행위는 나사렛 예수 안에서 완성된 삼위일체 하나님과의 사귐이라는 하나님의 형상으로서의 인간의 규정의 현실화를 위해 필수적이다. 마치 "아들이

---

53 W. Pannenberg, *Systematische Theologie*, Bd. II (1991), 265.

아버지로부터의 자기 구별 가운데 영을 통해 아버지와 연합"하는 것처럼 하나님의 형상으로서의 인간 역시 하나님과 피조물 사이를 '구별'하면서 자신의 "유한성을 수용"할 때에 비로소 하나님과의 사귐에 참여할 수 있기 때문이다.[54] 따라서 영과 로고스의 활동에 토대하여—그리고 상호 주관적 관계를 통해— 생성되는 인간의 의식적인 구별의 행위, 즉 자신의 영혼과 신체, 자기와 세계, 유한자와 무한자를 구별하는 행위는 인간이 나사렛 예수를 따라 '의식적으로'—판넨베르크의 용어를 빌리면, '주제화된' 방식으로— 삼위일체 하나님과의 사귐에 참여하기 위한 필수적 토대이다. 차이에 대한 의식이 없이는 하나님과의 일치를 이룰 수 없기 때문이다. 무한자와 유한자의 차이에 대한 인식을 토대로 하나님을 하나님으로 자신을 하나님에 의해 규정된 관계 가운데 한정지어진 존재로 인정할 때에만 하나님을 하나님으로, "이성적인 방식으로"(롬 1:20) 섬기는 일이 가능하게 된다.[55]

지금까지 살펴본 것처럼 판넨베르크는 인간의 의식적 활동을 자연의 역사와 개별 피조물 안에 지속적으로 작용하는 영원한 아들과 영의 활동에 의해 촉발되는 산물로 이해한다. 이는 하나님의 형상으로서의 인간을 자연과의 연속성 속에서 이해하게 하면서도 동시에 인간에게는 그 연속성을 넘어 다른 피조물과는 구별되는 독특성이 주어져 있다는 것을 말할 수 있게 한다. 삶의 감각은 하나의 생명체로서 인간이 '자기' 자신을 타자로부터 구별하는 가운데 자신을 보존하도록 한다. 이런 점에서 영의 작용에 의해 생성되는 영육통일체인 인간이 지니는 삶의 감각은 그가 하나님과 다른 피조물에 대하여 독자적이며 자유로운 존재로 창조

---

54 *Ibid.*, 226.
55 *Ibid.*, 224.

되었다는 사실을 보여준다. 다른 한편 인간은 자신을 하나님 및 다른 피조물들로부터 의식적으로 구분하고 그 차이를 인정하는 가운데에서만, 즉 자신의 자유에 대한 지각과 그 의식적인 행사를 통해서만 하나님과 피조물의 본래적인 관계가 현실화되도록 할 수 있다. 이런 점에서 인간은 결코 자연과의 단순한 연속성 속에만 있지 않으며, 오히려 자기 자신과 다른 피조물, 하나님과 전체 피조세계에 대한 차이를 인식하고 이를 구별 짓는 가운데에서 다른 피조물의 "대변인"의 역할을 수행한다. 자기 구별의 능력을 매개로 인간은 스스로를 하나님으로부터 구별 짓는 가운데 다른 모든 피조물과 자기 스스로를 "하나님의 피조물로서 인정" 하게 되며, 이를 통해서 피조물에 대한 "하나님의 통치의 대리인"으로서 기능하게 된다.56

판넨베르크는 하나님의 영과 로고스의 지속적인 창조 활동의 결과 인간은 다른 피조물과는 구별되는 방식으로 스스로를 의식적으로(혹은 이성적으로) 하나님으로부터 구별 지을 수 있으며, 이를 통해 피조물에 대한 하나님의 통치의 대리인의 역할을 맡는다고 말한다. 하지만 이는 다시금 기존의 이성적 의식을 중심으로 하는 인간중심주의의 복권을 뜻하는 것은 아닌가? 이러한 우려에 반하여 판넨베르크는 결코 자연에 대한 인간의 무제한적인 지배를 정당화하지 않는다. 오히려 자기 구분의 활동을 통해 하나님과 스스로를 구별하는 가운데 "자신의 고유한 유한성을 받아들이는 일은 모든 다른 피조물에게 마땅히 제시되어야 하는 합당한 존중을 포함"57한다. 자기 자신을 세계의 다른 대상들과 구별 짓는 것은 인간이 하나님 앞에서 "책임 가운데에서 세계를 다스리"기

---

56 *Ibid*., 160.
57 *Ibid*., 265.

위한 기본적인 전제조건이다. 인간은 결코 단지 자연과의 유사성 속에만 존재하지 않으며, 그것과 구별되는 독특한 특징을 가진다. 하지만 이 인간의 독특성은 결코 자연에 대한 무제한적인 지배에 대한 정당화로 단선적으로 귀결되지는 않는다. 오히려 자기 자신이 피조물과의 관계 가운데 그리고 하나님과의 관계 가운데 '특정한 방식으로 한계지어진' 유한한 존재라는 자각 가운데에서 비로소 인간은 하나님 앞에서 피조물을 대리해야 할 독특한 과제가 주어져 있다는 것을 인식하게 되며, "인간의 임의적인 목적을 위한 자연에 대한 무제한적인 착취"가 아니라 하나님 "아버지 앞에서 책임 가운데에서 세계를 다스릴" 과제가 주어져 있음을 깨닫게 된다. 이런 방식으로 인간은 자기 안에서 활동하는 하나님의 영원한 "아들의 자격에 부합하는 통치"를 수행하게 된다.[58]

V. 인간의 고유성 ― 책임적 실천의 토대

자연에 대한 광범위한 수탈과 파괴가 자행되고 있는 현실 속에서 자연과 인간의 상호관계성과 의존성을 강조하는 생태신학적 관점은 현대 신학이 결코 소홀히 해서는 안 되는 입장인 것은 분명하다. 하지만 인간중심주의를 극복해야 한다는 당위론적 요구로 인해 과도하게 자연과 인간의 유사성 혹은 인간의 자연적 특징에만 집중하다 보면 인간의 존엄성이나 자유와 같은 인간의 고유한 특징들이 간과될 우려가 큰 것도 사실이다. 이에 반해 판넨베르크의 인간론은 인간을 다른 피조물들

---

58 W. Pannenberg, *Anthropologie in theologischer Perspektive* (1983), 75f.

과 마찬가지로 삼위일체 하나님의 지속적인 창조 활동의 결과로 파악하면서도 자연과는 구별되는 방식으로 인간에게 부과되어 있는 특수한 지위를 간과하지 않도록 도와준다. 특히 아들과 영의 창조 활동으로 인해 생성된 인간의 생명체로서의 특징이 사회적 관계를 통해 다른 피조물과는 구별되는 인간의 고유성을 획득하게 한다는 판넨베르크의 설명은 주목할 만하다. 인간이 자연과 유사성이 있는 것은 사실이지만, 그 유사성에도 불구하고 인간은 자신과 자연, 세계와 하나님을 서로 의식적으로 구별할 수 있게 되며, 바로 그 차이를 토대로 하나님과 다른 피조물에 대한 자유를 얻게 된다. 자연과 인간의 '차이'에 대한 인식은 결코 생태주의적 관점이 주장하는 것처럼 자연에 대한 인간의 지배와 착취로 이어지지 않고, 오히려 하나님의 형상으로서 독특한 지위를 지닌 인간이 자기와는 구별되는 피조세계를 위한 '대리적' 행위를 수행하는 것을 가능하게 한다. 자연과 인간의 차이를 강조하는 것은 자동적으로 자연에 대한 파괴로 귀결되는 것은 아니다. 오히려 자연에 대한 상대적인 자립성, 즉 자유 속에서 비로소 자연을 향한 책임적 실천의 길이 열리게 된다.

7 장

하나님의 형상으로서의 인간에 대한
진화생물학적 이해

― 데니스 알렉산더(Denis Alexander)를 중심으로*

I. 인간에 대한 생물학적 이해와 신학적 딜레마

인간이 '하나님의 형상'이라는 것은 신학적 인간론에 있어서 결코 제거될 수 없는 인간에 대한 근본 규정이다.[1] 제사장 문서는 인간이 '하나님의 형상'이라는 존재 규정을 '땅의 지배'와 긴밀히 결합시키고 있는데, 이는 창조자 및 다른 피조물과의 관계 속에서 하나님의 형상으로

---

* 이 글은 2019년 7월 1일부터 2022년 6월 30일까지 진행되는 대한민국 교육부와 한국연구재단의 지원을 받아 수행된 연구임(NRF 2019S1A5A2A03034618).

1 Wilfried Härle, *Dogmatik* (Berlin/New York: De Gruyter, 2000), 434f.; Aaron Langenfeld & Magnus Lerch, *Theologische Anthropologie* (Paderborn: Verlag Ferdinand Schönigh, 2018), 152f.

서 인간에게 부과되어 있는 독특성을 묘사하는 것이다. 전통적으로 교회와 신학에서는 오랫동안 플라톤적인 영혼-신체의 이원론적 분리에 기초하여 인간에게 부과된 영혼 혹은 이성적 속성이 인간으로 하여금 하나님의 형상이 되게 하는 특수한 자질이리라고 생각해 왔다.[2] 인간은 신체적으로는 다른 피조물과 유사한 특징을 공유하지만 인간에게 부여된 영적·이성적 자질이 인간으로 하여금 다른 생명체와는 달리 하나님과 더욱 긴밀한 관계를 형성하게 하며, 바로 이런 점에서 인간은 특별한 존엄성을 지닌다는 것이다.[3]

하지만 다윈의 진화론이 인간이 자연선택이라는 긴 진화의 과정의 산물임을 밝혀낸 이후부터 인간의 고유한 가치와 존엄성에 대해 이야기하는 것은 쉽지 않은 일이 되어 버렸다. 특히 20세기 중반 이후 발달한 진화생물학, 분자생물학, 유전학 등은 인간을 물리적으로 구성하는 분자 수준에서 이루어지는 기계적이고도 인과율적인 작용의 산물로 인간을 설명하는데, 이에 따라 인간이 신에 의해 부과된 고유성을 지닌다는 기독교 신앙의 오랜 가르침은 더 이상 정당화되기 어려운 것으로 여겨지곤 한다.

이와 같은 상황에서 인간에 대한 신학적 해명의 시도는 일종의 딜레마 상황에 빠져 있다고 해도 과언이 아니다. 하나님의 형상으로서 인간이 지니는 고유성을 강조하기 위해서 여전히 영혼과 신체, 정신과 물질의

---

2 예를 들어 아우구스티누스는 인간은 '이성적 영혼'(anima rationale)을 지닌다는 점에서 하나님의 형상을 따라 만들어졌다고 보았다: 아우렐리우스 아우구스티누스/성염 옮김, 『신국론』, 제11-18권 (칠곡: 분도출판사, 2004), 1415(= De civitate Dei, XIII, 24.2.).

3 Aaron Langenfeld & Magnus Lerch, Theologische Anthropologie (2018), 151; Christoph Schwöbel, "Recovering Human Dignity," R. Kendall Soulen & Linda Woodhead, eds., God and Human Dignity (Grand Rapids: Eerdmans, 2006), 44-58; 51.

이원론에 기초한다면 그와 같은 인간에 대한 진술이 과학적으로, 합리적으로 참되다는 것을 보이기 어렵다. 반면 현대 생물학과의 대화를 통해 신학적 인간 이해를 심화시키는 것도 쉽지는 않아 보이는데, 이는 자크 모노, 리처드 도킨스, 프랜시스 크릭 등 대중적으로 잘 알려진 생물학자들의 인간에 대한 논의가 대단히 유물론적이고도 무신론적인 방향으로 경도되어 있기 때문이다.4 인간의 고유성을 계속 주장하기 위해 여전히 전통적 이원론에 의지하면 그 진술의 참됨을 주장하기가 어렵게 되고, 반면 자연과학의 자연주의적이고도 일원론적인 해명들을 수용하자니 하나님의 형상으로서 인간의 고유성과 독특성을 드러내는 것이 쉽지 않은 상황에 놓여 있는 것이다. 인간에 대한 현대 생물학의 설명을 부정하지 않으면서도 인간을 하나님의 형상으로 드러내는 방안이 과연 있기는 할까?

상기한 맥락에서 데니스 알렉산더(Denis Alexander)5가 2012년 스코틀랜드의 세인트 앤드류스대학에서 "유전자, 결정론, 하나님"이라는 제목으로 행한 기포드 강연은 하나의 좋은 사례로 제시될 수 있다.6

---

4 다음과 같은 자크 모노의 발언이 그 대표적인 사례이다. "그 어떤 것이라도 간단하고 분명한 기계적 상호작용으로 환원될 수 있다. 세포는 하나의 기계이다. 동물도 하나의 기계이다. 인간 역시 하나의 기계이다.": 이안 바버/이철우 옮김, 『과학이 종교를 만날 때』(서울: 김영사, 2002), 131에서 재인용. 이 외에도 인간은 "유전자 기계"에 불과하다는 도킨스의 발언이나 인간은 다만 "뉴런 보따리"에 불과하다는 프랜시스 크릭의 말도 잘 알려져 있는 유사한 사례들이다.

5 데니스 알렉산더(1945~)는 분자 생물학자이자 케임브리지의 St. Edmund대학의 "과학과 종교를 위한 패러데이 연구소"의 은퇴 소장으로서 과학과 종교의 관계 문제에 관심을 가지고 많은 글을 발표했다. 대표적인 것으로는 Denis R. Alexander, *Creation or Evolution: Do We Have to Choose?* (Oxford/Grand Rapids: Monarch Books, 2014); *Rebuilding the Matrix: Science and Faith in 21st Century* (Grand Rapids: Zondervan, 2001) 등이 있다.

6 알렉산더는 2012년의 기포드 강연을 증보하여 동일한 제목으로 2017년에 출판하였다. 이 글에서는 이 기포드 강연의 출판된 증보판을 중심으로 다룬다: Denis R. Alexander,

여기에서 알렉산더는 자신의 전문 연구 분야인 유전자학이 제시하는 인간 이해가 결코 유물론적 환원주의나 인간에 대한 결정론으로 귀결되지 않으며, 하나님의 형상이라는 신학적 인간 이해와 잘 조화될 수 있음을 밝히고 있다. 알렉산더의 설명을 살펴봄으로써 이 글에서는 인간에 대한 진화생물학적, 유전학적 해명에 대한 일방적인 오해를 교정하고, 인간에 대한 최신의 생물학적 해명들이 하나님의 형상이라는 인간에 대한 신학적 인식과 결코 배치되기만 하는 것이 아니라 오히려 서로 잘 조화될 수 있음을 드러내고자 한다.

II. 유전자 결정론과 이분법적 인간 이해 비판
— 시스템 유전학을 토대로

에드워드 윌슨이나 리처드 도킨스처럼 대중적으로 널리 알려진 진화과학자들이 유전자 결정론과 이로부터 귀결되는 인간에 대한 이분법적 이해를 내세우는 데 반해 알렉산더는 지난 수십 년간 발전한 유전학의 성과들을 토대로 이들의 의견을 적극적으로 반박하면서 기포드 강연을 시작한다. 예를 들어 DNA 이중 나선 구조를 발견한 공로로 노벨상을 수상하였던 제임스 왓슨은 "우리의 운명은 우리의 유전자 안에 담겨 있다"[7]고 말한 바 있는데, 알렉산더는 이처럼 인간의 삶과 행동이 오직 유전자에 의해 결정되는 것으로 간주하는 "강한 결정론"(hard determinism)은 "모든 인간이 의사결정 과정에서 경험하는… 보편적 느낌"인

Genes, Determinism and God (Cambridge: Cambridge University Press, 2017).

7 *Ibid.*, 39에서 재인용.

"자유의지"를 부정하고 유전자와 자유, 자연과 양육이 함께 양립할 수 없는 양자택일의 문제인 것처럼 강요한다는 점에서 문제가 있다고 지적한다. 알렉산더는 자유의지를 "우리가 행한 일에 대해 우리가 책임을 지도록 하는 방식으로 행위의 과정 사이에서 의도적으로 선택할 수 있는 능력"으로 정의한 후[8] 인간 안에서 유전자가 작용한다는 단순한 이유에 기초해서 자유의지를 부정하는 것은 도덕적이고 책임적인 행위를 무의미하게 만들 뿐만 아니라, 나아가서는 히틀러의 제3제국의 인종 말살정책 등을 정당화할 위험을 지니기 때문에 매우 주의해야 한다고 말한다.[9] 이에 반해 알렉산더는 인간의 자유의지가 하나의 "다윈주의적 형질"(Darwinian trait)이라는 것을 제시함으로써 유전자 결정론자들의 "이분법적 언어"(dichotomous language)를 극복하고, 이를 통해 "인간의 자유와 결정론이라는 이념의 맥락 속에서 유전자 변이와 인간 행동 사이의 관계"를 제시하는 것을 자신의 기포드 강연의 목표라고 명시한다.[10]

유전자 결정론에 대한 알렉산더의 비판은 그 자신이 전문적인 유전학자로서 20세기 후반 이후 발전한 유전학의 연구성과들에 기반하기 때문에 매우 전문적이라는 장점을 지닌다. 제임스 왓슨이나 프랜시스 크릭 같은 초기 유전학자들은 대체로 "근원적-환원주의"(arch-reductionism)를 자명한 것으로 전제하였다. 이는 유전학의 "핵심 도그마"(central dogma)라고도 불리는데, 이에 따르면 생명체 안에서 정보는 유전자로부터 유기체를 구성하는 단백질의 방향으로 흐르지, 결코 그 역은 성립하지

---

8 *Ibid.*, 2.
9 *Ibid.*, 51f.
10 *Ibid.*, 1f.

않는다는 것이다. 이 관점은 생명체를 일종의 "레고 키트 구성체"(lego kit construction)처럼 이해하는 것으로서, 하위의 개별 단위들이 모여 하나의 생명체를 구성하므로 개별 생명체는 그 하부 단위인 유전자만 해명하면 온전히 설명될 수 있다는 태도인 것이다. 그러나 알렉산더는 최근의 유전학 연구를 토대로 "이것보다 진리로부터 더 멀리 떨어져 있는 것은 없다"고 단언한다.

유전자 결정론에 반하여 알렉산더는 현대 유전학의 "시스템 접근 방식"(systems approach)을 그 대안으로 제시한다. 이 접근 방식은 "시스템 생물학 접근 방식"이라고도 불리는데, "살아 있는 세포나 살아 있는 전체 유기체를 풍부한 요소들이 온전히 통합되어 있는 복잡한 시스템(complex system)으로" 이해하는 접근 방식이다. 일견 이 접근 방식은 환원주의적 접근 방식과 대립 관계에 있는 것으로 보인다. 그러나 실제로는 환원주의적 접근 방식과 대립된다기보다는 환원주의적 연구 방식에 따라 획득된 유전자에 대한 데이터들을 유전자들이 위치하는 세포 및 개별 생명체 전체 그리고 이 생명체가 자리하고 있는 환경과의 긴밀한 상호작용 속에서 재해석하는 것을 의미한다고 보는 것이 더 적절하다. 이는 유전학이 DNA 염기서열 분석(sequencing)에 더 집중하게 됨에 따라 획득된 진일보한 유전학적 이해이다. 이를 간략히 정리하자면 유전자 안에는 생명체를 구성하는 단백질 합성을 위한 정보가 담겨 있는데, 이 정보가 언제나 동일한 방식으로 하나의 단백질 합성을 위한 정보로 반드시 작동하는 것은 아니고, 오히려 게놈이 자리하고 있는 주변 환경과의 긴밀한 상호관계 가운데에서 매우 다양한 방식으로 변이가 발생한다는 것이다.[11]

알렉산더에 의하면 시스템 접근 방식은 오늘날 당연한 것으로 받아들여지고 있으며, 특히 진화발달생물학(evolutionary developmental biology) 분야에서는 주도적인 관점이다. 발달생물학은 수정 이후부터 지속적으로 진행되는 유기체의 발달을 연구하는 생물학 분야인데, 특히 유전자가 환경과의 상호작용을 통해서 어떤 변이를 산출하고, 이것이 어떻게 후대에게 유전되는지를 밝히는 데 집중한다. 이 과정에서 DNA가 생명체의 발달에 있어서 중요한 역할을 하는 것이 사실이지만, 그것이 마치 일종의 '레시피'처럼 일방적으로 주도적인 역할을 담당하는 것은 아니고, 게놈을 둘러싸고 있는 단백질과 주변 환경과의 긴밀한 상호작용 가운데에서 작동하는 것으로 이해되어야 한다. 이를 이해하기 위해서는 환경과 상호작용하는 가운데 DNA 안에 담긴 유전자 정보의 변이가 발생하는 메커니즘을 살펴볼 필요가 있다. 이는 향후 아래 장들에서 다루어질 인간에 대한 알렉산더의 유전학적 설명의 가장 근간이 된다.

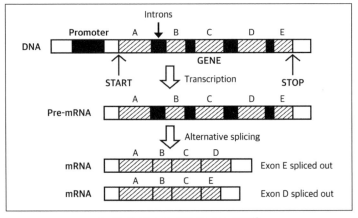

〈그림 4〉 시스템 생물학 접근 방식[12]

---

11 *Ibid.*, 62ff.

그림의 첫 줄에서 빗금 처진 A, B, C, D, E 구역은 DNA 염기 중 엑손(exon)이라고 하는데, 엑손은 단백질 합성을 관장하는 뉴클레오티드 신호가 암호화되어 있어서 단백질 합성을 담당한다. 엑손들 사이에 있는 검게 표시된 구역들은 단백질 합성과 관련한 정보를 담고 있지 않은(non-coding) DNA로서 인트론(intron)이라고 한다.[13] 세포 내에서 단백질이 합성되기 위해서는 이 DNA 구조가 일단 그림상 두 번째 단계인 Pre-mRNA로 번역되어야 하고, 이 중 인트론이 잘려 나가고 엑손의 결합만으로 이루어진 mRNA 단계로 이행된다. 그러니까 본래는 모체 DNA 구조에 부합하는 A~E까지의 exon이 결합된 mRNA가 생성되어야 하지만 그림의 세 번째, 네 번째 줄은 DNA 내 유전정보가 RNA로 전사되는 과정에서 환경으로부터 오는 어떤 영향에 의해 A, B, C는 공유되지만, D 혹은 E만이 결합된 두 개의 상이한 mRNA로의 변이가 발생한 것을 보여준다. 이 과정을 통해서 본래의 것과는 다른 상이한 기능을 가진 단백질이 생성되는 것이다.

대중적으로는 위와 같은 유전자 변이의 발생빈도가 높지 않으리라고 추정하는 경향이 있지만, 알렉산더는 위의 그림과 인코드(ENCODE) 프로젝트[14]의 결과들을 소개하면서 유전자 변이가 매우 광범위하게

---

12 *Ibid.*, 67.

13 인트론은 한때 쓰레기 유전자(junk DNA)라고도 불렸는데, 이는 이것들이 단백질 합성과 연관 없는 유전자 부분들이기 때문이었다. 그러나 최근 들어서 이 쓰레기 유전자들은 쓸모없는 것이 아니라, 바로 위의 표에서 보여주는 것 같은 유전자 전사 과정을 안정화시키거나 유전형 표현에서 기능하는 것으로 파악되고 있다. 이에 대해서는 https://medlineplus.gov/genetics/understanding/genomicresearch/encode/; 유전자 복제 과정에 대한 보다 상세한 설명은 다음을 참고하라: Denis R. Alexander, *Creation or Evolution: Do We Have To Choose?* (Oxford: Monarch, 2008), 67ff.

14 ENCODE(Encyclopedia of DNA Elements) Project는 2003년에 완성된 인간 게놈 프로젝

발생한다고 알려 준다. 인간에게는 21,000여 개의 단백질 합성 유전자가 있는데 그중 95퍼센트의 유전자에게서 변이가 발생하고, 이로 인해 21,000개의 유전자로부터 100,000여 개의 단백질이 생성된다. 이러한 변이는 위의 표의 pre-mRNA 단계에서 엑손과 인트론의 경계 지점이 세포 및 개별 생명체 전체로부터 주어지는 독특한 환경적 영향을 받음으로써 발생한다.[15] 이처럼 유전자가 "환경으로부터 오는 지속적인 정보의 흐름"[16]에 영향을 받는다는 것이 자명한 이상 이전 세대 유전학의 핵심 도그마와 이에 기초한 일방적인 유전자 결정론은 근거가 없다. 세포 안에서 정보의 흐름은 유전자로부터 단백질이라는 방향으로 일방적으로 진행하지 않는다. 오히려 유전자가 "'올바른' 음악을 생산할 수 있도록 오케스트라처럼 작용하는 것은 전체로서의 시스템"[17]이다.

알렉산더는 유전자와 환경의 긴밀한 상호작용을 통해 이루어지는 진화의 증거들을 자신의 강연에서 매우 다양하게 제시하는데, 그중 앞으로의 논의를 위해서 주목해야 할 것이 후성유전학(epigenetics)적 사례들이다. 앞에서 거론된 사례가 DNA 염기서열상의 변이를 통한 유전 형질의 변화에 관한 것이었다면, 후성유전학은 이와는 달리 DNA 서열의 변이가 발생하지 않더라도 세포분열 과정에서 염색체 안에서 유전자 발현의 형태가 변화하고 이것이 후대에게로 유전되는 현상을 연구하는

트(Human Genome Project)의 결과에 대한 해석을 진행하는 인간 게놈 프로젝트의 후속 작업이다. 현재 전 세계적으로 30여 개 이상의 연구 그룹과 400명 이상의 과학자들이 참여하고 있고, 연구 결과는 다음의 웹사이트에서 업데이트되고 있다. https://www.encodeproject.org/ (2021. 8. 23. 접속).

15 Denis R. Alexander, *Genes, Determinism and God* (2017), 67f.

16 *Ibid.*, 72.

17 *Ibid.*, 74.

분자생물학 분과이다. 후성유전학적 지표들 중 대표적인 것이 DNA 메틸화(DNA methylation)인데, 알렉산더가 제시하는 여러 사례들 중 출산 직후 새끼 쥐에 대한 사례는 눈여겨볼 만하다. 출산 직후 어미가 많이 핥고 어루만져 준 새끼 들쥐의 경우 뇌의 시상하부에서 신경전달물질인 세로틴의 분비가 촉진된다. 풍부한 세로틴 분비는 시상하부를 더욱 자극해서 결과적으로 DNA 메틸화를 유발시키는데, 이 경우 새끼는 성체가 된 후에도 스트레스 상황에서 보다 안정적으로 대응하는 행동 유형을 지니게 된다. 이처럼 어미, 즉 환경으로부터 주어지는 자극은 새끼에게서 유전자가 독특한 형태로 발현하도록 영향을 끼치고, 거꾸로 이러한 방식의 유전자 표현형의 발현은 그것을 담지한 성인 개체뿐만 아니라 향후 몇 세대에 이르기까지 장기간에 걸친 행동상의 변화를 초래한다.[18]

지금까지 살펴본 유전학적 자료들은 유전자가 유기체의 모든 것을 결정하는 설명서나 설계도인 것처럼 주장하는 환원주의적 유전자 결정론을 시스템 생물학 접근 방식에서 반박하는 사례들이다. 이는 향후 알렉산더가 인간에 대한 유전자 환원주의적 이해를 극복하고 유전자의 작용에도 불구하고 인간의 자유의지를 말할 수 있게 하는 유전학적 토대로 작용한다. 유전자와 자유의 관계를 다루기 위해서는 먼저 알렉산더의 기포드 강연의 대표적인 개념 중 하나인 DICI를 살펴보면서 고등 동물에게서 이루어지는 유전자와 환경의 긴밀한 결합에 대해 일관하는 것이 필요하다.

---

18 *Ibid.*, 77f.

III. 발달상 통합된 상보적 상호작용론
(DICI: Developmental Integrated Complementary Interactionism)

DICI는 유전자와 환경이 서로에게 상호작용을 미치는 가운데 개별 생명체의 평생에 걸쳐 이루어지는 유전적 특징의 발현을 응축적으로 표현하기 위해 알렉산더가 고안해 낸 개념이다. '통합', '상보', '상호작용' 등의 개념은 사실 앞에서 유전자와 환경의 긴밀한 상호관계를 해명할 때 이미 제시된 내용의 반복이라고 해도 무방하다. DICI에서 특징적인 것은 유전자와 환경 간의 상호작용을 설명함에 있어서 생명체의 수정과 착상 그리고 출산 이후 지속적으로 이루어지는 '발달' 과정에 주목한다는 데 있다. 여기에 더하여 알렉산더는 진화 과정에서 출현한 고도의 복잡성을 지닌 생명체에게서 이루어지는 유전자와 행동 사이의 관계 등을 보임으로써 인간에 대한 이분법적 이해가 오류라는 것을 제시하는 유전학적 증거자료로 제시한다. 이를 위해서 후성유전학, 동물행동 연구, 양적 행동유전학 등의 다양한 연구 결과들이 그 사례로 제시된다. 여기에서는 다음 장에서 다루어질 DAME, 즉 인간에게서 이루어지는 생물학적 작용들과 인간의 자유를 통일적으로 이해하는 인간 이해를 드러내는 데 도움이 되는 몇 가지 사례들만을 살펴보면서 DICI를 정리하고자 한다.

동물행동 연구 차원에서 유전자와 환경의 긴밀한 상호작용을 보여주는 대표적인 사례로는 초원 들쥐의 짝짓기 행태에 관한 연구가 있다. 초원 들쥐에는 대략 60여 개의 종이 있는데, 이 중 일부는 일부일처제를 이룬다. 이는 수컷의 경우 바소프레신(vasopressin), 암컷의 경우 옥시토

신(oxytocin)의 영향 때문인 것으로 알려졌다. 실험실에서 뇌의 바소프레신 수준을 인위적으로 높일 경우 들쥐들에게서는 일부일처 경향이 높아지는 것이 관찰된 것이다. 그런데 바소프레신이 효과를 발휘하기 위해서는 뇌에서 바소프레신을 인식하는 V1aR 수용체(receptor)가 필수적이며, 따라서 V1aR 수용체는 들쥐의 짝짓기 행동을 결정하는 스위치 역할을 하는 것으로 간주되었다.[19] 그러나 최근의 연구에서는 V1aR 수용체와 짝짓기 행동양식 사이의 연관성은 실험실 들쥐의 경우에만 제한적으로 해당될 뿐 야생 들쥐의 경우에는 별 상관관계가 없다는 것이 밝혀졌다. 야생 환경 속에서는 개체와 음식의 밀도, 강우량이나 기온 등이 더 큰 영향을 끼쳐서 개체 밀도가 낮고 양식이 풍부할 경우 일부일처가 주종을 이루지만, 그렇지 않은 경우 짝짓기 행동에서 난잡성이 증가하는 경향을 보인 것이다.[20]

알렉산더는 초원 들쥐의 사례를 들어 마치 하나의 단일한 유전자가 그 개체의 사회적 행동까지도 결정하는 것처럼 침소봉대하는 일부 과학자들과 언론 그리고 이를 확장시켜 인간의 사회적 행동까지도 유전자에 의해 결정되는 것인 양 과장하는 자연주의적 철학자들에 대해 매우 비판적인 입장을 표한다. V1aR 수용체는 발견된 직후 "일부일처 유전자"[21]로 대중에게 알려졌고, 이를 토대로 신경철학자인 처치랜드는 "신경과학이 선택을 조절하는 메커니즘을 발견하게 되면, 우리는 누군가가 진실로 무엇을 선택하는지에 대해 의심할 수밖에 없게 될 것"이라고

---

19 이 내용은 Daniel J. McKaughan & Kevin C. Elliott, "Voles, Vasopressin, and the Ethics of Framing," *Science* 338 (2012), 1285.

20 Denis R. Alexander, *Genes, Determinism and God* (2017), 124f.

21 https://www.newscientist.com/article/dn14641-monogamy-gene-found-in-people/ (2008. 9. 1. 기사, 2021. 8. 24. 접속).

주장하기도 하였다.[22] 이에 반해 알렉산더는 초원 들쥐의 경우는 유전자와 환경이 긴밀히 상호작용을 주고받는다는 것을 보여주는 전형적인 사례임을 강조한다. 또한 처치랜드의 주장과는 달리 동물이 반드시 유전자에 의해 일방적으로 지배받고 있지 않으며, 오히려 유전자와 환경의 상호작용 속에서 자신의 행동을 '스스로 선택'하는 경우가 있다는 것을 원숭이가 성체가 된 후 집을 떠나는 이소 행위를 사례로 제시한다.

푸에르토리코의 야생에서 서식하는 짧은 꼬리 원숭이 중 수컷들은 출생 후 3~6년 사이에 태어난 무리를 떠난다. 예전에는 이 이소 연령은 세로토닌의 부산물인 5-하이드록시인돌 아세트산(hydroxyindoleace-tic acid)의 중추신경계 내 농도와 직접 관련이 있는 것으로 여겨졌다. 농도가 낮을 경우 이소 연령이 빨라지고, 반대의 경우에는 이소 시기가 지연된다는 것이다. 앞의 초원 들쥐의 경우에서처럼 이 경우에도 역시 세로토닌을 전달하는 유전자에 대한 연구가 진행되었는데, 이 신경전달 유전자의 변이 형태에 따라 이소 시기가 상이하게 나타난다는 것이 확인되었다. 그러나 알렉산더는 이것이 짧은 꼬리 원숭이의 이소 시기가 철저히 유전자의 작용에 의해서만 결정된다는 것을 보여주는 사례로 일방적으로 해석되어서는 안 된다고 말한다. 왜냐하면 우선 이 연구 자체가 이미 이소 행위가 일어난 원숭이를 대상으로 하기 때문이고, 이것 역시도 모집단의 전체 수컷 원숭이 중 37%에 불과하기 때문이다. 그뿐만 아니라 하나의 유전자 변이가 어떤 행동의 '일차적' 원인인지는 여전히 불분명하다고 알렉산더는 말한다. 앞에서도 살펴본 것처럼 유전자의 변이는 개체의 행동양식의 변화에 의해 발생할 수도 있다. 또한

22 Patricia S. Churchland, "The Big Question: Do We Have Free Will?" *New Scientist* 2578 (2006): 42-45; 43.

유전자 변이와 관련 있는 동물행동의 변이들 중 무엇이 '일차적'이고 무엇이 '이차적'인지를 구별하는 것도 매우 어려운 일이다.[23]

그러므로 알렉산더는 동물의 특정한 행동 형태가 하나의 특정 유전자에 의해 '결정'되었다고 말하기보다는 "동물의 선택"에 대해 이야기하는 것이 낫다고 제안한다. 일상적인 삶 속에서 수컷 초원 들쥐는 계속 들판을 떠돌 것인지, 하나의 암컷에게 정착할 것인지 '선택'해야 한다. 수컷 짧은 꼬리 원숭이들은 언젠가는 무리를 떠나겠지만, 구체적으로 어느 시점에 떠날지는 환경의 영향과 그 가운데에서 이루어지는 그 자신의 결정에 달려 있다. 물론 동물들의 선택이 인간에게서 이루어지는 것처럼 그 결과에 대한 충분한 숙고와 반성에 기초하는 것은 아니다. 하지만 인간에게서도 의사결정 과정이 "강력한 계산력을 제공하는 거대한 전두엽"에서 이루어지는 것처럼 상대적으로 덩치가 큰 동물들은 "자신의 행동의 결과가 어떠할지에 대해서 정도는 의식하기에 충분한 계산력을 지닌 풍부한 신경망"을 지니고 있다. 이런 의미에서 동물이 결정하고 선택을 내린다는 표현은 단지 "비유적인 의미"(metaphorical sense)로만 한정되지는 않고, 그것을 넘어 이 비유가 지시하는 "동물들 안에 있는 그와 유사한 실질적인 행동 형태"를 가리킨다.[24]

상기한 사례들을 통해 알렉산더는 고도로 발달한 생명체들의 사회적 행동은 유전자와 환경의 긴밀한 상호작용뿐만 아니라, 성체로 발달하는 과정에서 개체 자체의 '결정'에 의한 것으로 이해할 것을 제안한다. 상대적으로 발달한 생명체들이 진화의 결과 갖추게 된 복잡한 신경망이 일종의 물리적 토대가 되어 이들이 유전자나 환경으로부터 상대적으로 자율

---

23 Denis R. Alexander, *Genes, Determinism and God* (2017), 129ff.
24 *Ibid.*, 132.

적인 사회적 행동을 수행할 수 있는 것으로 이해되어야 한다는 것이다. 이는 특히 착상 이후 성인이 되기까지 '발달'(Development)하는 과정에서 인간의 뇌가 어떻게 유전자와 환경이 '상호통합적이고 보충적으로 상호작용'(Integrated Complementary Interaction)하는 가운데 자율적인 결정이 가능하도록 하는지에 대한 설명을 통해 이루어진다.

인간의 수정란은 수정 후 6~14일이 경과하면 자궁벽에 착상하여 자라기 시작하는데, 이후 며칠 사이에 외배엽은 자신의 환경, 즉 배아 내부의 인접한 세포들로부터 정보를 받아 향후 뇌세포로 성장해 갈 신경판(neural plate)을 형성하기 시작한다. 이 단계의 신경판은 대략 125,000개의 세포들로 이루어져 있는데, 이것들은 아직 뉴런은 아니고 다만 추후 뉴런으로 발달할 가능성을 지닌 미성숙한 사전 세포들이다. 성인의 뇌가 1,000억 개의 뉴런들로 이루어져 있다는 것과 비교해 보면 극히 미미한 수준이다. 그러나 직경 1mm밖에 되지 않는 이 작은 신경판은 향후 임신 기간 및 출산 이후의 발달과정을 통해 뉴런 하나당 평균적으로 5,000개의 시냅스, 즉 뇌 전체적으로 보자면 500조 개의 시냅스 연결망을 갖춘 성인의 뇌로 성장한다. 뇌의 이러한 '발달'은 단순히 DNA 정보에 따라 진행하는 것이 아니고 임신 이후부터 환경들로부터 오는 다양한 자극, 예를 들어 태아 시기 자궁 환경, 엄마의 생활 환경 그리고 출산 이후 지속적인 신체적·정서적 자극의 협력을 통해 이루어진다.[25] 긴 진화의 과정 속에서 유전자와 환경의 결합을 통해 이루어진 변이들은 동물들 안에서 "복잡한 신경 시스템이 창발하는 것과 통합"되어 있고, 이 복잡한 신경 시스템은 그것을 지닌 동물들에게서 "상이한 행동 형질

---

25 *Ibid.*, 89f., 103f.

들"이 발생하도록 한다. 초원 들쥐나 짧은 꼬리 원숭이 그리고 인간 등 복잡한 신경 시스템을 지닌 개체들은 "환경에 따라 상이한 전략들을 채택하도록 하는 매우 포괄적인 유연성 정도"를 지니고 있다. 상기한 다양한 유전학적 증거들을 토대로 알렉산더는 DICI는 "'자연 대 양육', '유전자 대 환경' 등과 같이 인간의 인격성을 파편화하는 경향이 있는 모든 이분법적 도식을 전복"시킨다고 말한다. 이제 알렉산더는 DICI를 토대로 "인간의 인격성의 통합된 통일성을, 특히 보다 철학적인 측면에 서"[26] 부각시켜 설명하는데, 이는 알렉산더의 강연의 또 다른 핵심 주제 인 DAME을 설명하면서 살펴보도록 하겠다.

IV. 발생적 이중양태 일원론적 창발론(DAME/ Developmental Dual-Aspect Monistic Emergentism) : 뇌의 복잡성과 자유의지

뇌 연구가 급속도로 발달함에 따라 인간의 정신적 활동은 그 기저에 서 작동하는 뇌의 물리적 작용의 결과에 불과하며, 따라서 더 이상 인간 이 자유의지를 가진다고 말할 수 없다는 주장이 제기된 지 오래다.[27] 이러한 '물리적 환원주의'(physical reductionism)에 반해 알렉산더는 뇌 의 작용과 인간의 의식이 상호 긴밀히 결합되어 있는 것이 사실이지만,

---

26 *Ibid.*, 302.
27 그 대표적 사례로는 프란츠 부케티츠/원석영 옮김, 『자유의지 그 환상의 진화』 (서울: 열음사, 2009); Peter van Inwagen, *An essay on free will* (Oxford: Oxford University Press, 1983).

그럼에도 인간의 의식과 자아의 행위가 뉴런의 일방적인 작용의 결과에 불과한 것은 아니고, 뇌의 복잡성에 기인하여 '창발'(emerge)하는 것이므로 뉴런의 물리적이고 기계적인 작동에 대해 상대적인 독립성을 지니고 있는 것으로 이해되어야 한다고 말한다. 뇌의 물리적 작용과 자아의 의식적 활동이 서로 긴밀히 결합되어 있음에도 불구하고 후자를 전적으로 전자로 환원시킬 수 없다고 본다는 점에서 알렉산더는 '비환원주의적 물리주의'(non-reductive physicalism)를 지지한다. 그리고 이렇게 창발한 자의식과 자유의지를 갖춘 개별 인간은 유전자나 뉴런의 작용만으로 환원되지 않는 자기 자신의 고유한 인격적 특징을 지닌다는 것이 DAME의 대강의 내용이다. 아래에서는 이를 인간의 의식 및 자의식에 대한 이중-양태 일원론적 창발론(Dual-Aspect Monistic Emergentism)을 간략히 정리하면서 살펴보도록 하겠다.

우선 뇌와 의식의 관계를 다루면서 알렉산더는 데카르트가 그랬던 것처럼 정신과 신체를 서로 독립적으로 존재하는 별개의 실체로 간주하는 이원론적 태도를 거부한다. 대신에 의식을 뇌의 작용으로부터 분리할 수 없이 결합되어 있는 것으로 이해한다는 점에서 뇌와 의식의 관계에 대한 알렉산더의 이해는 명백히 '일원론'적이다. 한편 알렉산더는 뇌의 작용을 무의식적인 층위로서의 "시스템 1"과 뇌의 담지자 자신에게 의식되는 층위로서의 "시스템 2"를 구분한다.[28] 시스템 1은 방법론적 환원주의를 따라 신경과학자들이나 유전학자들이 "그것-언어"(it-language)를 통해 탐구하는 대상인 뉴런이나 게놈의 작동 프로세스를 뜻한다. 반면

---

28 Denis R. Alexander, *Genes, Determinism and God* (2017), 255. 이는 카네만의 구분을 알렉산더가 수용한 것이다: Daniel Kahneman, *Thinking, Fast and Slow* (London: Allen Lane, 2011), 20ff.

시스템 2는 시스템 1로부터 분리되지는 않지만, 하나의 인격적 존재로서 "나-언어"(I-language)를 사용하는 인간이 역시 또 다른 '자아'인 다른 인간과 맺는 "나-당신"의 관계 속에서 "마음과 주체성의 언어"를 사용하면서 상호작용을 주고받는 것과 긴밀히 결합되어 있는 층위를 가리킨다. 인간이 사회적 관계 가운데에서 도덕적 책임을 의식하면서 자신의 행위를 숙고하고 결정하는 과정을 '그것-언어'로만 설명하는 것은 "범주-오류"(category error)에 불과하다는 것이 알렉산더의 입장이다. 물론 '나-언어'가 사용되는 모든 일상적 사건 속에는 '그것-언어로' 설명될 수 있는 신경 메커니즘이 지속적으로 작동한다. 그러나 시스템 1과 시스템 2는 인간의 모든 일상적인 대화적 맥락, 사회적 상호작용의 맥락 속에서 "보충적인 관계" 가운데 있으며, 따라서 결코 하나로 일방적으로 환원될 수 없는 하나의 뇌의 물리 현상의 상이한 '두 측면'(dual aspects)이라는 것이 이중-양태 일원론의 간략한 개요이다.[29]

지금까지 뇌와 의식의 관계에 대한 '이중-양태 일원론'이 설명되었다면, 이제는 이 이중-양태의 '창발'에 대해 살펴볼 차례이다. 사실 '창발' 이라는 개념은 알렉산더 자신에 의해 고안된 것은 아니고, 20세기 중반 이후 과학철학 분야에서 활발히 논의되기 시작한 '창발론'(emergentism)을 적극적으로 수용한 것이다. 간략히 정리하자면 창발론은 시공간 속에 존재하는 모든 것은 기본적으로 물리학적으로 인식 가능한 사물들로 구성되어 있는데, 이 물질들이 집합을 구성하여 유기적으로 복잡한 시스템을 형성할 때에는 그 하부 단위에서 작용하는 법칙만으로는 설명될 수 없는 특이한 특징들이 발생한다는 관점을 말한다.[30] 크게 보아 창발론

29 Denis R. Alexander, *Genes, Determinism and God* (2017), 256f.

30 창발론의 개념 정의와 역사에 대해서는 다음을 참고하라: Philip Clayton, "Conceptual

은 "약한 창발"(weak emergence)을 주장하는 입장과 "강한 창발"(strong emergence)을 주장하는 입장으로 구분된다. 전자는 "인식론적 창발"이라고도 불리는데, 이는 특정한 자연현상이 창발적인 것으로 보이는 것은 그 현상에 대해 우리가 지니는 인식상의 제약 때문이라고 말하기 때문이다. 약한 창발의 대표적인 현상은 물이다. 물은 습기를 지니지만, 이같은 특징은 물을 구성하는 수소와 산소의 화학적 성질 그 자체로부터는 인식될 수 없는 특징이다. 반면 강한 창발은 "존재론적 창발"이라고도 하는데, 그 대변인들은 낮은 수준의 "하위-질서"로부터 실제로 "상위-질서", 즉 "복잡한 시스템이 존재론적으로 창발"하며, 이 상위 질서의 시스템은 "결코 하위의 구성 부분들의 인과율적 작용으로 환원될 수 없다"고 주장한다. 강한 창발의 대표적인 사례가 바로 뇌의 작용과 긴밀히 결합되어 있는 의식이다:[31] "나는 강하게 창발하는 현상들에 대한 정확한 하나의 사례가 있다고 생각한다. 그것은 의식 현상이다."[32]

그렇다면 대체 의식은 어떻게 뇌의 작용으로부터 창발하는가? 이에 대한 대답으로 알렉산더는 뇌의 구조상의 복잡성과 복잡한 신경망 안에서 이루어지는 다양한 방향의 인과적 작용들을 제시한다. 인간의 뇌는 신경체계를 형성하는 1,011개의 뉴런들과 5×1,014개의 시냅스 연결망으로 구성된 우주에서 가장 복잡한 구조물이다.[33] 알렉산더는 인간의

Foundations of Emergence Theory," Philip Clayton & Paul Davies, eds., *The Re-Emergence of Emergence: The Emergentist Hypothesis from Science to Religion* (Oxford: Oxford University Press, 2006), 1-31.

31 Denis R. Alexander, *Genes, Determinism and God* (2017), 260f.; David J. Chalmers, "Strong and Weak Emergence," Philip Clayton & Paul Davies, eds., *The Re-Emergence of Emergence* (2006), 244-254.

32 David J. Chalmers, "Strong and Weak Emergence" (2006), 246.

33 Denis R. Alexander, *Genes, Determinism and God* (2017), 261.

뇌와 같이 고도의 "복잡성", 축색돌기와 수상돌기, 시냅스 사이를 서로 연결하는 "고도의 상호연결성(interconnectivity)", 뉴런들 사이에서 이루어지는 "쌍방향적 상호작용"들 그리고 초기 조건들 안에 있는 사소한 간섭과 변화들을 증폭시키는 복잡한 연결망 속에서 이루어지는 "비-직선적 상호작용"(non-linear interactions)들은 뇌의 신경 시스템 안에서 "마음의 창발"이 발생하도록 하기에 충분하다는 신경과학자들의 제안을 수용한다.34 일단 하위 질서인 뇌의 신경시스템의 작용에 의해 창발하게 된 의식은 단지 전자의 인과적 작용에 의한 결과물로만 머물지 않고 오히려 보다 상위의 질서로서 하위 질서인 뇌의 물리적인 작용에 하향적인 방향으로 인과적인 영향을 끼칠 수 있다.35 이렇게 상위 질서로부터 하위 질서에 대한 "하향식 인과"(downward causation)가 발생한다는 것은 강한 창발론의 중요한 특징 중 하나이다. 이해를 돕기 위해 알렉산더가 제시하는 일상적인 예를 따르자면 우리가 농구나 피아노를 배우기로 결심하고 이를 실행에 옮기면, 이 의식적인 결정은 농구나 피아노를 연습하는 과정을 통해 수백만 개의 뉴런들과 시냅스 교차 부위 등에서 신호들을 증가시키고 이에 따른 신경 세포의 변화를 초래한다. 이제 그것은 더 이상 예전의 뉴런과 동일한 뉴런이 아니다. 그리고 이렇게

---

34 Warren S. Brown & Lynn K. Paul, "Brain Connectivity and the Emergence of Capacities of Personhood: Reflection from Callosal Agenesis and Autism," Malcolm Jeeves, ed., *The Emergence of Personhood: A Quantum Leap?* (Grand Rapids: Eerdmans, 2015), 104-119; 106; Denis R. Alexander, *Genes, Determinism and God* (2017), 262f.에서 재인용.

35 이와 관련하여 알렉산더는 신경과학자인 피터 체에게 의존한다. 체는 의식적인 영역에서 이루어지는 인간의 자유의지는 시냅스 간의 정보처리에 영향을 끼친다고 말한다. Peter U. Tse, *The Neural Basis of Free Will: Criterial Causation* (Cambridge, Mass.: MIT Press, 2013), 19ff.

변화된 하위의 신경망은 이에 부합하는 상향식 신호들을 생성시키고, 이를 통해 농구나 피아노를 배우기로 의지적으로 결정한 당사자가 보다 더 나은 피아노 연주자가 되도록 혹은 뛰어난 농구 선수가 되도록 만든다.[36]

알렉산더의 DAME은 인간이 단지 유전자 혹은 뉴런의 작용의 결과물에 불과한 것이 아니라는 것을 의식이라는 상위 질서로부터 뇌라는 하위 질서에게로 작용하는 하향식 인과성을 거론함으로써 보이고자 한다. 우리가 의식, 정신 또는 자유의지로 경험하는 상위 수준의 신경 네트워크들은 하위 수준의 신경 네트워크들에 영향을 끼친다. 이렇게 "아래에서 위로", "위에서 아래로" 그리고 이 "둘 사이의 모든 것 안에서" 서로 영향을 주고받는 역동적이고 복잡한 시스템 전체를 가리켜 우리는 '나'라고 부르며, 이런 점에서 "결정을 내리는 것은 나의 뇌가 아니라 인격"이라고 말하는 것이 적절하다.[37] 인간 개인의 발달사 측면에서 보자면 이러한 자의식과 자유의지는 아기의 경우에는 아직 나타나지 않는다. 그것은 새끼 들쥐의 경우에서 그런 것처럼 아동의 발달 과정에서 이루어지는 다양한 돌봄 및 환경과의 상호작용을 통해서 그리고 "공동체 안에 있는 언어"를 매개로 발달해 간다.[38] 이 발달 과정에는 무수히 많은 복수의 인과성이 작용하고, ―초원 들쥐의 경우에서처럼― 개체들의 무수히 많은 선택의 과정이 필수적이다. 하위 영역에서 발생하는 다양한 인과성과 하위 체계들로부터 주어지는 정보들이 언어를 사용하는 가운데 '나'라는 표제어 아래에서 통일하면서 선택하고 결정하는

---

36 Denis R. Alexander, *Genes, Determinism and God* (2017), 263ff.

37 *Ibid.*, 265; Lynn R. Baker, "Need a Christian be a Mind/Body Dualist?" *Faith and Philosophy: Journal of the Society of Christian Philosophers*, vol. 12 (1995): 489-504.

38 Denis R. Alexander, *Genes, Determinism and God* (2017), 267.

주체에 의해 통합되는 한,[39] 인간 자아를 어느 하나의 인과성(유전자 혹은 뉴런 등)에게로 환원시키는 것은 과학적 데이터를 제대로 해독하는 올바른 방식이라고 볼 수 없다. 발달 과정에서 발생하는 유전자상의 다양한 변이는 이와 같이 각 사람을 다른 사람들로부터 구별되는 독특한 유전학적 특징을 지닌 존재로 만든다. 어느 누구의 게놈도 다른 이의 게놈과 동일하지 않고, 모든 개인은 이러한 고유한 유전적 특징을 지닌 가운데 다른 이들과의 사회적 관계 가운데에서 자신의 고유한 의지적 결정을 실행에 옮긴다. 이와 같이 알렉산더는 "자유의지의 존재론적 실재"(the ontological reality of free will)를 강력하게 주창한다.[40]

V. DICI와 DAME을 통해 보는 하나님의 형상

지금까지 진술된 인간에 대한 유전학적 이해와 인간을 하나님의 형상으로 가르치는 기독교적-성서적 인간 이해가 어떻게 서로 조화되는지의 문제를 알렉산더는 강연의 말미에 와서 다룬다. 그 핵심 내용은 두 가지로 정리될 수 있다: 하나는 하나님의 형상 개념이 내포하고 있는 인격체인 인간의 가치에 대한 이해이고, 다른 하나는 하나님의 형상인 인간들 상호 간의 관계에 관한 문제이다. 아래에서는 이 두 가지 주제를 간략히 정리하고자 한다.

첫째, 하나님의 형상이라는 인간에 대한 성서적-신학적 표상과 DICI와 DAME에 따른 인간 이해는 모두가 개별 인간의 '내적 가치'를

---

39 *Ibid.*, 270.
40 *Ibid.*, 274f.

강조한다는 점에서 서로 일치한다. 특히 인간이 하나님의 형상대로 창조되었기 때문에 그의 생명을 해치지 말 것을 명령하는 창 9:6은 하나님의 형상 개념이 인간의 가치를 강조한다는 사실의 논거로 제시된다. 이어서 제사장 문서의 하나님의 형상 개념을 메소포타미아 및 이집트의 문헌들에 나타나는 동일한 개념과 비교하는 다양한 연구를 참조한 후 알렉산더는 영혼이나 이성과 같이 인간의 특수한 자질이나 속성 때문에 인간이 하나님의 형상이 된다고 보았던 전통적인 실체론적 인간 이해를 비판한다. 대신 알렉산더는 성서와 고대 근동의 하나님의 형상 개념은 실체론적으로가 아니라 '기능적'(functional) 혹은 '대리적'(representational)인 의미에서 이해되어야 한다고 말한다. 신이 세계를 통치하는 것에 '일치하는' 가운데 피조세계를 신을 "대신하여 통치"하는 책무가 인간에게 주어진 것으로 선언하는 것이 바로 고대 근동의 하나님의 형상 개념의 본래적인 의미이기 때문이다. 한편 메소포타미아와 이집트에서 하나님의 형상 개념이 왕이나 제사장 같은 특권 계급에게만 귀속되었던 것에 반해 구약성서는 남자와 여자, 즉 모든 인간을 하나님의 형상으로 부름으로써 모든 개별적인 인간이 지니는 "내재적인 가치"(intrinsic value)를 드러낸다는 사실을 알렉산더는 강조한다.[41]

하나님의 형상 개념에 대한 실체론적 이해에 대한 비판은 인간의 신체성과 인격성에 대한 강조와 긴밀히 결합되어 있다. 인간이 '흙'으로부터 만들어졌다는 구약성서의 표상은 하나님의 형상이 지니는 "신체성

---

[41] Denis R. Alexander, *Genes, Determinism and God* (2017), 285f. 하나님의 형상에 대한 이 같은 해석과 관련하여 알렉산더는 다음의 책에 상당히 크게 의존하고 있다. J. Richard Middleton, *The Liberating Image: The Imago Dei in Genesis 1* (Grand Rapids: Brazos Press, 2005), 204ff.

과 물질성"(physicality and earthiness)을 드러내며, '생령', 즉 '살아 있는 존재'(nephesh chayyah)라는 인간에 대한 호칭은 인간이 "신체화된 자아"(embodied self)라는 사실을 지시한다. 성서가 인간의 혼과 영을 언급하는 경우가 있으나 이 개념들은 사실은 신체와 정신이 온전히 통합된 하나의 "전체 인간"(the whole man) 혹은 "인격체"로서의 하나의 "자아"를 가리키는 표현이지, 신체로부터 독립적으로 존재하는 하나의 고유한 실체로서의 영혼을 의미하는 것은 아니다. 예를 들어 "내 영혼이 여호와를 즐거워함이며"(시 35:9)라는 구절은 신체를 갖춘 인격적 주체인 '나' 혹은 '나의 자아 전체', '나라는 인격체 전체'가 하나님을 기뻐한다는 것을 말하려는 것이다. 바로 이 지점에서 하나님의 형상에 대한 구약성서의 이해와 유전학적 인간 이해가 조우한다.

앞에서 살펴본 것처럼 DICI는 게놈상의 변이와 환경적 영향 그리고 개별적 선택과 같은 요소들이 함께 하나의 "통전적 인격"으로서 인간의 정체성이 발달하도록 돕는다는 것을 말한다. DAME은 이 다양한 신체적, 물리적, 환경적 조건 속에서 형성된 인간의 자아가 단지 유전자 혹은 뉴런의 노예에 불과한 것이 아니고, 개별적인 의식과 고유한 의지를 지니고 자유롭게 결정하고 관계를 맺는 존재라는 것을 드러낸다. 자신의 고유한 인격적 정체성을 지니고 자유로운 선택의 행위를 수행하는 인간을 구성하려면 무수히 다양한 유전적 변이가 이루어져야만 한다. 이런 점에서 유전적 변이와 신체적 조건은 인간의 고유성을 제거하는 것이 아니고, 오히려 거꾸로 "개별적인 인간의 고유성에 대한 보증"이 된다.[42] 이런 점에서 인간에 대한 성서적 이해와 유전학적 이해는 결코 서로

---

42 Denis R. Alexander, *Genes, Determinism and God* (2017), 290.

대립하는 것이 아니고, 모든 인간이 지니는 고유한 가치를 드러내 보여준
다는 점에서 상응한다.

둘째, 성서의 하나님의 형상 이해와 DICI 및 DAME의 관점에서
파악된 유전학의 인간 이해는 개별적 고유성을 지닌 인간 상호 간의
'관계'와 '돌봄'을 지지한다는 점에 있어서 일치한다. 알렉산더는 하나님
의 형상과 관련한 성서의 표상에 대한 신학적 해석들을 참고하면서
하나님의 형상 개념은 인간들 상호 간의 관계와 사귐에 주목한다는
사실을 강조한다. 이때 알렉산더는 인간이 '남자와 여자'로 창조되었다
는 것은 하나님의 형상으로서 인간의 인간다움이란 "상호 간의 관계"
가운데 있다는 것, 즉 "인격과 인격 사이에서 이루어지는 나-너 관계"에
있다는 것을 강조하는 신학적 진술들에 의존한다.[43] 마치 삼위일체 하나
님이 성부, 성자, 성령의 사귐의 공동체 가운데 있는 것처럼 하나님의
형상은 인간의 인간다움이란 "사귐 가운데" 있다는 사실을 지시한다는
것이다. 이러한 신학적 인간 이해는 DICI와 DAME이 설명하는 인간
이해와 매우 잘 조화된다고 알렉산더는 평가한다. 왜냐하면 DICI에
따르면 유전자와 자연적, 사회적 환경과의 상호작용을 통해서 발달한
개별 인간은 유전적 측면에서 매우 다양하며, 그런 점에서 다른 인격체들
로부터 구별되는 고유성(uniqueness)을 지닌다. 유전적 변이를 담지한
하나의 생명체인 개별 인간이 이렇게 서로에 대해서 지니는 고유성이야

---

43 이때 알렉산더는 바르트의 교회교의학을 논거로 제시하지만, 그 출처를 명확히 밝히지는
   않는다. 바르트의 이러한 인간 이해를 보다 자세히 확인하려면 다음을 보라: Karl Barth,
   Kirchliche Dogmatik III/2 (Zollikon-Zürich: Evangelischer Verlag, 1948), 344ff.; Wolf
   Krötke, "The humanity of human person in Karl Barth's anthropology," John Webster,
   ed., *The Cambridge Companion To Karl Barth* (Cambridge: Cambridge University
   Press, 2000), 159-176.

말로 하나님의 형상이 말하는 인간들 간의 상호 사귐의 관계를 위해 필수적이다. 왜냐하면 모든 사람이 유전적으로 동일한 클론과 같다면, 이러한 획일성 속에서는 진정한 '나와 너의 관계'가 발생할 수 없기 때문이다. 이런 점에서 현대 유전학이 밝혀 준 "개인 사이에 존재하는 유전적 다양성"은 "인간의 가치와 존엄성을 보장"하는 하나님의 형상 개념에 결코 대립하지 않고 조화를 이룬다.[44] 이렇게 모든 개인이 하나님의 형상으로서의 존엄성과 가치를 지니고 있기 때문에 서로 돕고 연대하면서 연약한 사람들을 "돌보며 보호하는" 가운데 인간이 하나님의 형상이라는 사실은 더욱 선명하게 드러나게 된다.[45]

VI. 알렉산더의 기여와 한계

알렉산더의 기포드 강연은 생물학이나 진화과학 자체가 근본적으로 무신론적이리라는 혐의를 지니고 있는 기독교 진영에게는 현대 유전학의 최신 연구 데이터들에 대한 이해와 해석이 반드시 무신론적인 방향으로 귀결되지는 않는다는 것을 보여준다. 현대 유전학의 일원론적이면서도 자연주의적인 연구 방법과 그 연구 결과를 고스란히 사용하지만 이를 토대로 알렉산더는 출생 이후 발달 과정에서 발현되는 유전자적 고유성과 개별성이 인간의 인격성과 자유의지 그리고 자기 결정에 의한 사회적 행동 등의 생물학적 토대가 된다는 것을 잘 보여준다. 이는 생물학적, 유전학적 자료들을 오직 기계적이고 무신론적인 방향으로 해석해

44 Denis R. Alexander, *Genes, Determinism and God* (2017), 298f.
45 *Ibid.*, 290.

왔던 이전 세대 진화과학자들의 태도와는 근본적으로 구별되는 것이며, 이런 점에서 알렉산더는 기독교 대중이 분자생물학, 진화과학, 유전자학 등에 대해 지니는 막연한 두려움과 거부감을 극복하고 인간에 대한 생물학적 해명들을 진지하게 탐색하는 데 좋은 기초 자료를 제공해 준다. 또한 진화과학에 기초한 DICI, DAME 등의 관점을 통해 인간의 고유성과 가치에 대한 존중 및 인격적 존재들 간의 상호돌봄을 도출하고 이를 통해 유전학을 통해 획득된 인간 이해가 인간을 하나님의 형상으로 가르치는 기독교적 인간 이해와 조우하고 대화할 수 있는 방안을 보여준다는 점에서 알렉산더의 강연은 자연과학과의 대화를 통해 신학적 인간 이해를 심화시키는 데 유용한 자료들을 제공해 주는 것은 분명하다.

그러나 이러한 성과들에도 불구하고 알렉산더에게는 근본적인 한계도 나타난다. 이는 역시 자연과학자로 출발했으나 전문적 신학 훈련과 연구를 통해 자연과학과 신학의 대화를 수행하였던 폴킹혼이나 맥그래스와는 달리 알렉산더는 전문적인 신학 훈련 과정을 거치지는 않았으며, 이로 인해 하나님의 형상에 대한 조직신학적 논의와 아주 심도 깊은 대화를 수행하지는 않는다는 데 있다. 예를 들자면 기포드 강연뿐만 아니라 그의 저서 전반에서 삼위일체 하나님의 창조 행위의 맥락 속에서 삼위일체의 각 인격의 창조 행위의 결과로서 나타나는 인간의 특수성의 제시나(판넨베르크) 삼위일체 창조자 하나님의 내재적, 경륜적 활동에 상응하는 하나님의 형상으로서의 인간의 규정에 대한 신학적 논의(바르트, 윙엘) 등과의 치밀한 대화는 이루어지지 않고 있는 것이 사실이다. 물론 이러한 한계에 대한 지적은 알렉산더의 약점을 들추어내는 데 목적이 있는 것은 아니다. 그보다는 유전학적 인간 이해와 하나님의 형상이라는 기독교적 인간 이해 간의 유사성과 대화 가능성을 제시한 알렉산더의 여러 자료를 토대로 상기한 신학적 전망 가운데에서 이를 통합해야 할 과제가 신학자들에게 주어져 있음을 지적하고자 할 뿐이다. 이는 앞으로 인간에 대한 전통적인 주장을 답습하는 데 그치지 않고 현대 과학이 제시하는 인간 이해와의 대화를 통해 기독교적 인간 이해가 여전히 현재에도 참됨을 제시하고자 하는 모든 신학적 시도들에 과제로 남아 있다.

8 장
트랜스/포스트휴머니즘에 대한
신학적 · 비판적 고찰

I. 트랜스/포스트휴머니즘과 신학적 인간론의 대화의 필요성

트랜스휴머니즘 혹은 포스트휴머니즘은 오늘날 자연과학과 인문학 전반에 걸쳐서 인간이란 무엇인지 혹은 인간 '이후'('trans-' 혹은 'post-'human)의 삶의 형태란 어떤 것이어야 할지에 대한 다양한 논의를 주도하고 있는 핵심 담론이라 해도 과언이 아니다. 트랜스/포스트휴머니즘은 대체로 NBIC(Nano-, Bio-, Information technology, Cognitive science)로 압축되는 첨단 과학 기술의 급속한 발전이 결국에는 인간의 지적, 정서적, 신체적 제약들을 넘어서서 결국 죽음이라는 한계를 극복하게 할 뿐만 아니라, 인간의 정신과 컴퓨터와의 연결 등을 통하여 궁극적으로는 현재의 인간종으로 분류될 수 없는 전혀 새로운 종류의 인간 혹은 인간 이후의 새로운 종이 출현하게 될 것이라고 전망한다.

트랜스/포스트휴머니즘에 대한 논의가 다양한 분야에서 활발히 이루어지고 있지만 국내 신학계의 경우에는 이와 관련된 논의들이 아직 본격화되지는 않은 것으로 보인다.[1] 물론 트랜스/포스트휴머니즘의 주요 내용들이 개괄적으로 소개되고는 있지만, 이러한 새로운 사상적 흐름을 기독교의 인간 이해 혹은 신학적 인간론과의 긴밀한 대화 가운데 평가하는 작업은 아직 활발하지는 않다고 할 수 있다. 이에 본 연구에서는 트랜스/포스트휴머니즘의 발생과 주요 논쟁점들을 간략히 소개하고 (II장), 그 주요 논제들과 기독교 신학적 인간론의 접점 여부를 신학적-비판적인 관점 아래에서 간략히 정리하고자 한다(III장). 이를 통해 수용 혹은 거부라는 양자택일의 관점에서가 아니라, 트랜스/포스트휴머니즘의 도전에 직면하여 그 건설적 혹은 비판적 논의의 기초가 될 '신학적' 지표들을 제시함으로써 관련 논의의 구체화에 기여하게 되기를 기대한다.

---

1 이 주제와 관련된 국내 연구로는 대표적으로 다음을 들 수 있다: 박일준, 『인공지능 시대, 인간을 묻다』 (서울: 동연, 2018); 김은혜, "포스트 휴먼 시대의 되기의 기독교윤리,"「신학과 사회」 32/2 (2018): 211-243; 박일준, "진화론과 사건적 존재론: 화이트헤드의 다중위치적 존재론의 관점으로 조명하는 진화이론들의 포스트휴머니즘적 함의,"「화이트헤드 연구」 28 (2014): 67-101; 윤철호, 『인간: 인간의 본성과 운명에 관한 학제간 대화』 (서울: 새물결플러스, 2017), 565-596. 해외의 논의를 위해서는 B. Waters, *From Human to Posthuman: Christian Theology And Technology in a Postmodern World* (London/New York: Routledge, 2006).

II. 트랜스/포스트휴머니즘 ― 그 개요와 주요 논점들

트랜스휴머니즘(transhumanism) 혹은 포스트휴머니즘(posthumanism)
은 1970년대 이후부터 활발하게 논의되기 시작된 일종의 지적 동향으로
서 과학 기술의 발전과 인간됨의 관계를 그 주요 논의의 쟁점으로 삼는다.
트랜스휴머니즘과 포스트휴머니즘은 급속도로 발달하는 과학 기술의
진보가 인간의 삶뿐만 아니라 인간 그 자체를 획기적으로 변화시키리라
는 전망을 공유한다는 점에서 일치한다. 하지만 트랜스휴머니즘이 '인간
향상'(human enhancement), 즉 과학 기술을 수단으로 하여 그 능력에
있어서 획기적으로 개선된 '인간'을 지향한다면2, '포스트'휴머니즘은
현재의 인간과는 구별되는 다른 종으로서의 존재의 출현, 즉 현재로서는
상상하기 힘든 인간 '이후'의 상황을 논의의 중심으로 삼는다는 점에서
두 개념은 서로 구별된다.

물론 트랜스휴머니즘과 포스트휴머니즘이 엄밀히 구별된다고 말하
기는 어려우며, 이를 일련의 연속적 과정의 상이한 단계를 묘사하는
개념으로 볼 수도 있다. 보스트롬에 의하면 트랜스휴머니즘은 현재 인간

---

2 보스트롬에 의하면 트랜스휴머니즘이란 "노화를 제거하고 인간의 지적, 신체적 그리고
심리적 능력을 향상시키기 위해 이성의 적용을 통해, 특히 광범위하게 사용 가능한 기술들
을 통해 인간 조건(human condition)을 근본적으로 개선하는 것의 가능성과 적절성을
긍정하는 지적, 문화적 운동"을 가리킨다: N. Bostrom, *The Transhumanist FAQ*, Ver
2.1 (2003), 4f. https://nickbostrom.com/views/transhumanist.pdf (2019. 7. 17. 접속). 한
편 막스 모어는 트랜스휴머니즘을 "생명-향상의 원리들과 가치들의 인도 가운데 과학과
기술을 수단으로 하여 현재의 인간의 형태와 한계들을 넘어 지적인 생명의 진화를 지속
및 가속시키기를 시도하는… 생명의 철학들"을 뜻한다고 정의한다: Max More, "The
Philosophy of Transhumanism," Max More & Natasha Vita-More (ed.), *The Transhumanist
Reader* (Oxford: Wiley-Blackwell, 2013), 26. 개념 정의에 있어서는 미세한 차이가 있지만
보스트롬과 모어 모두 트랜스휴머니즘의 '인간' 향상이라는 관심사를 간결하게 보여준다.

은 "발전의 최종 단계가 아니라 비교적 초기 단계"에 자리하고 있다고 간주하면서 과학 기술을 통해 "지적, 육체적, 심리적 능력을 전폭적으로 향상시킴으로써 인간의 조건(human condition)을 근본적으로 개선"[3]하고자 한다. 인간 향상을 통해 궁극적으로는 현재의 인간 혹은 그 후손들이 현재의 인류와는 비교할 수도 없을 만큼의 무한한 건강, 보다 많은 지적 능력, 자신의 감정에 대한 통제력을 갖춘 존재, 즉 포스트휴먼이 출현하게 되기를 목표로 한다는 점에서 트랜스휴머니즘과 포스트휴머니즘은 일련의 연속적 과정에 대한 묘사로 볼 수 있다는 것이다.[4]

하지만 트랜스휴머니즘과 포스트휴머니즘을 단지 연속성 속에서만 파악하는 것은 분명한 한계를 지닌다. 아래에서 살펴보겠지만, 이는 특히 '휴머니즘'에 대한 양 진영의 상이한 평가에 대한 섬세한 진술을 간과하게 함으로써 각각의 관점이 지니는 철학적 관점과 지향점을 선명하게 파악하는 것을 방해할 우려가 있기 때문이다. 사실 연구자들의 입장에 따라 트랜스휴머니즘과 포스트휴머니즘에 대한 해명과 평가가 상당히 상이하게 이루어지고 있어서 아직까지도 트랜스/포스트휴머니즘 운동에 대한 확정된 분류체계가 형성되지 않았다고 해도 과언은 아니다. 아래에서는 논의의 편의상 독일의 비판적 포스트휴머니스트인

---

3 N. Bostrom, *The Transhumanist FAQ*, Ver 2.1 (2003), 4f.
https://nickbostrom.com/views/transhumanist.pdf (2019. 7. 17. 접속).

4 N. Bostrom, "In Defence of Posthuman Dignity," *Bioethics*, Vol. 19, No. 3 (2005): 202-214; 막스 모어 역시 "트랜스휴머니즘은 포스트휴먼 조건으로 우리를 인도하고자 하는 일련의 철학들"이라고 정의 내린다: M. More, "Transhumanism: Towards a Futurist Philosophy," (1990).https://www.scribd.com/doc/257580713/Transhumanism-Toward-a-Futurist-P hilosophy (2019. 7. 15. 접속); 천현득, "인간 향상 기술을 통한 포스트휴먼 되기: 인간본성은 여전히 쓸모 있는 개념인가?" 한국포스트휴먼연구소/한국포스트휴먼학회 편저, 『포스트 휴먼시대의 휴먼』(파주: 아카넷, 2016), 99-128; 100.

야니아 로(Jania Loh)의 분류에 따라 1) 트랜스휴머니즘(Transhumanismus), 2) 기술적 포스트휴머니즘(technologischer Posthumanismus), 3) 비판적 포스트휴머니즘(kritischer Posthumanismus)으로 구분하여 주요 쟁점들을 정리하고자 한다.[5]

트랜스휴머니즘과 주요 쟁점들

사멸성으로 대변되는 인간의 생물학적 한계를 기술공학의 도움을 받아 극복하고자 하며, 정신적, 신체적, 정서적 측면 등에서의 인간 향상을 꾀하는 현대적 의미에서의 트랜스휴머니즘은 FM2030과 에팅어(R. C. W. Ettinger) 등에게로 거슬러 올라간다.[6] FM2030은 페레이던 에스판디어리(Fereidoun M. Esfandiary)를 본명으로 하는 이란계 미국인으로서 과학 기술을 통한 노화와 죽음의 극복이라는 트랜스휴머니즘의 기본 신념을 본격적으로 대중에게 전파한 인물이다. 그는 자신이 100살

---

5 Jania Loh, *Trans- und Posthumanismus. Zur Einführung* (Hamburg: Junius Verlag, 2018), 14, 32ff.

6 사실 트랜스휴머니즘 혹은 포스트휴머니즘의 기원에 대해서는 아직도 명확한 정리가 이루어지지 않고 있다. 이는 이 운동들의 기원을 언급하는 사람들의 관심사와 의도에 따라 그 출발점이 상이하게 진술되곤 하기 때문이다. 예를 들어 보스트롬은 자신의 자연적 제약을 극복하고 스스로를 완성시키고자 하는 인간의 동기가 나타난다는 이유로 길가메시 서사시를 트랜스휴머니즘의 기원이라고 주장하기까지 한다. 하지만 이는 인간의 모든 자기 개선의 의지와 시도를 트랜스휴머니즘으로 지나치게 광범위하게 정의 내림으로써 현대적 의미에서의 트랜스휴머니즘을 명확히 이해하는 것을 오히려 방해한다는 점에서 과도한 정의라고 연구자는 평가한다. 트랜스휴머니즘의 기원에 대한 보스트롬의 설명에 대해서는 다음을 참고하라: N. Bostrom, "A History of Transhumanist Thought," *Journal of Evolution and Technology*, 14/1 (2005): 1-30; 한편 트랜스휴머니즘이라는 용어 자체는 영국의 생물학자인 줄리안 헉슬리에 의해 최초로 사용되었다: 신상규, 『호모사피엔스의 미래: 포스트휴먼과 트랜스휴머니즘』 (파주: 아카넷, 2014), 111f.

이 되는 2030년이면 과학 기술의 도움으로 인간이 더 이상 늙지 않고 영원히 살게 되리라고 전망하면서 FM2030으로 개명하였다. 신체냉동 보존술의 아버지라고 불리는 에팅어 역시도 비슷한 시기에 불사성을 트랜스휴먼 운동의 지향점으로 제시하는 『초인을 향한 인간』(Man into Superman)을 출판함으로써 트랜스휴머니즘 논의를 본격화였다.7

1980년대 이후 트랜스휴먼 운동은 막스 모어(Max More)의 주도하에 '엑스트로피 연구소'(Extropy Insitute)가 수립되고, 여기에 모라벡, 드렉슬러 같은 이들이 참여하면서 더욱 조직화된다. '엑스트로피'란 '엔트로피'의 반대개념으로서, 자연의 엔트로피 경향에 저항하고자 하는 이들의 동기를 반영한 신조어이다. 엑스트로피 연구소와 뜻을 같이하는 사람들을 가리켜 '엑스트로피스트'(Extropist)라고 부르는데, 이들의 지향점은 1998년 모어가 작성한 '엑스트로피스트 선언'(The Extropist Manifesto)에 나타난다. 여기에서 모어는 '지속적인 진보', '자기-변형', '실용적 낙관주의', '지식 기술', '개방된 사회' 등을 트랜스휴먼 운동의 5대 원리로 제시한다. 한편 엑스트로피 연구소는 2006년 4월에 문을 닫았고,8 대신에 피터 티엘(Peter Thiel)이 중심이 되어 설립한 humnanity+가 그 역할을 이어받아 트랜스휴머니스트들에게 활동 공간을 제공하고 있다.9

---

7 에팅어는 '불사의 인간'을 '트랜스휴머니스트'와 동일시함으로써 트랜스휴머니즘의 지향성을 불사성과 동일시하였다고 할 수 있다. 이에 대해서는 다음을 보라: R. C. W. Ettinger, *Man into Superman* (New York: St. Martin's Press, 1972), 4. https://www.cryonics.org/images/ uploads/misc/ManIntoSuperman.pdf (2019. 5. 25. 접속).

8 https://reason.com/2006/05/09/extropy-institute-closes/ (2019. 5. 26. 접속).

9 피터 티엘은 온라인 결제시스템 회사인 페이팔(Paypal)과 페이스북의 공동창업자이기도 하다. 오늘날 humanity+는 인공지능 소프트웨어 회사인 Novamente LLC와 생명정보공학 회사인 Biomind LLC의 CEO인 Ben Goertzel이 대표를, 대표적인 트랜스휴머니스트인 나타샤 비타-모어(Natasha Vita-More) 등이 실행위원으로 활동하고 있다. https://humanit

엑스트로피스트 선언의 5대 원리 중 특히 '지속적인 진보'와 인간의 '자기-변형'이라는 명제는 트랜스휴머니즘의 인간관을 선명하게 드러낸다. 이들은 현재 인간이—개인으로서든 집단적으로든, 정신적으로든 신체적으로든— 지니는 모든 종류의 한계를 부정적인 것으로 진단하면서 과학 기술의 도움으로 지적, 신체적, 도덕적인 "자기 개선"(self improvement)을 이룸으로써 각 개인이 원하는 보다 나은 형태의 인간의 모습에 도달하게 되기를 지향한다. 생명 연장 기술, 차세대 유전자 선택 기술, 신체냉동보존술 등의 다양한 기술들은 이러한 "인간 향상"(human enhancement)을 위한 유용한 수단으로 간주되며[10], 이를 통해 하나의 새로운 인간의 단계, 즉 "인간 x.0"[11]에 도달하고자 하는 것이 트랜스휴머니즘의 대략적인 지향점이라고 할 수 있다.

상기한 것처럼 트랜스휴머니즘의 주된 관심사는 인간의 자연적 제약들을 극복하는 데 있는데, 이런 점에서 트랜스휴머니즘은 휴머니즘의 발전된 형태로 간주되곤 한다.[12] 휴머니즘이 인간 향상을 위해 "교육적

---

yplus.org/about/management/ (2019. 5. 28. 접속).

10 https://humanityplus.org/philosophy/transhumanist-declaration/ (2019. 5. 29. 접속). '인간 향상'에 대한 보다 상세한 내용은 다음을 참고하라: 천현득, "인간 향상 기술을 통한 포스트휴먼 되기: 인간본성은 여전히 쓸모 있는 개념인가?" 한국포스트휴먼연구소/한국포스트휴먼학회 편저, 『포스트휴먼시대의 휴먼』 (파주: 아카넷, 2016), 99-128; 100.

11 J. Loh, *Trans- und Posthumanismus. Zur Einführung* (2018), 14.

12 예를 들어 르네상스 시대의 사상가인 미란돌라는 인간은 고정되어 있지 않은 자신의 현상태를 개선시킴으로써 신적인 존재로까지 스스로를 고양시킬 수 있다고 보았는데, 이런 점에서 과학 기술을 수단으로 인간의 신체적, 정신적, 도덕적 능력을 향상시키고자 하는 트랜스휴머니즘은 휴머니즘과의 연속성 속에 있다는 것이다. 미란돌라의 직접적인 진술은 다음과 같다: "우리는 너를 천상이나 지상의 피조물로 만들지 않았고, 사멸할 자나 불멸할 자로 만들지도 않았다. 이는 자기 자신의 존재의 자유롭고도 자랑스러운 조형자로서 네가 바라는 형태로 스스로를 형성해 가도록 하기 위함이다. 삶의 야만스러운 형태들이나 저열한 존재로 추락하는지의 여부는 너의 능력에 달려 있다. 너는 네 자신의 결정을

이고 문화적인 개선"에 집중하는 반면 트랜스휴머니즘은 생물학적, 유전적 한계들을 극복하기 위해 "기술공학을 적용"한다는 점에서 차이가 있을 뿐이며, 비록 트랜스휴머니즘이 현재 인간의 능력을 훨씬 넘어서는 (trans-human) 것을 목표로 하지만 '인간'(human) 본성의 개선을 지향한다는 점에서는 근본적으로는 휴머니즘과 일치한다는 것이다.[13]

하지만 트랜스휴머니즘을 휴머니즘과의 연속성 속에서 보려는 관점은 트랜스휴머니즘 진영 안팎으로부터 상당한 비판을 받는 것도 사실이다. 예를 들어 르네상스와 계몽주의 휴머니즘은 근본적으로 교육적, 문화적 개선을 통해 인간이 '보다 인간다워'지는 것을 목표로 하지 단순히 인간의 능력향상을 통해 자연적으로 주어진 인간의 조건(human condition)을 넘어서는 것을 지향하지 않는다는 것이다. 특히 "인간을 언제나 목적으로서, 결코 단순한 수단으로서 대하지 않도록 행위하라"는 칸트의 실천이성의 준칙에 드러나는 것처럼 근대 휴머니즘은 언제나 인간을 자기 목적적인 존재로 다룰 것을 지향한다.[14] 이와는 달리 트랜스휴머니즘은 인간이 지니는 능력 그 자체의 확장에 주목하며, 인간의 지성, 감성, 의지 등이 기술적으로 조작·통제 가능하다고 본다는 점에서 인간을 수단으로 다루며, 인간됨의 성숙과 완성에는 별다른 관심을 가지지 않고 인간을 다만 그의 '기능에로 환원'할 뿐이라는 비판을 받는 것도

통해 그 삶이 신적인 최고의 질서에게로 다시 고양해 갈 수도 있을 것이다." 보스트롬은 르네상스 시대의 미란돌라를 사례로 휴머니즘과 트랜스휴머니즘의 연속성을 제시하고자 하는데, 이에 대해서는 다음을 참고하라: N. Bostrom, "A History of Transhumanist Thought" (2005), 2.

13 N. Bostrom, *The Transhumanist FAQ*, Ver 2.1 (2003), 4.

14 I. Kant, *Grundlegung zur Metaphysik der Sitten*, ed. by W. Weischedel, *Werkausgabe*, Bd. 7 (Frankfurt a/M.: Suhrkamp, 1974), 61(= BA 67).

사실이다.15 이런 측면에서 보자면 트랜스휴머니즘이 추구하는 인간개조는 단지 형식적으로만 유사할 뿐 휴머니즘의 문화적, 교육적 향상이라는 정신까지도 실질적으로 계승한다고 보기는 어렵다.16

기술적 포스트휴머니즘과 그 주요 쟁점들

야니아 로의 분류에 따르면 기술적 포스트휴머니즘은 트랜스휴머니즘과 비판적 포스트휴머니즘 사이의 중간에 위치한 입장으로, 민스키 (M. Minsky), 커즈와일(R. Kurzweil), 모라벡(H. Moravec) 등을 그 대표자로 한다. 한편으로 이들은 과학 기술의 급진적인 발달을 통한 현 인류의 개선('trans')을 지향한다는 점에서 트랜스휴머니즘과 관심사를 공유한다. 반면 다른 한편으로 이들의 입장은 과학 기술의 도움을 받아 현재의 인간에게 부과되어 있는 제약이 완전히 극복된 새로운 "슈퍼종"(Superspezies)이 출현하는 것을 목표로 한다는 점에서 포스트휴머니즘으로 분류된다. 특히 트랜스휴머니즘의 주요 관심사가 여전히 '인간'의 개선인 것에 반하여 기술적 포스트휴머니즘은 인간의 '개선'을 가능케 할 '기술' 그 자체를 핵심 주제로 다룬다는 점에서 과학 기술에 주목하는 트랜스휴머니즘의 "급진적인 첨예화"라고도 할 수 있다.17

---

15 이와 관련해서는 다음을 참고하라: 우정길, "포스트휴머니즘 인간관에 대한 비판적 성찰: 기능과 욕망의 관점에서," 「교육철학연구」 40/2 (2018): 75-99; 83.

16 J. Loh, *Trans- und Posthumanismus. Zur Einführung* (2018), 90.

17 상기한 내용에 대해서는 다음을 참고하라: J. Loh, *Trans- und Posthumanismus* (2018), 92f.; 트랜스휴머니즘과 기술적 포스트휴머니즘에 대한 야니아 로의 구분은 크뤼거에 의존한다: O. Krüger, *Virtualität und Unsterblichkeit. Die Visionen des Posthumanismus* (Freiburg im Breisgau: Rombach Verlag, 2004), 111f.

기술적 포스트휴머니즘의 핵심 논제는 대체로 두 가지 정도로 압축된다. 하나는 사멸성이라는 인간의 생물학적 한계를 극복해 주리라고 전망되는 '정신 업로딩'(mind uploading) 기술이고, 또 다른 하나는 슈퍼지능의 출현과 더불어 범우주적 차원에서 정신과 자연의 관계가 새롭게 재편될 미래, 즉 '특이점'(singularity)에 대한 전망이다.

첫째, 정신 업로딩이란 외과적 절개 혹은 비절개의 방식을 통해 인간의 뇌를 스캐닝하여 그 안에 담긴 의식 혹은 정보를 컴퓨터나 기타 인공물 등에 업로드하는 것을 말한다. 모라벡은 두개골을 절개하고 뇌조직을 미세하게 절단, 스캔하여 그 안에 담긴 정신을 기계장치에 업로드함으로써 이제 더 이상 생물학적 특질에 얽매이지 않는 인간의 "메타모르포시스의 완성"이 실현되리라고 전망하였다.[18] 인간의 정신이 컴퓨터에 업로드된다면 디지털 세계 안에서 자신의 정체성을 지닌 존재로서 영원히 살게 될 수 있으며, 이로써 생물학적 사멸성이 마침내 극복되리라는 것이다.

둘째, 정신 업로딩 기술은 인간의 지적 능력을 압도적으로 넘어서는 '초지능'(superintelligence/ultraintelligence)의 출현과 이어진다. 초지능이란 인간의 신경망과 컴퓨터의 결합이 보다 고도화됨으로써 정보처리의 속도가 개선되는 것을 넘어서 현재로서는 전혀 예측할 수도 없을 정도로 질적으로 획기적으로 새로운 단계에 도달하게 될 지능을 의미한다.[19] 이로써 지성은 그 생물학적 한계를 완전히 극복하게 되고, 지적

---

18 H. Moravec, *Mind Children. The Future of Robot and Human Intelligence* (Cambridge: Harvard University Press, 1988), 109f.

19 초지능에 대한 보스트롬의 간결한 정의는 다음과 같다: "초지능이란 실제적으로 모든 영역, 과학적 창의성, 보편적 지혜, 사회적 기술 등에 있어서 가장 뛰어난 인간의 두뇌를 압도적으로 뛰어넘는 능력을 가진 지성이다." N. Bostrom, *The Transhumanist FAQ,*

능력에서뿐만 아니라 창의성, 도덕성 등에서도 전적으로 새로운 차원에 도달하게 될 것이며, 이렇게 인공적인 초지능의 출현과 더불어 열리게 될 포스트휴먼의 시기를 가리켜 '특이점'이라고 부른다. 커즈와일은 나름대로의 계산을 토대로 이 특이점이 도달할 시기를 2045년가량으로 예측하며, 이때가 되면 인류는 자신의 운명을 완전히 스스로 통제하게 되리라고 전망한다.[20]

기술적 포스트휴머니즘은 생물학적 신체에 구속되어 있던 지성이 정신 업로딩과 초지능을 통해 디지털 세계 안에 혹은 다른 기계적 신체와 결합됨으로써 비생물학적인 형태 가운데 존재하게 될 미래를 그려내며, 그와 같은 기술의 구현을 추구한다. 하지만 기술적 포스트휴머니즘이 그리는 미래는 사실상 실현될 수 없는 과학 기술에 대한 과도한 기대에 기초해 있다는 비판도 없지 않다.[21] 또한 기술적 포스트휴머니즘의 기대는 사실상 인간과 인간 정신에 대한 거의 일방적인 유물론적, 환원주의적 이해에 기초하고 있다는 비판도 간과해서는 안 된다. 기술적 포스트휴머니즘의 대표자들은 대체로 인간의 정신을 단지 정보처리의 일정한 '패턴'으로만 이해하고 있으며, 이를 기초로 인간의 정체성이 자신의 고유한 생물학적 신체가 아니라 인위적으로 제작된 인공기기 안에서도 여전히

Ver 2.1 (2003), 12.

20 커즈와일의 예측은 정보기술이 1년에 2배씩 급속히 발전한다는 사실 등에 기초해 있다. 그의 예측에 의하면, 2020년대 말이면 이미 인간 지능과 기계 지능 사이의 결합이 이루어진다. 늦어도 2030년대는 완전한 인공지능이 등장하고, 2040년대가 되면 인간 문명의 지식을 모두 연산 플랫폼에 옮겨 놓을 수 있다. 분자나노기술의 도움으로 인간은 스스로 자신의 신체의 형태를 결정할 수 있으며, 2045년 경이면 수명의 무한한 연장이 이루어진다: R. 커즈와일/김명남, 장시형 옮김, 『특이점이 온다』 (서울: 김영사, 2007), 46ff., 406ff.

21 자크 프랭츠/이병호 옮김, "트랜스휴머니즘(transhumanism), 혹은 기술공학의 고삐 풀린 행태,"「신학전망」200 (2018): 174-195.

유지될 수 있다고 본다.22 이러한 입장은 사실상 인간의 정신이 자신의 신체로부터 분리되어 독립적으로 존재하는 것으로 보는 데카르트식의 정신-신체-이원론을 고스란히 수용할 뿐만 아니라 정신과 신체의 분리를 기술적인 방식으로 구현화하고자 한다는 점에서 정신-신체-이원론이 더욱 급진화된 형태라고 할 수 있다.23 그리고 바로 이 문제야말로 기술적 포스트휴머니즘과 비판적 포스트휴머니즘이 갈리는 결정적인 지점이다. 비판적 포스트휴머니스트들은 기술적 포스트휴머니스트들은 근본적으로 정신과 신체의 분리라는 이원론적 인간 이해에 기초해 있으며, 이런 점에서 여전히 계몽주의적 '휴머니즘'의 한계를 계승하고 있다고 비판한다. 정신과 신체의 분리에 기초한 휴머니즘의 인간중심주의가 극복되지 않는 한 과학 기술의 발전은 직면하고 있는 다양한 삶의 문제들(예를 들어 환경, 젠더 등)을 오히려 더욱 심화시키고 말 뿐이라는 것이 비판적 포스트휴머니스트들의 진단이다.

비판적 포스트휴머니즘과 그 주요 쟁점들

비판적 포스트휴머니즘은 트랜스휴머니즘과 기술적 포스트휴머니즘이 여전히 전제·공유하고 있는 휴머니즘과 그 인간중심주의를 비판하면서 정신과 자연 간의 관계에 대한 대립적 이해를 넘어서서 양자를 연결해주는 새로운 이해를 대안으로 제시하고자 한다. 그 대표적인 이론

---

22 인간의 정체성을 정보의 일정한 패턴으로 보는 이러한 관점을 가리켜 '패턴주의'라고 한다. 이에 대한 보다 상세한 내용을 보기 위해서는 다음을 참고하라. 레이 커즈와일/김명남, 장시형 옮김, 『특이점이 온다』(2005), 22, 515ff., 523ff.

23 J. Loh, *Trans- und Posthumanismus* (2018), 121f.

가들로는 캐서린 헤일즈(K. Hayles), 로지 브라이도티(R. Braidotti), 캐리 울프(C. Wolfe) 등을 들 수 있으며, 이들은 대체로 근대적 주체-객체-이원론을 극복하여 자연과 기계에 대한 대립 관계가 해소된 인간론과 존재론을 제시한다는 특징을 지닌다.24

캐서린 헤일즈는 휴머니즘의 '자유주의적 주체이론'을 비판함으로써 인간중심주의를 극복하고자 한다. 헤일즈에 의하면 휴머니즘은 "자율성과 자유 그리고 행위의 능력에 대한 이해를 소유하고 있는… 합리적 자기"에서 인간됨의 본성을 찾는 것을 특징으로 한다. 인간됨이란 이러한 정신적 자기성의 구현 가운데에서 현실화되는 것으로 이해되었으며, 이는 필연적으로 인간의 신체성을 부정적으로 평가하고 신체에 의해 부과된 한계들을 극복하는 것을 이상화하도록 만들었다는 것이다.25 이런 점에서 비판적 포스트휴머니즘은 정신과 신체, 인간과 자연을 서로 대립적인 것으로 바라보는 사고틀을 비판하면서 휴머니즘에 의해 그어진 인간과 자연, 문명과 자연, 인간과 비인간 사이에 그어진 선명한 경계선들을 제거할 것을 제안한다.

비판적 포스트휴머니즘의 인간중심주의 비판은 전통적으로 영혼이나 이성처럼 다른 동물과는 구별되는 고유한 본질 혹은 실체가 인간에게 주어져 있는 것으로 간주하였던 본질주의(Essenzialismus)를 비판하면서 인간의 인간됨을 영적 실체나 정신적 본질에서가 아니라 다른 인간들

---

24 이런 점에서 비판적 포스트휴머니즘은 전통적인 철학적 인간론과 인간중심주의에 대한 푸코, 데리다, 료테르 등 포스트모더니즘 사상가들의 비판과 대안제시에 크게 기대고 있다. J. Loh, *Trans- und Posthumanismus* (2018), 132f.; 우정길, "포스트휴머니즘 인간관에 대한 비판적 성찰: 기능과 욕망의 관점에서" (2018), 77.

25 N. Katherine Hayles, *How We Became Posthuman. Virtual Bodies in Cybernetics, Literature, and Information* (Chicago: University of Chicago Press, 1999), 2ff.

과 생명체들, 심지어는 기계를 포함하는 다양한 사물들과의 '상호작용과 상호관계'를 통해 구성되는 것으로 제시하는 데에서 가장 선명하게 드러난다. 특히 라뚜르(B. Latour)나 브라이도티는 휴머니즘이 인간과 비인간, 문화와 자연의 경계를 선명히 함으로써 인간됨을 강화하고자 하였으나 이는 그 구분의 기준이 되는 본성—그것이 정신적 특질이건 혹은 신체적 능력이건 간에 관계없이—에 부합하지 못하는 존재들(예를 들어 인간이 아닌 자연, 남성이 아닌 여성, 백인이 아닌 유색인 등)을 끊임없이 억압하고 배제하는 결과를 초래하고 말았다고 비판한다.[26]

반면 비판적 포스트휴머니트들은 사이보그나 정신 업로딩, 나노과학 등의 발전은 전통적인 인간과 자연, 유기체와 비유기체, 나아가서는 인간과 기계의 경계를 이미 지워가고 있으며, 혼종(hybrid)적 존재들을 더욱 다양한 형태로 산출해 내고 있다는 사실에 주목할 것을 촉구한다. 최신 기술이 적용된 기계들은 이미 그 자체로 거의 자율성을 지니고 있으며, 인간과의 관계에서 도덕적 행위자로서의 지위에까지 도달했다고 브라이도티는 판단한다. 따라서 소위 주체성이 이성적 본질을 소유한 개별적 자아(individuelles Selbst)에게만 주어지는 것으로 이해하였던 인간중심주의는 더 이상 유효하지 않으며, 주체성 개념에 대한 "탈인간중심주의적 전환"이 요구된다. 이를 위해 브라이도티는 "인간적 행위자와 비인간적 행위자의 횡단적 상호결합 혹은 접합"이 필요하다고 제안한다. 이것이야말로 타자에 대한 차별과 억압, 배제와 제거를 동반했던 근대 휴머니즘의 인간중심주의를 넘어서는 "새로운 주체성의 형식"이라는 것이다.[27]

---

26 브뤼노 라투르/홍철기 옮김, 『우리는 근대인이었던 적이 없다』 (서울: 갈무리, 2009), 32f.
27 R. Braidotti, *Posthumanismus. Leben jenseits des Menschen* (Frankfurt: Campus,

휴머니즘의 인간중심주의를 넘어서는 포스트휴먼 주체 이해를 위해 브라이도티는 '동물되기', '지구되기', '기계되기'를 그 대안으로 제시한다. 이 개념들은 한편으로 보자면 생명체로서 인간은 동물 및 지구 행성 그리고 때로는 과학 기술에 의해 제공되는 기계의 도움을 통해서 존재한다는 이미 현재적인 사실에 대한 '기술'로서 이해될 수 있다(descriptive term). 소위 이성 중심적 독단적 자아란 불가능한 일이며, 인간이 아닌 존재들과의 상호관계 속에서 이미 주체의 경험과 형성이 이루어진다는 것이다. "관계들의 횡단성",28 "우리는 이미 그 안에 존재한다."29 하지만 다른 한편으로 보자면 소위 이러한 '되기'의 존재론이 윤리적 준칙으로 요구되는 것을 넘어서 일종의 인간 행위의 '궁극적'인 지향점(teleological term)으로 제기되는 것이라면, 그 구체적인 실행 방안과 범위에 대한 진술이 불분명한 것이 사실이다. 그 뿐만 아니라 인간의 '동물되기', '기계되기'가 포스트휴먼 인간론의 최종 지향점이라고 한다면, 이는 역으로 아직 기계와—전혀 혹은 충분히— 결합하지 않은 인간에 대한 가치 절하 및 존엄성의 훼손과 이어질 우려가 있는 것도 사실이다. 특히 비판적 포스트휴머니즘이 인간이 "창조의 면류관"이라는 고전적인 인간 이해로부터의 탈출이라는 "인간학적 엑소더스"30를 지향한다는 점에서 하나님의 형상으로서 다른 피조물에 대한 인간의 존엄성과 특수성을 제거할 수 없는 신학적 인간 이해와의 비판적인 대결은—수용과 비판 무엇을 위해서건— 불가피한 것으로 보인다.

2014), 46ff.

28 *Ibid.*, 99.

29 *Ibid.*, 92.

30 *Ibid.*, 71.

III. 트랜스/포스트휴머니즘에 대한 신학적 · 비판적 논점들

트랜스/포스트휴머니즘이 생명공학, 슈퍼컴퓨터, 나노기술 등 과학 기술의 발전에 대한 묘사와 결합되어 있기 때문에 얼핏 보기에는 신학적 인간론과 별다른 접점을 지니지 않는 것처럼 보인다. 하지만 조금만 자세히 들여다보면 트랜스/포스트휴머니즘은—긍정적이건 비판적이 건 간에— 신학적 인간론과 불가분리하게 결합되어 있음을 알 수 있다. 아래에서는 앞에서 다루어졌던 트랜스/포스트휴머니즘의 주요 논점들 에 대한 신학적 · 비판적 접점들에 대해 살펴보고자 한다.

인간 향상 vs. 인간 조건(conditio humana)

트랜스휴머니즘은 과학 기술을 수단으로 하여 인간의 지적, 신체적, 정서적 능력을 최대한 극대화하는 것을 목표로 한다. 현재의 인간은 결코 완결된 형태가 아니며, 자신의 자유의지를 따라 더욱 완성에 가까운 형태로 자기 자신을 개선하고자 하는 것은 인간의 타고난 본성이라는 것이 트랜스휴머니즘의 기본적인 신념이다. 기술의 도움으로 본래적으 로 타고난 자연적 조건들을 극복하여 인간이 자기 스스로를 형성해 나가야 한다는 것이다.

사실 사상사적 관점에서 보자면 인간 향상이라는 트랜스휴머니즘의 신념은 그다지 새로운 것은 아니다. 보스트롬 자신이 진술한 것처럼 에누마 엘리쉬로부터 르네상스와 근대의 인간 교육의 시도에 이르기까 지 인간에게 부과되어 있는 조건을 넘어서고자 하는 것은 오래된 인간의 습성인 것처럼 보이는 것도 사실이다. 심지어는 고대교회의 구원관 역시도 신성화, 즉 Theosis를 인간의 최종 목표로 삼았던 것을 염두에 둔다면, 인간의 자기 초월에 대한 트랜스휴머니즘의 신념은 기독교 인간론과도 완전히 분리되는 것 같지는 않다.

하지만 트랜스휴머니즘의 인간 이해와 신학적 인간 이해 사이에는 메우기 힘든 간극이 있다는 것을 부인할 수는 없다. 이는 특히 전통적인 기독교 인간론은 인간을 철저히 창조자 하나님과의 관계 가운데에서 이해하고자 하며, 창조자 하나님에 의해 수립된 피조세계 및 다른 인간들과의 사회적 관계 가운데 있음을 제거할 수 없는 인간 조건(conditio humana)으로 간주한다는 데 있다. 예를 들어 루터의 '대교리문답'은 "영육과 생명, 크고 작은 육체의 기관, 모든 감각, 이성과 오성 그리고 그 외의 모든 것"과 같은 개별 생명체의 기본 요소뿐만 아니라 "옷과 식량, 아내와 자녀, 종과 집"과 같은 사회적 요소들 그리고 "하늘의 해와 달과 별… 새, 물고기, 동물, 곡식과 같은" 전체 자연 등이 다 '하나님에 의해 선물로 주어진 것'이라고 선언한다. 이 모든 것이 하나님에 의해 주어짐으로써 인간의 생명을 유지케 하는 은총의 요소이며, 따라서 인간은 심지어 자신의 생명과 타자의 생명을 포함하여 그 어떤 것도 "자신의 소유라고 주장할 수" 없다.[31] 이런 점에서 기독교 인간론에서 인간의 본래적인 규정은 자신의 한계에 대한 지속적인 극복에 있는 것이 아니라, 선물로 주어진 *conditio humana*(인간의 조건)를 수용하면서 그 본래적인 구조에 상응하는 삶을 사는 데 있다. 이 근본 구조로부터의 이탈 혹은 왜곡을 전통적으로 기독교 인간론은 죄(또는 소외)라는 개념 아래에서

---

31 마르틴 루터/최주훈 옮김, 『대교리문답』 (서울: 복있는 사람, 2017), 204f.

비판적으로 평가해 왔다.32

전통적인 기독교 인간론에 의하면 인간은 죄인이기도 하지만 동시에 여전히 하나님의 형상이다. 인간에 대한 이 이중 규정은 트랜스휴머니즘의 인간 향상 모델을 다음과 같이 평가하도록 하는 것으로 보인다.

첫째, 기독교 인간론에 의하면 죄인으로서의 인간은 하나님 및 피조물과 맺는 관계가 회복되지 않는 한 그 어떤 자신의 능력 개선을 통해서도 본래적인 존재 규정에 부합한 삶을 살아갈 수 없다. 오히려 하나님과 이웃, 피조물 전체와의 관계의 회복을 동반하지 않는 인간의 능력의 향상과 그에 대한 집착은 거꾸로 인간의 죄성의 표현에 불과한 것으로 평가될 수 있다. 유전자 조작 등 과학 기술의 도움으로 개별 능력들이 더욱 향상될수록 인간은 완성에 가까워갈 것이라는 트랜스휴머니즘의 낙관적 기대는33 하나님에 의해 선물로 주어진 conditio humana로부터의 일탈이라고 평가될 수도 있다.

둘째, 기독교 신앙에 의하면 인간은 죄인임에도 불구하고 여전히 '하나님의 형상'이다'. 이런 점에서 하나님의 형상으로서의 인간은 그 자체로 존엄하며,34 이는 그의 (지적, 신체적, 정서적) 능력의 고하 여부와 관계가 없다. 이에 반해 트랜스휴머니즘은 더 많은 능력을 지닐수록

---

32 이는 중간선으로서의 자유의지를 최고선으로서의 하나님을 향해 사용하지 않고 존재의 위계 구조 가운데에서 보다 열등한 선을 위해 사용하는 것을 죄라고 정의하는 아우구스티누스으로부터, 죄를 하나님에 의해 주어진 존재론적 구조로부터의 소외로 재개념화하는 틸리히에 이르기까지 광범위하게 공유되는 관점이다.

33 Stefan L. Sorgner, *Transhumanismus. "Die gefährlichste Idee der Welt"!?* (Freiburg: Herder, 2016), 28f.

34 하나님의 형상 개념과 인간의 존엄성의 연관성에 대해서는 다음을 보라: W. Vögele, "Menschenwürde und Gottebenbildlichkeit," J. Dierken/A. von Scheliha (eds.), *Freiheit und Menschenwürde* (Tübingen: Mohr Siebeck, 2005), 265-276.

더 좋다는 기본 신념에 기초하여 인간을 오히려 기술적 변형과 조작의 대상으로 격하시켜 버릴 위험성을 그 안에 내포하고 있다.[35] 물론 트랜스휴머니즘은 이를 통해 인간의 한계를 극복하고 장애를 치료할 수 있다고 약속하지만, 이 역시도 소위 정상인과 장애인을 구분하고, 마치 후자의 경우 인간으로서 마땅히 도달해야 할 특정한 기준에 미흡한 것으로 평가절하할 위험성을 그 안에 내포하고 있음을 부정할 수 없다.[36] 이런 점에서 의인이건 죄인이건, 장애인이건 비장애인이건, 특수한 능력을 소유하건 아니건 간에 관계없이 인간은 그 자체로 하나님의 형상'이며', 그 자체로서 존엄성을 지닌다고 이해하는 기독교 인간론은 트랜스휴머니즘의 능력 중심적, 기능주의적 인간 이해의 왜소성을 지적할 수밖에 없을 것이다.

Homo Deus vs. Imago Dei

기술적 포스트휴머니즘은 정신 업로딩이나 초지능의 등장과 더불어

---

35 Jania Loh, *Trans- und Posthumanismus* (2018), 84f.

36 이는 비판적 포스트휴머니스트인 캐리 울프가 트랜스휴머니즘을 비판할 때의 기본 논조이기도 하다. 휴머니즘과 트랜스휴머니즘이 당연시하는 정상성과 장애에 대한 구분은 연약함이나 제약성을 긍정하는 주체성을 새롭게 형성하지 못한다는 것이다. Carry Wolfe, "Learning from Temple GrandAnimal Studies, Disability Studies, and Who Come After the Subject," *What is Posthumanism* (University of Minnesota Press, 2010), 127-142; 141f. 실제로 장애인들 가운데에서도 장애의 극복 그 자체가 아니라, 장애인으로서의 정체성 그 자체가 수용되지 않은 사회환경의 변화가 더 시급하다고 보는 경우도 많다는 사실은 정상성 혹은 정상 이상의 능력향상에만 집중하는 트랜스휴머니즘의 일방성을 보여준다. 이와 관련해서는 다음을 살펴볼 것: 하대청, "슈퍼후먼이 된 장애인: <아바타>, 트랜스휴머니즘, 교정의 명령," 한국포스트휴먼연구소/한국포스트휴먼학회 편저, 『포스트휴먼시대의 휴먼』 (파주: 아카넷, 2016), 129-151; 144ff.

현재의 인간을 넘어서는 포스트휴먼이 출현하리라고 전망하면서 그 기술적 발전에 집중하는데, 이 점에 있어서 기술적 포스트휴머니즘은 트랜스휴머니즘보다 신학적 인간 이해와의 접점을 찾는 것이 더 힘들어 보인다. 예를 들어 모라벡은 인간의 정신을 컴퓨터나 기계로 업로딩하는 것이야말로 그동안 종교들이 희망해 왔던 영혼 불멸을 실제로 기술적으로 현실화하는 것이라고 주장한다. 모라벡에 의하면 인간의 정체성이란 정신 혹은 영혼에 있으며 신체와 결합되어 있지 않다. 따라서 정신을 다른 기계에 이식하게 된다면 하나의 정신이 여러 개의 신체를 동시에 소유할 수도 있으며, 나아가서는 신체의 속박으로부터 정신이 해방되어 사멸하지 않는 영혼 불멸이 실현될 수 있다. 이렇게 인간의 정신이 신체의 속박을 완전히 벗어나게 될 세상을 가리켜 모라벡은 "생물학 이후의 세계"(postbiological world)[37]라고 이름 붙인다.

얼핏 보기에 모라벡은 영혼 불멸이라는 종교적 주제를 과학 기술의 이름으로 변주해 내는 것처럼 보인다. 기존의 종교에서는 신이 주도적인 역할을 담당했던 반면 이제는 기계가 그 역할을 대신하고 있을 뿐이다.[38] 하지만 모라벡의 관점은 사실상 종교적 관점의 연장이라기보다는 오히려 기술을 통한 종교의 궁극적인 폐기를 지향한다고 보는 것이 더 적절한 평가라고 할 수 있다. 왜냐하면 인간 정신이 기계 안에서 불멸을 얻게 될 소위 생물학 이후의 세계에서 인간은 더 이상 "신비적 혹은 종교적 태도를 취할 필요가 없"[39]게 되리라는 것이 모라벡의 내심이기 때문이

---

37 Hans Moravec, *Mind Children: The Future of Robot and Human Intelligence* (1988), 4f.

38 이창익, "인간이 된 기계와 기계가 된 신: 종교, 인공지능, 포스트휴머니즘," 「종교문화비평」 31 (2017): 209-254; 224.

39 Hans Moravec, *Mind Children: The Future of Robot and Human Intelligence* (1988),

다. 기술을 통해 종교가 더 이상 필요하지 않게 된 세상 혹은 기술을 통해, 즉 인간이 오직 자기 자신의 능력(potentia absoluta)으로써 스스로 자신의 존재 조건의 입안자(causa sui)가 되는 것이 모라벡이 지향하는 세계이자 인간의 모습이라고 한다면, 인간은 더 이상 신을 필요로 하지 않게 되리라는 것은 자명한 일이다. 인간은 이미 스스로 신이 되었기 때문이다. 기술적 포스트휴머니즘의 인간은 유발 하라리가 추구한 호모 데우스(Homo Deus),[40] 즉 신과 같은 인간이며, 이는 "너희가 신과 같이 되리라"고 하던 뱀의 유혹의 현실화라고 할 수 있다.[41]

기술적 포스트휴머니즘은 정신 업로딩을 통해 인간이 자기 자신의 한계를 넘어서 신과 같은 존재가 될 수 있다고 약속한다. 이러한 사고방식은 앞에서도 살펴본 것처럼 철저히 정신을 신체로부터 독립적으로 존재하는 상이한 실체로 그리고 신체가 아닌 영혼만을 인간의 고유한 정체성의 담지자로 보는 정신-신체-이원론에 기초하고 있다. 자기 자신의 고유한 신체로부터 분리되더라도 인간의 인격적 정체성이 고스란히 유지될 수 있으며, 순수한 정보의 패턴으로서의 정신이 자신의 신체로부터 분리되어 불멸을 누릴 것을 지향하는 사고방식은 신학사적으로 보자면 육체라는 감옥으로부터 영의 구원을 갈망하였던 영지주의와 거의 정확히 일치하는데, 이런 점에서 신학적으로 보자면 기술적 포스트휴머니즘은 '기술적 영지주의' 혹은 '영지주의의 기술적 형태'라고 정의해도 무방할 것이다.

4.

40 Yuval N. Harari, *Homo Deus: A Brief History of Tomorrow* (New York: HarperCollins, 2016), 47.

41 Chr. Schwöbel, "The Gods of the Fourth Industrial Revolution-Philosophies and Religions in the Age of Deep Learning," 「철학사상문화」 27(2018): 267-290; 280ff.

288 | 2부_ 창조와 인간

주지하다시피 기독교 신앙의 오랜 전통에 따르면 인간은 하나님의 형상이다. 비록 플라톤 철학의 영향으로 인해 오랫동안 인간의 이성적 본질을 하나님의 형상으로 간주해 왔던 것이 사실이지만, 이러한 실체론적, 본질주의적 형상 이해는 오늘날 대부분의 신학적 논의에서 그 영향력을 상실한 지 오래다. 대신 하나님의 형상의 특징을 인간이 자신의 창조자인 하나님과 맺는 인격적 사귐의 관계 가운데에서 찾는 것이 20세기 이후 신학적 인간론의 핵심 내용이라고 해도 과언이 아니다. 이 맥락에서 현대 신학의 인간론은 전통적인 영육이원론을 포기하고, 인간을 철저히 영과 육의 전일적 통일성 속에 있는 것으로 이해한다.42 이미 제사장 문서가 인간의 개별적 정체성을 가리켜 "생령", 즉 '살아 있는 영혼'(leb-endige Seele)이라고 부르는 것처럼 영혼은 살아 있음, 즉 신체성과 분리되어 존재하지 않는다. 인간은 영혼과 육체라는 상이한 두 개의 실체의 혼합물이 아니고 철저히 "영혼이 깃든 신체"(beseeltes Leib)이며,43 자신의 고유한 신체로부터 분리되어 독립적인 영혼은 따로 존재하지 않는다. 이런 점에서 여전히 구시대적인 영육이원론 혹은 정신-신체-이원론에 기초한 기술적 포스트휴머니즘의 인간 이해는 최근의 신학적 인간론과의 접점을 찾기 어렵다.

호모 데우스가 신체성을 평가절하하고 정신적 실체로서의 인간이 스스로 신처럼 자기 존재의 근원이 되는 미래를 추구한다면, 이마고 데이(Imago Dei)로서의 인간은 자신의 신체성 없이는 존재하지 않을 인격적

---

42 영육 통일성 가운데에서 인간의 인간됨을 발견하려는 현대 신학의 대표적인 사례로는 다음을 들 수 있다: J. Moltmann, *Gott in der Schöpfung* (Gütersloh: Güterslohrer Verlagshaus, 1985), 248ff.; W. Pannenberg, *Systematische Theologie*, Bd. II (1991), 209ff.

43 J. Moltmann, *Gott in der Schöpfung* (1985), 259.

정체성을 기초로 하나님과 이웃, 다른 피조물들과의 사귐이 완성될 종말을 신앙하고 희망하면서 삼위일체 하나님의 내적 사귐의 삶에 부합하는 상호 사귐과 돌봄의 삶을 살아가는 데 그 본래적인 규정이 있다. 이런 점에서 기술적 포스트휴머니즘이 제시하는 상상력으로 가득 찬 기술적 진보의 약속에서 한 발 떨어져 본다면, 이마고 데이로서의 인간과 호모 데우스는 좀처럼 공통점을 찾기 힘들다고 할 수밖에 없는 것으로 보인다.

비판적 포스트휴머니즘과 신학적 인간론의 차이
: 정신-신체-이원론에 대한 상이한 이해

앞에서 살펴본 것처럼 트랜스휴머니즘과 기술적 포스트휴머니즘은 휴머니즘 이후의 생명의 형태에 관심을 기울이지만, 실제로는 근대적, 계몽주의적 휴머니즘의 기본 사고 구조가 여전히 그 안에서 작동하고 있다. 이에 반하여 비판적 포스트휴머니스트들은 휴머니즘의 근간인 정신-신체-이원론을 비판함으로써 인간중심주의를 극복하고자 시도한다. 데카르트에게서 명시적으로 드러나는 것처럼 정신-신체-이원론은 사유하는 존재(res cogitans)로서의 인간과 연장된 존재(res extensa)로서의 자연 사물들을 구별 짓고, 자연에 대한 인간의 지배를 정당화해 왔다는 데에는 의심의 여지가 없다. 하지만 소위 데카르트적 이원론에 기초한 인간중심주의와 휴머니즘을 직접적으로 동일시하는 것은 엄밀한 분석이 아니라는 평가를 받기도 하며[44] 또한 휴머니즘의 인간중심주의가 반드시 비판적 포스트휴머니즘이 주장하듯 타자와 자연에 대한 배제를 직접적으로 지향하는 것도 아니라는 점에서 비판적 포스트휴머

---

44 J. Loh, *Trans- und Posthumanismus* (2018), 177.

니즘의 휴머니즘 비판은 과장된 측면이 있다는 평가를 받기도 한다.[45]

신학적으로 보자면 비판적 포스트휴머니즘은 20세기 이후의 신학적 인간론, 특히 생태주의 인간론과 상당히 광범위한 부분에서 유사하다고 볼 수 있다. 이는 비판적 포스트휴머니즘과 마찬가지로 최근의 생태신학적 인간론 역시도 정신-신체-이원론에 입각한 인간중심주의를 넘어 세계중심주의 혹은 우주중심주의를 지향하며, 아울러 이를 통해 인간과 자연의 근원적인 상호관계성 혹은 연대성을 강조하는 공통점을 지니고 있기 때문이다. 이런 점에서 브라이도티의 '동물-되기'나 '지구-되기' 같은 개념들은 오늘날 생태신학적 인간론에서 제시하는 "인간의 자연화"[46] 개념과 상당 부분 유사한 것이 사실이다.

하지만 비판적 포스트휴머니즘과 신학적 인간론 사이에는 제거할 수 없는 차이가 존재하는 것도 사실이다.[47] 비판적 포스트휴머니즘은 인간과 자연의 혼종적 결합, 나아가서는 생물학적 신체에 머물러 있기를 기꺼이 포기하는 횡단적 '기계-되기' 등을 정신-신체-이원론에 대한 대안으로서 제시한다. 소위 인간됨에 대한 가치 지표에 의해 사전에 설정되어 있던 기존의 경계선을 과감히 횡단하여 지금까지 배제되어 왔던 낯선 존재들과의 '하나 되기'가 감행될 때 비로소 인간중심주의를

---

45 김분선, "포스트휴먼 시대, 인간 지위에 대한 고찰," 「환경철학」 23 (2017): 37-61; 46f.

46 현대 생태신학은 정신과 신체, 인간과 자연에 대한 데카르트식 이원론을 환경파괴의 사상적 근원으로 간주하면서 이에 반하여 "인간의 자연화"와 "자연의 인간화"를 그 대안으로 제시하고자 시도한다. 그 대표적인 사례로는 몰트만을 들 수 있다. J. Moltmann, *Gott in der Schöpfung* (1985), 63f., 193ff.

47 물론 현대 신학에서 하나의 단일하고도 고정된 형태의 인간론이란 존재하지 않으므로 이러한 평가는 제한적일 수밖에 없다. 다만 아래에서는 정신-신체-이원론을 극복하고자 한다는 점에서 비판적 포스트휴머니즘과 동일한 목표를 지향하면서도 상이한 접근 방식을 제공하는 판넨베르크의 인간론과 간략히 비교함으로써 이 작업을 수행하고자 한다.

넘어서는 새로운 포스트휴먼의 시대가 도래하리라는 것이다.

그러나 앞에서 살펴본 것처럼 소위 '되기'의 존재론이 인간과 자연, 인간과 기계 간에 이미 현실화되어 있는 상호관계에 대한 '기술적'(descriptive)인 의미를 넘어서 '궁극적' 지향점으로 제시되는 것이라면, 이것이 과연 인간중심주의 극복의 유일한 길인지는 의심스러운 것이 사실이다. 인간과 자연, 인간과 기계의 '차이'를 넘어서서 둘의 경계를 모호하게 하는 것이 과연 인간중심주의를 극복하는 길일까? 오히려 이러한 논지의 배후에는 '차이'를 부정하고 서로 다른 것들을 '동일화'하려는 근대적 '동일성의 원리'가 은밀한 방식으로 작동하고 있는 것은 아닌가? 이와 관련하여 아래에서는 판넨베르크의 인간론을 간단히 살펴보고자 한다.

판넨베르크의 신학적 인간론 개관

판넨베르크는 자신의 『조직신학』의 창조론과 인간론에서 근대적 주객도식에 입각한 인간중심주의를 넘어서고자 하는 현대 신학의—그리고 비판적 포스트휴머니즘의— 관심사를 공유한다. 반면 그는 자연과 인간의 차이를 제거하는 것이 아니라 오히려 양자 간의 긴밀한 상호연관성이 산출해 내는 자연과 인간의 차이 그리고 차이에 입각한 인간의 책임적 실천을 그 대안으로 제시한다.

판넨베르크에 의하면 인간의 창조 목적은 인간으로 하여금 예수 그리스도 가운데 계시된 삼위일체 하나님의 내적 사귐의 삶에 참여하도록 하는 데 있다. 이를 위해 필수적인 것은 하나님에 대한 인간의 '자기구분'(Selbstunterscheidung)인데, 이는 삼위일체 하나님의 자기 계시인 나사렛 예수의 하나님 아버지에 대한 자기 구분의 활동 가운데에서 인식된다. 인간 예수는 하나님을 아버지라고 부르면서 자신을 철저히 하나님으로부터 구분 짓는다. 또한 이 자기 구분의 활동 가운데에서 영에 의해 인간 예수는 하나님 아버지와 하나가 된다. 하나님 아버지에 대한 나사렛 예수의 자기 구분의 활동은 내재적 삼위일체 가운데에서 일어나는 아버지에 대한 영원한 아들의 자기 구분과 이를 중재하는 영의 활동 그리고 이 자기 구분의 활동 가운데에서 '한' 하나님으로 계시는 삼위일체 하나님의 내적 사귐의 삶을 계시한다.[48]

판넨베르크에게 나사렛 예수는 아버지, 아들, 영의 내재적 삼위일체의 사귐의 관계에 대한 자기 계시일 뿐만 아니라, 동시에 이 삼위일체 하나님과 인간이 맺어야 할 관계가 무엇인지를 보여주는 결정적인 자리이다. 이 점에서 판넨베르크는 하나님의 형상성을 인간의 이성적 본질에서 발견하던 오래된 신학적 패러다임을 버리고, 인간 예수를 참된 하나님의 형상으로 고백하는 본래적인 성서적, 신학적 전통에 의존한다.[49] 인간 예수가 참 하나님의 형상이기에 인간의 본래적인 규정이 무엇인지는 바로 이 예수가 하나님과 맺는 관계에서 드러난다. 마치 나사렛 예수가 아버지 하나님으로부터 자신을 구분하는 가운데에서 비로소 영의 하나되게 하는 활동을 통해 삼위일체 하나님의 내적 사귐의 연합에 참여하는 것처럼, ―예수 그리스도에 대한 신앙 가운데― 인간은 "아버지로부터 자기를 구별하는 가운데 아들이 영을 통해 아버지와 연합"하는

---

48 나사렛 예수의 하나님 아버지에 대한 자기 구분은 판넨베르크에게 내재적 삼위일체와 경륜적 삼위일체에 대한 인식의 토대이다. 이에 대해서는 본서의 5장 "판넨베르크의 삼위일체 신학적 창조론"에서 이미 설명되었다.

49 W. Pannenberg, *Systematische Theologie*, Bd. II (1991), 238ff.

것처럼 자신을 하나님으로부터 구별 지으면서 자신의 "유한성을 수용"하는 활동을 통해서만 삼위일체 하나님의 내적 사귐에 참여할 수 있게 된다.

판넨베르크는 하나님에 대한 인간의 자기 구분의 활동의 가능성의 조건을 인간이 삼위일체 하나님의 창조 활동의 산물로서 존재하게 된 피조물이라는 사실 그리고 그러한 바로서 인간은 자연과의 연속성 속에 있으면서도 다른 피조물로부터 구별되는 독특한 특징을 지니기 때문이라고 해명한다. 『조직신학』의 창조론에서 판넨베르크는 하나님의 창조 활동을 삼위일체론적으로 해명하는데, 이때 특히 '차이와 질서의 원리'인 아들의 활동과 '생명과 우주적 역동성의 원리'인 영의 활동이 결정적으로 중요하다. 차이와 질서의 원리인 아들의 활동은 피조물의 다양성과 차이 그리고 차이들에 통일성을 부과하는 법칙성의 근원이다. 영은 다양한 사물들로 구성된 자연의 역사 가운데에서 법칙으로만 환원되지 않는 우발성을 매개로 생명이 출현하게 하며, 하나님으로부터 오는 미래의 힘 가운데에서 피조물을 하나님과의 연합으로 이끈다. 무기체에서부터 유기체, 낮은 수준의 생명체로부터 고도의 합리적 질서가 내면화되어 있는 존재인 인간의 출현에 이르기까지 자연의 역사 가운데 존재하는 모든 것은 아들과 영의 연속적이고 지속적인 창조 활동의 산물이다. 이렇게 자연과 인간은 모두가 삼위일체 하나님의 창조자라는 점에서 유사성과 연속성 가운데 있다.

반면 삼위일체 하나님의 창조 활동의 정점에 서 있는 인간은 비록 그 '존재에 있어서는' '영과 육의 통일체'이지만, 그 '인식에 있어서는' 자신의 내면적 자아와 신체를 구분하고, 이를 토대로 하나님과 세계, 자아를 서로 구분하게 되기에 이른다. 자연과의 유사성과 연속성 속에 있는 영육통일체로 존재하지만, 이 영육통일성에 기초하여 생성된 의식 속에서 인간은 자아와 세계 그리고 양자의 근원으로서의 하나님을 서로 '구별'하게 된다. 그리고 바로 이러한 '차이'에 대한 인식이야말로 하나님의 형상으로서 모든 피조물을 돌보는 사명(dominium terrae)을 부여받은 인간에게 필수적이다. 이는 하나님과 다른 피조물에 대해 지니는 자신의 고유한 차이에 대한 인식 속에서만 인간은 전체 세계에 대한 "대변인"으로서의 역할을 하나님 앞에서 수행할 수 있기 때문이다. 하나님과 세계, 인간이 서로 구별되는 존재라는 것을 인식하는 가운데에서만 인간은 자신을 포함한 모든 유한한 존재들이 "하나님의 피조물임을 인정"할 수 있으며, 이를 통해서만 하나님의 형상으로서의 인간에게 부여되어 있는 "하나님의 통치의 대리자"로서의 행위를 수행할 수 있다는 것이다.[50]

정신-신체-이원론에 기초한 인간중심주의를 넘어서고자 한다는 점에서 비판적 포스트휴머니즘과 판넨베르크의 인간론은 근본적으로 유사한 관심사로부터 출발한다. 하지만 비판적 포스트휴머니즘이 인간과 자연의 혼종적 결합을 그 대안으로 제시하는 반면 판넨베르크는 인간과 자연의 차이에 대한 의식 속에서 이루어지는 하나님에 대한 인간의 자기 구별을 통해서 비로소 인간의 본래적인 규정, 즉 인간됨이 실현될 수 있으리라고 제안한다. 신학적 인간론은 인간중심주의를 극복하는 방안을 인간이 자신이 아닌 '다른' 존재가 '되고자' 하는 데서가 아니라, 나와는 '다른' 존재(하나님과 피조세계)에 대해 지니는 차이 안에 머물러 있으면서 그 본래적인 규정에 일치하고자 함으로써 시작되는

---

50 *Ibid.*, 226, 160. 이 내용은 본서의 6장 "생태주의 인간론의 아포리아를 넘어: 판넨베르크의 『조직신학』을 중심으로"에서 상세히 다루어졌다. 특히 235ff.를 참고하라.

것으로 본다. 비록 비판적 포스트휴머니즘이 트랜스휴머니즘이나 기술적 포스트휴머니즘에 비해서 신학적 인간론과 다양한 논의의 접점을 지니고 있는 것은 사실이지만 양자 사이의 근본적인 차이를 무시하기는 어려워 보인다.

IV. 트랜스/포스트휴머니즘과의 대화를 위한 신학적 · 비판적 지표들

현재의 인간보다 개선된 새로운 존재 양식의 (포스트)인간의 출현을 역설하는 트랜스/포스트휴머니즘은 인간이란 무엇인가 하는 오래된 주제와 관련하여 오늘날 광범위한 논의를 촉발시키고 있다. 사실 매우 형식적인 면에서만 평가하자면 트랜스/포스트휴머니즘이 강조하는 인간의 자기 초월의 경향은 기존의 기독교 인간론이 강조해 오던 종말론적 구원을 향한 희망과 일정 부분 유사한 것이 사실이다. 삼위일체 하나님의 사귐의 삶에 연합함으로써 도달할 참된 인간됨을 희망하면서 '변화된' 삶을 살아갈 것을 추구하는 것은 기독교 신앙의 구성적 요소이기 때문이다. 이런 점에서 보자면 기독교 신앙은 트랜스/포스트휴머니즘의 기본 관심사를 이미 그 안에 담고 있다고 말할 수도 있을 것이다.

하지만 내용적인 면에서 보자면 신학적 인간론에는 적어도 현재까지 본고에서 논의된 트랜스/포스트휴머니즘의 주요 내용들과 조화되기 힘든 요소들이 많다는 것을 부정할 수 없다. 예를 들자면 인간의 자기 개선을 통해 자신이 지향하는 이상적 형태에 도달할 것을 촉구하는 트랜스휴머니즘은 참 하나님의 형상인 예수 그리스도와의 일치 가운데에서만 진정한 인간됨의 실현이 이루어진다는 기독교의 근본 신념과 조화되기 힘들다. 오랫동안 교회는 하나님과 이웃의 관계가 배제된 인간의 '자기' 실현을 부정적으로 평가해 왔다. 또한 인간의 정신을 일종의 독특한 정보의 패턴으로 간주하면서 이 정보가 인간의 신체가 아닌 다른 기계적 삶 가운데에서 불멸에 도달하게 되리라는 기술적 포스트휴머니즘의 약속 역시도 인간을 철저히 영육통일체로 이해하는 기독교의 본래적인 인간론과 조화되기 힘든 것이 사실이다.

과학 기술의 급격한 발전은 인간에 대한 새로운 이해를 촉구하고, 때로는 과감한 패러다임의 전환을 요구할 때도 있다. 하지만 트랜스/포스트휴머니즘이 제시하는 새로운 인간 혹은 포스트휴먼의 요구들을 무비판적으로 수용하는 가운데 "이제 기독교 인간론의 전환이 요구된다는" 식의 접근은 지나치게 성급한 일이라고 평가할 수밖에 없다. 앞에서 논의된 내용들을 중심으로 트랜스/포스트휴머니즘은 적어도 다음과 같은 신학적 지표들과의 유기적인 혹은 비판적인 논쟁을 거칠 때에만 기독교적인 방식으로 유의미하게 적용될 수 있으리라고 평가한다.

첫째, 참된 인간됨의 실현은 인간의 '자기'개선을 통해서가 아니라, 오직 예수 그리스도와의 사귐을 통해서만 실현된다는 기독교 신앙의 기본 신념과 어떻게 조화될 수 있는가(트랜스휴머니즘에 대한 안티테제).

둘째, 하나님의 형상으로서 인간은 정신과 신체 무엇으로 환원되지 않는 통일체라는 성서적, 신학적 인간 이해와 어떻게 연결될 수 있는가(기술적 포스트휴머니즘에 대한 안티테제).

셋째, 인간중심주의를 넘어서 인간이 아닌 타자들과의 사귐에 도달하는 길은 인간과 자연 사물 간의 차이에 대한 제거를 통해서가 아니라 그 차이에 기초할 때에만 가능하다는 성서적, 신학적 인간학과 어떻게 대화할 수 있는가(비판적 포스트휴머니즘에 대한 안티테제).

물론 전통적인 신학적 도그마에 기초해서 트랜스/포스트휴머니즘 논의를 일방적으로 거부하기만 해서는 안 될 것이다. 하지만 ―비판적 포스트휴머니즘의 경우처럼― 특정한 종류의 인간중심주의(영육이원론 혹은 정신-신체-이원론)를 극복하려다가 자칫 인간됨이라는 가치 자체를 망각해 버리게 되는 것은 아닌지 우려스러운 것도 사실이다. 하나님과의 관계가 왜곡된 현실 가운데 살아가는 현재적 인간의 상태 '이후'에 대한 기대는 어디까지나 '이미' '인간이 되신' 하나님 자신의 활동에 기초하지, 인간 자신에 의해 이루어지는 능력의 확장이나 유한성의 폐기에 기초하지 않는다는 기독교 신앙의 근본 신념을 손쉽게 폐기해 버릴 수는 없다. 이런 의미에서 신학적 '포스트'휴머니즘은 휴머니즘의 폐기를 통해서라기보다는 휴먼이 되신 하나님에 상응하는 인간됨에 대한 반복적인 강조 속에서 발견되어야 할 것이다. 다음과 같은 본회퍼의 말은 여전히 유효하다: "인간이 인간이 될 수 있는 것은 하나님이 인간이 되셨기 때문이다. … 인간이 하나님이 되는 것이 아니라, 하나님 앞에서 인간이 된다."[51]

---

51 디트리히 본회퍼/손규태 외 옮김, 『윤리학』 (서울: 대한기독교서회, 2010), 101.

3 부

자유주의신학

9 장

민족주의와 자유주의신학 I

― 독일제국 시기의 문화개신교*

I. 자유주의신학(문화개신교) 연구의 필요성

한국 신학계에서 독일제국 시기의 독일 신학, 특히 문화개신교에 대한 연구는 매우 빈약하다.[1] 대체로 문화개신교라는 개념은 종교와

---

* 이 글은 2013년부터 2년간 한국연구재단의 지원을 받아 수행된 연구(NRF-2013S1A5A
8024476)의 첫 번째 결과물이다. 여기에서는 19세기 말~20세기 초 민족주의가 지배하던
독일제국의 사회상황과 교회의 상황 속에서 자유주의신학이 지향하던 바가 무엇인지 그리
고 그 정치적·사회적 함의가 무엇인지가 다루어진다. 본서의 10장 "민족주의와 자유주의신
학 II ― 1차 세계대전 무렵 하르낙을 중심으로"에서는 자유주의신학의 기본 원리가 바이마
르공화국 시대에 이르러 민족주의에 저항하는 범세계적 민주주의와 평화주의의 전망으로
구체화되었다는 것을 하르낙을 중심으로 해명하고 있다. 본고는 이 두 번째 논문을 위한
준비 작업으로서의 성격을 지니지만, 자유주의신학에 대한 부족한 국내의 연구 상황을
개선하기 위한 시도이기도 하다.
1 아주 예외적으로 박현숙, "독일제국(1871-1918)의 교회와 국가의 관계: 비스마르크의 문화
투쟁(1871-1887)을 중심으로," 「신학논단」 69 (2012): 65-97. 단, 박현숙의 연구는 독일제국

문화를 동일시하는 리츨 학파의 자유주의신학자들과 이들의 신학을 가리키는 말로 사용되는데, 본고에서 문화개신교와 자유주의신학이라는 개념은 동의어로 사용될 것이다. 자유주의신학에 대한 국내의 이해는 이에 대해 적대적인 입장을 피력했던 신학자들의 평가를 일방적으로 수용하는 데 그치고 만다는 것에 그 한계가 있다.[2] 일반적인 이해에 의하면 문화개신교는 종교와 문화 간의 독특한 차이를 인식하지 못하고 양자 간의 '종합', 즉 당시의 문화적 사조에 기독교를 동화시킬 것을 시도하였던 19세기 말~20세기 초의 신학적 경향이며, 칼 바르트를 중심으로 한 신정통주의 신학을 통해 극복된 옛 유산에 불과하다.[3] 하지만 문화개신교 혹은 자유주의신학에 대한 일반적인 이해와는 달리(혹은 그에 상응하여) 문화개신교에 대한 직접적인 연구는 대단히 부족한 실정이다.

　　본고에서는 이러한 연구 현황에 직면하여 문화개신교 혹은 자유주의신학이 주창하였던 종교와 문화의 '종합'은 종교가 세속 문화를 일방적으

의 문화투쟁에만 집중하고 문화개신교의 신학적 동기나 목표 등을 제대로 드러내지는 않는다.

2 문화개신교 혹은 자유주의신학이 신학을 당시의 인간중심적 사조에 일방적으로 적응시킴으로써 신학을 신학이 아닌 인간학으로 만들어 버렸다는 비판은 불트만에게서 대표적으로 나타난다: "신학의 대상은 하나님이다. 그리고 자유주의신학에 대한 비난은 이것이다. 그것은 하나님이 아니라, 인간을 다루어 왔다는 것이다." Rudolf Bultmann, "Die liberale Theologie und die jüngste theologische Bewegung," *Glauben und Verstehen* I (Tübingen: J. C. B. Mohr, 1993), 1-25; 2.

3 자유주의신학은 하나님의 주권성 및 자유를 망각하고 종교와 문화의 조화를 강조하였고, 결국 제1차 세계대전을 정당화하는 전쟁 신학으로 귀결되고 말았다는 견해에 대해서는 김명용, 『칼 바르트의 신학』 (서울: 이레서원, 2007), 55ff.; 최종호, 『칼 바르트』 (서울: 한들출판사, 2010), 11. 하지만 이러한 주장은 오래된 신학적 클리셰를 맹목적으로 수용하는 것일 뿐이고, 이미 지난 세기말부터 활발하게 이루어진 자유주의신학에 대한 역사적 이해를 전혀 반영하지 않고 있다.

로 수용할 것을 지향한 것이 아니라, 독일제국(1871~1918)의 정치적·교회적 상황 속에서 당시의 근대 문화로부터 소외되어가는 기독교를 근대적 학문과 문화를 토대로 갱신하고, 아울러 탈기독교화되는 세속 문화를 본래적인 개신교적 원리에 따라 변혁하는 것을 추구했음을 드러내고자 한다. 문화개신교는 독일제국이라는 근대 민족국가의 형성, 자본주의의 발달로 인한 급격한 사회변동 그리고 정치적 자유주의 및 근대 문화의 발전 등에 직면하여 기독교를 근대적 정신과의 긴밀한 관련 속에서 재형성하고, 사회변동과 함께 발생하는 여러 문제, 즉 기독교의 탈문화화 및 노동문제 등에 대한 기독교적 응답과 실천을 추구한 교회적, 신학적 경향이었다. 문화개신교의 이러한 문화 변혁적 동기의 근저에는 기독교와 신학에 대한 이들의 고유한 이해가 놓여 있음을 밝힘으로써 소위 기독교와 문화의 '종합'은 철저히 이들이 이해한 개신교적 원리에 입각한 것이었음을 제시하고자 한다.

상기한 목표를 달성하기 위해 II장에서는 독일제국의 발생과 민족주의의 발흥이라는 정치적·사회적 변화를 다루고, III장에서는 이러한 제국 내의 민족주의의 발흥과 사회문제들이 개신교 교회 안에 미친 영향을 탐구한다. IV장에서는 문화개신교에 대한 일반적 오해를 제거하면서 문화개신교라는 개념의 정의와 문화 변혁적 지향성을 드러내고, 그 근저에 놓여 있는 문화개신교의 기독교 및 신학 이해를 문화개신교의 대표적 신학자인 하르낙을 중심으로 살펴보도록 하겠다.

II. 독일제국의 역사적 상황과 민족주의의 발흥

독일제국의 수립과 민족주의의 강화

독일제국은 1871년 프로이센의 왕 빌헬름 1세가 독일제국의 황제로 등극한 이후 제1차 세계대전의 결과로 1918년 멸망하기까지 존속했던 독일 최초의 근대적 민족국가를 가리킨다.[4] 1870년 7월에 프랑스의 왕 나폴레옹 3세는 프로이센을 중심으로 형성되어 있던 북부 독일연맹에 선전포고를 선언하였다. 각각의 영주국으로 나뉘어 있던 독일 연합군은 프로이센을 중심으로 단결하여 프랑스에 대항하는 '독일 통일전쟁'을 수행하는데, 이 전쟁은 1870년 10월 1일 세당(Sedan) 전투에서 나폴레옹 3세를 사로잡는 독일의 승리로 종결된다. 이후 프로이센의 빌헬름은 1871년 1월 18일 베르사이유 궁전의 루이 14세 방에서 독일제국의 수립을 선포하고 독일제국의 황제로 등극한다.

독일제국은 그 수립과 더불어 경제, 교육, 실질 임금, 군사력 등에 있어서 놀라운 발전을 이룬다. 비스마르크가 제국 수상으로 재위하던 시기에 이루어진 발전과 더불어 독일의 민족국가로서의 자긍심과 민족주의는 최고조에 달한다. 대내적인 민족주의의 발전에 상응하여 대외정책에 있어서 프랑스와 영국 등 '서유럽' 중심의 구질서를 독일 중심으로 재편하고, 아시아와 아프리카 등지로 제국주의적 지배를 강화하는

---

4 아래에서 다루어지는 독일제국의 수립과 이후의 전개에 대한 간략한 보고에 대한 보다 자세한 이해를 위해서는 다음을 참고하라: 안병직, "독일제국(Kaiserreich; 1871~1918), 어떻게 이해할 것인가?" 「이화사학연구」, vol. 27 (2000): 81-99; 미하엘 슈튀르머/안병직 옮김, 『독일제국: 1871~1919』(서울: 을유문화사, 2003).

열강 정책이 구체화되어 간다.

독일제국에서 만개한 민족주의는 '보수적 민족주의'(Konservativer Nationalismus)의 전형적인 특징을 지닌다. 1세기가량 앞서 프랑스와 영국에서는 한 민족의 정치적 힘은 개별 시민들의 자유로운 동의를 통해 수행되어야 한다는 '자유주의적 민족주의'(liberaler Nationalismus)가 등장하였던 데 반하여 독일의 민족주의는 민족 공동체를 자연적 소여로 파악하는 것을 그 특징으로 한다. 자연적으로 타고난 동일한 문화와 공통의 언어가 개인들을 하나의 민족적 동질성 속으로 묶어주는 본질적 요소인 것으로 간주되었고, 개인은 전체 민족의 부분에 지나지 않는 것으로 이해되었다. "독일 민족에게 고함"이라는 연설로 유명한 철학자 피히테는 칸트의 자율성 개념을 민족국가에 적용하여 민족을 자기 결정의 담지자로 이해하였고, 공동의 언어를 사용하는 하나의 민족이 하나의 국가를 형성해야 한다는 민족국가 개념을 주장함으로써 민족주의가 독일제국에 이르러 만개하는 토대를 수립하였다.5

자본주의의 발전과 민족주의, 사회적 대립들

프랑스와의 전쟁에서 승리한 대가로 독일제국은 프랑스로부터 알자스-로렌 지방을 양도받는다. 이에 인접한 지역인 자알란트와 루르 공업지대의 제철 광산 및 면직업의 발달 등으로 인해 독일제국은 초기에는

---

5 민족주의의 분류와 독일의 '보수적 민족주의'에 대해서는 Carl-Henric Grenholm, "Nationalismus," *Theologische Realenzyklopädie* 24 (1994), 21-34; 22f.; 당시 독일 민족주의의 특징에 대한 보고로는 Hans-Ulrich Wehler, "Nationalismus, Nation und Nationalstaat in Deutschland seit dem ausgehenden 18. Jahrhundert," Ulrich Hermann (ed.), *Volk-Nation-Vaterland* (Hamburg: Meiner, 1996), 269-277.

자본주의의 발전과 경제적 호황을 이룬다. 자본주의의 발전은 민족주의를 더욱 강화하는 방향으로 작용한다.

일반적으로 민족주의를 고대로부터 전해지는 민족기원 신화와 구두전승이 기층 민중을 중심으로 '아래로부터' 상향적으로 수렴된 것으로 생각하는 경향이 있다. 그러나 실상 19세기 독일의 민족주의는 철저히 '위로부터' 만들어진 것이다. 그것은 부분적으로는 국가에 의해 주도되기도 했으나 근본적으로는 "민족주의적으로 각성된 지식인들의 문화적 활동에 의해" 주조되었다. 이들은 자신들이 가지고 있던 기대와 소원, 즉 "독일이라는 정체성에 대한 자신들의 중산층적 이해를" 하향적으로 전가시킴으로써 독일에서 민족주의가 주도적인 사회의식으로 자리 잡도록 하는 데 일조하였다.[6] 그 전거 중 하나가 바로 독일의 민족주의의 가장 핵심적인 개념이라 할 수 있는 '문화'라는 개념이다. 당시 독일에서는 프랑스와 영국 등의 서유럽의 '문명'(Zivilisation)에 대립되는 '문화'(Kultur)를 독일의 민족적 우월성으로 강조하는 경향이 강하게 나타났다. 서유럽에는 개인주의와 물질주의, 이기심과 탐욕에 물든 천박한 '문명'이 발전한 반면 독일의 '문화'에는 공동체의 유기적 삶, 역사와 전통을 존중하는 영혼과 정신이 깃들어 있다는 것이다.[7] 특히 중산층 부르주아들은 자본주의의 발전과 더불어 자신들이 향유하게 된 '고급문화'(Hochkultur)를 내세움으로써 스스로를 봉건적 귀족 및 하층민들과 구별 지었고, 이러한 부르주아 문화를 전면에 내세움으로써 독일의 민족적 통일성을 수립하고자 하였다.[8]

---

6 Helmut Walser Smith, *German Nationalism and Religious Conflict* (Princeton: Princeton University Press, 1995), 20f.

7 미하엘 슈튀르머/안병직 옮김, 『독일제국: 1871~1919』 (2003), 150.

자본주의의 발전을 토대로 성장한 부르주아들은 자기들의 계층적 이익과 가치를 문화라는 표제어를 통하여 독일의 민족적 정체성으로 구성해 내고자 하였다.9 신흥 부르주아 인텔리겐챠 층은 독일제국이라는 민족국가의 정체성을 하나의 통일된 문화라는 상부 구조를 통하여 정당화하고 공고히 하고자 했는데, 이를 위해 가장 '독일적'인 것으로 간주된 것이 바로 루터와 종교개혁, 개신교 신앙이었다. 독일이 그동안 유럽에서 주도적인 위치를 차지하는 것을 방해했던 요소가 바로 가톨릭과 개신교로 종파적, 문화적으로 분열되어 있었기 때문이었다고 판단했기 때문에 이러한 분열을 가장 독일적이라 할 수 있는 개신교 문화를 통해 극복하고, 이 단일한 가치 체계를 중심으로 사회를 통일시키고자 했던 것이다.10

독일제국에서 민족주의는 전통적 사회질서와 가치체계의 붕괴에 직면하여 사회를 통합하는 통일적인 정체성을 부여하는 이데올로기로 작용하였으며, 이는 신흥 주도 세력으로 떠오른 중산층 부르주아들의 이익에도 부합하였다. 그러나 단일한 민족적, 문화적, 종교적 통일성에 대한 추구는 역으로 이에 동화되지 못하는 계층에 대한 차별과 배제로 이어지게 마련이다. 자본주의의 발전은 이로 인해 소외되고 비인간화되

---

8 Helmut Walser Smith, *German Nationalism and Religious Conflict* (1995), 29ff. 당시 '부르주아'란 곧 '문화'와 동일시되었다. 부르주아가 없이는 문화도 있을 수 없다는 것이다.

9 이와 관련하여 보자면 사실상 독일제국의 수립 자체도 프랑스와의 전쟁에서의 승리를 통해서야 비로소 귀결된 것이라기보다는 지역별로 분화되어 있는 영주국들의 상이한 경제 시스템을 하나의 포괄적이고도 단일한 경제 시스템 안으로 묶어냄으로써 이윤의 확장을 꾀했던 부르주아 계층의 관심사에 부합하는 것이었다고 할 수도 있다. 이에 대해서는 E. I. Kouri, *Der deutsche Protestantismus und die soziale Frage 1870-1919. Zur Sozialpolitik im Bildungsbürgertum* (Berlin: De Gruyter, 1984), 15ff, 22f.

10 Helmut Walser Smith, *German Nationalism and Religious Conflict* (1995), 23f.

어가는 노동자 계층의 반발 및 사회주의와의 대립 그리고 독일의 개신교화에 반발하는 가톨릭 진영과의 대결 등 사회적 갈등을 더욱 심화시킨다. 이에 비스마르크는 사회주의자들의 정치적 활동을 금지하는 "반사회주의법"을 발표하고, 가톨릭 진영에 대해서는 "문화투쟁"을 수행하였다.

'문화투쟁'(Kulturkampf) — 제국과 개신교의 유착

문화투쟁이란 1871년부터 1887년까지 진행되었던 비스마르크 정부와 가톨릭 진영 간의 대립, 더 정확히는 가톨릭에 대한 독일제국 정부의 탄압을 가리킨다. 외형적으로 보자면 문화투쟁은 종교적으로 질서 잡혀 있던 기존의 구 사회체제를 국가가 주도적으로 해체시키고, 정치적 자유주의를 기반으로 정치와 종교의 분리를 제도화하는 일련의 세속화 과정이라고 말할 수 있다. 1872년 학교 교육과 시민들의 결혼에 관한 법률의 공포와 더불어 교육과 결혼 등 교회가 담당하던 사회적 기능들을 이제는 세속 정부가 관할하게 된 것이다. 그러나 이러한 조치가 취해진 직후인 1873년부터 비스마르크 정부는 "예수회법" 등 일련의 반가톨릭 법안들을 발표하면서 가톨릭에 대한 문화투쟁을 본격화한다.[11]

---

11 문화투쟁은 우선 1872년 학교 교육과 시민들의 결혼에 대한 법률들을 발표함으로써 시작되었다. 이 법률들은 국가와 교회의 분리라는 정치적 자유주의의 기본 사상을 그 근간으로 한다. 그러나 연이어 독일 안에서 예수회 지부의 수립을 금지하는 "예수회법" 등 반로마교회 법률들이 차례로 발표되면서 조직적으로 독일 내 가톨릭교회를 탄압하는 정책이 구체화된다. 물론 이러한 법률이 당시 독일 내에서 광범위한 지지를 받았던 것은 아니고, 발표된 지 얼마 지나지 않아 점진적으로 완화되거나 철회되고 말았다: Ernst Bammel, "Staat und Kirche im zweiten Kaiserreich," Hans Martin Müller, ed., *Kultur-protestantismus. Beiträge zu einer Gestalt des modernen Christentums* (Gütersloh: Gütersloher Verlagshaus, 1992), 108-136; 113f.

독일제국의 수립과 더불어 실시된 문화투쟁은 발흥하는 독일민족주의와 긴밀히 결합되어 있다. 신성로마제국의 황제들이 가톨릭 신자였던 것과는 달리 독일제국의 황제 빌헬름 1세는 최초의 개신교 황제였다. 따라서 독일제국은 그 수립에서부터 이미 하나의 '개신교 황제국'(Evang-elischer Kaisertum)으로 간주되었다. 이러한 제국과 개신교의 결합 가운데에서 당시 국가를 운영하던 개신교 지배계층은 새로운 제국을 안정시키고 하나의 통일된 문화국가를 수립하기 위해서는 가톨릭교회의 힘을 사회 전반에서 제거해야 한다고 생각하였다. 로마의 영향 아래에 있는 가톨릭교회는 제국의 통일과 발전에 잠정적이고도 지속적인 위협이라고 보았기 때문이었다.[12]

비록 문화투쟁이 국가 주도로 시행되었다고 할지라도 그것을 단지 독일제국과 가톨릭교회 간의 대립으로 단순화시켜서는 안 될 것이다. 그와 같은 외형에도 불구하고 문화투쟁은 봉건적 구 사회질서와 자본주의적 신 사회질서 간의 대립이라는 성격을 지니고 있는 것도 사실이기 때문이다. 당시 자본주의와 산업의 발전은 개신교 신앙이 주류를 이루는 도시 지역을 중심으로 이루어졌고, 이 같은 경제 발전을 토대로 중산층 개신교 진영은 정치적으로도 주도적인 지위를 획득하게 된다.[13] 반면 가톨릭 진영은 대체로 이러한 자본주의 및 자유주의적 사회발전에서 뒤떨어져 있는 변두리 농촌 지역을 기반으로 하고 있었다. 급격한 산업화와 도시화의 과정에서 소외된 계층에 속하는 가톨릭 교인들은 이에 따라 더더욱 전통적 신앙과 생활양식에 집착하였다.[14] 가톨릭 신앙과

---

12 Helmut Walser Smith, *German Nationalism and Religious Conflict* (1995), 37f.
13 예를 들어 1874년 프로이센 지방의회 선거에서 선출된 의원들 중 가톨릭 교인은 3명에 불과했던 반면 개신교인은 153명에 달하였다. *Ibid.*, 31.

가톨릭 정당('중앙당')은 급격한 사회변화에서 주변화된 지역과 계층을 중심으로 지지를 받았고, 따라서 제국의 개신교화에 저항하는 방식으로 급격한 사회변화에 대한 거부감을 표출하였다. 이는 가톨릭 신앙을 봉건적 구질서와 비자유로 간주하여 탄압하는 구실을 개신교 진영에게 제공해 주었다.

비스마르크 정부의 문화투쟁은 개신교 신앙을 문화적 기초로 하여 새롭게 탄생한 민족국가로서의 제국의 통일과 안정을 이루기 위해 촉발된 것이었다. 그러나 결과적으로 문화투쟁은 그 동기와는 반대로 기왕에 존재하던 교파적 분열을 더욱 고착화시키고, 오히려 가톨릭과 중앙당의 세력을 강화시키는 결과를 초래하였다. 가톨릭 중앙당은 자본주의의 발전에서 소외된 계층의 지지를 받아 1890년경에 이르러서는 제국의회 의석 중 106석을 차지하는 가장 큰 정당으로 성장하기에 이른다. 이처럼 가톨릭 진영과의 대립이 더 이상 유효하지 않은 것으로 판명남에 따라 독일제국 정부는 1887년에 이르러서는 기존의 가톨릭 적대 법안들을 폐기하고, 1897년에는 가톨릭 및 중앙당이 기반하고 있는 농촌 지역의 관심사와 산업의 관심을 조화시키는 "통합정책"(Sammlungspolitik)을 실시함으로써 이제는 오히려 가톨릭 세력을 중심적인 정치 세력으로 통합시키고자 한다.[15] 당시는 독일제국의 대외적인 제국주의 계획이 보다 노골화되어 가던 시기로서, 사회적 갈등을 봉합함으로써 대외적 팽창을 공고히 하고자 하는 의도에서 실시된 것이었다. 이처럼 독일제국은 그 수립 초기에는 민족국가적 통일성을 강화하기 위해 처음에는

---

14 개신교 목사들이 대부분 산업화된 도시지역 출신인 반면 가톨릭교회의 성직자들은 대부분이 인구 5천 미만의 농촌 소도시 출신들이었다. *Ibid.*, 108.

15 *Ibid.*, 115ff.

개신교와 긴밀히 결탁하였으나 가톨릭 진영에 대한 억압이 오히려 통일성에 저해가 되는 것으로 나타나자 이제는 가톨릭 세력을 더욱 통합하는 정책을 실시하게 된다. 아래에서는 이러한 독일제국 내 정치적, 사회적 변화가 독일 개신교회에 미친 영향들이 다루어질 것이다.

III. 독일제국 시기 개신교의 상황

민족주의 개신교(Nationalprotestantismus)의 발흥과 성장

독일제국의 수립을 전후하여 독일에서 민족주의는 최고조에 달하였다. 그러나 이는 결코 민족주의가 이 시기에 비로소 형성되었다는 것을 의미하는 것은 아니다. 독일에서 민족주의는 이미 19세기 초엽부터 헤르더, 피히테 같은 사상가들을 통해서 주창되었고, 당시 독일 개신교 안에서도 지지를 받고 있었는데 그 대표적인 인물이 슐라이어마허이다. 슐라이어마허는 프랑스에 대항하는 "거룩한 전쟁",[16] 즉 해방전쟁을 촉구하였고, 독일에서 신앙심은 국가를 위한 애국심 안에서만 제대로 구현되리라고 보았다. 이처럼 민족의 자립 및 발전에 대한 기대와 결합되어 있는 개신교 신앙을 가리켜 '민족주의 개신교'(Nationalprotestantismus)라 부른다.

독일의 민족주의 개신교는 프랑스와 독일의 오랜 견원 관계와 긴밀히 결합되어 있다. 슐라이어마허로부터 시작되는 민족주의 개신교는

---

16 1813년 3월 23일 베를린에서의 설교 Roland Kurz, *Nationalprotestantisches Denken in der Weimarer Republik* (Gütersloh: Gütersloher Verlagshaus, 2007), 38에서 재인용.

1806년 나폴레옹에 의해 독일 영주국들의 대부분이 침탈당하고, 신성로마제국으로서 보유하고 있던 영토가 프로이센, 오스트리아, 헝가리 등으로 강제 분할되면서 점점 심화되어갔다. 이제 독일에서는 프랑스에 대한 해방전쟁을 수행하는 것이야말로 마치 오순절에 교회가 처음 탄생했던 것처럼 "독일의 오순절", 즉 독일 민족의 탄생 순간, 그 자체인 것으로 간주되기 시작한다. 독일 전역의 개신교회의 설교단에서는 프로이센의 왕을 중심으로 종교적, 민족적 단일성을 추구할 것이 외쳐진다. "신과 더불어 왕과 조국을 위하여!"라는 경구는 당시 독일에서 민족주의 개신교가 얼마나 성행하고 있었는지를 보여준다. 지속적으로 강화되어 가던 민족주의 개신교는 1870년 프랑스와의 전쟁에서 독일이 승리하고 독일제국이 수립되면서 만개하게 된다. 이제 독일제국은 스스로를 '개신교 황제국' 또는 '거룩한 개신교 독일국'으로 이해하였고, 황제의 탄생 축일이 교회력의 하나로 편입되는 등 '권좌와 제단의 결합'은 심각한 지경에까지 이르게 된다.[17]

'사회적 질문'과 개신교의 대응
: 자본주의와 사회주의의 대립 속에서

독일제국의 수립과 더불어 피어났던 자본주의의 꽃은 오래 지속되지 못했다. 경제 호황기에 이루어진 불건전한 투자와 경제적 거품의 제거 등으로 인해 독일의 경제가 쇠락하고 말았기 때문이다. 경제불황으로 인한 해고와 소득감소 등으로 인해 노동자들의 삶은 더욱 피폐해졌고, 비스마르크의 권위주의적 국가운영과 냉혹한 자본주의에 대해 변화를

---

17 *Ibid.*, 71ff.

요구하는 노동자들의 목소리는 더욱 커져 갔다. 이에 제국 정부는 노동자들을 대변하는 사회주의자들을 제국의 적으로 간주하여 '반사회주의법'을 발효시키는 억압 정책을 실시하였다.[18] 그러나 물리적 강제력이 사회·경제적 문제들을 해결하지 못하는 것은 당연한 일이다. 오히려 이에 반발하여 사회주의 진영은 급성장을 이루었고, 이러한 사회 상황에 대한 관심이 개신교 교회 안에서도 점차 커져 갔다.

노동자들이 처한 비인간적인 상황에 대하여 베를린의 궁정 목사인 슈퇴커(Stöcker)는 1878년에 '기독교-사회 노동자당'(Christlich-Soziale Arbeiterpartei, CSA)을 창당함으로써 해결하고자 시도하였다. 그는 노동자들이 처한 비참한 상황은 사회적 불의에 기인한 것이라고 보았고, 이로부터 벗어나는 방안을 사회주의에만 맡겨 두어서는 안 된다고 보았다. 경제적 자유주의가 노동자들의 곤궁한 삶을 초래하였다면, 반면 이에 대한 대안으로 제시되는 사회주의와 사회민주당은 무신론과 세속화를 확산시킬 뿐이라고 슈퇴커는 생각했다. 이에 따라 슈퇴커는 기독교-사회 노동자당을 설립함으로써 사회적 정의를 회복하면서도 기독교라는 전통적 가치를 보존하고자 했다.[19] 슈퇴커가 노동자들의 비참한 상황에 대한 문제의식을 가지고 있었던 것은 사실이지만, 그는 신학적으로는 보수주의자였고, 정치적으로는 민족주의와 애국주의를 토대로 하고 있었다. CSA는 노동자들의 비인간화를 초래하는 경제구조에 대한 분석에 전혀 관심이 없었고, 다만 기독교 정신과 민족주의적 애국주의에서 사회적 부정의를 해결하는 방안을 찾고자 했을 뿐이었다.[20]

---

18 미하엘 슈튀르머/안병직 옮김, 『독일제국: 1871~1919』(2003), 47f.

19 E. I. Kouri, *Der deutsche Protestantismus und die soziale Frage 1870-1919. Zur Sozialpolitik im Bildungsbürgertum* (1984), 86f.

슈퇴커의 기독교-사회 노동자당은 현실정치에서는 별다른 영향력을 행사하지 못하고 몰락하고 만다. 하지만 '사회적 질문'(Soziale Frage)에 대한 관심은 개신교 진영 안에서 점차적으로 증대해 간다. 슈퇴커는 1890년에 '개신교-사회 회의'(Evangelisch-Sozialer-Kongress, ESK)를 조직하면서 당시 개신교 내부에서 소수였던 문화개신교 진영의 동참을 호소하는데, 여기에 하르낙, 헤르만, 막스 베버 같은 자유주의 진영의 인사들이 호응하면서 사회의 경제적, 구조적 문제에 대한 대안을 탐색하는 작업은 점차적으로 문화개신교 진영에 의해 주도된다.[21]

문화투쟁의 전개와 개신교 진영의 태도 변화

독일제국의 수립과 더불어 만개한 민족주의 개신교는 본래 정치적 자유주의와 학문의 발전, 사회의 세속화 등을 수용하는 개신교 자유주의에 의해 주도되었다. 프랑스의 나폴레옹 3세가 북부 독일연맹에 전쟁을 선언한 1870년 7월은 공교롭게도 교황 피우스 9세가 근대의 80가지

---

20 *Ibid.*, 94.

21 아래에서 다루어질 것이지만, 1860년경 등장한 문화개신교 진영은 초기에는 민족주의 개신교에서 주도적인 역할을 하였으나 1890년경에 이르러서는 민족주의 성향의 보수적 개신교로부터 거리를 두고 있었다. 그럼에도 불구하고 하르낙은 슈퇴커의 제안을 받아들이면서 슈퇴커와 함께 ESK의 공동 부의장으로 취임한다. 이때 하르낙은 ESK는 결코 "사회와 국가의 성직화"를 시도해서는 안 된다고 제안한다. 이는 사회정책을 위한 모델을 추구함에 있어서 성서 혹은 교회-신학적 관심을 직접적으로 적용하는 성급함을 범해서는 안 된다는 것을 의미하는 것이었다. ESK는 결코 사회개혁의 짐이 되어서는 안 되고 철저히 "해방과 구원의 힘"으로서 작용해야 한다는 것이 하르낙의 입장이었다. 하르낙은 보수주의적 ESK를 문화개신교적으로 구성해 가기를 원했고, 이후 ESK는 일반 시민사회를 포괄하는 대표적인 포럼으로 성장한다. Volker Drehsen, "Evangelischer Glaube, brüderliche Wohlfahrt und wahre Bildung," Hans Martin Müller, ed., *Kulturprotestantismus* (1992), 190-229; 195.

오류 목록과 교황무오설을 발표하고 얼마 지나지 않은 때였다.[22] 이 두 사건이 절묘히 결합되면서 독일에서는 가톨릭이 유럽 전체에서 근대적 정신의 자유와 정치적 평화를 위협하는 세력으로 인식되었다. 이에 반하여 근대적으로 교육받았던 개신교 자유주의 진영의 신학자들과 목사들은 프랑스에 대항하는 독립전쟁을 로마에 대항했던 루터의 저항과 대등한 종교적 의미를 지닌 것으로 간주하였고, 개신교와 민족주의의 결합을 더욱 강화시키면서 문화투쟁에서 주도적인 역할을 수행하였다.[23]

흥미로운 것은 개신교 자유주의자들은 문화투쟁 당시 가톨릭 진영만이 아니라, 보수주의적인 정통주의 개신교에 대해서도 동일한 수준의 투쟁을 실시하였다는 것이다. 베스트팔렌 평화조약을 따라(cuius regio, eius religio) 각 지역의 영주 국가에 부속되어 있던 정통주의적 루터교회는 프로이센과 도시 지역을 중심으로 하는 독일제국이라는 거대 민족국가의 생성을 두려워하면서 제국의 생성과 강대화를 기꺼워하지 않았다. 따라서 근대화된 자유주의적 개신교 진영은 로마 가톨릭과 정통주의 개신교 모두를 전근대적 구질서에 사로잡혀 민족국가의 발전을 저해할 뿐만 아니라, 구시대의 문화적 형식인 전통적 교리에만 집착하여 발전하는 근대의 학문과 문화를 거부하는 반동적 형태에 지나지 않는다고 비판하였다.[24]

---

22 교황 피우스 9세는 근대의 급격한 변화에 직면하여 1864년에 근대 오류 목록을, 1870년에는 교황무오설을 발표하고, 이를 제1차 바티칸 공의회를 통해 교리적으로 확고히 하고자 하였다. 피우스 9세의 행적은 가톨릭교회가 근대 문화에 적응하는 데 얼마나 어려움을 겪었는지를 보여주는 대표적인 사례이다: Georg Schwaiger, "Papstum I," *Theologische Realenzyklopädie*, Bd. 25 (1995), 647-676; 668f.

23 Frank Becker, "Protestantische Euphorien 1870/71, 1914 und 1933," Manfred Galius/Hartmut Lehmann, ed., *Nationalprotestantische Mentalitäten* (Göttingen: Vandenhoeck & Ruprecht, 2005), 19-44; 21f.

그러나 개신교 자유주의와 국가와의 긴밀한 협력은 제국 내 정치 지형의 변화와 더불어 점진적으로 해체된다. 20세기 초에 이르러 가톨릭 중앙당은 제국의회에서 가장 많은 의석을 차지하는 정당으로 성장하였고, 동시에 사회민주당 역시 핵심적인 정치 세력으로 부상하였다. 사회주의의 성장에 위협을 느낀 보수주의자들과 정부는 가톨릭 중앙당과의 협력을 더욱 강화해간다. 반면 여전히 반가톨릭 정서를 강하게 지니고 있던 자유주의적 개신교는 이제 오히려 민족국가의 발전을 저해하는 요소로 간주되고, 자유주의적 개신교 진영은 점차 독일 내에서 정치적 발언권을 상실하게 된다. 이러한 정치 지형의 변화는 제국이 로마화되어 가고 있다는 불안감과 정부에 대한 반감을 개신교 자유주의 진영에서 고조시켰고, 개신교 자유주의는 가톨릭과 정부 양측 모두로부터 탄압받고 있던 사회주의 진영과 더 긴밀한 관계를 형성해 간다.[25]

IV. 문화개신교(신개신교[Neuprotestantismus])의 생성과 주요 내용

'문화개신교'의 정의와 지향점

일반적으로 '문화개신교'라는 개념은 '자유주의신학'과 동의어로 이해된다. 그것은 인간의 능력과 가능성에 대한 낙관적 기대를 바탕으로 종교와 문화를 동일시했던 신학적 경향을 가리키는 것으로 평가받곤

---

24 *Ibid.*, 25.

25 Helmut Walser Smith, *German Nationalism and Religious Conflict*, 120ff.

한다. 이처럼 당시의 문화에 대한 이해에 기독교를 적응시키고자 했던 사고 경향은 제1차 세계대전 및 히틀러의 국가사회주의의 신학적 전거로 작용하였고, 거기에서 그 신학적 부적합성이 드러난다는 것이 문화개신교에 대한 대중적 이해이다.[26] 하지만 이러한 평가는 19세기 말~20세기 초 독일 교회의 역사적 상황과 그 안에서 문화개신교의 위치에 대해 무지한 채 이루어지는 일방적인 평가에 불과하다.

첫째, 상기한 일반적 이해는 바르트와 그의 동료들에 의해 소위 변증법적 신학이 주창되기 이전까지 독일의 교회와 신학 전반에 걸쳐 하나의 단일한 운동으로서의 문화개신교가 주도적인 역할을 하고 있었다는 것을 전제로 한다. 하지만 독일제국 당시 이러한 단일한 신학적 경향으로서의 문화개신교는 존재하지 않았다. 문화개신교로 분류되는 대표적인 단체로는 1863년에 결성된 '독일 개신교도협회'(Deutscher Protestantenverein), '개신교-사회회의'(ESK), '기독교 세계의 친구들'(Freunde der Christlichen Welt)[27] 등을 들 수 있다. 이들은 모두 협회라는 형식을 갖추고 있다는 점, 전체적인 신학적 태도에서 유사성을 가진다는 점 등에서 공통점을 보이지만 단일한 목표와 이를 구현하기 위한 공통의 방법을 지니고 있지는 않았다.

둘째, 상기한 일반적 이해는 문화개신교가 독일 교회와 신학에 있어서 주도적인 위치를 차지하고 있었다는 인상을 준다. 그러나 실제로는 문화개신교는 당시 독일 개신교 전체에서 소수에 불과하였다. 보수적이

---

26 이에 대한 간단한 서술로는 앨리스터 맥그래스/소기천 외 옮김, 『신학의 역사』(서울: 지와 사랑, 1999), 350ff.

27 '기독교 세계의 친구들'은 하르낙의 제자이자 친구인 마틴 라데(Martin Rade)가 편집·출판하였던 「기독교 세계」를 중심으로 1903년에 형성된 단체이다. 「기독교 세계」는 1886년부터 출판되었다.

고도 민족주의적이었던 '개신교 연맹'(Evangelischer Bund)의 회원수와 자유주의적 경향을 띠었던 ESK의 회원 수를 비교해 보면 문화개신교는 소수에 불과하였고, 따라서 그 영향력 역시 제한적일 수밖에 없었다.[28] 이들은 대부분이 근대적으로 교육받은 목사와 교사, 대학생, 소수의 자본가들이었다. 이들 중 하르낙을 제외하고는 사회적으로 명망가적 지위를 차지한 인물도 거의 없었고, 대부분의 교계와 학계 모두에서 이들은 그 '자유주의적' 성향으로 인해 배척당하고 있었다.[29]

셋째, 문화개신교를 이해함에 있어서 가장 주의해야 할 것은 이 개념은 1920년대 중반 변증법적 신학자들이 자기 선생들의 신학 사조를 비판하기 위해 사용하기 전까지는 거의 등장하지도 않았다는 것이다. 심지어 변증법적 신학자들조차 구세대의 신학을 비판하기 위해 '문화개신교'라는 개념을 사용한 경우는 얼마 되지 않으며, 이 개념은 독일 고백교회가 히틀러와 나치 정권과 대결하였던 교회 투쟁의 시기에 들어서야 비로소 본격적으로 사용되기 시작한다.[30] 또한 이 개념을 통해

---

28 일례로 '개신교 연맹'은 1891년에는 83,000여 명에서 1913년에는 510,000여 명으로 증가하였던 데 반해 ESK의 회원수는 1890년에는 600여 명, 1913년에는 1,950여 명에 불과하였다. 이는 '기독교 세계'의 경우에도 마찬가지이다. Gangolf Hübinger, *Kulturprotestantismus und Politik* (Tübingen: J. C. B. Mohr, 1994), 52ff.

29 심지어 국가 전체의 교육정책 수립 등에서 중심적 역할을 했던 하르낙조차도 공식적인 교회 기구 안에서는 아무런 직책을 얻지 못하였다. 자유주의적 성향의 목사들과 신학자들은 개신교 총회 측으로부터 직위해제의 위협을 당하기 일쑤였고, 심지어 하르낙은 자신의 역사비평적 신학 방법으로 인해 부친으로부터 직접 파문을 당하기까지 하였다. Gangolf Hübinger, *Kulturprotestantismus und Politik* (1994), 63ff.; Johann Hinrich Claussen, "Adolf von Harnack," Friedrich Wilhelm Graf (ed.), *Klassiker der Theologie*, Bd. 2 (München: C. H. Beck, 2005), 146f.

30 아멜룽에 의하면 이 개념은 변증법적 신학자들의 문화비판이라는 맥락에서 비로소 사용되기 시작하였고, 1926년 이전에는 사용 여부를 확인할 수 없다고 한다. Eberhard Amelung, "Kulturprotestantismus," *HWPH* Bd. 4 (1976), 1340-1341. 반면 그라프는

변증법적 신학자들의 비판을 받았던 신학적 경향의 당사자들 역시도 스스로를 지칭함에 있어서 이 용어를 사용하지 않았다. 즉, 문화개신교라는 개념은 그 일반적 이해와는 달리 하나의 단일하면서도 주도적이었던 신학적 경향을 가리키는 것도 아니며, 그 개념을 통해 지칭되는 이들의 자기 이해를 충실히 반영하고 있는 것도 아니다.

문화개신교에 대한 최근의 연구는 이처럼 널리 퍼져 있는 오해를 제거하면서 다음과 같은 세 가지 신학적-교회적 조류를 가리키는 포괄적 개념으로 이 개념을 정의 내리고 있다: 첫째, 이 개념은 슐라이어마허부터 트뢸치에 이르는 개신교 신학 전체를 가리키는 "시기에 대한 개념"(Epochenbegriff)이다. 둘째, 문화개신교는 리츨의 영향을 받고 「기독교 세계」를 중심으로 활동하던 신학운동을 가리킨다. 셋째, 문화개신교란 독일제국 시기 독일의 교육받은 시민 계층(Bildungsbürgertum) 사이에 공유되던 개신교적 가치를 규정하는 사회적 범주이다. 근대 신학 연구의 권위자인 그라프는 이중 특히 세 번째 정의를 강조하면서, 문화개신교는 자본주의의 발전에 의해 야기된 새로운 삶의 질서를 수용하면서 새롭게 생성된 시민사회의 규범들과 문화에 대한 이해 및 요구에 비추어 기독교 신앙의 전통적인 내용을 새롭게 '재형성'하고자 했던 시도를 의미한다고 정의한다.31

문화개신교 개념은 이미 1922년 바르트의 『로마서 주석』 2판에서도 사용되고 있다는 것을 밝혀내었다. 하지만 변증법적 신학자들은 이 이후로도 문화개신교라는 개념을 자주 사용하지는 않는다: Friedrich Wilhelm Graf, "Kulturprotestantismus. Zur Begriffsgeschichte einer theologiepolitischen Chiffre," Hans Martin Müller (ed.), *Kulturprotestantismus. Beiträge zu einer Gestalt des modernen Christentums* (1992), 21-77; 21.

31 Friedrich Wilhelm Graf, "Kulturprotestantismus. Zur Begriffsgeschichte einer theologiepolitischen Chiffre" (1992), 22f.

19세기 말에 이러한 교회적-신학적 경향을 대표한 것은 '독일 개신교도협회'인데, 이 협회의 기관지와 회원들 역시도 자신들을 '문화개신교'라는 개념으로 칭하지 않는다. 대신 이들은 스스로를 "자유주의 개신교"(Liberaler Protestantismus)로, 그 구성원들을 가리켜 "개신교 자유주의자"(Protestantische Liberale)로 그리고 자신들의 신학을 "자유주의신학"(Liberale Theologie)이라고 불렀다. 이러한 명칭은 이들이 무신론과 세속화를 교회 안으로 끌어들인다고 우려하고 있던 보수적 루터교 진영에 의해서도 그대로 사용된다. 자유주의 진영에 대항하여 보수 진영은 스스로를 "교회 개신교"(Kirchlicher Protestantismus) 또는 "정통 개신교"(Orthodoxer Protestantismus)라고 불렀다.[32] 1920년대 중반까지도 문화개신교라는 개념은 잘 사용되지 않았으며, 대신에 각각의 진영에게는 "구개신교"와 "신개신교" 개념이 사용되기도 하였다.[33] 말하자면 문화개신교라는 개념은 이 신개신교 진영에 대한 후대의 평가를 반영하는 개념이며, 따라서 그보다는 자유주의 개신교, 신개신교라는 개념을 사용하는 것이 더 적합하다. 하지만 본고에서는 일상적인 용례를 따라 이들을 가리켜 문화개신교 혹은 개신교 자유주의 등의 개념을 사용하여 칭한다.

당시 통용되던 명칭이 드러내듯 '자유주의' 진영은 "교육받은 자유주의적 개신교 시민 계층"(das liberal-protestantische Bildungsbürgertum)을 중심으로 구성되었다. 이들은 교육받은 개인들만이 자율적인 인격성에로 성숙될 수 있다는 신념을 토대로 하면서, 법치국가, 입헌주의, 사적 소유에 대한 인정 등 정치적 자유주의를 수용하는 개신교 내부의 진영이

---

32 Ibid., 32f.
33 Ibid., 4f.

었다.[34] 문화개신교 진영이 당시의 문화와 기독교를 동일시하였다는 오해는 이들이 이처럼 당시 사회의 자유주의적 변화를 적극적으로 수용하였다는 것에서 기인한다. 실제로 '독일 개신교도협회'의 설립문에는 "개개 지역교회 안에 있는… 권위주의적 요소들과의 대결"과 같은 탈권위주의적 자유주의 성향이 드러난다. 그러나 소위 문화개신교의 궁극적 지향점은 결코 기독교와 당시 세속 문화와의 무차별적인 동일시에 있지 않았다. 그보다는 당시 사회의 급속한 변화에 적응하지 못한 채 구시대적 전통과 도그마에 메여 있는 교회를 새롭게 '갱신'하고[35] 아울러 기독교 복음의 정신을 토대로 세속 문화를 '변혁'하는 것이 자유주의 진영의 지향점이었다.

물론 문화개신교 혹은 자유주의 개신교가 표면적으로는 "종교와 문화의 화해"를 주장하는 것이 사실이다. 예를 들어 '독일 개신교도협회'의 초대 회장이었던 로테(R. Rothe)는 교회는 "근대 문화와 평화의 친교를 체결해야 한다"고 주장한다. 그러나 이것은 결코 기독교의 복음을 당시의 문화적 기준에 단순히 적응시켜야 한다는 것을 의미하지 않는다. 그와는 정반대로 로테는 근대 문화와의 친교는 곧 당시의 세속 문화를 기독교 복음을 따라 변혁하는 것을 목표로 한다는 것을 명백히 밝히고 있다: "최근의 문화적 삶은 그리스도의 영의 가르치시는 작용에 복종해야 하며… 교회는 이 문화적 삶이 건설되는 것을 함께 도움으로써 현대의 문화적 삶이 정화되고 성화되게 해야 한다." 로테의 진술은 문화개신교가 지향하는 종교와 문화의 '화해'란 기독교를 당시 문화의 기준에 복속

---

34 Gangolf Hübinger, *Kulturprotestantismus und Politik* (1994), 7f.

35 '독일 개신교도협회'의 설립문: Karl Kupisch, *Quellen zur Geschichte des deutschen Protestantismus(1871-1945)* (Göttingen: Musterschmidt-Verlag, 1960), 48.

시킨다는 것을 의미하지 않으며, 오히려 '그리스도 중심적'인 사유를 토대로 당시의 문화를 '변혁'시키고, 기독교로 하여금 세속 문화의 방향을 제시하는 주도적 문화세력이 되게 하고자 했음을 보여준다.[36]

기독교와 문화의 '화해'는 상기한 문화 변혁의 목표를 이루기 위한 선결 조건으로서, 교회의 내적 갱신에 대한 요구로 이해되어야 한다. 문화개신교가 종교와 문화의 화해를 주장했던 것은 급격히 변화하는 사회 안에서 전통적인 방식의 그리스도교가 더 이상 적합하지 않다는 판단 때문이었다. 당시 정통주의적 교회는 정치적으로는 해방지향적인 자유주의적 시민 계층으로부터 유리된 채 반동주의적 성향을 점점 노골화해가고 있었다. 이에 따라 근대사회의 역동적인 발전을 추동해 가던 사회 계층들은 교리적으로 경직되고 정치적으로 반동적인 교회로부터 점차 이탈하여 거리를 두기 시작하였다. 일반적인 이해와는 달리 당시 독일 교회와 사회 안에는 "기독교와 일반 문화 간의 깊은 단절"이 자리하고 있었다.[37] 이처럼 교회가 시민사회의 발전을 따라가지 못한 채 과거의 전통적 가치에만 집착함으로써 "촌부의 종교"(Bauernreligion)로 몰락하는 것을 막아내고자 했던 것이 문화개신교의 지향점이었다. 이를 위해 내부적으로는 기독교를 갱신시키고 외부적으로는 그리스도의 정신을 따라 일반 문화를 변혁시키려는 것이 문화개신교의 목표였다.[38] 문화개신교

---

36 Friedrich Wilhelm Graf, "Kulturprotestantismus. Zur Begriffsgeschichte einer theologiepolitischen Chiffre" (1992), 24f.

37 당시 개신교회와 세속 문화 사이의 깊은 '단절'에 대해서는 Chr. Schwoebel, *Martin Rade. Das Verhältnis von Geschichte, Religion und Moral als Grundproblem seiner Theologie* (Gütersloh: Gütersloher Verlagshaus, 1980). 28f.

38 Friedrich Wilhelm Graf, "Kulturprotestantismus. Zur Begriffsgeschichte einer theologiepolitischen Chiffre" (1992), 25f.

는 '문화와 교회의 내적 화해를 통해 세속 문화를 기독교적으로 변혁'시키고자 했던 교회적, 신학적 경향이었던 것으로 이해되어야 한다.

민족주의와 '사회적 질문' 사이에서: '문화 종합'의 시도들

독일제국이 수립될 무렵 독일 개신교 내에서는 민족주의 개신교가 압도적인 영향력을 발휘하고 있었고, 거기에는 문화개신교 혹은 자유주의 개신교가 주도적인 역할을 하였다. 그러나 1890년대 경에 이르러 문화개신교는 민족주의적 입장에서 점차로 노동문제와 같은 사회적 질문에 대한 관심을 강화하는 것으로 변화해간다. 이는 문화투쟁이 종결되고 비스마르크 정부가 친가톨릭 성향을 강화해 가는 것과도 관련되어 있다. 하지만 이러한 입장 전환을 단지 사회 상황의 변화에 따른 우발적인 현상으로 간주해서는 안 된다. 오히려 문화개신교 안에는 이러한 변화를 촉발시켰던 기본적인 원리가 내재해 있고, 그 원리가 시대적 상황에 따라 한번은 민족주의로, 또 다른 한번은 사회적 질문에 대한 관심으로 드러나게 되었다고 보아야 할 것이다. 그 원리란 문화개신교가 '개신교 문화'의 핵심으로 간주하였던 '내면성의 원리'이다.

문화개신교는 교회의 내적 갱신을 위해서는 자유주의적 근대 문화를 수용하는 것이 필수적이라고 여겼다. 이 같은 문화와 종교의 '종합'은 당시 독일제국 내에서 진행되고 있던 근대화의 과정, 즉 시민적 가치에 대한 강조, 교회의 감독으로부터의 학교 교육의 해방, 교회의 경직된 가르침으로부터 신학의 학문적 자유의 보장 등의 수용을 통해 구체화되었다. 하지만 문화개신교 내에서 자유주의의 모든 내용이 수용되었던 것은 아니다. 특히 국가와 교회의 분리라는 정치적 자유주의의 핵심

사안은 받아들이기 어려웠다. 개별적인 문화 영역은 "민족주의적 문화 종합"이라는 이상 가운데에 통합되어야 한다고 보았기 때문이었다. 반면 근대의 문화적 다원화의 과정들이 국가의 통일성을 위협할 때는 위험한 것으로 간주되었다. 예를 들어 초민족주의적 계급 지향적인 이상향을 가지고 있는 사회주의 노동운동이라든지, 독일적 근대 문화 형성에 반발하는 가톨릭 신앙 등은 민족주의적 문화 이상향을 구현하는 데 방해가 되는 것으로 간주되어 비판의 대상이 되었다. 자율적으로 발전하는 근대 문화는 어디까지나 "민족주의적 문화국가"를 실현하는 데 도움이 될 때만 의미 있는 것이었다.[39]

초기 문화개신교가 정치적 자유주의와 민족주의의 기묘한 결합이라는 형태를 그 내용으로 하는 문제를 가지고 있지만, 이들이 추구하던 기독교와 문화의 화해 내지 종합이라는 사고는 양자의 관계에 대한 깊은 통찰력을 함축하고 있는 것도 사실이다. 그것은 세속 문화에 대한 기독교의 일방적 수용이나 용해를 뜻하는 것도 아니고 혹은 세속 문화에 대한 교회의 일방적 지배를 의미하는 것도 아니었다. 오히려 문화개신교는 교회 바깥의 세속 문화가 종교에 대하여 지니는 상대적 자율성을 인정하면서도 동시에 이러한 자율적 문화의 발전의 근저에는 개신교 정신이 놓여 있다고 확신하였다. 특히 '독일 개신교도협회'는 일반 문화의 자율적인 발전 그 자체가 신적 의지의 결과라고 보았고, 문화의 발전 근저에 흐르는 복음의 정신과 일반 문화를 화해시킴으로써 당시 존재하던 기독교와 문화의 대립을 극복해내고자 하였다. 이들에게 "복음의 종교는 가장 깊고도 가장 강한 문화의 힘(Kulturmacht)"이었다. 기독교의

---

39 Ibid., 26.

복음이야말로 "그 본질에 있어서 가장 정신적인 문화이며, 가장 참되고 올바른 인간성"을 드러낸다. 따라서 이러한 복음을 보존하는 교회는 "시대의 정신 문화와의 조화"를 구현해 내야만 한다. 그러지 않는다면 거꾸로 "교회는 이 종교가 참되게 전개되는 것을 방해할" 뿐이다. 근대 문화의 발전에 직면하여 교회의 과제는 (보수적 정통주의 기독교에서 그런 것처럼) 상호 배타적으로 변해가는 기독교와 문화가 그 근원에 있어서 일치한다는 것을 보임으로써 탈기독교화 하는 세속 문화와 반문화화되어 가는 교회의 현실을 변혁시키는 데 있다. 문화개신교는 독일문화의 근저에 놓여 있는 본질적 요소가 바로 루터의 종교개혁 가운데 있다고 보았다. 이렇게 개신교 전통이 지니는 역사적 의미가 제대로 이해된다면, 개신교 전통은 그 자체로 "문화적 실천에 있어서 절대성의 요구"(Kulturpraktischer Absolutsheitsanspruch)를 가진다. 이를 토대로 "개신교 문화"를 구축하는 것,[40] 그것이 근대 문화와 기독교의 대립이라는 당시의 교회적, 사회적 현실 속에서 문화개신교가 추구하던 바이다.

복음과 문화가 올바르게 화해를 이루는 '개신교 문화'를 구현함에 있어서 문화개신교가 이해하였던 개신교 신앙의 가장 핵심적인 요소는 바로 인간의 '내면성'에 대한 강조이다. 문화개신교의 구성원들은 대부분 자본주의의 발전과 더불어 새롭게 부상한 자유주의적 시민 계층이었지만, 이들은 동시에 자본주의와 물질문명의 발달로 인해 인간의 정신적 가치가 약화되고, 오히려 물질중심적 세계에 사로잡히게 될 우려가 있다고 염려하였다. 따라서 이들은 참된 문화, 즉 "전체 인간의 삶, 정신적·도덕적·물질적 삶을 포괄하는" 문화를 지향하였다. 이러한 문화는 "이

---

40 Ibid., 27f.

세계로부터 인간을 내면적으로 분리"시킴으로써, 인간으로 하여금 "이 세계에 대한 지배에로 고양시킴으로써 도덕적 자유"를 창조하도록 북돋우는 개신교 문화에서 비로소 구현된다. 하지만 '독일 개신교도협회'는 대체로 민족주의 개신교의 성향을 벗어나지 못한 채 이러한 개신교적 가치를 민족주의와 연결시키는 한계를 가지고 있던 것이 사실이다. '개신교'라는 말은 언제나 '독일'이라는 개념과 긴밀히 결합되어 있었고, 따라서 "독일-개신교의 민족교회" 혹은 "독일-개신교적 문화국가"의 창달이 이들의 최종적인 지향점이 된다는 점에서 그 시대적 한계를 벗어나지 못하였다.[41]

하지만 "개신교 문화"의 형성을 지향했던 문화개신교 전체가 민족주의 개신교에만 매몰되어 있었던 것은 아니었다. 19세기 말 이후부터 자유주의 진영 내에는 자본주의의 위기로 인해 위협당하던 노동자 계층의 사회적 문제에 대한 관심이 증가해 간다. 이는 자유주의 개신교 진영이 가톨릭 진영과 화해를 도모하는 비스마르크 정부와 불화하면서 민족주의 담론의 주도권을 상실하게 되었다는 역사적 사실과 연관되어 있다. 또한 개신교 자유주의가 과학적이고 유물론적이라는 의심을 받게 되면서[42] 다수파였던 보수적 정통주의 진영이 민족주의 담론의 주도적 지위를 이어받게 된 것도 여기에 영향을 미쳤다. 그렇지만 그 역사적 배경에도 불구하고 문화개신교가 본래적으로 지니고 있던 '인간의 내면성에 대한 강조'라는 기본원리는 이러한 사회적 질문에로의 방향 전환에서도 그 신학적 기초로 작용하고 있다.

---

41 Ibid., 29f.

42 Frank Becker, "Protestantische Euphorien 1870/71, 1914 und 1933," Manfred Galius/Hartmut Lehmann (ed.), *Nationalprotestantische Mentalitäten* (2005), 30.

본래 문화개신교는 '주체성과 종교의 결합'을 그 독특한 신학적 특징으로 한다. 이는 당시 문화개신교의 대표적 신학자인 하르낙에게서도 잘 나타난다. 그는 종교개혁에 이르러서 비로소 종교가 그 본질적 요소들인 "하나님의 말씀과 신앙"에로 되돌아왔다고 보았다. 이제는 더 이상 가톨릭교회에서처럼 교회라는 기관의 가르침이나 위계적 질서 혹은 전통이 아니라 각 개인이 가지는 "내적 경험"이 그 중심에 놓여진다.[43] 종교개혁과 더불어 종교는 "신앙하는 주체의 일"이 되었으며, 참된 종교는 개개인의 특수성을 강조하는 "개별화의 원리"를 그 본질적 특성으로 가진다. 이것이야말로 "근대적 종교"의 특징이다.

이처럼 개별 주체의 내적 경험이 종교의 본질로 파악됨에 따라 더 이상 전통적 교리체계나 조직의 원리의 일방적인 수용이 아니라, 개별 인간의 주체적인 삶의 실천이 중심 주제로 떠오르게 된다. 이제 기독교 신앙은 하나의 종파나 교리 혹은 교회라는 한계로부터 벗어나서 일반적인 사회적, 문화적 삶 속에서 구현되어야 한다. 기독교 신앙은 개별 그리스도인으로 하여금 "자율성과 자발성"을 증진시키며, 이로써 "도덕적 삶의 실천"을 통해 그 실재성을 구현해 간다. 따라서 그리스도인은 그 삶에 있어서 두 가지 실천적 지향점을 갖는다. 하나는 내면성이며, 다른 하나는 "공공성"이다. 이러한 공공성의 추구가 대다수 초기 문화개신교 진영에 의해서는 민족주의적 국가의 형성에 대한 기대로 이어졌던 반면 후대의 다른 이들에 의해서는 이러한 공적 측면에서의 실천은

---

43 Adolf von Harnack, *Das Wesen des Christentums*, ed. by Claus-Dieter Osthövener (Tübingen: Mohr Siebeck, 2007), 168ff. 여기에 명기된 인용문의 쪽수는 오스트회벤너의 판본에 함께 명기되어 있는 1929년 Himrichs'schen Buchhandlung에서 출판된 판본의 쪽수이다.

당시 가장 첨예한 사회적 문제였던 "사회적 질문"에 대한 관심으로 드러나게 된다. 개별 기독교인은 각자 자신의 삶의 자리와 삶에서 "사회적 질문들을 실천적으로 풀어" 나가야 한다. 사회관계들을 보다 도덕적인 방식으로 갱신하는 것, 즉 고난과 불의, 경제적 부정의와 같은 문제들에 대한 해결을 모색하는 것은 복음의 당연한 귀결로 간주되었다.[44] 문화개신교는 인간의 내면성을 강조함으로써 기독교적 삶이란 교회적 실천에서가 아니라, 사회적 실천에서 참으로 드러난다는 이해에 도달하게 되었고, 민족주의와 사회적 질문들은 이러한 새로운 종교에 대한 이해가 구체적인 역사적 상황 속에 구현되어진 다양한 형태들이었다고 말할 수 있다.

하르낙을 통해 보는 자유주의신학의 자기 이해
: 개신교 신앙의 재형성

상기한 대로 문화개신교는 근대 문화와의 화해를 통하여 탈세계화하는 개신교를 내부적으로 갱신시키고, 이를 통해 개신교의 본래적인 내적 원리를 토대로 비기독교화되어 가는 근대 문화를 변혁시킬 것을 지향한다는 의미에서의 '문화 종합'을 추구하였다. 이러한 문화종합은 임의적으로 주장된 것이 아니라, 이들이 지니고 있던 기독교에 대한 신학적 이해를 토대로 한다. 이는 특히 교회의 수립 이후 교회의 전체 역사를 예수의 복음과 일반 문화 간의 창조적이고도 비판적인 종합의 과정으로 파악한 하르낙의 신학 가운데 잘 드러난다. 아래에서는 이를 간단히

---

44 Dietrich Rösler, "Religion und soziale Verantwortung," Hans Martin Müller (ed.) *Kulturprotestantismus* (1992), 183-189; 183f.

살펴봄으로써 문화개신교가 가지고 있던 신학적 자기 이해를 드러내고자 한다. 이를 통해 문화개신교가 독일제국에서의 문화투쟁에 참여하였던 신학적 동기 그리고 그 시대적 한계에도 불구하고 지니는 의미가 더 명백히 드러나게 될 것이다.

주지하다시피 하르낙은 '역사-비평적 방법'을 통해 신학사를 고찰하면서 그 안에 함축된 복음의 "알맹이"와 그것을 둘러싸고 있는 문화적 "껍질"을 철저히 구분하였다. 학문으로서의 신학은 종교철학적 전제나 기존의 교의 전통에서 출발해서는 안 되며, 역사-비평적 방법을 통해 기독교 복음의 역사적 실체에 도달해야 한다는 것이 신학에 대한 하르낙의 기본 입장이었다. 이는 기독교의 역사성에 대한 하르낙의 신념과도 상응한다. 기독교는 '역사적' 종교이며, 따라서 기독교의 본질에 대한 진술 역시도 교의학적으로가 아니라 철저히 '역사적'으로 규명되어야 한다. 하르낙은 이미 젊은 시절부터 모든 교의학적 표상은 역사적으로 규정된 것이라는 통찰에 도달하였고, 이에 대한 인식은 그로 하여금 기독교의 역사적 토대가 무엇인지 질문하게 하였다. 그에게 기독교의 역사적 토대는 다름 아닌 역사적 예수이며, 교의학적 전통들은 이러한 역사적 예수와 일치하지 않는다는 사실에 대한 인식, 그것이 바로 하르낙의 신학적 사유의 "핵심"이다. 이로부터 신학의 '이중적 과제'가 도출된다. 첫째로는 "모든 신학적 언명 속에서 나사렛 예수 안에 있는 기독교의 역사적 토대를 직시"하는 것이고, 둘째로는 "기독교 신앙의 모든 역사적 표현 형태가 이 근원과 맺는 연관성을 지시"하는 것이 그것이다.[45] 이것이 바로 문화 형태라는 '껍질'과 복음의 핵심이자 '알맹이'인 역사적 예수

---

45 하르낙에 대한 이러한 평가에 대해서는 Chr. Schwoebel, *Martin Rade* (1980), 21f.

를 구분해 내는 하르낙의 신학 방법의 기본 구조이다.

하르낙에게 기독교 교리는 알맹이와 껍질, 복음과 문화, 역사적 예수와 문화 사이의 '종합'을 통해 형성된 것이다. 예수의 가르침과 헬라 철학의 종합이 일어났던 초기 기독교의 헬라화 과정은 이를 보여주는 대표적 사례이다. 그러나 하르낙은 이러한 헬라화의 과정을 기독교의 타락의 과정으로서 부정적으로 평가하지 않는다.[46] 예를 들어 기독교의 헬라화 과정을 통해 하나님 사랑과 이웃 사랑이라는 인간의 내면적 가치에 대한 예수의 가르침이 약화되고, 대신에 헬라 철학의 로고스 개념과 결합을 통해 양성론 등의 교리에 대한 지적 동의가 신앙의 중심인 것처럼 오도되는 일이 일어나는 것이 사실이다. 그러나 이 같은 복음과 문화, 기독교와 헬레니즘의 종합은 기독교 정신과 헬라 정신 사이의 본래적인 친화성이 없이는 결코 일어날 수 없는 것이었다. 그리스의 정신 안에는 "생동하고 책임적인 인격성에 대한 이념"[47]이 내재해 있다. 이는 하르낙이 역사적 예수의 본원적 가르침 중 하나로 강조하는 "개별 인간 영혼이 보유하는 무한한 가치"와 상응한다. 이러한 본래적 유사성에 대한 반성이 없었다면, 고대 사상과 기독교 사이의 종합이란 발생할 수 없었다. 따라서 기독교의 헬라화는 하르낙에게 있어서 결코 기독교 타락의 역사를 의미하는 것이 아니고, 오히려 기독교가 가지는 본래적 속성으로 간주된다고 보는 것이 적절한 이해이다. 가톨릭 신앙 전체를 규정해 내었던 기독교의 헬라화란 처음부터 "반성되어진 종교"였던 기

---

46 하르낙이 문화적 껍질로부터 알맹이인 복음을 분리시키고자 했다는 일반적인 이해는 하르낙이 헬라화 과정을 부정적으로 평가했다는 인상을 초래할 우려가 있다. 이와 같은 오해의 사례로는 정용석, "하르낙과 기독교의 본질,"「신학사상」119 (2002): 177-201; 186f.

47 Adolf von Harnack, *Lehrbuch der Dogmengeschichte*, Bd. I (Darmstadt: Wissenschaftliche Buchgesellschaft, 1980), 55.

독교가 고대 문화의 표현 형태들을 적극적으로 수용하면서 스스로를 문화적으로 표현해내는 시도였던 것이다.[48] 하르낙의 신학 방법인 역사 –비평적 연구는 이처럼 복음이 지니는 내면성과 문화적 표현 사이의 성공적인 종합의 준거점을 찾기 위한 시도이지, 결코 문화적 종합 그 자체에 대한 부정적 평가와 동일시되어서는 안 된다.

그러나 복음과 문화의 종합이 긍정적이기만 한 것은 결코 아니다. 그 역사적 발전 과정에서 가톨릭은 자유로운 내면성이라는 본질을 상실 하였고, 전통에 대한 고착, 성직주의, 위계질서적 조직 등 외면적 요소에 만 집중하도록 변질시켜 버리고 말았다. 이에 반하여 루터는 문화적 껍질에 대한 가톨릭의 고착화로부터 기독교 신앙을 다시금 신의 전적인 은총에 대한 신앙과 확신이라는 내면성과 자유의 종교로 해방시켰다. 그것이 가톨릭에 반하여 루터와 종교개혁 그리고 개신교가 지니는 의미 이다. 루터는 기독교를 그 본래적 핵심인 인격적 확신이라는 내면성에로 되돌렸고, 이로써 기독교가 그 토대 위에서 재형성될 수 있게 하였다. "내면성과 개인주의" 그것이야말로 "복음의 고유성에 상응"하는 종교개 혁의 핵심 원리이다.[49]

하지만 개신교 역시도 위에 진술된 부정적 요소를 지닌 '가톨릭화'의 위험 앞에 서 있다. 하르낙에 의하면 이는 루터가 당시의 교육과 문화를 깊이 이해하지 못한 한계에서 기인한다. 개인으로서 지니는 종교적 위대

---

48 Markus Schröder, "Widergewonnene Naivität. Protestantismus und Bildung nach Adolf von Harnak," Arnulf von Scheliha/Markus Schröder (eds.), *Das protestantische Prinzip* (Stuttgart/Berlin/Köln: Kohlhammer, 1998), 119-135; 125f.

49 Adolf von Harnack, *Das Wesen des Christentums*, ed. by Claus-Dieter Osthövener (Tübingen: Mohr Siebeck, 2007), 159; Markus Schröder, "Wiedergewonnene Naivität. Protestantismus und Bildung nach Adolf von Harnak" (1998), 130f.

성에도 불구하고 루터는 당대의 높은 수준의 지식에 대해서는 잘 알지 못하였고, 다시금 구시대의 문화적 형식인 교리적 언어들에 집착하고 말았다. 하르낙은 이제 이처럼 루터가 되돌려 놓았으나 아직 완결시키지 못한 알맹이와 껍질, 복음과 문화의 종합을 완성하는 것이 근대 개신교의 과제라고 보았다. 개신교는 결코 지나간 시대에 유효했던 특정한 문화적 형태에 고착되어 있어서는 안 된다. 구시대의 문화적 형태를 벗어던지고 본래적 알맹이인 내면적 자유를 토대로 새로운 근대의 문화와 종합을 이루는 것이 개신교의 남은 과제이다. 이는 개신교 신앙이 근대적 교육 및 자유로운 학문과의 결합을 이룸으로써만 가능하다. 개신교와 근대적 교육의 양립 가능성을 보여주는 대표적인 사례가 바로 기독교에 대한 역사-비평적 연구라고 하르낙은 보았다.[50] 가톨릭과 보수적 루터교 정통주의는 이러한 근대의 새로운 문화와의 창조적 종합을 거부하고 과거의 문화적 형식에만 집착함으로써 자율화되어 가는 근대 사회 속에서 기독교와 문화를 분리시켜 버리고 말았다. 이처럼 전근대적 문화에 대한 집착으로부터 해방시킴으로써 기독교가 새로운 시대에 문화적 영향력을 지속적으로 끼쳐 나가도록 돕는 것이 하르낙을 위시한 문화개신교의 목표였다.[51]

---

50 Markus Schröder, "Wiedergewonnene Naivität. Protestantismus und Bildung nach Adolf von Harnak" (1998), 119-135; 133f.

51 교의적 전제를 버리고 자유로운 학문을 통해 탐구의 대상 그 자체에 대한 인식에 도달하는 것만이 '학문적'이라는 것이 문화개신교 및 당시의 학문이 지니고 있던 일반적 이해였다. Gerd Lüdemann, "Das Wissenschaftsverständnis der Religionsgeschichtlichen Schule im Rahmen des Kulturprotestantismus," Hans Martin Müller (ed.), *Kulturprotestantismus* (1992): 78-107; 102f.

V. 자유주의신학의 재평가

문화개신교는 자유주의적으로 교육받은 소수의 시민 계층을 중심으로 구성되었던 지적, 신앙적, 신학적 운동으로서, 전체 독일 개신교회 내에서 주도적인 세력으로 자리 잡지는 못하였다. 문화개신교 혹은 신개신교는 독일제국이 수립될 무렵 독일 사회와 교회를 휩쓸던 보수적 민족주의의 물결에서 벗어나지 못하였고, 오히려 이를 강화하는 데 일조하였던 것도 사실이다. 이들은 자본주의의 모순이 심각해지는 것을 보면서 점차로 사회적 관심에 주의를 기울여 가는데, 이러한 관심 역시도 일부분은 민족적 통일성이라는 관심에서 비롯된 것이 사실이다.

문화개신교로 하여금 민족국가라는 정치적 현상과 자본주의로 인해 촉발된 사회적 문제들에 대응하도록 한 가장 근본적인 신학적 동기는 이들이 개신교를 인간의 내면성과 내적 자유의 종교로 이해했다는 데 있다. 하르낙에게서 나타나듯이 문화개신교는 신과 개별 인간의 내적인 인격적 관계를 기독교 신앙의 핵심으로 이해하였고, 이에 따라 과거의 구시대적인 문화적 껍질로서의 교리에 대한 집착을 벗어나 사회적 문제들에 대한 관심과 실천을 발전시켜 갈 수 있었다. 물론 문화개신교는 독일제국의 시기에는 여전히 민족주의적 성향을 떨쳐내지 못하였다. 하지만 제1차 세계대전과 더불어 독일제국이 멸망하고 수립된 바이마르공화국 시대에 이르면 문화개신교, 특히 하르낙은 민주주의 및 사회주의와의 연대를 통해 새롭게 탄생한 공화국 안에서 민족주의 개신교의 한계를 극복하고 민주적 공화국과 세계의 평화적 공존을 주장하기까지 발전해 간다.[52]

지금까지 우리는 문화개신교가 기독교와 문화의 일치 혹은 세속 문화에 대한 기독교의 일방적인 적응을 주장하였던 신학적 사조로 일방적으로 간주되어서는 안 된다는 것을 제시하였다. 문화개신교는 근대 문화와 기독교가 상호 '대립'하는 19세기 말~20세기 초의 시대 상황 속에서 개신교가 전근대적 종교성에 매몰되는 것을 저지하고, 개신교가 지니는 본래적인 내적 원리에 따라 근대 문화를 새롭게 갱신하는 비판적 역할을 수행하도록 개신교 신앙을 재형성하려는 시도였던 것으로 재평가되어야 할 것이다.

---

52 이는 본서의 10장 "민족주의와 자유주의신학 II: 1차 세계대전 무렵 하르낙을 중심으로"에서 다루어진다.

1 0 장

민족주의와 자유주의신학 II

― 1차 세계대전 무렵 하르낙을 중심으로*

I. 자유주의신학과 하르낙 연구의 필요성

한국에서 자유주의신학 혹은 문화개신교에 대한 일반적인 평가는 우호적이지 않은 것이 사실이다. 문화개신교는 ―신학적으로 보자면― 종교와 문화, 신과 세계의 차이를 인식하지 못했고, 그 결과 ―정치적으로는― 독일 민족과 국가에 대한 맹목적 동일시를 통해 1차 세계대전의 전쟁 신학에로 몰락하고 말았다는 것이 그 일반적인 내용이다.[1] 그러나 문화개신교에 대한 광범위한 비판적 견해는 실제로는 그 비판의 대상

* 이 글은 2013년도 정부(교육부)의 재원으로 한국연구재단의 지원을 받아 연구되었음 (NRF-2013S1A5A8024476).

1 김명용, 『칼 바르트의 신학』 (서울: 이레서원, 2007), 55ff.; 김영한, 『바르트에서 몰트만까지』 (서울: 대한기독교서회, 2010), 24ff.; 최종호, 『칼 바르트』 (서울: 한들출판사, 2010), 11.

자체에 대한 직접적인 연구를 통한 것이라기보다는 일반적이고도 통속적인 신학적 '전승'에 의존하고 있는 경우가 대부분이고, 따라서 하나의 역사적 실체로서의 문화개신교 자체에 대한 정확한 이해를 결여하고 있다.

1차 세계대전을 전후한 하르낙의 정치적 입장과 그 신학적 토대를 검토해 본다면 우리는 문화개신교가 종교와 문화, 신과 세계의 차이를 오히려 예리하게 인식하고 있었고 또한 결코 스스로를 당시 독일의 민족주의적 전쟁 이데올로기와 동일시하지 않았다는 것을 발견하게 된다. 이는 1차 세계대전을 전후로 독일의 대내외 정책과 관련하여 민족주의 담론을 주도하였던 당시의 '민족주의 개신교'와 비교해 볼 때 더욱 명확하게 드러난다. 대내적으로 보자면 하르낙은 1차 세계대전 이전의 시기와 또한 종전 이후 수립된 바이마르공화국 시기에 민주주의와 사회주의의 수용을 통해서 사회적 갈등을 해소하고 독일의 '내적 평화'를 구현하고자 하였다. 대외적으로는 하르낙은 전쟁에 대한 민족주의적 열광의 시기에 유럽 국가들과의 평화적인 관계를 구축할 것을 촉구하였다. 본고는 이처럼 1차 세계대전을 전후한 독일의 구체적인 역사적 상황 속에서 민족주의를 넘어서게 하는 하르낙의 신학적 토대가 무엇이었는지를 제시함으로써 당시 문화개신교의 본래적인 역사적, 신학적 의의를 규명해 보고자 한다.

상기한 바를 제시하기 위해서 II장에서는 1차 세계대전을 전후한 시기 독일의 역사적 상황과 당시 독일 개신교 전반을 휩쓸던 민족주의 개신교의 모습을 살펴본다. III장에서는 문화개신교가 종교와 문화의 '종합'이라는 보편적 표상으로부터 상당히 거리를 두고 있었다는 것 그리고 1차 세계대전에 대하여 취한 태도가 어떤 것이었는지를 제시한다. IV장과 V장에서는 당시 독일의 대내외 정책에 있어서 하르낙이 취하는 민주주의 및 사회주의에 대한 전향적인 수용의 태도와 그 신학적 토대를 각각 제시함으로써 하르낙을 중심으로 하는 문화개신교의 구체적인 모습을 드러내고자 한다.

II. 1차 세계대전을 전후한 독일의 정치 및 교회 상황

정치적 상황: 1차 세계대전 및 바이마르공화국의 수립

1914년 6월 28일 보스니아의 수도 사라예보에서 오스트리아의 황태자 프란츠 페르디난트가 세르비아 민족주의자에 의해 암살당하는 사건이 발생한다. 이 사건을 도화선으로 하여 독일-오스트리아 동맹과 영국-프랑스-러시아 연합국 사이에 그간 축적되어 왔던 정치적, 군사적 긴장이 폭발한 끝에 동부전선에서는 러시아가 1914년 8월 1일 오스트리아에 선전포고를 선언함으로써 서부전선에서는 독일이 프랑스 공격을 위한 경로 확보를 위해 1914년 8월 4일 중립국 벨기에를 침공함으로써 1차 세계대전이 시작된다.

본래 독일제국 정부와 군부는 전쟁이 오래가리라고 예상하지 않았다. 1871년 독일제국이 수립된 이후 인구, 산업, 군사력 등에 있어서 독일은 영국에 대적할 만큼의 역량을 갖추고 있었다.[2] 일단 전쟁이 시작

---

2 1913년경에는 독일의 세계 무역량은 영국과 거의 같았고, 프랑스에 비해 두 배에 달하였다. 또한 전기와 관련된 생산품의 세계 무역량의 절반을 독일이 차지하였다. 윌리엄 카/이민호 외 옮김, 『독일 근대사』 (서울: 탐구당, 1986), 242f.

되기만 한다면, 축적된 힘을 바탕으로 당시 세력이 약화되어 있었던 프랑스와 러시아를 무력으로 제압하기까지 6주면 충분하리라는 것이 독일 군부의 판단이었다.3 프랑스와 러시아를 제압하고, 영국을 견제하는 중부 유럽의 패권국으로서의 위치를 공고히 할 수 있으리라는 낙관적 기대가 개전 초기 독일 사회 전반을 사로잡고 있었던 것이다. 하지만 기대와는 달리 전쟁은 참호전 양상을 보이면서 장기화되었고, 이로 인해 삶이 궁핍해진 노동자 및 시민 계층의 불만이 쌓여 갔다. 결국 1918년 10월 수병들의 반란 사건으로 빌헬름 황제가 네덜란드로 망명을 떠나면서 독일제국은 와해되고 만다. 뒤이어 1919년 1월 19일 독일 최초의 보편선거를 통해 공화국 정부가 출범하고, 8월 14일에는 바이마르공화국 헌법이 공포되기에 이른다. 이제 독일은 절대군주 중심의 관료주의 국가로부터 민주적 공화국으로 전환하게 된 것이다.

바이마르공화국은 형식적으로는 민주적 보편선거를 통해 수립되었고, 그 정부는 사회민주당과 중앙당 등 사회주의와 자유주의를 아우르는 세력을 중심으로 구성되었다. 그러나 실제로는 의회주의 국가로의 이러한 전환은 1차 대전의 책임을 회피하려는 군부에 의해 주도되었는데, 바로 이 점으로 인해 바이마르공화국은 독일 내 군부 및 구질서 옹호 세력들에 의해 끊임없이 위협받았다. 공화국의 수립은 더 이상 전쟁을 수행하는 것이 불가능하다는 사실을 깨달은 군부가 전쟁 상대국들과의 평화협상을 위해 권력을 사민당 및 자유주의 정당의 연정을 통해 구성된

---

3 이 같은 군부의 전쟁계획은 1905년 퇴역한 참모총장 슐리펜이 처음 입안했기 때문에 '슐리펜 계획'이라고 불린다. 이 계획으로 인해 전쟁의 책임을 독일에게 돌리는 것이 그간의 역사학계의 경향이었으나 최근 들어서는 슐리펜 계획의 의미를 제한적으로 이해하려는 시도들도 나타나고 있다. 이와 관련해서는 박상섭, 『1차 세계대전의 기원』(파주: 아카넷, 2014), 155ff.

정부에 위임함으로써 가능했던 것이었다. 이로 인해 새롭게 수립된 정부는 불가피하게 전쟁 패배의 책임을 떠안게 되고 말았는데, 특히 연합국측이 '베르사유 조약'을 통해 독일의 정치, 경제, 군사적 토대들을 황폐화시키는 굴욕적인 조건을 요구함에 따라 바이마르공화국 정부는 내부적으로 큰 저항에 직면하게 된다.

1차 세계대전과 바이마르공화국의 수립으로 이어지는 시기에 독일 일반대중의 정체성을 규정했던 것은 다름 아닌 '민족주의'였다. 고통스러웠던 전쟁 기간 동안 군부는 복잡한 국내 정치 상황을 억누르고자 독일의 국경을 프랑스의 칼레에서부터 러시아의 페테르스부르크까지 확대하리라는 환상을 심어줌으로써 전쟁을 감내하게 했다. 전쟁의 패배로 그 기대가 허구에 불과했다는 것으로 드러나자 군부 및 구체제의 옹호자들은 패배는 전선에서의 실패 때문이 아니라, 내부적으로 전쟁을 반대했던 의회주의자들, 곧 서유럽식 민주주의와 계급해방의 사회주의를 주장하는 이들이 군대의 등 뒤에 칼을 꽂았기 때문이라는 '내부 단도설'(Dolchstoßlegende)을 퍼뜨렸다. 이처럼 독일 사회에 광범위하게 만연한 민족주의는 몰락해 버린 국가를 수습하는 데 주도적 역할을 했던 의회주의자들을 민족의 배신자로 낙인찍었고, 민족에 대한 충성은 민주주의 및 승전국들에 의해 주도된 유럽의 평화 자체에 대한 투쟁과 동일시되었다.[4]

---

4 1차 세계대전 및 바이마르공화국의 탄생에 대해서는 다음 책을 참고할 것: 하겐 슐체/반성완 옮김, 『새로 쓴 독일역사』 (서울: 지와 사랑, 2014), 207ff.

민족주의 개신교: "독일인들의 하나님"

프랑스와의 전쟁에서의 승리를 통해 독일제국이 수립되던 1871년 무렵에 이미 독일 개신교는 민족주의 개신교(Nationalprotestantismus)로서의 특성을 강하게 지니고 있었다. 본래 민족주의 개신교의 형성 초기에는 정치적 자유주의를 수용하는 문화개신교 진영이 주도적인 역할을 했었지만, 1차 세계대전이 발발하던 1914년 무렵에 이르러서는 사회와 교회의 근대적 변화를 거부하는 정통주의적 보수개신교 진영이 그 주도권을 넘겨받았고, 그렇지 않아도 전체 독일 개신교 진영에서 소수에 불과했던 문화개신교는 민족주의 개신교에 대한 비판적인 소수자로 변화하게 된다.[5]

1차 세계대전 기간 동안 보수 개신교의 민족주의는 영국과 러시아, 프랑스를 상대로 하는 전쟁의 수행과 승리를 신의 뜻과 동일시하는 것으로 나타난다. "하나님이 우리와 함께 하신다"는 임마누엘의 메시지는 최전선의 병사들을 고무시키는 수단으로 사용되었고, 전사한 병사들의 죽음은 영원한 생명으로 보상받을 것이라고 가르침으로써 독일을 위한 희생을 종교적 순교와 동일시하기도 하였다. 예수의 십자가에서의 죽음 역시 전장에서 병사들이 자신의 생명을 바치는 영웅적인 행위의 모범과 상징으로 해석되었다. 민족주의 개신교에게 신은 단지 "독일인들의 하나님"(Gott der Deutschen)일 뿐이었다.[6]

---

5 민족주의 개신교와 초기 문화개신교의 상관관계에 대해서는 본서의 9장 "민족주의와 자유주의신학 I: 독일제국 시기의 문화개신교" 중 특히 321ff.를 참고하라.

6 Günter Brakelmann, "Kriegsprotestantismus 1870/71 und 1914-1918," Manfred Galius/Hartmut Lehman (ed.), *Nationalprotestantische Mentalitäten* (Göttingen: Vandenhoeck & Ruprecht, 2005), 103-114; 106ff.

오늘날의 입장에서 보자면 언뜻 이해하기 힘든 독일 개신교 진영 전반의 이 같은 민족주의적, 애국주의적 성향과 전쟁에 대한 열광은 어디에서 비롯된 것일까? 이는 보수적 민족주의 개신교가 1차 세계대전을 그동안 독일 사회에서 진행되어 왔던 근대화와 세속화의 물결에 대한 신의 심판이자 독일 사회를 '재기독교화'(Rechristianisierung)하는 효과적인 기회로 이해하고 있었기 때문이었다. 전쟁은 독일 내에서 그간 진행되어 온 세속화로 인해 교회가 독일 사회에서 상실해야만 했던 그리고 그토록 다시 회복하기를 원했던 주도적인 사회 세력으로서의 지위를 회복시켜주는 기회가 되었다. 참혹한 전쟁의 경험은 '잃어버린 양들'로 하여금 다시 교회의 문을 열고 들어오게 했다. 각 지역의 교회들에서는 참호 속에서 작성된 아들들의 편지가 읽혔고, 수많은 전사자의 이름들이 호명되었다. 1차 세계대전은 기독교에 대한 충성도를 강화시키고, 독일을 다시 기독교적인 형식으로 변화시킬 수 있는 절호의 기회였던 것이다.[7] 이들에게 전쟁은 사실상 손해 볼 것 없는 장사와도 같았다.[8]

하지만 전쟁의 열광과 승리의 기대는 끝내 좌절될 수밖에 없었다. 전쟁에서의 패배는 민족적 자존심만 아니라, 전쟁을 종교적으로 정당화

---

7 Frank Becker, "Protestantische Euphorien 1870/71, 1914 und 1933," Manfred Galius/ Hartmut Lehmann (ed.), *Nationalprotestantische Mentalitäten* (2005), 19-44; 32.

8 1차 세계대전 개전 초기에 독일이 거둔 전과 역시 전쟁을 신의 뜻으로 정당화하는 데 일조했다. 세속화와 탈기독교화, 사회주의운동 등으로 타락해버린 세계에 대한 신의 심판이 1차 세계대전과 더불어 진행되고 있으며, 독일의 승리만이 이 같은 세속화의 흐름을 심판하고 하나님의 뜻을 구현하리라는 것이었다. 따라서 민족주의 개신교에게는 독일이 전쟁에서 승리하는 것 외에는 다른 가능성을 생각할 여지조차 없었다. 교단을 막론하고, 독일의 적들이 승리하는 것은 불의, 거짓, 돈, 살인의 승리에 불과하며, 독일이 승리하지 못한다면, 그것은 독일만이 아니라 모든 민족과 세계 자체의 몰락이라는 생각이 광범위하게 퍼져 있었다: Doris L. Bergen, "'War Protestantism' in Germany, 1914-1915," Manfred Galius/ Hartmut Lehman (ed.), *Nationalprotestantische Mentalitäten* (2005), 115-131; 119f.

했던 개신교 신앙 자체에도 심각한 위기를 촉발했다. 한때 전쟁을 '독일의 오순절'(Deutsches Pfingsten)로, 새로운 '종교적 각성'으로 간주했던 민족주의 개신교는 기존의 반동적인 정치집단에서 주장하던 내부 단도설을 그대로 수용함으로써 위기에 대응하였다. 전쟁의 패배는 사회주의자와 민주주의자 등의 방해로 비롯된 것이며, 이들은 독일을 통해 이루고자 했던 신의 뜻을 거부한 세력이라고 비난받았다. 사회주의와 민주주의는 모두가 독일 민족의 탈기독교화를 촉발하는 것에 불과하며, 전쟁의 패배는 하나님과 독일에 대한 이들의 배신에 기인한다는 것이다. 독일 내 사회 세력들 가운데 전쟁을 가장 강력하게 지지했던 보수적 개신교회는 종전 이후에도 역시 똑같이 동일한 강도로 민족주의 이데올로기를 유지하면서 사회주의와 민주주의 세력에 대한 종교적 탄압에 집중하였다. 종전 이후 새로 수립된 바이마르공화국 정부는 이 같은 내부 단도설로 인해 그 수립에서부터 국가를 민주적 공화국으로 재정비하는 데 어려움을 겪어야만 했다.[9]

III. 문화개신교의 내부 변화와 정치적 견해

문화개신교: 문화와 종교의 '대립'

일반적으로 문화개신교는 계몽주의 이후의 근대 문화를 무비판적으로 수용하였고, 이로 인해 종교와 문화, 기독교 신앙과 세속 문화 사이의

---

9 Günter Brakelmann, "Kriegsprotestantismus 1870/71 und 1914-1918," Manfred Galius/
Hartmut Lehman (ed.), *Nationalprotestantische Mentalitäten* (2005), 103-114; 112f.

차이를 간과한 채 문화와 종교의 '종합'을 추구했던 것으로 간주된다. 실제로 문화개신교 혹은 신학적 자유주의 진영은 그 형성 초기에 '종교와 문화의 화해'를 목표로 제시한다. 하지만 최근의 연구들은 종교와 문화의 화해라는 문화개신교의 지향점은 실제로는 당시 독일의 개신교, 특히 전통적이고도 보수적인 구개신교 진영에서 광범위하게 이루어지던 종교와 문화의 과격한 '단절'을 그 실질적인 배경으로 하고 있음을 보여주고 있다.[10] 또한 이들에 의해 주창되던 종교와 문화의 '화해' 역시도 세속 문화를 토대로 기독교 신앙의 내용을 변화시키거나 혹은 기독교 신앙을 당시의 근대 문화에 일방적으로 '적응'시킬 것을 주장하는 것이 아니라, 거꾸로 탈기독교화되고 있던 당시의 세속 문화를 '그리스도 중심적'인 사유를 토대로 '변혁'시키고, 이로써 기독교, 특히 개신교로 하여금 세속 문화의 방향을 이끌어 가는 주도적인 세력이 되도록 하려는 것을 지향하고 있었음을 잊어서는 안 된다.[11]

흥미로운 것은 그 명목상의 지향점으로 설정되었던 종교와 문화의 '화해'라는 문화개신교의 핵심 명제 자체가 이미 19세기 말부터 문화개신교 진영 안에서부터 비판적으로 반성되고 있었다는 사실이다. 20세기로 접어들면서 문화개신교 진영 안에서는 근대 문화에 대한 낙관적 기대가 아니라, 오히려 비판적인 위기의식이 고조되어 갔다. 이 같은

---

10 이에 대해서는 Chr. Schwöbel, *Martin Rade. Das Verhältnis von Geschichte, Religion und Moral als Grundproblem seiner Theologie* (Gütersloh: Gütersloher Verlagshaus, 1980). 28f.; Friedrich Wilhelm Graf, "Kulturprotestantismus. Zur Begriffsgeschichte einer theologiepolitischen Chiffre," Hans Martin Müller (ed.), *Kulturprotestantismus. Beiträge zu einer Gestalt des modernen Christentums* (Gütersloh: Gütersloher Verlagshaus, 1992), 21-77; 25f.

11 이에 대해서는 본서의 9장 "민족주의와 자유주의신학 I: 독일제국 시기의 문화개신교" 참고.

위기의식은 문화와 종교의 '차이' 혹은 문화와 종교의 '대립'을 강조하는 것을 통해 표현된다. 대표적인 사례를 들자면 트뢸치는 1911년에 발표한 "오늘날의 삶 속에서의 교회"(Die Kirchen im Leben der Gegenwart)라는 논문에서 '종교와 문화의 본질적인 대립'을 강조한다. 그에 의하면 "종교의 위대함은 종교가 문화에 대립한다는 바로 그 사실 가운데 놓여 있다."[12]

이처럼 문화개신교 진영 안에서부터 제기되는 종교와 문화의 '대립'에 대한 주장들이 단순히 종교의 전통적 가치에 입각한 반문화주의적 전환으로 오해되어서는 안 된다. 그보다는 트뢸취 자신이 밝히듯 이러한 주장은 "근대적 세계관을 전제로 한 채 자기 자신의 종교적 이념의 세계를 특별히 종교적인 방식으로 새롭게 형성"할 것을 강조하는 것으로 구체적으로 이해되어야 한다. 이 같은 각성은 종교와 문화의 '화해'에 대한 그간의 문화개신교의 시도들이 실제로는 종교의 독특성을 약화시키는 결과를 초래했다는 사실에 대한 자기 비판에서 비롯된 것이다. 따라서 이는 반문화주의를 촉구하는 것이 아니고, "뛰어난 학문적 교육, 실천적 삶에 대한 철저한 인식"과도 같은 근대적 지표들을 토대로 하면서도 그 바탕 위에서 종교의 독특성을 구현할 수 있어야 한다는 강조점의 전환으로 이해되어야 한다.[13]

트뢸치와 더불어 문화개신교 진영의 대표자라 할 수 있는 하르낙역시도 자신들에 의해 대변되는 신학 사조가 근대 문화를 무비판적으로

---

12 Ernst Troeltsch, "Die Kirchen im Leben der Gegenwart(1911)," Ernst Troeltsch, *Zur religiösen Lage, Religionsphilosophie und Ethik* (Gesammelte Schriften Band II) (Tübingen: Scientia Verlag, 1913), 91-108; 100.

13 *Ibid.*, 101.

수용하는 "문화축성"(Kulturseligkeit)에 불과하다는 비판에 반박하기 위하여 "개신교 문화"(1912)라는 논문을 발표한다. 여기에서 하르낙은 종교와 문화의 '차이'는 결코 제거되어서는 안 되며 오히려 자신의 작업은 학문, 예술, 경제, 국가, 문화 등에 있어서 개신교 종교가 가지는 우월성을 토대 짓고자 하려는 것이라고 반박한다. "기독교 종교의 고유성"은 결코 상실되어서는 안 되며, 오히려 개신교 종교의 독특성을 토대로 근대 문화의 발전, 특히 "자유로운 개인"을 양육하고 "공동의 삶의 정의로운 형태"를 형성하도록 하는 것이야말로 문화개신교 진영이 추구하고 바라는 것이다.[14]

19세기에서 20세기로 넘어가는 시기에 문화개신교는 문화와는 달리 종교 자체가 가지는 독특성을 강조하였으며, 이 같은 인식은 종교와 문화의 대립에 대한 주장으로 드러나기도 하였다. 하지만 이 '대립'이란 결코 종교와 문화가 각자 분리된 자기만의 고유한 배타적 영역을 가지고 있다는 의미에서가 아니라, 개신교 종교가 가지는 고유한 특성을 토대로 문화 영역을 변혁하고자 하는 의도의 발현으로 이해되어야 한다. 하르낙은 이 같은 기본적인 인식을 토대로 특히 '개인의 자유'의 증진과 공동체적 삶에서의 '사회성의 증진'을 추구하고 있다.[15] 이러한 하르낙의 자기 진술은 문화개신교가 근대 문화에 기독교를 일방적으로 적응시키려 시도한다는 대중적이고도 통속적인 견해가 수정되어야만 한다는 것을 보여주는 것이라 할 수 있다.

---

14 Adolf von Harnack, "Protestantische Kultur (1912)," Kurt Nowak (ed.), *Adolf von Harnack als Zeitgenosse*, Teil I (Berlin/New York: De Gruyter, 1996), 307-314; 307ff.
15 이에 대해서는 본고의 IV장에서 더 자세히 살펴볼 것이다.

문화개신교의 전쟁 신학?

문화개신교 혹은 자유주의신학에 대한 일반적인 비판은 문화개신교가 1차 세계대전을 지지하는 전쟁 신학에로 몰락하고 말았다는 것이다. 문화개신교에 대한 이러한 비판은 칼 바르트에게서 처음 시작된 것으로 보인다. 칼 바르트는 후일 회고하면서 1914년 8월 1일 1차 세계대전이 발발하던 '바로 그날' 93인의 독일 지성인들이 빌헬름 2세의 '전쟁 결정에 찬성하는' 성명서를 발표하였고, 그 성명서에 자신의 존경하는 스승들인 하르낙과 헤르만 등의 서명이 담겨 있는 것을 보고 경악을 금치 못했다고 말한다. 이에 대해 바르트는 자신의 스승들이 전쟁 이데올로기에 무릎을 꿇었다고 비난했을 뿐만 아니라, 이는 그들의 신학 자체의 귀결에 불과할 뿐이라고 비판하였다.[16] 바르트의 이 같은 묘사는 역사적 실체에 대한 기억상의 착오를 내포하고 있는 게 사실이다.[17] 아무튼

---

16 에버하르트 부쉬/손성현 옮김, 『칼 바르트』(서울: 복있는 사람, 2014), 158f.

17 바르트는 1차 세계대전 발발 이후 며칠 지나지 않은 1914년 8월 6일에 공표된 빌헬름 2세의 '독일 민족에게'(An das Deutsche Volk)라는 전쟁 선언문과 1914년 10월 4일에 발표된 93인의 지식인 성명서 '문화세계에 고함'(Aufruf an die Kulturwelt)을 혼동하는 것으로 보인다. 하르낙, 헤르만 등이 서명한 성명서는 빌헬름 2세의 전쟁 정책에 대한 동의를 내용으로 하는 것이라기보다는 벨기에 침공 이후 독일군대에 의해 자행된 민간인 학살과 루뱅대학 방화 등 반문화적인 만행으로 중립국 측으로부터 비난을 받자 전쟁의 책임은 독일이 아니라 독일에 대립하는 국가들에게 있다는 것, 전쟁 수행은 방어적인 방식으로 이루어진 것 등을 주장함으로써 독일의 정당성을 두둔하는 것을 그 내용으로 한다. '문화세계에 고함'의 전문을 살펴보려면 Bernhard vom Brocke, "'Wissenschaft und Militarisumus': Der Aufruf der 93 'an die Kulturwelt!' und der Zusammenbruch der internationalen Gelehrtenrepublik im Ersten Weltkrieg," William M. Calder III et. al. (ed.), *Wilamowitz nach 50 Jahren* (Darmstadt: WBG, 1985), 718. http://germanhistorydocs.ghi-dc.org/pdf/deu/817_Bernhard_vom_Brocke_156.pdf (2015. 6. 24.)에서 재인용.

이후 바르트를 중심으로 모인 젊은 신학 세대들은 자신들의 스승 세대의 신학은 실제로는 인간의 능력에 토대하고 있는 사실상의 인간학에 불과하다고 비판하면서[18], 하나님과 세계의 차이에 대한 자명한 인식을 전제로 하나님의 초월성을 강조하는 독자적인 신학의 길을 모색해 간다.

하르낙과 헤르만 등이 1차 세계대전 중 자행된 독일군의 과오를 두둔하였다는 사실 자체는 이들의 역사적 과오로 비판받아야 할 것이 분명하다. 하지만 그와는 별도로 문화개신교 진영이 하나님과 세계의 차이를 간과하였을 뿐만 아니라, 그로 인해 필연적으로 전쟁 이데올로기에 종속되고 말았다는 평가가 정당한 것인지는 구체적으로 검증되어야만 한다. 하르낙이 민족주의에 기반한 독일의 팽창 정책을 무비판적으로 지지했다는 일반적 평가와는 달리[19] 하르낙이 1차 세계대전을 전후하여 보인 구체적인 정치적·실천적 행보들을 살펴보면 이러한 비판이 역사적 실체와는 상당히 거리가 멀다는 것을 알게 된다. 당시 독일의 지식인 사회에서는 1차 세계대전을 통해 독일군대가 점령한 해외 지역을 즉시 독일의 영토로 편입하고, 현지 민족들의 권리를 박탈해야 한다는 서명운동이 강력하게 진행되었다. 이 서명운동을 주도했던 사람은 하르낙의 베를린대학 동료였던 제베르크(Seeberg)였다. 이에 반해 하르낙은 전쟁은 어디까지나 독일의 민족적 정체성과 지속적인 발전을 담보하기 위한 '방어 전쟁'으로 제한되어야 하며, 전쟁이 종결된 이후에도 전쟁 상대국들과의 관계 개선이 필수적이라는 사실을 강조하는 서명운동을 추진하

---

18 이에 대해서는 R. Bultmann, "Die liberale Theologie und die jüngste theologische Bewegung," *Glauben und Verstehen* I (Tübingen: J. C. B. Mohr, 1993), 1-25; 2.

19 John A. Moses, "Bonhoeffer's Germany: the political context," John W. de Gruchy (ed.), *Dietrich Bonhoeffer* (Cambridge: Cambridge University Press, 1999), 3-21; 7.

였다. 결과적으로 하르낙의 서명운동은 제베르크의 운동에 비교하자면 참담한 실패를 겪고 말았다.[20] 하지만 하르낙의 서명운동에는 마틴 라데, 막스 베버, 에른스트 트뢸치, 빌헬름 헤르만 등 소위 자유주의신학 진영의 인사들이 광범위하게 참여하고 있었는데, 이는 문화개신교가 전쟁 이데올로기에 맹목적으로 복종하였다는 세간의 평가가 일방적이라는 사실을 보여준다.

한편 하르낙을 비롯한 문화개신교의 신학이 신과 세계의 차이를 간과하는 인간중심주의적 신학에 불과하였다는 평가 역시도 수정을 필요로 한다.[21] 1895년에 발표한 논문인 "그리스도교와 역사"(Das Christentum und die Geschichte)에서 하르낙은 신과 세계의 관계를 철저한 "이것이냐-저것이냐"(Entweder-Oder)의 문제로 파악하고 있다: "기독교 신앙이란 종종 이야기되는 것처럼 지상에서의 삶을 영화롭게 하는 것이 아니다." 그것은 "하나님을 위한 그리고 세계에 반하는 결단"이다. 놀라운 사실은 이미 1895년의 하르낙에게서 우리는 후에 그의 제자 칼 바르트가 소리 높여 부를 노래의 첫 소절을 미리 들을 수 있다는 것이다. 하르낙에 의하면, 종교적 삶이란 오직 단 하나의 형식 안에서만 이루어질 수 있다. 그것은 바로 "주여, 말씀하소서. 당신의 종이 듣겠나이다"이다.[22] "주께서 말씀하신다"(Deus dixit)라는 명제를 통해 신과 세계

---

20 제베르크의 성명서에는 1,347명의 교수가 참여한 반면 하르낙은 불과 141명의 지지를 얻는 데 그치고 말았다. 이에 대해서는 Christian Nottmeier, "Politik auf einer 'mittleren Linie': Adolf von Harnack und die Regierung Bethmann Hollweg 1914 bis 1917," *ZNThG* 7 (2000): 66-108; 78f.

21 하르낙이 종교와 문화 사이의 긴밀한 결합만을 강조했다는 일반적인 주장의 사례로는 Martin Rumscheidt, "The formation of Bonhoeffer's theology," John W. de Gruchy (ed.), *Dietrich Bonhoeffer* (Cambridge: Cambridge University Press, 1999), 50-70; 55.

의 차이를 그리고 말씀하시는 하나님의 주권성을 담보하고자 했던 바르트의 신학적 기획은 하르낙에게서부터 이미 준비되고 있었다고도 말할 수 있다.[23]

IV. 하르낙의 정치적 요구와 실천

유럽의 평화의 구축: 하르낙의 국제관계 이해

위에서 간단히 살펴본 것처럼 하르낙을 중심으로 한 문화개신교가 독일제국의 전쟁 정책을 맹목적으로 지지했다고 단순히 평가하기는 어렵다. 하지만 이들이 1차 세계대전을 전후로 독일 사회 전반을 사로잡고 있던 민족주의적 성향으로부터 전적으로 자유로웠다고 옹호할 수만도 없다. 비록 하르낙 본인이 93인의 지식인 성명서에 대해 거리를 두고 있다 할지라도[24] 1차 세계대전의 개전 초기에 하르낙에게서 상당

---

22 Adolf von Harnack, "Das Christentum und die Geschichte (1895)," Kurt Nowak (ed.), *Adolf von Harnack als Zeitgenosse*, Teil I (1996), 881-899; 890f.

23 이런 점에서 노박(Kurt Nowak)은 신과 세계의 관계에 대해 하르낙과 바르트가 주고받았던 상호 비난과 논쟁은 사실은 "가상의 적에 대한 공격"(Scheingefecht)이었을 뿐이라고 평가한다: "Adolf von Harnack in Theologie und Kirche der Weimarer Republik," Kurt Nowak u. a. (ed.), *Adolf von Harnack. Christentum, Wissenschaft und Gesellschaft* (Göttingen: Vandenhoeck & Ruprecht, 2003), 207-236; 229.

24 93인의 지식인 성명서는 자연과학과 정신과학, 문화예술계 인사 등의 서명을 담고 있다. 성명서의 입안자들은 개인적인 접촉이나 전보를 통해 서명을 받았는데, 서명자들 중 일부는 성명서가 발표되자 자신들은 본문의 내용을 알지도 못한 채 서명에 동의했다고 말하면서 거리를 둔다. 하르낙과 막스 플랑크 같은 경우가 그 대표적인 사례이다: Jürgen von Ungern-Sternberg/Wolfgang von Ungern-Sternberg, *Der Aufruf «An die Kulturwelt!».* *Das Manifest der 93 und die Anfänge der Kriegspropaganda im Ersten Weltkrieg*

히 민족주의적인 성향이 나타나는 것도 사실이기 때문이다.

하르낙의 민족주의적인 모습은 그가 11인의 영국 신학자들에게 보내는 반박문에 비교적 선명하게 나타난다. 1914년 8월 27일, 11명의 영국 신학자들은 벨기에의 중립을 파기하고 벨기에와 세르비아 등을 침공한 독일에게 전쟁의 책임이 있으며, 이 같은 "침략자"로서의 독일과 독일의 정책은 "문명에 대한 부정"일 뿐이라는 내용의 공개 비난 서한을 하르낙에게 발송한다.[25] 이에 대하여 하르낙은 1914년 9월 10일에 반박문을 발표하는데, 여기에서 하르낙은 프랑스, 영국, 러시아 등이 벨기에와 세르비아 같은 약소국들을 지원한다는 명분을 내세우고 있지만, 사실은 독일에 대한 군사적 행동을 보장하거나 지원함으로써 벨기에의 중립성을 먼저 파기하였다고 반박한다. 하르낙에 의하면, 영·프·러와 벨기에는 전쟁이 발발하기 전부터 은밀히 연합하고 있었으며, 독일을 제거하려는 데 그 뜻을 같이하고 있다: "당신들은 우리를 제거하려고 한다." 영국이 벨기에를 돕는 것은 독일을 제거하거나 혹은 그 힘을 약화시킴으로써 해양의 지배권을 독점하려는 열강주의적 의도 때문이라는 것이 당시 1차 세계대전을 전후한 강대국들의 관계에 대한 하르낙의 판단이다.[26]

(Stuttgart: Steiner, 1996), 72ff.; 또한 웅게른-슈테른베르크가 게르다-헹켈 재단에서 행한 인터뷰를 참고하라: http://www.lisa.gerda-henkel-stiftung.de/der_aufruf_an_die_kulturwelt_eine_trotzige_ueberreaktion?nav_id=5311 (2015. 6. 19.).

25 Adolf von Harnack, "Ein Schreiben von elf englischen Theologen (1914)," Kurt Nowak (ed.), *Adolf von Harnack als Zeitgenosse*, Teil II (Berlin/New York: De Gruyter, 1996), 1435-1444; 1436ff.

26 Adolf von Harnack, "Meine Antwort auf den vorstehenden Brief (1914)," Kurt Nowak (ed.), *Adolf von Harnack als Zeitgenosse*, Teil II (1996), 1438-1444; 1440f. 1차 세계대전의 발발에 대한 최근 연구에 의하면 하르낙의 이러한 정세 판단이 아주 잘못된 것만도

상기한 대로 하르낙에게서는 벨기에를 사주한다고 자신이 간주하고 있던 영국에게 전쟁의 책임을 돌리려는 국수주의적, 민족주의적 태도가 상당 부분 나타나고 있다. 그러나 이는 단지 하르낙만의 문제인 것은 아니고, 1차 세계대전이 발발한 이후 유럽 각국의 지식인들에게서 공통적으로 나타나는 현상이다. 11명의 영국 신학자들 역시 하르낙에 대한 비판 서한은 "전쟁을 선언한 영국 정부를 지지해야만 하는 우리의 의무"[27]를 수행하기 위함이라고 밝히고 있는데, 이것을 보더라도 당시 영국과 독일 모두에서 강력한 민족주의적 성향이 지배적이었다는 것을 부인할 수 없다.[28]

물론 민족주의적 경향이 당시 대부분의 유럽 국가들에서 공통적인 현상이었다고 할지라도 그것이 전쟁에 대한 지지를 정당화할 수 없다는 것은 분명하다. 하르낙은 과연 어떤 동기에서 전쟁을 지지하는 입장을 표명하였던 것일까? 11인의 영국 신학자들에게 보내는 반박 서한을 살펴보면 하르낙은 독일의 전쟁 수행을 영·프·러 등의 위협으로 인해 독일을 지키기 위해 불가피하게 수행되는 '방어 전쟁'으로 이해하고 있었다는 것을 알 수 있다. 그의 입장에서 보자면 전쟁은 불가피하게

아니다. 영국과 프랑스는 급속히 성장한 독일에 의해 기존의 식민지 분할 구도 및 세계 지배 질서가 변화될 것을 우려하여 1904년경부터 다른 국가들과 군사적 동맹관계를 맺고 독일을 견제하기 시작하였다. 이는 독일로 하여금 외교적으로 고립되었다는 위기의식 속에서 더욱 군사력 강화에 매진하게 하는 부작용을 초래했다. 이에 대해서는 박상섭, 『1차 세계대전의 기원』 (2014), 63f.

27 Adolf von Harnack, "Ein Schreiben von elf englischen Theologen (1914)," 1436.

28 오닐(J. C. O'Neill)은 하르낙의 민족주의를 강하게 비판하지만, 당시 영국의 민족주의적 경향에 대해서는 침묵한다. 하르낙의 민족주의에 대한 오닐의 일방적인 비판에 대해서는 "Adolf von Harnack and the entry of the German state into war, July-August 1914," *Scottish Journal of Theology*, vol. 55 (2002): 1-18; 16.

실행되는 "긴급권"(Notrecht)이다.29 하르낙이 전쟁을 지지하였던 것은 그가 독일의 열강주의적 세계 지배를 지지했기 때문이 아니고, 다만 독일이 영국을 중심으로 한 연합국에 의해 위협당하고 있다는 인식 때문이었던 것이다. 한편으로는 전쟁을 지지하면서도 다른 한편으로는 ─제베르크와는 달리─ 해외 점령지를 독일 영토로 편입하는 것을 거부하는 하르낙의 일견 모순적 태도의 이유가 여기에 있다.

지금까지 진술한 것처럼 하르낙에게서 민족주의적 성향이 나타나는 것은 분명하지만, 사실 이것은 1차 세계대전 발발을 전후한 제한된 시기에 나타나는 예외적인 현상이다. 그보다는 전쟁을 전후로 하여 하르낙은 상당히 일관된 방식으로 평화로운 국제관계의 수립을 주장하는데, 특히 영국과의 평화적인 관계 수립을 지속적으로 촉구하였다는 것은 주목할 만한 일이다.30 예를 들어 독일과 영국 사이에 전운이 고조되던 1911년 하르낙은 영국에서 개최되었던 영독 양국교회의 평화 선언식에서 "성령의 열매로서의 평화"(1911)라는 제목으로 연설을 행한다. 이 연설에서

---

29 Adolf von Harnack, "Meine Antwort auf den vorstehenden Brief (1914)," Kurt Nowak (ed.), *Adolf von Harnack als Zeitgenosse*, Teil II (1996), 1438-1444; 1438.

30 11인의 영국인 신학자들에 대한 반박 서한에는 전쟁의 책임을 독일에게 돌리려는 영국 신학자들에게 영국이야말로 "문명에 대한 배신자"라고 비난하는 대단히 민족주의적인 성향이 나타난다. 하지만 이 반박문에서 하르낙은 영국에 대해 자신이 지녔던 본래 생각이 무엇이었는지를 은연중에 드러낸다. 그것은 영국은 미국, 독일과 더불어 인류의 문화를 주도하는, 따라서 서로 협력해야 하는 관계라는 것이다. "우리의 문화, 인류의 가장 고귀한 보물은 대체로 세 민족에게, 참으로 그들에게만 거의 전적으로 주어져 있다. 우리와 미국인 그리고 영국인이 그들이다." *Ibid*., 1438. 이때 이 3개국만이 고귀한 문화적 역량을 갖추고 있다는 하르낙의 문화 이해의 타당성에 대한 평가는 본고의 주제와는 관련이 없기에 논의 대상으로 삼지 않는다. 다만 여기에서 우리에게 중요한 것은 하르낙은 1차 세계대전이 발발하기까지 결코 독일제국의 민족주의적 열강 정책을 맹목적으로 지지하지 않았고, 오히려 상기한 세 '문화'국가 간의 국제적 협력과 이를 통한 평화 구축을 적극적으로 지지하고 촉구했었다는 사실이다.

하르낙은 영국과 독일 양국 모두가 간절히 희망하는 평화라는 열매는 단지 양국 간의 "이해관계에 대한 이해"를 통해서만 얻어질 수 있는 것이 아니라고 역설한다. 그것이 "성령의 열매"라는 점에서 평화는 두 국가가 각자의 "생존을 위한 투쟁"만을 추구하거나 "물질적인 자기보존의 충동"만을 쫓아서는 이루어질 수 없으며, 그와 같은 자연적, 물질적, 국가적 한계를 넘어서 보다 "고귀한 본성"을 추구할 때에만 이루어진다. 그것은 바로 예수 그리스도께서 선포하신 것처럼 "우리 모두는 한 분 아버지의 자녀들이라는 것, 따라서 우리는 서로를 형제로서 사랑해야만 한다"는 신념을 통해서만 열매 맺히는 것이다. 특히나 이러한 기독교적 이상이 "정치적인 영역에서 제거되어서는 안 되며, 우리에게는 이 이상이 여기에서도 실현되도록 해야 할 의무"가 있다는 것이 국제관계에 대한 하르낙의 본래적인 입장이다.[31]

독일이 전쟁 당사자들과 평화 관계를 수립하도록 지속적으로 협력해야 한다는 하르낙의 촉구는 하나의 외교적 수사로 그치지 않았다. 1차 세계대전 중에도 지속적으로 하르낙은 제국주의적 승리를 전쟁의 목표로 삼아서는 안 되며, 전쟁 이후의 상황을 고려하여 영국, 프랑스, 러시아 등과도 가능한 한 조속히 동반자 관계를 회복해야 한다고 주장하였다. "세 적들을 완전히 멸절시키는 데까지 나아가는 성공적인 전쟁의 월계관으로서의 평화"를 바라서는 안 된다. 독일은 자신이 "유럽과 전 세계를 다스리는 제국으로 등장"하려 해서는 안 되며, 전쟁 상대국들과도 함께 가야 하는 현실을 고려해야 한다는 것을 전쟁 기간 동안 하르낙은 지속적으로 촉구했다.[32]

---

31 Adolf von Harnack, "Der Friede die Frucht des Geistes(1911)," Kurt Nowak (ed.), *Adolf von Harnack als Zeitgenosse*, Teil II (1996), 1417-1423; 1418ff.

독일의 대외 정책에 대한 하르낙의 입장은 대단히 '현실주의적'인 것이었다고 할 수 있다. 당시 독일의 개신교회가 전체적으로 민족주의적 광풍에 휩싸여 전쟁을 이상화하고 독일의 승리를 신의 뜻과 동일시하고 있던 상황과 비교해 본다면, 하르낙은 대단히 냉정한 태도를 견지한 채 평화를 현실화할 구체적인 방안을 모색하고 있는 것을 알 수 있다. 이러한 현실주의적 태도는 전쟁 종결 후인 바이마르공화국 시기에도 이어진다.[33] 이러한 사실을 토대로 볼 때 하르낙이 전쟁 이데올로기와 독일의 이익을 곧바로 신의 뜻과 동일시했다는 일반적인 비판은 그 설득력을 거의 상실한다고 평가할 수 있을 것이다.

사회주의와 민주주의: 하르낙의 대내 정책 이해

1차 세계대전을 전후한 독일에서 민족주의는 독일제국의 전쟁 정책에만 아니라, 독일 사회 내부의 정치 제도에 대한 이해와 태도를 결정하는 데 있어서도 광범위한 영향을 끼쳤다. 특히 당시 독일 개신교의 대다수를 차지하고 있던 보수적인 민족주의 개신교에서는 '왕좌와 제단의 결합'을 당연시하였고, 독일 황제를 그 정점으로 한 봉건적 사회질서와 그에 대한 복종을 신의 뜻과 동일시하였다. 이처럼 강력한 민족주의적 성향은 대외적으로는 독일의 전쟁 정책을 정당화하는 사상적 기반이

---

32 이에 대해서는 Adolf von Harnack, "Friedensaufgaben und Friedensarbeit (1916/ 1923)," Kurt Nowak (ed.), *Adolf von Harnack als Zeitgenosse*, Teil II (1996), 1491-1509; 1492f.

33 바이마르공화국 시기에 국제적 평화를 위한 독일의 책임에 대한 하르낙의 주장에 대해서는 Adolf von Harnack, "Deutschland und der Friede Europas (1921)," Kurt Nowak (ed.), *Adolf von Harnack als Zeitgenosse*, Teil II (1996), 1522-1527; 1525f.

되었을 뿐만 아니라, 대내적으로는 1차 세계대전 이후 새롭게 수립된 바이마르공화국을 근저에서부터 뒤흔드는 등 지속적으로 파괴적인 방식으로 작동하였다.

앞에서 살펴본 것처럼 1919년 수립된 바이마르공화국은 그 탄생과 더불어 즉시 그것을 붕괴시키려는 위협 앞에 놓여 있었다. 여전히 강력한 민족주의를 기반으로 구질서를 옹호하던 세력들은 새로운 정치질서의 수립을 하나의 "민족적 불행"으로 평가절하할 뿐이었다. 그중 대표적인 집단이 바로 보수적인 민족주의 개신교 진영이었다. 이들은 자신들이 '거룩한 개신교 국가'로 간주하였던 독일제국이 몰락하고 대신에 민주적인 의회주의 국가가 수립된 것을 "신으로부터의 이탈"이라고 비난하면서 공공연히 앙시앵 레짐의 복원을 주장하였다.[34] 더군다나 새로운 정부에서의 중심 역할을 사회민주당이 담당하고 있었기 때문에 민족주의 개신교는 사회주의와 민주주의를 지향하는 새로운 정치 제도는 독일이 개신교 정신을 버리고 "유물론"과 "맘모니즘"에 굴복해 버리고 만 것이라고 비난하면서 민주주의 자체를 공공연하게 거부하였다. 이는 공화정과 민주주의라는 정치 제도가 독일의 고유한 유산이 아니라, 프랑스와 영국 등 전쟁 상대국으로부터 비롯되었다는 사실 때문이기도 하다. 이들의 생각에 의하면 서유럽으로부터 유입된 민주주의와 독일-개신교 신앙은 서로 조화될 수 없는 것이었다. 또한 이들은 군부에 의해 유포된 내부 단도설을 그대로 수용하면서 공화국의 핵심 기반을 "내부의 적"으로 간주하는 등 새로이 수립된 공화국을 뒤흔드는 데 여념이 없었다.[35]

---

34 Kurt Nowak, *Evangelische Kirche und Weimarer Republik. Zum politischen Weg des deutschen Protestantismus zwischen 1918 und 1932* (Weimar: Hermann Böhlaus Nachfolger, 1981), 38.

이처럼 불안한 정치적 상황이 이어지던 1919년 하르낙은 "새로운 독일을 위한 정치적 준칙들"(Politische Maximen für das neue Deutschland) 이라는 글을 발표하면서 새롭게 수립된 공화국의 헌법과 정치 질서를 강력히 옹호한다. 여전히 반동주의적 보수주의자들과 민족주의 개신교가 독일제국에 대한 향수에 빠져 "비스마르크 시대를 회고하면서 그때로 돌아갈" 것을 주장하던 위험한 시기에 하르낙은 "그 경구는 틀렸다"고 명시적으로 선언한다. 이제는 "민주주의와 사회주의의 시대"가 도래했다는 사실을 인정해야만 한다는 것이다. 비록 공화국의 수립이 독일 내부의 소원에 의해 이루어진 것은 아니라 할지라도 몰락한 제국 시대를 향한 향수에 사로잡혀 있어서는 안 되며, 새롭게 시작되는 민주주의와 사회주의가 꽃피우도록 노력해야 한다는 것이 바이마르공화국 당시 하르낙이 공개적으로 천명하던 정치적 신념이다: "우리가 공화국이 되었다는 것은 어쩌면 피할 수 있었을지도 모른다. 하지만 그것이 일단 일어난 것이라면 민주주의와 사회적 지향성을 가진 모든 민중 사이에 보다 넓은 활동 영역을 제공해야만 한다는 사실은 피할 수 없는 일이 되었다."36

바이마르공화국 당시 국내 정치에 대한 하르낙의 이해에서 특이한 것은 그가 공공연하게 '사회주의'를 주창한다는 사실이다. 이는 1차 세계대전 이전 하르낙의 입장과 비교하더라도 매우 특징적인 현상이다. 1890년 자신이 부의장으로 취임하였던 개신교-사회회의(Evangelisch-Sozialer Kongress)의 창설 이래로 자본주의의 발전 과정에서 소외된 노동

---

35 *Ibid.*, 54f.

36 Adolf von Harnack, "Politische Maximen für das neue Deutschland (1919)," Kurt Nowak (ed.), *Adolf von Harnack als Zeitgenosse*, Teil II (1996), 1518-1521; 1518.

자 계층의 삶을 개선하는 일은 하르낙의 가장 중요한 관심사 가운데 하나였다. 그럼에도 불구하고 1차 세계대전 발발 이전까지도 하르낙은 현존하는 정치 세력이자 대안적 사회체제로서의 사회민주당과 사회민주주의를 거부하였다. 예를 들어 1910년 개최된 제21차 ESK 정기총회 개막 연설에서 하르낙은 ESK가 노동자들의 경제적 약점들을 제거하는 '사회적 질문'에 매진해야 하지만, 그 일에 있어서 사회민주주의와는 "결코 그 어떤 공동의 일도" 공유하지 않는다고 공공연하게 천명한다. 그 이유는 대체로 두 가지이다. 첫째로는 사회민주주의는 "복음이 가르치는 의미에서 도덕적 정신"을 결코 갖지 않기 때문이고, 둘째로는 사회민주주의가 국가 자체를 인정하지 않기 때문이라는 것이었다.[37] 이에 반하여 바이마르공화국 시기의 하르낙은 사회민주주의에 대해 대단히 전향적인 태도를 표명한다: "사회민주주의 정당과의 협력을 통해 국가를 재건"할 수 있다는 것은 "독일 내부 역사에서 가장 중요한 의미를 가지는 사건"이다.[38] 이 같은 역사적 경험은 하르낙으로 하여금 사회민주주의가 국가를 거부한다는 회의적인 시선을 제거하는 데 영향을 끼친 것으로 보인다.

하지만 하르낙이 자신을 사회민주주의와 전적으로 동일시하는 것은 아니다. 이는 하르낙이 보기에 사회민주주의는 여전히 '개인적 도덕성'의 영역을 적절하게 강조하지 않기 때문이다. 따라서 하르낙은 사회민주주의(Sozialdemokratie) 대신 '사회주의'(Sozialismus)라는 개념을 사용함

---

37 Adolf von Harnack, "Eröffnungsrede beim 21. Evangelisch-sozialen Kongreß (1910)," Kurt Nowak (ed.), *Adolf von Harnack als Zeitgenosse*, Teil II (1996), 1381-1386; 1383f.

38 Adolf von Harnack, "Kann das deutsche Volk gerettet werden?" (1925), Kurt Nowak (ed.), *Adolf von Harnack als Zeitgenosse*, Teil II (1996), 1395-1402; 1400.

으로써 경제적 불평등을 제거하려는 실천적 관심과 개인의 도덕적 책임에 대한 강조를 조화시키려고 시도한다. 하르낙에게 사회주의라는 개념은 사회가 지녀야 할 일종의 공동체적 가치에 대한 지향성을 의미한다. 그의 정의에 따르면 "사회주의"는 "모든 사람이 똑같이" 되는 것을 지향하는 것이 아니라, "각자가 모두를 위해"(jeder für alle) 행동하고 사는 것을 지향한다. 따라서 사회주의는 사회의 유지 혹은 변화에 있어서 집단적 특성이나 역사의 법칙적 진보에 대한 사고를 관철하려 들기보다는 개개인들이 지니는 "가장 지고한 도덕적 책무"들을 요구한다.

하르낙이 사회민주주의라는 개념보다는 사회주의라는 개념을 선호하는 것이 사실이지만, 그렇다고 해서 그가—당시 민족주의 개신교가 그랬던 것처럼— 바이마르공화국의 주도 세력이었던 사회민주주의 정당 자체를 반대했던 것은 결코 아니다. 그보다 하르낙은 사회 내에서 개인이 가지는 가치 및 개인의 도덕적 책임을 강조하고자 사회주의라는 개념을 선호하였을 뿐 사회민주주의 정당과 시민적-부르주아적 정당이 적극적으로 연합하여 공화국을 정착시키는 것을 국내 정치의 과제 가운데 가장 중요한 사안 중 하나로 이해하고 있다. 이와 같은 작업을 통해서 "계급 간의 대립"을 제거하고, 이로써 "내적 평화"를 수립하는 일이야말로 바이마르공화국이 직면한 가장 시급한 과제라는 것이 하르낙의 입장이다.[39]

앞에서 살펴보았던 것처럼 민족주의 개신교와 보수적 반동주의자들은 바이마르공화국의 수립은 독일이 유물론과 맘몬주의, 즉 사회주의와 서유럽식 자유주의에 무릎 꿇은 것에 지나지 않는다고 폄하하였다. 이것

---

39 Adolf von Harnack, "Politische Maximen für das neue Deutschland" (1919), 1520.

과 비교한다면 사회주의와 민주주의 시대의 도래를 주장하는 하르낙의 정치적 입장은 민족주의자들의 전형적인 태도와는 정확히 정반대의 대척점에 자리하고 있다는 것을 알 수 있다. 이때 주목할 점은 사회주의(혹은 사회민주주의)를 인정함에 있어서 하르낙은 사회주의적 가치와 민주주의가 사실상 근본적으로 일치한다고 이해하고 있다는 것이다. 1차 세계대전이 한창 진행 중이던 1916년에 발표되었고, 바이마르공화국 시기인 1923년에 다시 발표되었던 "평화의 과제와 평화의 작업"(Friedensaufgabe und Friedensarbeit)이라는 글에서 하르낙은 당시 독일 민족이 직면한 "가장 커다란 과제"를 제시한다. 첫 번째 과제는 "전 조국에서 하위 계층의 복지를 향상시킨다는 의미에서 형제애적인 사회적 노동공동체(brüderliche soziale Arbeitsgemeinschaft)"를 수립하는 것이고, 두 번째 과제는 이와 더불어 "각 개인들에게 가장 가능한 책임적인 자립성과 실현 가능한 한 가장 커다란 활동 공간"을 제공해 주는 것이다. 이를 통해 각 개인들이 "자유를 가지고 전체(국가_ 필자 주)를 위해 봉사하도록" 도와야 한다는 것이다.[40]

하르낙에게 경제적 불평등을 해소하려는 사회(민주)주의적 관심사와 개인의 자유를 증진하려는 민주주의적 지향성은 서로 분리될 수 없이 긴밀히 결합되어 있다. 이렇게 사회적, 경제적 평등과 정치적 자유를 서로 긴밀히 결합시켜 이해하고 있다는 점에서 바이마르공화국 시기의 하르낙은 독일제국에 대한 향수로부터 스스로를 완전히 분리시키고 있을 뿐만 아니라, 실제로는 ─1차 세계대전의 적대국이었던─ 서유럽의 정치사상을 매우 적극적으로 수용하고 있다. 역시 같은 글에서 그는

---

40 Adolf von Harnack, "Friedensaufgaben und Friedensarbeit" (1916/1923), 1495.

"자유, 평등, 박애"와 같은 서유럽의 가치를 그동안 독일이 "부당하게 주변부로 제쳐 놓았다"고 안타까워한다.[41] 이 시기에 하르낙은 '사회적 질문'에 대한 관심과 실천은 곧 사회적 "평등"이라는 가치를 구현하는 것으로 보았다. 그것은 곧 "인간 각자를 인간으로서, 곧 너의 이웃으로서" 대하라는 것에 다름아니다.[42] 따라서 인간들 사이에 평등을 지향하는 사회주의는 곧 "개인의 가치", 즉 개개인의 자유를 강조하는 민주주의와 분리될 수 없는 것이다. 이렇게 서유럽의 민주주의를 독일 사회에 조속히 정착시킴으로써 "우리가 위대한 진전을 이룰 수 있는 그리고 이루어내야만 하는 때가 바로 지금"이다. 이를 위해서는 사회주의와 민주주의의 협력과 조화로운 발전이 필수적이며, 여전히 과거의 유산에 사로잡혀 있는 "협소한 정신"(Kastengeist)을 제거하는 것이 그 선결 과제이다.

상기한 바를 토대로 보자면 하르낙은 바이마르공화국 시기에 민족주의적 반동주의를 철저히 거부하고, 공화정의 안정적 정착을 추구하였다. 특히 흥미로운 사실은 민족주의 개신교를 포함한 반동 세력들이 사회주의와 민주주의를 '내부의 적'으로 간주하였던 반면 하르낙은 그와 정반대로 사회주의와 민주주의를 거부하고 봉건적 신분 질서와 제국에로의 복귀를 희망하면서 공화국을 흔드는 민족주의적 반동주의자들의 '협소한 정신'이야말로 "우리의 가장 거대한 내부의 적"이라고 신랄하게 비난하고 있다는 것이다. 새롭게 독일 안에 도입된 민주주의의 정착을 위해서 가장 필요한 것은 평등과 형제애에 기반한 공동체적 사회 체제의 안정화가 필수적이라는 것 그리고 그 구현을 위해서는 민족주의적 향수

---

41 Ibid., 1499.

42 Adolf von Harnack, "Rückblick auf den Evangelisch-Sozialen Kongreß" (1927), Kurt Nowak (ed.), *Adolf von Harnack als Zeitgenosse*, Teil II (1996), 1403-1407; 1404.

에 기반한 협소한 정신의 제거가 필수적이라는 것이 하르낙이 1차 세계대전 이후—혹은 전쟁이 한창 진행 중이던 1916년 이후— 국내 정치에 대해 가지고 있던 입장이었다.

V. 하르낙의 정치적 입장의 신학적 근거

하나님 나라와 내면성: 대외 정책 이해의 신학적 토대

1차 세계대전 개전 초기 하르낙에게서 민족주의적 경향이 일부 나타나는 것은 사실이지만, 전쟁에 대한 하르낙의 일관된 태도는 당시 독일 사회 전반을 사로잡고 있던 열광적인 전쟁 지지와는 상당히 거리가 먼 것이었다. 오히려 하르낙은 당시의 민족주의 개신교와는 정반대로 정복주의적 전쟁 정책에 반대하고, 전쟁의 범위를 '방어 전쟁'으로 제한할 것 그리고 전쟁 상대국들과 조속히 평화 관계를 수립할 것 등을 촉구하기까지 하였다. 그는 독일 민족과 독일제국이 자신들만의 이해관계에 집착함으로써 국제적 친선 관계를 파괴해서는 안 된다고 보았다. 그에 따르면 "민족(조국)과 인류(인도주의적 이상)"는 결코 라이벌 관계가 아니다. 현실적으로 "민족과 조국" 없이 인간이 살아갈 방안은 없으며, 따라서 그런 점에서 민족과 국가라는 테두리 안에서 최선의 발전을 추구해야 하는 것은 사실이다. 그러나 민족과 국가의 발전은 언제나 "인류를 섬기는" 것을 지향해야 한다. "진정한 인류의 연대"(ein wirklicher Menschheitsbund) 야말로 독일이 추구해야 할 "가장 지고한 이상향"이라는 것이다. 하나의 국가 혹은 민족이 "세계의 군주국으로서 전체 인류를 자신에게 종속시키"려 해서는 안 되며,43 특정한 국가와 민족은 언제나 "세계 시민성"과 결합되어 다른 "민족들과의 형제애"적 관계를 유지 · 발전시켜야 한다는 것이44 1차 세계대전을 전후한 하르낙의 기본적인 대외 정책의 이해라고 할 수 있다.

그렇다면 이렇게 하르낙으로 하여금 당시 독일 교회와 사회 전반을 사로잡고 있던 민족주의적 열광주의로부터 거리를 두도록 추동한 신학적 요인은 과연 무엇이었을까? 하르낙의 정치적 입장의 '신학적 토대'는 과연 무엇이었을까?45 이때 우리가 주목해야 할 것은 '하나님 나라'와 인간의 '내면성'에 대한 하르낙의 신학적 강조이다.

문화개신교의 신학적 특징 중의 하나는 '하나님 나라'에 대한 강조에 있다. 리츨로부터 시작하여 문화개신교의 대표자들은 하나님 나라를 기독교의 가르침과 삶의 핵심적인 요소로 파악하고 있다. 그런데 이들은 대체로 인간의 도덕적 공동체, 즉 가정, 국가, 세계왕국들 자체를 하나님 나라에서 구현될 도덕적 공동체의 전제로 간주하려는 경향을 가진다. 즉, 이러한 현실적 제도들은 일종의 하나님 나라의 전 단계로서 이해되었으며, 개별적 개인은 이러한 현실 공동체의 구성원이 됨으로써 하나님 나라에 속하게 된다는 것이다.46

---

43 Adolf von Harnack, "Politische Maximen für das neue Deutschland" (1919), 1519.
44 Rolf Schäfer, "Adolf von Harnack - eine Symbolfigur des Kulturprotestantismus?," Hans Martin Müller, *Kulturprotestantismus. Beiträge zu einer Gestalt des modernen Christentums* (Gütersloh: Gütersloher Verlagshaus, 1992), 139-149; 142.
45 물론 하나의 특정한 신학적 입장이 곧바로 그것에 정확히 일치하는 정치적 입장을 귀결시킨다고 말하기는 힘든 것이 사실이다. 하지만 그럼에도 불구하고 우리는 하르낙의 핵심적인 신학적 내용과 그의 정치적 견해 사이에 대단히 상응하는 요소들이 있음을 발견하게 된다.
46 이에 대해서는 Rolf Schäfer, "Adolf von Harnack — eine Symbolfigur des Kulturprotes-

하르낙 역시도 하나님 나라를 기독교 복음의 핵심으로 파악한다는 점에서 그보다 앞선 문화개신교 세대의 입장을 공유하고 있다. 하지만 초기 문화개신교와 하르낙의 하나님 나라에 대한 이해 사이에는 분명한 차이가 있다. 그것은 바로 하르낙은 하나님 나라를 가족이나 국가 같은 외형적 공동체와 동일시하는 것을 거부하고, 그것을 철저하게 개별 인간의 '영혼', 즉 인간의 '내면성'과 긴밀히 연관시키고 있다는 사실이다. 이 같은 태도는 이미 『기독교의 본질』에도 나타난다. 하르낙에 따르면 하나님 나라는 세계변혁과 같은 외적 사건을 통해서 이루어지는 것이 아니다. 하나님 나라에 대한 예수의 설교는 "예수의 선포와 더불어 시작되는 하나님 나라의 **내적** 오심"을 그 핵심 내용으로 한다. 그것은 민족이나 국가와 같은 '외형적' 공동체 혹은 특정한 '집단'을 통해서 이루어지는 것이 아니고, 철저히 '개인'의 '내면적' 변화 가운데에서 구체화된다: "하나님 나라는 개인들에게, 그들의 영혼 **안으로** 들어옴으로써… 온다."[47] 이처럼 하나님 나라를 철저히 인간 개개인의 내면성과 결합시킴으로써 하르낙은 민족이나 국가가 아니라 개인의 독특한 가치를 강조하는 정치적 자유주의의 입장에 매우 근접해 나아간다: 구원은 철저하게 "개인"이 받는 것이지, "민족이나 국가"가 아니다. 하나님의 나라는 "정신의 위대함" 혹은 인간의 "내면성" 속에서만 이루어지고 파악될 수 있다.[48]

---

tantismus?" (1992), 143f.

47 Adolf von Harnack, *Das Wesen des Christentums*, ed. by Claus-Dieter Osthövener (Tübingen: Mohr Siebeck, 2007), 37. 여기에 명기된 인용문의 쪽수는 오스트회벤너의 판본에 함께 명기되어 있는 1929년 Hirnrichs'schen Buchhandlung에서 출판된 판본의 쪽수이다.

48 Rolf Schäfer, "Adolf von Harnack — eine Symbolfigur des Kulturprotestantismus?" (1992), 146f.

하르낙이 1차 세계대전 당시 독일의 세계 지배를 추구하던 열광주의적 민족주의에 대해 거리를 둘 수 있었던 것은 그가 하나님 나라를 민족이나 국가가 아닌 개인의 내면성과 결합시킴으로써 인간 각자에게 부여되어 있는 고유한 가치를 강조할 수 있었기 때문인 것으로 보인다. 이와 같은 사실은 1916년에 발표된 "깨끗한 양심으로부터의 결별"(Der Abschied von der weissen Weste)이라는 글 가운데 드러난다.

여기에서 하르낙은 전쟁에서의 승리야말로 독일이 직면하고 있는 가장 중요한 과제이므로 전쟁을 수행함에 있어서 더 이상 "깨끗한 양심"(Weisse Weste)을 지키는 데 얽매여서는 안 되며, 수단과 방법을 가리지 말고 승리를 추구해야 한다는 일각의 주장을 강하게 논박한다. 비록 전쟁 중인 상황이지만, 적을 압도하기 위한 방안으로 단지 무력 수단만을 고려해서는 안 된다는 것이 하르낙의 견해이다. 적국은 대포를 통해서만이 아니라 "도덕적인… 수단의 투입을 통해서도" 약화될 수 있다. 전쟁에서의 승리를 위해 독일이 사용할 수 있는 수단은 단지 무력만이 아니고 "내면 가운데 있는 우리의 힘"이어야 한다는 것이다.

하르낙이 간주하는 독일의 '내면의 힘', 그것은 바로 그가 소위 문화개신교의 핵심 인물로서 지속적으로 강조해 오던 '도덕성'이다. 전쟁 역시도 '정치'의 연장이며, 그렇다면 전쟁에서도 역시 일종의 정치 윤리가 적용되어야 한다는 것을 하르낙은 조금도 의심하지 않는다. 전쟁 중이라 할지라도 독일의 정치가들은 "도덕적인 것의 힘과 비밀"을 잊어서는 안 된다. 그리고 비록 불가피하게 전쟁을 수행하고 있다고 할지라도 자국(독일)의 승리에 급급하여 비인간적인 행위를 저질러서는 안 되며, "온 인류를 포괄하는 인류애"를 저버리지 말아야 한다는 것이다.[49]

하나님의 나라를 철저히 개인의 내면성과 연관 짓는 하르낙의 신학적 태도는 그로 하여금 독일의 국가적 성취 자체를 하나님 나라의 현재화와 동일시하는 민족주의적 태도를 넘어 내면성과 도덕성을 공유하고 있는 '전체 인류'와의 연대를 독일이 추구해야 할 주요한 가치로 제시하도록 작용하고 있는 것으로 보인다. 이러한 하르낙의 신학적 독특함은 대외 정책뿐만 아니라 그의 대내 정책 이해에도 그와 상응하는 방식으로 기여하고 있다.

복음의 개별성과 사회성: 대내 정책 이해의 신학적 토대

1차 세계대전을 전후한 시기 민족주의 개신교의 보편적인 태도와는 달리 하르낙은 공화정과 민주주의 그리고 사회민주주의를 대단히 전향적으로 수용하고 있다. 그런데 하르낙의 이와 같은 입장은 1919년 바이마르공화국의 수립과 더불어 비로소 형성된 것이 아니고, 전쟁이 한창이던 1916년에 이미 상당히 발전된 형태로 나타나고 있다. 비록 제국 및 신분제도의 철폐와 같은 급진적인 주장을 펴지는 않지만, 그럼에도 불구하고 그는 보다 민주주의적으로, 보다 사회적으로 정의롭게 독일 사회를 변혁시켜야 한다고 보았던 것이다. 그 구체적이고도 현실적인 실행 방안으로 그는 "보편적인 비밀선거"를 실시할 것 그리고 "완전한 자유 및 단체협약과 노조설립의 전적인 인정"을 제시한다. 전자가 공화주의적 민주주의의 기본 제도라면, 후자는 사회민주주의의 가장 기초적인 요구사항이라는 데는 의심의 여지가 없다. 또한 앞에서 밝혔듯 하르낙은 사회주의 역시 근본적으로는 "자유, 평등, 박애"라는 민주주의 이념

---

49 Adolf von Harnack, "Abschied von der weissen Weste" (1916), Kurt Nowak (ed.), *Adolf von Harnack als Zeitgenosse*, Teil II (1996), 1465-1472; 1467ff.

아래에서 통일될 수 있다고 이해하고 있으며, 이를 토대로 개인의 자유와 경제·사회적 평등이 형제애적 사랑 가운데 통일된 사회를 지향하고 있었다. 그렇다면 하르낙의 이와 같은 대내 정책 이해의 근저에는 어떤 신학적 이해가 깔려 있는 것일까?

위에서도 언급한 것처럼 하르낙은 기독교 복음의 핵심을 인간 개인의 영혼 안으로 돌진해 들어오는 하나님 나라 가운데에서 발견한다. 하나님 나라는 각 개인의 "내면 안으로 침투해 오는 동시에 내면으로부터만 파악되는 정신적 실체"이다.[50] 이 하나님 나라는 각 개인을 사로잡아서 새로운 인간이 되게 하는데, 이렇게 새로운 인간이 된 개인의 영혼을 채우는 하나님 나라의 힘의 증거가 바로 '사랑'이다. "하나님 사랑과 이웃사랑"이야말로 복음의 핵심이다. 그리고 이웃사랑은 누군가가 하나님을 사랑한다는 사실을 보여주는 지표와도 같다: "기독교 신앙에 있어서 땅 위에서 이루어지는 이웃사랑은… 생동하는 하나님 사랑에 대한 유일한 보증"이다.[51]

하나님 나라가 개인의 영혼과 결합되어 있다는 점에서 하나님 나라에 대한 복음은 '개인의 가치'의 고귀함을 드러낸다. 동시에 하나님의 나라는 각 개인으로 하여금 "네 이웃을 네 몸과 같이 사랑"하도록 내면의 변화를 촉발시킨다. 그리하여 하나님 아버지와 그의 통치에 대한 신앙은 오직 이웃에 대한 사랑 가운데에서만 참된 것으로 드러난다. 이런 점에서 복음은 "가장 깊은 의미에서 개인주의적인 동시에 가장 깊은 의미에서 사회주의적"이다. 하나님 나라의 복음은 "개별적인 영혼의 무한하고도 자립적인 가치"를 드러내지만, 동시에 이 복음은 이처럼 무한한 가치를

---

50 Adolf von Harnack, *Das Wesen des Christentums* (2007), 42.
51 *Ibid.*, 48f.

지닌 개인들의 "교제를 모든 인간들 가운데에서" 수립하고자 하기 때문이다. 하르낙에 의하면, 하나님 나라의 복음 속에서 개별 인간이 가지는 무한한 가치에 대한 인식은 자연스럽게 "가난한 민중의 심각한 곤궁의 현실을 완화하고 이들에게 보다 나은 삶의 조건"을 제공해 주는 사회주의적 실천에로 이끈다. 가장 깊은 개인의 내면과 결합되어 있는 복음은 동시에 "가난한 자들을 위한 연대와 형제애의 선포"이기도 하다.

하르낙에게 하나님 나라는 개인의 존엄성과 가치에 대한 인정, 무한한 가치를 가진 개인의 동등한 사회적 삶의 권리 그리고 모든 인간이 서로를 사랑으로 돌보는 연대적, 형제애적 공동체의 건설을 그 내용으로 한다. 복음 자체가 가지는 이러한 측면은 각각 '자유', '평등', '박애'라는 민주주의의 세 가지 기본가치와 상응하고 있다는 것은 의심의 여지가 없다. 1차 세계대전을 전후한 독일 사회와 개신교회 전반에서 민족주의적 열광주의에 사로잡혀 민주주의와 사회주의라는 새로운 시대적 요구를 거부하고, 앙시앵 레짐과 구시대적 사회질서를 옹호하던 시대에 이와 같은 복음 이해는 하르낙으로 하여금 공화주의와 사회민주주의라는 새로운 시대적 요구를 수용하고, 이를 통해 민주적 사회질서의 정착과 사회적 평등을 구현함으로써 독일사회의 '내적 평화'를 추구하도록 한 신학적 토대로 기능하였던 것으로 보인다.

VI. 하르낙을 통해 보는 문화개신교에 대한 재평가

하르낙을 위시한 문화개신교가 종교와 문화를 '동일시'하였고 또 이로 인해 독일의 전쟁 정책에 찬동했다는 문화개신교에 대한 검증되지 않은 일방적인 평가는 수정되어야만 한다. 1차 세계대전을 전후로 한 독일의 혼란 시기에 대외적으로는 전쟁 정책을, 대내적으로는 근대적인 사회변화의 요구를 억누르던 민족주의 개신교의 태도와 비교해 보면 하르낙으로 대표되는 문화개신교는 대외적으로는 평화정책을, 대내적으로는 민주주의와 평등한 공동체를 구성할 것을 촉구했던 상당히 진보적인 교회적, 신학적 집단이었다. 특히 하르낙은 민주주의와 사회주의의 현실적인 인정을 통해 독일 사회 내부에 평화를 실현하고자 노력하였으며, 이런 점에서 그는 대내외적으로 긴장과 갈등을 촉발시킬 뿐이었던 당시 독일 사회 전반의 민족주의에 저항했던 극히 소수의 신학자들 중 한 사람이었다. 그리고 이러한 하르낙의 현실적 실천의 배후에는 민족주의 개신교에서 그랬던 것처럼 '왕좌와 제단'을 동일시하던 것과는 달리 하나님 나라를 모든 물리적 세계연관에 대립해 있는 '정신적'인 것으로 파악하였지만, 역설적으로는 이로부터 지상의 삶의 연관을 보다 적극적으로 근대적인 방식으로 '갱신'하도록 하였던 그의 독특한 하나님 나라 이해가 그 신학적 토대로서 자리하고 있다고 말할 수 있을 것이다.

11장

바르트 신학에 대한 자유주의신학적 해석

— 렌토르프를 중심으로

I. 바르트 연구의 일방성을 넘어

바르트 연구의 경향은 대체로 세 가지로 구분된다. 바르트 신학의 내재적 발전과 신학적 의미에 집중하는 '교의학적' 해석, 사회주의 운동과의 연관성 속에서 이해하려는 '사회주의적' 해석 그리고 바르트 신학의 "구성에 대한 재구성"(Rekonstruktion der Konstruktion)이 그것이다.[1] 교의학적 해석과 사회주의적 해석은 이미 한국에서도 중요하게 다루어지는 반면[2] 마지막 연구 경향은 국내의 바르트 전공자들에 의해서 거의

---

1 이 같은 분류에 대해서는 Eberhard Jüngel, *Barth-Studien* (Gütersloh: Gütersloher Verlagshaus, 1982), 13.
2 사회주의적 해석은 독일에서는 베를린대학의 마르크바르트와 단네만 등에 의해 주도되었기에 '베를린-해석'이라고도 불리는데, 한국에서는 박순경, 김영애 등이 이를 계승하였다.

전혀 소개도 되지 않는 것이 현실이다. 이는 이 연구 동향이 다른 해석들에 비하여 지니는 독특성 때문일 것이다. 이 경향은 그 대표자인 트루츠 렌토르프(Trutz Rendtorff)가 뮌헨대학의 교수였기 때문에 '뮌헨-해석'(Münchner Interpretation)[3]이라고도 불리는데, 바르트 신학의 역사적 기원과 내용을 자유주의신학과의 연관성 속에서 해명한다는 점에서 '자유주의신학적' 해석이라고 불러도 무방하다.

대체로 한국에서 바르트는 인간의 종교경험과 성서에 대한 역사-비판적 연구에 기초한 자유주의신학을 극복하고, 하나님의 계시의 말씀인 성서와 종교개혁 전통 위에서 신학을 수행하도록 되돌린 것으로 평가되는 경향이 있다.[4] 이 같은 관점은 바르트의 신학이 지니는 위대성과 권위를 인정하면서 바르트의 신학적 진술들을 수용하는 경향이 있기에

필자의 판단으로는 그 외의 연구자들은 대체로 바르트 신학의 교의학적 내용들을 충실히 드러내는 데 집중한다. 한국에서의 바르트 수용에 대한 논문들로는 박성규, "칼 바르트 신학의 연구동향을 통해 본 한국 신학의 지형 분석-한국에서의 칼 바르트 연구 1세대를 중심으로," 「한국조직신학논총」 37 (2013): 175-210; Yong Joo Lee, "Die Rezeption Karl Barths in Korea," *ThLZ* 139 (2014): 673-686.

3 렌토르프의 뮌헨대학 제자들인 그라프, 바그너 등도 렌토르프의 입장을 계승하는데, 이들의 입장을 한눈에 파악하려면 다음을 참고하라: Trutz Rendtorff, ed., *Die Realisierung der Freiheit. Beiträge zur Kritik der Theologie Karl Barths* (Gütersloh: Gütersloher Verlagshaus, 1975).

4 해외의 대표적 사례로는 cf. Eberhard Hübner, *Evangeliche Theologie in unserer Zeit. Thematik und Entfaltung in Darstellung und Dokumentation, ein Leitfaden* (Bremen: Schünemann, 1966), 51. "변증법적 신학과 더불어 칼 바르트는 성서의 증언 자체가 다시금 주도적으로 중심점에 들어서도록" 했다는 것이 휘브너의 평가이다. 바르트 연구의 초창기부터 지금까지 국내 대부분의 바르트 연구자들도 이와 동일한 입장을 취하는데, 그 일부 사례들만 간단히 언급하자면 최종호, 『칼 바르트, 하느님 말씀의 신학』 (서울: 한들출판사, 2010), 31ff.; 김재진, 『칼 바르트 신학 해부』 (서울: 한들출판사, 1998), 18f.; 최영, 『칼 바르트의 신학 이해』 (서울: 민들레책방, 2005), 41ff., 67ff.; 김영관, "바울의 신학에 기초한 칼 바르트의 교회론." 「신학사상」 138 (2007): 147-178.

'정통주의적' 바르트 해석이라고 불러도 될 것이며, 대체로는 앞에서 언급한 '교의학적' 해석의 연장선 속에 있다고 할 수 있다. 렌토르프로 대표되는 자유주의적 해석이 한국의 바르트 연구에서 거의 언급조차 되지 않는 것은 이처럼 바르트 신학에 대한 정통주의적 해석이 주류를 이루고 있기 때문일 것이다. 또한 한국의 신학이 자유주의신학에 대해서 거의 본능적인 거부감을 가지고 있다는 것도 그 이유이리라 생각한다.

하지만 최근의 바르트 연구에서는 이처럼 바르트를 신학에서 바울과 종교개혁을 복권한 인물로 보려는 경향에 대한 비판이 다양하게 이루어지고 있으며, 바르트의 사회주의 수용5, 변증법적 신학의 형성 및 교회교의학 시기의 신학 방법과 내용 등에 있어서 여전히 자유주의신학의 특징적 요소들이 강하게 작용하고 있음을 밝히는 연구들이 활발하게 이루어지고 있는 실정이다.6 특히 이러한 연구 경향들은 바르트의 신학에 표면적으로 나타나는 근대 정신으로부터의 단절에도 불구하고 바르트는 오히려 근대의 정신과 자유주의신학의 핵심 동기를 따라 자신의 신학을 구성했다는 것을 밝히는 데 주력한다.7 이 연구 경향을 가리켜

---

5 이를 반영하는 국내의 연구로는 이용주, "칼 바르트의 신학과 사회주의의 상관관계에 대한 연구-로마서 주석 2판까지의 시기를 중심으로," 「조직신학논총」 49 (2017): 209-248. 이 논문은 본서의 14장 "칼 바르트의 신학과 사회주의의 상관관계"에 수록되어 있다.

6 Trutz Rendtorff, "Karl Barth und die Neuzeit. Fragen zur Barth-Forschung," *Evangelische Theologie* 46 (1986): 298-314; Friedrich Wilhelm Graf, *Der heilige Zeitgeist. Studien zur Ideengeschichte der protestantischen Theologie in der Weimarer Republik* (Tübingen: Mohr Siebeck, 2011), 447; Georg Pfleiderer, *Karl Barths praktische Theologie. Zu Genese und Kontext eines paradigmatischen Entwurfs systematischer Theologie im 20. Jahrhundert* (Tübingen: Mohr Siebeck, 2000).

7 Christoph Gestrich, *Neuzeitliches Denken und die Spaltung der dialektischen Theologie. Zur Frage der natürlichen Theologie* (Tübingen: Mohr Siebeck, 1977), 6f.; Hartmut Ruddies, "Karl Barth und Ernst Troeltsch. Ein Literaturbericht," *Verkündigung und Forschung* 34/1 (1989): 2-20.

윙엘이 바르트 신학의 "구성에 대한 재구성"이라고 명명한 것은 이 때문
이다.

본 연구는 바르트 신학의 근저에서 작동하는 자유주의신학의 근본
요소들을 밝힘으로써 바르트에 대한 새로운 학문적 논의의 기초를 놓은[8]
렌토르프의 해석을 소개하는 것을 목표로 한다. 이를 위해서는 바르트에
대한 렌토르프의 글들을 대체로 그 출판 시기에 따라 소개하는 동시에
바르트 신학에 대한 렌토르프의 해석의 상호보충적인 관점을 차례대로
제시하고자 한다. II장에서는 『로마서 주석』 시기 이후 바르트의 신학에
대한 렌토르프의 초기의 '신학사적' 분석이, III장에서는 『교회교의학』
을 중심으로 한 '체계적' 분석이 다루어질 것이다. 본고를 통해 바르트
신학의 역사적, 체계적 의미를 제대로 평가하기 위해서는 자유주의신학
에 대한 올바른 이해가 선행되어야 한다는 인식에 도달하게 되기를
그리고 이와 관련된 연구들이 촉발되는 계기가 되기를 기대한다.

II. 바르트의 변증법적 신학에 대한 신학사적 분석
: 계몽주의의 형식적 급진화

변증법적 신학의 형식적 특징: 신개신교주의에 대한 반립

바르트에 대한 렌토르프의 독창적인 해석이 담겨 있는 최초의 본격

---

8 렌토르프를 바르트 신학에 대한 새로운 해석을 제시한 가장 중요한 인물로 보는 평가에
  대해서는 Wolfhart Pannenberg, *Grundfragen systematischer Theologie. Gesammelte
  Aufsätze*, Bd. 2 (Göttingen: Vandenhoeck & Ruprecht, 1980), 96.

적인 연구는 1966년에 출판된 『교회와 신학』9이다. 이 책은 19세기 말과 20세기 초의 신학이 교회라는 개념에 집중하는 현상과 그 원인, 신학적 의미 등을 분석하는 것을 목표로 한다. 여기에서 렌토르프는 바르트의 변증법적 신학을 이러한 신학적 경향과의 관련 속에서 이해할 것을 제안한다.

먼저 렌토르프는 변증법적 신학의 자기 이해에 주목한다. 이미 널리 알려져 있다시피 바르트를 포함하여 고가르텐, 불트만 등 소위 변증법적 신학의 주창자들은 헤르만, 하르낙, 트뢸치 등 자신들의 스승들에 대한 철저한 '부정'을 통해 새로운 신학적 시대를 열어젖히고자 하였다. 소위 신개신교주의(Neuprotestantismus)로 명명되는 이전 세대와의 급진적인 단절을 통해 이들은 자신들이 구시대의 신학과는 "근본적으로 다르다는 것"을 보이고자 하였으며, 이제 신학의 과제는 이전 세대의 이러저러한 문제들의 수정이 아니라 "완전히 다른 신학의 주제를 표현"하는 데 있다는 것이 변증법적 신학이 공유하고 있던 자기 이해라고 할 수 있다.10

상기한 변증법적 신학의 일반적인 자기 이해는 한국에서의 바르트 연구에서도 광범위하게 수용되고 있다. 이에 반해 변증법적 신학 시기의 바르트에 대한 렌토르프의 연구의 독특성은 그가 이러한 종류의 바르트의 진술을 당연한 것으로 받아들이지 않고, 오히려 신개신교주의 신학에 대한 대립을 강조하는 바르트의 진술들 가운데에 여전히 신개신교주의의 주요 관심사가 작동하고 있음을 드러낸다는 데 있다. 지극히 당연한

---

9 이 책은 1961년 뮌헨대학에 교수자격 취득 논문으로 제출된 것이다. 본래의 논문은 "교회와 계시"라는 제목으로 헤겔, 슐라이어마허, 바르트의 교회 및 계시 이해에 관한 장들로 구성되어 있었으나 렌토르프는 여기에 젬믈러에 관한 장을 추가하고 제목을 수정하여 출판하였다: Trutz Rendtorff, *Kirche und Theologie* (Gütersloh: Gütersloher Verlagshaus, 1966).
10 *Ibid.*, 169f.

말이지만 바르트의 신학이 "바깥에서부터 뚝 떨어진" 것일 리가 만무함에도 불구하고 그의 신학을 "오직 그 내적인 완결성과 의도를 따라 파악함으로써 비역사적으로"11 만들어 버리는 기존 연구의 한계를 넘어서려는 것이 렌토르프의 의도이다.

렌토르프는 우선 "탐바흐 강연"12과 『로마서 주석』13에 주목한다. 주지하다시피 바르트는 "사회 속 그리스도인"의 역할을 의제로 탐바흐에서 개최된 종교사회주의자들의 모임에서 그리스도인이라는 단어를 의도적으로 '그리스도'로 대체시키면서 "사회 속 그리스도"에 집중할 것을 촉구한다. 이를 통해 바르트는 사회개혁을 위한 인간적 운동에 대한 종교적 정당화를 기대했던 종교사회주의자들을 실망시키고, 인간 측으로부터 시도되는 모든 종류의 운동에 대한 철저한 부정으로서의 '하나님의 운동'을 대비시킨다. 이 하나님의 운동은 "위로부터 아래로 수직적으로" 내려오면서 "다른 모든 운동들을 관통해" 내는 운동이다. 이와 더불어 바르트는 신학에 있어서 중요한 것은 더 이상 종교도, 문화도, 사회운동도 아닌 오직 하나님 자신의 운동에 대한 인식을 그 내용으로 한다고 선언한다: "중요한 것은 하나님, 하나님으로부터 오는 운동,

---

11 *Ibid.*, 172f.

12 이 강연은 1919년 9월의 종교사회주의자들의 대회에서 이루어졌는데, 바르트는 이 강연문을 다른 원고들과 함께 *Das Wort Gottes und die Theologie* (1924)에 출판하였다. 본고에서의 인용은 아래의 책을 따른다: Karl Barth, "Der Christ in der Gesellschaft," J. Moltmann (ed.), *Anfänge der dialektischen Theologie*, Teil I (München: Chr. Kaiser Verlag, 1977), 3-37.

13 Karl Barth, *Der Römerbrief* (Erste Fassung) 1919, ed. by Hermann Schmidt, *Karl Barth Gesamtausgabe. II. Akademische Werke 1919* (Zürich: Theologischer Verlag Zürich, 1985); *Der Römerbrief* (Zweite Fassung) 1922, ed. by Cornelis van der Koi & Katja Tolstaja. *Karl Barth Gesamtausgabe. II. Akademische Werke 1922* (Zürich: Theologischer Verlag Zürich, 2010).

그를 통해 우리가 움직여졌다는 사실이지 종교가 아니다."[14]

당연한 말이지만 "탐바흐 강연"은 그보다 먼저 출판된 『로마서 주석』 1판에 나타나는 신적인 것과 인간적인 것 사이의 철저한 구별을 전제로 한다. 여기에서 이미 바르트는 "그리스도 안에서 오고 있는 혁명"에 대해 이야기하면서 "신적인 것은 정치화되어서는 안 되며, 인간적인 것 역시 신학화되어서는 안 된다"[15]고 단언한다. 그 근본 논리는 비교적 단순하다. 신학에서 중요한 것은 다만 "하나님의 주권성"[16]이기 때문이다. 따라서 바르트는 인간적인 것으로부터 출발하여 신에게로 도달하려는 모든 종교적, 실천적, 학문적 시도들에 대해 비판적인 태도를 취하며, 이러한 관점은 『로마서 주석』 2판에 이르러서는 "전적 타자"[17]로서의 하나님이라는 개념을 통해 더욱 첨예화된다.

위와 같은 변증법적 신학 시기의 바르트의 특징을 렌토르프는 "기존하는 것에 대한 대립"[18]이라고 정리한다. '전적 타자'라는 개념 가운데 드러나는 것처럼 바르트는 이 시기에 하나님을 철저히 세상의 '피안'(Jenseits)에 존재하는 것으로, 그리하여 이 하나님과 세계 현실 사이의 관계를 철저히 대립적인 것으로서 제시한다. 하나님을 세계에 대한 대립 속에서만 파악함으로써 바르트를 비롯한 변증법적 신학은 단지 과거의 신학에 대한 비판으로서 기능할 뿐만 아니라, 나아가서는 당시의 문화적 위기를 더욱 촉진하는 방향으로 작용하였다는 것이 렌토르프의 평가이다.

---

14 Karl Barth, "Der Christ in der Gesellschaft," 9.

15 Karl Barth, *Der Römerbrief* (Erste Fassung), 509.

16 *Ibid.*, 73.

17 Karl Barth, *Der Römerbrief* (Zweite Fassung), 59.

18 Trutz Rendtorff, *Kirche und Theologie*, 173. 이는 "사회 속 그리스도인"에 나타나는 바르트 자신의 표현이다: Karl Barth, "Der Christ in der Gesellschaft," 32.

주지하다시피 변증법적 신학은 '위기의 신학'(Theologie der Krise)이라고도 불리는데, 이는 단지 세계에 대한 대립 속에 있는 하나님 혹은 세계에 대한 하나님의 '심판'에 주목한다는 신학 내적인 의미를 넘어 당시의 문화 세계에 대한 위기를 촉진하고자 하는 의도를 그 안에 담고 있다. 바르트의 변증법적 신학은 1차 세계대전으로 초래된 위기를 반영하기만 하는 것이 아니라, 오히려 인간적인 것 전반에 대한 위기를 강화함으로써 새로운 세계를 창출해 내려는 신학적 시도였다.[19]

하지만 바르트의 기획은 다음과 같은 문제에 봉착할 수밖에 없다. 하나님이 철저히 세계 현실의 '피안'에 있는 것으로 전제된다면, 이는 하나님과 인간/세계와의 '관계'도 그리고 하나님에 대한 인간적인 진술로서의 신학 자체도 불가능한 것으로 만들어 버릴 수 있다는 것이다. 따라서 바르트는 절대적인 대립에도 불구하고 하나님에 의해 수립되는 하나님과 세계 사이의 관계를 해명하는 방안을 찾아야만 했다. 즉, 세계에 대해 대립적인 하나님으로부터 출발하면서도 이 하나님이 단지 세계에 대한 대립 가운데 존재하는 것이 아니라, 어떻게 이 세계 현실에 대하여 관계를 형성하는지를 제시하는 것이 변증법적 신학 초기에 바르트가 해결해야만 했던 모순이었다. 바로 이 이유로 인해 바르트는 신학을 철저히 '신-학'(Theo-Logie)으로서, 즉 하나님에 대한 진술이라는 의미에서의 신론으로 전환시켜야만 했다고 렌토르프는 말한다. 기존의 신학이 기독교에 대한 역사적 비평작업을 매개로 기독교 신 인식의 본질적인 요소를 드러내는 것을 목표로 했던 것에 반해 바르트는 신학의 출발점과 방법, 대상을 철저히 하나님 자신에 의해서만 수립될 수 있는 것으로

---

19 Trutz Rendtorff, *Kirche und Theologie*, 175ff.

전환시킨다. 즉, 신학의 주제는 더 이상 '기독교' 혹은 종교적 '인간'이 아니라, 하나님 자신의 활동에 의해 구성되는 일들에 대한 진술 그 자체가 되었다는 것이다. 이를 가리켜 렌토르프는 "신학 그 자체가 신학의 중심 주제가 되었"다고 정리하면서 바르트는 이로써 "기독교에 대한 인식과 규정을 신학으로 환원"[20]시켰다고 평가한다. 하나님에 대한 인식 작업으로서의 신학은 오직 철저히 "하나님으로부터 수행되는 신학",[21] 즉 그 대상인 하나님이 스스로 주체가 되어 자기 자신을 인식하도록 행위하는 내용에 주목해야만 하는 것으로 전환된 것이다.

지금까지 개관한 것처럼 변증법적 신학 시기에 바르트는 신학을 철저히 '하나님으로부터, 하나님에 의해, 하나님을 그 내용으로' 하는 것으로 전환시킨다. 그리고 그 논리적 토대와 방안은 "모든 인간적인 것과 인간의 전체 역사에 대한 부정을 의미하는 하나님의 타자성, 하나님의 피안성"[22]을 지속적으로 관철하는 것이었다. 렌토르프는 바르트의 변증법적 신학은 이처럼 신학을 철저히 하나님 자신에 의해 수행되는 활동과 그에 대한 진술로서의 신-학으로 전환시켰고, 따라서 바르트는 인간의 신 인식의 발전 과정에 대한 '역사적' 탐구 안에서 그 학문성을 발견하고자 하는 신개신교주의 신학에 대한 철저한 비판과 대립을 내세운다고 정리한다. 바르트의 이러한 신학 방법은 윌리허와 하르낙 등 당대의 학문적 신학의 대표자들로부터 강력한 비난의 대상이 되었고, 바르트로 대변되는 새로운 신학적 경향은 '반역사주의'에 지나지 않는다는 비난을

---

20 *Ibid.*, 181f.

21 *Ibid.*, 184.

22 이는 당시 변증법적 신학운동에 동참했던 불트만의 표현이다: Rudolf Bultmann, "Die liberale Theologie und die jüngste theologische Bewegung(1924)," *Glauben und Verstehen* I (Tübingen: J.C.B. Mohr, 1993), 1-25; 13.

사기도 하였다.[23] 이리하여 변증법적 신학은 신개신교주의 신학, 즉 자유주의신학에 대한 철저한 비판과 대립이라는 형태로 나타난다.

변증법적 신학의 방법과 내용: 교회와 계시에로의 집중

앞에서 살펴본 것처럼 변증법적 신학 시기 바르트 신학의 형식적 특징은 기존하는 것에 대한 철저한 대립과—신학의 역사적 방법론을 포함하여— 역사, 즉 인간적인 것 전반에 대한 전적인 거부로 요약될 수 있다. 하지만 바르트의 이러한 급진적인 기획은 하나님과 인간 사이의 관계 자체를 제거해 버리고, 하나님에 대한 인간적 진술을 완전히 불가능한 것으로 만들어 버릴 위험을 내포하는 것이 사실이다. 렌토르프는 바르트가 『로마서 주석』 2판 이후, 그러니까 『기독교 교의학 개요』 (1927)[24]와 『교회교의학』(1932)[25]에서 급격히 '교회'와 '계시'라는 개념

---

23 그 대표적 사례로는 "신학자들 가운데 학문적 신학에 대한 경멸자들에게 보내는 15가지 질문들"이라는 제목으로 하르낙이 특히 바르트를 겨냥하여 쓴 공개서한을 들 수 있다: Adolf von Harnack, "Fünfzehn Fragen and die Verächter der wissenschaftlichen Theologie unter den Theologen," J. Moltmann (ed.), *Anfänge der dialektischen Theologie*, Teil I (1977), 323-325.

『로마서 주석』 1판에 대한 윌리허의 냉소적인 평가도 마찬가지 사례이다: "바르트의 바울주의는 교회사에 있어서 하나의 기념비이다. 이러한 설명들의 가치는 전적으로 **교회**사적 (kirchengeschichtlich)이다. … 이 책으로부터 우리는 많이, 아마도 매우 많이 우리 시대에 대한 이해를 얻게 될 것이다. 하지만 '역사적'(geschichtlich) 바울에 대한 이해에 대해서는 전혀 새로운 것이 없다." A. Jülicher, "Ein moderner Paulusausleger," J. Moltmann (ed.), *Anfänge der dialektischen Theologie*, Teil I (1977), 87-98; 97.

24 Karl Barth, *Die christliche Dogmatik im Entwurf*, ed. by Gerhard Sauter (Zürich: Theologischer Verlag Zürich, 1982).

25 Karl Barth, *Die kirchliche Dogmatik*, I/1 (Zollikon-Zürich: Evangelischer Verlag, 1952).

에 주목하는 것은 바로 이러한 약점을 넘어서기 위해 불가피한 방안이었 다고 분석한다.

『로마서 주석』2판은 '전적 타자'라는 개념을 통해 하나님과 인간 사이의 모든 종류의 질적인 유사성과 연관성을 근본적으로 배제한다. 이로 인해 바르트는 신학을 수행함에 있어서 하나님으로부터 인간에게 로의 "넘어감"(Übergang), 즉 전적 타자로서의 하나님과 인간 사이의 관계가 어떻게 수립되며, 어떻게 그것이 인간적인 방식으로 논의될 수 있는지를 해명해야만 했다. 이렇게 "배타적으로 하나님으로부터 대답 되어지는" 하나님과 인간 사이의 관계를 해명하는 유일한 방안이 바로 "계시"이다. 계시 개념은 하나님이 인간과 관계를 수립한다는 사실을 드러내면서도 하나님이 이 관계에 종속되지 않는다는 사실을 보여주는 데 매우 효과적인 방안이다. 이와 더불어 교회 개념은 이렇게 하나님 자신에 의해 이루어지는 하나님 인식의 가능성이 세계 '가운데' 주어져 있음을 말하면서도 동시에 그것이 이 세계에 '귀속되는 것은 아니'라는 사실을 드러내는 기능을 한다. 이런 점에서 렌토르프는 교회 개념을 가리켜 "그 일관성에 따른 계시의 정의"[26]라고 평한다. "계시 사건 가운데 나타나는 하나님의 타자성(Andersartigkeit)에 대한 재정의를 제공하고, 세계 가운데에서의 계시의 실행 속에 있는 타자성을 확고히" 한다는 점에서 교회 개념은 계시론에 대한 "보호 기능"을 담당한다는 것이다.[27]

렌토르프는 위에서 묘사된 계시 개념의 특징, 즉 하나님의 타자성을 담보하면서도 이 하나님에 의해 수립되는 하나님과 인간의 관계를 드러 내는 효과적인 방안을 바르트가 삼위일체론에서 발견했다고 분석한다.

---

26 Trutz Rendtorff, *Kirche und Theologie*, 192.

27 *Ibid.*, 193.

그 전거로서 렌토르프는 "삼위일체론은… 좁은 의미에서 그렇게 불리기에 적절한 계시의 신학"이라는 『기독교 교의학 개요』의 진술을 제시한다. 『로마서 주석』 2판에서부터 바르트에게는 하나님의 타자성과 초월성을 유지하면서도 이 하나님과 세계의 관계를 담보하는 것이 핵심 과제였는데, 이를 단 한마디로 표현하는 명제가 바로 "하나님은 하나님이다"(Gott ist Gott)[28]라는 동일성의 명제이다. 렌토르프는 삼위일체론은 바로 이 명제를 다시금 재진술해 낸다고 평가한다. 왜냐하면 삼위일체론은 하나님이 피조세계에 대해 자기 자신을 삼중적인 방식으로, 즉 성부, 성자, 성령으로 계시함에도 불구하고 이를 다시금 내재적 삼위일체 하나님의 내적 삶에 기초하여 현실화된 것으로 진술하게 함으로써 하나님이 피조세계와 맺는 관계에도 불구하고 여전히 "삼중적으로 주권적으로 자기 자신 안에 머물러 계심(Insichselbstbleiben)"을 드러내기 때문이다. 따라서 삼위일체론은 "하나님은 하나님이다"라는 명제, 즉 신학의 전체 주제들이 그 위에 기초해야 할 명제에 대한 "근본적인 보장"으로서 기능한다.[29]

상기한 바처럼 바르트는 『기독교 교의학 개요』에서부터 계시 개념과 교회 개념 그리고 삼위일체론 등과 같은 교회의 전통적인 신학적 언어들에 대한 숙고를 통해서 하나님의 타자성을 담보하고자 한다. 이를 통해 신개신교주의의 '역사성'에 대립하면서 신학의 '교회성'을 드러내려는

---

28 Karl Barth, *Der Römerbrief*(Zweite Fassung), 115; Karl Barth, *Die christliche Dogmatik im Entwurf*, 290.

29 Karl Barth, *Die christliche Dogmatik im Entwurf*, 290; Trutz Rendtorff, *Die Kirche und Theologie*, 196. 『교회교의학』에서도 『기독교 교의학 개요』에서처럼 계시개념 및 삼위일체론에로의 집중이 역시 똑같이 이루어지고 있다는 것은 널리 알려진 것이기에 본고에서는 이에 대한 보다 상세한 진술은 생략하고자 한다 이에 대한 간략한 개요로는 다음을 참고하라: John Webster (ed.), *The Cambridge Companion to Karl Barth* (Cambridge: Cambridge University Press, 2000), 17-56, 72-91.

것이다. 하지만 이처럼 신학의 교회성을 담보하려는 바르트의 시도를 소위 개신교 정통주의에로의 회귀로 이해해서는 안 되며, 오히려 이를 통해서 바르트는 다시금 하나님의 '역사성'을 담보하고자 한다고 렌토르 프는 분석한다. "계시는 원역사이다"(Offenbarung ist Urgeschichte)라는 『기독교 교의학 개요』의 명제가 바로 이 사실을 입증한다. 계시라는 개념을 매개로 하나님과 인간 사이의 관계를 해명하고자 했던 시도는 하나님의 초월성과 세계 연관성을 동시에 해명하고자 함이었는데, 바로 이 계시 개념의 동기를 내용적으로 충족시켜주는 개념이 바로 '원역사'라 는 개념이다. "원역사는 역사적 연속성을 가지지 않는다"는 정의는 바로 이러한 바르트의 의도를 충실히 반영한다. 원역사는 인간 측으로부터 혹은 인간의 행위로부터 구성되는 역사와 직접적인 연관성을 가지지 않으면서도 동시에 하나님과 세계 사이의 관계의 역사가 하나님 자신에 의해 수립되게 한다. 이렇게 "원역사를 토대로 발생하는 역사"를 가리켜 바르트는 "교회"라고 일컫는다. 교회는 "예수 그리스도 안에서 한 번 모두를 위해 근거 지워진, 역사 속에서 다른 모든 역사를 압도하는 지상 에서의 하나님의 역사"이다.[30]

　이미 언급된 것처럼 『교회교의학』에서 바르트는 신학을 '교회의 기 능'이라고 정의한다. 하지만 이는 결코 신학이 세계와의 연관성을 제거 하고 기존의 교회의 신앙 형태 내지는 제도 안으로 퇴각해야 한다는 것을 의미하지 않는다. 오히려 바르트에게 있어서 신학의 교회성은 신학 으로 하여금 다시금 '하나님'에 의해 수행되는 세계와의 관계의 역사를 복원하게 하려는 시도이다. 이런 점에서 렌토르프는 바르트는 신학의

---

30 Karl Barth, *Die christliche Dogmatik im Entwurf*, 240; Trutz Rendtorff, *Kirche und Theologie*, 199.

교회성에 대한 강조를 통해서 자신이 비판했던 계몽주의 이후 신학의 본래적인 관심사인 역사를 다시금 복권시킨다고 말한다. 교회 개념을 강조하는 것은 사실은 역사라는 개념을 잠정적으로 대체하려는 시도에 불과하며, "사회로부터 교회의 탈주"를 지향하는 것이 아니다. 오히려 이를 통해서 바르트는 '비교회적 영역'을 전통적인 신학적 개념들을 사용하면서 다시 신학적 반성의 대상으로 만들고자 한다. 이런 점에서 렌토르프는 바르트의 변증법적 신학은 형식적으로는 신개신교주의 신학에 대한 대립을 그 특징으로 하지만 실제로는 "계몽주의의 신학적 급진화"라고 평가한다. "계몽주의 신학의 입장들에 대한 대립"이라는 외형을 띠고 있지만, 이로 인해 계몽주의 신학에 대한 "변증법적 신학의 친화성"을 인지하지 못한다면 이 시기의 바르트를 오해한 것이라는 것이 렌토르프의 평가이다.[31] 변증법적 신학은 결코 19세기 이전의 소위 정통주의 신학 혹은 19세기 당시에 이미 형성되어 있던 보수적 신학에로의 회귀를 의미하는 것이 아니고, 신개신교주의 신학의 비판적 계승자라고 보아야 한다.

변증법적 신학에 대한 메타이론적 평가
: 불연속성 속에 있는 연속성

지금까지 살펴본 것처럼 렌토르프의 분석은 바르트의 신론이나 성서론과 같은 신학 이론 내적인 내용에 집중하기보다는 이와 같은 신학 이론이 형성되게 된 역사적 맥락에 집중한다. 외견상 계시와 하나님의 말씀에 집중함으로써 바르트는 신개신교주의 신학에 대립하기만 하는

---

31 Trutz Rendtorff, *Kirche und Theologie*, 209f.

것처럼 보이지만, 실제로는 이러한 대립적 태도 자체야말로 거꾸로 자신이 극복하고자 했던 신개신교주의 신학의 내적 동기를 오히려 더욱철저화한다는 것이다. 이런 점에서 렌토르프의 분석은 바르트의 신학이론의 내적 구조를 넘어서서 그 역사적 기원과 이 기원에 대한 단절을동시에 다룬다는 점에서 '메타-이론적'(meta-theoretisch) 비평이라고말할 수 있다. 이러한 메타-이론적 비평에 의하면 바르트의 신학은신개신교주의에 대한 단순한 전복으로 이해되어서는 안 되며, 그보다는'전복 가운데 있는 연속성' 혹은 '불연속성 속에 있는 연속성'으로서 보다섬세히 평가되어야 한다고 할 수 있다. 이를 렌토르프는 제믈러와 바르트를 비교하면서 제시한다.

렌토르프에 의하면 제믈러는 신학을 교회의 가르침이라는 협소한영역으로부터 해방시키고 자유로운 역사적 비평 작업을 통해 근대사회에 적합한 방식으로 개신교를 재형성하고자 했다는 데 그 신학사적의의가 있다. 계몽주의와 더불어 시작된 근대사회에서는 "교회적인것"(das Kirchliche)이 더 이상 보편타당한 것으로 받아들여지지 않게되었는데, 이 같은 상황에 발맞추어 제믈러는 역사비평을 통해 신학이"교회와 교회의 교리 전승에 대해 해방"되도록 하였다. 이로써 역사비평으로 대변되는 학문적 신학은 "단지 교회의 교리를 위한 계기"로서 기능할 뿐인 "교회 신학"을 넘어서 "자유로운 개신교 신학"을 형성해 내고자했다.

교회 신학이 아니라 자유로운 개신교 신학을 형성하기 위한 제믈러의 작업은 계몽주의 이후 근대사회가 지니는 "급진적인 자유를 향한의지"를 고려하면 불가피한 일이었다. 근대 사회는 기존의 전통으로부터의 해방을 향한 욕구를 그 특징으로 하는데, 이러한 변화한 시대 상황 속에서 교회가 지니는 교리에 대한 배타적인 권리 주장으로는 더 이상 기독교 신앙과 삶의 타당성을 제시할 수가 없게 된 것이다. 렌토르프에 의하면 이는 제믈러의 역사비평이 지니는 방법론적 특징을 규정한다. 즉, 역사비평적 작업은 일차적으로는 기존의 교회 신학에 대한 "비판"을 시도할 수밖에 없다. 그러나 이 비판은 단지 교회의 가르침에 대한 단순한 거부를 의미하는 것이 아니라, 이를 통해 자유로운 근대의 시대정신에 부합하는 방식으로 개신교를 재형성하는 "구성적 과제"(konstruktive Aufgabe)를 지향한다.[32] 이런 점에서 제믈러의 역사비평은 기존의 교회 신학에 대한 '비판'과 이를 통한 자유로운 개신교의 '구성'을 그 형식적 특징으로 한다고 정리할 수 있다.

앞에서 살펴보았듯이 바르트의 변증법적 신학은 신개신교주의 신학에 대한 대립과 비판을 그 특징으로 한다는 점에서 제믈러 이후의 신학의 발전과정 전반에 대한 부정을 그 특징으로 하는 것으로 보인다. 하지만 렌토르프는 바르트의 변증법적 신학은 자세히 살펴보면 '비판과 구성'이라는 제믈러의 신학적 사고의 형식적 특징을 고스란히 그 안에 구현하고 있다고 분석한다. 제믈러에게 교회와 교회 신학이 비판의 대상이었던 반면 바르트에게는 역사와 신개신교주의 신학이 그 비판의 대상이다. 제믈러는 교회라는 협소한 영역을 넘어서서 역사 속에서 인간의 자유의 확대를 지향하였던 반면 바르트는 이 인간의 역사를 넘어서 인간의 역사의 토대이자 근원인 하나님의 자유를 제시하고자 했다는 점에서 구별된다. 바르트는 "하나님의 이름으로… 모든 인간적인 것의 몰락"을 전면에 내세움으로써 제믈러 이후의 신학 전반에 대한 비판을 감행하고

---

32 *Ibid.*, 28ff., 48f.

있고, 이를 통해 "하나님의 자유와 주권성의 신학"으로서 신학을 새롭게 구성하고자 한다.[33] 그럼에도 불구하고 형식적으로는 제믈러와 마찬가지로 비판과 구성을 그 방법론적 특징으로 한다는 점에서 그리고 내용적으로는 '자유'를 그 신학적 사고의 핵심으로 정위시키고 있다는 점에서 바르트는 근대 신학의 관심사를 계승한다고 렌토르프는 분석한다. 이런 점에서 바르트의 변증법적 신학은 계몽주의 이후의 신학에 대해 "부정적인 방식으로 상응"[34]한다는 것이다. 바르트의 변증법적 신학을 바르트 본인의 진술과 신학 이론의 내적 연관성에만 집중하지 않고 메타-이론적으로 살펴봄으로써 렌토르프는 자유주의신학에 대한 전복 가운데 있는 연속성이 드러난다는 것을 드러내고자 한다.

III. 바르트의 하나님의 주체성의 신학에 대한 '체계적' 분석

바르트 신학에 대한 체계적 분석: 근대적 자유의 신학적 급진화

앞 장에서 살펴보았듯이 렌토르프는 근대 신학에 대한 바르트의 명시적인 논박에도 불구하고 그의 변증법적 신학의 기조에는 여전히 근대 신학의 핵심 동기인 자유가 기능하고 있다는 것을 '신학사적인' 방식으로 분석한다. 한편 렌토르프는 바르트가 타계한 1968년 이후부터 보다 본격적으로 바르트의 교회교의학을 이러한 관점에 입각하여

---

33 *Ibid.*, 177.
34 *Ibid.*, 207.

분석하는 일련의 논문들을 작성하기 시작한다. 그중 특히 주목해야 할 것은 1969년에 이미 탈고되었으나 사정상 1972년에야 비로소 『기독교의 이론』(Theorie des Christentums)이라는 제목의 논문집에 수록된 "하나님의 급진적 자율성"(Radikale Autonomie Gottes)[35]이라는 논문이다. 여기에서 렌토르프는 바르트의 신학을 '말씀에 대한 복귀'로 읽어냈던 당시의 소위 '말씀의 신학' 부류의 바르트 정통주의적 관점을 비판하면서[36] 바르트의 신학 가운데에 자유라는 근대적 개념이 어떻게 작동하는지를 보다 '체계적인' 방식으로 분석해 낸다.

"하나님의 급진적 자율성"은 바르트를 성서와 전통적인 교회 중심적 신학의 복귀로 간주하던 당시의 바르트 연구 관행에 대한 비판과 더불어 시작한다. 바르트를 인간중심적 자유주의신학으로부터 "근원적인 성서적, 종교개혁적 원천으로 되돌아가게 한… 신학의 해방자"[37]로 간주하는 일반적인 경향은 바르트 이해를 어렵게 할 뿐이다. 『로마서 주석』에서 바르트가 자유주의신학을 비판하면서 하나님을 모든 인간적인 것에 대한 전적인 부정으로서 이해할 것을 제안하면서 "인간의 자율성이 아니라 하나님의 자유와 자율성"으로 신학의 방향을 전환시키고자 하였던 것은 사실이다. 하지만 그럼에도 불구하고 바르트가 "자유주의신학의 전문가"였다는 사실을 잊어서는 결코 안 된다고 렌토르프는 강조한

---

35 Trutz Rendtorff, "Radikale Autonomie Gottes," *Theorie des Christentums* (Gütersloh: Gütersloher Verlagshaus, 1972), 161-183.

36 본래 렌토르프는 이 논문을 당시 바르트에 대한 '말씀의 신학적 해석의 대표자인 에벨링에게 보내 그가 편집자로 있던 *Zeitschrift für Theologie und Kirche*에 게재하고자 했다. 그러나 바르트의 신학을 자유주의신학과의 연속성 속에서 해석해야 한다는 논제에 에벨링은 동의할 수가 없었다. 이에 대해서는 Friedlich Wilhelm Graf. "Ein liberaler Theologe. Trutz Rendtorff wird siebzig," *NZZ* (24. 1. 2001.).

37 Trutz Rendtorff, "Radikale Autonomie Gottes," 162.

다. 자유주의신학에 대한 바르트의 비판은 계몽주의 이전으로의 복고를 지향하는 것이 아니고, 오히려 "계몽의 과정을 다시 한번 작동시키기" 위함이라는 것이 렌토르프의 매우 독특한 해석이다. 즉, 인간의 자유에 대한 집중이라는 계몽주의 이후 신학의 주요 관심사를 제거해 버리려는 것이 아니라, 이 관심사를 보다 "급진적이고도 체계적인 의미"에서 재구성하려는 것이 "기존하는 것 전반"에 대한 바르트의 비판의 동기라는 것이다.[38]

렌토르프에 따르면 바르트는 인간의 자율성이라는 근대적 개념을 결코 포기한 것이 아니며, 오히려 이를 체계적이고도 '신학적인' 방식으로, 즉 하나님의 자율성을 강조하는 방식으로 재진술할 수 있는 방안을 찾고 있으며, 기존의 자유주의 및 근대적 사고방식에 대한 비판은 이를 위한 잠정적인 중간 과정에 불과하다. 그러므로 외형적으로는 바르트가 자유주의신학을 부정하면서 교의학적 전통을 복권시키고 있는 것으로 보이지만, 실제로는 바르트는 하나님의 급진적 자율성이라는 핵심 관심사를 관철하기 위해 신학의 전통적 자료들에 대해 엄격한 비판과 재구성 작업을 수행한다고 렌토르프는 설명한다. 이 중 『교회교의학』의 '기독론적 집중'과 '예정론'에 대한 분석에 주목할 필요가 있다.

첫째, 렌토르프는 바르트의 『교회교의학』이 "철저하게 기독론적 교의학(christologische Dogmatik)"이라는 관점을 받아들이지만, 이를 성서적 혹은 종교개혁적 신학의 복권으로 단순화시켜서는 안 된다고 말한다. 중요한 것은 바르트가 기독론적인 방식으로 교의학을 철저하게 재구성한 이유를 해명하는 것이다. 이에 대해 렌토르프는 "기독론은 자율성

---

38 *Ibid.*, 164f.

이라는 문제에 대한 교의학적 파악 방안"39이라고 대답한다. 주지하다시피 바르트는『교회교의학』에서 하나님에 대한 신학적 진술의 출발점을 예수 그리스도의 존재와 그에게서 현실화된 삼위일체 하나님의 자기계시 가운데에서 찾는다.40 바르트는 기독론적 집중을 통해서 오직 하나님만이 인간의 하나님 인식의 가능성의 조건이라는 인식론적 조건과 인간의 하나님 인식은 그것이 인간을 향한 하나님의 존재와 행위에 일치할 때만 적절할 수 있다는 존재론적 조건을 모두 충족시키고자 시도한다. 하나님 자신의 주권적인 행위에 "인식론적으로 그리고 존재에 적절하게 부합"할 때에만 신학은 하나님에 대해 올바르게 이야기할 수 있는데, 예수 그리스도와 그 안에 나타난 하나님의 자기 계시에 대한 집중은 바로 이를 위한 불가피한 방안이라는 것이다. 따라서『교회교의학』에 나타나는 바르트의 교의학 전통의 복권은 신학 전통에 대한 무비판적인 회귀를 의미하는 것이 아니고, 교회사와 신학사 전반에 대한 "날카로운 기독론적 비판"이라는 검증을 거쳐 일어난 것이다. 다른 말로하자면 기존의 신학적 진술들을 바르트는 철저히 기독론적으로 검증하고 변용시키는데, 교의학 전통에 대한 이러한 비판적 접근은 철저하게 (radikal) 하나님의 자율성을 드러내는 것을 목표로 한다는 것이다.

둘째,『교회교의학』에서 바르트는 전통적인 이중예정론을 매우 독창적으로 재구성하는데, 이를 분석함으로써 렌토르프는 기독론적 비판

---

39 *Ibid.*, 173.

40 바르트는 신학을 교회의 기능이라고 주장하면서, 이 교회의 존재를 곧 예수 그리스도와 동일시하는데, 렌토르프는 이를 바르트의 신학 인식론에 드러나는 기독론적 집중의 증거로 제시한다: Karl Barth, *Die kirchliche Dogmatik*, I/1, 2. "과거와 현재에 그리고 지금 기독교적 진술의 기준은 **교회의 존재, 즉 예수 그리스도이다**(das Sein der Kirche, d.h. aber Jesus Christus)."

과 재구성을 거쳐 바르트가 어떻게 하나님의 자율성을 드러내는지 제시한다. 주지하다시피 바르트는 구원받을 자와 유기될 자가 이미 예정되었다는 전통적인 칼뱅주의적 이중예정론을 거부하고, 대신에 구원과 유기라는 신적 결정의 주체와 대상을 철저하게 예수 그리스도에게 집중시킨다: "예수 그리스도는 선택하시는 하나님이자 선택되어진 인간이다", "하나님의 예정은 예수 그리스도의 선택이다."[41] 바르트는 칼뱅주의적 이중예정은 하나님의 자유와 은혜의 주권성을 제대로 드러내지 못한다고 비판하면서 하나님의 행위를 철저하게 하나님 자신에게, 즉 예수 그리스도에게 집중시킨다. 바로 이런 점에서 바르트는 전통적 예정론을 철저하게 '기독론적'으로 변형시키는데, 그 목적은 이를 통해 철저하게 하나님을 하나님 자신의 행위의 주체이자 내용으로 만들고자 하는 데 있다. 하나님의 이중예정의 행위는 결코 인간을 그 대상으로 삼지 않으며, 인간의 선과 악 너머에서 독자적으로 행위하는 하나님 자신을 그 주체와 대상으로 한다. 이런 방식으로 바르트는 이중예정론을 철저하게 "하나님의 자율성의 지배주장(Herrschaftsanspruch)"으로 변경시키고 있다는 것이다.[42]

이중예정에 대한 바르트의 독창적인 변용과 이에 대한 렌토르프의 분석은 자연스럽게 다음과 같은 질문을 제기하게 한다: 철저하게 하나님의 자율성에만 초점이 맞춰진 신학은 결과적으로는 인간의 자율성을 배제하고, 인간의 윤리적 실천을 불가능하게 만드는 것은 아닌가? 이는 인간의 자율성에 대한 자유주의신학의 근본 동기로부터 벗어나게 하지

---

41 Karl Barth, *Die kirchliche Dogmatik*, II/2 (Zollikon-Zürich: Evangelischer Verlag, 1959), 110.

42 Trutz Rendtorff, "Radikale Autonomie Gottes," 175f.

않는가? 이에 대한 대답은 바르트에게 나타나는 교의학과 윤리학의 관계에 대한 렌토르프의 분석을 살펴봄으로써 얻을 수 있을 것이다.

하나님의 주체성과 인간의 주체성의 상응: 교의학의 윤리적 관심

"하나님의 급진적 자율성"에서 렌토르프는 바르트가 하나님의 자율성을 강조함으로써 어떻게 인간의 자율성을 근거 짓는지에 대해서는 상세하게 해명하지 않는다. 렌토르프는 다만 예수 그리스도라는 이름과 결합되어 있는 은총과 자유의 예정이라는 의미에서 이중예정을 철저히 하나님에게 귀속시킴으로써 바르트가 선과 악의 행위라는 인간의 윤리적, 실천적 과제를 신론의 맥락 안에서 해소하고자 시도하고 있다고 간단히 진술하고 있을 뿐이다. 예정론에 대한 바르트의 이와 같은 새로운 시도는 "신론의 맥락 안에서 이루어진 윤리학의 기획"이라고 간략히 정리될 뿐이다.

하나님의 자율성과 인간의 자율성 간의 관계에 대한 바르트의 이해에 대한 렌토르프의 분석은 1970년대에 발표된 논문들에서 더욱 본격적으로 다루어진다. 그 대표적인 논문들로는 "교의학의 윤리적 의미"(1975)와 "자유의 교의학적 형태로서의 교회"(1978)를 꼽을 수 있다.[43] 이 논문

---

43 Trutz Rendtorff, "Der ethische Sinn der Dogmatik-Zur Reformulierung des Verhältnisses von Dogmatik und Ethik," Trutz Rendtorff, ed., *Die Realisierung der Freiheit. Beiträge zur Kritik der Theologie Karl Barths* (1975), 119-134; Trutz Rendtorff, "Die Kirche als dogmatische Form der Freiheit. Ein Kapitel aus der Geschichte des christlichen Freiheitsbewußtseins," *Evangelische Theologie* 38 (1978): 183-197. 두 논문은 모두 Trutz Rendtorff, *Theologie in der Moderne. Über Religion im Prozeß der Aufklärung* (Gütersloh: Gütersloher Verlagshaus, 1991), 167-182, 183-198에 실려있다. 이하 각주에서 각각의 논문 쪽수 표기는 *Theologie in der Moderne* (1991)를 따른다.

들에서는 바르트가 하나님의 자율성과 인간의 자율성을 서로 '상응 관계'(Entsprechungsverhältnis)로 파악한다는 것이 교의학과 윤리학의 관계에 대한 문제를 중심으로 해명된다.

교의학과 윤리학의 관계는 바르트의 신학을 평가하는 데 있어 매우 결정적인 사안이다. 왜냐하면 『로마서 주석』이후 바르트는 신개신교주의 신학을 철저히 부정하면서 완전히 새로운 신학의 방향을 제안하는데, 이때 특히 비판의 대상이 되는 것이 바로 교의학적 논의들을 인간의 윤리적 실천 방안을 제시하는 것으로 정의했던 신개신교주의의 입장이기 때문이다. 예를 들어 트뢸치는 윤리학이야말로 신학에 있어서 "우선적이고 원리적인 학문"(überordnete und prinzipielle Wissenschaft)[44]이라고 평가하면서 신학을 인간의 종교성을 기반으로 윤리적 행위를 근거 지우는 학문으로 수립할 것을 주장한다. 이에 반해 바르트는 트뢸치에게서 나타나는 "교의학에 대한 윤리학의 근본적인 우선성"[45]은 실제로는 하나님의 행위에 대한 진술이라는 "신학의 주제를 공개적으로 혹은 은밀하게 포기한 것"[46]에 불과하다고 비판한다. 신개신교주의에 반하여 바르트는 윤리학이 아니라 교의학이야말로 "신학의 근본학문"[47]이라고 주장하면서 신학의 과제는 윤리적 행위의 주체로서의 인간에 대해 진술하는 것이 아니라, "제거될 수 없는 하나님의 주체성"(die unaufhebbare Subjektivität Gottes)[48]을 드러내는 데 있다고 밝힌다.

---

44 Ernst Troeltsch, *Grundprobleme der Ethik* (1902), GS II, 553: Trutz Rendtorff, "Der ethische Sinn der Dogmatik-Zur Reformulierung des Verhältnisses von Dogmatik und Ethik," 169에서 재인용.

45 Karl Barth, *Die kirchliche Dogmatik*, I/2, 879.

46 *Ibid.*, 882.

47 *Ibid.*, 875.

윤리학이 아니라 교의학이 신학의 근본학문이라는 바르트의 선언은 자칫하면 인간의 실천적 행위 자체를 불가능한 것으로 만들어 버리는 것으로 보이는 것이 사실이다. 이는 『로마서 주석』에서 바르트가 하나님의 행위와 인간의 행위를 전적으로 대립적인 것으로 묘사하면서 하나님의 우선성을 강조하고 인간의 실천적 행위들에 대한 심판을 선언하는 것을 염두에 두면 더더욱 그러해 보인다.[49]

하지만 렌토르프는 바르트에게서 나타나는 윤리학에 대한 교의학의 우선성, 인간의 행위에 선행하는 하나님의 주체성의 우선성에 대한 선언은 결코 인간의 행위를 제거하기 위해서가 아니라, '신학적인' 방식으로, 즉 하나님의 행위에 대한 진술을 통해서 주체로서의 인간의 행위의 가능성을 근거 짓기 위한 방안이라고 분석한다: "윤리학에 앞서는 교의학의 우선성이라는 외피 안에서 교의학은 그 내적인 구성 안에서 윤리적 의미를 획득한다."[50]

렌토르프는 『교회교의학』에서 바르트는 교의학과 윤리학의 관계의 문제를 윤리적 행위의 주체로서의 인간이 어떻게 하나님의 행위에 의해 구성되는지를 제시함으로써 해명한다고 말한다. 렌토르프에 의하면

---

48 Karl Barth, "Die dogmatische Prinzipienlehre bei Wilhelm Hermann," *Die Theologie und die Kirche* (1928), 263: Trutz Rendtorff, "Der ethische Sinn der Dogmatik-Zur Reformulierung des Verhältnisses von Dogmatik und Ethik," 170에서 재인용.

49 인간의 혁명적 실천을 비판하는 『로마서 주석』의 표현들이 그 대표적인 사례이다. "혁명적 영웅주의는 그것이 그 기원에 있어서 진리에 더 가까이 다가간다는 점에서 반동주의자보다 더욱 위험하며 더욱 무신론적이다." "반동적인 인간은 우리에게는 사소한 위험일 뿐이다. 그의 붉은 형제가 거대한 위험이다." Karl Barth, *Der Römerbrief* (Zweite Fassung), 644f.

50 Trutz Rendtorff, "Der ethische Sinn der Dogmatik-Zur Reformulierung des Verhältnisses von Dogmatik und Ethik," 171.

이 시기 바르트는『로마서 주석』에서처럼 하나님과 인간 간의 관계를 '대립적'이기만 한 것으로 보지 않으며, 오히려 그 대립적 관계가 하나님 자신의 행위에 의해 중재된다는 사실을 드러내고자 한다. 따라서 더 이상 하나님의 '자존성'(Aseität)이 아니라 '인간을 위한' 하나님의 존재, 즉 인간을 위한 하나님 자신의 '행위'가 신론의 핵심으로 강조된다.

> "하나님은 자신의 행위(Tat) 가운데에서만 발견되시는 분일 뿐만 아니라, 그가 오직 자기 자신의 행위 안에서만 자신인 바로서 존재하시기 (ist) 때문에 오직 자신의 행위 안에서만 발견되시는 분이기도 하다."[51]

이 인용문은 하나님의 존재와 행위의 동일성[52]에 대한 바르트의 통찰을 드러내는 구절이지만, 렌토르프는 이를 특히 행위의 '주체로서의 하나님'에 대한 바르트의 관심사를 드러내는 것으로 해석한다. 하나님은 오직 행위 가운데 계시며, 이 하나님의 행위는 '인간을 위한' 하나님으로 행위하기 위한 하나님의 '자기 규정'(Selbstbestimmung), 즉 '자유'를 전제로 한다. 바르트의 신론은 은혜로운 하나님의 자유로운 자기 규정에 초점을 맞추고 있으며, 이런 점에서 철저히 자기 규정적 행위의 절대적인 주체로서의 하나님을 제시하는 것을 목표로 삼는다.

렌토르프에 의하면 바르트는 인간의 주체성을 철저히 이 하나님의 주체성에 상응하는 방식으로 구성되는 것으로 제시하고자 한다. 마치 하나님이 자신의 행위 가운데 존재하는 것처럼, 인간 역시 행위 가운데 존재한다: "인간은 행위함으로써 인격으로서 존재한다"(Der Mensch ex-

---

51 Karl Barth, *Die kirchliche Dogmatik* II/2, 564ff.
52 Wilfred Härle, *Sein und Gnade* (Berlin/New York: Walter de Gruyter, 1975), 46ff.

istiert als Person, indem er handelt).[53] 인간은 하나님의 자기 규정에 상응하는 방식으로 자기 규정의 능력으로서의 자유를 지니며, 그러한 점에서 자율적 주체이며, 그런 점에서 이미 그 존재에 있어서 하나님의 존재에 '상응'한다. 하지만 죄인으로서의 인간은 자신의 자율성을 수단으로 "하나님의 은총으로부터… 벗어나기를 원한다"는 점에서 하나님의 의지 및 행위와 일치하지 않으며, 따라서 하나님의 자율성에 대립한다. 하지만 바르트는 이러한 인간의 행위에 의해 형성되는 인간 편의 대립조차 극복하는 하나님의 행위를 강조한다. "하나님의 은총은 그러한 바로서의 인간의 윤리학에 항의한다."[54]

앞 절에서 살펴본 것처럼 바르트에게 교의학은 하나님의 주권적인 은총의 행위를 그 내용으로 하는데, 렌토르프에 의하면 바르트의 교의학은 이를 통해서 인간의 행위의 무의미성을 말하고자 하는 것이 아니라, 인간의 윤리적 행위가 이 하나님의 행위에 '상응'(Entsprechung)해야 한다는 것을 밝힘으로써 인간의 자율성의 방향을 제시하고자 하는 것을 목표로 한다. 다른 말로 하자면 윤리의 주체인 인간의 행위를 절대적 주체로서 하나님의 행위 안으로 포섭시킴으로써 주체로서의 하나님과 인간 사이의 '일치'를 지향하려는 것이 교의학적 신론의 궁극적인 관심사라는 것이다. 이것이야말로 "교의학은 전적으로 동시에 윤리학"[55]이라는 진술이 뜻하는 바이다. 그러므로 렌토르프에 의하면 바르트는 인간의 윤리적 실천을 지향하는 방향으로 신학을 재구성하고자 했던 신개신교주의 신학의 기본 관심사로부터 절연한 것이 아니라, 오히려 신개신교주

---

53 Karl Barth, *Die kirchliche Dogmatik*, II/2, 527f.

54 *Ibid.*, 573.

55 Karl Barth, *Die kirchliche Dogmatik*, I/2, 857; II/2, 571.

의 신학을 비판적으로 재구성해 낸 것으로 보는 것이 바르트 신학에 대한 적절한 이해이다. 『교회교의학』에 이르러 더욱 명시적으로 드러나는 교회성에 대한 강조와 기독론적 집중 등은 결코 자율성이라는 근대의 문제를 포기한 것을 뜻하지 않으며, 그보다는 다양한 전통적인 교의학적 진술들을 비판적으로 재구성함으로써 궁극적으로는 신학이 "하나님의 특수한 자유에 대한 이론"[56]이 되게 하고, 이 하나님의 자유로운 행위에 대한 진술을 통해 인간의 자유의 행사 방안을 제시하고자 한 것이 바르트의 근본 동기라는 것이다. 바르트의 하나님의 주체성의 신학은 인간의 주체성에 기초한 자유주의신학을 비판하면서도 하나님의 주체성을 기초로 인간의 주체성을 재구축하고자 한다는 점에서 자유주의신학의 기본 동기와 '불연속성 속의 연속성'[57]을 이루고 있다.

렌토르프의 바르트 해석의 독특성과 의의
: 기독교의 지속적 형성을 위한 과제

렌토르프의 바르트 해석은 자유주의신학에 대한 바르트의 비판을 문자 그대로 수용하는 것이 아니라, 자유주의신학과의 불연속성 속에 있는 연속성을 드러낸다는 점에서 통속적인 바르트 이해에 비해 매우 독창적이다. 특히 바르트 신학의 특징인 하나님과 세계의 대립, 계시에

---

56 Trutz Rendtorff, "Die Kirche als dogmatische Form der Freiheit. Ein Kapitel aus der Geschichte des christlichen Freiheitsbewußtseins," 192; "Der Freiheitsbegriff als Ortsbestimmung neuzeitlicher Theologie," *Theologie in der Moderne*, 146-166; 149f.
57 그롤은 바르트가 트뢸치와 "대립 속에 있는 연속성"을 이룬다고 정리하는데, 본고의 표현은 이 정리에 의존한다: Wilfried Groll, *Ernst Troeltsch und Karl Barth-Kontinuität im Widerspruch* (München: Kaiser, 1986), 28.

대한 강조, 신학의 교회성과 그리스도론적 집중 등을 모두 근대적 자율성이라는 개념을 중심으로 재해석해냄으로써 렌토르프는 인간과 세계에 대해 배타적인 태도를 보이는 바르트 신학이 근대 사상과 지니는 친화성을 제시하는데, 이런 점에서 렌토르프의 해석은 바르트 연구에 있어서 매우 독보적인 위치를 차지한다. 따라서 홀트만은 "신학이 근대적 사상을 수용했다는 것을 이전과 이후 그 누구도 이토록 자세하게 파악한 이는 없다"고 렌토르프를 높이 평가한다.[58]

하지만 렌토르프의 바르트 해석의 의의는 그가 바르트 신학의 기본 동기의 역사적 기원을 제시했다는 것으로만 한정되지 않는다. 그보다는 바르트에게서 근대적 자율성이라는 개념이 작동한다는 사실을 밝히도록 했던 렌토르프의 고유한 신학적 관심사에 주목할 필요가 있다. 사실 박사 논문에서부터 렌토르프는 교회와 사회의 관계 설정의 문제에 관심을 기울이는데, 특히 교회와 사회가 서로에 대해 대립하고 있는 근대 이후의 상황을 극복하는 문제가 그의 주된 관심사였다. 근대 이후 세계는 개별 주체의 자유라는 관점에 입각하여 전통적 교회의 신앙으로부터의 해방을 지향하면서 기독교에 대립하였고, 이러한 근대의 세속화 경향에 대해 교회는 근대사회로부터의 퇴각과 교조적 비판이라는 방식으로 대응함으로써 교회와 사회 사이를 중재할 수 있는 방안이 결여된 것이 당시 신학이 지니고 있던 한계라고 렌토르프는 평가한다. 신학을 일반 학문의 조건들과의 연관성 속에서가 아니라 철저히 '교회'의 기능으로 이해하는 바르트의 신학 역시도 이러한 근대 이후 상황을 반영한다.

그렇지만 바르트는 이러한 교회와 사회의 대립에만 머물러 있는

---

58 Stefan Holtmann, *Karl Barth als Theologe der Neuzeit* (Göttingen: Vandenhoeck & Ruprecht, 2007), 89.

것이 아니라, 앞에서 살펴본 것처럼 인간을 위한 하나님의 행위의 보편성을 강조함으로써 교회와 사회 사이의 대립이라는 당시의 신학적 경향을 극복하고자 했다고 렌토르프는 평가한다. 말하자면 교회와 사회의 대립을 촉발시킨 자유라는 개념을 개별 인간의 주체성으로부터 하나님의 주체성으로 급진적으로 전환시키고, 이렇게 하나님의 행위를 강조함으로써 바르트는 신학의 교회 중심적 폐쇄성을 다시금 극복해 낸다는 것이다. 그 근거로 렌토르프는 예수 그리스도에게서 나타나는 하나님의 은총의 행위에 집중하면서 이를 종교 및 교회와 동일시하는 것을 거부하는 바르트의 입장을 제시한다. 예를 들어 『교회교의학』 IV/3에서 바르트는 인간을 위한 하나님의 행위를 결코 교회라는 영역에로 제한하지 않으며, 오히려 거꾸로 교회야말로 세계가 없이는 존재하지 않는다고 말한다: "세계는 교회가 없더라도 사라지지 않을 것이다. … 반면 교회는 세계 안에서 그에 대해 마주서지 않고서는 상실될 것이다."[59]

렌토르프는 이와 같은 바르트의 작업은 근대 이후 형성된 세속사회와 교회 사이의 대립을 기독교적인 방식으로 극복하려는 시도라고 평가한다. 이렇게 기독교적인 방식으로 자율성이라는 근대적 주제가 하나님의 주체적 행위에 대한 논의로 변형됨으로써 자율성 개념으로 인해 촉발된 교회와 사회의 대립을 극복하고, 다시금 기독교의 관점에서 사회와 교회를 함께 재형성하는 과제를 실현하고자 한다는 것이다.

---

59 Karl Barth, *Die kirchliche Dogmatik*, IV/3 (Zollikon-Zürich: Evangelischer Verlag, 1959), 946.

IV. 바르트에 대한 자유주의신학적 해석의 필요성

렌토르프의 바르트 연구는 바르트를 단순히 자유주의신학의 극복자이자 성서적 신학의 회복자로 평가하는 경향이 있는 한국의 바르트 연구가 진지하게 고려해야 할 대화 상대자이다. 자유주의신학과의 철저한 대립 속에서만 바르트를 이해하는 것은 일면적으로는 바르트의 진술들을 문자적으로 수용한다는 점에서 명쾌하고 단순하지만, 이는 동시에 바르트에 대한 문자적 수용의 한계를 넘어서기 어렵다는 한계가 있는 것도 사실이다. 이에 반해 렌토르프는 근대 이후 사회와 신학이 지니는 인간의 자유에 대한 관심사로부터 출발하여 바르트를 이 근대적 사고와의 불연속적 연속성 속에서 고찰함으로써 바르트가 근대라는 시대 상황 속에서 신학을 새롭게 재구성하고자 시도했던 시대의 아들임을 보여준다. 또한 바르트를 자유주의신학과의 단순한 대립이 아니라 비판적인 연속성 속에서 이해할 때 바르트 신학의 역사적, 체계적 의미가 더욱 명료해질 수 있다는 것을 보여주는 좋은 사례를 렌토르프는 제공해 준다.

물론 렌토르프의 바르트 해석이 지니는 한계 역시도 언급되어야만 한다. 렌토르프는 바르트의 개별 문헌들에 대한 상세한 주석적 작업을 통해서 논증하기보다는 자신의 테제를 입증할 수 있는 일부 사례들을 선별적으로 사용하는 경향이 있는 것도 사실이다. 하지만 이러한 한계는 오히려 바르트의 문헌들을 보다 꼼꼼하게 자유주의신학과의 연관성 속에서 재검토할 수 있는 기회를 남겨 둔다는 점에서 후속 연구를 위해서는 장점이기도 하다.

바르트를 자유주의신학과의 긴밀한 연관성 속에서 보는 렌토르프의 해석은 바르트 연구 내적인 의미만 아니라 오늘날 한국교회의 상황 속에서 신학의 방향을 고민하는 데에도 시사점을 제공한다. 오래전부터 한국교회 안에는 사회로부터 스스로를 고립시킴으로써 신앙적 정체성을 고수하려는 경향이 있어 왔고, 교회와 사회의 대립은 오늘날 더욱 고착화되어 가는 상황이다. 렌토르프가 밝히는 것처럼 교회와 사회 사이에 놓여진 단절과 대립을 근대의 핵심 사상인 자유라는 개념을 중심으로 극복하고자 했던 것이 바르트의 주요 내적인 신학적 동기라고 한다면, 한국교회의 자기 폐쇄적 경향을 극복할 수 있는 방안을 어쩌면 우리는 바르트를 거쳐 자유주의신학에게로 넘어감으로써 그리고 자유주의신학의 관점에서 바르트를 읽어냄으로써 찾아낼 수 있을지도 모른다. 그것이 정교한 주석적 작업을 통해 바르트의 신학을 슐라이어마허, 트뢸치, 헤르만 등 자유주의신학과의 연관성 속에서 읽어내려는 시도들이 더욱 필요한 이유이다. 렌토르프가 말한 것처럼 "적절한 바르트 해석에 대한 질문은 이제야 비로소 진정으로 시급한 것이 되기 시작"[60]하는지도 모른다.

---

60 Trutz Rendtorff, "Radikale Autonomie Gottes," 162.

4 부

그리스도인의
삶과 정치

1 2 장

신앙으로부터 행위로?!

— 루터 신학에 나타나는 신앙과 실천의 관계

I. 신앙이 아니라 행위에로?

종교개혁 500주년을 기념하는 오늘날 한국교회가 위기에 처해있다는 사실에 대해서는 많은 이들이 공감하고 있다. 특히 그리스도인들에게 신앙에 부합한 실천이 부족하다는 문제인식에 대해서는 폭넓은 공감대가 이루어져 있다. 그런데 문제의 해결책을 제시하는 과정에서 종교개혁의 신학 자체가 한국교회의 실천부재의 근본적인 원인이라고 지적하는 경우가 최근 들어 부쩍 늘어나고 있다. 즉, 종교개혁의 이신칭의 교리 자체가 그리스도인으로 하여금 '오직 신앙'만으로 구원을 받을 수 있다고 가르치고 있으며, 이로 인해 그리스도인의 삶에서 신앙이 실천의 열매로 맺히지 않는다고 비판하는 것이다. 이에 반해 행위가 없이는 구원을 받지 못한다는 것으로 구원관의 전환이 일어나야만 한국교회가 그간

놓쳐 온 실천을 회복할 수 있으리라는 제안들이 자주 들려온다. '신앙으로부터 행위에로'의 전환이 요구된다는 것이다.

하지만 이러한 비판과 대안 제시가 종교개혁의 칭의론에 대한 엄밀한 검토를 거친 것인지는 의심스럽다. 본고에서는 은총론의 폐기를 통해서만 그리스도인의 사회적 실천이 회복될 수 있다는 일련의 주장에 반하여 우리는 루터의 은총론과 신앙론을 재점검함으로써 오히려 '오직 은총'과 '오직 신앙'을 통해서—종교적인 방식이 아니라— 세속적인 방식으로 이루어지는 이웃 섬김을 회복할 수 있다는 사실을 보이고자 한다. 즉, 한국교회의 패러다임이 신앙으로부터 실천에로 전환해야 한다는 주장에 반하여 '신앙으로부터 행위에로'의 이행이 이미 루터의 신학 가운데에서 신앙의 필수불가결한 모습으로 제시되고 있다는 것이다. 루터에게 나타나는 은총과 실천, 신앙과 행위의 통일성을 보이고, 아울러 과도하게 종교적인 행위들에 집착하고 있는 한국교회의 현실에 반하여 이웃을 섬기는 극히 세속적인 실천이야말로 우리의 신앙을 살아 있게 하는 요소라는 것을 제시하고자 한다.

II. "오직 신앙으로"
: 구원 행위에 드러나는 하나님의 행위의 주체성

"sola gratia"의 배타성: "facere quod in se"로부터 "opus Dei"로

종교개혁과 개신교의 출발점은 1517년 10월 31일로 거슬러 올라간다. 당시 가톨릭교회에서 시행되던 면벌부 판매를 반박하는 95개조문을 루터가 이날 비텐베르크 성교회(Schlosskirche)의 출입문에 부착한 것으로 전해지고 있고, 이에 따라 이날은 종교개혁의 시발점으로 간주된다. 하지만 루터의 종교개혁적 전환은 1517년 10월에 급작스럽게 이루어진 것은 아니고 1514~1515년 무렵에 이미 이루어지고 있었다. 루터로 하여금 종교개혁적 전환을 이루게 한 것은 교회개혁의 필요성과 시급성에 대한 인식이 아니었고, 실존적 질문에 대한 신학적 고민이었다. 그것은 죄인인 인간이 어떻게 로마서 1:17에 나타나는 "하나님의 의"(iustitia Dei)를 얻을 수 있는가 하는 문제였다. 종교개혁적 전환을 통해서 루터가 도달한 결론은 인간이 하나님의 의를 얻는 것은 오직 하나님의 은총의 행위를 통해서 외에는 없으며, 그 어떤 율법의 행위를 통해서가 아니라는 데 있었다. "오직 은총"(sola gratia)만이 인간을 구원할 수 있다는 것이다.

루터의 종교개혁의 핵심은 바울과 아우구스티누스를 통해 재발견한 하나님의 은총에 대한 강조에 있다. 루터는 이를 위하여 율법과 복음, 행위와 은총을 철저히 구별하는데, 이 같은 구별은 그의 저작 전체를 관통하여 드러나는 일종의 논리적 기본 패턴을 이룬다. 율법이 아니라 복음, 행위가 아니라 은총의 우선성을 강조하는 것이 당시의 가톨릭교회와는 구별되는 루터의 고유한 신학적 특징이 된 것이다. 하지만 그렇다고 해서 당시 가톨릭교회가 인간이 율법의 요구와 교회법의 규정들의 준수를 통해서 구원을 얻을 수 있는 것처럼 가르친 것으로 오해되어서는 안 된다. 당시 가톨릭교회의 은총론은 그보다는 좀 더 세밀하다. 가톨릭교회 역시도 인간의 구원은 하나님의 은총에 의해서라는 것을 부정하지 않았다. 루터가 특히 씨름해야만 했던 당시의 주도적인 신학적 입장인 via moderna에서는 하나님은 인간에게 은총을 베풀어 주시는데, 다만 인간이 그 은총을 받기 위해서는 최소한의 요구사항들을 실행해야 한다고 가르쳤다. 비록 그 인간의 행위가 하나님의 의에 도달하기에 부족하지만, 하나님은 인간이 최선을 다해 행하는 것을 보시고 그에게 은총을 부과하신다는 것이다. 이를 드러내는 via moderna의 유명한 경구가 바로 "네 안에 있는 것을 행하라"(facere quod in se)[1]이다. 인간이 자신 안에 있는 것을 행하는 것을 볼 때 하나님은 비록 그 인간의 행위가 하나님의 의의 기준에 부합하지는 않음에도 불구하고 그와 계약을 맺은 자신의 신실함을 기초로 그를 의롭게 만든다는 것이다.

루터 당시 가톨릭교회 역시 인간의 구원은 하나님의 은총에 기인한다는 것을 말하려는 의도를 지니고 있었지만, 그럼에도 불구하고 그 은총은 무조건적인 것이 아니라 인간의 행위라는 조건을 토대로 한다는 점에서 '조건적' 은총론이라 할 수 있다. 그 뿐만 아니라 이는 내적, 외적 참회와 같은 여러 인간의 행위들에 대한 하나님의 긍정을 통해 이루어진다는 점에서 구원의 주도권(Initiative)이 결과적으로는 인간에게 주어져 있다는 것을 —의도하지는 않지만— 의미한다. 이에 반하여 루터는 수도사로서 치열하게 금욕적인 삶을 살았음에도 불구하고 하나님의 의에 도달할 수 없다는 절망과 죽음에의 공포를 벗어날 수 없었다. 이를 벗어나게 해 준 것은 바울서신의 강해를 통해서 하나님의 의가 인간이 자신의 행위의 결과로 획득하는 것이 아니라, 다만 하나님에 의해 전적인 선물로 '주어지는' 것이라는 사실을 깨닫는 경험이었다. 인간에게 부과되는 의는 결코 전적으로 부패한 인간의 본성 안에서 발견될 수 없고, 오직 하나님에 의해 선물로 주어지는 것이며, 따라서 인간 자신에게는 전적으로 "낯선 의"(iustitia aliena)이다.[2]

---

1 알리스터 맥그레스/최대열·정진오 옮김, 『루터의 십자가 신학』 (서울: 컨콜디아사, 2001), 113f.
2 위의 책, 142ff.

루터가 율법과 복음을 철저하게 구별하는 것은 구원에 있어서 그 시작과 마지막이 철저히 하나님의 행위라는 근본 통찰에 기초한다. 이런 점에서 구원은 어디까지나 하나님의 일(opus Dei)이지 인간의 일(opera hominum)이 아니다.3 율법의 계명의 준수를 통해 하나님의 의를 얻는 것은 불가능하다. 왜냐하면 "계명은 우리가 해야 할 것을 보여주기는 하나 이것을 행할 힘을 주지는 않기 때문이다."4 이런 점에서 인간이 율법의 준수를 통해 구원에 도달할 가능성은 처음부터 전적으로 닫혀 있다. 이에 반해 구원은 인간의 행위의 부족함에도 불구하고 전적으로 하나님의 행위를 통해 선물로 주어지리라고 약속되어 있으며, 이 약속이 야말로 오직 하나님에 의해 주어진 것이기 때문에 '복음'이다. **"하나님의 약속은 그의 계명이 요구하는 것을 준다."**5 구원은 하나님에 의해 전적으로 '주어지는' 것이다. 이런 의미에서 구원은 오직 하나님만을 그 행위의 주체로 하며, 그 행위의 대상인 죄인으로서의 인간에게 생명을 부여하려 는 것 외에는 그 어떤 다른 동기나 목적, 의도를 지니지 않는 '절대적 선물'(absolute Gabe)이다.

종교개혁은 구원에 있어서 행위의 주체는 어디까지나 철저히 하나님 이라는 사실에 대한 발견을 통해 촉발되었다. '오직 은총으로'라는 종교 개혁의 표어는 '오직 하나님의 행위에 의해서'의 다른 표현에 불과하다. 하나님과의 관계는 참회와 같은 인간 편에서의 행위를 통해서가 아니라

---

3 H. Bornkamm, "Der weltgeschichtliche Sinn der 95 Thesen," *Luthers geistige Welt* (Lüneberg: Heiland Verlag, 1947), 39-56; Chr. Schwöbel, Gott in Beziehung (Tübingen: Mohr Siebeck, 2002), 347f.

4 마틴 루터, "크리스찬의 자유," 지원용 옮김, 『말틴 루터의 종교개혁 3대논문』 (서울: 컨콜디 아사, 1993), 277-347; 301.

5 위의 책, 303.

오직 하나님 자신의 행위에 의해 수립된다. 따라서 이 같은 종교개혁적 통찰은 인간이 죄를 지은 후 받아야 할 벌을 사면할 권리가 교회에게 주어져 있다는 면벌부 판매의 신학적 근간을 근본적으로 뒤흔들 수밖에 없다. 면벌부를 반박하는 95개조문의 62조에서 루터는 다음과 같이 선언한다: "교회의 진정한 보화는 하나님의 영광과 은총에 대한 가장 거룩한 복음이다." 종교개혁은 교회개혁의 프로그램과 더불어 시작된 것이 아니고, 근본적으로는 하나님의 행위에게만 배타적으로 귀속되어야 할 구원의 가능성이 인간적 모임과 제도, 더 단순히는 인간적 행위에 넘겨져 있는 것에 대한 부정과 더불어 시작된 것이었다. 구원을 인간의 행위에 귀속시키려는 모든 시도를 거부하면서 루터는 '오직 은총으로'를 강조한다. 구원은 인간이 받아야 할 징벌과 저주와 죽음을 하나님이 자신의 아들인 그리스도에게 부과하시고, 그리스도의 의와 복과 생명을 우리에게 선물로 주셨기 때문에 가능하게 된 현실이다.

그리스도의 대리 행위: "Christus pro me"

앞에서 살펴본 바와 같이 루터에게 있어서 하나님의 의는 어디까지나 철저히 인간이 하나님으로부터 선물로 받는 "수동적 의"(iustitia passiva)이다. 의의 수여는 인간의 협력이라는 조건 없이 이루어지며, 바로 그렇기 때문에 그것은 '하나님의' 의라고 불리고 또한 그렇게 불릴 수밖에 없다.[6] 죄인이 의롭게 되는 것을 전적으로 하나님의 행위의 결과로, 그리하여 인간에게 수여된 의를 철저히 수동적이라는 것을 강조하는

---

6 Dieter Korsch, "Glaube und Rechtfertigung," Albrecht Beutel (ed.) *Luther Handbuch* (Tübingen: Mohr Siebeck, 2010), 372-381; 375.

것이 루터의 은총론에 있어서 일종의 '형식적' 틀을 구성한다면 그 '내용' 혹은 '방법'이 드러나는 구체적인 자리가 있는데, 그리스도의 인격과 그의 대리 행위가 바로 그것이다.

　루터에게 있어서 인간에게 의를 수여하기 위한 하나님의 행위는 예수 그리스도라는 인격과 그의 행위들 가운데에서만 인식될 수 있다. 1535년의 "갈라디아서 강해"에 의하면 "그리스도는 자기 자신을 위하여 거룩하고 의로운 것이 아니다." 그리스도의 인격은 "가장 순수하고도 흠이 없는데… 그로 하여금 너의 종이 되게 하기 위하여 아버지로부터 너에게 주어졌다." 여기에서 루터는 거룩하고 의로운 그리스도의 인격이 하나님 아버지로부터 죄인인 인간을 위하여 주어졌다는 사실을 강조한다. 이 그리스도가 인간을 섬기는 방법은 인간의 죄를 자기 자신의 것으로 취하고, 죄인들을 위하여 스스로를 희생함으로써이다: "그리스도는 우리의 모든 죄를 자신에게 지우셨고 우리의 죄를 위하여 십자가에서 돌아가셨다."[7] 이렇게 죄인인 인간들을 위한 그리스도의 대리 행위를 나타내는 독특한 신학 용어가 바로 '즐거운 교환'이다.

　"즐거운 교환"(der fröliche Wechsel; admirabile commercium)[8]은 죄인의 구원을 위한 그리스도의 사역의 특수성이 강조될 때마다 등장한다. 루터는 이 개념을 통해 그리스도의 인격과 죄인인 인간의 인격 사이의 교환을 말한다. 이를 "갈라디아서 강해"에서 루터는 다음과 같이 묘사한

---

7 "Christus in sese recepit omnia peccata nostra et pro illis in cruce mortuus est" (Grosse Galatervorlesung; WA 40,1; 432-452); Dieter Korsch, "Glaube und Rechtfertigung" (2010), 377에서 재인용.

8 이에 대해서는 Matthieu Arnold, "Luther on Christ's Person and Work," Robert Kolb et al. (eds.), *The Oxford Handbook of Martin Luther's Theology* (Oxford: Oxford University Press, 2014), 274-293; 275.

다: "그리하여 그가 다행히 우리와 교환하심으로써 그는 우리의 죄된 인격을 없이 하셨고 우리에게 자신의 무죄하고도 승리에 찬 인격을 주셨다."9 이미 1520년의 "그리스도인의 자유"에서도 역시 동일한 내용을 발견할 수 있는데, 여기에서 루터는 그리스도와 인간의 죄인된 영혼 사이의 관계를 신랑과 신부 사이에 이루어지는 선의 교환이라는 혼사 신비주의를 예로 제시하면서 이렇게 말한다:

"그리스도는 은총과 생명과 구원이 충만하시다. 영혼은 죄와 죽음과 멸망으로 충만하다. 이제 신앙을 그들 사이에 끼워보자. 그러면 죄와 죽음과 멸망은 그리스도의 것이 될 것이고, 한편 은총과 생명과 구원은 영혼의 것이 될 것이다."10

루터에게 있어서 예수 그리스도는 인간을 의롭게 하시는 하나님의 행위가 드러나는 유일한 자리이다. 하나님은 그리스도를 우리를 위해 보내시고, 그리스도에게 충만한 생명과 구원을 인간의 죄와 죽음과 교환하는 방식으로 인간을 구원하고자 하였다. 이를 우리는 다음과 같이 두 가지 측면에서 정리해 볼 수 있다. 첫째, 루터에게 있어서 하나님이 인간을 구원하는 방식은 "오직 그리스도"(solus Christus) 외에는 존재하지 않는다. 하나님의 구원 활동은 오직 그리스도의 대리 행위라는 배타적인 방식으로만 이루어진다. 둘째, 오직 그리스도에게서만 이루어진 하나님의 구원 활동의 배타성과 특수성은 죄인인 인간을 구원하는 것

---

9 "Sic feliciter commutans nobiscum suscepit nostram peccatricem et donavit nobis suam innocentem et victricem personam." WA 40,1; 443,23f.
10 마틴 루터, "크리스챤의 자유," 307.

외에는 그 어떤 다른 목적이나 동기를 지니지 않는다. 따라서 그리스도는 "나를 위해"(pro me) 있지, 자기 자신을 위해 있지 않는다.[11] 이런 점에서 볼 때 '오직 그리스도'라는 배타성은 인간의 구원과 생명이 오직 '하나님의 활동'에 의해, '오직 은총'에 의해 가능하게 되었다는 것을 드러내는 것 외에 다른 것을 지향하지 않는다.

하지만 구원이 오직 은총의 결과라 하더라도 하나님은 인간의 신앙을 요구하는 것은 아닌가? 신앙이란 인간 측으로부터 하나님에게 제공되어야 할 최소한의 인간적 활동은 아닌가? 앞에서 간단히 인용했던 것처럼 "그리스도인의 자유"에서 루터는 그리스도의 인격과 인간의 인격 사이의 교환이 일어나는 자리를 '신앙'으로 명시하고 있는 것도 사실이다. 1537년의 "슈말칼덴 신조" 역시도 "예수 그리스도는 우리의 죄를 위하여 돌아가셨고, 우리의 의를 위하여 부활하셨"으며, 이 사실은 "신앙되어야만 한다"고 확언한다. "오직 그러한 신앙만이" 죄인을 의롭게 하며, 이렇게 "내가 지금까지 지속적으로 가르쳐온 것 중에서 나는 단 한 가지도 변경하지 않을 것"이라는 것이 루터 자신의 진술이다.[12] 그렇다면 인간을 의롭게 하는 하나님의 행위와 은총으로 인간을 의롭게 하는 하나님에 대한 인간의 신앙 사이에는 어떤 관계가 있는 것인가? 둘 사이의 관계를 해명하는 것이야말로 루터에게 있어서 신앙과 실천의 관계를 해명하기 위한 본고의 목적을 위해서도 가장 결정적인 중요성을 지닌 문제이다.

---

11 이때 "나를 위해"라는 것은 '나의' 구원이라는 자기중심적 폐쇄성을 의미하는 것이 아니라, 하나님 아버지와 그리스도의 활동이 '자신을' 위해(pro se)서가 아니라, 오직 인간의 유익을 위해서라는 것을 강조하는 것이다.

12 Martin Luther, *Der Schmalkaldische Artikel*, BSLK, 405-468; 415.

"sola fide": 하나님의 능동성과 인간의 수용성의 일치로서의 신앙

루터는 인간이 어떻게 하나님의 의를 얻을 수 있는가 하는 실존적인 문제의식으로부터 출발하여 그리스도의 대리 행위 가운데 드러나는 하나님의 은총의 행위만을 강조하였다. 이에 반하여 루터는 구원을 위해서는 신앙이 필수적인 요소(conditio sine qua non)라는 사실을 강조하는 매우 모순적인 태도를 취하기도 한다. "그리스도인의 자유"에서 루터는 구원을 위해서는 "믿음만이 충분"하며, "믿음 외에는 아무것도 필요로 하지 않는다"고 단언한다. 이런 점에서 "오직 신앙으로"(sola fide)라는 모토는 종교개혁의 또 다른 명제인 "오직 은총으로"와 충돌하는 것처럼 보이기도 한다. 하지만 이 같은 모순적인 진술을 제대로 이해하기 위해서는—비록 루터가 명시적으로 언급하지는 않고 있지만— 루터에게 있어서 '신앙'이라는 개념이 대체로 서로 다른 두 가지 경우를 지시한다는 것에 주목해야만 한다.

첫째, 루터의 신앙 개념은 하나님에 대한 인간의 신뢰의 수준이나 정도를 의미하는 것이 아니라, 하나님이 인간에게 행한 구체적인 행위에 대한 '수용적인 반응'을 가리킨다. 신앙이란 한국교회 환경에서 종종 이해되는 것처럼 성서 및 교리의 가르침에 대한 무조건적이고도 절대적인 수용과 지지를 의미하는 것도 아니고 혹은 그 무조건적인 신뢰의 정도의 강렬함을 의미하는 것도 아니다. 루터에게 있어서 신앙이란 철저히 구체적인 내용과 결합되어 있다. 그것은 인간이 하나님과 관계를 맺게 되었다는 이 새로운 현실은 어디까지나 그리스도 안에서 하나님의 자비로운 은총의 행위에 의해 비롯된 것이라는 사실을 내용으로 한다. 즉, "내가 믿는다"는 문장은 철저히 '예수 그리스도'를 그 목적어로 가진다. 그리고 예수 그리스도를 믿는 사람은 자신의 신앙의 대상이 단지 대상으로 머물지 않으며, 오히려 자신의 신앙의 '근거'이자 '토대'라는 사실을 인식해야만 한다. 왜냐하면 예수 그리스도를 믿는 것은 단지 그의 존재, 인격, 사역에 대해 믿는 것이 아니고, 그가 '나의 주님'이라는 것을 믿는 것이기 때문이다. 따라서 신앙인은 하나님에 대한 자신의 신뢰의 정도에 만족하는 것이 아니라, "내가 믿는다"고 말할 수 있게 되는 것은 그 신앙의 근거가 내 안에 있는 것이 아니라 오히려 내 '바깥에', 즉 예수 그리스도 안에서 하나님의 은총의 행위가 "나의 신앙에 선행하기 때문"이라는 사실을 인식하는 사람이다.[13]

루터에게 있어서 신앙이란 그 신앙의 대상이 실제로는 신앙의 주체이자 주어라는 사실을 신앙하는 것을 의미한다. 이런 의미에서 폴 틸리히는 "절대적 신앙"(absoluter Glaube)이란 존재하지 않으며, 언제나 "상대적"이라고 강조한다.[14] 신앙은 언제나 특정한 대상과의 관계 속에서만 가능하게 된다는 것이다. 그러므로 신앙의 주어는 인간이 아니다. 오히려 신앙은—혹은 신앙인은— 자기 자신이 결코 하나님과의 관계의 주체가 아니며, 자기 자신의 존재 자체가 오직 하나님에 의해 수동적인 방식으로 구성되었다는 사실을 인식한다. 이렇게 자신의 존재의 수동성에 대한 지속적인 회귀 속에서만 신앙은 하나님과 올바른 관계를 맺을 수 있다. 왜냐하면 신앙이란 "하나님에 의해 수립된 하나님의 생명에의 참여로서 하나님과의 사귐"이며, 이 사실을 인정함으로써만 그는 하나님을 "하나님으로 인정"할 수 있기 때문이다.[15] 이를 루터는 다소 과장되

---

13 Martin Luther, "Der grosse Katechismus," *BSLK* 647, 36-38; Oswald Bayer, *Martin Luthers Theologie* (Tübingen: Mohr Siebeck, 2007), 208f.
14 Paul Tillich, *Der Mut zum Sein*, 137ff.

게 "신앙이… 신성의 창조자"라고 표현한다. 하나님을 자신의 주체와 대상으로 삼는 신앙이 존재할 때에만 이 하나님이 그 신앙의 담지자인 인간 가운데에서 그에 의해 하나님으로 받아들여지게 되기 때문이다:

"신앙은 신성을 완성하고, 내가 표현하는 바에 의하면, 신성의 창조자이다. 하나님의 본질 가운데에서가 아니라, **우리 가운데에서** 그렇다는 것이다. 신앙이 없다면 하나님은 우리 안에서 영예, 지혜, 의, 진리, 선함과 같은 것들을 상실하기 때문이다. 정리하자면 신앙이 없는 곳에는 하나님의 존엄과 신성 같은 것이 아무것도 아니다."[16]

둘째, 루터에게 있어서 신앙이란 인간의 공적에 대한 반대 개념으로서 사용된다. (본절의 서두에서 언급한) 구원을 위해서는 신앙만이 충족적이라는 루터의 진술이 이 경우에 해당된다. "그리스도인의 자유"에서 루터는 율법의 규정들을 준수함으로써 인간이 하나님 앞에서 공적을 쌓아서 구원에 도달할 수 있다는 율법주의적 구원관에 대한 반대 개념으로 신앙을 제시한다. 즉, 신앙은 의무적인 행위들에 대한 대립적인 개념으로 제시되고 있으며, 따라서 율법의 모든 강제적 제약들로부터의 '자유'와의 긴밀한 연관성 속에서 사용된다:

믿음만이 구원에 충만하므로 나에게는 그 신앙 자체의 자유의 능력과 주권을 행사하는 믿음 외에 아무것도 필요치 않다. 보라! 이것은 크리스찬들의 헤아릴 수 없는 능력과 자유가 아닌가!

---

15 Dieter Korsch, "Glaube und Rechtfertigung," 378.
16 WA 40,1; 360,24-28.

여기에서 크리스찬은 만물에서 해방을 받고 만물에 대하여 자유로우므로 자기를 의롭게 하고 구원하기 위하여 아무 공적도 필요로 하지 않는다.[17]

이 경우 신앙이란 인간 측에서 이루어지는 하나님에 대한 적극적 반응이라는 측면의 능동성이 강조되기보다는 의무적 행위로부터 자유로워졌다는 사실에 대한 인간의 '수용과 인정'의 태도를 의미한다. 하나님의 은총은 인간으로 하여금 모든 만물 위의 주인으로 서게 하지 새로운 의무에 사로잡힌 노예가 되게 하지 않는다: "모든 크리스찬은 신앙으로 모든 만물보다 더 높여졌으며, 성령의 능력으로 그는 빠짐없이 모든 만물의 주가 되었다."[18]

정리하자면 루터에게 있어서 신앙은 그 '구성'(Konstitution)의 측면에서 보자면 결코 인간의 행위의 결과가 아니고, 오직 예수 그리스도 가운데 나타난 하나님의 주권적 행위의 결과이다. 한편 그 구성에 일치하는 방식으로 행위로부터의 자유를 추구하면서 하나님을 신뢰하는 삶을 살아가는 것은 하나님의 주권적 행위에 상응하는 인간적 행위라는 점에서 그 '실행'(Vollzug)에 있어서 신앙은 인간의 일이다.[19] 형식-논리적으로 보자면 신앙이란 하나님의 주권적, 주체적 행위에 대한 인간의 상대적, 반응적 행위 사이의 일치라고 정리할 수 있다. 하나님의 은총에

---

17 마틴 루터, 『크리스찬의 자유』, 312f.

18 위의 책, 311.

19 이 통찰은 슈베벨로부터 비롯된다. 슈베벨은 좀 더 세밀하게 신앙을 그 "구성"에 있어서는 "하나님의 말씀의 피조물"(creatura verbi divini)로, 그 "실행'"에 있어서는 "인간의 피조물이라는 특징"(character creatura humanae)을 지닌다고 분석하고 있다. 이에 대해서는 Chr. Schwöbel, *Gott in Beziehung*, 163f.

대한 감사하는 응답적 반응으로서, 행위가 아닌 율법으로부터 자유로운 삶을 추구하는 삶의 태도가 신앙인 것이다. 이 관점에서 보자면 "오직 신앙으로"라는 표어는 결코 "오직 은총으로"라는 종교개혁의 또 다른 표어에 대립하는 것이 아니라, 오히려 후자의 적용 혹은 후자를 인간이 실행에 옮기는 방안에 관한 것이라고 말할 수 있다. 그런데 이로써 우리는 종교개혁의 "오직 은총"과 "오직 신앙"에 대한 비판적 도전을 곧바로 마주하게 된다. 은총과 신앙을 강조하는 것은 결과적으로 인간의 실천적 동기들을 최대한 약화시키는 것처럼 보이는 것이 사실이기 때문이다. 과연 은총과 신앙은 행위를 배제하는 것인가?

III. "사랑으로부터"(ex caritate)
: 신앙을 구체화하는 인간의 행위의 주체성

"sola fide"의 포괄성: 종교적 삶을 넘어

루터에게 있어서 '오직 신앙'은 그리스도인이 율법의 강제로부터 자유롭게 되었다는 사실을 보증한다. 행위에 대한 율법의 요구를 준수함으로써가 아니라 오직 그리스도에 대한 신앙을 통해서만 구원을 얻을 수 있으며, 따라서 그리스도인은 모든 행위에 대한 강제로부터 자유롭게 되었다. 바로 이 특수한 사실에 대한 신앙이야말로 하나님이 요구하는 최고의 선행이다:

모든 선행 가운데에서 제일가는 최고의 선행은 그리스도께서 요한복음

6:28-29에서 말씀하시는 바와 같이 그를 믿는 신앙이다. '우리가 하나님의 일을 하기 위하여 무엇을 하리이까' 하고 유대인들이 물을 때 그리스도께서는 '하나님께서 보내신 자를 믿는 것이 하나님의 일이니라'라고 대답하신다.[20]

신앙이 최고의 선행이라는 진술은 선한 행동을 그리스도인의 삶으로부터 실질적으로 제거하는 것처럼 보인다. 하지만 '오직 신앙'은 앞에서 살펴본 것처럼 인간이 자신의 외적 행위를 통해서는 하나님과 올바른 관계를 형성할 수 없다는 것을 말하고 있을 뿐이다. 신앙을 통해서만 인간은 그 '존재에 있어서'(ontisch) 하나님과 올바른 관계를 맺을 수 있으며, 그 관계 가운데에서만 선한 인간이 될 수 있기 때문이다. 신앙을 통해서 선한 인간이 되면 그때 비로소 인간은 선한 행동을 수행할 수 있게 된다: "선행이 선한 사람을 만들지는 못하나 선한 사람은 선한 일을 행한다." 따라서 신앙이 최고의 선행이라는 루터의 진술은 결코 인간의 실천이 불필요하다는 것을 의미하지 않는다. 오히려 신앙 가운데에서 행위로부터 자유로워진 인간은 '자기의 구원을 위해서' 필요하지 않지만, 오직 자기에게 구원을 선물로 주신 "하나님을 기쁘시게 하기 위하여" "자유로이" 행한다.[21]

'오직 신앙'은 언뜻 보기에는 과도하게 배타적인 신앙중심주의를 드러내는 것처럼 보인다. 하지만 위에서 살펴본 것처럼 '오직 신앙'의 배타성은 결코 인간의 행위를 무의미하게 하지 않는다. 오히려 루터는

20 마틴 루터/지원용 편집, "선행에 관한 논문," 『루터선집』 제9권 (서울: 컨콜디아사, 1983), 29-127; 36.
21 마틴 루터, 『크리스찬의 자유』, 322.

우리가 예상하는 것보다 훨씬 포괄적인 방식으로 인간의 모든 행위를 신앙으로부터 귀결된 행위들로 해석해 낸다. 물론 루터의 저술들에는 인간의 행위에 대한 부정적인 묘사들이 종종 등장하는 것이 사실이다. 그런데 자세히 살펴보면 인간의 행위에 대한 부정적인 묘사는 대체로 그것을 통해 인간이 의롭게 된다고 생각하게 오도할 수 있는 '종교적' 행위들에 해당된다: "미사는… 인간(혹은 악한 인간)의 행위에 불과하다. 인간은 미사를 가지고 자기 자신과 다른 사람이 하나님의 화해, 죄의 용서, 은총 등을 얻을 수 있다고 생각한다."[22]

반면 루터는 신앙인의 삶은 단지 종교적 행위에만 집중해서는 안 되며, 보다 세속적이고 포괄적인 삶의 영역 가운데에서 하나님을 기쁘시게 하는 삶을 살아야 한다고 강조한다. 선행은 결코 "교회에서 드리는 기도와 금식과 자선"과 같은 종교적 행위들로 제한되지 않는다. 루터는 이렇게 종교적인 방식으로 "선행을 너무나 좁게 정의하"는 일을 강력하게 비판한다. "수공업을 하고, 걷고, 서고, 먹고, 마시고, 자며, 육신의 자양을 위해서나 공공복리를 위하여" 행하는 모든 일들이 다 "선행"이다.[23] 신앙으로부터, 즉 하나님과의 올바른 관계 가운에 기초하는 가운데 촉발된 것이라면, 세속적인 방식으로 이루어지는 인간들의 모든 일상적인 행위들도 다 하나님 앞에서 선행이다:

> 모든 행위는 이 신앙 가운데서 **균등하게** 되어 다 같게 된다. 그 행위가
> 크든지 작든지, 길든지 짧든지 또는 많든지 적든지 간에 행위 사이의
> 모든 구별이 없어져 버린다. 왜냐하면 행위는 그 자체로 인해서가 아니라

---

22 "Der schmalkaldische Artikel," *BSLK*, 418.

23 마틴 루터, "선행에 관한 논문," 36f.

신앙으로 인하여 가납될 수 있기 때문이다.[24]

종교개혁의 '오직 신앙'이 인간의 실천을 약화시킨다는 주장은 말 그대로 '주장'에 불과하다. 오히려 신앙은 성과 속, 종교와 일상의 전통적인 구별을 제거할 뿐만 아니라 성직자와 평신도 사이의 구별을 철폐하게 한다. 전통적으로 중세교회에서는 성직자들에게 요구되는 "고도의 계명들"(praecepta)과 평신도들이 지킬 수 있는 비교적 손쉬운 "복음적 권고"(consilia evangelica)를 구별하였다. 이를 통해 산상수훈에 나타나는 고도의 따름에 대한 요구들은 신부들과 수녀들에게 부과된 것으로, 반면 손쉬운 계명들은 일반 백성들이 지켜야 할 것으로 구별하였던 것이다.[25] 루터는 이와 같은 인간의 실천에 있어서의 이중적 구별을 철폐하고, 성과 속, 종교와 일상 속에서 행하는 그리스도인들의 모든 실천들이 '신앙 가운데에서' 동등한 가치를 지닌 것이 되도록 획기적인 전환을 이루어낸다: "신앙은… 모든 행위를 **동등하게** 한다." '오직 신앙' 의 기준으로 보았을 때 종교적 실천과 세속적 실천은 아무런 질적인 차이를 갖지 않는다. 이제 선행의 유일한 기준은 그 행위가 —선행이 지향하는 인간과의 관계에서 보았을 때— 이웃을 섬기기 위한 것인가이다. 율법의 강제로부터 자유로워진 인간은 그가 자유롭게 되었음에도 불구하고 이웃을 섬기는 것이 아니라, 자유롭게 되었다는 바로 그 사실 때문에 사랑 가운데 이웃을 섬기며 산다. "내가 모든 사람에게서 자유로우나 스스로 모든 사람에게 종이 된 것은"(고전 9:19)이라는 말씀처럼

---

24 위의 논문, 38.

25 Thomas von Aquin, *Summa Theologiae* I/II q 108a 4.; Oswald Bayer, *Martin Luthers Theologie*, 258f.

이웃을 섬기는 것이야말로 그리스도인의 행위가 지향해야 할 최종적인 규범이 된다. '이웃을 위한' 인간의 행위는 '나를 위한' 그리스도의 행위에 일치하는 신앙인의 삶의 모습이기 때문이다:

> 그리스도께서 자기의 피로써 우리에게 행하신 것처럼 그와 마찬가지로 우리는 우리의 이웃에게 선을 행한다. … 이웃을 섬기도록 하려고 우리에게 요구되는 율법들, 행위들, 계명들을 우리는 행해야만 한다. … 주린 자들을 먹이고, 궁핍한 자들을 도와야 한다.[26]

그리스도인의 대리 행위: "이웃을 위한 그리스도"

지금까지 살펴본 것처럼 '오직 신앙'이라는 종교개혁의 가르침이 인간의 실천을 배제한다는 비판은 실제로는 과녁이 빗나간 공허한 비판이다. 루터가 인간의 선행의 가치를 평가절하하는 것처럼 보이는 표현들이 있는 것이 사실이다. 하지만 인간의 행위에 대한 루터의 비판은 대체로 종교적 행위에 해당한다는 것을 잊어서는 안 된다. "참회, 고백, 보속"[27] 등과 같이 인간으로 하여금 자신의 행위를 통하여 하나님 앞에 의로워진다고 오도하게 할 수 있는 종교적 선행들에 대해서 루터는 매우 비판적이다. 이미 충분히 논의한 것처럼 이는 구원은 인간의 행위가 아니라, 오직 하나님의 은총의 행위를 통해서만 가능하다는 것을 강조하려는 동기에서 비롯된다. 우리는 이러한 행위들을 "의와 구원을 위하여"

---

26 WA 12, 157,6-14. *Ein Sendbrief an die Gemeinde der Stadt Esslingen* 1523; O. Bayer, *Martin Luthers Theologie*, 263에서 재인용.

27 마틴 루터, 『크리스찬의 자유』, 327.

필요로 하지 않는다. 여기에서 한 걸음 더 나아가서 루터는 선행의 동기는 오직 그 이웃을 섬기려는 것 외에는 그 어떤 다른 목적을 지녀서는 안 된다고 강조한다. 그리스도인은 선행을 수행할 때 "이웃의 필요한 것과 이로운 것 외에는 아무것도 생각하지 않"아야 한다. "다른 사람들을 섬기고 유익하게" 하려는 것만이 그리스도인의 실천의 유일한 목표이다.[28] 선한 행위의 행위자로서 그리스도인은 그 선한 행위를 통해서 자기 자신에게 돌아올 이익이나 기대로부터 완전히 자유롭다. 인간의 윤리적 행위가 자기 자신을 지향하지 않고 오직 이웃의 이익 그 자체만을 목표로 삼아야 한다는 점에서 루터의 윤리관은 "인간을 행위의 수단이 아니라 목적으로 삼으라"는 칸트의 윤리관을 선취한다고도 할 수 있다.

루터가 종교적 선행에 대해 특히 비판적인 이유가 바로 여기에 있다. "승원, 수도원, 제단 및 교회의 의식들", "특별한 금식과 기도" 등은 루터가 보기에 "전혀 기독교적인 것이 아니"다. 이 행위들을 통해 "우리의 죄가 정화되고 그 가운데 구원이 있다고 생각함으로써 모든 것 중에서 우리 자신의 이익만을 구하"려고 하는 한, 그 행위는 행위자 자신의 이익을 위하는 행위일 뿐이며, 그렇기 때문에 '선행'이라고 불릴 수 없다. 현세나 내세에서 주어질 보답을 바라고 행하는 행위들은 선행의 범주로 분류되지 않는다는 점에서 루터의 행위 이론은 대단히 급진적이며, 바로 이 이유로 인해 루터는 종교적인 행위들에 대해 매우 비판적인 태도를 취한다. 구원을 목표로 행해지는 실천은 결코 선행이 아니다: "만일 당신이 교회 내에서 기도하거나 금식하거나 혹은 기금을 세우려고 한다면, 어떤 유익을—현세의 것이든 영원한 것이든— 얻기 위하여 행하지

---

28 위의 책, 329.

않도록 조심할 것을 나는 충고한다."29 반면 '이웃을 목적으로' 극히 세속적인 방식으로 이루어지는 행위는 신앙이 구체적인 방식으로 드러나는 형태로 환영받는다. 구원을 위하여 필요가 없음에도 불구하고 가난한 사람을 돕기 위해 "우리 손으로 친히 일하"는 것은 "참된 그리스도인의 생활"이다: "여기에서 신앙은 사랑을 통하여 참으로 활동적인 것으로 된다."30

루터에게서 이웃을 사랑하는 행위는 신앙이 드러나는 자리, 아니 조금 과장해서 말하자면 신앙이 그 형태를 갖추고 나타나는 유일한 자리이다. 그리고 그 신학적 토대는 다름 아닌 '오직 그리스도'(Solus Christus)에게서 다시금 발견된다. 그리스도의 대리 행위가 '자신을 위해서'가 아니라 철저히 '나를 위해' 자기 자신을 주신 것이고, 신앙이란 바로 이 예수 그리스도에 대한 신앙이기 때문에 이 그리스도에 대한 신앙은 그 신앙의 대상인 그리스도가 그랬던 것처럼 '나를 위해'서가 아니라, '타인을 위해' 자기 자신을 내어주어 종의 모습으로 이웃을 섬기는 행위 가운데에서 구체화된다. 그때 그리스도인은 '이웃을 위한 그리스도'가 된다:

> 그러므로 마치 그리스도께서 그 자신을 나에게 주신 것과 같이 나는 자신을 하나의 그리스도로 나의 이웃에게 줄 것이다. 나는 이웃을 위하여 필요하고 유익하고 이바지하는 것이라고 생각되는 것 외에는 이 세상에서 아무것도 행하지 않을 것이다. 그것은 믿음을 통하여 모든 선한 것을 내가 풍부히 가지고 있기 때문이다.31

---

29 위의 책, 337.
30 위의 책, 329.

오직 그리스도를 통하여 하나님의 은총에 의해 우리는 행위의 요구로부터 자유롭게 되었다. 바로 그 자유로부터 종교적인 방식이 아니라 매우 "인간적인"[32] 방식으로 이웃을 섬기는 사랑 가운데에서만 신앙이 구체화되는 것이다. "그리스도인의 자유"의 핵심 명제는 바로 이것을 말하고 있다:

크리스찬은 더할 수 없이 자유로운 만물의 주이며 아무에게도 예속하지 않는다.

크리스찬은 더할 수 없이 충의로운 만물의 종이며 모든 사람에게 예속한다.[33]

"ex caritate": 인간의 수용성과 능동성의 일치

루터에게 있어서 신앙은 인간의 행위에 앞서서 필수적으로 선행하는 전제이다. 다른 표현으로 하자면 신앙은 인간 자유의 결코 제거할 수 없는 조건(conditio sine qua non)이다. 인간이 스스로 자유롭게 될 가능성은 처음부터 전적으로 닫혀 있다. "자유롭게 되지 않는다면, 우리는 자유롭지 않다."[34] 복음의 선포를 통해 은총을 베푸는 하나님에 대한

---

31 위의 책, 332.
32 위의 책, 331. "비록 그리스도인이 이와 같이 모든 행위에서 해방되기는 하나 이 자유 가운데에서 그 자신을 비워야 하고, 그 자신이 종의 모양을 가져야 하며, 사람과 같이 되어야 하고 인간의 모양으로 나타나야 하며, 섬기고 도우며 그리고 모든 방법으로 그의 이웃을 대해야 한다."
33 위의 책, 295.

신앙을 통해서만 우리는 자유롭게 된다. 바로 그렇기 때문에 루터는 '그리스도인의 자유'에서 자유라는 개념 자체에 대한 분석을 통해서 인간의 자유가 무엇인지를 해명하지 않고, '신앙에 대한 분석'과 더불어 시작한다. 신앙하는 인간은 자신에게 부어진 하나님의 의가 철저히 그리스도의 인격과 사역을 통해 선물로 주어진 것이며, 자신의 존재가 하나님의 은총에 전적으로 의존하고 있다는 사실을 지속적으로 인식(erkennen)하고 인정(anerkennen)한다. 이런 점에서 인간은 그리스도 가운데 나타난 하나님과의 관계 속에서 살아가며, 바로 그런 점에서 "그리스도 안에" (갈 2:19f.) 산다. 인간은 신앙을 통해서, 곧 '오직 신앙'을 통해서만 자기 자신을 향한 집착을 벗어나서 비로소 "탈아적"(exzentrisch)인 존재가 된다. '오직 신앙'만이 인간을 사로잡는 자기애(amor sui), 자기 자신만을 향하는 마음(cor curvum in se)을 벗어나서 타자와의 관계 가운데 살아가게 하는 것이다. 하나님의 은총에 의해 주어진 죄의 용서가 인간으로 하여금 자기 자신 안을 향한 집착을 벗어나서 "다른 이들 안으로, 즉 내게 낯선 것 안으로 고양"할 수 있게 한다. 그것은 내가 받은 의가 "낯선 의"(iustitia aliena)이기 때문이다.35

　　루터에게 있어서 인간의 자유는 근본적으로 타자인 하나님과의 관계 속에서 비로소 구성되며, 타자와의 관계 속에서 구체적인 형태를 띠게 된다. 하나님의 은혜에 의해 해방되었다는 수용성에 대한 인식만이 인간으로 하여금 자기 자신의 폐쇄적인 경계를 넘어서도록 한다. 신앙 없이는 이웃에게로 건너갈 수 있는 다리가 없다. 이웃에 대한 사랑은 오직 신앙

34 Chr. Schwöbel, "Justice and freedom: The continuing promise of the Reformation," Unveröffentlichter Vortrag bei der Soongsil University, 17.
35 신앙의 탈아적 기능에 대해서는 Oswald Bayer, *Martin Luthers Theologie*, 211f.

으로부터 "흘러나온다".[36] 그런 의미에서 신앙은 모든 "행위들의 행위"(opus operum)이다.[37] 이는 신앙만이 자기충족적이고, 사랑은 신앙의 증표나 보증으로서 추가되거나 보충될 수 있다는 것을 의미하는 것이 아니다. 루터 이전까지 중세 교회에서는 갈 5:6[38]을 토대로 신앙은 사랑을 통해서 비로소 구원을 위해 유의미한 형태와 완성에 도달한다고 가르쳤다. 이에 반하여 루터에게서 사랑은 구원을 위한 방편이나 수단이 아니다. 사랑은 그 안에서 비로소 신앙이 살아 있다는 것을 보여주는 유일한 길이다. 오직 사랑으로부터 이웃을 위한 행위 가운데에서만 비로소 신앙은 생동적으로 된다.[39] 능동적인 사랑의 행위가 없다면, 자신에 대한 집착으로부터 해방되었다는 진술은 내용을 상실한다. 신앙 없는 사랑은 공허하고, 사랑 없는 신앙은 맹목적이다.

　　루터에게서 신앙은 인간의 근본적인 수동성에 대한 인정을 의미한다. 인간은 순수하게 자기 자신으로부터 자신의 행위를 결정하는 것이 아니라, 오직 하나님의 행위에 의해 수용되었다는 그 수동성에 대한 자각을 통해서 비로소 타인을 향한 능동적 섬김에 들어서게 된다. 인간으로 하여금 끊임없이 자기애와 자기 자신에게로 회귀하게 만드는 충동으로부터 자유로워지지 않는다면, 인간은 결코 이웃을 그 목적으로 삼는 선한 행위를 실행에 옮길 수 없다. 우리가 우리 자신으로부터 행위하고자 할 때 그것은 언제나 하나님의 뜻에 일치하는 행위가 아니라, 즉시 우리 자아의 욕심을 하나님의 뜻으로 동일시하는 우상 숭배로 귀결되고 말기

---

36 WA 7,66,7: "Ecce sic fluit ex fide caritas."

37 WA 5,396,32.

38 "그리스도 예수 안에서는 할례나 무할례가 효력이 없되 사랑으로써 역사하는 믿음뿐이니라."

39 Oswald Bayer, *Martin Luthers Theologie*, 220.

때문이다.[40] '오직 신앙'만이 인간으로 하여금 자신의 수동성에 대한 자각 가운데에서 능동적인 방식으로 자신에 대한 집착으로부터 자유롭게 사랑을 행하도록 한다. 바로 이러한 '사랑으로부터'(ex caritate), 이웃을 목적으로 삼는 행위 안에서만 우리는 신앙 안에 머문다:

> 그러므로 그리스도인들은 자기 자신 안에서 살지 않고, 그리스도와 그들의 이웃 안에서 산다. … 그들은 신앙으로 그리스도 안에서 살며, 사랑으로 그의 이웃 안에서 산다. 신앙에 의하여 그는 그 자신 이상으로 하나님에게 올려지며, 사랑에 의하여 그는 그 자신 이하로 이웃에게 내려간다. 그러나 그는 항상 하나님과 그의 사랑 가운데 머문다.[41]

IV. 종교적 행위로부터 세속적 실천으로

종교개혁의 칭의론에 대한 일련의 비판의 동기 자체는 이해할만하다. 한국교회 안에는 민주주의, 경제정의, 생태 문제, 소수자 문제 등과 같은 사회적 문제들에 대한 관심과 실천이 여전히 '지나치게' 결여되어 있기 때문이다. 하지만 그러한 실천의 부족 원인을 종교개혁의 칭의론 자체에 있는 것으로 간주하는 것은 거꾸로 종교개혁 당시의 가톨릭교회의 행위 중심적 신앙으로부터 자유를 쟁취했던 종교개혁과 개신교회의 근간 자체를 뒤흔들고, 오히려 구원을 인간 행위의 결과로 간주하는 문제를 초래할 수도 있다. 본문에서 살펴보았듯이 사실 그 같은 입장이야

---

40 Chr. Schwöbel, "Justice and freedom: The continuing promise of the Reformation," 18.
41 마틴 루터, 『크리스찬의 자유』, 338f.

말로 루터와 종교개혁이 극복하고자 했던 바로 그 대상이다. 이럴 경우 구원이 지니는 은총으로서의 본질이 훼손되고, 개신교 신앙은 더 이상 개신교 신앙이 아니라 중세 가톨릭교회의 신앙 행태로 회귀할 수밖에 없다. 종교개혁의 혹은 루터의 칭의론이 문제인 것이 아니라, 루터의 은총론과 신앙론이 제대로 이해되지 않는 것이 문제이며, 이는 실천이 부족한 한국교회뿐만 아니라 실천을 강조하기 위해 칭의론을 비판하는 이들에게도 고스란히 해당된다. 지금 한국의 개신교회에 필요한 것은 종교개혁 신학으로부터의 탈주가 아니라 종교개혁의 근원을 있는 그대로 올바르게 이해하고, 이를 실현하기 위해 노력하는 일이다.

　　종교개혁의 근간을 이루는 '오직 은총'과 '오직 신앙'은 결코 그리스도인의 실천을 방해하지 않는다. 오히려 '오직 은총'과 '오직 신앙' 가운데 드러난 인간의 수동성에 대한 자각만이 인간으로 하여금 자기 자신이라는 감옥을 벗어나 그리스도 안에서 이웃을 구체적으로 섬기는 능동적 실천에 나서게 한다. 더군다나 루터에게 있어서 이웃을 섬기기 위해 자기 자신을 내어주는 행위는 그리스도인 안에 신앙이 생동적으로 살아 있다는 것을 보여주는 유일한 자리이다. 실천 가운데에서 신앙은 살아 있게 된다. '신앙으로부터 실천에로'는 종교개혁이 놓친 논점이 아니고, 루터가 가장 시급하게 힘주어 강조하는 개신교 신앙의 핵심이다. 특히 그 신앙의 실천을 종교적 행위 가운데에서가 아니라, 극히 인간적이고도 일상적인 섬김의 행위 가운데에 있다고 제시하는 루터의 시도는 오늘날 한국교회의 상황에 비추어 볼 때 지나칠 정도로 '세속적'으로 보이기까지 한다. 오직 은총에 대한 신앙을 바탕으로 하는 세속적 실천에 대한 관심의 회복이야말로 종교개혁 500주년을 맞이하여 우리가 재발견해야 할 종교개혁의 유산인 것이다.

13 장
신학과 사회민주주의
— 하르낙과 바르트를 중심으로

I. 사회민주주의에 대한 역사적 · 신학적 접근의 필요성

오늘날 신자유주의 경제 시스템의 포로가 된 한국 사회에서는 부익부 빈익빈이 심화되고, 정치적 · 경제적 · 사회적 불공정성이 나날이 확대되고 있다. 이러한 상황 속에서 신자유주의적 자본주의 시스템을 넘어서는 대안을 검토하는 가운데 유럽식 복지국가 모델을 새로운 대안으로 제시하는 시도들이 점차 늘어나고 있다.

그런데 유럽식 복지국가란 사실 본래부터 주어져 있던 것이 아니라 19세기 중반 이후부터 산업자본주의의 발달로 인해 열악한 상황에 처해 있던 노동자들의 삶을 개선하기 위한 지속적인 요구와 투쟁의 결과라는 것을 잊어서는 안 된다. 특히 사회주의 운동 및 사회민주주의 정당의 활동이 그 과정에 기여한 바는 결코 간과되어서는 안 된다. 당시 독일어권의 유력한 신학자들 중 일부는 자본주의가 야기한 노동자들의 비참한 삶의 현실을 개선하기 위한 실천의 일환으로서 사회민주주의 정당에 당원으로 가입하여 활동하기도 하였는데, 이는 이미 한국의 신학계에도 대체로 알려져 있는 사실이다.[1]

하지만 당시 사회주의 운동 및 사회민주주의 정당이 지향하던 바가 무엇이었으며 또한 이 운동에 긍정적으로 반응했던 신학자들이 구체적으로 사회민주주의 정당의 어떤 요구 사항에 동의한 것이었는지 그리고 이를 가능하게 한 신학적 토대들이 무엇이었는지에 대한 상세한 연구는 아직 이루어지지 않고 있다.[2] 이에 본 연구에서는 20세기 초 독일 신학의 두 대립하는 신학적 경향의 대표자로 간주되는 아돌프 하르낙과 칼 바르트의 사회주의에 대한 수용과 평가 그리고 그 신학적 토대들이 무엇이었는지를 검토해 보고자 한다. 이를 통해서 우리는 당시 독일 신학의 사회적 컨텍스트에 대해 보다 정교한 이해를 얻게 될 뿐만 아니라, 나아가서는 자본주의의 모순을 극복하기 위한 실천에 있어서 우리가 집중해야 할 신학적 요소들이 무엇인지에 대한 선구자들의 통찰력을 빌릴 수 있게 될 것이다.

---

1 예를 들어 바르트의 사회주의 이해에 대해서는 김명용,『칼 바르트의 신학』(서울: 이레서원, 2007), 285ff.; 최종호,『칼 바르트』(서울: 한들출판사, 2010), 15f. 바르트에 앞서 블룸하르트와 같은 종교사회주의자 역시 사회민주주의 정당에 가입하여 활동한 바 있다. 이에 대해서는 E. 마트뮐러/손규태 역,『예언자적 사회주의』(서울: 한국신학연구소, 1987), 40ff.

2 이와 관련하여 국내에서 가장 활발히 연구되었던 주제는 바르트와 사회주의의 관계에 관한 것이다. 이미 20세기 중반부터 박순경, 김애영 등이 이 주제와 관련한 글들을 발표하였으며, 가장 최근의 것으로는 박성철, "칼 바르트 초기 신학 속 하나님 나라와 사회주의 담론의 변화에 대한 연구,"「한국개혁신학」50 (2016): 169-197이 있다. 하지만 이런 연구들은 바르트 자신이 제시하는 사회주의 개념만을 강조하고 있을 뿐 당시 사회주의의 구체적인 내용과 비교하지 않으며, 이런 점에서 바르트의 사회주의 이해를 역사적이고도 입체적인 방식으로 보여주지는 않는 한계를 지닌다.

상기한 목표를 위해 II장에서는 19세기 중반 이후 급격히 성장해 간 사회주의 운동 및 사회민주주의 정당의 지향점이 무엇이었는지를 살펴보고, III장에서는 사회주의에 대한 하르낙의 입장을 검토해 보고자 한다. 흥미로운 것은 하르낙은 초기에는 자유주의신학의 입장에서 사회주의를 반대하였으나 후기에 가서는 역시 자유주의신학의 입장에서 나름대로 사회주의를 긍정하게 되었다는 사실이다. IV장에서는 그 초기에서부터 적극적으로 사회주의 운동에 동참했던 바르트의 입장과 제1차 세계대전을 전후하여 그가 사회주의의 한계를 극복하기 위해 어떤 신학적 강조점들을 제시하는지를 살펴볼 것이다.

II. 사회민주주의의 대두와 성장, 주요 논점들

사회(민주)주의 정당의 등장 및 성장 과정

서유럽에서 사회(민주)주의3의 등장과 발전은 자본주의의 발달과 더

---

3 사회주의(Sozialismus)와 사회민주주의(Sozialdemokratie)라는 개념을 정확히 구별하여 정의하는 것은 쉽지 않은 일이다. 일반적으로 '사회주의'는 노동 대중들의 빈곤을 초래하는 자본주의의 핵심 모순이 생산수단의 사적 소유에 있다고 보고, 생산수단의 공유화를 지향하는 정치적·경제적·사회적 운동을 가리킨다. 반면 오늘날 '사회민주주의'는 자본주의가 초래하는 사회적 문제들을 보다 민주적인 방식으로 개선하려는 정치적·경제적·사회적 운동을 가리키는 것으로 사용되며, 이런 점에서 프롤레타리아 혁명을 배제하지 않는 사회주의에 비해 보다 온건한 정치적 운동으로 간주된다. 하지만 사회주의 운동과 사회민주주의 정당이 조직화되기 시작하던 19세기 중엽 독일에서 이 두 개념은 엄밀히 구별되지는 않았다. 이는 아래 본문에서 살펴보듯이 사회(민주)주의 정당들이 이 두 개념을 모두 자신들의 당명에 사용하고 있는 것을 통해서도 드러난다. 19세기 중엽~20세기 초 독일 사회(민주)주의 정당 운동의 정황을 반영하면서 본고에서는 이 두 개념을 엄밀히 구별하지 않으며,

불어 초래된 노동자들의 비참한 삶의 현실과 긴밀히 결합되어 있다. 자본주의가 초래하는 비인간적인 삶의 현실을 극복하고자 했던 지식인들과 노동자들은 19세기 말경에 이르러 사회민주주의 정당을 수립하고, 이를 통해 자신들의 정치적 · 경제적 이상들을 실현시키고자 하였다. 독일에서 사민주의 정당 활동은 1875년 '독일 사회주의 노동자당'(Sozialistische Arbeiterpartei Deutschlands)의 창당과 더불어 본격화되었다. 이 정당은 라잘(Ferdinand Lassalle)의 주도로 수립된 '전독일노동자협회'(Der allgemeine Deutsche Arbeiterverrein)와 베벨(August Bebel) 및 리프크네히트(Karl Liebknecht)를 중심으로 설립된 '독일 사회민주주의 노동자당'(Sozialemokratische Arbeiterpartei Deutschlands)의 통합을 통해 창립되었으며, 1890년에 '독일 사회민주당'(Sozialdemokratische Partei Deutschlands, 이하 '사민당')으로 당명을 개정하였고, 오늘날까지도 독일 정치에서 기민당과 더불어 중심 역할을 담당하기에 이른다.

일반적으로 사회주의 운동 혹은 사민당의 정당 활동은 전적으로 마르크스의 선구자적 작업에만 기초한 것으로 여겨지곤 한다. 하지만 위에서 간략히 언급한 창당 과정에 드러나는 것처럼 사민당은 그 출발에서부터 서로 상이한 두 분파의 연합을 통해 설립되었고, ─이 두 분파의 노선 차이와 정확히 일치하는 것은 아니지만─ 이처럼 사민당 내부에 존재하는 강조점과 노선의 차이는 사민당의 향후 활동을 지속적으로 동반하게 된다. 조금 거칠게 정리하자면 개인의 자유와 보편적 인권사상

대체로 "자본주의의 극복과 빈곤과 억압으로부터 노동자들을 해방"하고자 하는 운동 및 정당 활동을 가리키는 말로 사용한다. 이 운동을 가리킬 때는 사회주의, 정당 활동을 가리킬 때는 대체로 사회민주주의라는 개념이 사용되었다. 여기에서 인용한 사회주의 개념의 정의에 대해서는 Günter Rieger, "Sozialismus," Dieter Nohlen (ed.), *Lexikon der Politik*, Bd. 7 (Berlin: Directmedia, 2004), 595.

을 토대로 한 정치적 자유주의와의 연속성 속에서 노동자들의 정치적 권리향상과 임금·노동조건의 개선을 위한 구체적인 투쟁을 강조하는 입장과 유물론적 역사 이해를 토대로 프롤레타리아 혁명을 통한 사회주의 건설을 지향하는 소위 과학적 사회주의 계열의 입장이 장기간 공존하게 된다는 것이다. 이는 사민당 창립에 함께 한 두 분파, 즉 '전독일노동자협회'와 '독일 사회민주주의 노동자당'의 강령을 통해서도 확인된다.

'전독일노동자협회'의 주요 지향점은 라잘이 1863년 3월에 라이프치히에서 개최되었던 '전독일노동자회의 중앙위원회'에 보낸 "공개서한"에 드러난다.4 이 공개서한에서 라잘은 '전독일노동자협회'가 추구해야 할 정치적 지향점을 다음과 같이 세 가지로 정리한다: 첫째, 노동자들에 의해 이루어지는 독자적인 정치적 노동운동의 실시, 둘째, 보편선거권의 획득, 셋째, 국가의 신용원조로 후원되는 생산조합의 수립.

상기한 라잘의 요구 사항 중 사회주의적 지향점이 명백히 드러나는 것은 세 번째 사항이다. 라잘은 이 서한에서 노동자들이 착취당하는 현실의 변화는 "토지와 자본의 소유의 폐지"를 통해서만 가능하며, 이것이야말로 '사회적 문제'에 대한 자신의 사고의 "가장 내적인 핵심"이라고 밝힌다.5 사적 소유의 철폐를 지향한다는 점에서 라잘과 전독일노동자협회는 마르크스주의에 토대한 과학적 사회주의 진영과 동일한 입장을

---

4 라잘은 생존 당시 거의 '사회민주주의자들의 그리스도'처럼 추앙받았던 인물로서, 이 "공개서한"이야말로 독일 사민당의 출발지점이라고 평가받기도 한다. 라잘을 향한 당시 노동자들의 열렬한 지지는 다음과 같은 표현 속에서도 확인할 수 있다: "사회민주주의를 위한 라잘의 역할은 기독교를 위한 그리스도의 역할과도 같다. 창조자이자 지도자이며, 선동가이다." "나사렛 예수는 죽었다. 페르디난드 라잘은 영원하리라!" Heiner Grote, *Sozialdemokratie und Religion: 1863-1875* (Tübingen: J. C. B. Mohr, 1968), 14f.

5 Willi Eichler, *100 Jahre Sozialdemokratie* (Bonn: Vorstand der SPD, 1962), 16.

공유한다.6 한편 라잘의 두 번째 요구 사항, 즉 보편선거권의 요구 역시 간과되어서는 안 되는 중요한 요소이다. 이는 보편선거권이라는 자유주의적, 민주주의적 권리를 획득하는 것이 생산수단의 사적 소유의 철폐라는 사회주의적 가치와 결코 대립적으로 이해되지 않고, 이미 사민주의 정당 운동의 초창기부터 사회주의 건설을 위해 필수적인 요소로 간주되고 있었음을 보여준다.

한편 '독일 사회민주주의 노동자당'의 기본 기조는 1869년에 발표된 "아이제나흐 강령"(Das Eisenacher Programm)에 드러난다. 아이제나흐 강령은 세 부분으로 이루어져 있는데, 강령의 I장과 II장은 독일 사회민주주의 노동자당의 이론적 지향점에 대해서, III장은 이 이론적 지향점을 현실화하기 위한 구체적인 실천 지침들에 대해 진술하고 있다. 이 중 특히 II장은 사적 경제의 철폐를 최종 목적으로 설정하고 있다는 점에서 사회주의적 특징을 선명하게 드러내고 있으며, III장에서는 이를 위한 구체적인 실천 지침을 다음과 같이 적시한다: 독일 사회민주주의 노동자당은 "노동계급의 해방을 위해 투쟁"하고, 나아가서 궁극적으로는 "모든 계급지배를 철폐"하는 것을 그 '정치적' 목표로 삼는다. 또한 "자본가들에게 노동자들이 경제적으로 의존"하는 것이야말로 자본가들에게 예속된 "노예 상태의 토대"가 되는 것이기에 '경제적'으로는 "오늘날의 생산방식(임금 시스템)을 협동조합적 노동을 통해 철폐"하고, 이로써 "모든 노동자

---

6 사적 소유의 철폐라는 입장을 공유한다고 해서 라잘이 마르크스-엥겔스의 입장을 그대로 수용하고 있는 것은 아니며, 후자와 구별되는 독특성을 지니고 있다는 것도 간과해서는 안 된다. 마르크스가 사적 소유의 철폐뿐만 아니라 자본가의 이익을 대변하는 자본주의 국가 자체의 전복을 지향하는 반면 노동자를 중심으로 하는 생산조합을 '국가의 지원' 하에 수립해야 한다고 본다는 점에서 라쌀은 마르크스주의에 비하여 국가에 대하여 유연한 태도를 취하고 있다. 이와 관련하여: 정병기, "라쌀의 국가관과 독일 사민당에 대한 라쌀주의의 영향과 의미," 「한국정치학회보」 36(2002): 285-301; 289f.

에게 온전한 노동 소득"을 보장하는 것을 지향한다.[7]

아이제나흐 강령은 상기한 사회주의적 목표를 실현하기 위한 "필수적인 사전 조건"으로 노동자들의 "정치적 자유"를 강력하게 촉구하고 있으며, "민주주의적 국가"의 형성을 천명하고 있기도 한데, 이런 점에서 라잘의 공개서한에서와 마찬가지로 민주주의적 정치제도의 확충을 사회주의의 필수적 요소로 간주하고 있다고 말할 수 있다. 그 구체적인 방안으로 III장은 "20세 이상 모든 남성의 보편, 평등, 직접, 비밀 투표권", "민중에 의해 이루어지는… 직접적인 법률 입안", "국가로부터 교회의 분리와 교회로부터의 학교의 분리", "언론, 결사, 연대의 자유" 등과 같은 전형적인 자유주의적 정치 제도의 실현을 제시한다.[8]

라잘의 공개서한과 아이제나흐 강령에 나타난 것처럼 독일 사민당과 사회주의 운동은 두 개의 기둥 위에 서 있다. 하나는 민주주의적, 자유주의적 정치 질서에 대한 확고한 신념이고, 또 하나는 사적 소유의 철폐와 생산수단의 공유화를 통한 사회주의 국가의 건설이라는 역사발전의 최종 목표에 대한 신념이다. 앞으로 살펴보겠지만 이 두 사상적 기조는 1875년 두 당의 통합을 통해 수립된 사민당의 향후 강령들 가운데에서도 역시 똑같이 동일하게 강조되고 있다.

양당의 통합을 통해 재탄생한 '독일 사회주의 노동자당'의 운명은 순탄하지는 않았다. 통합과 더불어 사회주의 운동을 보다 통일적으로 조직화할 수 있는 기회가 주어졌지만, 점차 대중화되어 가는 사회주의 운동에 두려움을 느낀 비스마르크 정부가 1878년부터 1890년까지 지

---

7 Bundessekretariat der Jungsozialisten, *Programme der deutschen Sozialdemokratie* (Hannover: J. H. W. Dietz, 1963), 71-73.

8 *Ibid.*, 72f.

속적으로 "반사회주의자법"(Sozialistengesetzen)9을 발효시키면서 사민주의 정당 활동을 강력하게 탄압했기 때문이었다. 하지만 노동자들의 열악한 삶의 상황이라는 강력한 현실에 기초한 사민주의 정당은 선거 때마다 역대 최다 득표를 갱신하며 성장하여 갔고, 반사회주의 법안들이 폐기된 1890년에 이르러서는 독일 전역에서 150만여 표를 획득하는 가장 강력한 정당으로 성장하기에 이른다.10

에어푸르트 강령과 베른슈타인, 수정주의 논쟁

1890년 독일 사회주의 노동자당이 가장 강력한 정당으로 성장하게 됨에 따라 반사회주의자법은 더 이상 그 효력을 발휘하지 못하고 폐기되고 만다. 같은 해 독일 사회주의 노동자당은 '독일사회민주당'(이하 사민당)으로 당명을 개정하였고, 아울러 이제 변화된 정치 지형 속에서 사민당의 노선을 확정하기 위한 새로운 강령을 마련해야 할 필요가 대두되었다. 이에 사민당은 1891년 에어푸르트에서 개최된 전당대회에서 만장일치로 새로운 강령을 발표하는데, 이를 가리켜 "에어푸르트 강령"(Erfurter Programm)이라고 한다.

에어푸르트 강령은 아이제나흐 강령과 유사하게 사민당의 근본 기조

---

9 이 법의 본래 명칭은 "공공을 위협하는 사회민주주의 추구를 저지하는 법안"(Gesetz gegen die gemeingefärlichen Bestrebungen der Sozialdemokratie)이다. https://www.fes.de/hfz/arbeiterbewegung/epochen/sozialistengesetz-1878-1890

10 반사회주의 법안이 발효될 당시의 독일제국의 정치적, 경제적 상황과 교회의 다양한 입장들에 대해서는 이용주, "민족주의와 문화개신교: 독일제국 시기의 문화개신교 연구," 「신학논단」 제75집(2014): 245-280, 247ff. 이 논문은 본서의 9장 "민족주의와 자유주의신학 I: 독일제국 시기의 문화개신교"에 해당한다.

를 해명하는 첫 번째 부분과 일상적인 실천 과제를 다루는 두 번째 부분으로 구분된다. 첫 번째 부분은 카우츠키(Karl Kautsky)에 의해서, 두 번째 부분은 베른슈타인(Eduard Bernstein)에 의해 작성되었다. 근본 기조를 다루는 첫 번째 부분의 핵심은 다음과 같이 정리될 수 있다: 첫째, 자본주의의 붕괴가 임박했으며, 자본주의에서 사회주의에로의 이행은 '필연적'이다. 둘째, 자본주의의 모순으로 인해 더욱 궁핍해져 가고 있는 노동자들의 문제를 해결하기 위한 정치적 투쟁이 요구된다.

위의 첫 번째 내용은 마르크스의 『자본론』에 기초한 것으로, 보통 '사적 유물론'이라고 일컬어지는 마르크스주의의 특징적인 역사관을 담고 있다. "부르주아 사회의 경제 발전은 자연필연성과 더불어 소규모 사업장의 몰락"으로 인도하고 있으며, 생산수단을 노동자들로부터 분리시킴으로써 이들을 아무것도 소유하지 못한 프롤레타리아로 변화시키고 있다는 것이다. 이와 같은 계급 지배를 철폐하기 위해서는 "생산수단에 대한 자본주의적 사적 소유를… 사회적 소유로 그리고 물품생산을 사회주의적 생산, 즉 사회를 위해 그리고 사회에 의해 이루어지는 생산으로 전환"시키는 것이 필수적이다. 위의 둘째 내용은 이처럼 "생산수단을 전체의 소유로 이양"시키기 위해서는 노동계급의 "정치 투쟁"이 필수적이라는 주장을 담고 있다.[11]

카우츠키가 작성한 에어푸르트 강령의 첫 번째 부분은 자본주의에서 사회주의로의 필연적 이양을 주장하는 소위 과학적 사회주의를 토대로, 사적 소유가 철폐된 사회주의 국가 건설을 사민당이 지향해야 할 최종 목표로 설정하고 있다. 하지만 베른슈타인에 의해 작성된 두 번째 부분은

---

11 Bundessekretariat der Jungsozialisten, *Programme der deutschen Sozialdemokratie*, 78f.

이와 같은 기조와는 상당히 거리가 멀다. 이 부분은 사실상 사민당 내에서 기존에 이루어지고 있던 일상적인 실천을 그 내용으로 하는데, 대표적인 것들은 다음과 같다: 20세 이상 성인남녀의 "보편, 평등, 직접 선거권"의 획득, "자유로운 의사 표현과 연합 및 모임을 방해하는 모든 법률의 폐기", "공공학교의 의무교육", 무상 의료제도의 확립 등이 그것이다.[12]

에어푸르트 강령의 일상적 실천에 대한 부분은 그 내용상 사회주의적이라기보다는 아이제나흐 강령에서 그랬던 것처럼 민주주의의 확대 및 노동자들의 복지 증진에 그 초점이 맞추어져 있다. 이는 한편으로는 사민당의 정당 활동이 단지 마르크스주의만을 토대로 하는 것이 아니라 시민의 자유와 평등을 확대하려는 자유주의적, 민주주의적 관심사를 언제나 그 토대로 하고 있다는 것을 보여주는 사례이다. 반면 다른 한편으로 이는 생산수단의 사회화를 주장하는 사회주의 이론과 민주주의적 일상의 실천 운동이 사민당 내에서 언제나 밀접히 결합되어 있는 것은 아니라는 현실적 문제를 드러내는 것이기도 한데, 이 문제는 에어푸르트 강령이 발표된 지 몇 해 지나지 않아 촉발된 사민당 내부의 수정주의 논쟁으로 이어진다.

수정주의 논쟁은 베른슈타인이 1896년부터 1898년까지 「새로운 시대」(Neue Zeit)라는 사회주의 잡지에 사민당의 이론적 기조를 담당하던 마르크스주의를 비판하는 글들을 게재하고, 이에 베벨이 1898년 스튜트가르트 당대회에서 베른슈타인을 고발함으로써 비롯된 일련의 논쟁을 가리킨다. 베른슈타인은 1899년 3월에 마르크스주의에 대한 자신의 비판을 정리하여 『사회주의의 전제와 사민당의 과제』(Die Vorau-

---

12 Ibid., 79f.

ssetzungen des Sozialismus und die Aufgaben der Sozialdemokratie)라는 책을 출판하는데, 여기에서 그는 사민당이 채택하고 있는 경직된 마르크스주의를 개혁할 것을 요구한다. 베른슈타인이 비판하는 마르크스주의의 주요 내용은 다음과 같다: 첫째, 부르주아 사회의 붕괴 및 자본주의에서 사회주의에로의 필연적 이행이 임박해 있다는 주장, 둘째, 이러한 사회주의에로의 이행은 노동자의 궁핍화가 심화됨에 따라 필연적으로 발생할 수밖에 없다는 신념.[13]

위에서 언급한 고전적 마르크스주의의 두 가지 주장에 반하여 베른슈타인은 다음과 같이 단언한다: "나는 부르주아 사회의 예상되는 붕괴가 이제 막 우리에게 임박했으며, 사민당은 자신의 전술을 이런 임박한 사회적인 대파국의 전망 아래서 수립해야 하며 혹은 그런 전망에 의존해야 한다는 견해에 반대한다."[14] 임박한 자본주의 붕괴론에 대한 베른슈타인의 비판은 자본주의가 발전함에 따라 노동자 계급이 더욱 궁핍해지는 것이 아니라 오히려 중산층이 증가하고, 생산 및 소비조합의 발전 등으로 인해 자본주의 모순이 완화하는 경향이 나타나고 있다는 경제 현실 분석에 기초한 것이다.[15] 베른슈타인에 의하면 자본주의로부터

---

13 강신준은 베른슈타인의 비판을 다음과 같이 세 가지로 정리하고 있다: "첫째, 역사발전 법칙에 대한 맹목적 신앙, 둘째, 그러한 신앙의 내용을 이루는 사회의 혁명적 변화의 필연성에 대한 신앙, 셋째, 그런 혁명적 변화를 가능하게 하는 경제적 조건의 필연성에 대한 신앙." 이에 대해서는 강신준, "노동운동에서의 이론과 실천의 문제-수정주의 논쟁: 베른슈타인의 '사회주의의 전제와 사민당의 과제'," 에두아르트 베른슈타인/강신준 역, 『사회주의의 전제와 사민당의 과제』(파주: 한길사, 2012), 21-49; 42f. 본고에서는 강신준의 정리 중 첫째와 둘째를 유사한 것으로 간주하여 두 가지로 정리하였다. 이는 베른슈타인의 비판을 마르크스주의의 '붕괴 이론'과 '궁핍화 테제', 두 가지에 대한 비판으로 정리한 서순의 입장과도 일치한다. 이와 관련해서는 도널드 서순/강주헌 외 역, 『사회주의 100년: 20세기 서유럽좌파정당의 흥망성쇠』(서울: 황소걸음, 2014), 83.

14 에두아르트 베른슈타인/강신준 역, 『사회주의의 전제와 사민당의 과제』, 52.

사회주의에로의 필연적인 이행이라는 마르크스주의의 신념은 경제 관계에 대한 냉철한 분석에서 비롯된 것이라기보다는 헤겔의 영향 아래에서 형성된 낡은 관념론적 유산에 지나지 않는다. 사적 유물론을 토대로 "모든 사건의 필연성"을 주장하는 사회주의자들을 가리켜 "신만 갖지 않은 칼뱅주의자"라고 신랄하게 비판하면서[16] 낡아버린 신념을 토대로 임박한 사회주의 혁명을 공허하게 외치는 것보다는 노동자들의 삶을 개선하고, 민주주의를 확대하는 실질적인 실천에 더욱 매진해야 한다고 베른슈타인은 강조한다. 당시 사민당은 베른슈타인의 입장을 '수정주의'(Revisionismus)라고 비판하면서 거부하였고, 계급투쟁과 사회주의 혁명을 주장하는 '정통주의 마르크시즘'을 당의 공식적인 입장으로 재확인하였다.

비록 공식적으로는 거부당하고 말았지만, 베른슈타인이 요구했던 것은 예외적인 것이 아니었고, 사실은 사민당 내에서 이미 추구되고 있던 현실 정치적 실천을 재확인한 것에 불과했다. 이미 엥겔스조차도 자신과 마르크스가 프롤레타리아 혁명을 통한 사회주의에로의 필연적 이행을 기대했던 것은 성급한 것이었다고 평가하고 있으며,[17] 그보다는 민주주의의 확장과 이를 통해 의회정치에 적극적으로 참여함으로써 자신들의 이상에 가까이 다가갈 수 있으리라는 희망 섞인 전망을 내어

---

15 이 내용들을 상세히 묘사하는 것은 본고의 범위를 넘어서는 것이므로 여기에서는 더 이상 다루어지지 않는다. 이와 관련해서는 위의 책, 제3장을 참고하라.

16 위의 책, 68.

17 이 무렵 엥겔스는 자신과 마르크스가 1848년 당시 무장봉기를 통해 사회주의 혁명을 실현할 수 있으리라고 생각했던 것은 단지 "환상"에 불과했다고 비판적으로 회고하고 있다. 그보다는 선거에서의 승리와 같은 "법의 테두리를 벗어나지 않고 훌륭하게 수행되고 있는 사회민주당의 봉기"에 더욱 집중해야 한다는 것이 엥겔스 자신의 입장이었다: 카를 마르크스/임지현, 이종훈 역, 『프랑스 혁명사』 (고양시: 소나무, 2017), 23, 42.

놓기까지 했다.[18] 이처럼 의회민주주의라는 제도 안에서 노동계급이 합법적이고 평등한 조건에서 부르주아 계급에 맞서 투쟁하고, 나아가서는 현존 국가 안에서 평화적인 방식으로 권력을 획득할 수 있으리라는 것은 이미 당시 사민당 안에서 '실질적'으로 실천되며 추구되고 있던 바였다.[19]

베른슈타인이 사민당에서 거부당한 것은 그가—프롤레타리아 혁명을 통한— 사회주의 국가의 수립이라는 사민당의 최고 목표를 부정한다는 이유 때문이었다. 실제로 베른슈타인은 다음과 같이 주장한다: "나에게는 운동이 가장 중요한 것이며 사람들이 대개 사회주의의 최종 목표라고 부르는 것은 전혀 중요하지 않다."[20] 하지만 베른슈타인의 이러한 진술은 그가 사회주의 국가 수립 그 자체를 거부한 것이라기보다는 역사적 필연성이라는 추상적 관념에 고착되어 그 현실적인 활동에 있어서까지도 제약을 받고 있는 당시 사민당의 행태에 대한 것이었다. 이 같은 교조성에 반하여 베른슈타인은 사민당의 정치적 활동은 노동자 계급의 현실을 개선하기 위한 운동으로서의 모습을 상실하지 말아야 한다는 것을 강조한다. 사회주의 국가의 건설은 "노동계급을 정치적으로 조직하고 민주주의를 위해 교육시켜 나갈 뿐만 아니라 국가 내에서 노동자 계급을 고양시키고 국가기구를 민주적인 내용으로 바꾸어나갈

---

18 엥겔스는 지속적인 선거에서의 승리에 고무되어 "만약 이런 추세가 계속된다면 19세기 말까지 우리는 사회 중간층—프티부르주아지와 소농민층—의 대다수를 확보해 국내의 결정적인 세력으로 성장할 것"이라고 낙관적으로 기대하였다: 위의 책, 41.

19 도널드 서순/강주헌 외 역, 『사회주의 100년: 20세기 서유럽좌파정당의 흥망성쇠』, 82f.

20 에두아르트 베른슈타인/강신준 역, 『사회주의의 전제와 사민당의 과제』, 57. 이와 관련하여 아래의 글도 참고할 것: H. Tudor and J. M. Tudor (ed.), *Marxism and Social Democracy. The Revisionist Debate 1896~1898* (Cambridge: Cambridge University Press, 1988), 168-169.

수 있는 모든 개혁을 위해 싸워나가"[21]는 것 없이 이루어지지 않는다는 것이다.

베른슈타인의 입장은 1917년 러시아에서 일어났던 볼셰비키 혁명의 성공으로 인해 사민당 내부의 이념투쟁에서 패배해 버리고 만다. 러시아에서 성공한 사회주의 혁명은 마르크스주의가 '과학적'이라는 것을 증명하는 것으로 간주되었고, 베른슈타인의 개혁주의를 반혁명적인 것으로 치부해 버리는 결정적인 계기가 되었다. 하지만 소련을 중심으로 하였던 현실 사회주의 국가에서 민주주의와 인권, 개인의 자유가 심각한 위기에 처했었다는 것을 고려해 본다면, 베른슈타인이 오랫동안 배제되어 왔다는 것은 사회주의 운동 전반에 있어서 큰 손실이었다고 평가할 수 있다.

사회주의 국제 연대와 1차 세계대전

노동자들 간의 국제적 연대는 그 태동기 때부터 사회주의 운동을 특징짓는 핵심 요소이다. "프롤레타리아들은 공산주의 혁명에서 자신들을 묶고 있는 족쇄 외에는 잃을 것이 없다. … 만국의 프롤레타리아여 단결하라!"[22]고 외치던 공산당 선언에 명시된 것처럼 사회주의 운동에서 사회주의 혁명과 노동자들의 광범위한 국제적 연대는 불가분리하게 결합된 것으로 간주되어왔다. 1864년부터 1876년까지 이어진 제1차 인터내셔널과 1889년부터 1차 세계대전 발발 무렵까지 이어졌던 제2차 인터내셔널 등은 모두 사회주의 운동의 국제적 특징을 보여주는

---

21 에두아르트 베른슈타인/강신준 역, 『사회주의의 전제와 사민당의 과제』, 55.
22 카를 마르크스, 프리드리히 엥겔스/이진우 역, 『공산당 선언』(서울: 책세상, 2002), 60.

사례들이다.

이러한 국제주의가 '아이제나흐 강령'과 '에어푸르트 강령' 모두에서 당연하게 채택되고 있다는 점에서 독일 사민주의 정당 운동은 그 초창기에서부터 국제적 연대를 사회주의 이상 실현을 위해 필수적 요소로 이해하고 있었다.[23] 일례로 1870년과 1871년 프로이센 정부가 프랑스와의 전쟁을 위한 국채 발행을 시도할 때, 당시 독일 사회민주주의 노동자당을 이끌고 있던 베벨과 리프크네히트는 프랑스 노동자들과의 연대를 표방하면서 국채 발행을 거부하였을 뿐만 아니라, 전쟁에서 승리한 프로이센이 프랑스의 알자스-로렌 지역을 자국의 영토로 복속시키는 것에 대해서도 반대하였다. 이처럼 자국의 관심과 이익을 넘어서는 전 세계 노동자들과의 연대라는 국제주의적 특징으로 인하여 독일에서 사회민주주의자들은 지속적으로 "조국도 없는 분자들"(vaterlandslose Gesellen)이라는 혹평에 시달려야만 했다.[24]

하지만 사민당이 이러한 국제적 연대의 의식과 정책을 일관되게 유지한 것은 아니었다. 독일뿐만 아니라 당시 유럽의 사회주의 정당 및 운동 세력들 간의 국제적 연대를 결정적으로 파괴시킨 사건이 발생하는데, 그것은 바로 제1차 세계대전이었다. 전쟁이 발발하고 며칠 지나지

---

23 아이제나흐 강령은 "노동계급의 정치적, 경제적 해방"은 단지 지역적 혹은 국가 내부적 투쟁을 통해서가 아니라, "모든 나라들"의 노동자들의 연대가 필수적이라고 명시하면서 독일 사회민주주의 노동자당을 제1차 인터내셔널, 즉 '국제 노동자연합'(Internationale Arbeiterassoziation)의 "지부"로 정의 내리기까지 한다. 에어푸르트 강령 역시도 "노동계급의 해방"을 위하여 사민당은 "다른 모든 국가들의 계급의식적인 노동자들과 하나"가 되어 일한다고 강조한다: Bundessekretariat der Jungsozialisten, *Programme der deutschen Sozialdemokratie*, 72, 79.

24 Rainer Traub, "Kriegskredite 1914: Der Sündenfall der SPD," *Der Spiegel* (24, Sep. 2013): http://www.spiegel.de/einestages/spd-im-ersten-weltkrieg-wie-es-zur-kriegskredite-zustimmung-kam-a-976886-druck.html.

않은 1914년 8월 4일, 독일제국의 황제 빌헬름 2세는 제국의회에 사민당을 포함하는 모든 정당의 대표들과 의원들을 모아 '교서'(Thronrede)를 발표한다. 이 교서에서 빌헬름 2세는 평화 시기에 이루어졌던 정당들과 정파들 간의 대결을 중단하고, 외부로부터의 위협 앞에서 독일을 지키기 위해 모든 정파들의 힘을 모을 것을 호소한다: "이제 나는 그 어떤 정당도 알지 못한다. 나는 오직 독일인들만을 알 뿐이다." 빌헬름 2세의 연설은 효력을 발휘하였다. 사민당을 포함하여 모든 정당이 조국을 수호하기 위한 소위 '방어 전쟁'의 정당성을 인정하고 정부를 지지하기로 결의한 것이었다. 이렇게 이루어진 정파들 간의 통일을 가리켜 "도성 내 평화"(Burgfrieden)라고 일컫는다.25

독일 사민당의 제1차 세계대전 지지와 전쟁 국채 발행에 대한 동의는 국내외적으로 사회주의 운동의 진행과 관련하여 광범위한 영향을 끼쳤다. 당시 독일 사민당은 유럽 전역의 사민주의 정당들에게 큰 영향을 끼치고 있었는데, 독일 사민당이 민족주의적인 방향으로 전환함에 따라 다른 국가들의 사회주의 정당들 역시도 자국의 이익을 위한 전쟁 지지를 적극적으로 표명하게 된다. 또한 이는 독일 사민당 내부에서도 큰 논쟁을 촉발한다. 리프크네히트와 로자 룩셈부르크 같은 이들은 전쟁 지지에 반발하여 1916년 사민당을 탈당하여 급진적 마르크스주의를 표방하는 스파르타쿠스단을 형성한다. 또한 베른슈타인 역시도 초기의 전쟁 지지를 철회하고 사민당에서 이탈하여 1917년 '독일 독립 사민당'(Unabhängige Sozialdemokratische Partei Deutschlands)을 창립하는 등 사민당의 분열이 이어지기에 이른다.

---

25 Wilhelm Loth, *Das Deutsche Kaiserreich. Obrigkeitsstaat und politische Mobilisierung* (München: DTV, 1997), 144.

독일 사민당은 전쟁 발발 하루 전까지만 하더라도 베를린에서 대규모 시위를 통해 전쟁 반대 의견을 적극적으로 개진하기까지 하였다. 그럼에도 불구하고 이처럼 사민당과 노동자들의 입장이 급작스럽게 선회하게 된 것은 다음과 같이 두 가지로 압축하여 설명될 수 있다: 첫째는 국제주의가 민족주의를 넘어서지 못했다는 것이고, 둘째는 독일의 사회주의자들은 이제 사민당이 제도권 정치 안에서 주도적인 역할을 하기를 희망하고 있었다는 것이다.

사실 위의 두 요인들은 서로 긴밀히 결합되어 있다. 독일 사회주의자들의 국제주의는 기실 한편으로는 사민당이 독일 제도정치권 내에서 특별한 역할을 기대하기 힘든 정치적 상황을 토대로 한 것이었다. 비록 이론적으로는 혁명적 마르크스주의를 따라 부르주아 국가의 전복이 주장되고 있었다고 할지라도 이제 독일 내에서 가장 강력한 정치세력으로 성장한 지금에 와서는 제도정치권과의 대립을 적극적으로 추진하는 것이 쉽지는 않았다.26 그 뿐만 아니라 사민당을 지지하는 대다수 노동자들조차도 당시 독일을 휩쓸고 있던 민족주의로부터 자유로울 수는 없었다. 비스마르크 정부 치하에서 이루어진 사회개혁을 통해 이들은 이전에 비하여 상당히 개선된 대우를 받게 되었고, 스스로를 점점 더 강력해져 가는 독일제국과 동일시해 가고 있었다. 한때 "조국도 없는 분자들"이었지만, 이제는 독일이라는 민족국가 안에 적어도 "양자"로서 편입되기를 희망했던 것이다.27

이와 같은 국제주의로부터의 이탈은 이미 예견되었던 것이기도 하

---

26 이와 관련해서는 도널드 서순/강주헌 외 역, 『사회주의 100년: 20세기 서유럽좌파정당의 흥망성쇠』, 102f.

27 Willi Eichler, *100 Jahre Sozialdemokratie*, 40f.

444 | 4부_ 그리스도인의 삶과 정치

다. 베른슈타인은『사회주의의 전제와 사민당의 과제』에서 프롤레타리아들의 권리가 점차 신장될수록 "프롤레타리아에게는 조국이 없다"라는 공산당 선언의 명제는 약화될 것이라고 보았다. 그는 국가와 지방자치단체 내에서 노동자들이 대등한 권리를 지니게 되면 될수록 이들은 "조국을 가지게 될 것이며, 세계시민으로 되지는 않게 될 것"이라고 예견한 바 있다. 점점 더 "민족주의적"으로 되는 것은 어쩌면 사회주의 운동의 필연적 귀결이었는지도 모른다.[28] 사회주의 운동의 성공적인 발전은 "족쇄 외에는 잃을 것이 없"던 시간을 어느새 과거의 것으로 만들어 버리고 있었다. 명목상으로는 혁명을 내세우지만, 어느 사이엔가 현존하는 자본주의 국가 체제와의 타협이 진행되고 있었던 것이다.

III. 아돌프 하르낙의 사회민주주의 이해

사회주의 거부에서 인정에로

아돌프 하르낙은 독일제국의 부흥과 사회주의의 발전, 제1차 세계대전과 바이마르공화국의 수립 등 1차 세계대전을 전후한 독일의 역사 한복판에서 대표적인 신학자이자 지식인으로서 살아갔던 인물이다. 1차 세계대전을 전후하여 하르낙은 신학계와 교계라는 테두리를 넘어서서 독일의 지성계 전체에서 중추적인 역할을 담당하고 있었다. 그가 책임지고 있던 공식적인 직함들 중 대표적인 것만 거론하더라도 오늘날

---

28 에두하르트 베른슈타인/강신준 역,『사회주의의 전제와 사민당의 과제』, 282f.

독일연구재단의 전신인 '카이저-빌헬름-협회' 회장, 국립도서관장, 프로이센 학술회의 소속 6개 위원회 위원 등으로서, 하르낙의 업적은 "라이프니츠 시대 이후 독일의 지식인들 사이에서 이뤄내기 참으로 어려웠던 것들"[29]이었다고 평가된다. 화려한 하르낙의 이력은 신분제 사회였던 당시 독일에서 평민계급 출신의 일반 시민이 성취할 수 있는 사회적 성공 중 가장 높은 것이었다.

하르낙이 당시 독일 사회에서 차지하고 있던 높은 사회적 지위는 그가 노동자들의 이익을 대변하는 사회주의에 대하여 어떤 입장을 취하였는지를 짐작할 수 있게 한다. 당시 소위 '문화개신교' 혹은 '자유주의신학'의 대변자들은 대체로 부유한 시민계급 출신이었으며, 이들은 그 활동의 초창기에는 자본주의의 발전과 이로 인한 시민계급의 성장을 지지하고 또한 이를 관철시키기 위한 국가 이데올로기적 수단으로서 민족주의를 지향하는 특징을 보이곤 하였다.[30] 이는 하르낙의 경우에도 마찬가지로 제1차 세계대전이 발발하기 전까지 하르낙은 사회주의와 사민당에 대해서 매우 배타적인 입장을 취하고 있었으며, 민족주의와 정치적 자유주의가 결합된 당시 독일제국의 사회시스템을 지지하였다.

물론 하르낙이 당시 노동자들의 비참한 삶의 현실에 대해 무관심했던 것은 아니었다. 1890년에 하르낙은 슈퇴커의 주도하에 노동자 계층의 현실을 개선하기 위해 수립된 개신교-사회회의(Evangelisch-Sozialer

---

29 Der Rektor der Universität Berlin am 21. Februar 1924 an Harnack, Archiv der Humboldt-Universität zu Berlin/Personal-Akte Harnack Nr. 98, Bl. 12: Kurt Nowak, "Adolf von Harnak in Theologie und Kirche der Weimarer Republik," Kurt Nowak et al.(ed.), *Adolf von Harnack. Christentum, Wissenschaft und Gesellschaft* (Göttingen: Vandenhoeck und Ruprecht, 2003), 207-235; 215에서 재인용.

30 이에 대해서는 이용주, "민족주의와 문화개신교: 독일제국 시기의 문화개신교 연구," 254ff.

Kongress)의 공동의장으로 취임하는 등 당시의 '사회적 문제'(Soziale Frage)를 해결하는 데 큰 관심을 보여 왔다.[31] 심지어 하르낙은 "오늘날 예수는 가난한 민중들의 심각한 위기 상황을 완화하기 위해 강력히 노력하는 사람들의 편에 서리라는 것에 의심의 여지가 없다"[32]고 단언하기까지 한다. 그럼에도 불구하고 하르낙은 당시 급격히 성장하던 사회주의 운동과 사민당의 정당 활동을 결코 달가워하지 않았으며, 이러한 태도는 제1차 세계대전이 발발하기 직전까지도 지속되었다. 예를 들어 1910년 개신교-사회회의 제21차 정기총회 개막연설에서 하르낙은 사민주의와는 결코 타협할 수 없다는 입장을 강력하게 천명한다. 사민주의는 "복음이 가르치는 의미에서 도덕적 정신"을 가지지 않기 때문이고 또한 국가를 인정하지 않기 때문이다.[33]

하르낙이 사민당에 대해 부정적인 입장을 표방한 것은 위에서 간단히 언급한 것처럼 사민주의가 개인의 도덕성을 강조하지 않으며, 국가를 존중하지 않는다고 평가했기 때문이었다. 이런 점에서 하르낙은 개인의 고유성을 강조하는 정치적 자유주의와 독일 국가의 발전을 지향하는 민족주의의 성향을 고수하고 있다. 하지만 1차 세계대전의 발발과 종전 그리고 이어지는 바이마르공화국의 수립 등의 역사적 과정을 거치면서 하르낙은 사회주의 및 사민당을 수용하는 방향으로 입장을 전환하는데,

---

31 Volker Drehsen, "Evangelischer Glaube, brüderliche Wohlfahrt und wahre Bildung," Hans Martin Müller (ed.), *Kulturprotestantismus. Beiträge zu einer Gestalt des modernen Christentums* (Gütersloh: Gütersloher Verlagshaus, 1992), 190-229; 195.

32 Adolf von Harnack, *Das Wesen des Christentums* (Tübingen: Mohr Siebeck, 2007), 63.

33 Adolf von Harnack, "Eröffnungsrede beim 21. Evangelisch-sozialen Kongreß (1910)," Kurt Nowak (ed.), *Adolf von Harnack als Zeitgenosse*, Teil II (Berlin/New York: De Gruyter, 1996), 1381-1386; 1383f.

이는 종전 후 수립된 바이마르공화국에서 사민당이 중추적인 역할을 담당하게 되었다는 사실과 관련이 있다.

바이마르공화국은 1차 세계대전의 종전과 더불어 독일제국이라는 왕정 국가가 종식되면서 수립된 독일 최초의 민주공화국이다. 바이마르 공화국 정부에서는 자유주의 정당들과 사민당 등이 핵심적인 역할을 담당했는데, 이는 당시 독일 사회와 교회 모두에서 여전히 건재하던 민족주의를 토대로 왕정복고를 고대하던 대다수 독일인들에게는 참을 수 없는 일이었다. 이에 따라 군부와 교회 등 왕정복고 세력들은 민주주의와 사민주의 모두를 독일 내부의 적으로 비판하면서 바이마르공화국을 종식시키고 비스마르크 시대의 영광을 회복하기를 갈망하였다. 이에 반하여 하르낙은 "민주주의와 사회주의의 시대"가 도래했다는 사실은 더 이상 부정할 수 없으며, 비스마르크 시대로 돌아갈 것을 주장하는 것 역시도 무의미한 것이라고 비판한다. 이미 수립된 공화국을 뒤흔들어서는 안 되며, 이제 변화된 정치 상황에 발맞추어서 "민주주의와 사회주의적 지향성을 가진 모든 민중들에게 보다 넓은 활동 영역을 제공"하는 것이 시대에 적합한 정치적 과제라고 보았던 것이다.[34] 전쟁으로 인해 피폐해진 국가 상황 앞에서 구시대적인 왕정복고의 향수에 빠져 있어서는 안 되며, 이제는 국가의 핵심 세력으로 부상한 "사민당과의 협력을 통해 국가를 재건"하는 것이야말로 "독일의 국내 역사에 있어서 가장 중요한 의미를 가진 사건"[35]이라는 것이 하르낙의 변화된 태도이다.

---

34 Adolf von Harnack, "Politische Maximen für das neue Deutschland (1919)," *Ibid.*, 1518-1521; 1518.

35 Adolf von Harnack, "Kann das deutsche Volk geretet werden? (1925)," *Ibid.*, 1395-1402; 1400.

하르낙이 독일의 현실 정치 지형 속에서 사민당의 존재와 역할을 인정하게 된 것은 사실이지만, 이것이 곧 사민당에 대한 적극적인 지지나 정당 가입과 같은 능동적인 정치적 행위로 이어지지는 않는다. 또한 하르낙은 사민당의 정강 정책이나 마르크스주의와 기독교 신앙의 비교와 같은 신학적 작업을 시도하지도 않는다. 그보다는 사민당에 대한 하르낙의 태도는 언제나 사회주의 국가 건설이라는 사민당의 최종 목표에 대하여 거리를 두는 것이었는데, 이는 사민당에 대한 하르낙의 수용은 어디까지나 그의 정치적, 신학적 자유주의의 관점과 상응하는 한에서 이루어졌기 때문이었다.

자유주의적으로 수용된 사회주의

사회주의 국가 건설을 그 최종 목표로 그리고 이를 구현하기 위한 수단으로써 프롤레타리아 혁명을 표방하는 사민당의 정강 정책과 관련한 하르낙의 정치적, 신학적 판단이 무엇인지는 명시적으로 드러나지 않는다. 이는 그가 이 문제에 대하여 직접적인 의견을 표명한 적이 없기 때문이다. 하지만 이와 관련하여 간접적인 방식으로 하르낙의 생각이 무엇이었는지를 추정해 볼 수는 있는데, 이는 그가 자신만의 방식으로 '사회주의'라는 개념을 정의하는 것을 살펴봄으로써 가능하다.

1차 세계대전이 끝난 1919년 하르낙은 "새로운 독일을 위한 정치적 준칙들"[36]이라는 제목의 단편을 발표한다. 여기에서 하르낙은 사민주의에 대해 자신이 지니고 있는 기존의 관점, 즉 사민주의는 개인의 도덕성

---

36 Adolf von Harnack, "Politische Maximen für das neue Deutschland (1919)," 1518.

을 충분히 강조하지 않는다는 우려를 재표명한다. 사적 소유의 철폐와 생산수단의 사회화를 주창하는 사민주의가 "모든 사람들이 똑같이" 되는 것을 지향하는 것에 반하여 하르낙은 "각자가 모두를 위한"(jeder für alle) 사회적 지향으로서의 "사회주의"는 전후 독일의 회복과 일치를 위해서 반드시 필요한 과제라고 강조한다. "유물론적 동기들"을 토대로 사회적 평등을 촉구하였던 사민주의의 시대는 "지나갔고, 이제 꺼져가야만 한다." 하지만 "계급 간의 대립"(Klassengegensätze)을 극복하여 시민과 노동자들 사이의 "내적 평화"를 수립하는 것이야말로 새로운 시대에 반드시 필수적인 정치적 과업이다.37

독일제국 시기의 입장과 비교하자면 1차 세계대전과 바이마르공화국 시기에 하르낙이 사민당에 대해 취하는 태도는 전향적으로 변화한 것을 알 수 있다. 하지만 이것이 그가 사민당의 유물론적 세계관과 경제 결정론적 입장까지 수용한 것을 의미하지는 않는다. 그와는 달리 하르낙의 사회주의 이해는 그가 노동자들에 대한 정치적 탄압과 경제적 불평등을 해소하기 위한 사민당의 핵심 요구사항들을 정치적, 신학적 자유주의의 입장에서 포용한 결과로 해석될 수 있다. 그는 1차 세계대전의 종전 이후 가장 시급한 과제 중의 하나로 "자유, 평등, 박애"와 같은 자유주의의 가치들이 독일 사회에 뿌리내리게 하는 것으로 보았는데, 사민당에 의해 추구되는 '사회적 문제'를 해결하기 위한 실천은 이 중 '평등'이라는 가치를 구체화하기 위한 것으로 평가하였다. 그리고 평등은 "인간 각자를 인간으로서, 곧 너의 이웃으로서" 대하라는 기독교 신앙의 명령, 즉 각 개인에게 부과되는 도덕적 실천의 한 측면이다. 따라서 사회적

---

37 Ibid., 1521f.

평등을 지향하는 사회주의는 결코 "개인의 가치", 즉 개개인의 자유를 강조하는 자유주의적, 민주주의적 가치와 결코 대립되는 것이 아니라고 하르낙은 강조한다.[38]

사민당에 대한 하르낙의 태도는 주목해볼 만하다. 비록 사민당의 유물론적 세계관에 동의하지 않지만, 그럼에도 불구하고 사민당이 실제 정치 현실에서 추구하는 목표들, 즉 소외된 노동자들의 현실을 개선하려는 노력들을 자유, 평등, 박애라는 자유주의적 가치들 안으로 포섭하고, 자유주의와 사민주의 사이에서 양자택일을 강요하는 것이 아니라 자유주의의 입장에서 사회주의를 포용하면서 노동자들의 삶을 실질적으로 개선하고, 이를 통한 사회적 평화를 구현하는 것을 지향한다는 데 그 의의가 있다.

IV. 칼 바르트의 사회민주주의 이해

기독교 신앙과 사회민주주의의 유사성

비록 사민당에 대한 입장이 적대적인 입장에서 공존을 모색하는 방향으로 변경되었고 또한 현실 정책적인 면에서 사민당의 정책과 상당 부분 유사한 점이 있는 것이 사실이지만, 그럼에도 하르낙은 사민당에

---

38 이와 관련해서는 이용주, "민족주의와 문화개신교의 관계 연구: 1차 세계대전을 전후한 하르낙의 정치적 입장 및 그 신학적 토대를 중심으로," 「한국조직신학논총」 제42집 (2015): 7-45; 29ff. 이 논문은 본서의 9장 "민족주의와 자유주의신학 I: 독일제국 시기의 문화개신교"에 해당한다.

가입하지는 않았다. 이에 반해 칼 바르트가 사회주의 운동을 적극적으로 지지하였을 뿐만 아니라 심지어는 스위스와 독일에서 사민당에 가입하기까지 했다는 것은 잘 알려져 있는 사실이다.

바르트의 사민당 활동과 관련하여 흥미로운 것은 사회주의에 대한 그의 언급이 주로 1차 세계대전의 발발을 전후하여 집중적으로 나타난다는 사실이다. 1차 세계대전의 발발과 더불어 바르트가 전쟁을 지지하였던 독일 사민당에 대하여 비판적 태도를 취하는 것이 사실이다. 하지만 이것이 바르트가 사민당의 존립 그 자체를 송두리째 거부했다거나 혹은 사회주의 운동 전체를 부정했다는 식으로 오해되어서는 안 된다. 오히려 그와는 정반대로 바르트는 1차 세계대전의 발발 이후 더욱 적극적으로 기독교 신앙과 사회주의 운동 혹은 사민당의 정치적 활동을 상호 연관시키는 글들을 발표한다.

1차 세계대전 이전까지 사회주의에 대한 바르트의 입장을 가장 선명하게 드러내는 문헌은 그가 1914년 8월에 발표한 "「도움」1913"[39]이라는 글이다. 이 글은 마틴 라데(Martin Rade)의 의뢰를 받아 라데가 편집하던 잡지 「기독교 세계」(Christliche Welt)에 게재한 것으로, 라데의 매형으로서 신학자이자 당대 유력한 정치가로 활동하던 프리드리히 나우만(Friedrich Naumann)이 자신이 출판하던 잡지 「도움」(Die Hilfe)에 발표한 1913년의 글들을 비판적으로 평가한 서평이다.

「도움」에 대한 서평에서 바르트는 정치적으로는 자유주의자이며, 경제적으로는 독일의 산업 성장을 지향하는 부르주아들의 입장을 대변하면서 이를 구현하기 위한 독일의 제국주의적 팽창을 지지하는 나우만

---

39 Karl Barth, "*Die Hilfe* 1913," ed. by Hans-Anton Drewes, *Karl Barth Gesamtausgabe III. Vorträge und kleinere Arbeiten 1914-1921* (Zürich: TVZ, 2012), 61-79.

의 행태를 매우 신랄하게 비판한다. 바르트에 의하면 나우만의 정치적 자유주의는 "강력하게 산업화되고 민주적인 독일"을 지향한다. 또한 노동자 보호, 토지 및 거주지 개혁, 노조 활동에 대한 지지 등 "실천적인 사회적 진보"를 이루도록 했다는 사실도 부인할 수 없다. 하지만 바르트가 보기에 이러한 개혁의 시도들은 그 문제들의 근원을 제거하고자 하지 않는다는 데 한계가 있을 뿐만 아니라 신학적으로 보자면 거의 '무신론'적인 것에 불과하다. 왜냐하면 일상적 문제들의 사소한 개선에 집중하는 "실천적 정치"는 단지 "상대적인 영역"에만 집중하고 있기 때문이다. 그것은 단지 "삶의 잠정성과 불완전성 자체"에만 집중하고 있을 뿐이며, 이러한 작업 속에서는 "절대적이며 살아계신 하나님의 복음"이 느껴지지 않는다.

위에서 진술한 나우만에 대한 비판은 바르트가 수년 후 『로마서 주석』에서 소리 높여 외칠 '절대타자'(der ganz Andere)로서의 하나님이라는 표상을 사실상 이미 그 안에 함축하고 있다. 바르트에 의하면 "'기독교적인' 정치"란 단지 세계 안에서 이루어지는 상대적인 개선이 아니라 그것보다 "더 위대한 것에 대한 신앙"을 전제로 한다. "상대적인 것들의 세계 한복판에서 그와는 다른 것"을 추구하는 것, 그것이야말로 이 상대적인 것의 세계보다 위대한 하나님에 대한 신앙으로부터 도출되는 기독교적 정치 실천이라는 것이다.[40]

바르트는 상대적인 것을 넘어서는 절대자에 대한 신앙이 함축되어 있는 정치적 행위는 바로 사회민주주의라고 단언한다. 왜냐하면 사민주의는 "일상이 요구하는 모든 것들을 넘어서는" 것, 즉 "모든 계급과 민족

---

40 *Ibid.*, 70ff.

의 온전한 인간 공동체"를 목표로 삼고 있기 때문이다. 사민주의는 현존하는 정치, 경제 질서를 넘어서서 새로운 질서를 수립하고자 한다는 점에서 "모든 잠정성에 대한 내적인 대립"을 그 방향으로 삼고 있으며, 이런 방식으로 "절대자 혹은 하나님을 진지하게" 다룬다. 따라서 사민주의는 유한하고도 제한적인 영역 안에서 추구되는 다른 정치적 운동들, 즉 "자본주의, 민족주의, 군국주의와 내적인 평화를 구축하는 것이 불가능"하다.[41]

정리하자면 1차 세계대전이 발발하기 직전 그리고 아직 스위스 사민당에 가입하기 전에 바르트는 사민주의를 당시 현존하는 정치 운동들보다 훨씬 하나님에 대한 신앙에 유사한 것으로 간주하고 있었다. 이는 이 세계 현실과는 다른 '타자'(ein Anderes)로서의 하나님과 현재의 정치 질서를 넘어서는 '다른' 질서를 추구하는 사민주의가 서로 유사성을 공유하고 있기 때문이었다. 그러나 당시 바르트의 기대와는 달리 독일 사민당은 기꺼이 자본주의, 민족주의, 군국주의와 손을 잡았다. 바르트의 서평 "「도움」 1913"이 출판되기 바로 직전인 1914년 8월 1일 1차 세계대전이 발발했고, 독일 사민당은 만장일치로 전쟁 국채 발행에 찬성했던 것이다.

급진적 기독교의 급진적 사회주의

제1차 세계대전의 발발과 독일 사민당의 전쟁 지지는 바르트가 당시 지니고 있던 사민주의에 대한 낙관적 기대에 상처를 준 것이 분명하다.

---

41 *Ibid.*, 73f.

그러나 이것이 바르트로 하여금 사민주의 운동을 떠나도록 한 것은 아니었다. 오히려 그와는 정반대로 바르트는 1915년 1월 26일 스위스 사민당에 입당하면서 본격적으로 정당 활동을 시작한다.[42] 바르트는 사민당의 지역 모임 등에서 활발한 강연 활동을 전개해 가는데, 사민당과 사회주의 운동에 대한 그의 이해를 파악하는 데 도움이 되는 대표적인 강연으로는 "전쟁, 사회주의, 기독교(I)"(1914), "전쟁, 사회주의, 기독교(II)"(1915),[43] "그리스도와 사회민주주의"(1915)[44] 등이 있다.

이 강연들은 바르트가 기독교와 사민주의 모두가 전쟁을 저지하지 못했다는 사실에 대해 깊이 실망하고 있다는 것을 보여준다: "우리는 양자 모두(기독교인들과 사민주의자들_필자 주)에 대하여 깊이 실망하였다. ⋯ 이들은 모두 전쟁을 저지할 만큼 강력하지 못했으며, 지금도 마찬가지이다!" 바르트에 의하면, 전쟁을 저지하는 데 실패한 것은 기독교와 사민주의 모두가 전쟁을 "필연적"인 것으로, 이와 더불어 각자가 나름대로 전쟁을 하나의 "성전"으로 간주하였기 때문이었다. 바르트는

---

42 바르트는 자펜빌에서 목회하던 1913년 여름부터 사민당 입당을 고민했지만, 아직 준비가 되지 않았다는 이유로 연기하였다. 1915년 2월에 투른아이젠에게 보내는 편지에서 바르트는 "악한 세상 위의 구름 너머"에서 부유하지 않고, "가장 위대한 것", 즉 하나님에 대한 신앙을 이 유한한 세계 현실 속에서 구체화하기 위해 사민당원이 되기로 결정했다고 밝힌다. 프랑크 옐레/이용주 역, 『편안한 침묵이 아닌 불편한 외침을』 (서울: 새물결플러스, 2016), 52.

43 바르트는 1914년 12월 6일에 스위스 사민당 오프트링엔 지부에서 "전쟁, 사회주의, 기독교"라는 제목으로 강연을 하는데, 이때의 원고를 수정·보완하여 1915년 2월 14일 사민당 당원 자격으로서는 처음으로 초핑엔에서의 당 모임에서 강연을 실시한다. 전자의 원고는 본문에서는 "전쟁, 사회주의, 기독교(I)"로, 후자는 "전쟁, 사회주의, 기독교(II)"로 표기된다. 각각의 원고들의 출처는 Karl Barth, "Krieg, Sozialismus und Christentum(I)" & "Krieg, Sozialismus und Christentum(II)," *Karl Barth Gesamtausgabe: Vorträge und kleinere Arbeiten 1914-1921* (Zürich: TVZ, 2012), 86-93, 105-117.

44 Karl Barth, "Christus und die Sozialdemokratie," *Ibid*., 131-139.

이와 같은 오류의 근본 원인은 기독교와 사민주의 모두 "현존하는 세계와의 내적 연관성"에만 천착했기 때문이라고 분석한다.[45]

바르트의 진술은 일견 기독교와 사민주의의 한계가 전쟁 지지를 통해 명백히 드러난 이상 그리고 그러한 한계의 근본 원인이 이 세계의 현실과 과도하게 깊은 연관성을 맺고 있기 때문이라고 평가한 이상, 이제 이 두 요소로부터의 철저한 초월 내지 도피를 통하여 신적 세계로 피신할 것을 그 대안으로 제시하려 할 것처럼 보인다. 하지만 바르트의 제안은 예상을 빗나간다: "우리는 무엇을 해야만 할 것인가? 더 이상 정치를 하지 말 것인가? 정당에서 탈당할 것인가?" 이에 대한 바르트의 대답은 명백하게 "아니오"이다. 전쟁을 지지했다는 명백한 오류에도 불구하고 기독교도, 사회주의도 결코 포기되어서는 안 된다. 오히려 바르트는 대담하게 제안한다. 우리는 그리스도인이자 동시에 사회주의자여야만 한다: "진정한 사회주의자는 그리스도인이어야만 한다. 그리고 진정한 그리스도인은 사회주의자여야만 한다."[46]

1차 세계대전은 바르트로 하여금 기독교 신앙과 사회주의를 비판적으로 성찰하는 계기를 제공한 것이 분명하다. 하지만 이는 바르트로 하여금 기독교와 사회주의를 '부정'하는 것이 아니라 오히려 양자의 '뿌리'(radix)로 다시 돌아가서 각각의 본래적 특징을 재검토하게 만들었다. 이는 바르트가 그리스도인이자 동시에 사회주의자여야 한다는 진술을 넘어서서 "급진적 기독교"(radikales Christentum)와 "급진적 사회주의"(radikaler Sozialismus) 그리고 이 양자의 근본적 동일성을 주창하는 것을 통해 드러난다.

45 Karl Barth, "Krieg, Sozialismus und Christentum(I)," *Ibid.*, 86-93; 86ff.
46 *Ibid.*, 93.

바르트가 보기에 기독교와 사회주의는 공히 동일한 '급진성'을 공유한다. 그것은 이 양자가 모두 지금 현존하는 세계 현실을 단순히 수용하고자 하지 않으며, 오히려 그것에 대하여 대립적인 태도를 취하면서 그것과는 전혀 다른 세계를 지향한다는 데 있다. 기독교로 하여금 세계 현실에 대하여 대립하게 하는 것은 바로 '하나님 나라'에 대한 신앙이다. 기독교 신앙은 "내 나라는 이 세상의 것이 아니라"는 예수의 선언과 "당신의 나라가 오소서!"라는 고백과 기다림 위에 서 있다. "새 하늘과 새 땅"이라는 "보다 나은 미래"에 대한 기다림과 이처럼 현존하는 세계 현실에 대립하여 오는 새로운 현실에 대한 희망과 순종이야말로 기독교의 본질이다. 바르트의 평가에 의하면, 기독교가 전쟁을 저지하는 데 실패한 것은 이처럼 새로운 세상에 대한 기대와 희망을 상실하고 "현존하는 질서와 관계들을 존속시키는 데 익숙해져" 버리고 말았기 때문이다.47 이에 반하여 기독교의 본래적 급진성에게로, 이 세상에 대한 대립을 주저하지 않는 기독교 신앙의 본래적 뿌리로 돌아가야 한다는 것이다.

한편 현존하는 세계가 아닌 다른 세계 질서를 희망한다는 점에서 사회주의 역시도 기독교와 유사한 급진성을 공유한다. 그런데 이때 바르트가 이해하는 사회주의는 단지 "노동자 계급의 삶의 상황을 개선"하는 것 이상을 의미한다: "사회보장제도, 노동조합 회비, 사회주의자들을 의회와 정부로 보내는 것" 등은 사회주의를 구현하기 위한 '수단들'이다. 그러나 바르트는 사회주의의 진정한 내용과 목표는 결코 이러한 현실적 개선에만 국한되지 않는다고 단언한다. 그에 의하면 이러한 현실적인 문제들에 천착함으로써 사회주의는 오히려 현존하는 부르주아 세계

---

47 Karl Barth, "Krieg, Sozialismus und Christentum(II)," *Karl Barth Gesamtausgabe: Vorträge und kleinere Arbeiten 1914-1921*, 114f.

및 세계의 불완전성과 '타협'하고 말았다. 이것이야말로 사회주의가 직면한 "심각히 치명적인 위협"이다. 그와는 달리 바르트에 의하면 사회주의는 "정의라는 이상"을 추구하는 것을 그 내용으로 삼는다.[48] '정의라는 토대 위에 새로운 사회질서를 수립'하고자 한다는 점에서, 그리하여 현존하는 세계와는 '다른' 세계를 지향한다는 점에서 사회주의는 "다른 세상을 향한 신앙과 노동"을 목표로 한다. 바로 이런 점에서 사회주의는 예수가 전한 하나님 나라와 그 근본에 있어서 유사하다.[49]

물론 예수가 전한 하나님 나라와 사회주의가 완전히 '동일'한 것은 아니다. 예수는 사회주의 정당의 강령이 지향하고 의지하는 것보다 "무한히 더 많은 것을 의지하였고 구현하였다." 그럼에도 불구하고 사회주의가 기독교와 마찬가지로 현실 세계와는 다른 세계를 지향한다는 점에서 사회주의와 기독교는 "내적 친족성"(innere Verwandtschaft)을 지닌다. 이 상호 간의 유사성을 인식하고, 이러한 내적 급진성을 회복함으로써 전쟁 지지라는 치명적인 오류를 범한 "기독교와 사회주의를 개혁"할 수 있다는 것이 바르트의 생각이다. 바로 이런 점에서 "급진적 기독교"는 "급진적 사회주의"와 유사하다.[50]

바르트의 사회주의 – 혁명주의 혹은 수정주의?

현존하는 세계질서의 급진적인 변혁에 대한 기대를 사회주의의 본래적인 정신으로 간주한다는 점에서 바르트는 사민당 내 혁명주의를 지지

---

48 *Ibid.*, 115f.
49 Karl Barth, "Christus und die Sozialdemokratie," 134f.
50 Karl Barth, "Krieg, Sozialismus und Christentum(II)," 117.

하는 것처럼 보인다. 이는 바르트가 종종 사회주의 운동이 지니는 본래적인 '혁명적' 성격을 강조한다는 것을 통해 정당화되는 것처럼 보이는 것도 사실이다. 나우만의 「도움」에 대한 서평 속에서도 바르트는 정의야말로 사회주의가 추구하는 "유일하고도 혁명적인 실재"이며, 사회주의의 본질은 이처럼 정의를 향한 "혁명적 소요, 그 급진성, 그 열광주의"에 있다고 단언한다.[51] 이런 식으로 보다 '좌파적'이어야 한다고 단언한다는 점에서 바르트는 사민당의 혁명주의 노선, 즉 자본주의의 내적 발전에 따른 사회주의에로의 필연적 이양과 이를 위한 프롤레타리아 혁명을 주창하는 노선에 가까운 것처럼 보인다.

하지만 수정주의 논쟁의 맥락에서 살펴보면 바르트의 입장이 손쉽게 혁명주의로 분류되지는 않는다는 것을 알 수 있다. 왜냐하면 당시 과학적 마르크스주의의 혁명주의이건 베른슈타인의 수정주의이건 간에 사회주의 혁명을 통한 자본주의의 지양 그 자체를 사회주의 운동의 최종적 목표로 상정하지 않았던 입장은 존재하지 않기 때문이다. 혁명주의와 수정주의를 구별 짓는 기준점은 혁명 그 자체를 명시적으로 지지하는지 혹은 그렇지 않은지의 여부가 아니었다. 오히려 그보다는―프롤레타리아 폭력을 포함하는― 사회주의 혁명을 자본주의 발전의 '필연적' 과정으로 간주할 것인지 아니면 사회주의 혁명이라는 최종적 목표를 간직한 채 사회, 경제, 노조 정책 등의 문제와 관련한 일상의 투쟁에 집중할 것인지의 여부였다.[52]

바르트가 혁명주의와 수정주의 사이에서 어떤 입장을 지지했는지를 규명하는 데 도움이 되는 텍스트는 1915년 8월 12일에 실시한 강연

51 Karl Barth, "*Die Hilfe* 1913," 73f.
52 도널드 서순/강주헌 외 역, 『사회주의 100년: 20세기 서유럽좌파정당의 흥망성쇠』, 86f.

"사민주의의 내적 미래"[53]이다. 이 강연에서 바르트는 사민당과 사회주의가 본래적인 급진성을 상실하고 현실 순응적 태도를 표하게 된 사실, 즉 전쟁을 지지하게 된 내적 동인을 분석한다. 여기에서 바르트는 사민당의 사상적 기조가 되는 마르크스주의에 대한 오도된 이해, 특히 당시 소위 과학적 사회주의자들에 의해 강조되었던 유물론적 세계관에 대해 매우 비판적인 입장을 취한다. 바르트에 의하면 마르크스의 '사적 유물론'이 지니는 본래적인 의미를 '경제적 과정'이 인간 삶의 모든 것을 규정한다는 것을 의미하는 것으로 왜소화시켜서는 안 된다. 이 같은 오해는 "모든 것을 재앙의 기계적인 출몰과 정치권력의 획득"에로만 환원시켜 버리고, 세계 현실의 변혁을 위한 인간의 주체적인 활동을 미약하게 만들어 버리고 말 뿐이다. 이러한 바르트의 입장은 '유물론적 역사 이해'에 입각하여 사회주의 혁명의 '필연성'을 강조하는 사민당 내부의 혁명주의 노선에 대한 분명한 비판이다. 바르트는 역사의 필연적 발전이라는 마르크스주의의 신념을 단지 "숙명론"에 불과하다고 비판하면서 이 같은 사고방식이야말로 프롤레타리아로 하여금 자신의 주체적인 실천을 통해 새로운 세상을 가능하게 하리라는 "믿음"을 상실하게 만든 요인이라고 평가한다. 새로운 미래에 대한 믿음, 즉 사회주의의 급진성이 사라진 자리에 "민족주의와 산업주의"가 자리하게 되었고, 바로 이로 인해 사회주의의 신념에 배치되는 전쟁 지지가 초래되었다는 것이 1차 세계대전 직후 바르트가 취하고 있던 입장이었다.[54]

바르트가 사민당 내 급진적 혁명주의 노선을 따르지 않았다는 것은

---

53 Karl Barth, "Die innere Zukunft der Sozialdemokratie," *Karl Barth Gesamtausgabe: Vorträge und kleinere Arbeiten 1914-1921*, 152-160.

54 *Ibid.*, 153ff.

명백해 보인다. 이는 볼셰비키 혁명에 대해서 바르트가 매우 비판적인 입장을 취한다는 사실을 통해서도 드러난다. 바르트에 의하면 러시아 혁명은 사회주의가 지향하는 완전히 새로운 세상의 수립과는 동떨어진 것이다. 그것은 단지 기존의 권력 관계의 역전에 불과하다. 이제 "노동자들이 차르가 되었"으나 이는 마치 "바알세불을 가지고 사탄을 쫓아내는" 것과 다르지 않다.[55] 1919년의 강연 "볼셰비즘"에서도 역시 바르트는 러시아혁명은 "**본질상** 그 어떤 선한 작용들도 기대될 수 없는 잘못된 원리"[56]에 기초한다고 비판하는 등 폭력 혁명에 대해 일관된 거부감을 표명하고 있는데, 이런 점에서 바르트를 사민당 내 혁명주의 노선의 일원으로 분류하는 것은 불가능하다고 할 수 있다.

바르트가 혁명주의에 대해 거부감을 가지고 있었다면, 그의 입장은 수정주의로 분류되어야 할 것인가? 대파국과도 같은 프롤레타리아 혁명의 필연성을 신뢰하지 않는다는 점에서 바르트는 수정주의에 가까운 것이 사실이지만, 정확히 수정주의로 분류되는 것도 아니다. 왜냐하면 바르트에게 사회주의란 "노동계급의 운명을 개선"하거나 이를 위해 "정치적, 경제적 권력"을 획득하는 것으로 축소되지 않기 때문이다. 앞에서 언급한 것처럼 사회주의는 "**인류의 정의**"를 지향하며, 더 나아가서는 "**자유롭고도 순수한 인격**"을 형성하는 것을 그 목표로 한다. 국가권력의 획득이란 단지 그것을 위한 수단에 불과하다.[57]

바르트가 이해하는 사회주의를 혁명주의 및 수정주의 양자 모두로부터 구별 짓는 가장 독특한 특성은 그가 사회주의라는 표어 아래에서

---

55 Karl Barth, "Die russische Revolution 1917," *Ibid.*, 482-493; 489.

56 Karl Barth, "Bolschewismus," *Ibid.*, 494-500; 500.

57 Karl Barth, "Die innere Zukunft der Sozialdemokratie," 154f.

단지 외적 삶의 조건의 변화가 아니라, 개별 인간의 내면적 완성을 그 최종 목표지점으로 상정하고 있다는 데 있다. 사회주의가 지향하는 정의의 완성은 오직 "**돈으로부터 인간의자유**"가 실현될 때에만 가능하다. 사회주의는 "인간 사이에 실현될 자유와 정의에 대한 신앙"을 대변하며, 이를 통해 "돈과 권력 위에 구축된 세계와는 구별되는", 그리하여 현존하는 세계 질서와 구별되는 "다른 무엇"(etwas Anderes)을 지향한다. 바로 이것이야말로 앞에서 살펴보았던 것처럼 급진적 사회주의와 급진적 기독교가 조우하는 자리이다. 자본과 권력으로부터 자유로운 개별 인간의 정의로운 공동체적 사귐을 사회주의는 지향하며, 바로 그런 한에서 이는 "당신의 나라가 오소서!"라는 예수의 기도와 만난다. 이런 점에서 사회주의는 단지 "하나의 정치적 혹은 경제적 질문"이 아니며, "우선적으로 그리고 가장 깊은 의미에서 양심과 신앙의 문제(Gewiss- ensu. Glaubenssache)"이다.[58]

사회주의는 당원 가입이나 당비 수납 혹은 지지자를 모집하는 정치적 실천의 범위를 훨씬 넘어선다. 그보다는 돈으로부터 자유롭고 정의로운 세상의 건설을 위해 매진하는 개인들, 즉 "**사회주의적 인격**"이 구현되는 것을 지향한다. 현존하는 세계 질서와는 다른 세계를 실현하기 위해서는 그러한 인격을 필요로 한다: "우리가 다른 이들을 구원할 수 있기 이전에 우리 스스로가 먼저 구원받아야만 한다." 이처럼 자본의 힘 앞에 굴복한 자본주의 사회도 혹은 노동계급의 이익에만 매몰된 혁명주의와 수정주의도 넘어서는 새로운 개별 인격의 실천 속에서 진정한 사회주의의 실현이 이루어진다. 정당 활동이 지향해야 할 것은 바로 이러한 인격

---

58 Karl Barth, "Christus und die Sozialdemokratie," 134f.

462 | 4부_ 그리스도인의 삶과 정치

을 길러내는 것이다. "이 새로운 세대가 오게 하는 것, 그것이 **우리의** 일이다!"[59] "보다 나은 노동관계가 아니라, 인류 전체"를 위한 투쟁, 그것이야말로 사회주의의 진정한 "계급투쟁"이다. 자본과 자기 자신 혹은 계급의 이익으로부터 자유로운 인격을 지닌 "내면적 사회주의자들"의 세계, 그것이야말로 사회주의가 지향해야 할 새로운 세상이다.[60]

V. 자유주의와 사회주의의 양자택일을 넘어

지금까지 살펴본 것처럼 사회주의 이론과 사민당의 활동 기조는 오직 하나의 단일한 요소로만 환원되지 않는다. 사적 유물론과 역사결정론을 토대로 사회주의 혁명의 필연성과 이를 위해서는 폭력적 수단의 사용을 불사하기까지 해야 한다고 보았던 혁명주의적 요소들과 이를 거부하면서 직접적인 삶의 조건의 개혁을 강조하던 수정주의 그리고 개인의 자율성을 강조하는 민주주의에 이르기까지 다양한 요소들이 그 안에 혼재되어 있었다. 따라서 사민당에 대한 인정 및 참여 등의 문제와 관련한 하르낙과 바르트의 상이한 태도들 역시 사회주의에 대한 수용인가 거부인가와 같은 단순한 도식으로 이해되어서는 안 되며, 사회주의 내부의 다층적인 요소들에 대한 이들의 평가와 관련하여 고찰되어야만 한다는 것을 알 수 있다.

하르낙과 바르트에게서 나타나는 가장 커다란 차이는 1차 세계대전

59 Karl Barth, "Krieg, Sozialismus und Christentum(II)," 116f.
60 Karl Barth, "Was heisst: Sozialist sein?," *Karl Barth Gesamtausgabe: Vorträge und kleinere Arbeiten 1914-1921*, 162f.

이후 하르낙은 사민당에 대한 전적 거부에서 비교적 긍정적인 용인으로, 바르트는 적극적인 지지로부터 비판적인 지지로 변화되었다는 데 있다. 하르낙과는 달리 바르트가 1차 세계대전 발발 이후 사민당에 가입하여 활발히 활동했다는 것 역시도 두 사람의 중요한 차이 중의 하나로서 언급할 만하다.

사민당에 대한 하르낙과 바르트의 태도의 외견상의 차이에도 불구하고 두 사람에게는 실제로는 거의 완전히 일치하는 요소가 있는데, 그것은 바로 인간의 '개별성'과 '내면성'에 대한 강조이다. 사민당에 대한 하르낙의 용인은 사민당이 추구하는 사회주의적 지향이 인간의 개별성을 강조하는 정치적, 신학적 자유주의와 대립하지 않는다는 판단을 토대로 한다. 한편 사회주의의 국제주의적 특징을 깨뜨린 사민당을 신랄히 비판하는 바르트의 입장 역시도 사회주의의 최종 지향점을 경제적, 사회적 상황의 개혁 혹은 외적 (폭력) 혁명에 있지 않고, 계급의 이익이라는 편협한 태도를 넘어서 보편적 정의를 추구하도록 거듭난 '개별' 인간의 형성에 있다고 본다는 점에서 하르낙의 입장과 실제로는 크게 차이가 나지 않는다.

사회주의 및 사민당에 대한 하르낙과 바르트의 태도를 살펴보면서 잊지 말아야 할 것은 이들 모두 당시 노동자들의 비참한 삶을 개선하기 위한 사회적 제도의 마련과 보완을 위해 각자 가능한 실천을 소홀히 하지 않았다는 것이다. 이들은 모두 자본주의와 사회주의, 혁명주의와 수정주의와 같이 사회적 지향점이 충돌하는 상황 한복판에서 특정 노선을 배타적으로 지지하기보다는 개인의 자유를 기초로 사회적 정의를 구현할 수 있는 현실적 방안을 찾으면서 동시에 이를 신학적인 방식으로 근거 지우고자 시도하였다. 이는 신자유주의 경제체제 아래에서 여전히 개인의 자유와 사회적 정의 사이에서 진영론으로 함몰되곤 하는 한국의 정치적, 신학적 논의가 나아가야 할 방향을 제시해 준다고 할 수 있다.

14 장
칼 바르트의 신학과 사회주의의
상관관계*

I. 글의 구조와 논지

　바르트의 신학과 사회주의 간의 상관관계에 대한 연구는 바르트 연구의 주요 동향 가운데 하나이다. 이와 관련된 기존의 논의는 대체로 두 가지 논점으로 정리될 수 있다: 하나는 로마서 주석에 이르러서 고유한 형태를 갖추기 시작한 바르트의 신학을 사회주의와의 접촉을 통해 형성된 것으로 간주하는 관점이고, 또 하나는 로마서 주석에 이르러서 바르트는 소위 하늘과 땅의 전적인 차이를 강조하면서 사회주의에 대한

* 이 글은 2015년 대한민국 교육부와 한국연구재단의 지원을 받아 수행된 연구임
　(NRF-2015S1A5A2A02047617).

관심을 포기하게 되었다는 관점이다.[1] 이 같은 입장들은 모두가 바르트의 사상적 발전을 대체로 자유주의신학으로부터의 '과격한 단절'이라는 측면에서 이해하는 바르트 연구의 고전적인 관점을 그대로 수용한 것이라 할 수 있다. 하지만 이 같은 기존의 연구 경향들은 자펜빌 시절을 회고하면서 "나는 아주 자유주의적이었기에… 사회민주주의자가 될 수 있었다"[2]고 한 바르트의 진술과 잘 조화되지 않는다는 점에서 한계가 있다. 기존의 일반적 연구 경향에 반하여 본고는 로마서 주석에 드러나는 바르트 신학의 특징적인 형태와 사회주의 수용 등은 모두 그의 자유주의 신학적 관심사의 점진적인 확장의 결과로 이해되어야 한다는 것을 보이고자 한다.

이를 위해 본고는 바르트의 신학적 변천을 연대기적으로 추적하기보다는 먼저 Ⅱ장에서 로마서 주석 시기의 신학적 특징과 이를 기반으로 하는 사회주의 이해를 제시한다. 이를 통해 로마서 주석에 나타나는 바르트의 고유한 신학적 관점과 사회주의에 대한 입장이 정리될 것이다. Ⅲ장에서는 시대를 거슬러 역순으로 1914년 이전, 즉 제1차 세계대전 이전 자유주의신학 시기의 바르트 신학의 기본 구조와 ―이를 기초로 하는― 사회주의에 대한 이해를 검토한다. 이를 통해 자유주의 시기의 바르트에게는 로마서 주석 시기의 신학적 논리 및 사회주의에 대한 이해가 이미 유사한 형태로 드러나고 있음을 보게 될 것이다. 이 과정들을 통해 본고는 바르트의 신학적 변천을 1차 세계대전이라는 역사적, 우연적 사건의 결과로 보거나 로마서 주석 이후 바르트 신학의 연속성에

---

1 여기에서 진술된 상이한 관점에 대해서는 이하 본고의 각주 28-30까지에서 제시된 문헌을 참고하라.
2 에버하르트 부쉬/손성현 옮김, 『칼 바르트』 (서울: 복있는사람, 2014), 161.

대한 진지한 고민을 처음부터 막아버리고 마는 기존의 바르트 연구 경향과 달리 바르트 신학의 형성을 자유주의신학과의 연속성 속에서 해석할 것을 제안하고자 한다. 아울러 변증법적 신학 시기뿐만 아니라 자유주의신학 시기에 이미 향후 교회교의학에서 등장하게 될 유비의 신학과 유사한 논리가 발견된다는 점도 살펴볼 수 있을 것이다.

II. 로마서 주석 시기 바르트의 변증법적 신학과 정치적 실천

로마서 주석의 신학적 특징과 변증법적 구조

변증법적 신학으로서의 로마서 주석 I/II

일반적으로 바르트의 로마서 주석은 당시 독일의 신학계를 압도하고 있던 자유주의신학의 행진을 중단시키고, 인간의 보편적인 종교적 가능성에 대한 반성으로부터가 아니라 오직 하나님의 말씀이라는 특수성으로부터 시작하도록 신학의 방향을 완전히 새롭게 전환시킨 작품으로 간주된다. 로마서 주석을 가리켜 '자유주의신학자들의 놀이터에 던져진 폭탄'이라고 부르는 익숙한 경구는 이러한 관점을 반영하고 있다.

이처럼 거대한 신학사적 전환을 초래한 로마서 주석의 역사적 발생과 관련하여서도 광범위하게 공유되고 있는 관점이 있다. 그것은 바로 로마서 주석을 1차 세계대전의 발발과 더불어 바르트가 경험해야만 했던 두 가지 실망과 연관지어 설명하는 방식이다. 그중 하나는 하르낙,

헤르만 등 그의 스승들이 독일의 전쟁 정책에 찬동하는 것을 보면서 자유주의신학 전반에 대해 의심하게 되었다는 것이다. 다른 하나는 전쟁 발발 이전까지 바르트는 사회주의(사회민주주의)를 하나님 나라를 현재화하는 방안으로 간주했지만, 독일 사민당의 전쟁 지지를 목도하면서 이에 대한 낙관적 기대를 철회하게 되었다는 것이다. 1차 세계대전이 발발한 1914년 여름부터 1918년 여름까지 바르트는 자유주의와 사회주의를 넘어서는 새로운 신학적 방법과 내용을 모색하기 시작하였고, 로마서 주석은 이 기간 사이에 이루어진 바르트의 신학적 분투와 전회의 결과물이라는 것이 로마서 주석의 기원과 관련하여 일반적으로 수용되고 있는 견해이다.[3]

그렇다면 자유주의와 사회주의, 보다 근본적으로는 인간에 대한 낙관적 기대 자체를 포기하고 그와는 완전히 다른 신학을 수립하기 위한 분투의 결과로서 생성되었다고 하는 로마서 주석 시기 바르트 신학의 독특한 특징은 무엇인가? 본고에서는 이 당시 바르트의 신학을 '변증법적 신학'(Dialektische Theologie)이라고 규정하고 논의를 풀어가고자 한다. 물론 이 같은 시도는 즉시 난관에 봉착하게 되는 것이 사실이다. 이는 바르트 자신이 이 시기 자신의 신학을 가리켜 '변증법적 신학'이

---

[3] 상기한 내용은 바르트 자신을 통해서 고백된 것이라는 점에서 대체로 전적으로 수용되는 경향이 있다. 이에 대해서는 에버하르트 부쉬/손성현 옮김, 『칼 바르트』, 158ff. 하지만 바르트의 진술을 무비판적으로 수용하기만 하는 것은 바르트 사상의 변화를 단순히 역사적, 우연적 사건의 결과로서만 간주하고, 그 결과 그의 신학의 점진적인 변화 과정에 대한 탐색을 미리 포기해 버리게 하는 한계가 있다. 이에 반해 본고에서는 바르트 사상의 변화를 그의 초기 신학적 관심사의 발전의 결과로서 해명할 것을 시도한다. 이러한 연구 방법은 바르트 연구에 있어서 이미 오래 전부터 시도되던 것이다. 그 대표적인 사례로는 Ingrid Spieckermann, *Gotteserkenntnis: Ein Beitrag zur Grundfragen der neuen Theologie Karl Barths* (München: Chr. Kaiser, 1985).

라고 부르는 것을 탐탁잖게 여겼기 때문이다. 로마서 주석 이후 바르트의 주변에 모인 불트만, 고가르텐 등 젊은 신학자들을 중심으로 한 신학 운동을 가리켜 변증법적 신학이라고 부르는 것은 자신들에 의해서가 아니라 "한 명의 관찰자에 의해 부과된"[4] 것이었기 때문에 이 시기 바르트의 자기 이해를 완벽히 반영하는 것은 아닐 수 있다는 한계가 있는 것이 사실이다. 하지만 그럼에도 변증법적 신학이라는 개념은 로마서 주석 시기 바르트 신학의 특징을 가장 명료하게 포착해 줄 뿐만 아니라, 로마서 주석 1판(이하 로마서 I)과 2판(이하 로마서 II) 사이에 엄연히 존재하는 '내용상'의 차이를 넘어서 두 주석 사이의 신학적·논리적 '구조상'의 유사성을 확연히 드러내는 장점이 있다.

1922년에 출판된 로마서 II는 1918년에 완성된[5] 로마서 I에 비하여 하나님과 세계 사이의 '차이'를 보다 선명히 드러내려는 특징을 지닌다. 로마서 II의 서문에서 바르트는 자신에게 체계가 있다면, "시간과 영원의 무한한 질적 차이"(der unendliche, qualitative Unterschied von Zeit und Ewigkeit)에 대한 것 외에는 아무것도 없다고 밝힌다. 로마서 II에서 가장 유명한 표현인 "하나님은 하늘에 계시고, 너는 땅 위에 있다"라는 문구 역시도 하나님과 인간 혹은 하나님과 세계 사이의 절대적인 차이를 드러낸다는 데에는 의심의 여지가 없다.[6]

---

4 Karl Barth, "Abschied," *Zwischen den Zeiten* 11 (1933), 536-544; 536.

5 로마서 주석 1판은 1919년에 출판되었으나 그 최종 원고는 이미 1918년 8월에 완성되어 있었고 인쇄본 역시 1918년 12월에 발간이 완료되었다: Hermann Schmidt, "Vorwort des Herausgebers," Karl Barth, *Der Römerbrief* (Erste Fassung) 1919, ed. by Hermann Schmidt, *Karl Barth Gesamtausgabe, II. Akademische Werke 1919* (Zürich: Theologischer Verlag Zürich, 1985), IX-XXIX, XVIf(이하 *Römer I*).

6 Karl Barth, *Der Römerbrief* (Zweite Fassung) 1922, ed. by Cornelis van der Koi & Katja Tolstaja, *Karl Barth Gesamtausgabe, II. Akademische Werke 1922* (Zürich:

이에 반하여 로마서 I은 극단적인 방식으로 하나님과 세계를 직접 '대립'시키지는 않으며, 그보다는 이 세계를 '변화'시키는 하나님의 활동에 집중한다는 점에서 로마서 II에 비해 훨씬 온건한 입장을 표방한다. 하나님으로부터 예수 그리스도 안에 이루어진 "새로운 세계"는 "우리의 개인성(unsere Individualität)의 불순함"을 폭로한다. 하지만 그리스도 안에 있는 인간에게는 새로운 "본성, 선물, 성장"이 주어져 있으며, 이는 "유기체적으로 조직화하는 원리"(organisierendes Prinzip)인 성령에 의해 "새로운 인간과 새로운 사물의 유기체(Organismus)"[7]의 구현으로 이어진다. 하나님을 인간 및 세계에 대해 철저히 대립해 있는 "전적 타자"(das ganz andere)로 묘사하고, 그리하여 하나님을 세계 전반에 대한 "위기" 혹은 "심판"(Krisis)으로서 선언하는 로마서 II에 비하면,[8] 로마서 I에는 여전히 자유주의신학적 잔재가 남아 있는 것처럼 보이는 것이 사실이다.[9]

위에서 살펴본 것처럼 로마서 I과 II 사이에는 제거할 수 없는 내용상의 차이가 있는 것이 사실이다. 이를 바르트는 로마서 II에서 "돌 위에 돌 하나도 남아있지 않았다"고 —그가 자주 사용하는— 과장스러운 수사법으로 표현한다. 하지만 바로 이어서 바르트가 로마서 I과 II의 "연속성"에 대해서도 강조한다는 사실을 간과해서는 안 된다. 그 연속성은 첫째로는 "역사적 대상의 동일성", 즉 동일한 대상을 다루고 있다는 것에, 둘째로는 "사태 그 자체의… 동일성"(Einheit... der Sache selbst)에

Theologischer Verlag Zürich, 2010), 17(이하 *Römer II*).

7 Karl Barth, *Römer I*, 21: "오고 있는 세계는 기계적으로가 아니라, 유기체적으로(organisch) 온다."

8 Karl Barth, *Römer II*, 59.

9 에버하르트 부쉬/박성규 옮김, 『위대한 열정』(서울: 새물결플러스, 2017), 52.

기인한다.[10] 따라서 로마서 I과 II를 비교할 때 두 책 사이에 놓여 있는 사소한 차이에 집중해서는 안 되며, 이 차이에도 불구하고 바르트가 드러내고자 하는 동일한 '사태 그 자체'에 집중해야 한다. 이 '사태 그 자체'만이 '돌 위에 돌 하나도 남아있지 않'은 로마서 I과 II를 연결하는 중심점이기 때문이다. 아래에서 보다 구체적으로 밝히겠지만, 이 사태란 예수 그리스도의 복음 가운데 명백히 드러난 '하나님-인간-관계의 현실'을 의미한다. 오직 하나님의 활동에 의해서만 수립된 이 새로운 현실은 변증법적으로 구조 지워져 있다. 이것이 바르트가 로마서 주석에서 드러내고자 했던 "사태의 내적 변증법"(die innere Dialektik der Sache)[11]이다. 로마서 I과 II는 그 표현상의, 내용상의 차이에도 불구하고 바로 이러한 동일한 사태와 동일한 변증법을 전제하고 있으며, 이런 점에서 로마서 주석 시기의 바르트의 신학의 특징은—바르트 자신이 주저한다 할지라도— '변증법적 신학'이라는 개념으로 보다 선명하게 포착될 수 있다. 이제는 이 사태의 변증법을 살펴보아야 한다.

"사태의 변증법"

로마서 I, II 모두에서 '사태'는 로마서 1:16-17에 대한 주석을 통해 해명된다.[12] 로마서 I에서 사태는 일차적으로는 인식론적(erkenntnistheoretisch) 의미를 지닌다: "사태는 그리스도 안에서 현실화된 하나님에 대한 우리의 인식이다. 그 인식 속에서 하나님은 우리에게 대상으로서

---

10 Karl Barth, *Römer II*, 5.

11 *Ibid.*, 16.

12 "사태"는 로마서 I, II 모두에서 해당 본문에 대한 주석의 소제목으로 달려 있다.

있지 않으며, 대신에 직접적이고도 창조적으로 다가오신다." 하나님이 우리로 하여금 자신에 대해 인식할 수 있도록 행동하셨다는 점에서 하나님의 활동은 인간이 하나님을 인식할 가능성의 조건이다. 여기에서 바르트가 특히 강조하려는 것은 하나님에 대한 인간의 인식을 가능하게 하는 하나님의 '활동' 그 자체이다. 하나님에 대한 인식은 무엇보다도 "그리스도의 죽은 자들로부터의 부활 가운데에 있는 하나님으로부터 오는 능력(Kraft)"에 기초한다. 곧 그리스도의 부활을 통해 하나님을 인식하게 된 "우리의 배후에" 놓여 있는 "하나님의 능력", 그것이 "복음" 이며, 이리하여 하나님에 의해 수립된 새로운 실재(Realität)가 "사태 그 자체"(Sache selbst)이다.[13] 이처럼 '사태'란 바르트에게 하나님에 의해 수립된 새로운 현실을 가리킨다는 점에서 그것은 실재-존재론적(real-ontologisch) 의미를 지니기도 한다.

사태에 대한 로마서 I의 진술은 인간을 향해 오는 '하나님'의 능력, 즉 그의 "주권성"(Souveränität)[14]으로부터 시작하고, 이 주권성에 대한 지속적인 반성과 드러냄을 신학의 인식론적, 실재-존재론적 탐색의 과제로 삼는다는 점에서 "인간적 종교론"(menschliche Religionslehre)[15] 에 매몰되고 말았다고 비판받는 자유주의신학의 논리로부터 결별하고 있는 것으로 보인다. 바르트는 하나님의 활동에 의해 수립된 새로운 현실로서의 사태를 변증법적인 구조(Dialektische Struktur)로 이루어져 있는 것으로 분석한다. 형식적으로 보자면 그것은 "가장 오래된 것"(das Älteste)이자 "새로운 것"(Neues)이며, "가장 보편적인 것"(das Allgem-

---

13 Karl Barth, *Römer I*, 19f.

14 *Ibid.*, 73.

15 *Ibid.*, 1.

einste)이자 "가장 특수한 것"(das Besonderste)이기도 하다.[16] 보편과 특수, 옛것과 새것의 공존이라는 이 형식적 변증법을 바르트는 심판과 은총의 통일성이라는 로마서의 전형적인 개념을 통해 추가적으로 해명한다.

사태의 변증법적 구조를 바르트는 그리스도의 죽음과 부활 가운데 있는 하나님의 활동에 대한 분석을 통해 더 상세히 해명한다. 그리스도의 죽음은 인간이 "죄인"이라는 것을, 아울러 이 세상이 "우리의 고향"이 '아니'라는 것을 드러낸다. 이런 의미에서 우리는 "실재 속에(im Realen) 살고 있지 않다"[17]. 즉, 그리스도는 이 세계와 인간에 대한 하나님의 '심판'(Gericht), 곧 '부정'(Negation)이다. 하지만 하나님의 의와 신실하심, 그의 정의는 결코 인간이 죄인이라는 현실에 '종속되어' 있지 않다. 그보다 집중해야 하는 것은 그리스도 안에 드러난 하나님의 신실함과 그의 주권성이다. 인간의 부정성과 죄를 넘어서서 "하나님은 승리한다"(Gott triumphiert).[18] 그리스도의 죽음과 부활은 "죄악과 불의의 세계"가 "하나님의 진노" 아래 있다는 것을 보여주는 동시에 이 세계 안으로 "하나님의 근원적이고도 본질적이며, 고유한 정의가 능력 가운데" 들어왔다는 것을 보여주는 것이기도 하다. 이를 통해 하나님은 이 세계를 '부정'하기만 하는 것이 아니라, 이 세계가 "자신의 세계"라는 것을 드러낸다. "비-현실적인 현실"(nicht-wirkliche Wirklichkeit)이 부정되고, "현실적인 현실"(wirkliche Wirklichkeit), 즉 오고 있는 하나님 나라의 현실이 그 안에 나타난다. 이것이야말로 죽은 자들로부터의 부활 가운데 드러나

---

16 *Ibid.*, 20.
17 *Ibid.*, 77f.
18 *Ibid.*, 83..

는 "실재적인 것"(das Reale)이다.[19] 이런 의미에서 그리스도는 죄악된 현실에 대한 '부정'이자 하나님에 의해 촉발되고 사건화되고 있는 새로운 현실에 대한 '긍정'이다. 그것은 심판이자 사랑이다. "예수 그리스도 안에는 하나님의 신실하심이 드러난다. 이 하나님은 세계를 심판한다. 왜냐하면 그는 세상을 사랑하기 때문이다."[20]

상기한 로마서 I에 드러나는 '사태의 변증법'은 다음과 같이 간략히 정리할 수 있다: 하나님의 활동은 부정적인 세계 현실을 부정하지만, 그것은 단지 부정을 지향하지 않고 이 세계 가운데 하나님에 의해 긍정된 현실을 세운다. 이로써 세계 가운데에는 긍정과 부정이 상호 대립적이면서도 함께 공존한다. 하나님의 행위에 의해 수립된 하나님과의 관계 속에 수립된 긍정과 부정의 역설적 공존에 대한 진술, 그것이 로마서 I에 나타나는 사태의 변증법이다.[21]

상기한 대로 로마서 I의 변증법은 부정적인 현실을 부정하고 하나님에 의해 긍정된 새로운 현실을 만들어내는 하나님의 활동에 주목한다. 이와는 달리 로마서 II는 훨씬 극단적인 방식으로 '하나님과 세계의 질적 차이'를 드러낸다. 하나님은 우리와는 다른 "전적 타자"(das ganz andere)

---

19 *Ibid.*, 87ff.

20 *Ibid.*, 91.

21 바인트커는 로마서 I, II에 나타나는 이 같은 변증법을 "보충적 변증법"이라고 명명한다. 영원과 시간 사이의 상호대립이 시간 안으로 들어오는 영원의 활동에 의해 극복되고, 그 부정성에도 불구하고 시간 안에는 영원에 의한 긍정이 부정성을 압도하면서 부정성과 공존하는 것을 제시하는 바르트의 변증법을 가리키는 말이다. 이와 관련해서는 Micahel Beintker, *Die Dialektik in der 'dialektischen Theologie' Karl Barths* (München: Chr. Kaiser, 1990), 38ff.; Michael Beintker, *Krisis und Gnade: Gesammelte Studien zu Karl Barth*, ed. by Stefan Holtmann & Peter Zocher (Tübingen: Mohr Siebeck, 2013), 26ff.

이며, 이 세계에 대하여 "피안에"(Jenseits) 있다. 따라서 하나님이 세계와 접촉하는 것은 내면적으로 혹은 직접적으로가 아니라 마치 "탄젠트가 원을 접촉"하듯이 일어날 뿐이다. 이때에 하나님은 "시간의 종말"이며, 세계 현실 전체의 "위기"(Krisis)이다.[22] 로마서 II에서 바르트는 세계로 부터 초월하여 있는 하나님을 강조하고(피안/Jenseits), 세계를 그에 대한 대립으로서(차안/Diesseits), 그리하여 이 하나님과 세계의 관계를 대립적인 것으로만 이해하는 것처럼 보인다. 이런 점에서 로마서 II의 변증법은 피안과 차안의 대립, 긍정과 부정의 대립의 논리 위에 구축되어 있으며, 따라서 로마서 I의 변증법적 구조는 로마서 II에서는 말 그대로 '돌 위에 돌 하나도 남지 않은' 것처럼 보인다.

하지만 로마서 II의 변증법을 단지 이렇게만 이해하는 것은 바르트의 의도를 제대로 파악하지 못하는 것이다. 바르트가 하나님과 세계 사이의 관계를 대립적인 관계로서 묘사하는 것은 하나님과 세계의 대립을 극복하는 하나님의 활동을 더욱 선명하게 드러내기 위한 하나의 준비 작업이다. 하늘과 땅, 차안과 피안의 대립에 대한 강조를 통해 바르트는 "우리와 하나님 사이의, 이 세계와 하나님의 세계 사이의 이 관계"[23]가 하나님의 활동에 의해 지양되었다는 것을, 이를 통해 그리스도 안에서 하나님에 대해 대립된 세계를 하나님 자신이 부정하고 "하나님과 인간의 거리를 연결하는 그리스도의 선물"[24]이 주어졌다는 사실을 강조하려는 것이다. 자신에 대하여 대립 속에 있는 세계를 부정하는 하나님의 활동은 "우리에게 다가오는 부정(Nein)"이다. 하지만 하나님과의 대립 속에 있는 세계에

---

22 Karl Barth, *Römer II*, 51, 59.

23 *Ibid.*, 49.

24 *Ibid.*, 53.

대한 하나님의 부정은 동시에 바로 이 세계를 하나님 안에서 긍정하기 위한 "근거 지우기"(Begründung)이기도 하다: "하나님의 부정은 전적이다. 바로 그렇기 때문에 그것은 그의 긍정(Ja)이기도 하다." 극단적인 방식으로 이루어지는 세상의 부정성에 대한 진술 그리고 이 세상에 대한 '부정'으로서의 하나님의 활동에 대한 묘사는 세상을 구원하기 위한 '하나님의 능력'을 더욱 선명히 드러낸다. "하나님이 살리실 때에는 그는 죽이심으로써 그 일을 행하신다. 그가 의롭다고 칭하실 때에는 그는 우리를 죄인 되게 하심으로써 그 일을 행하신다."[25]

로마서 I에서와 마찬가지로 로마서 II에서도 하나님에 의해 수립된 사태의 변증법은 동일한 논리구조 위에 서 있다. 로마서 II에 드러나는 세상에 대한 강력한 부정의 수사학을 단지 문자적으로 수용함으로써 차안과 피안의 대립만을 부각시키는 것은 바르트의 변증법에 대한 심각한 오해이며, 예수 그리스도 안에서 인간에게 생명을 주는 하나님의 은총의 행위를 강조하려는 바르트의 의도에 대한 무지이다. 당시 바르트의 변증법적 사고를 드러내는 유명한 문구 역시도 이를 명백하게 드러낸다: 하나님은 "순수한 부정"이다. "바로 그렇기 때문에" 이 하나님은 차안과 피안의 대립이라는 도식에 매어 있지 않으며, "'차안'과 '피안'의 피안"(Jenseits des 'Diesseits' und des 'Jenseits')이다. 그는 "부정의 부정 (Negation der Negation)으로서, 피안을 위한 차안이고 차안을 위한 피안이며, 우리의 죽음의 죽음이고 우리의 비-존재의 비-존재"이다. "하나님은 '살리신다'." 차안과 피안의 대립을 넘어서서 차안 '안에' 피안을 세우시는 하나님, 오직 이 하나님에 의해 수립된 피안과 차안, 심판과

---

25 *Ibid.*, 61f.

은총의 역설적인 공존, 그것이 사태의 변증법의 핵심이다.

로마서 주석 시기의 사회주의 이해
: 하나님의 행위에 대한 비유(Gleichnis)로서의 실천

바르트의 신학과 사회주의 간의 관계에 대한 해명의 시도들

로마서 주석 시기 바르트의 정치적 실천에 대한 이해는 상기한 하나님의 활동에 대한 신학적 분석과 매우 긴밀히 결합되어 있다. 차안과 피안, 시간과 영원을 철저히 구별하는 자신의 신학적 논리를 그대로 따르면서 바르트는 세계를 변화시키는 하나님의 활동과 사회 혹은 국가와의 관련 속에서 이루어지는 인간의 정치적 활동을 철저히 구별할 것을 역설한다. 이와 관련하여 바르트는 로마서 I에서 그리스도 안에서 세계를 변화시키는 하나님의 활동을 '혁명'이라는 정치적 용어를 사용하여 묘사한다. 그리스도인들이 집중해야 하는 것은 "하나님에 의해 이루어지는 절대적 혁명(absolute Revolution)" 뿐이다. 그리스도인들의 고유한 과제는 이 "최종적인 것"(das Letzte)을 기다리는 데 있다. "최종 이전(das Vorletzte)의 전 영역은 용해 과정에 넘겨질" 뿐이다. 그러므로 "전체 정치는 그리스도인인 너희에게는 그 자체로 하등의 관심사가 아니다."[26]

상기한 진술에는 하늘과 땅의 대립이라는 바르트의 신학적 도식이 그대로 구현되어 있다. 바르트는 하나님의 행위에 집중할 것을 강조하면서 인간의 정치적 실천을 총체적으로 부정하는 것처럼 보이기도 한다. 하지만 바르트의 신학적 도식에서 하늘과 땅의 대립 그 자체가 목표가

---

26 Karl Barth, *Römer I*, 506.

아닌 것처럼 바르트가 인간의 정치적 실천 전체를 무의미하거나 불필요한 것으로 간주하는 것으로 오해해서는 안 된다. 그보다는 하나님의 행위와 인간의 정치적 실천 사이를 대립시키는 것은 인간의 실천 그 자체를 신적인 것으로 고양시키거나 하나님의 행위를 인간의 정치적 실천에 종속되는 것으로 오도할 수 있는 위험성들을 제거하는 데 그 목적이 있다. "그리스도 안에서 오는 혁명"을 인간은 앞당길 수도, 저지할 수도 없다. 그것은 오직 '하나님의 사태'이기 때문이다: "하나님에 의한 갱신이라는 사태는 인간에 의해 이루어지는 진보라는 사태와 혼동되어서는 안 된다." 인간의 정치적 활동에 신적인 정당화를 부여하지 않으려는 것이 하나님의 행위와 인간의 행위를 대립적으로 표현하는 바르트의 근본적인 동기이다: "신적인 것은 정치화되어서는 안 된다. 인간적인 것은 신학화되어서는 안 된다."[27]

바르트는 하나님의 혁명이라는 정치적 메타포를 수단으로 기존의 사회 및 국가 체제 가운데에서 이루어지는 정치적 실천의 가치를 상대화시키는데, 이로 인해 기존의 바르트 연구에서는 로마서 주석 당시 정치적 실천에 대한 바르트의 입장에 대해 서로 상반되는 평가가 이루어지고 있다. 하나는 하나님의 혁명이라는 로마서 I의 개념은 기존 사회질서에 대한 철저하고도 완전한 전복으로서의 볼셰비키 혁명을 주장하는 레닌으로부터 비롯되었으며, 이런 점에서 바르트의 신학은 사회주의의 영향 아래에 형성되었다는 것이다. 반대로 다른 하나는 이 개념은 어디까지나 단지 하나의 '메타포'에 불과할 뿐이며, 바르트는 이 개념을 통해 혁명이라는 개념을 철저히 '탈정치화' 하고 있다는 것이다. 아래에서는 이 두

---

27 *Ibid.*, 509.

가지 입장 모두를 비판적으로 평가하면서 이를 통해 정치적 실천 특히 사회주의에 대한 바르트의 당시 입장이 무엇이었는지를 보다 구체적으로 살펴보고자 한다.

첫째, 1972년 마르크바르트는 로마서 I에 나타나는 국가에 대한 바르트의 비판적인 평가는 1918년에 출판된 레닌의『국가와 혁명』의 영향에 따른 것이며 또한 바르트는 레닌이 이 문헌에서 주장한 기존 질서의 철저한 전복으로서의 볼셰비키 혁명에 대한 사고를 하나님의 개념에 적용시키고 있다는 대담한 테제를 제시한다.28 마르크바르트 이후 레닌을 중심으로 하는 사회주의 혁명 이론이 바르트 신학에 끼친 영향에 대한 논의들이 상당 기간 동안 활발히 이루어졌다.29 물론 바르트가 1915년 이래 스위스 사민당에 가입하여 활동하였으며, 따라서 사회주의 운동 및 그 이론에 대해 친숙해 있었던 것은 자명한 일이다. 하지만 이러한 역사적 사실이 로마서 주석 시기 바르트의 신학 및 정치적 실천에 대한 입장이 레닌의 영향 때문이라는 것을 입증하는 것은 아니다. 마르크바르트의 주장은 연도기적으로도 그리고 신학적·내용적으로도 부적절하다.

우선 연도기적으로 보자면 레닌의『국가와 혁명』은 1918년 11월 20일에야 비로소 처음으로 독일어로 번역되어 나왔으며,30 이에 반해 로마서 I은 1918년 8월 19일에 이미 완성된 형태를 갖추고 있었다31.

---

28 Friedrich-Wilhelm Marquardt, *Theologie und Sozialismus. Das Beispiel Karl Barths* (München: Chr. Kaiser Verlag, 1972), 127f.
29 마르크바르트의 영향 아래 있는 주요한 인물로는 단네만을 들 수 있다. 울리히 단네만/이신건 옮김,『칼 바르트의 정치신학』(천안: 한국신학연구소, 1991), 74.
30 Eberhard Jüngel, *Barth-Studien* (Gütersloh: Gütersloher Verlagshaus Mohn, 1982), 118.
31 바르트는 1918년 8월 19일에 투른아이젠에게 보내는 편지에서 "로마서 주석이 이제 끝났

따라서 마르크바르트 및 그의 뒤를 잇는 후속 논의들은 연도기적 정합성을 결여하고 있다고 볼 수 있다. 무엇보다도 마르크바르트의 주장을 약화시키는 것은 이 시기 볼셰비키 혁명에 대한 바르트의 태도가 대단히 비판적이라는 데 있다. 이미 로마서 I에서 바르트는 레닌주의를 하나님 나라 혹은 하나님의 혁명과 동일시하는 것을 명백히 거부한다: "그것은 레닌주의 그 이상이다."[32] 그 뿐만 아니라 로마서 II에서 바르트는 혁명적 실천을 하나님 나라의 실현과 동일시하려는 시도를 더욱 급진적으로 비판한다: "혁명적인 인간은 보수적인 인간보다 훨씬 많이 '악에 정복당해 있다'. 이는 그가 (기존질서에 대한_ 필자 주) 부정(Nein)과 더불어 더욱 은밀하게 스스로를 하나님과 동등하게 내세우기 때문이다."[33]

둘째, 마르크바르트와는 달리 윙엘은 바르트에게 있어서 하나님의 혁명이라는 개념은 하나님에 의하여 오직 예수 그리스도 안에서 현실화된 새로운 삶을 드러내는 기능을 하고 있을 뿐이라고 지적한다. 바르트가 '혁명'이라는 사회주의적 개념을 차용하여 하나님의 행위를 묘사하는 것은 사실이지만, 이를 통해 바르트는 하나님의 행위가 "오늘날 스스로를 혁명이라고 부르는 그것에 대해서조차 혁명"이라는 것을 진술하려

다"고 전한다. 1918년 11월에는 "하루 종일 인쇄본을 읽고" 있다고 쓰고 있기도 하다. 이런 점에서 바르트가 11월에 출판된 레닌의 문헌을 로마서 I에 신학적으로 전용했을 가능성은 매우 희박하다. 로마서 I의 출판과 관련한 바르트의 보고에 대해서는 Hermann Schmidt, "Vorwort des Herausgebers," Karl Barth, *Römer I*, IX-XXIX, XVIf.

32 Karl Barth, *Römer I*, 506: "Es ist mehr als Leninismus." 1919년 5월에 행한 "볼셰비즘"이라는 강연에서도 바르트는 러시아혁명은 "본질상… 잘못된 원리"에 기초한다고 비판적인 견해를 표명한다: Karl Barth, "Bolschewismus," V*orträge und kleinere Arbeiten 1914-1921*, ed. by Hans-Anton Drewes (Zürich: Theologischer Verlag Zürich, 2012), 494-500; 500.

33 Karl Barth, *Römer II*, 643.

한다는 사실을 윙엘은 올바르게 지적하고 있다.34 앞에서 살펴본 것처럼 이 시기에 바르트가 영원과 시간의 철저한 대립을 통해 하나님의 주권성을 드러내는 데 집중한다는 사실을 염두에 둔다면, 바르트의 신학을 마르크바르트처럼 "정치적 전제들로부터 산출된 신에 대한 이론"35으로서 파악하려 해서는 안 된다는 윙엘의 지적은 타당한 것으로 보인다.

하지만 윙엘의 문제점은 그가 하나님의 혁명이라는 개념을 철저히 '메타포'로만 간주함으로써 이 시기에 바르트가 완전히 "정치적인 것의 영역을 떠나버린"36 것으로 과도하게 탈정치화하는 경향이 있다는 데 있다. 이는 바르트가 1915년 이후는 물론이고 인간적인 것을 철저히 상대화하던 로마서 주석 시기 전체에 걸쳐서도 여전히 스위스 사민당 당원이었다는 사실을 제대로 해명하지 못할 뿐만 아니라 윙엘 자신이 밝히듯 로마서 주석은 그 자체가 곧 "실천에 대한 이론"37이라는 것과 적절히 조화되지 않는다는 한계가 있다. 모든 정치적인 것의 가치를 상대화하던 이 시기에 사회민주주의에 대한 바르트의 신학적 평가는 무엇이었는가?

사회주의적 실천: 하나님의 행위에 대한 유비

로마서 주석 시기에 바르트는 하나님의 행위를 강조하면서 인간의 정치적 실천의 의미를, 특히 그중에서도 혁명주의적 실천의 가치를 상대

---

34 Karl Barth, *Römer I*, 316; Eberhard Jüngel, *Barth-Studien*, 123.

35 Eberhard Jüngel, *Barth-Studien*, 126.

36 *Ibid.*, 119.

37 *Ibid.*, 126.

화시키는 것이 사실이다. 하지만 이것이 바르트가 철저히 비정치적인 영역으로 퇴각[38]했다는 것을 의미하는 것은 아니다. 바르트가 거부하였던 것은 단지—종교-사회주의에서처럼— 사회주의적 활동에 종교적 가치를 부여하는 오도된 태도일 뿐이었다.[39] 이러한 방식의 "종교적 정당화와 영예"가 배제된 실천만이 죄인으로서의 인간에게 부과되어 있는 제한적인 가능성에 부합하리라는 것이 바르트의 입장이다. 따라서 바르트는 단지 "종교-사회주의적"인 태도를 취해서는 안 된다는 것을 주장하는 것일 뿐, "사회민주주의적" 실천 자체를 거부하는 것은 아니다.[40] 오히려 바르트에 의하면 그리스도인들은 "하나님의 사태로 인해" "현존하는 것에 대한 근본적인 멸시"로부터 자신들의 실천의 가능성과 의미를 찾을 수밖에 없으며, 바로 이런 점에서 "가장 급진적인 좌파의 자리 외에 다른 곳에 자신을 정위시키는 것이 극히 어렵다."[41]

로마서 I과 II 모두에서 바르트는 사회주의적 실천을 하나님의 행위로서의 사태에 부합하는 정치적 실천으로 간주하고 있었다. 이는 하나님과 인간/세계의 질적 차이를 강조하는 로마서 II에서 인간의 윤리적 실천의 토대를 논의하는 과정에서 더욱 선명히 드러난다: "하나님은 하나님이라는 것, 그것이 윤리학의 전제이다."[42] 하나님이 하나님이시

---

38 고린지는 로마서 주석과 같은 시기에 실시된 탐바흐 강연에 대한 분석을 통해 바르트가 완전히 "혁명으로부터 퇴각"했다고 평가한다. Timothy J. Gorringe, *Karl Barth. Against Hegemony* (Oxford: Oxford University Press, 2005), 51.

39 물론 이것이 종교사회주의자들이 자신들의 실천을 하나님의 활동 혹은 하나님 나라와 직접적으로 동일시했다는 것을 의미하지는 않는다. 여기에서는 단지 종교사회주의에 대한 바르트의 평가만을 언급할 뿐이다.

40 Karl Barth, *Römer I*, 521.

41 *Ibid.*, 507f.

42 Karl Barth, *Römer II*, 592.

라는 사실이 드러나는 현장은 어디인가? 그것은 바로 예수 그리스도의 죽음과 부활이라는 사건이다. 그리스도의 죽음과 부활은 한편으로는 우리의 죄악된 세상에 대한 '부정'(Nein)이지만, 동시에 그것은 우리를 구원하기 위한 하나님의 '긍정'(Ja)이다. 하나님의 은총의 행위는 한편으로는 죄악된 세계에 대한 하나님의 '경고'(Ermahnung)이며, 그런 점에서 이 세계에 대한 '피안'이다. 하지만 다른 한편으로 바로 이 하나님의 자비하심은 "그 피안성을 제거하지 않으면서도" 이 하나님의 자비하심을 "마주하여 서 있는 차안성의 최종 규정"이기도 하다. 여기에서 바르트가 세계를 향한 하나님의 행위로 인해 촉발된 사태 곧 새로운 삶의 현실이 지니는 변증법적 구조를 다시 한번 지시하고 있다는 것에는 의심의 여지가 없다. 하나님의 은총의 행위는 세계에 대한 부정이자 긍정이다. "우리는 어떻게 살아야 하는가? 우리는 무엇을 행해야 하는가?" 하는 윤리적 질문은 바로 이 "인간을 향한 하나님의 관계" 가운데에서 대답되어야 한다. 자비와 경고로 드러나는 이 하나님의 행위로 인해 그리스도인들은—결코 피안의 영역을 향해 초월하도록 요구받는 것이 아니라—"다시금 우리의 실존(Da-Sein)과 현상황(So-Sein)이라는 차안성의 문제 앞에, 다시금… 삶, 의지 그리고 행위의 문제 앞에 서"게 된다.[43]

하나님의 주권적 은총의 행위를 강조하는 것이 곧 인간의 실천이 무가치하다거나 불필요하다는 주장으로 이어지는 것은 아니다. 오히려 하나님의 행위는 인간으로 하여금 자신이 처해 있는 현실 속에서 실천하도록 요구한다. 하나님의 은총을 인식하고 신앙하면서 그 가운데 살아가는 인간은 이제 자신의 행위가 다만 "하나님에게 영광을 돌리는 선

---

43 *Ibid.*, 575f.

언"(Demonstration zur Ehre Gottes)이 될 것을 지향한다.[44] 그런 점에서 인간의 행위는 철저히 "은총을 입은 자의 응답"이다. 인간을 향한 하나님의 은총의 행위에 부합하는 인간의 행위는 다름 아닌 "동료 인간에 대한 사랑의 행위"이다. 놀랍게도 바르트는 이 지점에서 이웃사랑의 행위를 은총을 베푸는 하나님과 은총을 입은 인간 사이의 관계에 상응하는 "유비체"(Analogon)라고 명명한다.[45] 교회교의학 시기 바르트의 용어를 빌려 묘사하자면, 그리스도인의 이웃사랑은 하나님의 인간 사랑에 '상응'한다. 이웃사랑은 하나님의 인간/세계 사랑에 대한 '행위의 유비'(ana-logia actionis)이다.[46] 로마서 II의 표현을 따르자면, "타자를 사랑하는 사람은" 하나님에 의해 수립된 "저 사태 적합성(Sachlichkeit)"을 따라

---

44 *Ibid.*, 582.

45 로마서 주석 시기에 바르트는 그가 후에 교회교의학에서 다루게 될 것처럼 유비론을 명시적으로 거론하지는 않는다. 하지만 하나님의 행위에 '상응'하는 그리스도인의 행위를 강조한다는 점에서 그리고 이웃사랑의 행위를 하나님의 행위에 대한 '유비체'로 혹은 '비유'(Gleichnis)로 정의한다는 점 등에서 후에 본격적으로 전개될 유비 신학의 토대가 변증법적 신학 시기에 이미 준비되고 있음을 알 수 있다. 이를 염두에 둔다면 변증법적 신학 시기와 유비의 시기로 구별하면서 바르트의 신학적 '전환'(Wendung)과 그 불연속성을 강조하는 폰 발타자르의 전통적인 도식은 비판의 여지가 있다. 발타자르의 고전적 연구에 대해서는 Hans Urs von Balthasar, *Karl Barth. Darstellung und Deutung seiner Theologie* (Köln: Verlag Jakob Hegner, 1962), 71ff.; 부쉬 역시 발타자르의 고전적인 입장을 따른다: 에버하르트 부쉬/박성규 옮김, 『위대한 열정』 (서울: 새물결플러스, 2017), 60.

46 여기에서 교회교의학의 유비론을 상세히 다룰 수는 없으며, 다만 바르트의 유비론은 "비유사성 안에 있는 유사성" 혹은 "심대한 비유사성 안에 있는 유사성"을 지시한다는 것 그리고 서로 연관지워지는 두 대상 사이의 '상응'(Entsprechung)을 "행위라는 규준"(nomina actionis)을 통해 보여주려는 시도로 간단히 정의 내리고자 한다. 본고에서는 하나님의 행위와 인간의 행위 사이의 유사성, 즉 저 하나님의 행위에 의해 근거 지워진 혹은 요구되는 인간의 행위 사이의 유사성이라는 점에서 변증법적 신학 시기의 유비 개념을 'anaolgia actionis'라고 묘사하고자 한다. 상기한 바르트의 유비론에 대한 개관을 위해서는 Wilfried Härle, *Sein und Gnade* (Berlin/New York: Walter de Gruyter, 1975), 185ff.

산다. "사랑은 그리스도 안에서 하나님에 대한 인식을 통해 근거 지워진… 동료 인간과의 관계"이다. 그리고 이것이야말로 우리 가운데 수립된 "위대한 긍정적 가능성"이며, "모든 윤리 정서(Ethos)의 혁명적 의미"이다.[47] 그리스도 가운데 나타난 하나님의 혁명은 사랑이라는 혁명적 변화를 죄악된 세계의 차안성의 한복판에서 구현한다.

바르트에게 있어서 이웃사랑의 준거점은 다름 아닌 그리스도의 죽음과 부활이다. 여기에서도 변증법적 도식은 여전히 적용된다. "부활은… 모든 현세적인 긍정 및 부정에 대한 부정"이다. 하지만 부활은 피안으로의 도피가 아니라 여전히 "바로 이 차안적인 부정(diesseitige Negation)의 주변부"에서 일어난다. 그것은 그리스도의 죽음 없이 일어나지 않으며, 이러한 그리스도의 죽음에 상응하는 인간의 행위는 다름 아닌 '낮아짐'(Niederungen)이다. 그리스도인들은 현세적인 삶 속에서 '높음'을 지향하지 않는다. 높음이 아니라 낮음이야말로 상대적인 세계 현실 속에서 하나님의 행위에 대한 "더 많은 증언으로서의 가치"를 지니기 때문이다. 가난한 자들과의 연대는 이런 점에서 그리스도교의 필연적인 실천의 내용이다. "그리스도교는 가난한 자들, 고통당하는 자들, 굶주린 자들, 목마른 자들, 불의로 수난받는 자들을 사랑한다." 로마서 II에서 사회민주주의는 바로 이러한 그리스도교의 사랑의 맥락 속에 언급된다. 그리스도교는 "억압당하는 자들에 대한 당파적인 선호"를 지니고 있으며, "바로 그렇기 때문에 사회민주주의는 광범위하게 그리스도교의 지지를 받는다." 사회민주주의처럼 낮은 자들을 향한 인간의 실천은 하나님의 절대적이고도 주권적인 행위에 비추어 무가치한 것으로 평가받는 것이 아니라

---

47 Karl Barth, *Römer II*, 658f.

오히려 "생명의 비유"(Gleichnis des Lebens)이다.[48] 이런 점에서 로마서 II에서 사회민주주의적 실천은 그리스도 가운데 나타나는 하나님의 행위에 상응하는 '유비'이자 '비유'로서 간주된다고 평가할 수 있다.[49] 바르트가 우려하는 것은 이러한 인간적 행위가 지니는 하나님의 행위에 대한 '증언'이나 '유비'로서—곧 상대적이고도 제한적 의미에서— 이해되지 않고, 곧바로 종교적인 방식으로—하나님의 행위로 혹은 하나님 나라 그 자체로— 절대화되는 일이다. "신적인 것이 정치화"되거나 "인간적인 것이 신학화"되는 것을 방지하는 것이야말로 "민주주의와 사회민주주의를 위한"[50] 일이라는 것이 이 시기 바르트의 입장이다.

III. 자유주의 시기 바르트의 사회주의 이해
— 제1차 세계대전 이전을 중심으로

하나님 나라 운동의 '유비'로서의 사회주의

1911년 7월에 바르트는 자펜빌의 목사로 부임하는데, 그곳에서 "빨갱이 목사"라는 별명을 얻기까지는 그리 오래 걸리지 않았다. 이러한

---

48 *Ibid.*, 621f.

49 본고는 변증법적 시기와 유비의 시기로 바르트 신학을 구별하는 전통적인 도식을 거부하고, 로마서 II에 이미 유비의 신학이 드러난다는 비교적 최근의 연구들과 같은 입장을 공유한다. 이 같은 연구들로는: Ingrid Spieckermann, *Gotteserkenntnis: Ein Beitrag zur Grundfragen der neuen Theologie Karl Barths*, 143ff.; Bruce L. McCormack, *Karl Barth's Critically Realistic Dialectical Theology* (Oxford: Clarendon Press, 1995), 18ff.

50 Karl Barth, *Römer I*, 509.

별명을 얻게 한 최초의 사건은 1911년 12월 17일 '자펜빌 노동자연맹'(Safenwiler Arbeiterverein)에서 "예수 그리스도와 사회운동"51이라는 제목으로 행한 강연이었다. 이 강연에서 바르트는 지난 1,800여 년 동안 사회적 곤궁에 빠져 있는 자들의 구체적인 문제들을 외면하고, "영혼, 내적 삶, 하늘"을 가리키기에만 급급한 채 이들을 "돕지는 않았던" 교회의 과거를 비판하면서52 "예수와 사회주의 간의 내적 결합"53을 제시함으로써 "예수와 사회주의 간의 가교"54를 놓고자 한다. 따라서 바르트는 사회주의 운동을 예수가 지향했던 바와 직접적으로 동일시하는 것처럼 보이는 표현들을 자주 사용한다: "이 둘은 동일한 하나라는 것이다(Beides sei eines und dieselbe). 예수는 사회운동이고(ist), 사회운동은 오늘 속에 있는 예수이다(ist)."55 "올바른 사회주의는 우리 시대 속에 있는 올바른 기독교이다."56

이 강연에서 바르트가 예수의 운동과 사회주의 운동을 동일시하는 것처럼 보이는 것이 사실이다. 하지만 자세히 살펴보면 그가 이 둘을 전적으로 동일시하지는 않는다는 것을 알 수 있다.57 특히 상기한 "예수는 사회운동이다"라는 표현은 바르트 자신의 것이 아니라 쿠터의 것으로

---

51 Karl Barth, "Jesus Christus und die soziale Bewegung," *Vorträge und keinere Arbeiten 1909-1914*, ed. by Hans-Anton Drews & Hinrich Stoevesandt (Zürich: Theologischer Verlag Zürich, 1993), 380-417.

52 *Ibid.*, 395.

53 *Ibid.*, 390.

54 *Ibid.*, 391.

55 *Ibid.*, 386.

56 *Ibid.*, 408.

57 이 시기의 바르트를 다루는 문헌들은 바르트가 사회주의를 자기 시대의 예수 그리스도의 활동으로 간주한다고 해석하는 오류를 자주 범한다. 이와 같은 일반적인 관점의 사례로는 오영석, "칼 바르트의 정치신학 연구," 「한신논문집」 vol. 13 (1996): 25-69; 34.

서, 바르트는 쿠터가 양자를 동일시한다고 비판하기 위해 이 문장을 인용하고 있는 것이다. 그래서 바르트는 쿠터와는 달리 이 강연의 제목을 의도적으로 "예수 그리스도와 사회운동", 즉 예수 그리스도 '그리고'(und) 사회운동으로 변형시키고 있으며,58 이를 통해 예수 그리스도 안에 나타난 하나님 나라의 운동과 사회운동 사이의 '유사점'과 '차이'를 동시에 드러내 보이고자 한다. 이와 관련하여 바르트는 예수를 '인간적인 측면'에서 보았을 때와 '신적인 측면'에서 보았을 때로 구별하고, 각각의 경우에 예수와 사회주의가 맺는 서로 다른 관계들을 보이고자 시도한다. 이렇게 본다면 앞에서 변증법적 신학의 시기에 나타나는 것으로 분석한 '유비'적 사고방식이—비록 그 개념이 명시적으로 나타나지는 않지만—1911년 기독교와 사회주의 사이의 관계를 다루는 이 강연에서 이미 선취적으로 사용되고 있다고 평가할 수 있다.

우선 예수와 사회주의 사이의 '유사점'을 살펴보자면, 양자는 그 '운동의 방향'에 있어서 일치한다. 사회주의는 "경제적으로 종속적인 이들의 운동"으로서 "종속적인 이들을 독자적으로" 만들고자 한다는 점에서 "아래로부터 위를 향한 운동"(Bewegung von unten nach oben)이다. 예수는 "목사가 아니라 노동자"였으며, 당시 유대인들 가운데 가장 "하층계층 출신"이었다. 그는 스스로 "가난한 자들과 억압당하는 자들"에게 보냄을 받았다고 느꼈다. "가난한 자에게 복이 있나니, 하나님 나라가

---

58 쿠터는 "예수 곁에는 '그리고'(Und)란 없다"라고 하면서 "그리스도와 사회적 질문"을 동일시하는데, 바르트는 이를 비판하면서 의도적으로 '그리고'라는 접속사를 사용함으로써 이 둘이 서로 '구별'되면서도 '연관'된다는 것을 보이고자 한다. 바로 이 때문에 바르트는 "이 둘은 동일한 하나라고 한다"(Beides sei eines und dasselbe)라는 간접인용문으로 쓰고 있다: Karl Barth, "Jesus Christus und die soziale Bewegung," 386; 쿠터의 문장의 출처는 Hermann Kutter, Sie müssen! (Jena: Diederichs, 1910), 192f. [볼드체: 필자의 강조]

저희 것임이라"는 복음을 전했다는 점에서 예수가 원하고 이루고자 했던 것은 그 "인간적인 측면에서" 보았을 때, 사회주의와 마찬가지로 "아래로부터의 운동"이었다.[59]

반면 바르트는 예수와 사회주의 사이의 '차이'를 드러내는 것을 주저하지 않는데, 이는 예수의 운동을 '하나님의 측면에서' 언급하는 진술 속에서 드러난다. 예수에게 가장 중요했던 것은 "하나님 나라의 실재" (Realität des Gottesreiches)였으며, "하나님 나라가 우리에게 오는 것"이야말로 예수의 복음의 핵심이다: "말씀이 육신이 되신(요 1:14) 것이지, 그 역은 아니다." 바로 앞에서 살펴보았듯 "인간적인 면에서 보자면 복음은 아래로부터 위를 향한 운동"이다. 하지만 "신적인 측면으로부터 보자면 그것은 전적으로, 완전히 위로부터 아래를 향한 운동(Bewegung von oben nach unten)"이다. 이처럼 '하나님으로부터 오는'—로마서 주석 시기의 표현을 빌리자면 위로부터 수직적으로 내려오는— 운동으로서의 하나님 나라와 그의 활동은 이 땅 위에서 "하늘 아버지의 사랑과 정의가 다스리"는 것을 목표로 한다. 예수는 단지 이를 '인정'하거나 "진술"한 것이 아니라 그대로 "행위"하였다.[60] 이렇게 예수 가운데에서 하나님 자신의 능력을 통해 드러난 사랑과 정의는 자본주의와의 관계와 관련하여 실천해야 할 인간의 행위의 기준이 된다.

바르트에 의하면 예수에게서 나타난 하나님은 결코 한 '개인'의 하나님으로 이해될 수 없다. "우리 아버지"라는 주기도문의 첫 단어가 드러내는 것처럼 예수에게 하나님은 어디까지나 "연대적이고 사회적인 하나님"이며,[61] 이런 점에서 예수 안에 나타난 하나님에 대한 신앙은 "사적

---

59 Karl Barth, "Jesus Christus und die soziale Bewegung," 391f.
60 Ibid., 396.

소유" 혹은 나아가서는 "자아 및 나의"(Ich und Mein)[62]라는 자본주의적, 부르주아적, 개인주의적인 개념과 조화될 수 없다. 하나님은 그 자녀들에게 자신의 사적 관계 혹은 영혼의 문제에 집중할 것이 아니라 "네 이웃을 네 몸과 같이 사랑하라"고 요구하는 하나님이다. 바로 이러한 "집단적이고, 연대적이며, 동지애적인 사회적 하나님에 대한 의식으로부터" 이 하나님에 대한 의식에 "상응하는 행위"(entsprechendes Handeln)가 뒤따라야 한다. 이런 점에서 자본주의로 인해 고통에 처한 프롤레타리아와의 연대를 주창하는 사회주의는 인간을 향한 하나님의 행위에 '상응'하는 실천 형태이며, 따라서 "오늘날 인간이 되기 위해서 인간은 공동체적 인간(Gemeinschaftsmensch), 동지(Genosse)가 되어야만 한다." 이렇듯 사회주의적 연대는 예수에게서 드러난 이웃사랑에 대하여 '유비적 관계'를 이룬다.

상기한 것처럼 사회주의적 실천과 하나님 나라에 대한 신앙 사이의 관계를 '상응'의 관계, 곧 '유비'적인 관계로 이해한다는 점에서 바르트는 결코 사회주의와 예수 혹은 예수에 대한 신앙을 '동일시'하지 않는다. 오히려 바르트는 예수의 운동과 사회주의(혹은 사회주의자들)의 '차이'를 명시적으로 제시한다. 정의 및 연대 등에 있어서 동일한 것을 '의지'한다는 점에서 예수와 사회주의는 일치한다: "너희의 사태(Sache)는 예수의 사태와의 연속성 속에 있다." 하지만 사회주의적 실천이 곧바로 예수의 행위 혹은 하나님 나라의 구현으로 종교적인 방식으로 정당화되지는 않는다: "이로써 내가 사회주의자들을 정당화한 것은 아니다." 예수와 사회주의를 결코 동일시할 수 없는 가장 큰 차이는 바로 둘 사이의 '행위'

---

61 Ibid., 406.
62 Ibid., 402.

의 차이에 있다. 바르트에 의하면 사회주의에서는 정의와 연대가 '주장' 되지만, 그것은 '대체로는 강령'으로서만 존재한다. "예수와 우리 사이의 가장 큰 차이는… 예수에게는 강령과 실행이 하나였다는 것이다." 이것 이 바로 '예수의 사태'(Sache Jesu)이다. 사회주의는 결코 구호, 강령, 의견, 의지 등으로 머물러서는 안 되며, 예수에게서 그런 것처럼 '실행되 어야만 한다. 이럴 때에야 사회주의는 예수의 행위에 상응한 것으로서 '올바른' 사회주의가 된다. "올바른 사회주의는 우리 시대의 올바른 기독 교이다"라는 문구는 이런 의미에서 이해되어야 한다.[63] 진정한 사회주 의자가 되기 위해서는 단지 '의지'해서는 안 되며, 자신이 원하는 것을 '실행'에 옮겨야 한다. 사회주의자와는 달리 예수는 사회주의자들이 원 하는 것 그 이상을 이미 행위했으며, 그런 점에서 "예수는 사회주의자들보다 더 사회주의적이다."[64]

지금까지 살펴본 바에 의하면 로마서 주석의 경우에서와 마찬가지로 자펜빌에서 막 목회를 시작한 바르트에게서도 이미 인간의 행위를 하나 님의 행위에 대한 유비적 관계 가운데 있는 것으로 보는 경향이 암묵적인 방식으로 나타나는 것을 확인할 수 있다. 이와 관련하여 흥미로운 사실은 바로 이러한 '예수의 사태', 즉 하나님의 행위에 의해 예수 가운데 드러난 현실은 변증법적 구조를 이루는 것으로 분석될 수 있다는 것이다. 로마서 주석 시기의 변증법을 다루면서 밝힌 것처럼 바르트의 변증법은 하나님 에 의해 수립된 하나님과 세계의 관계를 이 세계에 대한 하나님의 긍정과 부정이—그 상호대립성을 유지하는 가운데에서도— 공존한다고 보는 것을 특징으로 한다. '하나님의 측면'에서 보았을 때 하나님 나라는 '위로

---

63 Ibid., 407f.
64 Ibid., 400.

부터 아래를 향한' 운동이다. 이 운동은 "하나님으로부터 오는 것이지, 이 세계로부터 오는 것이 아니다." 이는 명백히 변증법적 신학 시기에 나타나는 '위로부터 수직적으로' 내려오는 하나님의 운동을 선취한다. 한편 이 운동은 이 세상 전반을 전적으로 부정하는 것이 아니라, 이 "세계 안에" 세워진다. 그런 바로서 "하나님 나라의 실재"는 이 "땅, 물질 등과 같은 것"에 대립하는 것이 아니라, "악에 대해서 혹은… 악마에 대해서" 대립적 관계에 있다. 말하자면 하나님 나라는 이 세계에 대한 '총체적인' 부정으로서가 아니라, 이 세계의 '부정적인 것에 대한 부정'으로서 존재하며, 동시에 그와 더불어 하나님으로부터 이 세계 '가운데'에 하나님이 긍정하는 것을 세우고자 한다는 점에서 그리고 그와 더불어 부정적인 것과 대립적인 관계 가운데 함께한다는 점에서 변증법적 구조를 지닌다.65

바르트의 사회주의 수용: 신학적 자유주의 비판의 시도

위에서 우리는 바르트가 사회주의와 하나님 나라 운동을 동일시하지 않고, 사회주의를 예수의 운동에 대한 유비적 관계로서 이해하고 있다는 것을 살펴보았다. 1911년의 강연이 사회주의에 대한 신학적 판단에 집중하고 있다는 사실을 잠시 논외로 한 채 이 강연의 신학적 논리들을 정리하자면 다음과 같다: a) 하나님의 행위에 의해 이루어진 세계 현실은 변증법적 구조(위로부터의 운동과 아래로부터의 운동의 공존, 세상에 대한 부정과 긍정의 공존 등)를 이루고 있다. b) 인간의 행위는 하나님의 행위에

---

65 Ibid., 396.

상응하여 이루어진다. c) 하나님의 행위에 상응하는 인간의 행위는 사회적 관계와의 긴밀한 결합 속에서 이루어진다.

위의 정리들은 1919년 이후의 변증법적 신학의 주요한 논리들이 1911년의 강연에 이미 대체로 형성되어 있었다는 것을 보여준다. 이와 관련하여 우리가 상기해야 할 것은 사회주의에 대한 긍정적 평가와 수용이 처음으로 드러난 1911년은 바르트가 철저히 자유주의신학의 영향력 아래 있을 때라는 것이다. 기존의 바르트 연구에서는 바르트의 사회주의 수용을 자펜빌에서 경험한 노동자들의 비참한 상황에 대한 경험과도 같은 역사적 사건들을 통해 촉발된 것으로 해석하는 경향들이 있는데, 이는 사회주의 수용의 내적인 신학적 동기를 제대로 드러내지 못하는 한계를 지닌다. 이에 반하여 아래에서는 자유주의신학 시기에 이루어진 바르트의 사회주의 수용은 자유주의신학의 내적 한계를 넘어서기 위한 방편이며, 동시에 이는 바르트의 자유주의신학적 사고를 토대로 한다는 것을 보이고자 한다.

바르트의 자유주의신학적 관심사가 드러나는 당시의 대표적인 문헌으로는 "기독교 신앙과 역사"(1910)[66]를 꼽을 수 있다. 여기에서 바르트는 우선적으로는 개인의 신앙과 종교의 역사적 변천이 지니는 관계를 다룬다. 하지만 바르트는 특히 개별 인간의 종교적 의식과 이 종교적 의식이 담고 있는 신의 행위라는 개념 사이의 변증법적 구조에 관심을 기울이는데, 이때 그는 슐라이어마허에게 깊이 의존한다. 주지하다시피

---

[66] Karl Barth, "Der christliche Glaube und die Geschichte," *Vorträge und keinere Arbeiten 1909-1914*, ed. by Hans-Anton Drews & Hinrich Stoevesandt (Zürich: Theologischer Verlag Zürich, 1993), 149-212. 이 외에도 "인격적 하나님에 대한 신앙"(1913) 등도 매우 중요한 자유주의신학 시기의 문헌이지만 본고에서는 다루지 않는다.

슐라이어마허는『종교론』에서 종교란 "형이상학도, 도덕도 아니며, 직관과 감정"[67]이라고 정의 내린다. 이를 통해 종교란 사고 및 도덕과는 구별되는 독립적인, 인간의 본성으로부터 비롯되는 독특한 실재로 이해되어야 한다는 것이 슐라이어마허의 종교 변증의 주요 내용이다. 슐라이어마허는 직관이라는 개념을 가지고는 직관되어지는 대상이 직관하는 주체에게 미치는 작용을 그리고 감정이라는 개념을 통해서는 우주에 대한 직관이 이루어질 때 직관하는 주체로서의 종교적 개인에게서 발생하는 심정적 반응을 지시하고자 했다.[68] 자유주의신학 시기의 바르트는 슐라이어마허의 논리를 충실히 따르면서 학문, 도덕, 예술 등과 같이 인간 자신의 본성으로부터 도출되는 것이 아니라, 그에 대해 독립적인 개인의 종교적 의식(religiöses Bewusstsein)을 강조하는 동시에 "사고하고 의지하는 개인, 즉 현실의 인간"에게 영향을 끼치는 것으로 파악되는 신의 활동에 대한 직접적인 인식에 대한 해명의 문제에 집중한다. 신학에 있어서 가장 중요한 문제는 종교적인 개인에게 이미 주어져 있는 "신성의 깊이"와 "개별적인 자아"의 공존을 해명하는 것이다.[69] 다른 말로 하자면 이는 무한자의 작용에 의해 유한한 개별자 가운데 이루어지는 무한자와 개별자의 공존이라는 사실, 즉 인간의 이성에 의해서는 "파악될 수 없는 사실"(ein unbegreifliches Faktum)[70]을 해명하는 것이다. 개별자 안에

---

67 F. D. E. Schleiermacher, *Über die Religion* (Göttingen: Vandenhoeck & Ruprecht, 1991), 49.

68 Ibid., 52: "모든 직관은 직관하는 것에게 미치는 직관되어지는 것의 영향으로부터, 즉 전자에 의해 이루어지는 근원적이고 독립적인 행위(Handeln)로부터 출발한다. 이 행위는 후자에 의해 자기의 본성에 따라 수용되고, 정리되며, 파악된다."

69 Karl Barth, "Der christliche Glaube und die Geschichte," 180f.

70 Ibid., 186f.

주어져 있는, 하지만 이 개별자의 행위에 의해서가 아니라 오직 무한한 신 자신의 행위에 의해 이루어져 있는 무한자와 유한자, 절대자와 개별자 사이의 "종합"(Synthese)[71]에 대한 인식과 해명이야말로 신학이 추구해야 할 바이다.

자유주의신학 시기의 바르트에게서는 로마서 주석에서처럼 인간 및 세계에 대한 총체적인 부정이라는 수사학이 전면에 등장하지는 않는다. 하지만 이미 이 시기에도 바르트의 사고 가운데에서는 로마서 주석의 변증법에 나타나는 논리 구조가 상당히 유사한 형태로 갖추어져 있다. 그것은 하나님의 행위의 결과로 수립된 인간의 종교적 자의식에 대한 분석 속에서 드러난다. 개별적인 인간의 종교적 의식에는 신의 행위에 의해 설정된 신-인간의 관계에 대한 인식(긍정)이 그리고 그 종교적 의식이 인간의 이성적 행위에 의해서 수립될 수 없다는 인식(부정)이 공존한다. 즉, 상호 대립적인 것의 공존이 개인의 종교적 자의식을 규정하고 있는 것이다. 이는 본 절의 도입부에서 정리한 사회주의 시기 바르트의 주요 신학적 논리 구조와 일치하는 것으로 보인다: a) 개인의 종교적 자의식은 하나님의 행위에 대한 인식과 그 결과로서의 인간적 자의식의 공존이라는 형태로 존재한다. b) 이 종교적 의식의 변증법적 구조는 하나님의 행위의 결과이다. 이제 마지막 요소인 c) 개인의 행위와 사회적 관계의 문제는 아래에서 간략히 다룰 것이다.

슐라이어마허에 의하면 "종교를 위한 재료", 즉 우주에 대한 직관으로서의 종교가 실행되는 자리는 다름 아닌 다른 인간과의 사회적 관계 속에 있다: "이미 최초의 인간은 그의 살 중의 살, 뼈 중의 뼈 안에서

---

71 Ibid., 180.

인류를 발견하였고, 인류 안에서 세계를 발견하였다. 바로 이 순간부터 그는 신성의 음성을 듣고 그에게 대답할 수 있게 되었다."[72] 슐라이어마허를 그대로 따르면서 바르트는 종교적 의식을 지닌 개인이 자신의 유한한 개별성을 넘어 보편자에게 다가갈 수 있는 길을 이웃과의 관계 가운데 있는 "사회성"(Sozietät) 속에서, 즉 타인에 대한 "사랑" 가운데에서 찾는다.[73] 이와 같은 사회성에 대한 강조는 바르트가 사회주의를 수용하게 된 자유주의신학적 동기가 무엇인지를 암시해 준다. 바르트는 슐라이어마허를 통해 그리스도인이 하나님에 대한 신앙을 구체적으로 드러내는 것은 이웃에 대한 사랑임을 배웠다. 슐라이어마허에게는—그리고 바르트에게도 역시— 이것이야말로 고립된 섬과 같은 폐쇄된 자아라는 데카르트 유의 근대적 자아에 매몰되지 않을 수 있는 종교적 방안이었다. 바르트의 사회주의 수용은 이처럼 자유주의신학을 통해 얻어진 사회적 관계의 필연성에 대한 인식으로부터 준비되고 있었다. 다만 자유주의 시기의 사회적 관계가 단지 종교적, 사적 영역에 국한되어 있었던 반면 바르트는 사회주의 수용을 통해 개별적 자아의 한계를 넘어서는 정치적, 경제적 방안에 더욱 강조점을 두게 되었을 뿐이다. 즉, 슐라이어마허에 기초한 자유주의신학이 본래적으로 주창하던 바인 "자아 및 나의"(Ich und Mein)[74] 한계를 넘어서는 구체적인 방안을 사회주의 가운데에서 발견하게 되었다는 것이다. 이것이야말로 "나는 아주 자유주의적이었기에… 사회민주주의자가 될 수 있었다"[75]는 바르트의 고백의 의미이다.

---

72 F.D.E. Schleiermacher, *Über die Religion*, 73.

73 Karl Barth, "Der christliche Glaube und die Geschichte," 187.

74 Karl Barth, "Jesus Christus und die soziale Bewegung," 402.

75 에버하르트 부쉬/손성현 옮김, 『칼 바르트』, 161. 바르트는 "예수 그리스도와 사회운동"이 출간되자 즉시 출판된 원고를 마부르크의 헤르만과 라데 등 자신의 자유주의적 스승들에

IV. 자유주의신학: 바르트의 사회주의 수용의 논리적 토대

로마서 주석 시기의 바르트는 인간의 행위를 하나님의 행위와 동일시하는 것을 철저하게 거부한다. 하지만 이것이 곧 당시 바르트가 사회민주주의 혹은 사회주의적 실천 자체를 부정하는 것으로 간주되어서는 안 된다. 오히려 바르트는 약자에 대한 사랑과 연대 가운데 자본주의적 현실세계를 부정하는 사회민주주의적 실천을 예수 가운데에서 세상을 부정하면서도 긍정하는 하나님의 행위에 상응하는 실천으로 간주한다. 아울러 로마서 주석의 특징인 변증법적 신학의 주요 논리 구조들이 이미 자유주의신학 시기의 바르트에게 나타나고 있으며 또한 사회적 관계에 대한 관심사 역시도 자유주의신학의 영향하에 형성되었다는 것도 살펴보았다. 물론 자유주의신학 시기의 변증법적 사고가 개인의 종교적 의식의 가능성의 조건에 대한 질문으로부터 출발하는 반면 로마서 주석 시기의 변증법은 인간과 세계 전체를 변화시키는 하나님의 행위 그 자체에 대한 강조로부터 출발한다는 점에서 차이가 있는 것이 사실이다. 하지만 그 주요한 논리 구조가 자유주의신학 가운데 이미 형성되어 있는 것도 부인할 수 없는 사실이다. 따라서 바르트에게서 사회주의는 단지 역사적, 우연적 경험 등을 통해서가 아니라, 자유주의신학을 통해 준비되었다고 평가하는 것이 보다 적절할 것이다. 이런 점에서 보자면 로마서 주석에 이르러 특징적으로 드러나는 바르트의 신학적 사고는 자유주의신학과의 급진적 단절을 통해서만도 아니고

게 보내서 반응을 기다리는데, 라데로부터는 비교적 긍정적인 반응을 얻었지만, 헤르만에게서는 아무런 답도 얻지 못한다. 바르트의 행동은 이 사회주의적 문헌과 자유주의신학 사이에 연관성이 있다는 사실을 암시하는 것으로 보인다.

또는 혁명적 사회주의와의 조우를 통해서 형성된 것도 아니다. 로마서 주석은 바르트 자신이 수사학적으로 진술하는 것처럼 신학적 자유주의 및 사회주의로부터의 급진적 단절이라기보다는 자유주의신학의 점진적 확장의 결과로 이해되어야 한다. 적어도 바르트의 신학 논리의 형성 과정을 못 본 채 지나쳐 버릴 것이 아니라면 더욱 그렇다.

1 5 장

삼위일체 신론과 사회민주주의

— 사회민주주의에 대한 신학적 접근*

I. 삼위일체 신론과 사회민주주의의 연관성

특정한 신론과 인간의 사회적, 정치적 삶 사이에는 긴밀한 연관성이 있다는 사실은 오늘날 신학에서는 광범위하게 수용되고 있다. 이는 본래 에릭 페테르손이 자신의 선구자적인 글에서 '하나의 단일한' 신과 그의 지배에 대한 신앙은 신의 세계 지배 방식에 상응하는 '하나의 단일한' 지배자에 의한 통치 질서를 정당화한다고 밝힌 이후 광범위하게 수용되고 있다.[1]

---

* 이 글은 2015년 대한민국 교육부와 한국연구재단의 지원을 받아 수행된 연구임 (NRF-2015S1A5A8015445)

1 E. Peterson, "Monotheismus als Politisches Problem," *Ausgewählte Schriften*, Bd. I. *Theologische Traktate* (München: Kösel Verlag, 1951), 23-81; 이 주제에 대한 개관으로는

한편 다른 유일신 종교와는 구별되는 기독교의 독특하고도 특수한 신 이해인 삼위일체론에 대한 탐구가 20세기 후반 이후 활발하게 진행된 이후 삼위일체론은 유일신론과는 전혀 다른 사회 및 정치 질서를 지지한다는 것 역시도 오늘날 당연한 것으로 받아들여지고 있다. 삼위일체 신앙에 의하면 하나님은 '하나의 단일한' 세계 지배자가 아니며, 이미 자기 자신 가운데에서 '관계 가운데' 계신 분이다. 하나님은 성부, 성자, 성령의 상호 '사귐' 가운데 존재하며, 따라서 이 무한한 사랑의 사귐으로서의 하나님에 대한 신앙은 이 하나님이 세계와 맺는 관계에 상응하는 방식으로 인간의 사회적 삶을 형성해 나가도록 추동한다. 즉, 그것은 '하나의 신 ― 하나의 지배자'라는 사회적 관계가 아니라, 상호 사귐이라는 삼위일체 하나님의 존재 방식 및 그가 세계와 맺는 관계에 상응하는 인간의 사회적, 정치적 삶의 방식을 요구한다는 것이 그 대체적인 내용이다. "삼위일체는 우리의 진정한 사회의 프로그램이다"[2]라는 보프의 유명한 문구는 바로 이를 지시한다.

삼위일체 하나님에 대한 신앙과 사회적, 정치적 실천의 관련성에 대한 논의가 지난 세기 이후 활발하게 진행되어왔지만, 거기에는 분명한 한계가 있는 것도 사실이다. 삼위일체 신앙을 기초로 하는 사회적, 정치적 실천에 대한 요구들이 일종의 당위론적인 방식으로 제기되기는 하였으나 그 실천이 추구해야 할 구체적인 '정치적 지향점' 혹은 '사회 형태'에 대한 논의는 결여되어 있기 때문이다. 예를 들어 지배와 복종이 아닌 사랑과 섬김을 통해 소외되고 억압받는 자를 해방시키는 정치적 실천이

John Thompson, *Modern Trinitarian Perspectives* (Oxford: Oxford University Press, 1994), 106ff.

2 레오나르도 보프/이세형 옮김, 『삼위일체와 사회』(서울: 대한기독교서회, 2011), 37.

요구되고 있으나(몰트만, 보프) 그와 같은 실천의 구체적인 현실 정치 형태가 무엇인지에 대한 논의는 부족한 것이 사실이다. 이에 이 글에서는 서유럽 국가들의 정치이념의 하나로서 오늘의 현실정치에서도 실제로 작동하고 있는 사회민주주의를 삼위일체 하나님에 대한 신앙으로부터 추구될 만한 현실적 방안으로서 제시하고자 한다.

하지만 사회민주주의를 삼위일체 신앙에 부합하는 정치체제로 제안 하는 것에는 명백한 한계가 있음도 언급되어야 한다. 사회민주주의를 삼위일체 하나님의 뜻이라는 식으로 성급히 동일시해서는 안 된다는 것은 자명한 일이다. 본고에서는 다만 사회민주주의가 지향하는 가치가 삼위일체 신론으로부터 도출되는 가치들과 '유사'하며, 따라서 양자 사 이에 일종의 '유비'(analogia) 관계가 있다는 것을 제시하는 것으로 만족 하고자 한다. 물론 일반적인 유비 이론이 공유하는 것처럼 유비는 비교되 는 두 대상 사이의 근본적 '차이'에 대한 인식을 전제로 한다.[3] 본고에서는 주로 독일 사민당의 주요 강령들과 역사 그리고 이에 대한 해설서 등을 검토함으로써 사회민주주의의 가치들을 제시하고, 이 가치들이 최근의 삼위일체 신학적 논의에서 도출되는 가치들과 '상응'(Entspre- chung)한 다는 것을 제시함으로써 사회민주주의를 기독교적 가치에 입각한 구체 적인 정치적 지향점으로 제안하고자 한다.

---

3 유비 개념은 특히 바르트 연구에서 많이 사용되는 개념으로서 하나님의 행위와 이에 '상응' 하는 인간의 행위 구조를 드러내는 데 사용된다. 바르트는 시민공동체 안에서 이루어지는 정치적 활동은 그리스도인의 공동체, 즉 교회 안에서 신앙되고 선포되는 하나님 나라에 대한 '유비'라는 입장을 표명한 바 있다: Karl Barth, *Rechtfertigung und Recht. Christengemeinde und Bürgergemeinde* (Zürich: TVZ, 1989), 65.

II. 사회민주주의의 근본 가치

사회민주주의에 대한 간략한 변론과 근본 가치

사회민주주의(Sozialdemokratie)를 정의하는 것은 단순한 일이 아니다. 한국에서 사회민주주의라는 개념은 전쟁과 냉전이라는 역사적 특수성으로 인해 종종 공산주의와 동일시되면서 거부되곤 하는 실정이다. 이러한 통속적 오해는 사회민주주의에 대한 엄밀한 이해에 기초한 것은 아니지만, 사회민주주의 발전의 역사적 과정과 전혀 무관하기만 한 것도 아니다. 본래 사회민주주의는 자본주의와 산업화의 결과 초래된 노동자 계급의 착취와 피폐한 삶의 상황을 개선하기 위해 수립된 사회주의 정당의 정치적 지향점을 가리키는 개념이었다. 예를 들어 사회주의 운동을 위해 수립된 '독일 사민당'(독일 사회민주주의정당, Sozialdemokratische Partei Deutschlands, SPD)은 그 초창기에 마르크스-엥겔스의 유물론과 변증법적 역사 결정론을 그 사상적 기반으로 하였다. 1891년 작성된 독일 사민당의 '에어푸르트 강령'(Erfurter Programm)은 부르주아에 의한 노동자 지배라는 계급지배를 철폐하기 위해서는 "생산수단에 대한 자본주의적 사적 소유를… 사회적 소유로 그리고 물품생산을 사회주의적 생산, 즉 사회를 위해 그리고 사회에 의해 이루어지는 생산으로 전환"시키는 것이 필수적이며, 이처럼 "생산수단을 전체의 소유로 이양"시키기 위해서는 노동 계급의 "정치 투쟁"이 필수적이라고 강조한다.[4] 에어푸르트 강령의 이 같은 내용은 당시 독일 사민당이 자본주의에서 사회주의에

---

4 Bundessekretariat der Jungsozialisten, *Programme der deutschen Sozialdemokratie* (Hannover: J. H. W. Dietz, 1963), 78f.

로의 필연적 이양을 주장하는 소위 과학적 사회주의를 기반으로 하고 있으며, 노동자 계급의 이익을 지향하는 계급정당으로서의 특징을 지니고 있음을 보여준다. 이 관점에서 보자면 초기 사회민주주의는 프롤레타리아의 혁명적 실천을 통해 계급지배가 철폐되고 생산수단의 공유화가 실현될 공산주의 사회를 지향하였다고 할 수 있다.

반면 20세기 초반 이후부터 독일 사민당 내부에서는 유물론적 세계관과 사회주의에로의 필연적 이행 등과 같은 교조적인 마르크스주의로부터 벗어나야 한다는 내부 논쟁이 지속적으로 진행되어 왔다. 그 결과 2차 세계대전이 종료되고 난 후인 1959년 11월 13일~15일, 당시 서독의 바드 고데스베르크 전당대회를 통해 '고데스베르크 강령'(Godes-berger Programm)이 채택되는데, 이 강령 이후 독일 사민당은 기존의 교조적 마르크스주의로부터 단절할 뿐만 아니라 노동자 계급을 위한 계급정당으로부터 '국민정당'(Volkspartei)으로 전환하게 된다.5 그 이전까지 사민당이 추구하는 사회주의가 프롤레타리아 혁명을 통해 수립되는 공산주의를 의미하는 것이었던 반면 고데스베르크 강령 이후 사회민주주의는 당시 공산주의 국가의 전체주의와 독재체제를 거부하면서 민주주의적 정치질서와 사회적 정의 및 경제적 평등을 현실화하는 것으로 전환을 이룬다. 공산주의와 달리 사회민주주의는 "민주주의가 보편적인 국가 및 삶의 질서가 되기를" 지향하며, 이처럼 개인의 자유와 사회적 평등 및 정의를 동시에 실현하고자 하는 사회민주주의의 지향점을 고데스베르크 강령은 다음과 같이 선언한다: "사회주의는 오직 민주주의를 통해서 현실화되며, 민주주의는 사회주의를 통해서 완성된다."6

---

5 그 역사적 과정에 대해서는 유지훈, "독일사회민주당의 역사적 발전과정에 관한 연구," 「사회과학연구」 18 (2001): 195-229.

정치적 자유와 사회적, 경제적 평등을 지향한다는 점에서 사회민주주의는 자본주의 및 공산주의와는 구별하여 '민주적 사회주의'(demokratischer Sozialismus) 혹은 '사회적 민주주의'(Soziale Demokratie)라고 불리기도 한다.7 물론 고데스베르크 강령 채택 이전의 사회민주주의가 비민주적이거나 반민주주의적이기만 했던 것으로 오해되어서는 안된다. 독일 사민당을 비롯하여 유럽의 사회민주주의 정당들은 공산주의와 단절하기 이전부터 이미 노동자들이 보편, 평등, 직접 선거권 같은 민주주의의 핵심 권리들을 획득하도록 노력해 왔으며, 이런 점에서 그 시발점에서부터 개인의 존엄성과 자유를 강조하는 정치적 자유주의 혹은 부르주아 민주주의와의 연속성 가운데 있었다. 다만 사회민주주의 정당은 정치적 자유주의 혹은 부르주아 민주주의를 추구하는 정당과는 달리 자본주의로 인해 촉발된 빈부의 격차 및 사회적 불의를 보다 적극적으로 제거하고자 하며, 이를 위한 국가의 책임 있는 역할을 강조한다는 데 그 차이점이 있다.

현실 정당으로서의 사민당은 유물론과 역사적 변증법이라는 경직된 세계관을 벗어던짐으로써 오늘날에는 사상의 자유와 유럽의 다양한 사상 전통에 기초한 정당으로 변모하였다. 고데스베르크 강령에 의하면 사회민주주의는 "기독교 윤리, 휴머니즘, 고전 철학"에 그 뿌리를 두고

---

6 Bundessekretariat der Jungsozialisten, *Programme der deutschen Sozialdemokratie*, 187f.

7 이론가들 중에는 민주적 사회주의와 사회적 민주주의를 엄밀히 구별해야 한다고 주장하는 경우도 있다: Gesine Schwan, *Sozialismus in der Demokratie? Theorie einer konsequent sozial-demokratischen Politik*(Stuttgar: Kohlhammer, 1982), 41f. 이에 반하여, 본고에서는 둘 사이의 구별은 그다지 큰 의미가 없다는 입장을 따르면서, 사회민주주의로 단일화하여 사용한다. 이러한 입장으로는: 박호성, 『사회민주주의의 역사와 전망』(서울: 책세상, 2005), 83f.

있으며, 이를 기초로 프랑스 혁명 이후 서구사회의 공동의 유산인 "자유, 평등, 연대"라는 가치를 현실 정치 및 일상의 삶 속에서 실현하는 것을 목표로 한다: "자유, 정의 그리고 공동의 결합으로부터 도출되는 상호 간의 의무로서의 연대는 사회주의적 의지의 근본 가치이다." 즉, 사회민 주주의는 유물론과 같은 특정한 철학적 신념에 경도되어 있는 것도 아니고, 옛 공산권과 같은 특정한 정치 체제를 지지하는 것도 아니다. 고데스베르크 강령은 사회민주주의를 "자유와 정의를 획득하기 위한 지속적인 과제"로서, 즉 하나의 영속적인 운동으로서 진술한다. 사회민 주주의는 다양한 사상적, 종교적 신념을 가진 자들이 자유, 평등, 연대라 는 "공동의 도덕적 근본 가치들"에 기초하여 자유롭고도 평등한 삶을 형성하기 위해 "공동의 정치적 목표들"을 추구하고, 이 가치들을 정치적 인 방식으로 현실화하려는 정치적 운동과 지향점을 뜻한다.[8] 아래에서 는 이 가치들에 대한 사회민주주의의 독특한 이해가 무엇인지를 제시함 으로써 사회민주주의를 보다 구체적으로 해명하고자 한다.

사회민주주의의 근본 가치: 자유, 평등, 연대

자유: 자유로운 개인

위에서 언급한 것처럼 사회민주주의는 자유, 평등, 연대라는 세 가치 를 기초로 하며, 이를 현실 정치 영역에서 구현하는 것을 추구한다. 2007 년에 채택된 사민당의 '함부르크 강령'(Hamburger Programm)은 자유,

---

8 Bundessekretariat der Jungsozialisten, *Programme der deutschen Sozialdemokratie*, 187.

평등, 박애를 사회민주주의의 근본 가치이자 실천의 방향으로 명시함으로써 고데스베르크 강령을 재확인한다:

"프랑스 혁명의 기본 요구인 '자유, 평등, 박애'는 유럽 민주주의의 토대이다. 평등한 자유라는 목표가 근대에 정의의 총괄 개념이 된 이래로 자유, 정의, 연대는 자유롭고 민주적인 사회주의의 근본 가치였고, 이는 지금도 그러하다. 이것들은 정치 현실을 판단하기 위한 우리의 기준이자 보다 나은 사회를 위한 기준이며, 사회민주주의자들의 실천을 위한 방향으로 남아 있다."9

자유, 평등, 박애가 프랑스 혁명 이후 유럽에서 민주주의의 핵심 원리들로 받아들여져 왔다는 것을 고려하면, 사회민주주의는 개인의 자유를 강조하는 정치적 자유주의와의 연속성 속에 있다고 말할 수 있다. 따라서 개별 인간의 자유에 대한 강조는 사회민주주의의 가장 기본적인 지향점이다. 이를 함부르크 강령은 인간에게는 "자신의 삶을 스스로 결정할 수"10 있는 자유가 부과되어 있다고 명시함으로써 드러낸다.

사회민주주의가 자유를 핵심 가치로 삼는다는 것은 상기한 것처럼 일차적으로는 개개 인간에게 자유가 부여되어 있다는 것을 인정한다는 것을 의미한다. 그런 점에서 사회민주주의는 개인의 인격, 사상과 양심,

---

9 SPD-Parteivorstand, *Hamburger Programm. Grundsatzprogramm der Sozialdemokratischen Partei Deutschlands* (Berlin, 2007), 14f.

10 *Ibid.*, 5. 자유를 "자기 규정" 혹은 "자기 결정"으로 이해하는 것은 계몽주의 이후의 철학 특히 칸트에게서 명시적으로 드러난다. 칸트의 자유 개념에 대한 간략한 이해를 위해서는 이용주, "자유와 결정론의 대립을 넘어: 칸트와 셸링의 '근본악' 개념을 중심으로,"「신학논단」 72 (2013): 101-136; 107ff.

재산권 행사 등의 자유에 대한 인정과 존중으로부터 출발한다. 하지만 사회민주주의에서 더 중요시하는 것은 단지 자유의 '상태'에 대한 형식적인 선언이 아니라, 이 자유가 사회적 관계 가운데에서 적극적으로 '실행'되는 것이다. "자유는 행사됨으로써 비로소 개인의 소유물"이 될 수 있기 때문이다. 그러므로 사회민주주의는 개인의 자유가 "사회적 규제를 통하여 보전"되게 하는 실질적인 수단과 제도적 방안을 적극적으로 모색한다.11 바로 이것이야말로 사회민주주의가 지향하는 자유 개념을 보수적인 정치적 자유주의의 자유 개념으로부터 구별 짓는 독특한 특징이다.

대체로 자유주의에서 자유는 평등이나 정의와 같은 개념들과 조화를 이루지 못하는 것으로 간주되곤 한다. 개인에게 보다 많은 자유를 제공하려면 정의는 제약을 당할 수밖에 없으며, 보다 많은 평등은 개인의 자유를 침해한다는 것이 자유주의의 통속적인 견해이다. 이에 반하여 사회민주주의의 관점에 의하면 자유는 결코 평등 및 정의와 충돌하지 않으며, 오히려 평등과 정의를 통해 비로소 현실화된다. 개개 인간이 자기 스스로의 삶을 결정할 수 없도록 방해하는 물질적, 사회적 제약들이 제거될 때에야 비로소 자유는 현실화될 수 있다. 그러므로 인간의 "존엄성을 해치는 종속으로부터, 궁핍과 두려움으로부터 자유"로울 수 있도록 제도를 마련해야 하며, 이를 통해서 개인들이 "사회 속에서 정치에 책임적으로 함께 영향을 끼칠" 수 있는 환경을 마련하는 것이 필수적이다. 고로 자유는 "물질적인 전제들, 권리의 평등뿐만 아니라 참여와 삶의 기회들의 평등, 즉 사회적 정의를 위한 투쟁" 가운데에서 비로소 형식적

---

11 토비아스 곰베르트 외/한상익 옮김, 『사회민주주의의 기초』(파주: 한울아카데미, 2012), 21ff.

선언을 넘어 사회적으로 현실화될 수 있다.[12]

〈요약〉[13] 사회민주주의는 각 개인이 자기 자신의 삶을 결정할 수 있는 능력으로서의 자유가 실질적으로 행사되는 것을 지향한다. 한편 개인은 어디까지나 "사회구성원 간의 상호의존성"[14] 가운데 살아가고 있으며, 따라서 자유는 평등한 개인의 상호관계 가운데에서만 실현될 수 있다. 사회민주주의는 개인의 자유가 실현될 수 있는 사회적, 공동체적 관계의 평등을 지향한다.

평등: 개인의 자유를 보호하는 정의

사회민주주의의 관점에 따르면 평등은 개인의 자유를 사회적 관계망 속에서 현실화하는 구체적인 방안이다. 반면 자유와 평등은 서로 충돌하며, 따라서 사회적 평등을 강조하는 것은 개인의 자유를 침해한다는 목소리가 들리기도 한다. 이는 주로 자유주의자들에 의해 제기되는 비판으로 그 핵심은 대체로 다음과 같다: 첫째, 평등이나 정의에 대한 요구는

---

12 SPD-Parteivorstand, *Hamburger Programm. Grundsatzprogramm der Sozialdemokratischen Partei Deutschlands*, 15.

13 이하 각 절의 마지막에는 〈요약〉을 넣어서 각 절의 내용을 간략히 정리하고자 한다. 그 이유는 다음과 같다. 첫째, 사회민주주의의 주요 가치들을 제시하는 II장에서는 정치적, 역사적 배경이 혼재되어 설명될 수밖에 없으며, 이로 인해 개별 가치의 형식적인 특징이 선명히 드러나지 않는다는 한계가 있다. 따라서 그 배경으로부터 추상된 개별 가치의 형식적 특징을 보다 명료히 하기 위해 〈요약〉을 사용한다. 둘째, 삼위일체론의 가치를 다루는 III장의 각 절에서도 〈요약〉을 제공하여 사회민주주의와 삼위일체론의 개별 가치을 서로 연결지음으로써 둘 사이의 상응 관계를 보다 선명히 드러내고자 한다.

14 잉그바 카를손 & 안네마리 린드그렌/윤도현 옮김, 『사회민주주의란 무엇인가』(서울: 논형, 2009), 28.

경제적, 사회적 효율성을 저해한다. 둘째, 평등은 개인의 자유와 차이를 제거한다.

이러한 비판에 대한 사회민주주의의 대답은 다음과 같이 정리된다: 첫째, '효율성'에만 집중하는 태도는 특정한 사회계층(예를 들어 투자자, 관리자, 전문직 등)에게 자의적으로 더 큰 권리를 부여하고, 그 외의 사회계층에 속한 사람들(예를 들어 노동자, 생산자, 비전문직 등)의 권리를 박탈하는 불평등을 당연한 것으로 전제할 뿐이다. 이에 반하여 사회민주주의적 관점에 입각해 보면 격차가 과도하게 큰 사회야말로 오히려 비효율성이 지배하는 사회이다. 예를 들어 심각한 교육 격차는 그 사회에 속해 있는 대다수 사람에게 낮은 수준의 교육을 제공한다는 것을 의미하고, 이는 곧바로 낮은 수준의 노동생산성을 초래한다. 따라서 교육 수준의 격차를 줄이고, 이를 통해 직업군 사이의 '균등한' 대우와 '동일한' 기회라는 의미에서의 평등을 강화하려는 노력이야말로 거꾸로 경제적, 사회적 효율성을 향상시킬 수 있다.[15]

둘째, 평등은 개인의 자유를 제약한다는 비판은 대체로 평등을 단지 '결과의 평등'이라는 의미에서 협소하게 이해하는 것에 불과하다. 이에 반하여 사회민주주의는 '기회의 평등'이라는 보다 포괄적인 의미에서 평등을 이해해야 한다고 강조한다. 물론 결과의 평등과 기회의 평등이 서로 대립하는 것은 아니다. 예를 들어 사회적 재화의 분배가 심각하게 불평등할 경우 이는 역으로 개인이 자신의 삶을 스스로 주체적으로 형성해 나갈 기회의 불평등을 초래하고 만다. 따라서 기회의 평등을 위해서는 물질적, 사회적 재화의 정의로운 분배에 관심을 기울일 수밖에

---

15 위의 책, 33.

없다. "교육, 노동, 사회 안전, 문화, 민주주의에 대한 평등한 참여, 모든 공공재에 대한 평등한 접근"이라는 의미에서의 정의야말로 개인이 사회적 관계 가운데에서 자신의 삶을 스스로 형성해 나갈 평등한 기회를 제공해 줄 수 있는 것이다.

자유와 평등/정의는 결코 서로 충돌하지 않으며 오히려 서로를 강화시킨다. "평등한 삶의 기회"만이 "개별적인 경향과 능력들", 즉 개인의 고유성과 자유가 "전개될 수 있는 공간을 제공"하기 때문이다.16 평등이란 결코 "모든 사람이 완전히 똑같아야 한다는 것"을 의미하지 않고, 오히려 "자신의 고유한 삶의 조건을 결정할 수 있는 동등한 권리"를 지닌다는 것을 의미한다. 즉, 평등은 "자유에 대한 동등한 권리"이다. 이런 점에서 평등이란 "타인과 다를 수 있는 권리"를 포함하며, "서로 다를 수 있는 권리가 존재할 수 있는" 사회, 즉 개인의 자유를 보호하는 정의로운 사회 가운데에서 실현된다.17

상기한 것처럼 사회민주주의는 자유와 평등이 상호 보충적이라고 보며, 자유와 평등을 동시에 지지하는데, 이를 통해 인간의 '보편적 존엄성'을 보호하는 것을 그 궁극적 지향점으로 삼는다. 이를 함부르크 강령은 다음과 같이 선언한다:

모든 인간의 동등한 존엄성은 우리의 정책의 출발점이자 목표이다.
… 모든 인간은 자신의 삶을 위한 책임을 진다. 그 누구도 인간에게서

---

16 SPD-Parteivorstand, *Hamburger Programm. Grundsatzprogramm der Sozialdemokratischen Partei Deutschlands*, 15f.

17 잉그바 카를손 & 안네마리 린드그렌/윤도현 옮김, 『사회민주주의란 무엇인가』, 36f.; 토비아스 곰베르트 외/한상익 옮김, 『사회민주주의의 기초』, 46f.

그 책임을 제거할 수도 없고, 해서도 안 된다. 인간은 국가에 의해서도 혹은 경제에 의해서도 어떤 목적을 위한 수단으로 격하되어서는 안 된다.[18]

개인의 자유를 보호하고 사회적 평등을 구현하고자 하는 정치적 행위의 목적은 인간의 존엄성에 대한 인식에 바탕을 둔다. 앞에서 살펴본 것처럼 정의는 "평등한 자유와 평등한 삶의 기회"를 뜻한다. 그리고 이러한 평등한 자유와 평등한 삶의 기회를 추구해야 할 최종적 토대는 바로 보편적 인간의 동등한 존엄성에 대한 신뢰에 기초한다: "정의는 모든 인간의 평등한 존엄성에 기초한다." 동등한 존엄성을 갖춘 모든 개별 인간이 자신의 고유한 삶을 살아갈 수 있는 평등하고도 정의로운 조건을 마련하고, 이를 통해 인간의 존엄성이 구현되게 하는 것이 사회민주주의 정치활동의 최종 지향점이다.

〈요약〉 개인이 자기 스스로의 삶을 결정할 수 있는 자유의 증진과 평등하고도 정의로운 사회의 구축은 서로 충돌하지 않으며, 오히려 상보적이다. 평등하고 정의로운 공동체 속에서만 개인은 자신의 고유한 삶을 형성할 수 있으며, 개인의 자유가 보호될 때만 정의로운 공동체는 의미가 있다. 자유와 평등의 상보성은 인간의 보편적이고도 동등한 존엄성에 기초한다.

---

18 SPD-Parteivorstand, *Hamburger Programm. Grundsatzprogramm der Sozialdemokratischen Partei Deutschlands*, 13f.

연대: 공동의 사랑 가운데 활동하는 자유로운 개인

함부르크 강령은 연대와 관련하여 다음과 같이 진술한다:

민주주의는 인간의 자기 책임성을 공정하게 다룰 유일한 정치질서이다.
… 하지만 인간은 자기의 권리와 의무를 지닌 개별적 존재(Individual-
wesen)이기만 한 것이 아니고, 사회적 존재(Sozialwesen)이기도 하며,
따라서 협력을 필요로 하며, 협력을 위한 준비를 갖추고 있다. 민주주의
는 그 제도들을 통하여 협력을 위한 준비를 지지하며, 서로 다른 사회적
상황, 세대, 기원을 넘어서는 연대를 조직화한다.[19]

본래 연대는 19세기 말 이후 사회민주주의라는 이름을 걸고 출범한
정당들의 정치 활동의 특징을 가장 강력하게 드러내는 개념이다. 사회민
주주의 운동의 초창기에 연대는 노동자 간의 '단결'을 의미했다. 당시
자본과 국가 권력이 지닌 압도적인 힘 앞에서 노동자들은 개개인의
힘만으로는 자신의 인간으로서의 권리를 찾을 수 없으며, 다른 이들과
함께 싸우며 서로를 지지해야 한다는 것을 깨달았다. 또한 사회의 변화를
위한 투쟁을 통해 얻은 성과를 정의롭고 평등하게 나누는 것 역시도
연대의 일환이었다.[20]

---

19 *Ibid.*
20 이에 대해서는 잉그바 카를손, 안네마리 린드그렌/윤도현 옮김, 『사회민주주의란 무엇인
가』, 44; 토비아스 곰베르트 외/한상익 옮김, 『사회민주주의의 기초』, 47f. 노동자들의
연대는 산업체와 지역, 국가를 넘어 국제적인 노동조직의 형성 등으로 이어지게 되었고,
이러한 국제적 연대는 당시 민족주의가 팽배하던 독일에서는 사회민주주의자들이 "조국
도 모르는 자들", 즉 국가의 적이라는 비난을 받게 되는 요인이기도 하였다. 이에 대해서는

사회민주주의 운동의 초창기에 연대가 노동자 간의 단결이라는 계급 중심적 의미에서 협소하게 이해되었던 것에 반해 오늘날 연대는 사회의 개개 구성원이 "서로 연결되어 있음, 함께 속해 있음 그리고 도움"이라는 보다 포괄적인 맥락에서 이해된다. 위에서 인용한 함부르크 강령은 한편으로는 개별 인간의 '자기 책임성'을 지지한다는 점에서 사회민주주의가 개인의 자유라는 가치에 입각하고 있다는 것을 드러낸다. 반면 개별 인간의 '자기' 책임성뿐만 아니라 '사회적' 협력을 동시에 강조한다는 점에서 함부르크 강령은 정치적 자유주의와는 구별되는 사회민주주의 의 특징이 무엇인지를 보여준다. 사회민주주의는 개인 사이의 도움과 연대를 단지 선언하거나 요구하는 데 그치는 것이 아니라 이를 제도화 혹은 조직화할 것을 지향하는데, 이것이 바로 연대라는 가치를 현실에 구체화하고자 하는 사회민주주의의 고유한 방식이다.

상호 간 협력의 조직화, 제도화라는 관점은 자유와 평등, 연대 등의 고전적인 가치에 대한 사회민주주의적 이해를 자유주의적 이해로부터 구별 짓는 특징이다. 사실 민주적 정치체제를 유지하는 사회 가운데 자유, 평등, 박애라는 가치를 부인하는 정파나 정당은 거의 없다고 보아야 할 것이다. 이는 독일에서 사회민주주의와 대척을 이루는 보수우파 정당인 '기민당'(기독교민주연합, Christlich-Demokratische Union, CDU)의 경우에 도 마찬가지다. 하지만 보수적 자유주의 정당인 기민당과 사회민주주의 정당인 사민당이 연대와 관련하여 지니는 가장 큰 입장의 차이는 전자는 연대를 주로 가족, 친지 등 사적인 관계 속에서 이루어져야 할 것으로 간주하며, 사회 전체의 차원에서 이루어지는 지원을—개인의 자유를

Willi Eichler, *100 Jahre Sozialdemokratie* (Bonn: Vorstand der SPD, 1962), 40.

보호하기 위하여— 최소화되어야 할 것으로 여긴다는 데 있다. 기민당의 하노버 강령에 의하면 "연대의 기초적인 형태는 직접적인 인격적 관계에서 이루어지는 도움과 지원"으로서, 이는 "가족, 친구들, 이웃 그리고 사적인 공동체들" 가운데에서 이루어져야 한다. 사회와 국가의 지원은 연대를 표명하는 "개인의 힘이 극도로 힘에 부칠 때[21] 제공된다는 점에서 매우 제한적인 역할만이 부여되어 있으며, 이런 점에서 국가에 의해 지원되는 복지를 필요 당사자에게만 제한적으로 제공하는 '선별 복지'를 선호한다.

반면 사회민주주의에서 연대는 개인 간의 사적 관계를 통해서가 아니라, 국가가 사회보험 등의 복지서비스를 가능한 한 '보편적'인 방식으로 제공함으로써 시민들을 보호하는 것을 의미한다. 따라서 사민당의 '고데스베르크 강령'은 시민들에게 "점증하는 복지"[22]를 제공하는 것을 정당의 정치활동의 목표의 하나로서 명시한다. 이런 점에서 사회민주주의의 관점에서 보자면 연대란 '복지국가'라는 사회제도를 통해 현실화된다고 말할 수 있다.[23] 보다 보편적인 복지제도의 정비를 통해 조직화된 연대는 다시금 개인 각자로 하여금 "스스로 책임지는 자기 결정을 가능하

---

21 2007년 채택된 '하노버강령'(Hannover Programm)에 의하면 기민당은 "기독교적 인간관"에 기초하며, 이로부터 도출되는 세 가지 가치, 즉 "자유, 연대, 정의"를 그 핵심 가치로 삼는다. CDU, *Das Grundsatzprogramm*, 8f.
독일 기민당 홈페이지, 2018년 3월 17일에 최종접속, https://www.cdu.de/system/tdf/media/dokumente/071203-beschluss-grundsatzprogramm-6-navigierbar_1.pdf?file= 1&type=field_collection_item&id=1918

22 Bundessekretariat der Jungsozialisten, *Programme der deutschen Sozialdemokratie*, 193.

23 사회민주주의의 관점에서 본 복지국가에 대해서는 알렉산더 페트링 외/조혜경 옮김, 『복지국가와 사회민주주의』(서울: 한울, 2012), 51f.

게" 하며, 이를 통해 "자유로운 사회의 발전"을 이루게 한다.[24]

사회민주주의의 핵심 가치인 연대는 기독교와 어떤 관련이 있는 것일까? 흥미로운 것은 사회민주주의에서는 연대를 기독교의 이웃사랑에 대한 계명에서 도출했음을 인정한다는 것이다. 선한 사마리아인의 비유에 나타나는 것처럼 곤경에 처한 사람을 홀로 내버려두지 않고 도와야 한다는 이웃사랑의 세속화된 형태가 바로 연대이며, 그 제도화가 사회적 안전망의 구축에 있는 것이다. 연대는 "서로의 짐을 함께 지라"는 성서의 명령에 따라 서로가 서로를 함께 책임지려는 시도이며, 그런 점에서 "기독교 윤리에 뿌리를 두고 있다."[25]

〈요약〉 연대는 사회의 개별 구성원들 간에 이루어지는 상호 도움과 사랑을 의미한다. 사회 구성원 간의 사랑과 도움의 제도화는 구성원 각자로 하여금 고유한 삶의 실현이라는 의미에서의 자유를 보호한다.

III. 삼위일체 신앙과 그 핵심 가치

자유

전통적 삼위일체론에서뿐만 아니라 현대의 삼위일체론 논의에 있어서도 가장 중심적인 주제는 한 분 하나님의 신성의 단일성과 성부, 성자,

---

24 Bundessekretariat der Jungsozialisten, *Programme der deutschen Sozialdemokratie*, 190.

25 잉그바 카를손, 안네마리 린드그렌/윤도현 옮김, 『사회민주주의란 무엇인가』 (2009), 46.

성령이라는 세 인격의 복수성을 어떻게 통일적으로 해명할 수 있는가 하는 문제이다. "하나의 본질-세 인격"(una substantia-tres personae)이라는 전통적인 삼위일체 명제는 이러한 관심사를 간략히 정식화해서 드러낸다. 주지하다시피 서방교회에서는 주로 신의 단일한 본질(정신이나 사랑 혹은 주체로서)을 먼저 해명하고, 이 단일한 신성으로부터 인격들의 삼위성을 도출하려는 경향이 있었다.[26] 하지만 이러한 서방 전통은 '세 인격'을 단일한 신성이 나타나는 다양한 양태로서 해석할 위험, 즉 양태론적 위험을 내포하고 있던 것이 사실이다.[27]

반면 오늘날 신학에서는 세 인격 간의 상호관계로부터 출발하여 세 인격 간의 상호관계가 단일한 신적 본성을 구성한다는 것을 드러내는 데 집중하는 경향이 있다. 위르겐 몰트만 등의 '사회적 삼위일체론'이 바로 그러한 시도의 대표적인 경우라고 할 수 있다.[28] 이 같은 시도들은 20세기 중반 이후부터 다시 강조되기 시작한 동방 신학, 특히 카파도키아 교부들의 삼위일체론에 상당히 의존하고 있다. '단일 본성 - 세 인격'에 대한 카파도키아 교부들의 해명의 특징은 다음과 같이 두 가지로 정리할 수 있다: 첫째, 이들은(특히 나지안조스의 그레고리) 성부, 성자,

---

26 예를 들어 아우구스티누스는 삼위일체에 대한 유비로서 mens-notitia-amor를 제시하는데, 이는 각각이 모두 mens, 즉 정신의 양태들이라는 점에서 비판을 받곤 한다. 삼위일체에 대한 아우구스티누스의 양태론적 유비에 대해서는 Catherine Mowry LaCugna, *God for us. The Trinity and Christian Life* (Chicago: HarperCollins, 1991), 93f.

27 Colin E. Gunton, *The Promise of Trinitarian Theology* (Edinburgh: T & T. Clark, 1991), 41f.; 일례로 칼 바르트는 세 인격을 한 하나님의 서로 다른 "존재 양식"(Seinsweise)이라고 부르는데, 이로 인해 양태론적 위험을 지닌다는 비판을 받곤 한다. "성서에서 자기 자신을 계시하시는 하나님은 세 가지 고유한, 자기들 간의 관계 가운데에서 형성된 존재 양식들, 즉 성부, 성자, 성령 가운데 계신 한 분이시다." Karl Barth, *Kirchliche Dogmatik* I/1 (Zürich: Zollikon, 1932), 367

28 Jürgen Moltmann, *Trinität und Reich Gottes* (München: Kaiser, 1980), 173f.

성령 세 인격 간의 구별은 신성의 본질과 관련한 것이 아니고, 상호 간의 관계를 통해 형성되는 개별 인격의 독특성을 보여주는 것으로 설명한다. 즉, 성부는 다른 인격과의 관계 가운데에서 볼 때 "기원이 없는 기원"이라는 독특성을 지닌다. 성자는 아버지와의 관계 가운데에서 그로부터 "출생"하셨으며, 성령은 성자와 마찬가지로 아버지 안에 그 기원을 두지만, 성자처럼 '출생'하는 것이 아니라 성부로부터 "나오신 다"는 점에서 성부 및 성자와 구별된다.[29] 둘째, 신성 및 삼위일체 하나님 의 존재를 특히 성부의 인격에 의존하는 것으로 묘사함으로써 이들은 플라톤 식의 실체론적 존재론을 극복하고, 인격의 자유로운 활동에 기초 한 존재론의 첫걸음을 떼었다.[30]

동방교회의 삼위일체론은 서방교회의 삼위일체론에 비하여 세 인격 의 상호관계를 통하여 하나님의 신적 단일성과 인격들의 삼위성의 통일 성을 해명한다는 점에서, 아울러 그 관계 속에서 드러나는 세 인격 각각 의 고유성을 강조한다는 점에서 그 강점이 있는 것이 사실이다. 그렇지만 동방교회의 삼위일체론은 세 인격 사이의 '근원의 관계'(Ursprungsrelation) 에만 집중함으로써 성자와 성령을 그 존재에 있어서 성부에게 의존하게 하는 종속론적 경향을 띠는 한계가 있는 것도 사실이다. 이를 극복하기 위해서 20세기 후반 이후의 삼위일체론에서는 세 인격의 내적 근원의 관계보다는 삼위일체 하나님의 경륜적 행위들 가운데 드러나는 인격 간의 상호작용을 토대로 세 인격의 개별적 독특성과 신성의 단일성을

---

29 곤잘레스/이형기 외 옮김, 『기독교사상사』 I (서울: 대한기독교서회, 1997), 371ff.

30 John D. Zizioulas, "The doctrine of the holy Trinity: The significance of the Cappadocian Contribution," Christoph Schwöbel (ed.), *Trinitarian Theology Today* (Edinburgh: T&T Clark, 1995), 44-60.

해명하고자 시도한다.

　고전적 삼위일체론의 한계를 극복하려는 현대적 시도 가운데에서 특히 주목할 만한 경우가 바로 판넨베르크이다. 판넨베르크는 하나님 아버지와 자기 자신을 구별하는 나사렛 예수의 자기 구별의 행위를 토대로 성부, 성자, 성령 세 인격 간의 내적 관계를 분석하는데, 이때 가장 핵심적인 개념은 세 인격 사이에 이루어지는 "상호 간의 자기 구별"(Wechselseitige Selbstunterscheidung)[31]이다. 서로 간의 관계 가운데에서 세 인격은 상호 구별하는 행위를 통해서 각각의 고유한 인격적 특수성을 구성한다는 것이다. 이때 판넨베르크는 근원의 관계뿐만 아니라 세 인격의 고유한 경륜적 활동 모두를 상호 간의 구별의 행위 가운데로 포괄한다. 성부는 성자를 '낳으시는' 활동만 하시는 것이 아니라 사랑에 의해 추동되어 성자를 세상 가운데로 '보내시며', 성자는 단지 낳게 되실 뿐만이 아니라 성부에게 '순종'한다. 이를 통해 성자는 오직 성부를 '영화롭게' 하며, 이러한 상호작용을 통하여 성부에 의해 영화롭게 된다. 한편 성령은 성자를 영화롭게 함으로써 성부의 아들인 예수의 신성을 드러낼 뿐만 아니라, 이를 통해 성부가 성자를 통해 계시되게 한다. 성령은 이로써 성부 및 성자와는 구별되는 자신의 고유한 인격성과 신성을 드러낸다.[32]

　성부-성자-성령은 상호 간의 관계 가운데에서 지속적으로 서로를 구분하는 독특한 행위를 통해 개별적 인격으로서 존재한다. 이와 같은 삼위일체 하나님의 상호 구별되는 행위들은 그 내재적 삶을 구성할

31 Wolfhart Pannenberg, *Systematische Theologie I* (Göttingen: Vandenhoeck & Ruprecht, 1988), 335ff.

32 *Ibid.*, 342f

뿐만 아니라 피조세계와의 관계 가운데에서도 상호 구별되는 독특한 방식으로 드러난다. 성부는 피조물의 '존재의 근원'으로서, 성자는 '차이와 질서의 원리'로서 그리고 성령은 '역동성과 자기 초월의 원리'로서 피조세계 가운데에서 행위한다.[33] 이런 점에서 판넨베르크는 상호 간의 관계 가운데에서 서로 구별되는 세 인격의 독특한 행위를 가리켜 "자립적인 행위의 중심들의 삶의 실행"(Lebensvollzüge selbständiger Aktzentren)이라고 부른다.[34]

상기한 것처럼 판넨베르크는 삼위일체 하나님의 개별 인격을 가리켜 '자립적인 행위의 중심들'이라고 부르는데, 이는 서방교회의 양태론적 경향을 극복하려는 시도이다. 서방교회 전통에서 세 인격을 단일한 신적 '실체' 혹은 '주체'의 상이한 양태들로 볼 위험이 있는 것에 반해 세 인격이 '자립적인 행위의 중심'이라는 것은 세 인격 각각의 고유성과 독특성을 우선적으로 강조하는 것이다. 또한 세 인격이 각각의 '고유한' 행위의 중심이라는 제안은 성부를 중심으로 하는 동방교회의 종속론적 경향을 넘어 개별 인격의 동등성과 고유성을 강조하는 것이기도 하다.

사회민주주의의 가치와의 비교를 위해 주목해야 할 것은 판넨베르크가 관계 가운데 존재하는 세 개별 인격에게 부과하는 '자립성'과 '상호

---

33 Wolfhart Pannenberg, *Systematische Theologie II* (Göttingen: Vandenhoeck & Ruprecht, 1991), 46ff.; 보다 상세한 해명을 위해서는 이용주, "Wolfhart Pannenberg의 삼위일체 신학적 창조론,"「한국조직신학논총」31 (2011): 351-393. 이 논문은 본서의 5장 "판넨베르크의 삼위일체 신학적 창조론"에 해당한다.

34 Wolfhart Pannenberg, *Systematische Theologie I*, 347. 이와 관련하여 판넨베르크는 삼위일체의 세 인격이 상호 간의 관계없이 먼저 있고, "추후적으로 관계 안으로 들어가는 세 상이한 개별자(Individuen)로서" 사유되어서는 안 된다는 몰트만의 입장에 동의한다. 세 인격은 상호 간의 관계를 통해서 비로소 개별 인격의 독특성을 구성하게 된다는 것으로서, 개별 인격과 인격들 간의 상호관계는 동시적이라는 것이다. 이에 대해서는 Jürgen Moltmann, *Trinität und Reich Gottes*, 191.

구별'이라는 특징들이다. 세 인격은 상호 간의 '관계' 가운데에서 그 개별적 독특성을 구성한다. 따라서 세 인격은 다른 인격과의 관계 가운데에서 각각 다른 인격의 고유한 행위들과는 구별되는 '자립적'인 행위들을 수행한다. 이런 점에서 개별 인격은 자신이 관계를 형성하고 있는 다른 인격들로부터 '자유'롭다. 그 뿐만 아니라 상호관계 가운데에서 이루어지는 한 인격의 자립적인 행위는 다른 두 인격의 개별성과 차이를 제거하지 않고, 오히려 자신이 아닌 다른 인격들의 고유성, 즉 '자유'를 구성해내는 방식으로 실행된다.

개별 인격이 다른 인격과의 관계 및 행위 가운데에서 자유로운 인격으로 구성된다는 판넨베르크의 제안은 인격 개념에 대한 획기적인 이해를 제공한다. 본래 서구 사상사에서 '인격'이란 매우 개인주의적인 방식으로 이해되어 왔다. 보에티우스는 인격을 "이성적 본성의 개별적 실체"(rationalis naturae individua substantia)[35]라고 정의한 바 있는데, 이 개념 정의는 인격을 타자와의 사회적 관계를 통해서가 아니라 개별 인간 각자에게 소여되어 있는 합리적 본성을 통해 구현되는 것으로 이해해 왔음을 보여준다. 이러한 개인주의적 인격 개념에 반해 판넨베르크는 삼위일체 하나님의 인격에 대한 해명을 통해서 개별 인격은 타자와의 상호관계 및 타자의 자유를 구성하는 행위를 통해서 고유성을 얻게된다고 제언한다. 개별 인격은 다른 인격과의 상호관계 가운데에서 자유로운 인격으로 존재하며 또한 이 개별 인격의 자유로운 행위는 자신만이아니라 다른 인격의 자유를 구성하는 방향으로 실행된다는 것이다.

---

35 보에티우스의 인격 개념에 대해서는 Christoph Schwöbel, *Gott in Beziehung* (Tübingen: Mohr Siebeck, 2002), 210.

〈요약〉 삼위일체 하나님의 인격들의 내적 사귐이 하나님의 형상으로서 인간이 지향해야 할 사회적 관계의 모델이라고 한다면, 우리는 이 모델을 따라서 자신의 사회적 관계를 형성해야 할 과제를 떠맡는다. 그런데 사회민주주의의 자유 이해는 삼위일체 하나님의 인격 간의 관계로부터 도출되는 자유에 대한 이해와 ―개인과 사회적 관계의 필수적인 결합을 강조한다는 점에서― 그 구조와 내용에 있어서 '상응'한다.36 이런 점에서 사회민주주의는 삼위일체 하나님의 내적 사귐의 관계에 상응하는 방식으로 우리의 사회적 관계를 형성해 나가는 실질적인 방안으로 고려될 수 있다.

평등

전통적인 삼위일체론 논의에서 핵심적인 과제 중 하나는 위에서 언급한 것처럼 세 인격의 복수성을 '한' 하나님으로, 즉 신성에 있어서의 '단일성'을 제시하는 것이다. 이는 신적 단일성으로부터 세 인격의 복수성을 도출했던 서방 신학에 비하여 세 인격 간의 관계로부터 신적 단일성을 해명하고자 했던 동방 신학에게는 더 어려운 문제였다. 이와 관련한 전통적인 논의는 카파도키아 교부들에게서 발견된다. 니사의 그레고리는 베드로, 야고보, 요한이 동일한 인성을 공유하지만 '세' 사람인 것처럼 성부, 성자, 성령 역시 '세' 신으로 간주되어야 한다는 주장에 반하여

---

36 이와 관련하여 건튼은 홉스나 로크와 같은 정치적 자유주의 사상가들의 인간론은 사회공동체의 형성에 선행하는 개인의 독자적인 존립을 강조한다는 점에서 개인의 개별성이 공동체성을 통해 구성되는 것으로 보는 기독교적 사고방식과 조화될 수 없다고 비판한다. Colin E. Gunton, *The One, the Three, and the Many* (Cambridge: Cambridge University Press, 1993), 220.

세 인격이 '하나'라는 것을 제시하고자 한다. 그에 의하면 베드로, 야고보, 요한은 개별적 인간의 존재에 선행하는 보편적 인성에 참여함으로써 비로소 인간이 되며, 그런 점에서 동일한 본성을 공유한다. 하지만 개별 인간의 인성은 서로에게 의존하지 않으며, 각자는 그 행위에 있어서 각자가 지니는 고유성으로 인해 다른 사람으로부터 구별된다. 따라서 상이한 행위의 특성을 지닌 개별 인간은 다른 인간으로부터 '분리'된다는 점에서 '세' 사람이라고 불린다. 반면 니사의 그레고리는 인간의 유한한 본성에 대비되는 신적 본성을 '무한성'(to apeiron)으로 정의하는데, 삼위 일체 하나님의 세 인격은 이 나뉘거나 분리될 수 없는 무한성을 공유하는 가운데 공동으로 행위하기 때문에 '한' 하나님이라고 강조한다.[37]

니사의 그레고리의 설명은 하나님의 신적 단일성을 세 인격 간의 상호관계에 대한 숙고를 통해 제시하고자 했던 카파도키아 교부의 신학적 특징을 보여준다. 이러한 경향은 아리우스주의를 논박하는 아타나시우스의 유명한 명제에도 이미 나타난다. "아버지는 아들 없이는 아버지가 아니고, 따라서 아들 없이 존재하지 않는다"[38]는 명제를 통해서 아타나시우스는 삼위일체 하나님의 존재는 인격 간의 상호관계를 통해서만 구성된다는 것을 드러내고자 했다. 동방 신학이 삼위일체의 신성을 성부의 인격에 의존하는 것으로 본다는 점에서 종속론적 경향을 지니는 것이 사실이지만, 이들은 그 관계론적 관점으로 인해 성부는 성자와의 관계가 없이는 계시지 않는 것으로 이해하였다. 이로 인해 카파도키아 교부들은 성부, 성자, 성령은 서로 구별되지만, 결코 분리되지 않는

---

37 Carl Andresen et al., *Handbuch der Dogmen- und Theologiegeschichte*, Bd. I (Göttingen: Vandenhoeck & Ruprecht, 1982), 206f.

38 이에 대해서는 Wolfhart Pannenberg, *Systematische Theologie*, Bd. I, 297.

공동의 상호관계 및 상호작용을 통해서 비로소 하나의 신성을 구성한다는 견해를 피력하게 되었던 것이다. 이를 나지안조스의 그레고리는 세 인격은 다른 "인격들을 통해서 구분되지만, 개별 인격 가운데에서 전적이며 나누어지지 않는 신성은 하나이다"[39]라고 표현한다.

카파도키아 교부들은 세 인격의 상호작용을 통해서 하나의 신성이 구성되며, 동시에 이런 점에서 성자와 성령은 성부와 '동일' 본질이라는 것을 드러낸다는 데 그 장점이 있다고 할 수 있다. 이와 같은 입장은 로버트 젠슨 등 현대의 삼위일체 신학자들에게도 광범위하게 수용되고 있다: "인격 간의 관계는 개별 인격의 고유한 특징만을 위해서가 아니라, 이들의 신성을 드러내는 데 있어서도 구성적"이다.[40] 본고의 관점을 중심으로 본다면 성부, 성자, 성령이라는 개별 인격이 각각의 상호관계를 통해서 하나의 단일한 신성을 구성한다는 것은 곧 세 인격은 그 신적 존엄성에 있어서 동등, 즉 '평등'하다는 것을 의미한다. 라쿠냐 역시도 세 인격이 동일 본질이라는 것은 곧 인격 사이의 평등을 의미한다고 말한다:

> 성부, 성자, 성령은 모두 평등하다. 왜냐하면 그들은 모두가 같은 것, 즉 하나님이기 때문이다. 어느 인격도 다른 인격에 선행하지 않으며, 어느 인격도 다른 인격의 존재를 위한 이유가 되지 않으며, 개별 인격은 동등하게 다른 인격에게 상호의존적이다.[41]

---

39 *Orationes*, 31.14: Robert W. Jenson, *Systematic Theology*, vol. I (Oxford: Oxford University Press, 1997), 106에서 재인용.

40 Robert W. Jenson, *The Triune Identity: God According to Gospel* (Philadelphia: Fortress Press, 1, 1982), 119; Robert W. Jenson, *Systematic Theology*, vol. I, 105f.; Catherine Mowry LaCugna, *God for us. The Trinity and Christian Life*, 260ff.

세 인격 간의 차이에도 불구하고 각각의 인격이 '동일한' 신성을 구성하고 공유한다는 점에서 세 인격은 그 신적 본성의 존엄성에 있어서 동등하다는 삼위일체 신학적 통찰은 인간 간의 상호관계에 관한 사고에 있어서도 유익한 통찰력을 제공한다. 자유로운 인간 간의 사회적 상호작용은 개별 인격의 자유를 증진해야 할 뿐만 아니라, 이러한 자유로운 개인 간의 상호관계는 개별 인격이 공유하는 '동등하고도 평등한' 인격적 존엄을 구현할 수 있는 것이라야 한다는 것이다.

〈요약〉 삼위일체 신학의 관점에서 볼 때 개별 인격의 자유와 평등은 대립되는 개념이 아니라 상호 구성적이다. 이렇게 삼위일체론으로부터 도출되는 인격 간의 자유와 평등이 인간의 삶의 지향점이라고 한다면, 이와 유사한 방식으로 개인의 자유와 평등의 상보성을 지향하는 사회민주주의는 삼위일체 하나님의 인격들 간의 상호 사귐에 일치하는 인간 공동체를 구현하기 위한 매개체로 고려될 수 있다.

사랑/연대

20세기 중반 이후 이어진 삼위일체 신학의 부흥은 신론에 있어서 매우 결정적인 변화를 초래하였다. 기존의 신학 전통에서 하나님을 하나의 실체 혹은 주체로 보면서 그 단일성을 강조했던 것과는 달리 이제는 하나님을 성부, 성자, 성령의 상호작용 및 상호 간의 "관계 안에 계신 하나님"으로 이해하는 것이 일반적인 관점이 되는 대전환이 이루어지게

---

41 Catherine Mowry LaCugna, *God for us. The Trinity and Christian Life*, 273.

된 것이다. 그런 점에서 보자면 삼위일체 하나님의 단일성은 그 안에 내적으로 구별되어 있지 않은 수적 단일성이 아니라 성부, 성자, 성령의 상호작용을 통해 구성되는 "관계의 통일성"[42]을 의미한다.

성부, 성자, 성령의 상호관계 가운데에서 하나의 단일한 신적 본질이 구성된다는 신앙을 드러내는 전통적인 개념이 바로 '페리코레시스'(Perichoresis)이다. 이 개념은 지난 세기 이후 이어진 삼위일체 논의를 통해서 거의 신학의 중심 개념이 되었다고 해도 과언이 아니다. '상호순환' 혹은 '상호침투' 등으로 번역되는 페리코레시스는 삼위일체의 세 인격이 상호 간의 활동을 통해서 '하나'가 된다는 관계적 통일성을 가장 잘 표현해 낸다. 보프에 의하면 페리코레시스는 세 인격의 존재와 이 인격들 간의 관계적 연합으로서의 상호 침투는 둘 중 어느 한 측면이 먼저 선행한다고 할 수 없으며, 동시적으로 이루어지는 것을 드러낸다:

> 페리코레시스적인 연합이란 개별 인격들로부터 비롯된 것이 아니라 인격들과 동시적으로 존재하며, 그들과 더불어 기원한다. 인격들이 자신들의 고유한 특성 그대로 존재하는 것은 그들이 내적으로 그리고 본질적으로 연합이기 때문이다.[43]

비록 페리코레시스 개념으로부터 직접 도출하지는 않지만 지즐라스 역시도 하나님은 인격 간의 상호 사귐이라는 "연합 안에서만 하나님으로서 존재한다"는 사실을 강조한다. 삼위일체 하나님은 "연합 안에만"

---

42 Christoph Schwöbel, *Gott in Beziehung*, 39.

43 Leonardo Boff, *Trinity and Society* (Maryknoll, NY: Orbis, 1988), 146; 여기에서는 번역 표현상의 차이로 인해 번역본 대신 영어본에서 직접 번역하여 인용하였음.

계시며, 따라서 하나님은 본래적으로 "관계적"이라는 것이다.[44]

　페리코레시스와 연합은 모두 하나님은 세 인격 간에 이루어지는 깊은 사귐 가운데 있다는 사실을 드러낸다. 하나님의 단일성은 하나님이 단일한 실체나 주체라는 사실에 근거하는 것이 아니라 세 인격 간의 깊은 사랑의 연대를 통한 관계적 통일성을 의미한다. 또한 이 인격들 상호 간의 행위가 인격들 각각의 고유한 개별성에 기초한 자유로운 행위라는 것을 고려한다면, 이 인격 간의 연합 가운데 존재하는 하나님은 곧 인격 간의 자유로운 사랑의 사귐 가운데 존재한다고 할 수 있다. 따라서 바르트는 삼위일체 하나님을 가리켜 "자유 가운데 사랑하는 분"(der Liebende in der Freiheit)[45]이라고 부르기를 주저하지 않는다. 여기에서 한 걸음 더 나아가 판넨베르크는 "하나님은 사랑이시라"(요일 4:8)는 성서의 증언은 하나님의 속성이나 특징을 가리키는 것이 아니라 곧 하나님의 신성, 즉 본질을 가리키는 것이라고 말한다. 인격 간의 자유로운 사랑의 연합 가운데에서만 하나님은 한 분 하나님으로서 존재하며, 따라서 사랑은 신성의 본질을 가리키는 개념이라는 것이다: "신의 존재 혹은 본질은 사랑이다."[46]

　페리코레시스와 연합은 세 인격의 사귐 가운데 계시는 하나님은 곧 자유로운 사랑을 그 본질로 한다는 것을 말한다. 또한 하나님이 이처럼 자유로운 사랑의 사귐 속에 존재한다는 것은 단지 하나님의 내적 사귐, 즉 내재적 삼위일체에만 해당하지 않는다. "'경륜적' 삼위일체는

---

44 John D. Zizioulas, *Being as Communion* (London: Darton, Longman and Todd, 1985), 17.

45 Karl Barth, *Kirchliche Dogmatik* II/1 (Zürich: Zollikon, 1948), 288.

46 Wolfhart Pannenberg, *Systematische Theologie I*, 458.

'내재적' 삼위일체이고, 그 역도 마찬가지이다"[47]라는 라너의 유명한 문구가 드러내는 것처럼 영원한 사귐과 연합 속에 자유롭게 사랑하는 분으로 존재하는 하나님은 단지 자기의 신성의 폐쇄된 원 안에 갇혀 계신 분이 아니고, 바로 그 삼위일체적 자유와 사랑으로부터 피조물과의 자유로운 관계를 수립하며, 나아가서는 자신과 구별되는 바로서 유한한 피조물이 자신의 삼위일체적 사귐 안에 참여하도록 행위한다. 하나님과 구별되는 '타자'로서의 피조물은 내적 사귐 가운데 있는 삼위일체 하나님의 '존재'를 위해서 전혀 구성적이지 않다.[48] 그럼에도 불구하고 하나님은 자신의 자유와 사랑으로부터 전혀 낯선 타자로서의 피조물과의 개방된 사랑의 사귐의 관계에로 스스로를 개방하며, 창조, 구원, 완성에 이르는 일련의 능동적 활동을 통해 피조물을 자신의 삼위일체적 사귐의 삶 가운데 참여하도록 행위한다.[49]

하나님이 세 인격 간의 자유로운 사랑의 사귐 가운데 존재한다면, 이 자유롭게 사랑하는 분으로서의 하나님에 대한 신앙은 신앙인으로 하여금 하나님의 내적, 외적 사귐에 상응하는 방식으로 자신의 공동체를 형성해 갈 것을 촉구한다. 따라서 몰트만은 "그리스도의 공동체 가운데 사랑이 있는 것처럼 인간의 사회 가운데에는 연대가 있으며, 이 연대는 삼위일체 하나님의 페리코레시스적 통일성에 상응한다"고 말한다.[50]

---

47 라너의 이 유명한 명제에 대한 해설을 위해서는 Ibid., 334.

48 Christoph Schwöbel, Gott in Beziehung, 169ff.

49 Wolfhart Pannenberg, Systematische Theologie I, 421ff.

50 Jürgen Moltmann, Trinität und Reich Gottes, 175; 윌슨-캐스트너 역시도 하나님을 위한 삶의 형식으로서의 페리코레시스는 서로의 연합을 통해 삼위인체의 삶을 반영해야 할 인간의 사회적 관계의 이상이라고 본다: Patricia Wilson-Kastner, Faith, feminism and the Christ (Philadelphia: Fortress, 1983), 131ff.

자신이 아닌 타자로서의 피조물을 자신의 내적 사귐의 삶 가운데로 초대하고 부르는 하나님의 자유로운 사랑의 행위는 자신과 구별되는 다른 이들의 삶의 개선을 위해 일함으로써 사랑으로 '하나'가 되도록 연대하기를 지향하는 사회민주주의의 연대 가치와 상응을 이룬다.

〈요약〉 하나님은 인격 간에 이루어지는 자유로운 사랑의 행위를 통해 삼위일체 하나님으로 존재할 뿐만 아니라, 이 내적 사랑의 사귐 안으로 하나님이 아닌 타자로서의 피조물들이 참여하도록 행위한다. 타자와의 사랑의 사귐을 지향하는 하나님에 대한 신앙은 인간의 사회가 이러한 사랑의 연대에 부합하는 방식으로 구성될 것을 추구하도록 독려하며, 바로 이런 점에서 자유롭고 평등한 개인 간의 연대를 지향하는 사회민주주의는 하나님의 존재와 행위에 부합하는 방식으로 인간의 삶과 사회를 형성하는 데 유익한 준거점이 될 수 있다.

IV. 삼위일체 신론과 사회민주주의의 비교의 기여와 한계

지금까지 우리는 사회민주주의가 지향하는 가치와 기독교의 삼위일체 신론으로부터 도출되는 가치들이 서로 '상응' 혹은 '유비'를 이룬다는 사실을 살펴보았다. 간략히 정리하자면 사회민주주의와 삼위일체 신론은 모두 개인과 공동체(사회)의 관계에 대하여 매우 유사한 관점을 공유한다는 것이다. 인간의 동등한 존엄성에 기초한 개인의 자유와 이 개인의 자유를 보호하기 위한 평등하고도 연대적인 관계의 형성을 추구하는 사회민주주의의 가치는 세 인격 간에 이루어지는 자유로운 상호의존적 활동과 사귐을 통해 자유롭고도 평등한 개별 인격 및 사랑의 사귐 가운데 있는 하나님이 존재하고 활동한다는 것을 가르치는 삼위일체 신학의 이해와 상응한다고 할 수 있다.

신자유주의라는 시대 정신이 휩쓸고 간 이후 지금의 한국 사회는 서로 고립된 개인들 간의 경쟁의 심화, 빈익빈 부익부와 같은 불평등의 악화, 공동체적 연결의 파괴 등과 같은 문제들을 떠안고 있다. 공동체성이 철저히 제거된 개인 간의 무한한 경쟁을 거의 신성시해 왔던 신자유주의의 폐해들이 이미 충분히 드러난 지금 우리는 개인의 가치를 존중하면서도 서로가 서로의 짐을 지는 사회적 연대를 강조하는 사회민주주의를 한국 사회의 새로운 실질적인 정치적 대안으로 고려해 볼 수도 있을 것이다. 사회민주주의가 지금까지의 통속적인 오해와는 달리 유물론적이거나 혹은 반기독교적인 것이 아니라, 오히려 기독교의 삼위일체 신론 안에 내포되어 있는 개별 인격의 자유와 동등한 존엄성 그리고 상호 사귐과 연합을 통한 타자의 삶의 수용이라는 기독교의 주요 가치와 조우하는 부분이 있다면 더욱 그러하다.

하지만 사회민주주의의 가치지향과 삼위일체 신론의 가치가 서로 '유비'를 이룬다는 것은 곧 둘 사이에 엄격한 '차이'가 있다는 것을 의미한다. 삼위일체 하나님의 내적 사귐 및 그분의 경륜적 사역들은 하나님과 인간 사이의 무한한 질적 차이로 인해 결코 인간에 의해 수립된 하나의 정치적 실재들과 동일시될 수 없다는 것은 당연한 일이다. 그러므로 마치 사회민주주의가 삼위일체 하나님의 뜻에 부응하는 유일한 삶의 방식이라는 식으로 동일시되어서는 결코 안 될 것이다. 삼위일체 신론과 사회민주주의를 단지 '유비'적인 방식으로 고찰하는 것은 이러한 위험성에 대한 우려를 염두에 두고 있기 때문이다. 다만 20세기 후반기 이후에 재정립된 사회민주주의라는 정치적 가치는 좌와 우, 자본주의와 공산주의, 보수적 자유주의와 전체주의의 대결을 넘어서 자유, 평등, 연대를 일상의 삶 가운데에서 현실화하고자 시도한다는 점에서 삼위일체 하나님의 사귐의 삶을 우리 삶의 궁극적 목표와 지향점으로 삼고 추구하는 기독교적 사회 실천에 있어서 하나의 현실적 협력의 파트너가 될 수 있을 것이다.

글 의 출 처

1부_ 셸링과 신학

1장_ 초기 셸링 철학의 신학적 기여 — 현대 창조 신학의 신론 구축을 위해
　"셸링의 철학적 시작: 그 신학적 동기와 의미 — 현대 창조 신학의 신론구축을 위한
　소고," 장신대 기독교사상연구원 편. 「기독교사상과 문화」 제5호(2010), 147-178.
2장_ 창조자 하나님의 자유와 인간의 자유 — 셸링의 『자유론』(1809)을 중심으로
　"Freiheit des Schöpfers und Freiheit des Menschen: Ein Überblick über die
　Schöpfungslehre Schellings nach seiner Freiheitsschrift(1809)," *Korean
　Journal of Christian Studies* 63(2009), 151-171.
3장_ 칸트와 셸링의 '근본악' 개념 비교 — 자유와 결정론의 대립을 극복하기 위해
　"자유와 결정론의 대립을 넘어: 칸트와 셸링의 '근본악' 개념을 중심으로," 「신학논단」
　72(2013), 101-136.
4장_ 악의 문제와 신 — 셸링의 『자유론』을 중심으로
　"악에 직면하여 신을 사유함-셸링의 자유론을 중심으로," 「헤겔연구」 37(2015),
　197-229.

2부_ 창조와 인간

5장_ 판넨베르크의 삼위일체 신학적 창조론
　"Wolfhart Pannenberg의 삼위일체 신학적 창조론," 「한국조직신학논총」
　31(2011), 351-393.
6장_ 생태주의 인간론의 아포리아를 넘어 — 판넨베르크의 『조직신학』을 중심으로
　"자연과 인간의 유사성과 차이에 대한 신학적 고찰: 판넨베르크의 조직신학을 중심으
　로, 생태주의 인간론의 아포리아를 넘어," 「한국조직신학논총」 55(2019), 145-187.
7장_ 하나님의 형상으로서의 인간에 대한 진화생물학적 이해 — 데니스 알렉산더(Denis
　Alexander)를 중심으로
　"하나님의 형상으로서의 인간에 대한 생물학적 이해 — Denis Alexander의 기포드
　강연을 중심으로," 「한국조직신학논총」 65(2021), 143-175.
8장_ 트랜스/포스트휴머니즘에 대한 신학적 · 비판적 고찰
　"트랜스/포스트휴머니즘에 대한 신학적 · 비판적 고찰 — 신학적 인간론과의 비교를
　중심으로," 「한국기독교신학논총」 114(2019), 293-324.

3부_ 자유주의신학

9장_ 민족주의와 자유주의신학 I ─ 독일제국 시기의 문화개신교
"민족주의와 문화개신교: 독일제국 시기의 문화개신교 연구,"「신학논단」75(2014), 245-280.

10장_ 민족주의와 자유주의신학 II ─ 1차 세계대전 무렵 하르낙을 중심으로
"민족주의와 문화개신교의 관계 연구: 1차 세계대전을 전후한 하르낙의 정치적 입장 및 그 신학적 토대를 중심으로,"「한국조직신학논총」42(2015), 7-45.

11장_ 바르트 신학에 대한 자유주의신학적 해석 ─ 렌토르프를 중심으로
"바르트 신학에 대한 자유주의신학적 해석 ─ 렌토르프를 중심으로,"「한국조직신학 논총」52(2018), 173-213.

4부_ 그리스도인의 삶과 정치

12장_ 신앙으로부터 행위로?! ─ 루터 신학에 나타나는 신앙과 실천의 관계
"신앙으로부터 행위에로?! ─ 루터 신학에 나타나는 신앙과 실천의 관계에 관한 연구,"「한국기독교신학논총」108(2018), 107-131.

13장_ 신학과 사회민주주의 ─ 하르낙과 바르트를 중심으로
"사회민주주의에 대한 역사적-신학적 연구: 20세기초 하르낙과 바르트를 중심으로,"「선교와 신학」42(2017), 278-316.

14장_ 칼 바르트의 신학과 사회주의의 상관관계
"칼 바르트의 신학과 사회주의의 상관관계 연구 ─ 로마서 주석 2판까지의 시기를 중심으로,"「한국조직신학논총」49(2017), 209-248.

15장_ 삼위일체 신론과 사회민주주의 ─ 사회민주주의에 대한 신학적 접근
"삼위일체 신론과 사회민주주의: 사회민주주의에 대한 하나의 신학적 접근,"「신학논 단」93(2018), 145-177.

참 고 문 헌

1장 ㅣ 초기 셸링 철학의 신학적 기여 — 현대 창조 신학의 신론 구축을 위해

박영식. "하나님의 섭리와 인간의 자유." 「한국기독교신학논총」 65 (2009), 159-179.

Baumgartner, H. M. · Korten, H. *Schelling*. München: C. H. Beck, 1996.

Birch, Ch. & Cobb, J.B. "God's Love, Ecological Survival and the Responsiveness of Nature." *Anticipation* 16 (1974), 32-34

Daecke, S.M. "Säkulare Welt-sakrale Schöpfung-geistige Materie. Vorüberlegungen zu einer trinitarisch begründeten Praktischen und Systematischen Theologie der Natur." *EvTh* 45 (1985), 261-276,

Danz, Chr. "'Der Vater ist nicht wirklich ohne den Sohn.' Erwägungen zu Schellings Auseinandersetzung mit Athanasius von Alexandrien." R. Adolphi/J. Jantzen, eds. *Das antike Denken in der Philosophie Schellings*. Stuttgart-Bad Cannstatt: Frommann-Holzbog, 2004, 465-482.

Fichte, J.G. *Über den Begriff der Wissenschaftslehre oder der sogenannten Philosophie, als Einladungsschrift zu seinen Vorlesungen über diese Wissenschaft*. In: *Gesamtausgabe der Bayerischen Akademie der Wissenschaften* (= *GA*). Bd. I/2. R. Lauth/H. Jacob, eds. Stuttgart—Bad Cannstatt: Frommann-Holzbog, 1965, 107–167.

_____. *Grundlage der gesamten Wissenschaftslehre*, GA. Bd. I/7, 249-451.

_____. *Ueber den Grund unsers Glaubens an eine göttliche WeltRegierung. GA*. Bd. I/5, 1977, 347-357,

Frey, Chr. "Theologie und Ethik der Schöpfung. Ein Überblick," *ZEE* 32 (1988), 47-62.

_____. "Literaturbericht. Neue Gesichtspunkte zur Schöpfungstheologie und Schöpfungsethik?" *ZEE* 33 (1989), 217-232.

Häring, Hermann. "Schöpfungstheologie-Ein Thema im Umbruch." *ThRv* 97 (2001), 177-196.

Heine, H. *Zur Geschichte der Religion und Philosophie in Deutschland. Historisch-kritische Gesamtausgabe der Werke*, Bd. 8/1. M. Windfuhr, ed. Hamburg 1979, 9–120,

Henrich, D. "Andersheit und Absolutheit des Geistes. Sieben Schritte auf den Wege von Schelling zu Hegel." D. Henrich, ed. *Selbstverhältnisse. Gedanken und Auslegung zu den Grundlagen der klassischen deutschen Philosophie.* Stuttgart: Reclam, 1982, 142-172,

_____. "Historische Voraussetzungen von Hegels System." *Hegel im Kontext.* Frankfurt a/M.: Suhrkamp, 1967, 41-72,

Holz, H. "Das Weltalter—Programm und die Spätphilosophie." H.M. Baumgartner, ed. *Schelling.* Freiburg/München: Verlag Karl Alber, 1975, 108-127,

Iber, Chr. *Subjektivität, Vernunft und ihre Kritik. Prager Vorlesungen über den Deutschen Idealismus.* Frankfurt a/M. Suhrkamp, 1999.

Kant, I. Kritik der reinen Vernunft. W. Weischedel, ed. *Werkausgabe,* Bd. III. Frankfurt a/M.: Suhrkamp, 1974.

Lee, Yong Joo. "Freiheit des Schöpfers und Freiheit des Menschen: Ein Überblick über die Schöpfungslehre Schellings nach seiner Freiheitsschrift (1809)." *Korean Journal of Christian Studies,* 63 (2009), 151-171,

Leube, Martin. "Die geistige Lage im Stift in den Tagen der französischen Revolution." Blätter für Württembergische Kirchengeschichte. *Neue Folge.* Jg. 39. Stuttgart 1935, 149-171.

Moltmann, J. *Gott in der Schöpfung. Ökologische Schöpfungslehre.* Gütersloh: Gütersloher Verlagshaus, 1985.

Plitt, G.L., ed. *Aus Schellings Leben. In Briefen.* Bd. 1: 1775-1803. Leipzig: S. Hirzel, 1869.

Sandkaulen—Bock, B. *Ausgang vom Unbedingten. Über den Anfang in der Philosophie Schellings.* Göttingen: Vandenhoeck & Ruprecht, 1990.

Schelling, F.W.J. *Über die Möglichkeit einer Form der Philosophie überhaupt* (1794). Schellings Werke, I 88-112. (= SW)

_____. *Vom Ich als Princip der Philosophie oder über das Unbedingte im menschlichen Wissen* (1795). SW, I 149-244.

_____. *Philosophische Briefe über Dogmatismus und Kriticismus* (1795). SW, I 281-341.

_____. *(Einleitung zu den) Ideen zu einer Philosophie der Natur als Einleitung in das Studium dieser Wissenschaft* (1797). SW, II 1-344,

_____. *Bruno oder über das göttliche und natürliche Princip der Dinge. Ein Gespräch* (1802). SW, IV 213-332

_____. *Vorlesungen über die Methode des akademischen Studiums* (1802/03). SW, V
    207-352,

_____. *Philosophische Untersuchungen über das Wesen der menschlichen Freiheit und die*
    damit zusammenhängenden Gegenstände (1809). SW, VII 331-416.

Schwöbel, Christoph. *Gott in Beziehung*. Tübingen: Mohr Siebeck, 2002.

_____. "Introduction. The Renaissance of Trinitarian Theology. Reasons,
    Problems and Tasks." Christoph Schwöbel, ed. *Trinitarian Theology Today*.
    Edinburgh: T&T Clark, 1995, 1-30,

Sölle, D. *Lieben und Arbeiten. Eine Theologie der Schöpfung*. Stuttgart: Kreuz-Verlag,
    1985.

Spinoza, Benedictus de. *Ethica Ordine Geometrico Demonstrata*. K. Blumenstock, ed.
    Spinozas Opera, Bd. II. Darmstadt: Wissenschaftliche Buchgesellschaft,
    1980.

Wagner, F. *Der Gedanke der Persönlichkeit Gottes bei Fichte und Hegel*. Gütersloh:
    Gütersloher Verlagshaus, 1971.

Wieland, W. "Die Anfänge der Philosophie Schellings und die Frage nach der Natur."
    M. Frank/G. Kurz, eds. *Materialien zu Schellings philosophischen Anfängen*.
    Frankfurt a/M.: Suhrkamp, 1975, 237–279,

2장 ㅣ 창조자 하나님의 자유와 인간의 자유 – 셸링의 『자유론』(1809)을 중심으로

Altner, G. *Schöpfung am Abgrund. Die Theologie vor der Umweltfrage*. Neukirchen-Vluyn:
    Neukirchener Verlag, 1974.

Barner, K. & Oeser, K. eds. *Schöpfungsverantwortung konkret. Aus der Arbeit der kir-*
    chlichen Umweltbeauftragten. Neukirchen-Vluyn: Neukirchener Verlag, 1986.

Birch, Ch. & Cobb, J.B. "God's Love, Ecological Survival and the Responsiveness
    of Nature." *Anticipation* 16 (1974), 32-34.

Braun, H. "Ein Bedürfnis nach Schelling." *PhR* 37 (1990), 161-196.

Daecke, S.M. "Säkulare Welt-sakrale Schöpfung-geistige Materie,
    Vorüberlegungen zu einer trinitarisch begründeten Praktischen und
    Systematischen Theologie der Natur." *EvTh* 45 (1985), 261-276.

Dembowski, H. "Natürliche Theologie-Theologie der Natur." *Ökologische Theologie*.
    G. Altner, ed. Stuttgart: Kreuz-Verl., 1989, 30-58.

_____. "Natürliche Theologie-Theologie der Natur. Erwägungen in einem weiten Feld." *EvTh* 45 (1985), 224-248.

Descartes, R. *Discours de la Méthode*. Avec introduction et notes par E. Gilson. Paris: Vrin, 1954.

Fichte, J. G. *Grundlage der gesamten Wissenschaftslehre. Gesamtausgabe*, Bd. II. Lauth & H. Jacob, eds. Stuttgart-Bad Cannstatt: Frommann-Holzboog, 1965.

Frey, Chr. "Theologie und Ethik der Schöpfung. Ein Überblick." *ZEE* 32 (1988), 47-62.

_____. "Literaturbericht. Neue Gesichtspunkte zur Schöpfungstheologie und Schöpfungsethik?" *ZEE* 33 (1989), 217-232.

Gloy, K. *Das Verständnis der Natur. Die Geschichte des ganzheitlichen Denkens*. München: Beck, 1996.

Häring, Hermann. "Schöpfungstheologie-Ein Thema im Umbruch," *ThRv* 97 (2001), 177-196.

Hermanni, F. *Die letzte Entlastung*. Wien: Passagen-Verlag, 1994.

Jäger, A. "Es besteht ein Bedürfnis nach Schelling." L. Hasler. ed. *Schelling. Seine Bedeutung für eine Philosophie der Natur und der Geschichte*. Stuttgart-Bad Cannstatt: Frommann-Holzboog, 1981, 247-251.

Kirchenamt d. Evang. Kirche in Deutschland u. d. Sekretariat d. Dt. Bischofskonferenz, ed. *Verantwortung wahrnehmen für die Schöpfung: Gemeinsame Erklärung d. Rates d. Evang. Kirche in Deutschland u. d. Dt. Bischofskonferenz*. Gütersloh: Gütersloher Verlagshaus, 1985.

Marquard, O. "Schelling-Zeitgenosse inkognito." H.M. Baumgartner, ed. *Schelling. Einführung in seine Philosophie*. Freiburg/München: Alber, 1975, 9-26.

Moltmann, J. *Gott in der Schöpfung. Ökologische Schöpfungslehre*. Gütersloh: Gütersloher Verlagshaus, 1985.

Plitt, G. L. ed. *Aus Schellings Leben. Briefen*, Bd. 1: 1775-1803. Leipzig: S. Hirzel, 1869.

Rosenau, H. "Das »Seufzen« der Kreatur-Das Problem der Anthropozentrik in einer Theologie der Natur." *NZSTh* 35 (1993), 57-70.

Sandkühler, H. J. *Friedrich Wilhelm Joseph Schelling*. Stuttgart: Metzler, 1970.

Schelling, F. W. J. *Philosophische Untersuchungen über das Wesen der menschlichen Freiheit und die damit zusammenhängenden Gegenstände. Schellings Werke*, Bd. VII. K.F.A. Schelling, ed. Stuttgart: 1856-1861, 331-408. (= SW)

_____. 〔Einleitung zu den〕 *Ideen zu einer Philosophie der Natur als Einleitung in das Studium dieser Wissenschaft* (1797). SW, II 3-56.

_____. *Vom Ich als Princip der Philosophie oder über das Unbedingte im menschlichen Wissen.* SW, I 151-280.

Schmied-Kowarzik, W. "Friedrich Wilhelm Joseph Schelling." G. Böhme, ed. *Klassiker der Naturphilosophie. Von den Vorsokratikern bis zu Kopenhagener Schule.* München: Beck, 1989, 241-262.

Schwöbel, Christoph. *Gott in Beziehung.* Tübingen: Mohr Siebeck, 2002.

Sölle, D. *Lieben und Arbeiten. Eine Theologie der Schöpfung.* Stuttgart: Kreuz-Verlag, 1985.

3장 ｜ 칸트와 셸링의 '근본악' 개념 비교 — 자유와 결정론의 대립을 극복하기 위해

그린필드, 수전/정병선 옮김.『브레인 스토리』. 서울: 지호, 2004.

데카르트, 르네/최명관 옮김.『방법서설·성찰』. 서울: 서광사, 1985.

부케티츠, 프란츠 M./원석영 옮김.『자유의지, 그 환상의 진화』. 서울: 열음사, 2009.

안건훈.『자유의지와 결정론』. 파주: 집문당, 2006.

칼빈, 죤/김종흡 외 옮김.『기독교강요』상. 서울: 생명의 말씀사, 1988.

한정선. "뇌과학과 철학: 누가 인간을 설명할 것인가?.「철학과 현실」77 (2008), 159-171.

Brandt, R. "Kant: Freiheit, Recht und Moral". Uwe a.d. Heiden/H. Schneider, eds. *Hat der Mensch einen freien Willen?* Stuttgart: Reclam, 2008, 199-212.

De Spinoza, B. *Ethica Ordine Geometrico Demonstrata.* Spinoza. *Opera* Bd. II. Darmstadt: WBG, 1967, 84-557.

Frey, Chr. "Theologie und Ethik der Schöpfung. Ein Überblick." *ZEE* 32 (1988), 47-62.

_____. "Literaturbericht. Neue Gesichtspunkte zur Schöpfungstheologie und Schöpfungsethik?" *ZEE* 33 (1989), 217-232.

Gerhardt, V. "Selbständigkeit und Selbstbestimmung. Zur Konzeption der Freiheit bei Kant und Schelling." H.-M. Pawloswki et al. eds. *Die praktische Philosophie Schellings und die gegenwärtige Rechtsphilosophie.* Stuttgart: Frommann-Holzbog, 1989, 59-106.

Graf, F.W./Tanner, K. "Das religiöse Fundament der Kultur. Zur Geschichte der neuberen protestantischen Kulturdebatte". R. Ziegert, ed. *Protestantismus als Kultur*. Bielefeld: Bertelsman, 1991, 7-66.

Hermanni, F. *Die letzte Entlastung. Vollendung und Scheitern des abendländischen Theodizeeprojekts in Schelligs Philosophie*. Wien: Passgen Vlg., 1994.

Hoping, H. *Freiheit im Widerspruch. Eine Untersuchungen zur Erbsündenlehre im Ausgang von Immanuel Kant*. Innsbruck: Tyrolia, 1990.

Inwagen, Peter van. *An essay on free will*. Oxford: Oxford Univ. Press, 1983.

Jüngel, E. *Zur Freiheit eines Christenmenschen. Eine Erinnerung an Luthers Schrift*. München: Kaiser, 1978.

Kahnert, K. "Augustinus: *De libero arbitrio*–Über die freie Willensentscheidung." Uwe a.d. Heiden/H. Schneider, eds. *Hat der Mensch einen freien Willen?* Stuttgart: Reclam, 2007, 87-99.

Kulenkampff, J. "Locke und Hume: Freiheit ja, Willensfreiheit nein." Uwe a.d. Heiden/H. Schneider, eds. *Hat der Mensch einen freien Willen?* Stuttgart: Reclam, 2008, 157-170.

Lee, Yong Joo. "Freiheit des Schöpfers und Freiheit des Menschen: Ein Überblick über die Schöpfungslehre Schellings nach seiner Freiheitsschrift (1809)." *Korean Journal of Christian Studies* 63 (2009), 151-171,

Luther, Martin. *De servo arbitrio*. WA 18, 600-787.

Moltmann, J. *Gott in der Schöpfung*. Gütersloh: Gütersloher Verlagshaus, 1985.

Picht, G. *Der Begriff der Natur und seine Geschichte*. Stuttgart: Klett-Cotta, 1989.

Plantinga, A. *God, Freedom and Evil*. London: Eerdmans, 1975.

Plitt, G.L. ed. *Aus Schellings Leben. In Briefen*. Bd. 1: 1775–1803. Leipzig: S. Hirzel, 1869.

Polkinghorne, J. *Faith, Science and Understanding*. New Haven/London: Yale Univ. Press, 2000.

Ringleben, J. "Freiheit im Widerspruch. Systematische Überlegungen zu Luthers Traktat 》Von der Freiheit eines Christenmenschen《." *NZSTh* 40 (1998), 157-170.

Roth, G. *Aus Sicht des Gehirns*. Frankfurt a/M.: Suhrkamp, 2003.

Schelling, F.W.J. *Philosophische Untersuchungen über das Wesen der menschlichen Freiheit und die damit zusammenhängenden Gegenstände* (1809). SW, VII 331-416.

Schulz, W. *Der Gott der neuzeitlichen Metaphysik*. Pfullingen: Günther Neske, 1957.

Schwöbel, Chr. "Imago Libertatis." Chr. Schwöbel. *Gott in Beziehung*. Tübingen: Mohr Siebeck, 2002, 227-256.

Stosch, K. von. "Transzendentaler Kritizismus und Wahrheitsfrage." G. Essen,/M. Striet, eds. *Kant und die Theologie*. Darmstadt: WBG, 2005, 46-94.

Wallwitz, G. von. "Kant über Fatalismus und Spontaneität." *Allgemeine Zeitschrift für Philosophie* 28 (2003), 207-227.

Weischedel, W., ed. *Werke Kants in zwölf Bd*. Frankfurt a.M.: Suhrkamp, 1956.

Wegner, Daniel. M. *The Illusion of Conscious Will*. Cambridge, MA: MIT Press, 2002.

Wenz, G. "Luthers Streit mit Erasmus als Anfrage an protestantische Identität." F.W. Graf/K. Tanner, eds. *Protestantische Identität heute*. Gütersloh: Gütersloher Verlagshaus, 1992, 135-160.

4장 | 악의 문제와 신 – 셸링의 『자유론』을 중심으로

강순전. "셸링의 자유론에서 악과 책임의 문제." 「인문학연구」 vol. 5 (2000), 1-13.

박영선. "칸트, 셸링 그리고 실재성으로서의 악." 「대동철학」 vol. 56 (2011), 1-26.

_____. "셸링철학의 원리와 신의 개념." 「대동철학」 vol. 63 (2013), 227-252.

이용주. "자유와 결정론의 대립을 넘어: 칸트와 셸링의 '근본악' 개념을 중심으로." 「신학논단」 72 (2013), 101-136.

캅, 존/류기종 옮김, 『과정신학』. 서울: 열림, 1993.

폴킹혼, 존/이정배 옮김. 『과학시대의 신론』. 파주: 동명사, 1998.

힉, 존/김장생 옮김. 『신과 인간 그리고 악의 종교철학적 이해 : 아우구스티누스에서 플란팅가까지 신정론의 역사』. 서울: 열린책들, 2007.

Goetz, Ronald. "The suffering God: The Rise of a New Orthodoxy." *The Christian Century* 103 (1986), 385-389.

Hauschild, Wolf-Dieter. "Geist/Heiliger Geist/Geistesgaben IV." *TRE* 12. Berlin/New York: De Gruyter, 1984, 196-217.

Hermanni, Friedrich. *Die letzte Entlastung*. Wien: Passagen-Verlag, 1994.

_____. "Abschied vom Theismus? Die Theoldizeeuntauglichkeit der Rede vom leidenen Gott." Peter Koslowsik/Friedrich Hermanni, eds. *Der leidende Got*. München: Wilhelm Fink Verlag, 2001, 151-176.

_____. *Das Böse und die Theodizee*. München: Gütersloher Verlagshaus, 2002.

Höffe, Otfried/Pieper, Annemarie, eds. *Über das Wesen der menschlichen Freiheit*. Berlin: Akademie Verlag, 1995.

Iber, Christian. "Die Theodizeeproblematik in Schellings Freiheitsschrift." *FZPHTh* 48 (2001), 146-164

Koslowski, Peter/Hermanni, Friedrich, eds. *Der leidende Gott*. München: Wilhelm Fink Verlag, 2001.

Kreiner, Armin. "Gott im Leid? Zur Theodizee-Relevanz der Rede vom leidenden Gott." Peter Koslowsik/Friedrich Hermanni, eds. *Der leidende Gott*. München: Wilhelm Fink Verlag, 2001, 213-224.

Krings, Hermann. "Von der Freiheit Gottes." Otfried Höffe/Annemarie Pieper, eds. *Über das Wesen der menschlichen Freiheit*. Berlin: Akademie Verlag, 1995, 173-187.

_____. "Natur als Subjekt." Reinhard Heckmann/Hermann Krings/Rudolf W. Meyer. eds. *Natur und Subektivität*. Stuttgart-Bad Cannstatt: Frommann-Holzboog, 1985, 111-128.

Lee, Yong Joo. "Freiheit des Schöpfers und Freiheit des Menschen: Ein Überblick über die Schöpfungslehre Schellings nach seiner Freiheitsschrift (1809)." *Korean Journal of Christian Studies* 63 (2009), 151-171.

Metz, Johannes B. "Theologie als Theodizee?" Willi Oellumüller, ed. *Theodizee-Gott vor Gericht?* München: Wilhelm Fink Verlag, 1990, 103-119.

Moltmann, Jürgen. *Der gekreuzigte Gott*. München: Chr. Kaiser Verlag, 1972.

Oellumüller, Willi, ed. *Theodizee-Gott vor Gericht?* München: Wilhelm Fink Verlag, 1990.

Pieper, Annemarie. "Die Wurzel des Bösen im Selbst." Otfried Höffe/Annemarie Pieper, eds. *Über das Wesen der menschlichen Freiheit*. Berlin: Akademie Verlag, 1995, 91-110.

Polkinghorne, John. *Faith, Science, Understanding*. New Haven/London: Yale Univ. Press, 2000.

Rosenau, Hartmut. "Theogonie. Schellings Beitrag zum Theodizeeproblem nach seiner ≫Freiheitsschrift≪ von 1809." *Neue Zeitschrift für Systematische Theologie* 32 (1990), 26-52.

_____. "Theodizee IV. Dogmatisch." *TRE* 33. Berlin/New York: De Gruyter, 2002, 222-229.

Vossenkuhl, Wilhelm. "Zum Problem der Herkunft des Bösen II: Der Ursprung des Bösen in Gott(364-382)." Otfried Höffe/Annemarie Pieper, eds. *Über das Wesen der menschlichen Freiheit,* Berlin: Akademie Verlag, 1995, 111-124.

Wagner, Falk. "Religion II. Theologiegeschichtlich und systematisch-theologisch." *TRE* 28. Berlin: New York: De Gruyter, 1997, 522-545.

Weinandy, Thomas G. *Does God suffer?* Notre Dame: University of Notre Dame Press, 2000.

5장 ｜ 판넨베르크의 삼위일체 신학적 창조론

김동건. "판넨베르크의 계시론: 보편사로서의 계시와 예수에게 나타난 계시."「신학과 목회」제32 (2009), 125-162.

김영선.『예수와 삼위일체 하나님. 판넨베르크의 기독론과 삼위일체의 관계성』. 서울: 기독교문서선교회, 1996.

김영한,『바르트에서 몰트만까지』. 서울: 대한기독교서회, 2003.

박만.『현대 삼위일체론 연구』. 서울: 대한기독교서회, 2003.

신재식. "신학과 자연과학의 대화를 통해서 본 판넨베르크의 자연의 신학."「신학이해」제22집 (2001), 117-141.

심광섭. "예수의 부활과 기독교의 희망".「신학이해」제22집 (2001), 36-83.

이정배. "보편사 신학의 얼개에서 본 판넨베르크의 자연신학 연구." 이정배.『기독교 자연신학』. 서울: 대한기독교서회, 2005, 78-104.

장회익. "판넨베르크의 과학사상. 우발성과 마당 개념을 중심으로."「과학사상」제37호 (2001), 110-125.

정기철. "판넨베르크의 시간 문제와 종말론."「신학이해」제22집 (2001), 142-171.

최성수. "판넨베르크 신학의 주제로서 종교."「신학이해」제22집 (2001), 84-116.

판넨베르크, 볼프하르트/김영선, 정용섭, 조현철 공역.『조직신학』I. 서울: 은성, 2003.

_____. "창조신학과 자연과학." 한스 페터 뒤르 & 클라우스 마이어-아비히/여상훈 옮김.『신, 인간 그리고 과학』. 서울: 시유시, 2000, 297-314.

Camino, J.A.M. "Wechselseitige Selbstunterscheidung? Zur Trinitätslehre Wolfhart Pannenbergs." H.-L. Ollig/O.J. Wirtz, eds. *Reflektierter Glaube*. Egelsbacht/Frankfurt/München: Hänsel-Hohenhausen, 1999, 131-149.

Drees, W.B. "Contingency, Time, and the Theological Ambiguity of Science". C.R.
Albright & J. Haugen, eds. *Beginning with the End*. Illinois: Open Court, 1997,
217-245.

Hefner, Philip. "The role of science in Pannenberg's theological thinking." *Zygon*
24 (1989), 135-151.

Jüngel, Eberhard. *Gottes Sein ist im Werden*. Tübingen: J.C.B. Mohr, 1966.

McIntyre, J. *The Shape of Pneumatology*. Edinburgh: T&T Clart, 1997.

Pannenberg, Wolfhart. "Geschichtliche Offenbarung Gottes und ewige Trinität."
Kerygma und Dogma 49 (2003), 232-246.

_____. "Wolfhart Pannenberg-A Dialogue. God as Spirit-and natural science."
Zygon 36 (2001), 783-794.

_____. "Das Wirken Gottes und die Dynamik des Naturgeschehens." W.
Pannenberg. *Beiträge zur Systematischen Theologie* Bd. 2. Göttingen:
Vandenhoeck & Ruprecht, 2000, 43-54.

_____. "Die Kontingenz der geschöpflichen Wirklichkeit". W. Pannenberg.
Beiträge zur Systematischen Theologie Bd. 2. Göttingen: Vandenhoeck &
Ruprecht, 2000, 69-81.

_____. *Systematische Theologie*, vol. I-III. Göttingen: Vandenhoeck & Ruprecht,
1988/1991/1993.

_____. "Kontingenz und Naturgesetz". A.M.K. Müller/W. Pannenberg, eds.
Erwägungen zu einer Theologie der Natur. Gütersloh: Gütersloher Verlagshaus,
1970, 34-80.

_____. *Offenbarung als Geschichte*. Göttingen: Vandenhoeck & Ruprecht, 1961.

Picht, G. *Hier und Jetzt*. Suttgart: Klett-Cotta, 1980.

_____. *Der Begriff der Natur und seine Geschichte*. Stuttgart: Klett-Cotta, 1989.

Polkinghorne, J. "Wolfhart Pannenberg's engagement with the natural sciences."
Zygon 34 (March 1999): 151-158.

Ringleben, Joachim. "Pannenbergs Systematische Theologie." *Theologische
Rundschau* 63(1998), 337-350.

Schwöbel, Christoph. "Wolfhart Pannenberg". David Ford, ed. *Theologen der
Gegenwart*. Trans. & ed. by Chr. Schwöbel. Paderborn: Ferdinand Schönigh,
1993, 240-271

_____. "Rational theology in trinitarian perspective: Wolfhart Pannenberg's Systematic Theology." *Journal of Theological Studies* 47 (1996), 498-527.

Schulz, Michael. *Sein und Trinität*. St. Ottilien: EOS Verlag, 1997.

Taylor, I. *Pannenberg on the Triune God*. London: T&T Clark, 2007.

Vechtel, Klaus. *Trinität und Zukunft. Zum Verhältnis von Philosophie und Trinitätstheologie im Denken Wolfhart Pannenbergs*. Frankfurt a.M.: Knecht, 2001.

Wenz, Gunther. *Wolfhart Pannenbergs Systematische Theologie*. Göttingen: Vandenhoeck & Ruprecht, 2003.

6장 | 생태주의 인간론의 아포리아를 넘어 ─ 판넨베르크의 『조직신학』을 중심으로

김균진. "인간중심주의와 자연중심주의의 문제." 「신학논단」 45 (2006), 107-145.

김상봉. 『서로주체성의 이념』. 서울: 길, 2007.

맥페이그, 샐리/김준우 옮김. 『기후변화와 신학의 재구성』. 고양: 한국기독교연구소, 2008.

배리, 토마스/김준우 옮김. 『신생대를 넘어 생태대로』. 고양: 에코조익, 2006.

이용주. "Wolfhart Pannenberg의 삼위일체신학적 창조론." 「한국조직신학논총」 31(2011), 351-393.

_____. "판넨베르크의 성령론." 한국조직신학회 엮음. 『성령론』. 서울: 대한기독교서회, 2017, 249-283.

이정배. "보편사 신학의 얼개에서 본 판넨베르크의 자연신학 연구."『기독교 자연신학』. 서울: 대한기독교서회, 2005, 78-104.

장회익. "판넨베르크의 과학사상. 우발성과 마당 개념을 중심으로." 「과학사상」 제37호 (2001), 110-125.

Alexander, Denis. *Genes, determinism, and God*. New York: Cambridge University Press, 2017.

Auer, Alfons. *Umweltethik*. Düsseldorf: Patmos, 1989.

Clayton, Philip. *Die Frage nach der Freiheit. Biologie, Kultur und die Emergenz des Geistes in der Welt*. Göttingen: Vandenhoeck & Ruprecht, 2007.

Crick, Francis. *The Astonishing Hypothesis: The Scientific Search for the Soul*. New York: Scribner, 1994.

Descartes, R. *Discours de la Méthode*. Avec introduction et notes par E. Gilson. Paris: Vrin, 1954.

Fisher, Christopher L. *Human Significance in Theology and the Natural Sciences*. Eugene,

Oregon: Pickwick Publications, 2010.

Hall, W. David. "Does Creation Equal Nature? Confronting the Christian Confusion about Ecology and Cosmology." *Journal of the American Academy of Religion* 72/3 (2005), 781-812.

Jenson, Robert W. *Systematic Theology*, vol. 2. Oxford: Oxford University Press, 1999.

Jüngel, Eberhard. *Gottes Sein ist im Werden*. Tübingen: J.C.B. Mohr, 1966.

Moltmann, J. *Gott in der Schöpfung. Ökologische Schöpfungslehre*. Gütersloh: Gütersloher Verlagshaus, 1985.

Pannenberg, W. *Systematische Theologie*, Bd. II. Göttingen: Vandenhoeck & Ruprecht, 1991.

_____. *Systematische Theologie*, Bd. I. Göttingen: Vandenhoeck & Ruprecht, 1989.

_____. *Anthropologie in theologischer Perspektive*. Göttingen: Vandenhoeck & Ruprecht, 1983.

_____. "Der Geist des Lebens." *Glaube und Wirklichkeit. Kleine Beiträge zum christlichen Denken*. München: Chr. Kaiser, 1975, 31-56.

Rahner, Karl. "Bemerkungen zum dogmatischen Traktat 'De Trinnitate'." *Schriften zur Theologie,* Bd. IV. Einsiedeln: Benziger, 1954.

Rolston, Holmes. Genes, *Genes, Genesis, and God: Values and Their Origins in Natural and Human History*. Cambridge: Cambridge University Press, 1999.

Roth, G. *Das Gehirn und seine Wirklichkeit. Kognitive Neurobiologie und ihre philosophischen Konsequenzen*. Frankfurt a/M.: Suhrkamp, 1997.

Simpson, George Gaylord. *Meaning of Evolution*. New Haven: Yale University Press, 1967.

Weizsäcker, C.F. von. *Die Einheit der Natur*. München/Wien: Carl Hanser Verlag, 1974.

_____. *Geschichte der Natur*. Göttingen: Vandenhoeck & Ruprecht, 1962.

Yong Joo Lee. "Freiheit des Schöpfers und Freiheit des Menschen: Ein Überblick über die Schöpfungslehre Schellings nach seiner Freiheitsschrift (1809)." *Korean Journal of Christian Studies* 63 (2009), 151-171.

7장 ㅣ 하나님의 형상으로서의 인간에 대한 진화생물학적 이해
— 데니스 알렉산더(Denis Alexander)를 중심으로

바버, 이안/이철우 옮김. 『과학이 종교를 만날 때』. 서울: 김영사, 2002.

부케티츠, 프란츠/원석영 옮김. 『자유의지 그 환상의 진화』. 서울: 열음사, 2009.

아우구스티누스, 아우렐리우스/성염 옮김. 『신국론』, 제11-18권. 칠곡: 분도출판사, 2004.

Alexander, Denis R. *Are We Slaves To Our Genes?* Cambridge: Cambridge University Press, 2020.

_____. *Genes, Determinism and God*. Cambridge: Cambridge University Press, 2017.

_____. *The Language of Genetics: An Introduction*. Philadelphia: Templeton Foundation Press, 2011.

_____. *Creation or Evolution: Do We Have to Choose?* Oxford: Monarch, 2008.

_____. *Rebuilding the Matrix: Science and Faith in the 21st Century*. Oxford: Lion, 2001.

_____. & White, Bob. *Beyond Belief: Science, Faith and Ethical Challenges*. Oxford: Lion, 2004.

Baker, Lynn R. "Need a Christian be a Mind/Body Dualist?" *Faith and Philosophy: Journal of the Society of Christian Philosophers*, vol. 12 (1995), 489-504,

Barth, Karl. *Kirchliche Dogmatik* III/2. Zollikon-Zürich: Evangelischer Verlag, 1948.

Chalmers, David J. "Strong and Weak Emergence." Clayton, Philip & Davies, Paul, eds. *The Re-Emergence of Emergence: The Emergentist Hypothesis from Science to Religion.* Oxford: Oxford University Press, 2006, 244-254.

Clayton, Philip. "Conceptual Foundations of Emergence Theory." Philip Clayton & Paul Davies, eds. *The Re-Emergence of Emergence: The Emergentist Hypothesis from Science to Religion*. Oxford: Oxford University Press, 2006, 1-31.

Churchland, Patricia S. "The Big Question: Do We Have Free Will?" *New Scientist* 2578 (2006), 42-45.

Härle, Wilfried. *Dogmatik*. Berlin/New York: De Gruyter, 2000.

Kahneman, Daniel. *Thinking, Fast and Slow*. London: Allen Lane, 2011.

Krötke, Wolf. "The humanity of human person in Karl Barth's anthropology." Webster, John, ed. *The Cambridge Companion To Karl Barth*. Cambridge: Cambridge University Press, 2000, 159-176.

Langenfeld, Aaron & Lerch, Magnus. *Theologische Anthropologie*. Paderborn: Verlag Ferdinand Schönigh, 2018.

McKaughan, Daniel J. & Elliott, Kevin C. "Voles, Vasopressin, and the Ethics of Framing." *Science* 338(2012): 1285.

Middleton, J. Richard. *The Liberating Image: The Imago Dei in Genesis 1*. Grand Rapids: Brazos Press, 2005.

Schwöbel, Christoph. "Recovering Human Dignity." Soulen, R. Kendall & Woodhead, Linda, eds. *God and Human Dignity*. Grand Rapids: Eerdmans, 2006, 44-58.

Tse, Peter U. *The Neural Basis of Free Will: Criterial Causation*. Cambridge, Mass.: MIT Press, 2013.

Van Inwagen, Peter. *An essay on free will*. Oxford: Oxford University Press, 1983.

ENCODE project: https://www.encodeproject.org/ (2021년 8월 23일 접속)
인트론: https://medlineplus.gov/genetics/understanding/genomicresearch/encode/
(2021년 8월 23일 접속)
일부일처 유전자: https://www.newscientist.com/article/dn14641-monogamy-
gene-found-in-people/ (2021년 8월 24일 접속)

8장 ┃ 트랜스/포스트휴머니즘에 대한 신학적 · 비판적 고찰

김분선. "포스트휴먼 시대, 인간 지위에 대한 고찰."「환경철학」23 (2017), 37-61.
김은혜. "포스트 휴먼 시대의 되기의 기독교윤리."「신학과 사회」32 (2018), 211-243.
라투르, 브뤼노/홍철기 옮김.『우리는 근대인이었던 적이 없다』. 서울: 갈무리, 2009.
루터, 마르틴/최주훈 옮김.『대교리문답』. 서울: 복있는 사람, 2017.
박일준.『인공지능 시대, 인간을 묻다』. 서울: 동연, 2018.
_____. "진화론과 사건적 존재론: 화이트헤드의 다중위치적 존재론의 관점으로 조명하는
진화이론들의 포스트휴머니즘적 함의."「화이트헤드 연구」28 (2014), 67-101.
본회퍼, 디트리히/손규태 외 옮김.『윤리학』. 서울: 대한기독교서회, 2010.
윤철호.『인간: 인간의 본성과 운명에 관한 학제간 대화』. 서울: 새물결플러스, 2017.
신상규.『호모사피엔스의 미래: 포스트휴먼과 트랜스휴머니즘』. 파주: 아카넷, 2014.
우정길. "포스트휴머니즘 인간관에 대한 비판적 성찰: 기능과 욕망의 관점에서."「교육철학연
구」40/2 (2018), 75-99.
이용주. "자연과 인간의 유사성과 차이에 대한 신학적 고찰: 판넨베르크의『조직신학』을 중심
으로, 생태주의 인간론의 아포리아를 넘어."「한국조직신학논총」55(2019),
145-187.
_____. "Wolfhart Pannenberg의 삼위일체신학적 창조론."「한국조직신학논총」
31(2011), 351-393.
이창익. "인간이 된 기계와 기계가 된 신: 종교, 인공지능, 포스트휴머니즘."「종교문화비평」
31 (2017), 209-254.
천현득. "인간향상 기술을 통한 포스트휴먼 되기: 인간본성은 여전히 쓸모 있는 개념인가?"
한국포스트휴먼연구소/한국포스트휴먼학회 편저.『포스트휴먼시대의 휴먼』. 파주:
아카넷, 2016, 99-128.
커즈와일, R./김명남, 장시형 옮김.『특이점이 온다』. 서울: 김영사, 2007.

프랜츠, 자크/이병호 옮김. "트랜스휴머니즘(transhumanism), 혹은 기술공학의 고삐 풀린 행태." 「신학전망」 200 (2018), 174-195.

하대청. "슈퍼휴먼이 된 장애인: <아바타>, 트랜스휴머니즘, 교정의 명령." 한국포스트휴먼연구소/한국포스트휴먼학회 편저. 『포스트휴먼시대의 휴먼』. 파주: 아카넷, 2016, 129-151.

Bostrom, N. *Superintelligence: Paths, Dangers, Strategies.* Oxford: Oxford University Press, 2014.

_____. "A History of Transhumanist Thought." *Journal of Evolution and Technology* 14/1 (2005), 1-30.

_____. "In Defence of Posthuman Dignity." *Bioethics* vol. 19, No. 3 (2005), 202-214.

_____. *The Transhumanist FAQ.* Ver 2.1 (2003).

(https://nickbostrom.com/views/transhumanist.pdf/2019년 7월 17일 접속).

Ettinger, R.C.W. *Man into Superman.* New York: St. Martin's Press, 1972.

Hayles, N. Katherine. *How We Became Posthuman. Virtual Bodies in Cybernetics, Literature, and Information.* Chicago: University of Chicago Press, 1999.

Kant, I. *Grundlegung zur Metaphysik der Sitten.* Ed. by Weischedel, W. Werkausgabe, Bd. 7. Frankfurt a/M.: Suhrkamp, 1974.

Krüger, O. *Virtualität und Unsterblichkeit. Die Visionen des Posthumanismus.* Freiburg im Breisgau: Rombach Verlag, 2004.

Loh, Janina. *Trans- und Posthumanismus. Zur Einführung.* Hamburg: Junius Verlag, 2018.

Moltmann, J. *Gott in der Schöpfung.* Gütersloh: Gütersloher Verlagshaus, 1985.

Moravec, H. *Mind Children. The Future of Robot and Human Intelligence.* Cambridge: Harvard University Press, 1988.

More, Max. "The Philosophy of Transhumanism." Max More & Natasha Vita-More, eds. *The Transhumanist Reader. Classical and Contemporary Essays on the Science, Technology, and Philosophy of the Human Future.* Chichester: Wiley-Blackwell, 2013, 3-17.

_____. "Transhumanism: Towards a Futurist Philosophy" (1990). https://www.scribd.com/doc/257580713/Transhumanism-Toward-a-Futurist-Philosophy (2019년 7월 15일 접속)

More, Max & Vita-More, Natasha, eds. *The Transhumanist Reader. Classical and Contemporary Essays on the Science, Technology, and Philosophy of the Human*

Future. Chichester: Wiley-Blackwell, 2013.

Pannenberg, W. *Systematische Theologie*, Bd. II. Göttingen: Vandenhoeck & Ruprecht, 1991.

_____. *Systematische Theologie*, Bd. I. Göttingen: Vandenhoeck & Ruprecht, 1989.

Schwöbel, Chr. "The Gods of the Fourth Industrial Revolution-Philosophies and Religions in the Age of Deep Learning." 「철학사상문화」 27 (2018), 267-290.

Sorgner, Stefan L. *Transhumanismus. "Die gefährlichste Idee der Welt"!?* Freiburg: Herder, 2016.

Vögele, W. "Menschenwürde und Gottebenbildlichkeit." J. Dierken/A. von Scheliha, eds. *Freiheit und Menschenwürde*. Tübingen: Mohr Siebeck, 2005, 265-276.

Waters, B. *From Human to Posthuman: Christian Theology And Technology in a Postmodern World*. London/New York: Routledge, 2006.

Wolfe, Carry. "Learning from Temple Grandin: Animal Studies, Disability Studies, and Who Come After the Subject." *What is Posthumanism*. University of Minnesota Press, 2010, 127-142.

9장 ㅣ 민족주의와 자유주의신학 I — 독일제국 시기의 문화개신교

김명용. 『칼 바르트의 신학』. 서울: 이레서원, 2007.

맥그래스, 앨리스터/소기천 외 옮김. 『신학의 역사』. 서울: 지와 사랑, 1999.

박현숙. "독일제국(1871-1918)의 교회와 국가의 관계: 비스마르크의 문화투쟁(1871-1887)을 중심으로." 「신학논단」 69 (2012), 65-97.

슈튀르머, 미하엘/안병직 옮김. 『독일제국: 1871~1919』. 서울: 을유문화사, 2003.

안병직. "독일제국(Kaiserreich; 1871~1918), 어떻게 이해할 것인가?" 「이화사학연구」, vol. 27 (2000), 81-99.

정용석. "하르낙과 기독교의 본질." 「신학사상」 119 (2002), 177-201.

최종호. 『칼 바르트』. 서울: 한들출판사, 2010.

Amelung, Eberhard. "Kulturprotestantismus." *HWPH* Bd. 4 (1976), 1340-1341.

Bammel, Ernst. "Staat und Kirche im zweiten Kaiserreich." Hans Martin Müller ed. *Kulturprotestantismus. Beiträge zu einer Gestalt des modernen Christentums*. Gütersloh: Gütersloher Verlagshaus, 1992, 108-136.

Becker, Frank. "Protestantische Euphorien 1870/71, 1914 und 1933." Manfred Galius/Hartmut Lehmann, eds. *Nationalprotestantische Mentalitäten*. Göttingen: Vandenhoeck & Ruprecht, 2005, 19-44.

Bultmann, Rudolf. "Die liberale Theologie und die jüngste theologische Bewegung." *Glauben und Verstehen* I. Tübingen: J.C.B. Mohr, 1993, 1-25.

Claussen, Johann Hinrich. "Adolf von Harnack." Friedrich Wilhelm Graf, ed. *Klassiker der Theologie*. München: C.H. Beck, 2005, 141-154.

Drehsen, Volker. "Evangelischer Glaube, brüderliche Wohlfahrt und wahre Bildung." Hans Martin Müller, ed. *Kulturprotestantismus*, 190-229.

Graf, Friedrich Wilhelm. "Kulturprotestantismus. Zur Begriffsgeschichte einer theologiepolitischen Chiffre." Hans Martin Müller, ed. *Kulturprotestantismus*, 21-77.

Grenholm, Carl-Henric. "Nationalismus." *Theologische Realenzyklopädie* 24 (1994), 21-34.

Harnack, Adolf von. *Das Wesen des Christentums*. Claus-Dieter Osthövener, ed. Tübingen: Mohr Siebeck, 2007.

_____. *Lehrbuch der Dogmengeschichte*. Bd. I. Darmstadt: Wissenschaftliche Buchgesellschaft, 1980.

Hübinger, Gangolf. *Kulturprotestantismus und Politik*. Tübingen: J.C.B. Mohr, 1994.

Kouri, E. I. *Der deutsche Protestantismus und die soziale Frage 1870-1919. Zur Sozialpolitik im Bildungsbürgertum*. Berlin: De Gruyter, 1984.

Kupisch, Karl. *Quellen zur Geschichte des deutschen Protestantismus (1871-1945)*. Göttingen: Musterschmidt-Verlag, 1960.

Kurz, Roland. *Nationalprotestantisches Denken in der Weimarer Republik*. Gütersloh: Gütersloher Verlagshaus, 2007.

Lüdemann, Gerd. "Das Wissenschaftsverständnis der Religionsgeschichtlichen Schule im Rahmen des Kulturprotestantismus." Hans Martin Müller, ed. *Kulturprotestantismus*, 78-107.

Müller, Hans Martin, ed. Kulturprotestantismus. *Beiträge zu einer Gestalt des modernen Christentums*. Gütersloh: Gütersloher Verlagshaus, 1992.

Rösler, Dietrich. "Religion und soziale Verantwortung." Hans Martin Müller, ed. *Kulturprotestantismus*, 183-189.

Schröder, Markus. "Widergewonnene Naivität. Protestantismus und Bildung nach Adolf von Harnak." Arnulf von Scheliha & Markus Schröder, eds., *Das protestantische Prinzip*. Stuttgart/Berlin/Köln: Kohlhammer, 1998, 119-135.

Schwaiger, Georg. "Papstum I." *Theologische Realenzyklopädie*, Bd. 25 (1995), 647-676

Schwöbel, Chr. *Martin Rade. Das Verhältnis von Geschichte, Religion und Moral als Grundproblem seiner Theologie*. Gütersloh: Gütersloher Verlagshaus, 1980.

Smith, Helmut Walser. *German Nationalism and Religious Conflict*. Princeton: Princeton University Press, 1995.

Wehler, Hans-Ulrich. "Nationalismus, Nation und Nationalstaat in Deutschland seit dem ausgehenden 18. Jahrhundert." Ulrich Hermann, ed. *Volk-Nation Vaterland*. Hamburg: Meiner, 1996, 269-277.

10장 | 민족주의와 자유주의신학 II — 1차 세계대전 무렵 하르낙을 중심으로

김명용. 『칼 바르트의 신학』. 서울: 이레서원, 2007.

김영한. 『바르트에서 몰트만까지』. 서울: 대한기독교서회, 2010.

박상섭. 『1차 세계대전의 기원』. 파주: 아카넷, 2014.

부쉬, 에버하르트/손성현 옮김. 『칼 바르트』. 서울: 복있는 사람, 2014.

슐체, 하겐/반성완 옮김. 『새로 쓴 독일역사』. 서울: 지와 사랑, 2014.

이용주. "민족주의와 문화개신교: 독일제국 시기의 문화개신교 연구." 「신학논단」 제75집 (2014), 245-280.

최종호. 『칼 바르트』. 서울: 한들출판사, 2010.

카, 윌리엄/이민호 외 옮김. 『독일 근대사』. 서울: 탐구당, 1986.

Becker, Frank. "Protestantische Euphorien 1870/71, 1914 und 1933." Manfred Galius/Hartmut Lehmann, ed. *Nationalprotestantische Mentalitäten*. Göttingen: Vandenhoeck & Ruprecht, 2005, 19-44.

Bergen, Doris L. "'War Protestantism' in Germany, 1914-1915." Manfred Galius/Hartmut Lehman, eds. *Nationalprotestantische Mentalitäten*. Göttingen: Vandenhoeck & Ruprecht, 2005, 115-131.

Brakelmann, Günter. "Kriegsprotestantismus 1870/71 und 1914-1918." Manfred Galius/Hartmut Lehman, eds. *Nationalprotestantische Mentalitäten*. Göttingen: Vandenhoeck & Ruprecht, 2005, 103-114.

Brocke, Bernhard vom. "'Wissenschaft und Militarisumus': Der Aufruf der 93 ,an die Kulturwelt!' und der Zusammenbruch der internationalen Gelehrtenrepublik im Ersten Weltkrieg." William M. Calder III et al. eds. *Wilamowitz nach 50 Jahren.* Darmstadt: WBG, 1985: http://germanhistorydocs.ghi-dc.org/pdf/deu/817_Bernhard_vom_Brocke_156.pdf(2015년 6월 24일자 인용)에서 재인용.

Bultmann, Rudolf. "Die liberale Theologie und die jüngste theologische Bewegung." *Glauben und Verstehen* I. Tübingen: J.C.B. Mohr, 1993, 1-25.

Doering-Manteuffel, Anselm. "Der Kulturbürger und die Demokratie. Harnacks Standort in der ersten deutschen Republik." Kurt Nowak/Otto Gerhard Oexle/Trutz Rendroff/Kurt-Victor Selge, eds. *Adolf von Harnack. Christentum, Wissenschaft und Gesellschaft.* Göttingen: Vandenhoeck & Ruprecht, 2003, 237-255.

Galius, Manfred/Lehman, Hartmut, eds. *Nationalprotestantische Mentalitäten.* Göttingen: Vandenhoeck & Ruprecht, 2005.

Graf, Friedrich Wilhelm. "Kulturprotestantismus. Zur Begriffsgeschichte einer theologiepolitischen Chiffre." Hans Martin Müller, ed. *Kulturprotestantismus. Beiträge zu einer Gestalt des modernen Christentums.* Gütersloh: Gütersloher Verlagshaus, 1992, 21-77.

Harnack, Adolf von. *Das Wesen des Christentums.* Claus-Dieter Osthövener, ed. Tübingen: Mohr Siebeck, 2007.

_____. *Adolf von Harnack als Zeitgenosse.* Teil I & II. Kurt Nowak, ed. Berlin/New York: De Gruyter, 1996.

Moses, A. "Bonhoeffer's Germany: the political context." John W. de Gruchy, ed. *Dietrich Bonhoeffer.* Cambridge: Cambridge University Press, 1999, 3-21.

Nottmeier, Christian. "Politik auf einer 》mittleren Linie《: Adolf von Harnack und die Regierung Bethmann Hollweg 1914 bis 1917." *ZNThG* 7 (2000), 66-108.

Nowak, Kurt. *Evangelische Kirche und Weimarer Republik. Zum politischen Weg des deutschen Protestantismus zwischen 1918 und 1932.* Weimar: Hermann Böhlaus Nachfolger, 1981.

Nowak, Kurt/Gerhard Oexle, Otto/Rendroff, Trutz/Selge, Kurt-Victor, eds. *Adolf von Harnack. Christentum, Wissenschaft und Gesellschaft.* Göttingen: Vandenhoeck & Ruprecht, 2003.

O'Neill, J.C. "Adolf von Harnack and the entry of the German state into war, July-August 1914." *Scottish Journal of Theology*, vol. 55 (2002), 1-18.

Rumscheidt, Martin. "The formation of Bonhoeffer's theology." John W. de Gruchy, ed. *Dietrich Bonhoeffer*. Cambridge: Cambridge University Press, 1999, 50-70.

Schäfer, Rolf. "Adolf von Harnack-eine Symbolfigur des Kulturprotestantismus?" Hans Martin Müller, *Kulturprotestantismus. Beiträge zu einer Gestalt des modernen Christentums*. Gütersloh: Gütersloher Verlagshaus, 1992, 139-149.

Schwöbel, Chr. *Martin Rade. Das Verhältnis von Geschichte, Religion und Moral als Grundproblem seiner Theologie*. Gütersloh: Gütersloher Verlagshaus, 1980.

Troeltsch, Ernst. "Die Kirchen im Leben der Gegenwart (1911)." Ernst Troeltsch. *Zur religiösen Lage, Religionsphilosophie und Ethik*. Gesammelte Schriften Band II. Tübingen: Scientia Verlag, 1913, 91-108.

Ungern-Sternberg, Jürgen von/Ungern-Sternberg, Wolfgang von. *Der Aufruf «An die Kulturwelt!»*. *Das Manifest der 93 und die Anfänge der Kriegspropaganda im Ersten Weltkrieg*. Stuttgart: Steiner, 1996.

Ungern-Sternberg, Jürgen von. 게르다-헹켈 재단에서의 인터뷰: http://www.lisa.gerda-henkel-stiftung.de/der_aufruf_an_die_kulturwelt_ eine_trotzige_ueberreaktion?nav_id=5311 (2015년 6월 19일자 인용)

11장 | 바르트 신학에 대한 자유주의신학적 해석 – 렌토르프를 중심으로

김영관. "바울의 신학에 기초한 칼 바르트의 교회론." 「신학사상」 138 (2007), 147-178.

김재진. 『칼 바르트 신학 해부』. 서울: 한들출판사, 1998.

박성규. "칼 바르트 신학의 연구동향을 통해 본 한국 신학의 지형 분석- 한국에서의 칼 바르트 연구 1세대를 중심으로." 「한국조직신학논총」 37 (2013), 175–210.

이승구. "계시와 역사의 관계에 대한 초기 바르트의 이해: 『로마서 주석』 제2판을 중심으로." 「조직신학연구」 2 (2003), 111-142.

이용주. "칼 바르트의 신학과 사회주의의 상관관계에 대한 연구-로마서주석 2판까지의 시기를 중심으로." 「조직신학논총」 49 (2017), 209-248.

최영. 『칼 바르트의 신학 이해』. 서울: 민들레책방, 2005.

최종호 『칼 바르트 하느님 말씀의 신학』. 서울: 한들출판사, 2010.

Barth, Karl/Gerhard Sauter, ed.. *Die christliche Dogmatik im Entwurf*. Zürich:

Theologischer Verlag Zürich, 1982.

_____. "Der Christ in der Gesellschaft." J. Moltmann, ed. *Anfänge der dialektischen Theologie*. Teil I. München: Chr. Kaiser Verlag, 1977, 3-37.

_____. *Der Römerbrief* (Zweite Fassung) 1922, Cornelis van der Koi & Katja Tolstaja, eds. *Karl Barth Gesamtausgabe. II. Akademische Werke 1922*. Zürich: Theologischer Verlag Zürich, 2010.

_____. *Der Römerbrief* (Erste Fassung) 1919. Hermann Schmidt, ed. *Karl Barth Gesamtausgabe. II. Akademische Werke 1919*. Zürich: Theologischer Verlag Zürich, 1985.

_____. *Die christliche Dogmatik im Entwurf* (1927). Gerhard Sauter, ed. Zürich: Theologischer Verlag Zürich, 1982.

_____. *Die kirchliche Dogmatik*, I/1. Zollikon-Zürich: Evangelischer Verlag, 1952.

_____. *Die kirchliche Dogmatik*, II/2. Zollikon-Zürich: Evangelischer Verlag, 1959.

_____. *Die kirchliche Dogmatik*, IV/3. Zollikon-Zürich: Evangelischer Verlag, 1959.

Bultmann, Rudolf. "Die liberale Theologie und die jüngste theologische Bewegung (1924)." *Glauben und Verstehen* I. Tübingen: J.C.B. Mohr, 1993, 1-25.

Graf, Friedrich Wilhelm. *Der heilige Zeitgeist. Studien zur Ideengeschichte der protestantischen Theologie in der Weimarer Republik*. Tübingen: Mohr Siebeck, 2011.

_____. "Ein liberaler Theologe. Trutz Rendtorff wird siebzig." *NZZ*, 24.1.2001.

Gestrich, Christoph. *Neuzeitliches Denken und die Spaltung der dialektischen Theologie. Zur Frage der natürlichen Theologie*. Tübingen: Mohr Siebeck, 1977.

Groll, Wilfried. *Ernst Troeltsch und Karl Barth-Kontinuität im Widerspruch*. München: Kaiser, 1986.

Härle, Wilfred. *Sein und Gnade*. Berlin/New York: Walter de Gruyter, 1975.

Hübner, Eberhard. *Evangeliche Theologie in unserer Zeit. Thematik und Entfaltung in Darstellung und Dokumentation, ein Leitfaden*. Bremen: Schünemann, 1966.

Jülicher, A. "Ein moderner Paulusausleger." J. Moltmann, ed, *Anfänge der dialektischen Theologie*, Teil I (1977), 87-98.

Jüngel, Eberhard. *Barth-Studien*. Gütersloh: Gütersloher Verlagshaus, 1982.

Harnack, Adolf von. "Fünfzehn Fragen und die Verächter der wissenschaftlichen Theologie unter den Theologen." J. Moltmann, ed. *Anfänge der dialektischen Theologie*, Teil I (1977), 323-325.

Holtmann, Stefan. *Karl Barth als Theologe der Neuzeit*. Göttingen: Vandenhoeck & Ruprecht, 2007.

Lee, Yong Joo. "Die Rezeption Karl Barths in Korea." *ThLZ* 139 (2014), 673-686.

Moltmann, J. ed. *Anfänge der dialektischen Theologie*, Teil I. München: Chr. Kaiser Verlag, 1977.

Pannenberg, Wolfhart. *Grundfragen systematischer Theologie. Gesammelte Aufsätze*, Bd. 2. Göttingen: Vandenhoeck & Ruprecht, 1980.

Pfleiderer, Georg. *Karl Barths praktische Theologie. Zu Genese und Kontext eines paradigmatischen Entwurfs systematischer Theologie im 20. Jahrhundert*. Tübingen: Mohr Siebeck, 2000.

Rendtorff, Trutz. *Kirche und Theologie*. Gütersloh: Gütersloher Verlagshaus, 1966.

_____. "Radikale Autonomie Gottes," *Theorie des Christentums*. Gütersloh: Gütersloher Verlagshaus, 1972, 161-183.

_____. *Theorie des Christentums*. Gütersloh: Gütersloher Verlagshaus, 1972.

_____. "Der ethische Sinn der Dogmatik-Zur Reformulierung des Verhältnisses von Dogmatik und Ethik." Trutz Rendtorff, ed. *Die Realisierung der Freiheit. Beiträge zur Kritik der Theologie Karl Barths*. Gütersloh: Gütersloher Verlagshaus, 1975, 119-134.

_____. "Die Kirche als dogmatische Form der Freiheit. Ein Kapitel aus der Geschichte des christlichen Freiheitsbewußtseins." *Evangelische Theologie* 38 (1978), 183-197.

_____. "Karl Barth und die Neuzeit. Fragen zur Barth-Forschung." *Evangelische Theologie* 46 (1986), 298-314.

_____. *Theologie in der Moderne. Über Religion im Prozeß der Aufklärung*. Gütersloh: Gütersloher Verlagshaus, 1991.

Ruddies, Hartmut. "Karl Barth und Ernst Troeltsch. Ein Literaturbericht." *Verkündigung und Forschung* 34/1 (1989), 2-20.

Webster, John, ed. *The Cambridge Companion to Karl Barth*. Cambridge: Cambridge University Press, 2000.

12장 | 신앙으로부터 행위로?! — 루터 신학에 나타나는 신앙과 실천의 관계

김세윤. 『칭의와 성화』. 서울: 두란노, 2013.

라이트, 톰/최현만 옮김.『톰 라이트 칭의를 말하다』. 평택: 에클레시아북스, 2009.

루터, 마틴/지원용 옮김.『말틴 루터의 종교개혁 3대 논문』. 서울: 컨콜디아사, 1993.

_____. "선행에 관한 논문."『루터선집』제9권. 서울: 컨콜디아사, 1983, 29-127.

맥그래스, 알리스터 E./박종숙 옮김.『종교개혁사상입문』. 서울: 성광문화사, 1992.

_____./최대열 · 정진오 옮김.『루터의 십자가 신학』. 서울: 컨콜디아사, 2001.

박영돈.『톰 라이트 칭의론 다시 읽기』. 서울: IVP, 2016.

베인턴, 롤란드/이종태 옮김.『마르틴 루터』. 서울: 생명의 말씀사, 2016.

이오갑. "한국교회의 문제는 칭의론 때문일까? - 한국교회 칭의론 논쟁과 종교개혁의 관점."
「한국기독교신학논총」, vol. 100 (2016), 163-193.

헨드릭스, 스콧/손성현 옮김.『마르틴 루터-새 시대를 펼친 비전의 개혁자』. 서울: IVP, 2017.

Arnold, Matthieu. "Luther on Christ's Person and Work." Robert Kolb et al., ed.
The Oxford Handbook of Martin Luther's Theology. Oxford: Oxford University
Press, 2014, 274-293.

Barth, Hans-Martin. *Die Theologie Martin Luthers*. Gütersloh: Gütersloher Verlagshaus,
2009.

Bayer, Oswald. *Martin Luthers Theologie*. Tübingen: Mohr Siebeck, 2007.

Beutel, Albrecht, ed. *Luther Handbuch*. Tübingen: Mohr Siebeck, 2010.

Bornkamm, H. "Der weltgeschichtliche Sinn der 95 Thesen." *Luthers geistige Welt*.
Lüneburg: Heiland Verlag, 1947.

Luther, Martin. D. *Martin Luthers Werke. Kritische Gesamtausgabe*. Weimar: Hermann
Böhlau, 1833-.

_____. "Der Schmalkaldische Artikel." *Die Bekenntnisschriften der evangelisch-luther-
ischen Kirche*. Göttingen: Vandenhoeck & Ruprecht, 1998, 405-468.

_____. "Der grosse Katechismus." *Die Bekenntnisschriften der evangelisch-luther-
ischen Kirche*. Göttingen: Vandenhoeck & Ruprecht, 1998, 543-743.

_____. "Disputation zur Erläuterung der Kraft des Ablasses (95 Thesen)." Karin
Bornkamm & Gerhard Ebeling, eds. *Ausgewählte Schriften*, Bd. I. Frankfurt
a.M.: Insel Verlag, 1982, 26-37.

Kolb, Robert et al. *The Oxford Handbook of Martin Luther's Theology*. Oxford: Oxford
University Press, 2014.

Korsch, Dieter. "Glaube und Rechtfertigung." Albrecht Beutel, ed. *Luther Handbuch*.
Tübingen: Mohr Siebeck, 2010, 372-381.

Lohse, Bernhard. *Luthers Theologie in ihrer historischen Entwicklung und in ihrem system-atischen Zusammenhang*. Göttingen: Vandenhoeck & Ruprecht, 1995.

Schwöbel, Chr. *Gott in Beziehung*. Tübingen: Mohr Siebeck, 2002.

_____. "Justice and freedom: The continuing promise of the Reformation." NZSTh 59 (2017), 595-614.

Seils, Martin. "Der Grund der Rechtfertigung." Michael Beintker et al., ed. *Rechtfertigung und Erfahrung*. Gütersloh: Chr. Kaiser, 1995, 25-42.

Suda, Max Josef. *Die Ethik Martin Luthers*. Göttingen: Vandenhoeck & Ruprecht, 2005.

Wriedt, Markus. "Luther's theology." Donald K. McKim, ed. *Martin Luther*. Cambridge: Cambridge University Press, 2003, 86-119.

13장 | 신학과 사회민주주의 — 하르낙과 바르트를 중심으로

김명용.『칼 바르트의 신학』. 서울: 이레서원, 2007.

강신준. "노동운동에서의 이론과 실천의 문제-수정주의 논쟁: 베른슈타인의『사회주의의 전제와 사민당의 과제』." E. 베른슈타인/강신준 역.『사회주의의 전제와 사민당의 과제』. 파주: 한길사, 2012, 21-49.

마트뮐러, M./손규태 역.『예언자적 사회주의』 서울: 한국신학연구소, 1987.

마르크스 칼/임지현·이종훈 역.『프랑스 혁명사』. 고양시: 소나무, 2017.

_____. & 엥겔스, 프리드리히/이진우 역.『공산당 선언』. 서울: 책세상, 2002.

박성철. "칼 바르트 초기 신학 속 하나님 나라와 사회주의 담론의 변화에 대한 연구."『한국개혁신학』 50 (2016), 169-197.

베른슈타인, E./강신준 역.『사회주의의 전제와 사민당의 과제』. 파주: 한길사, 2012.

서순, 도널드/강주헌 외 옮김.『사회주의 100년: 20세기 서유럽좌파정당의 흥망성쇠』. 서울: 황소걸음, 2014.

엘레, F./이용주 역.『편안한 침묵이 아닌 불편한 외침을』. 서울: 새물결플러스, 2016.

이용주. "민족주의와 문화개신교: 독일제국 시기의 문화개신교 연구."『신학논단』 제75집 (2014), 245-280.

_____. "민족주의와 문화개신교의 관계 연구: 1차 세계대전을 전후한 하르낙의 정치적 입장 및 그 신학적 토대를 중심으로".『한국조직신학논총』 제42집 (2015), 7-45.

정병기. "라쌀의 국가관과 독일 사민당에 대한 라쌀주의의 영향과 의미".『한국정치학회보』 36 (2002), 285-301.

최종호.『칼 바르트』. 서울: 한들출판사, 2010.

Barth, Karl. *Karl Barth Gesamtausgabe: Vorträge und kleinere Arbeiten 1914-1921.* Hans-Anton Drewes, ed. Zürich: TVZ, 2012.

Bundessekretariat der Jungsozialisten, ed. *Programme der deutschen Sozialdemokratie.* Hannover: Verlag J.H.W. Dietz, 1963.

Drehsen, Volker. "Evangelischer Glaube, brüderliche Wohlfahrt und wahre Bildung." Hans Martin Müller, ed. *Kulturprotestantismus. Beiträge zu einer Gestalt des modernen Christentums.* Gütersloh: Gütersloher Verlagshaus, 1992, 190-229.

Eichler, Willi. *100 Jahre Sozialdemokratie.* Bonn: Vorstand der SPD, 1962.

Grote, Heiner. *Sozialdemokratie und Religion: 1863-1875.* Tübingen: J.C.B. Mohr, 1968.

Harnack, Adolf von. *Das Wesen des Christentums.* Tübingen: Mohr Siebeck, 2007.

Loth, Wilhelm. *Das Deutsche Kaiserreich. Obrigkeitsstaat und politische Mobilisierung.* München: DTV, 1997.

Müller, Hans Martin, ed. *Kulturprotestantismus. Beiträge zu einer Gestalt des modernen Christentums.* Gütersloh: Gütersloher Verlagshaus, 1992.

Nowak, Kurt. "Adolf von Harnak in Theologie und Kirche der Weimarer Republik." Kurt Nowak et al., ed. *Adolf von Harnack. Christentum, Wissenschaft und Gesellschaft.* Göttingen: Vandenhoeck und Ruprecht, 2003, 207-235.

_____, ed. *Adolf von Harnack als Zeitgenosse.* Teil II. Berlin/New York: De Gruyter, 1996.

Rieger, Günter. "Sozialismus." Dieter Nohlen, ed. *Lexikon der Politik,* Bd. 7. Berlin: Directmedia, 2004.

Traub, Rainer. "Kriegskredite 1914: Der Sündenfall der SPD." *Der Spiegel* (24.Sep.2013): http://www.spiegel.de/einestages/spd-im-ersten- weltk-rieg-wie-es-zur-kriegskredite- zus timmung-kam-a-976886-druck.html

Tudor, H. & Tudor, J. M., eds.. *Marxism and Social Democracy. The Revisionist Debate 1896~1898.* Cambridge: Cambridge University Press, 1988.

14장 | 칼 바르트의 신학과 사회주의의 상관관계

단네만, 울리히/이신건 옮김. 『칼 바르트의 정치신학』. 천안: 한국신학연구소, 1991.

부쉬, 에버하르트/박성규 옮김. 『위대한 열정』. 서울: 새물결플러스, 2017.

_____/손성현 옮김. 『칼 바르트』. 서울: 복있는사람, 2014.

오영석. "칼 바르트의 정치신학 연구." 「한신논문집」 vol. 13 (1996), 25-69.

Balthasar, Hans Urs von. *Karl Barth. Darstellung und Deutung seiner Theologie*. Köln: Verlag Jakob Hegner, 1962.

Barth, Karl. *Der Römerbrief* (Zweite Fassung) 1922. Cornelis van der Koi & Katja Tolstaja, eds. Karl Barth Gesamtausgabe. II. Akademische Werke 1922. Zürich: Theologischer Verlag Zürich, 2010.

_____. *Der Römerbrief* (Erste Fassung) 1919. Hermann Schmidt, ed. *Karl Barth Gesamtausgabe. II. Akademische Werke 1919*. Zürich: Theologischer Verlag Zürich, 1985.

_____. *Vorträge und kleinere Arbeiten 1914-1921*. Hans-Anton Drewes, ed. Zürich: TVZ, 2012.

_____. *Vorträge und keinere Arbeiten 1909-1914*. Hans-Anton Drews & Hinrich Stoevesandt, eds. Zürich: Theologischer Verlag Zürich, 1993.

_____. "Abschied." *Zwischen den Zeiten* 11 (1933). 536-544.

Beintker, Micahel. *Die Dialektik in der 'dialektischen Theologie' Karl Barths*. München: Chr. Kaiser, 1990.

_____. *Krisis und Gnade: Gesammelte Studien zu Karl Barth*. Stefan Holtmann & Peter Zocher, eds. Tübingen: Mohr Siebeck, 2013.

Gorringe, Timothy J. Karl Barth. *Against Hegemony*. Oxford: Oxford University Press, 2005.

Graf, Friedrich Wilhelm. "〈Der Götze wackelt?〉 Eine Überlegungen zu Karl Barths Liberalismuskritik." *Evangelische Theologie* 46 (1986), 422-441.

Härle, Wilfried. *Sein und Gnade*. Berlin/New York: Walter de Gruyter, 1975.

Jüngel, Eberhard. *Barth-Studien*. Gütersloh: Gütersloher Verlagshaus Mohn, 1982.

Kutter, Hermann. *Sie müssen!* Jena: Diederichs, 1910.

Marquardt, Friedrich-Wilhelm. *Theologie und Sozialismus. Das Beispiel Karl Barths*. München: Chr. Kaiser Verlag, 1972.

McCormack, Bruce L. *Karl Barth's Critically Realistic Dialectical Theology*. Oxford: Clarendon Press, 1995.

Schleiermacher, F.D.E. *Über die Religion*. Göttingen: Vandenhoeck & Ruprecht, 1991.

Spieckermann, Ingrid. *Gotteserkenntnis: Ein Beitrag zur Grundfragen der neuen Theologie*

Karl Barths. München: Chr. Kaiser, 1985.

15장 ┃ 삼위일체 신론과 사회민주주의 − 사회민주주의에 대한 신학적 접근

곰베르트, 토비아스 외/한상익 옮김. 『사회민주주의의 기초』. 파주: 한울아카데미, 2012.

박호성. 『사회민주주의의 역사와 전망』. 서울: 책세상, 2005.

보프, 레오나르도/이세형 옮김. 『삼위일체와 사회』. 서울: 대한기독교서회, 2011.

유지훈. "독일사회민주당의 역사적 발전과정에 관한 연구." 「사회과학연구」 18 (2001), 195-229.

이용주. "Wolfhart Pannenberg의 삼위일체신학적 창조론." 「한국조직신학논총」 31 (2011), 351-393.

_____. "자유와 결정론의 대립을 넘어: 칸트와 셸링의 '근본악' 개념을 중심으로." 「신학논단」 72 (2013), 101-136.

_____. "사회민주주의에 대한 역사적-신학적 연구: 20세기초 하르낙과 바르트를 중심으로." 「선교와 신학」 42 (2017), 278-316.

카를손, 잉그바 & 린드그렌, 안네마리/윤도현 옮김. 『사회민주주의란 무엇인가』. 서울: 논형, 2009.

페트링, 알렉산더 외/조혜경 옮김. 『복지국가와 사회민주주의』. 서울: 한울, 2012.

Andresen, Carl, et al. *Handbuch der Dogmen- und Theologiegeschichte*, Bd. I. Göttingen: Vandenhoeck & Ruprecht, 1982.

Barth, Karl. *Rechtfertigung und Recht, Christengemeinde und Bürgergemeinde*. Zürich: TVZ, 1989.

_____. *Kirchliche Dogmatik* I/1. Zollikon-Zürich: Evangelischer Verlag, 1932.

_____. *Kirchliche Dogmatik* II/1. Zollikon-Zürich: Evangelischer Verlag, 1948.

Boff, Leonardo. *Trinity and Society*. Maryknoll, NY: Orbis, 1988.

Bundessekretariat der Jungsozialisten. *Programme der deutschen Sozialdemokratie*. Hannover: J.H.W. Dietz, 1963.

Eichler, Willi. *100 Jahre Sozialdemokratie*. Bonn: Vorstand der SPD, 1962.

Emery, Gilles & Levering, Matthew. *The Oxford Handbook of The Trinity*. Oxford: Oxford University Press, 2011.

Gunton, Colin E. *The Promise of Trinitarian Theology*. Edinburgh: T&T Clark, 1991.

_____. *The One, the Three, and the Many*. Cambridge: Cambridge University Press,

1993.

Jenson, Robert W. *The Triune Identity: God According to Gospel.* Philadelphia: Fortress Press, 1982.

_____. *Systematic Theology,* vol. I. Oxford: Oxford University Press, 1997.

LaCugna, Catherine Mowry. *God for us. The Trinity and Christian Life.* Chicago: HarperCollins, 1991.

Moltmann, Jürgen. *Trinität und Reich Gottes.* München: Kaiser, 1980.

O'Donnell, John J. *The Mystery of the Triune God.* London: Sheed and Ward, 1988.

Pannenberg, Wolfhart. *Systematische Theologie* I & II. Göttingen: Vandenhoeck & Ruprecht, 1988/1991.

Peterson, E. "Monotheismus als Politisches Problem." *Ausgewählte Schriften.* Bd. I. Theologische Traktate. München: Kösel Verlag, 1951, 23-81.

Reitz, Rüdiger. *Christen und Sozialdemokratie. Konsequenzen aus einem Erbe.* Stuttgart: Radius-Verlag, 1983.

Schwan, Gesine. *Sozialismus in der Demokratie? Theorie einer konsequent sozial-demokratischen Politik.* Stuttgar: Kohlhammer, 1982.

Schwöbel, Christoph. *Gott in Beziehung.* Tübingen: Mohr Siebeck, 2002.

SPD-Parteivorstand. *Hamburger Programm. Grundsatzprogramm der Sozialdemokratischen Partei Deutschlands.* Berlin: 2007.

Thompson, John. *Modern Trinitarian Perspectives.* Oxford: Oxford University Press, 1994.

Wilson-Kastner, Patricia. *Faith, feminism and the Christ.* Philadelphia: Fortress, 1983.

Zizioulas, John D. *Being as Communion.* London: Darton, Longman and Todd, 1985.

_____. "The doctrine of the holy Trinity: The significance of the Cappadocian Contribution." Christoph Schwöbel, ed. *Trinitarian Theology Today.* Edinburgh: T&T Clark, 1995: 44-60.

찾 아 보 기